– REISEN IN MOSAMBIK –

Ilona Hupe Verlag
München

„Die gefährlichste aller Weltanschauungen ist die Weltanschauung der Leute,
welche die Welt nicht angeschaut haben."
von Alexander von Humbold

REISEN IN

Mosambik

EIN REISEBEGLEITER FÜR
NATUR UND ABENTEUER

mit allen
Nationalparks

interessanten
Allradstrecken

und wertvollen
GPS-Daten

Ausführliche Reiseinformationen,
detaillierte Streckenbeschreibungen,
Landeskunde und aktuelle Reisetipps

Mit 39 Landkarten und Plänen,
64 hochwertigen Farbbildern
und 265 s/w-Fotos

ih Ilona Hupe Verlag

Bibliografische Information der Deutschen Bibliothek
Die Deutsche Bibliothek verzeichnet diese Publikation in der Deutschen Nationalbibliografie: Detaillierte bibliografische Daten sind im Internet abrufbar über http://dnb.ddb.de

8. aktualisierte Auflage im Mai 2012

Impressum

© 2002-2012   Ilona Hupe Verlag, München

Volkartstraße 2, 80634 München, Deutschland
Tel. 089/16783783 Fax 089/1684474
e-mail: info@hupeverlag.de
Internet: www.hupeverlag.de

Text: Ilona Hupe, Manfred Vachal
Fotos: Manfred Vachal, Ilona Hupe, z. T. auch Jürgen Tiefenthaler
Karten & Grafiken: Manfred Vachal
Layout & Design: Ilona Hupe
Druck: Grafik + Druck, München

Alle Angaben ohne Gewähr.

Alle Daten und Angaben in diesem Reiseführer wurden gewissenhaft recherchiert. Dennoch sind diese Angaben und Preise häufigen Veränderungen unterworfen, auch mögliche Auslassungen sind nicht völlig auszuschließen. Für eventuelle Fehler können der Verlag und die Autoren keinerlei Verpflichtung oder Haftung übernehmen.

Alle Rechte vorbehalten. Das Werk ist einschließlich aller seiner Teile urheberrechtlich geschützt. Jede Verwendung, Verbreitung oder Nachdruck ohne schriftliche Zustimmung des Verlags ist unzulässig und strafbar.

Haftungsausschluss: Verlag und Autoren haben keinen Einfluss auf die Inhalte von in diesem Buch genannten Internetseiten und deren weiterführenden Links.

Keine Werbung! Dieser Reiseführer ist werbefrei und wurde unabhängig, ehrlich und neutral recherchiert.

Printed in Germany

ISBN (13) 978-3-932084-51-5   [Euro 24,90]

Liebe Leserinnen und Leser,

Danke, dass Sie unseren Reiseführer ausgewählt haben.

Seit der Erstauflage dieses Reiseführers vor zehn Jahren hat sich in Mosambik sehr vieles verändert. Vielerorts verbesserte sich die touristische Infrastruktur und steigende Besucherzahlen bestätigen Mosambiks Bemühungen als vielseitiges Reiseziel.

Die neuen Ferienresorts beschränken sich allerdings meistens auf die Küstenregion. Im Hinterland und im nördlichen Mosambik ist das Reisen immer noch eine Herausforderung. Reisende stoßen unterwegs gelegentlich auf Hindernisse und Schwierigkeiten, die in diesem Reiseführer offen angesprochen werden. Alle Angaben und Informationen wurden auch für diese Neuauflage wieder mit größt möglicher Sorgfalt zusammengetragen und recherchiert. Straßenbedingungen, Preise und Fahrpläne ändern sich in Mosambik allerdings häufig und ohne Vorankündigung; sie sollten deshalb als Richtwerte angesehen werden. Mosambik ist kein Massenreiseziel und erfordert in der Regel Flexibilität, Ausdauer und eine gewisse Bereitschaft zum Komfortverzicht. Bitte beachten Sie vor der Reiseplanung und unterwegs auch das "Offene Wort" auf S. 384.

"**Mosambik – Moçambique – Mozambique**": Bei der Rechtschreibung folgen wir der deutschen Orthographie. Eigennamen werden in portugiesischer Originalschreibweise genannt.

Bitte schreiben Sie uns, wenn Ihnen Veränderungen und Korrekturen auffallen, gerne auch Tipps und Verbesserungsvorschläge, damit dieser Reiseführer auch künftig möglichst aktuell und leserfreundlich bleibt.

Wir wünschen Ihnen viel Spaß beim Lesen und Reisen!

Markenzeichen der Hupe-Reiseführer

→ **Detailkenntnis**	30 Jahre reisen und arbeiten die Autoren schon in Afrika, und stets selbstständig, unabhängig und intensiv. Rund 400 000 Kilometer afrikanische Pisten und Straßen haben die beiden inzwischen "auf dem Buckel".
→ **Aktualität**	Das Team reist weiterhin jedes Jahr rund vier Monate durch Afrika für neue und vertiefende Recherchen. Alle Neuigkeiten werden bis wenige Tage vor dem Druck eines Reiseführers berücksichtigt. Darüber hinaus veröffentlicht der Verlag alle wichtigen News im Internet unter www.hupeverlag.de.
→ **Spezialisierung**	Der Verlag setzt sein ganzes Augenmerk auf wenige ausgewählte Länder in Afrika. So ist er immer direkt am Ball, wenn sich Änderungen ankündigen.
→ **Neutralität**	Das Team wird nicht gesponsert und vertritt auch keine fremden Interessen. Sie dürfen die Angaben, Tipps und Infos in den Reiseführern daher als wirklich neutral und ehrlich ansehen. Aus dem gleichen Grund gibt es auch keine Werbung in den Büchern.
→ **Einstarkes Team**	Recherche, Manuskript, alle Grafiken und Fotos – alles wird vom gleichen Team erstellt. Ohne den "Wasserkopf" großer Verlagshäuser gehen so auch keine wichtigen Informationen an den Schnittstellen verloren.
→ **Extra-Service**	Alle relevanten Neuigkeiten und Updates veröffentlicht der Verlag im Internet. So bleiben die Leser auch nach dem Druck einer Auflage aktuell informiert. Zusätzlich zu den News bietet die Website www.hupeverlag.de diverse Reiseberichte, Beiträge zu Fachthemen und einen kostenlosen News-Service. Einfach und bequem werden Ihnen so die Neuigkeiten direkt zugestellt.

INHALT   LANDESKUNDE

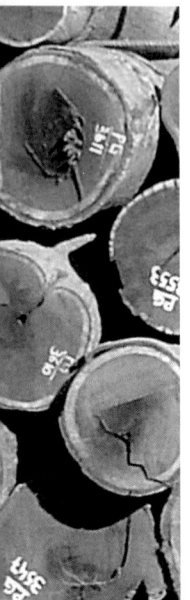

WISSENSWERTES ÜBER MOSAMBIK

GESCHICHTE
Ursprung des menschlichen Lebens	12
Araber gründen Handelsposten an der afrikanischen Ostküste	13
Großreiche im Inneren Afrikas	14
Die Portugiesen tauchen auf	16
Jesuiten stoßen ins Landesinnere vor	19
Portugals Rachefeldzug scheitert kläglich	20
Langsamer Niedergang von Mwene Mutapa	21
Bedrohung durch neue Seemächte	23
Das 17. Jh.: Epoche der Glücksritter & Prazos	23
Das 18. Jh.: Das Jahrhundert der Sklaverei	25
Das 19. Jh: Europa teilt Afrika wie einen Kuchen unter sich auf	28
Das 20. Jh.: Der lange Weg zur Unabhängigkeit	32

BEVÖLKERUNG
Die Bevölkerung Mosambiks	42
Sprachen, Religion	44
Gesundheitswesen	45
Traditionelles Heilwesen	46
Bildung & Schulwesen	47

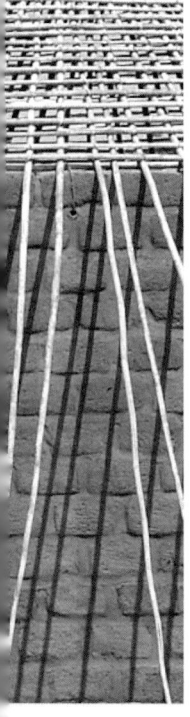

TRADITIONEN
Die Großfamilie	48
Die Rolle des Regulos	48
Der Alltag der Menschen	48
Frauen in Mosambik	50

KULTURELLES LEBEN
Kunsthandwerk und Malerei	52
Musik und Tanz	53
Literatur, Sport	55
Mosambik im Überblick	55

WIRTSCHAFT
Allgemeine Situation	56
Erwerbstätigkeit	57
Landwirtschaft	58
Viehwirtschaft, Fischerei	59
Bergbau und Industrie	59
Wasser und Energie	60
Verkehr und Transport	61
Tourismus	62
Flüchtlings- und Entwicklungshilfe	63
Ökologie	64
Landminen	66

REISEBESCHREIBUNGEN

Ein vielfältiger Naturraum
Topographie des Landes 68
Vegetationsformen 69
Aktuell vorgestellt: Wunderwelt Mangroven 75

Das Reich der Tiere
Pflanzenfresser 78
Raubtiere 88
Primaten 94
Kaltblüter und Reptilien 96
Leben im Meer 100
Faszinierend: Leben im Mangrovensumpf 102

Die Vogelwelt Mosambiks
Von Greifvögeln und anderen Fleischfressern 104
Wasservögel, Watvögel und Vögel im Uferbereich 105
Hühnervögel, Baumvögel 108
Weitere typische Vögel 109

Unterwegs in Mosambik

Süd-Mosambik

Die Provinz Maputo

Maputo 112
Stadtgeschichte 112
Erste Orientierung 116
Sehenswertes 119
    Tour 1: Altstadtspaziergang in der Baixa 119
    Tour 2: Der elegante Teil Maputos: Bairro Polana 122
    Tour 3: Entlang der Uferpromenade Avenida da Marginal 123
Hotels, Pensionen und Camping 128
Restaurants & Nachtleben 130
Wichtige Adressen von A bis Z 132
Einkaufen in Maputo 133
An- und Weiterreise 134
Verkehrsmittel innerhalb der Stadt 136

Ausreise: Von Maputo nach Südafrika und Swaziland 137

Ausflug zur Insel Inhaca 138
Ausflug nach Macaneta 139

Maputaland: Von Maputo nach Süden 140
Ponta do Ouro 142
Ponta Malongane 144

Maputo Elephant Reserve 145
Naturschützer verhindern gigantisches Wirtschaftsprojekt 149

| INHALT | REISEBESCHREIBUNGEN |

DIE PROVINZ GAZA

    Streckenbeschreibung: Von Maputo nach Xai-Xai   150

XAI-XAI   151

    Rückblick: Die Flutkatastrophe vom Februar 2000   152
    Bilene, Praia do   152
    Streckenbeschreibung: Von Macai nach Massingir   154

GREAT LIMPOPO TRANSFRONTIER PARK   155

    Streckenbeschreibung: Von Chidenguele nach Mapai   159

BANHINE NATIONALPARK   160

FARBIGES KALEIDOSKOP   161

DIE PROVINZ INHAMBANE

    Streckenbeschreibung: Von Xai-Xai nach Maxixe und Inhambane   177

MAXIXE   178

INHAMBANE   179

    Sehenswertes   181
    Strände in der Umgebung: Tofo und Barra   183

    Streckenbeschreibung: Von Maxixe zum Rio Save   186
    Massinga, Morrungulo und Pomene   186

VILANKULO   187

    Inhassoro   190

BAZARUTO ARCHIPEL   191

    Bazaruto, Benguerra   193
    Magaruque   194

ZINAVE NATIONALPARK   195

    Streckenbeschreibung: Von der Save-Brücke nach Beira   198

ZENTRAL-MOSAMBIK

DIE PROVINZ SOFALA

BEIRA   200

    Hotels und Pensionen   203
    Sehenswertes   203
    Die Umgebung von Beira   208
    Streckenbeschreibung: Von Beira nach Caia   208

REISEBESCHREIBUNGEN

DAS SAMBESITIEFLAND 210
    Marromeu   213
    Das Sambesidelta   214

    Streckenbeschreibung: Von Beira nach Chimoio   216
    Streckenbeschreibung: Von Inchope nach Caia via EN 1   216

GORONGOSA NATIONALPARK 217

DIE PROVINZ MANICA

CHIMOIO 222

    Streckenbeschreibung: Von Chimoio nach Mutare   223
    Streckenbeschreibung: Von Chimoio nach Dombe und Espungabera   225

    Peace Park Project: Nationalpark in den Chimanimani-Bergen   229
    Streckenbeschreibung: Von Chimoio nach Tete   230

DIE PROVINZ TETE

TETE 231

    Streckenbeschreibung: Von Tete nach Songo   235

CAHORA BASSA STAUSEE 236

    Streckenbeschreibung: Von Tete nach Cassacatiza   240
    Streckenbeschreibung: Von Tete nach Zóbuè und Calómuè   241
    Blick in die Geschichte: David Livingstones Expedition   242

NORD-MOSAMBIK

DIE PROVINZ ZAMBÉZIA

    Streckenbeschreibung: Von Caia nach Quelimane   244

QUELIMANE 244

    Praia do Zalala   248

    Streckenbeschreibung: Von Quelimane nach Alto Molócuè   249
    Tour an die Küste: Praia de Pebane und Gilé Reserve   250
    Tour ins Landesinnere: Milange und Gurué   253

DIE PROVINZ NAMPULA

    Streckenbeschreibung: Von Alto Molócuè nach Nampula   256

NAMPULA 256
    Abstecher: Angoche   261
    Streckenbeschreibung: Von Nampula nach Cuamba   262
    Streckenbeschreibung: Von Nampula nach Nacala   263

INHALT — REISEBESCHREIBUNGEN

NACALA 264

    Mossuril, Cabaceira und Chocas Mar 265

ILHA DE MOÇAMBIQUE 266

    Eine spannende Geschichte 267
    Besuch der Insel 270
    Unterkunft 277
    Streckenbeschreibung: Von Namialo nach Pemba 279

DIE PROVINZ CABO DELGADO

PEMBA 281

    Stadtgeschichte und Sehenswertes 281
    Unterkunft 284
    Wimbe Beach 286

IBO ISLAND UND QUIRIMBA ARCHIPEL 288

    Ibo Island 288
    Streckenbeschreibung: Von Pemba nach Moçimboa da Praia 293
    Moçimboa da Praia 294
    Streckenbeschreibung: Von Moçimboa da Praia zur Grenze 295

IM HINTERLAND: MUEDA UND MAKONDE PLATEAU 296

    Die Makonde 298
    Streckenbeschreibung: Von Mueda nach Montepuez 299

DIE PROVINZ NIASSA

    Streckenbeschreibung: Von Mandimba nach Lichinga 300

LICHINGA 301

    Unterkunft und Restaurants 302

LAKE NIASSA 304

    Streckenbeschreibung: Von Lichinga nach Cóbuè 306
    Cóbuè, Abstecher: Likoma Island 308
    Streckenbeschreibung: Von Lichinga nach Tansania 312
    Streckenbeschreibung: Von Mandimba nach Cuamba 313

CUAMBA 313

    Streckenbeschreibung: Von Lichinga nach Marrupa 314
    Streckenbeschreibung: Von Marrupa zum Niassa Wildreservat 317

NIASSA RESERVE 318

REISEINFOS

WERTVOLLE REISEINFORMATIONEN

PLANUNG VOR DER REISE

Klima S. 324, Reisezeit S. 325, Reiseart / Verkehrsmittel: Mietwagen S. 327, Motorrad/Fahrrad S. 330, Öffentliche Verkehrsmittel S. 330, Europäische Reiseveranstalter und örtliche Reiseanbieter S. 331, Unterkünfte: Hotels, Pension oder Camping S. 332, Reiseroutenplanung S. 333, Reisen mit Kindern S. 334, Frauen allein unterwegs S. 334, Touristen-Informationsstellen S. 334, Ausrüstung: Dokumente, Kleidung, Sonstiges S. 335

GESUNDHEITSVORSORGE

Malaria und andere tropische Krankheiten S. 336, Schlangenbisse S. 339, Wie man auf Reisen gesund bleibt S. 340, Notfall-Vorsorge S. 341, Reiseapotheke S. 341, Tropeninstitute S. 341

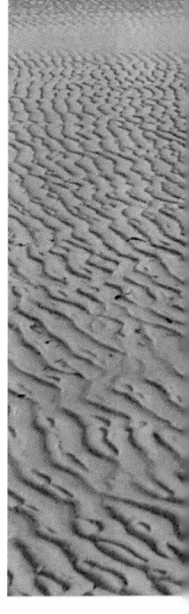

RUND UMS GELD

Reisekosten und Preisgefüge S. 342, Landeswährung, Devisen und Zahlungsmittel S. 343, Geldwechsel in Mosambik S. 344, Handeln: die Kunst des Feilschens S. 345

WICHTIGE HINWEISE UND ADRESSEN

Einreisebestimmungen S. 346, Diplomatische Vertretungen S. 347 Gefahren auf Reisen – die persönliche Sicherheit S. 348

ANREISE NACH MOSAMBIK

Internationale Flugverbindungen S. 350, Anreise auf dem Landweg S. 351 Öffnungszeiten der Grenzübergänge S. 352 Anreise per Mietwagen S. 353, Anreise auf dem Seeweg S. 354

TRANSPORT VOR ORT

Inlandflugnetz S. 355, Bahn, Bus und Mietwagen S. 355

REISETIPPS FÜR DEN ALLTAG IN AFRIKA

Begegnung mit den Menschen S. 356, Sprachliche Verständigung & Glossar S. 358, Die kulinarische Versorgung & Buschküche S. 360, Tipps & Infos für Autofahrer S. 364, Wie gefährlich sind die Landminen in Mosambik? S. 369, Auf Safari: Wie verhält man sich in der Wildnis? Begegnung mit Wildtieren S. 370, Mosambiks Strände im Direktvergleich S. 371

INFORMATIONEN VON A BIS Z   372

Ärzte & Apotheken, Airporttax, Betteln, Camping & Wildcamping, Eintrittspreise der Nationalparks, Feiertage, Ferienzeiten, Fotografieren, GPS-Daten, Grenzen, Hotels, Internet, Kleidung, Kulturelles Leben, Landkarten, Mahlzeiten, Maße & Gewichte, Notruf, Öffnungszeiten, Post, Preise, Sicherheit & Gefahren, Souvenirs, Strände, Stromversorgung, Tauchen, Taxi, Telefon, Toiletten & Sanitäreinrichtungen, Touristeninformation, Trampen, Trinkgeld, Wasser, Wassersport, Zeitungen, Zeitverschiebung & Tageslicht, Zoll

LITERATURVERZEICHNIS   378

INDEX   379

EIN OFFENES WORT   384

GESCHICHTE

Ursprung des menschlichen Lebens

Die Geschichte der Menschheit beginnt in Afrika

Ein altes Vorurteil besagt, Schwarzafrika sei bis zur Ankunft der Europäer ein weitgehend geschichtsloser und vom Weltgeschehen unberührter Kontinent gewesen. Diese Annahme trügt und ist längst durch die moderne Geschichtsforschung widerlegt worden. Gerade weil in Afrika zumeist schriftliche Überlieferungen fehlen, steht die Wissenschaft hier vor der schwierigen Herausforderung, zahlreiche Fundstücke, Relikte und historische Berichte wie Puzzlestücke zu einem klaren Bild zusammen zu setzen. Dabei offenbaren sich faszinierende Erkenntnisse: Machtvolle Königreiche, die blühenden Goldhandel mit Arabien und Asien betrieben, Stadtburgen aus gehauenem Stein, riesige Völkerwanderungen. Doch nur langsam lichtet sich die Dunkelheit über der afrikanischen Geschichte.

Abenteuer Entwicklung: der lange Weg zum modernen Menschen

Nach heutiger Erkenntnis gilt der schwarze Kontinent als Wiege der Menschheit. Hier scheint sich der entscheidende Evolutionsschub vom Affen zum Menschen vollzogen zu haben. Vor fast 6 Mio. Jahren spalteten sich die Vorfahren der Hominiden von denen der Schimpansen ab, es entstanden der noch eher affenähnliche „Millenium-Mensch" (*Orrorin tugensis*) und nachfolgend der erste sog. Vormensch (*Australopithecus*). Aus diesem ging im südlichen Afrika vor rund 2,5 Mio. Jahren der Frühmensch der Gattung „Homo" hervor, der sich durch zunehmende Gehirngröße, die Fortbewegungsart am Boden und seine Werkzeugkultur auszeichnete. *Homo habilis* war **der erste Frühmensch** und breitete sich in mehreren geographischen Varianten bis Ostafrika aus (z. B. *Homo rudolfensis*). Die Weiterentwicklung der Hominiden, u. a. die Kräftigung und Vergrößerung von Skelett und Schädelknochen, schufen vor 2 Mio. Jahren den „aufgerichteten Menschen" *Homo erectus*. Spätestens ihm gelang eine Auswanderung von Afrika bis nach Asien und Europa, wobei ihm seine anatomischen Veränderungen, wie der starke Knochenbau, behilflich waren. Gleichzeitig setzten Entwicklungsschritte ein, die für eine erfolgreiche Auswanderung notwendig sind: Die Nutzbarmachung des Feuers und der Einsatz von Jagdtechniken. Vor etwa 500 000 Jahren, als im eiszeitlichen Europa der kräftige Neandertaler (*Homo neandertalensis*) in Erscheinung trat, schlug in Afrika die Geburtsstunde des **„modernen Menschen"** (*Homo sapiens*), unseres direkten Vorfahren. Biologisch betrachtet war er vor 200 000 Jahren ausgereift und hielt sich im südlichen und östlichen Afrika auf. Von hier aus eroberte er schließlich in einem beispiellosen Feldzug die restliche Welt. Die Auswanderung nach Indien und Europa begann vor etwa 120 000 Jahren. Homo sapiens traf dort auf den Neandertaler. Es folgte eine 50 000 Jahre während Periode der Koexistenz beider Gattungen, ehe Homo sapiens den Neandertaler endgültig verdrängte.

Die ersten Menschen erobern die afrikanische Savanne

Erlauben wir uns nun einen weiten Sprung bis ins **Paläolithikum**. In dieser Zeit, ab 50 000 v. Chr., waren vor allem die fruchtbaren Flusstäler besiedelt. Allmählich drangen die nomadisch umher ziehenden Bewohner in höher gelegene Gebiete vor, wo sie in Höhlen und unter Felsvorsprüngen Schutz fanden. Nur wenig ist über diese frühe Epoche bekannt und noch immer ist unklar, ob die damaligen Bewohner eher ein Buschmannvolk oder negroid waren. Im **Neolithikum** (ca. 10 000 vor Chr.) wurde bereits Jagd mit Pfeil und Bogen betrieben und die Menschen lernten, aus Stein und Knochen nützliche Werkzeuge herzustellen. Diese Kulturstufe wird in der Regel als direkter Vorläufer der Khoisaniden (Buschleute) angesehen.

SWAHILI-ARABER

Auf dem Gebiet des heutigen Staates Mosambik waren diese Jäger und Sammler spätestens vor 3000 Jahren weit verbreitet. In kleinen Gruppen und Familienverbänden durchstreiften sie das weite Land und entwickelten über die Jahrhunderte eine Art Halbnomadentum mit beginnendem Ackerbau. Kurz vor Christi Geburt, etwa zeitgleich mit der **Entdeckung** und Verwendung **des Eisens**, wanderten in mehreren Wellen Bantu sprechende Volksgruppen aus Zentralafrika ein. Diese Angehörigen einer höheren Zivilisationsstufe beschleunigten die kulturelle Entwicklung. So brachten sie verbesserte landwirtschaftliche und handwerkliche Kenntnisse mit, waren in größeren Verbänden organisiert, betrieben Ackerbau und Viehzucht. Die Neuankömmlinge assimilierten sich mit ansässigen Volksgruppen oder verdrängten diese in unwirtlichere Siedlungsräume. Wenige Jahrhunderte nach ihrer Ankunft stellten die dominanten **Bantu** bereits die Mehrheit im Lande.

Oben: Mahlsteine wie diesen findet man im südlichen Afrika an vielen Stellen

Auch die Außenwelt hatte zu diesem Zeitpunkt längst Kenntnis von Ostafrika. Als Handelsplatz für exotische Luxusgüter, wie Tierfelle und Elfenbein, war die ostafrikanische Küste schon den alten Ägyptern ein Begriff, und auch die Phönizier und Römer betrieben **Goldhandel** mit den Küstenvölkern. Der Mittelmeerhandel war vermutlich bereits seit dem 4. Jh. vor Chr. mit Ostafrika verknüpft. Doch durch den Niedergang des Römischen Reiches gerieten die alten Handelswege in der europäischen Welt später vollkommen in Vergessenheit.

Araber gründen Handelsposten an der afrikanischen Ostküste

Dies sollte sich erst wieder im 7. Jh. ändern, als die erstarkten Araber den lukrativen Handel wieder aufnahmen. Am Persischen Golf waren zu dieser Zeit mächtige, reiche Sultanate entstanden, die mit gierigem Griff ihre Macht bis nach Ostafrika ausdehnten. Vor allem die **Khalifen von Bagdad** schufen ein dichtes Handelsnetz zur afrikanischen und indischen Küste und gründeten dort etliche Stützpunkte.

Araber an der ostafrikanischen Küste

Ihre **Hafenstationen** an der afrikanischen Küste trugen wohlklingende Namen: Sansibar, Pemba, Mafia, Kilwa, Moroni und schließlich Sofala, weitab im Süden, nahe dem heutigen Beira an der Mündung des Púngoe gelegen. **Sofala** gilt gemeinhin als südlichster fester Stützpunkt der Araber, obwohl diese nach manchen Quellen bis zu den Bazaruto-Inseln und Inhambane vordrangen. Über ihre Küstenstützpunkte bauten die Araber den Handel mit Innerafrika auf.

Die neuen Handelswege basierten hauptsächlich auf der geschickten **Nutzung der Monsun-Winde**. Zwischen November und März führte der Nordost-Monsun die arabischen Segelschiffe vom Persischen Golf oder Indien nach Ostafrika; mit dem Südwest-Monsun kehrten die Handelsschiffe zwischen April und August wieder zurück.

Geschicktes Segeln mit den Tradewinds, den "Handelswinden"

GESCHICHTE — GREAT ZIMBABWE

Kilwa *mächtige Handelsmetropole an der afrikanischen Küste*

Das Segeln mit den Monsun-Winden erlaubte den Arabern allerdings kaum, bis in mosambikanische Gewässer vorzudringen. Daher fungierte insbesondere Kilwa (heute Südtansania) als Sammelplatz für die Waren aus südlicheren Teilen Afrikas. Zwischen dem 9. und 12. Jh. wuchsen die meisten Handelsplätze zu mächtigen Küstenstädten heran, deren Wohlstand auf der Funktion als Schnittstelle zwischen den begehrten Waren Innerafrikas und den Handelsschiffen nach Arabien und dem fernen Asien basierte. Gold und Elfenbein wechselten hier ihre Besitzer, im Gegenzug gelangten auf den gut erschlossenen Handelsrouten Glasperlen, edle Stoffe, chinesisches Porzellan, Ton- und Metallwaren zu den Menschen im Hinterland.

Gold und Elfenbein

Aufstieg der Handelsstadt Sofala

Durch wohlhabende persische Zuwanderer und ihre Monopolstellung beim Goldhandel wurde Kilwa im 12. Jh. so mächtig, dass sich die Küstenstadt kurzerhand gegen die Araber auflehnte und den Goldhandel von Sofala an sich riss. Prächtige Moscheen aus Korallenstein und eigens geprägte Goldmünzen drückten nun selbstbewusst den Reichtum und Stolz Kilwas aus. Während ihrer Blütezeit im 13. Jh. gründeten die Swahili-Araber aus Kilwa rund 30 bis 40 Stützpunkte entlang der Küste zwischen Somalia und Zentralmosambik. Über Sofala, das damals rund 10 000 Einwohner zählte, lief der Handel mit Gold, Elfenbein, Kupfer, Eisen und Baumwolle. Mit großer Wahrscheinlichkeit bereisten die Swahili-Araber damals auch den Sambesi flussaufwärts bis zu den Cahora-Bassa-Stromschnellen und gründeten dort Handelsposten. Ein arabisches Dokument aus dem 12. Jh. beschreibt die Siedlungen Seyouna und Dendema geographisch derart genau, dass es sich um die Orte Sena und Tete (von denen die Portugiesen später behaupteten, sie 1531 gegründet zu haben) handeln müsste.

Großreiche im Inneren Afrikas: Great Zimbabwe und Mwene Mutapa

Während die gesamte afrikanische Küstenregion sukzessive unter starken islamisch-arabischen Einfluss geriet, förderte der intensive Tauschhandel mit fernen Zivilisationen gleichfalls die kulturelle Entwicklung im afrikanischen Hinterland. Die Goldvorkommen auf dem Gebiet des heutigen Staates Zimbabwe sicherten den ansässigen Shona-Volksgruppen über viele Jahrhunderte fortgesetzten Wohlstand. Im zentralen Hochland gelegen, dem fruchtbaren Gebiet nahe bestehenden Handelsrouten, wuchsen ansässige Kalanga-Shona-Gruppen zu blühenden Kulturzentren heran. Mit Hilfe ihrer zentralistischen Machtstruktur gelang einer dieser Gruppen nahe der heutigen Stadt Masvingo (Zimbabwe) rasch die Bildung eines wirtschaftlich unabhängigen Staates. Geschickt nutzte sie die strategisch günstige Lage zwischen den Gold-Produktionszentren und den Handelsstädten an der Ostküste, um eine Monopolstellung aufzubauen. Etwa ab 1100 n. Chr. wurde mit der Befestigung von Wohnsiedlungen aus Steinen begonnen.

Bilder rechts: Die Ruinen von Great Zimbabwe legen eindrucksvoll Zeugnis einer hochstehenden Kultur ab

Diese steinernen Anlagen, heute als die Ruinen von **Great Zimbabwe** bekannt, bezeugen eindrucksvoll die Größe dieser Hochkultur. In der gewaltigen Anlage – Sitz des Königs, der Oberschicht und religiöses Zentrum zugleich – lebten zu Spitzenzeiten bis zu 17 000 Menschen. Damit war Great Zimbabwe seinerzeit die größte Stadt südlich der Sahara. Ihre Staatsmacht basierte auf der Kontrolle des Handels und den Einnahmen

GREAT ZIMBABWE

aus der verarbeitenden Industrie, wie der Herstellung von Tonwaren, Schmuck und Werkzeugen. Während der Blütezeit vom 13. bis frühen 15. Jh. beherrschte das Großreich Zimbabwe den gesamten Gold- und Elfenbeinhandel der Region. Der Niedergang des Reiches setzte plötzlich ab 1450 n. Chr. ein, und im 16. Jh. wurde das Zentrum endgültig verlassen. Die Ursachen dieses raschen Untergangs konnten bislang nicht zweifelsfrei geklärt werden. Eine weitgehend anerkannte Theorie besagt, dass sich die Bewohner selbst ihrer Lebensgrundlage beraubten: durch Überbevölkerung, extensive Überweidung, zügellose Abholzung der Umgebung und damit einhergehendem Wassermangel.

Mit dem Niedergang von Great Zimbabwe schlossen sich die Shona-Gesellschaften zu neuen staatenähnlichen Gebilden zusammen. Überlieferungen zufolge geht die Reichsgründung von **Mwene Mutapa** auf Nyatsimba Mutota zurück, der im frühen 15. Jh. am mittleren Sambesi herrschte und sich Mwene Mutapa bzw. Monomatapa (König Mutapa, Herr der Minen, Herr der Bergwerke) nennen ließ. Nyatsimbas Sohn Matope soll das väterliche Reich durch erfolgreiche Feldzüge und Eroberungen bis an den Indischen Ozean und im Westen bis an den Rand der Kalahari vergrößert haben. Nach Matopes Tod um 1480 bestieg sein Sohn Nyahuma den Thron. Zehn Jahre später erhob sich Changa – nach manchen Quellen ein unehelicher Sohn Matopes – gegen den Herrscher. Changas Rebellen töteten Nyahuma und übernahmen vorübergehend die Macht im Mutapa-Staat, konnten jedoch auf Dauer nur einen Teil des Reiches, nämlich die Provinz im zentralen Hochland, halten. Changa und seine Nachfolger bezeichneten sich fortan als **Changamire-Dynastie**. In Mwene Mutapa kehrte ebenfalls wieder Ruhe ein; der Staat stand in seiner machtvollen Blütezeit, als die Portugiesen erstmals in Ostafrika auftauchten und von dessen legendären Goldschätzen hörten.

Zwischen dem fruchtbaren, goldreichen Hochland und den arabischen Küstenstädten durchzogen zahlreiche Handelswege den klimatisch ungünstigen und daher nur dünn besiedelten Tieflandbereich. Im Gegensatz zu den straff geführten Großreichen im Hochland waren die Gesellschaftsstrukturen im Lowveld von einer dezentralistischen Lebensweise geprägt. Das „Chieftainship" bildete die traditionelle

GESCHICHTE — PORTUGIESEN

Bilder rechts: Fortanlage auf Ilha de Moçambique: prunkvolles Eingangstor und Schmucksäule

Hierarchie, die sich in der Macht des Dorfhäuptlings begründete. Den Norden des heutigen Mosambik besiedelten die mutterrechtlich ausgerichteten, kunstsinnigen Makua. Ackerbau in den fruchtbaren Flusstälern und der Handel entlang des Sambesi bildeten die Lebensgrundlage der patrilinearen Tonga im Bereich zwischen Sambesi und Inhambane. Südlich davon lebten Ngoni-Volksgruppen, deren Wohlstand wiederum auf Rinderzucht und -besitz basierte. Diese Tieflandbewohner standen unter dem wechselseitigen Einfluss der swahili-arabischen Küste und der Hochlandstaaten.

Die Portugiesen tauchen auf

Zeitalter der Portugiesen

Das 15. Jh. gilt als Zeitalter der portugiesischen Entdeckungen: Das kleine Königreich störte sich gewaltig am Handelsmonopol der Araber, die auf den europäischen Märkten mit ihren exotischen Waren aus dem fernen Osten ein Vermögen verdienten. Um den vielversprechenden Handelsweg zu den tropischen Produktionsstätten zu finden, wurden unermüdlich Entdeckungsfahrten ausgeschickt. Portugiesische Seefahrer, die den Seeweg um Afrika erkunden sollten, erreichten 1446 den Gambia-Fluss in Westafrika und standen 1485 an der Mündung des Kongo. 3 Jahre später umrundete **Bartholomão Diaz** das Kap der Guten Hoffnung. Im Januar 1498 erreichte der Seefahrer **Vasco da Gama** mosambikanische Gewässer, ankerte in der Bucht von Delagoa (Maputo) und gelangte anschließend bis nach Indien. Der erste Portugiese an der Küste Mosambiks war da Gama dennoch nicht. **Pedro da Covilhão** gelangte auf abenteuerliche Weise bereits 1497 inkognito bis nach Sofala. Mit königlichem Auftrag, den Seeweg von Arabien nach Ostafrika auszukundschaften, segelte da Covilha mit einer Dhau von Arabien über Indien nach Ostafrika. Dort hörte er von Mwene Mutapas Goldreichtum, doch noch bedeutsamer für die portugiesische Seefahrt war seine Entdeckung des Segelns mit den Monsun-Winden.

1501 sandte der portugiesische König als ersten offiziellen Gesandten **Sancho de Toar** zur Visite nach Sofala. Als ihm der Scheich von Sofala eine edle Goldperlenkette zum Geschenk machte, entfachte er damit sogleich die portugiesische Gier nach dem Gold von Mwene Mutapa. Portugal erwartete nichts Geringeres, als in Sofala, dem „Tor zum Goldland" auf die „Goldminen von König Salomon" zu stoßen. Spanien hatte soeben im südamerikanischen Bolivien den Silberberg Potosi entdeckt; da hoffte Portugal in Afrika das legendäre *Eldorado* zu finden. Vier Jahre später tauchte denn auch eine portugiesische Streitmacht unter Dom Francisco d' Almeida in Sofala auf. Die Portugiesen rangen dem inzwischen blinden, greisen Scheich das Zugeständnis ab, ein Fort zu errichten. Dies konnte den swahili-arabischen Händlern nicht gefallen, sahen sie doch die portugiesischen Absichten klar voraus. Mit Rückendeckung des offensichtlich wankelmütigen Scheichs griffen sie die Portugiesen an, die sich jedoch unter dem Schutz ihres Forts und dank der überlegenen Feuerwaffen zur Wehr setzten und die Angreifer in die Flucht schlugen. Sie betrieben rücksichtslose Rache, töteten den alten Scheich und ersetzten ihn durch einen Marionettennachfolger. Damit begann – schon so kurz nach ihrer Ankunft – der lange Weg brutaler, blutiger Auseinandersetzungen zwischen

Die Gier der Europäer erwacht

Die Portugiesen kamen nicht als Entdecker, sondern als Eroberer

PORTUGIESEN

Portugiesen und den ansässigen Händlern. Die Swahili-Araber verließen nach der Besetzung Sofalas den Ort und bildeten rasch ein neues florierendes Handelszentrum weiter nördlich in **Angoche**. Die Situation sollte symbolhaft werden für das portugiesische Engagement in Mosambik: Zwar hatten sie einen militärischen Erfolg errungen und Sofala, die mächtige Handelsmetropole, erobert; diese lag nun jedoch verlassen in Trümmern und die Eroberer hatten keinerlei Kenntnis von den bestehenden Handelsrouten. Die lukrativen Geschäfte liefen fortan einfach an den Portugiesen vorbei nach Angoche und anderen Küstenplätzen. Die Eroberer blieben isoliert und die erwarteten Handelsgewinne aus. Die ganze Aktion drohte im finanziellen Desaster zu enden. Das kleine Mutterland Portugal hatte sich mit seinen Expansionsgedanken und Entdeckungsreisen verausgabt und daher nur ein vordergründiges Anliegen: die neuen Eroberungen sollten so rasch wie möglich Geld einbringen. Der arabische Handel sollte angezapft und kontrolliert werden, ohne eine aufwändige Verwaltung zu installieren. Die Politik Portugals während der nächsten Jahrzehnte war denn auch von **Grausamkeit und Gesetzlosigkeit** gekennzeichnet. Militärische Gewalt und hartes Durchgreifen sollten fehlende Diplomatie und die Unfähigkeit, sich in die bestehenden Strukturen einzugliedern, überspielen; Selbstjustiz und Gewinnsucht die schlechte Organisation und fehlende Verbündete ausgleichen. 1507, zwei Jahre nach dem Desaster von Sofala, gründeten die Portugiesen eine dauerhafte Ansiedlung auf der **Ilha de Moçambique**, die sich rasch zum portugiesischen Zentrum in Ostafrika entwickelte. Von hier aus eroberten und plünderten sie 1511 die neue Handelsmetropole Angoche und trieben damit Araber und Afrikaner, die sich nach Lebensart und Religion nahe standen, in die offene Opposition. Bis 1530 eroberten die Portugiesen dennoch mit enormem Aufwand alle arabischen Küstenstädte, wo sie nach brutalen Gewaltaktionen gegenüber der meist nur schwach bewaffneten Bevölkerung Fortanlagen errichteten. Überall schufen sie sich Feinde und lösten Fluchtwellen der Händler aus. Bald wurde deutlich, dass ihr Gebaren geradezu zum völligen Erliegen des Handels, an dem sie schließlich durch hohe Zölle verdienen wollten, führte. Portugal steckte in der Zwickmühle. Neben dem Gold- und

GESCHICHTE — PORTUGIESEN

Oben: Innenhof mit Kasematten im Fort auf Ilha de Moçambique

Elfenbeinhandel waren die ostafrikanischen Stützpunkte als Versorgungsplätze für den langen Seeweg zu den neuen ostindischen Besitzungen von größter Bedeutung. Der Hass gegen die zahlenmäßig keinesfalls starke portugiesische Einheit führte aber immer wieder zu Revolten und Unruhen, deren Niederschlagung ein größeres Kontingent an Soldaten bedurft hätte, als das kleine Mutterland aufbieten konnte. Neben den eroberten arabischen Küstenstädten und den einzigen Posten im Landesinneren in Tete und Sena am Sambesi, gab es bis 1531 praktisch keine portugiesischen Besitzungen in Mosambik. Weil sie die arabischen Händler nicht ersetzen konnten und wollten, sahen sich die Portugiesen gezwungen, den militärischen Druck wieder zu lockern, um die Mohammedaner zum Bleiben zu bewegen. Die Europäer blieben auch weiterhin nur an der Küste und beschränkten ihre militärische Präsenz auf lediglich einige Hundert Mann. Ruhe im Landesinneren sicherten sie sich durch verschiedene Schutzbündnisse mit örtlichen Dorfhäuptlingen und arabischen Mittelsmännern. Als einziger Versuch, im Hinterland nach den unbekannten Handelswegen und der Herkunft des Goldes zu forschen, sind die drei Reisen des Antonio Fernandez bekannt; ein verurteilter Verbrecher, der auf diese Weise seine Freiheit wiedererlangen konnte. Nach seinen Expeditionen zwischen 1511 und 1514 schlief das portugiesische Interesse am Erkunden des Landesinneren zunächst wieder ein.

Kein Interesse für das Landesinnere

Habgier und Korruption als Antrieb für das Engagement in Afrika

Man kann davon ausgehen, dass etliche Waren weiterhin an den Portugiesen vorbei über die bestehenden swahili-arabischen Kontakte geschmuggelt wurden. Und selbst von den offiziellen Einnahmen fanden nur Anteile davon ihren Weg nach Lissabon. Korruption und Selbstsucht waren verbreitet, sowohl in Mosambik als auch beim Generalgouverneur von Goa, dem die ostafrikanischen Besitzungen unterstellt waren (rund ¾ des Goldes von Sofala, eigentlich ein königliches Monopol, verschwanden in dieser Zeit aus der Staatskasse).

DIE JESUITEN

Jesuiten stoßen ins Landesinnere vor: Der Mord an Goncalo da Silveira

Erst in der zweiten Hälfte des 16. Jh. unternahmen die Portugiesen ernsthafte Ansätze, auch das Landesinnere zu erkunden, um die Handelsrouten selbst zu kontrollieren. Als Wegbereiter kamen ihnen dabei die Jesuiten durchaus gelegen. Der katholische Orden war bereits in Indien aktiv und drängte nun mit missionarischem Eifer auch in die afrikanischen Besitzungen Portugals.

1560 sandte man drei Pioniere von Indien zum Missionsdienst an die mosambikanische Küste, wo Bruder da Costa und Bruder Fernandes die Küstendörfer mühselig vom Christentum zu überzeugen versuchten. Der 34-jährige **Gonçalo da Silveira** dagegen trachtete nach größeren Taten. Er setzte sich in den Kopf, direkt im legendären Goldreich Mwene Mutapa zu missionieren und reiste in einem Boot den Sambesi flussaufwärts bis nach Sena. Hier musste er sechs Wochen auf die Genehmigung zur Weiterreise nach Mwene Mutapa warten, wobei er nicht untätig blieb und unterdessen 400 Sklaven zum Christentum bekehrte. Anschließend bewältigte er die 800 km lange, unbekannte Strecke zum Hof Mwene Mutapas ganz allein zu Fuß.

Drei Jesuiten wollen Mosambik bekehren

Am Weihnachtstag 1560 erreichte er die Hauptstadt und wurde von seinem Landsmann, dem Abenteurer Antonio Caido empfangen, der als Hofberater Einfluss erlangt hatte. Zunächst stand Silveiras Mission unter einem glücklichen Stern. Er beeindruckte den Herrscher derart, dass sich dieser mit seiner Mutter taufen ließ und den Missionar dafür mit 100 Rindern beschenkte. Silveira ließ das Fleisch der geschlachteten Tiere an das Volk verteilen. Soviel Großzügigkeit machte Silveira äußerst populär und seine neue Religion bekam großen Zulauf. Dadurch wuchs der beliebte Priester aber auch zu einer Bedrohung für die arabischen Händler in Mwene Mutapa heran. Sie schützten ihre Interessen, indem sie bei den Afrikanern Misstrauen und Ängste schürten, bezichtigten Silveira der Spionage für eine geplante portugiesische Invasion und schrieben ihm dunkle Zauberkräfte zu. Ebenso schnell, wie Silveira die Herzen der Menschen gewonnen hatte, kehrte sich die Stimmung nun gegen ihn. Nicht einmal drei Monate nach seiner Ankunft plagten den feurigen Priester Todesahnungen. Bereitwillig fügte er sich in sein Märtyrerschicksal, obwohl er zu diesem Zeitpunkt noch hätte abreisen können. Er wehrte sich auch nicht, als vereinbart wurde, dass der Priester vor Sonnenaufgang des 16. März sterben müsse, sondern hielt eine letzte Messe und übergab seine Habseligkeiten Antonio Caido. Silveira wurde nachts in seiner Hütte erdrosselt und die Leiche in einen Fluss geworfen.

Silveira am Hof von Mwene Mutapa

Beginnendes Unheil

Der Priestermord

Mit diesem Mord siegten einmal mehr die Muslime über die Portugiesen, und mit einem verbalen Ansturm der Entrüstung begegnete Portugal der Bluttat. Für Jahrzehnte traute sich kein Priester mehr ins Landesinnere, und die Jesuiten mussten ihr Engagement – nachdem auch die Küstendörfer wieder zu ihrem traditionellen Glauben zurückkehrten – als gescheitert betrachten.

GESCHICHTE — MWENE MUTAPA

Portugals Rachefeldzug scheitert kläglich

Erst Jahre später mobilisierte das Mutterland einen Rachefeldzug. 1568 bestieg ein 14-jähriger den Thron, der einmal unter dem Namen "Sebastião der Afrikaner" in die Geschichte eingehen sollte. Dem jungen König gefiel die Vorstellung, mit der vermeintlichen moralischen Rechtfertigung gleich das gesamte legendäre Goldland von Mwene Mutapa zu erobern. Er träumte von blühenden Kolonien mit unermesslichem Goldreichtum und missionierten Glaubensbrüdern in Afrika. Rund 1000 goldhungrige Glücksritter verließen unter **Francisco Barreto**s Führung im April 1569 Lissabon, um nach langen Vorbereitungen und etlichen Verzögerungen am 17. Dezember 1571 in Sena am Sambesi einzumarschieren. Von hier aus wurden Unterhändler nach Mwene Mutapa gesandt. Während die Strafexpedition inmitten der heißen Regenzeit auf eine Antwort wartete, fielen die Soldaten und ihre Pferde reihenweise der Malaria und den Tsetsefliegen zum Opfer. Das rätselhafte Massensterben löste Panik aus, und schnell wurden die ansässigen arabischen Händler finsterer Machenschaften bezichtigt. Bald entluden sich Angst und Panik in roher Gewalt; die Soldaten überfielen ansässige Dörfer und nahmen die Muslime in Gefangenschaft. Jeden Tag töteten sie nun zwei Gefangene mit unvorstellbarer Grausamkeit. Die Opfer wurden gepfählt, zerstückelt, als lebende Zielscheiben verwendet. Als dieser grausige Zeitvertreib mit dem Tod der letzten Araber endete und die Unterhändler noch immer nicht zurückgekehrt waren, setzte sich die Expedition im Juli 1572 in Bewegung. Acht Monate hatten die Portugiesen in Sena gewütet, nun kämpften sie sich mühsam mit mehr als 2000 Trägersklaven und 30 Ochsenwagen den Sambesi flussaufwärts. Kaum mehr 650 Mann, darunter zahlreiche Kranke, zählte die einst 1000 Mann starke Truppe. Als sich der Weg vom Sambesi abwandte, wurden auch die Kranken zurückgelassen. Noch bevor die Portugiesen das Goldland erreichten, stellte sich ihnen eine 16 000-Mann starke Armee in den Weg. Trotz ihrer waffentechnischen Überlegenheit, mit der die Europäer 4000 Afrikaner töteten, kam ihr Vormarsch kläglich zum Erliegen. Eilig wurde zum Rückzug geblasen, und nur 180 Portugiesen kehrten lebend nach Sena zurück. Dort stieß Barreto auf die Unterhändler aus Mwene Mutapa und stellte trotz seiner eher misslichen Lage provokant die Forderung, Mwene Mutapa müsse sich den Portugiesen öffnen und den arabischen Einfluss reduzieren. Überraschenderweise stimmte der König zu. Hatte er die militärische Stärke der Europäer überschätzt oder wusste er nur zu gut, dass Barreto diese Zusage unmöglich würde kontrollieren können? Noch bis Dezember 1573 harrten portugiesische Soldaten in Sena aus, wo unterdessen Francisco Barreto verstarb, ohne einen Fuß in das mystische Goldland gesetzt und den Tod Silveiras gesühnt zu haben. Portugal rief schließlich die Strafexpedition zurück und musste wieder einmal einen schweren Misserfolg einräumen.

Noch einmal wurde nachgesetzt: Barretos Nachfolger **Vasco Fernandes Homem** stellte eine Truppe zusammen und folgte von Sofala dem Lauf des Buzi flussaufwärts. Von Anfang an gab es Schwierigkeiten. Regengüsse behinderten das Vorankommen, die ansässige Bevölkerung war feindlich

1000 Mann auf Strafexpedition

Der Horror von Sena – bestialischer Mord an den Muslimen

Niederlage und Flucht

Der zweite Versuch

gesinnt, zahlreiche Deserteure schmälerten die Einheit. Dennoch erreichte Homem die Goldfelder in den Bergen von Manicaland. Erstmals konnte ein Portugiese eigenständig afrikanische Goldabbaugebiete untersuchen. Doch Homem blieb kaum Zeit dazu, denn der Herrscher von Mwene Mutapa hatte seine Armee nach Manicaland ausgeschickt, was die Portugiesen zur unmittelbaren Flucht an die Küste veranlasste.

Oben: Portugiesische Inschrift von 1791

Die Erfolge auf Seiten Portugals waren nach all diesen Aktionen reichlich dürftig. Es war zu einer ersten, allerdings nichtssagenden Vereinbarung zwischen Mwene Mutapa und Barreto gekommen, und Homem hatte die Goldlager von Manicaland entdeckt. Dagegen standen Tausende Tote, keinerlei Machtausweitung, keine Sühne für den getöteten Priester, kein Erschließen von Handelswegen, keine Verbesserungen in den Beziehungen zu Afrikanern und Arabern. Ein einziges Desaster.

Langsamer Niedergang von Mwene Mutapa

Unverhohlen setzten die Portugiesen weiterhin alles daran, die Macht und Einheit von Mwene Mutapa aufzuweichen. Sukzessive dehnten sie nun ihren wirtschaftlichen Einfluss aus. Bereits 1575 trafen sie mit dem Herrscher über das Goldland eine Vereinbarung, die den Portugiesen Schürfrechte und den Zugang zum Handel sowie das Errichten von Kirchen in Mwene Mutapa zugestand. Verstärkt mischten sie sich in innenpolitische Entscheidungen ein, und als sich der schwache Herrscher Gatsi Rusere von afrikanischen Feinden bedroht sah, bezahlte er für den portugiesischen Beistand einen hohen Preis. Mit dem Vertrag von 1607 gingen die Gold-, Kupfer- und Eisenminen Mwene Mutapas in die Hände Portugals über. Außerdem verpflichtete sich der Herrscher, einen Teil seiner Kinder nach katholischem Glauben erziehen zu lassen. Spätestens von da an hielten sich die Portugiesen nicht mehr als Gäste am Hofe von Mwene Mutapa auf, sondern kontrollierten den afrikanischen Staat. Gatsi Ruseres Nachfolger **Kapararidze** (auch Capranzine genannt) kam 1628 an die Macht und stand den Europäern von Anbeginn an feindselig gegenüber. Die Fronten verhärteten sich, Portugal verweigerte die üblichen Tributzahlungen an den Herrscher, es kam zum offenen Bruch zwischen den Parteien. Am Ende verjagten die Portugiesen den aufmüpfigen Herrscher und ersetzten ihn 1629 durch den christianisierten **Marionettenkönig Mavura**. Doch die Ruhe hielt nicht lange vor, denn schon zwei Jahre später kehrte Kapararidze zurück, erkämpfte sich den Thron und führte einen fürchterlichen Vergeltungszug, der hunderten Portugiesen und Tausenden ihrer afrikanischen Gefolgsleute das Leben kostete. Dieses allgemeine Chaos nützten wiederum die an der Küste ansässigen Maravi, um die Hafenstadt Quelimane einzunehmen. Portugal sandte nun eiligst die dringend benötigte Verstärkung. 2000 Soldaten unter **Sousa de Menesis** eroberten

Portugal luchst Mwene Mutapa die Goldrechte ab

Intrigenspiel und Kampf um den Thron

GESCHICHTE   CHANGAMIRE

Die Portugiesen setzen sich durch

Quelimane zurück und zogen landeinwärts. Sie zerschlugen Kapararidzes Armee, installierten anstelle des flüchtigen Herrschers erneut einen Marionettenkönig und gründeten eine ganze Reihe fester Handelsniederlassungen im Karangahochland. Damit stabilisierten sie die Region und festigten ihre erweiterte Macht, die für die folgenden rund 60 Jahre einen relativ friedlichen wirtschaftlichen Aufschwung brachte.

Der friedlichen Periode folgt neues Unheil

Nie waren Macht und Einfluss der Portugiesen größer gewesen. Mwene Mutapas Herrscher waren zu Vasallen degradiert worden, und die Changamire wurden durch Zölle ruhig gestellt. Erste Anzeichen heranziehenden Unheils zeigte die Inthronisierung von **Nyakambiro** als Nachfolger des 1669 gestorbenen Königs Mukombwe. Wunschnachfolger der Portugiesen wäre dessen Bruder Mhande gewesen. Nyakambiro misstraute den Portugiesen und suchte Bündnisse mit den Changamire. Mit einer gehörigen Portion Selbstüberschätzung stellten die Portugiesen mit einem Mal

Die Portugiesen provozieren die Changamire

provokativ die Abgabe von Zöllen an die Changamire ein. **Dombo**, der Herrscher über das Changamire-Reich, war erzürnt und sann auf Rache. Zunächst waren seine Kräfte gebunden, weil er sich im Westen das Torwa-Reich einverleibte und zusammen mit dem Changamire-Reich zum neuen **Rozwi-Staat** vereinte. Doch 1693 schlug er zu, indem er die portugiesischen Handelsplätze im Hochland attackierte. Die Portugiesen behaupteten später, ihre Niederlassungen, wie Dambarare nahe dem heutigen Harare (Zimbabwe), seien völlig zerstört, Kirchen geschändet und viele Bewohner

...und werden aus dem Hochland wieder vertrieben

grausam zu Tode gefoltert worden. Neuere Ausgrabungen und Untersuchungen der Ruinenstätten können diese These allerdings nicht bestätigen. Dennoch führten die Berichte damals zur Massenflucht der Portugiesen aus dem afrikanischen Hochland. Die meisten suchten Zuflucht in den Siedlungen Tete und Sena am Sambesi. Die Changamire überrannten das Hochland und setzten den Fliehenden bis an die Stadtgrenzen von Tete nach. Zum Glück für die Bewohner Tetes starb dort unerwartet der Changamire-König und hinterließ eine uneinige Nachfolgerschaft, der herausragende Führungspersönlichkeiten fehlten. So verpuffte die Kraft der Changamire-Invasion vor den Toren Tetes.

Unrühmliches Ende des legendären Goldlandes Mwene Mutapa

Die unerwartete Schwäche der Changamire-Rozwi-Dynastie erkannte auch der zu kurz gekommene Anwärter auf den Thron Mwene Mutapas, **Mhande**. Erfolgreich verjagte er seinen Bruder Nyakambiro, musste jedoch akzeptieren, dass die Changamire diejenigen Teile seines Staatsgebietes, aus denen sie die Portugiesen vertrieben hatten, annektierten. Unter König Mhande verkümmerte der geschrumpfte Rest des einst mächtigen Goldlandes Mwene Mutapa zusehends, wurde schließlich in niedere Regionen am Sambesi abgedrängt und verfiel schließlich in völlige Bedeutungslosigkeit.

Die Changamire setzen sich durch

Die Changamire- bzw. Rozwi-Dynastie regierte dagegen für die nächsten 150 Jahre uneingeschränkt über das Hochland. Die damals etablierten Grenzen zwischen ihrem Einflussgebiet und dem der Portugiesen wurden später von den Kolonialmächten übernommen und gelten bis heute als westliche Landesgrenzen Mosambiks.

SULTANAT OMAN

Bedrohung durch neue Seemächte

Parallel zu den Ereignissen im Landesinneren Afrikas gerieten die Portugiesen auch vom Indischen Ozean her in Bedrängnis. Hatten sie bis zum Ende des 16. Jh. unangefochten die ostafrikanische Küste beherrscht, so sahen sie sich nun von den aufblühenden Seemächten Holland und England bedroht. Die Europäer lauerten darauf, den lukrativen Handel mit Ostindien an sich zu reißen und sandten ihre Flotten aus, um portugiesische Handelswege auszukundschaften und deren Überseebesitzungen zu annektieren. Die 1602 gegründete Niederländische Ostindiengesellschaft beraubte Portugal in wenigen Jahren um die meisten seiner asiatischen Besitzungen. Auch die Holländer hatten den Wert der afrikanischen Küstenniederlassungen als Stützpunkte für den langen Seeweg erkannt und überfielen sie der Reihe nach. Die schwachen portugiesischen Einheiten waren ihnen dabei meist unterlegen. 1607 versuchten die Holländer Ilha de Moçambique zu erstürmen. Sechs Wochen lang belagerten sie die wichtigste Siedlung der Portugiesen, waren aber trotz ihrer Übermacht nicht in der Lage, die mächtigen Fortanlagen zu erobern. Nach diesem Kräftemessen ließen sie von den portugiesischen Besitzungen in Mosambik ab, besetzten aber nördliche Handelsmetropolen, wie Mombasa, und zahlreiche Inseln im Indischen Ozean. Erst in den 1630er Jahren kehrte mit einer Reihe bilateraler Verträge, bei denen Portugals Ansprüche bestätigt wurden, die politische Stabilität am ostafrikanischen Küstenstreifen zurück.

England und Holland wollen auch einen Teil vom Kuchen

Vergebliche Belagerung

Die Ruhe währte allerdings nicht lange. Neue Bedrohung zog vom **Sultanat Oman** herauf, das wirtschaftlich aufblühte und sich ab 1652 zunehmend an der ostafrikanischen Küste engagierte. Jahrzehntelang rang Oman mit den Portugiesen um Macht und Einfluss in den Küstenstädten. 1671 hielt das massive Fort auf Ilha de Moçambique einer Belagerung der Omanis stand, während Mombasa fiel und 1000 Portugiesen dabei den Tod fanden. Portugal leitete damals den Rückzug auf Küstenregionen innerhalb der heutigen Grenzen Mosambiks ein und überließ den Norden dem Sultan von Oman. Diese Entscheidung wurde auch durch das portugiesische Engagement in Brasilien begründet, dem am Hofe Lissabons Vorrang gegenüber den afrikanischen Interessen eingeräumt wurde.

Die Omanis erobern Teile der ostafrikanischen Küste

Das 17. Jh.: Epoche der Glücksritter & Prazos

Mit der Zeit etablierten sich in den afrikanischen Besitzungen zwei unabhängige europäische Bevölkerungskreise. Zum einen gab es die offiziellen Streitkräfte und Verwaltungsbeamten, welche der portugiesischen Krone unterstanden. Daneben strömten zahlreiche Individuen ins Land, die den Kontakt zu ihren Landsleuten aus allerlei Beweggründen minimierten und sich rasch über das Hinterland ausbreiteten. Unterschiedlichste Schicksale hatten sie an die mosambikanische Küste gebracht – mal waren es Abenteurer und Glücksritter, die hier große Reichtümer zu entdecken hofften, mitunter auch Kriminelle und Schiffbrüchige. Die meisten galten als kauzige Einzelgänger ohne Bildung und ohne hoch gesteckte Lebensziele. Sie waren des Lebens in Europa überdrüssig und suchten ein bequemes oder bescheidenes Auskommen in Afrika. Diese Männer heirateten in afrikanische

GESCHICHTE — PRAZOS

Familien ein, wurden Teil dieser Gesellschaftsstruktur und fungierten oftmals als lokale Chiefs. Viele von ihnen waren weit gereist und kannten sich gut im Hinterland aus. Dieses Wissen galt als unschätzbarer kommerzieller Wert, weil es ihre Handelsmonopole und Machtstrukturen sicherte. So hütete ein jeder seine Landeskenntnisse wie ein Geheimnis. Forscher- und Entdeckerruhm, wie später in britischen Kreisen, waren diesen Desperados fremd. Ihre Nachkommen, die Mischlinge, bildeten später die Mittelschicht zwischen den rechtlosen Afrikanern und den entfremdeten portugiesischen Landesherren.

Prazos
Königliche Lehen mit machtvollen Befugnissen

Im 17. Jh. installierte Portugal ein in der Welt einzigartiges Feudalsystem, welches für rund 300 Jahre weite Gebiete Mosambiks prägen sollte. Hintergrund dieser königlichen, vererbbaren Lehen war der Versuch, eine Mindestverwaltung und infrastrukturelle Entwicklung ohne staatlichen Aufwand in Gang zu setzen, um das Landesinnere wirtschaftlich zu erschließen und politisch zu kontrollieren. Also vergab die portugiesische Krone so genannte **Prazos**, d. h. Bodenkonzessionen über unentwickelte Ländereien, an verdiente Staatsdiener, ehemalige Soldaten und deren Witwen, einflussreiche Händler und Mitglieder der Jesuiten und Dominikaner. Die Prazeiros (Besitzer der Prazos) verpflichteten sich offiziell, Wege und Fortanlagen auf ihren Besitzungen instand zu halten, Verteidigungsstreitkräfte bereit zu stellen und Verwaltungsaufgaben zu übernehmen. Im Gegenzug gestand die Krone den Prazeiros große Freiheiten zu. Das königliche Angebot galt als ausgesprochen attraktiv. In die afrikanische Gesellschaft fügte sich das dem traditionellen Chieftainship ähnliche System gut ein und sicherte die neuen Herren zugleich gegen etwaige Landansprüche der Afrikaner ab. Rasch sprossen die Prazos entlang der Küste und dem Sambesi wie Pilze aus dem Boden und schufen eine neue Gutsbesitzerklasse.

Manche Prazos waren bis zu 50 000 km² groß

Die Prazos sollen junge Männer nach Mosambik locken

Ungewöhnlich war die Erbfolge der Prazos, konnten sie doch nicht vom Vater auf den Sohn, sondern nur mütterlicherseits auf die Töchter vererbt werden. Wohlhabende Witwen und Erbinnen sollten nämlich möglichst viele Einwanderer aus dem Mutterland anlocken. Insgesamt durfte ein Prazo auch nur für drei Generationen innerhalb einer Familie bleiben, um zu verhindern, dass einzelne Familien zu mächtig würden. Beide Absichten misslangen. Durch geschickte Ehebündnisse zwischen einflussreichen Familien entstanden einige unermesslich reiche Familiendynastien (z. B. die Pereiras und Bayaos). Ihre Verpflichtungen gegenüber Krone und Volk größtenteils missachtend, schufen die Prazeiros autarke Ministaaten und herrschten als korrupte, despotische Landlords. Ähnlich dem mittelalterlichen Adel in Europa beuteten sie das Volk schamlos aus.

Uneingeschränkte Herrschaft über ihre afrikanischen Ländereien

Die meisten Prazeiros lebten vom Handel und damit verbundenen Zöllen; Landwirtschaft wurde nur auf wenigen Prazos betrieben. Weit verbreitet waren Tributzahlungen, zu denen der Prazeiro grundsätzlich alle Personen, die sich auf seinem Prazo aufhielten, verpflichtete. Diese Zahlungen erfolgten meist in Naturalien, wie Elfenbein, Salz, Baumwolle und Öl. Anstatt die Landesentwicklung verantwortungsvoll voranzutreiben, residierten die Prazeiros auf ihren geschützten Gütern und pflegten den privilegierten Müßiggang.

SKLAVENHANDEL

Im Laufe der Zeit „afrikanisierten" sich die portugiesischen Landesherren. Nachdem europäische Frauen ausgesprochen selten blieben, hielten sich die Prazeiros zahlreiche afrikanische Konkubinen und Prostituierte. Mischlingskinder sahen die Portugiesen als ihre Nachkommen an, die afrikanischen Frauen wurden dagegen selten als gleichwertige Lebenspartner anerkannt. Die massive ethnische Vermischung blieb nicht folgenlos. Immer stärker legten die Portugiesen ihre europäischen Gepflogenheiten und Bräuche ab, und übernahmen als Mitglieder der afrikanischen Gesellschaft die Funktion von afrikanischen Chiefs bzw. Herrschern. Mitte des 19. Jh. sprachen die meisten von ihnen kaum noch fließend Portugiesisch. Entsprechend eigenmächtig wurden ihre Handlungen. Das offizielle Gesetz, wonach auf Prazos entdecktes Gold oder Silber der portugiesischen Krone gehört, wurde weitgehend ignoriert. Die Prazeiros errichteten regelrechte Festungsanlagen und hielten waffenstarke eigene Armeen. Ihrem Heimatland fühlten sie sich kaum mehr verbunden und ordneten portugiesische Interessen den eigenen unter. So widersetzten sie sich auch hartnäckig dem Ende der Sklaverei im 19. Jh. Ungefähr ab dieser Zeit versuchte Portugal das misslungene Modell abzuschaffen, was jedoch endgültig erst in den 30er Jahren des 20. Jh. gelang.

Das 18. Jh.: Das Jahrhundert der Sklaverei

Sklavenhandel wurde an der ostafrikanischen Küste bereits seit Jahrhunderten betrieben, allerdings in einem kleineren Umfang. Zu einem menschenverachtenden Mammutunternehmen pervertierten erst die Europäer den lukrativen Menschenhandel. Schon bald nachdem sie sich in Afrika festgesetzt hatten, begannen die Portugiesen mit der Deportation von Sklaven aus Westafrika. Um 1550 galt jeder 10. Einwohner Lissabons als Sklave. Die ostafrikanischen Besitzungen blieben aber wegen des langen Seewegs noch lange vom organisierten portugiesischen Sklavenhandel verschont. Dort setzte er erst um 1730 ein, als die Franzosen für ihre Plantagen auf Reunion und Mauritius billige Arbeitskräfte benötigten. Bis 1760 wurden schätzungsweise

> **Menschenfresserei am Sambesi?**
>
> Gruselige Menschenfresser-Geschichten entbehren in Afrika entgegen der landläufigen Ansicht zumeist jeglichem Wahrheitsgehalt. Es hat allerdings am Sambesi im 16. Jh. eine derartige Häufung von Berichten gegeben, dass dort vermutlich tatsächlich ein Volk namens Zimba Kannibalismus pflegte. Um 1560 sollen die Zimba erstmals die portugiesische Ansiedlung Tete attackiert haben, und auch in den folgenden Jahrzehnten immer wieder Dörfer überfallen und die überwältigten Opfer verspeist haben. Als grausiger Höhepunkt gilt die Schlacht bei Sena im Jahre 1592. Ein bedrohter Dorfhäuptling hatte die Portugiesen um Hilfe gerufen. Andre de Santiago, der mit einer kleinen Gruppe auszog, fand dort eine gut hinter Palisaden geschützte Zimba-Übermacht vor und sandte eilig um Verstärkung. Etwa 100 Portugiesen und Mulatten machten sich von Sena auf den Weg, wobei sie sich, wie damals üblich, in Machilas (Hängematten) tragen ließen. Unterwegs wurde die Karawane von den Zimba überfallen. Die Träger flüchteten in Panik, und die wehrlosen Portugiesen und Mulatten wurden ohne Gegenwehr niedergemetzelt. An diesem Abend sollen die Zimba ein ausgelassenes Festmahl genossen haben, während Andre de Santiago mit seinen Männern in auswegloser Lage einen verzweifelten nächtlichen Ausbruch aus ihrem Versteck wagte. Portugiesischen Berichten zufolge wurden sie dabei entdeckt, überwältigt und anschließend ebenfalls verspeist. 130 Portugiesen und Mulatten sollen den Zimba damals zum Opfer gefallen sein.
>
> Im Nachhinein lässt sich kaum beurteilen, ob dieser Bericht der Wahrheit entspricht, oder ob den Portugiesen möglicherweise überzogene Gräuelgeschichten zweckdienlich waren, um Neugierige und Abenteurer fernzuhalten.

GESCHICHTE — SKLAVENHANDEL

Sklaven-handel	1000 Sklaven jährlich von mosambikanischen Häfen abtransportiert. Danach schnellte die Zahl sprunghaft in die Höhe auf mindestens 20 000 Sklaven pro Jahr. Quelimane galt als größter Sklavenumschlagplatz an der Küste Ostafrikas. Neben den französischen Inseln im Indischen Ozean wurden auch die eigenen Landsleute in Brasilien beliefert. Das höchst einträchtige Geschäft wurde damals von Portugiesen, Indern und Arabern gleichermaßen abgewickelt.
England zwingt Portugal zur Abkehr von der Sklaverei	Auf Druck seiner humanistisch gesinnten Bevölkerung schaffte Großbritannien 1772 als erstes beteiligtes Land die Sklaverei auf seinem Staatsgebiet und 1807 in den britischen Kolonien ab. Um 1834 begannen die Briten mit der Rückführung befreiter Sklaven und gingen vehement gegen andere europäische Staaten vor, die weiterhin am Sklavenhandel festhielten. Zwei Jahre später sahen sich die Portugiesen gezwungen, die Sklaverei offiziell zu verbieten. Englische Schiffe patrouillierten entlang der mosambikanischen Küste, während die entrüsteten Händler keineswegs bereit waren, das
Die Händler umgehen das Verbot	Sklavengeschäft aufzugeben. Rasch verlagerten sie den Handel auf unbekannte Häfen, wie Inhambane und die Insel Ibo. Korrupte Staatsdiener halfen, ein dichtes Schwarzmarktnetz aufzubauen. Sklaven für französische Baumwollplantagen deklarierte man in den Listen fortan als „Auswanderer". Das grausame Geschäft lief weiter bis Ende des 19. Jh.; manche Quellen besagen, dass es nach dem offiziellen Handelsverbot erst seine größten Ausmaße annahm. Nach Hochrechnungen wurden allein im 18. Jh. rund 1 Million Sklaven aus Mosambik verschleppt. Im Übrigen waren auch im 20. Jh. noch Sklaverei-ähnliche Zustände in Mosambik verbreitet. Nur nannten die Portugiesen diese Zwangsarbeit nun Chibalo.
Oben: Im Fortaleza von Maputo erinnert diese Reliefarbeit an die koloniale Vergangenheit	

SKLAVENHANDEL

Neben dem Sklavenhandel zeichnete sich das Gebiet des heutigen Mosambik im 18. Jh. durch einen allgemeinen Verfall aus. Sowohl wirtschaftlich als auch moralisch war das Land nach zahlreichen Kriegshandlungen und Gebietsstreitigkeiten ausgezehrt. Chaos und Plünderungen zeigten ihre Wirkung; in diesen gewalttätigen Zeiten regierte das Gesetz des Stärkeren. In den ersten 30 Jahren des Jahrhunderts unternahm Portugal vergebliche Versuche, die an das Sultanat Oman verlorenen Küstenstädte im Norden wieder einzunehmen. Erst der arabisch-portugiesische Vertrag von 1752 legte die bis heute gültige Landesgrenze am Rio Rovuma in Cabo Delgado fest. Im selben Jahr löste Lissabon endlich die unselige Bindung an den Generalgouverneur von Goa, dem Mosambik bis dahin unterstand. Die afrikanische Kolonie wurde direkt der portugiesischen Krone unterstellt, als Gouverneur der durchsetzungsfähige Francisco de Melo de Castro eingesetzt und ein neuer Verwaltungsapparat aufgebaut. Böse Zungen sagen, nur die drohende Übernahme Mosambiks durch seine starken arabischen Nachbarn habe Portugal zu diesen Aktionen veranlasst.

Portugiesisch-Ostafrika wird eigenständige Überseeprovinz

Auf alle Fälle versuchte das Mutterland in den 1750er Jahren gegen die Schlamperei, Gesetzlosigkeit und Korruption in Mosambik vorzugehen. Dabei wurden auch die Jesuiten aus Mosambik vertrieben und ihre durch geschickten Gold- und Elfenbeinhandel angehäuften Reichtümer konfisziert. Dennoch blieb das Engagement in Mosambik für Portugal wirtschaftlich enttäuschend. Nachdem das Land die meisten seiner asiatischen Besitzungen an Holland hatte abtreten müssen, verlor Mosambik auch seine bisherige Bedeutung als Stützpunkt für den Seeweg. Vielversprechender schienen die Bemühungen im florierenden Brasilien, so dass Mosambik bald wieder ins Hintertreffen geriet. Die finanziellen Aufwendungen blieben minimal, und die bisherige Lethargie breitete sich wieder aus.

Lissabon engagiert sich vorübergehend, wendet sich dann aber Brasilien zu

Erst im letzten Jahrzehnt des 18. Jh. lenkten neue Machtverhältnisse Portugals Augenmerk wieder auf Mosambik und das Innere Afrikas. Es wuchs die Gefahr, die aufstrebenden Briten könnten von ihren Kolonien in Nordafrika und der südafrikanischen Kapprovinz einen Keil zwischen die beiden portugiesischen Besitzungen Angola und Mosambik treiben. Noch war Innerafrika gänzlich unerforscht, doch wollte Portugal möglichen britischen Ambitionen rechtzeitig durch eigene Entdeckungsreisen und Besitzansprüche zuvorkommen. Der neue mosambikanische Gouverneur Lacerda wurde mit einem ausdrücklichen königlichen Auftrag zur Ausweitung portugiesischen Einflussgebietes ausgestattet. 1798 tauchte in Tete der Händler Concalo Caetano Pereira auf, der in den Jahren zuvor mit seinem Sohn bis in das Lunda-Königreich Kazembe am Mwerusee (heute Sambia) gelangt war. Lacerda nahm Pereira als Führer und startete persönlich die erste portugiesische Expedition ins Landesinnere seit fast 300 Jahren. Das Ziel, auf dem Landweg nach Angola zu reisen, missglückte, weil Lacerda am Hof Kazembes verstarb. Pereira und die anderen Expeditionsteilnehmer wurden dort mehrere Monate festgehalten. Die Weiterreise nach Angola blieb ihnen verwehrt, aber sie konnten schließlich wohlbehalten nach Tete zurückkehren. Immerhin führte Lacerdas Expedition zu Handelskontakten (u. a. auch Sklavenhandel) mit den Herrschern von Kazembe.

Gouverneur Lacerda *und die Expedition zum Königreich Kazembe*

GESCHICHTE — DIFAQANE

Das 19. Jh: Europa teilt Afrika wie einen Kuchen unter sich auf

Schwere Dürrejahre, die bereits 1794 einsetzten, lösten zu Beginn des 19. Jh. verheerende Hungersnöte und Flüchtlingswellen im mosambikanischen Tiefland aus. Tausende Menschen verließen ihre Heimat auf der Suche nach fruchtbarem Boden und Nahrung. Das weitflächige Chaos verschlimmerte sich mit dem Einsetzen einer neuen Dürreperiode zwischen 1817 und 1832. In diese Zeit fällt die als *Difaqane* oder *Mfecane* bezeichnete Epoche großer Umwälzungen und **Völkerverschiebungen** (ca. 1820 - 1840 n. Chr.), die von den Zulu aus Natal (Südafrika) ausgelöst wurde. Das Vordringen der Buren, die sich im Land der Zulu niederließen, führte zu Bevölkerungsdruck und Landknappheit. Was mit Plünderungen und Raubzügen um Vieh und Land begann, weitete sich 1818 zu einem großen Stammeskrieg der Ngoni-Zulu aus. Der grausame Herrscher **Shaka Zulu**, der als genialer Kampfstratege in die Geschichte einging, führte völlig neue Kriegstechniken und Waffen ein. Unter seiner Führung wurde der Zulustaat die mächtigste Militärmacht im südlichen Afrika, die sich allerdings bald aufspaltete und die ganze Region in ein blutiges Chaos stürzte. Vor diesem verheerenden Krieg flohen immer mehr Menschen nach Norden und Westen. Auf ihrer Flucht formierten sie sich zu neuen Einheiten, die Krieg und Plünderung weitertrugen. In mehreren Wellen fegten in den nächsten 20 Jahren verschiedene marodierende Volksgruppen über das südliche Afrika hinweg; die Ausläufer dieser Völkerverschiebung waren bis Ostafrika spürbar.

In das heutige Gebiet von Mosambik drangen die Zulu-Armeen aus dem Ndandwe- und Swazireich ein und trieben die wehrlose Bevölkerung vor sich her. 1824 attackierten Nxaba-Ngoni-Soldaten, die aus den Zuluverbänden hervorgegangen waren, die portugiesische Küstenstadt Inhambane. In den nächsten Jahren eroberten sie Manicaland im westlichen Hochland und zogen durch die Gorongosa-Region weiter nach Nordosten. 1836 plünderten sie Sofala, während sich die ansässigen Portugiesen in die Fortanlagen flüchteten. Bevor die Wucht ihrer Angriffe den Portugiesen ernstlich Schaden zufügen konnte, verwickelten sich die Afrikaner untereinander in Fehden und Kriegshandlungen. Der Ngoni-Führer **Soshangane** vertrieb die Nxaba nach Norden und ließ sich schließlich in Manicaland nieder, wo er um 1840 das **Gazareich** gründete. Die Portugiesen verließen ihren alten, isolierten Marktplatz Manica und flüchteten an die Küste. Unter Chief Manicusse fiel eine Gruppe der Gaza-Ngoni in die Sambesiniederungen ein und plünderte die Orte Sena und Shupanga. Die Prazeiros entlang des Sambesi flohen entweder vor den heran stürmenden Armeen oder nutzten die anarchischen Zustände, um fremde, zum Teil verlassene Prazos zu annektieren. Die Sklaverei, vor den Küsten Afrikas längst offiziell untersagt, blühte im chaotischen Landesinneren regelrecht auf. Der brutale Menschenhandel zwischen Portugiesen und Afrikanern, aber auch innerhalb der afrikanischen Volksgruppen, machte die beteiligten Prazeiros skrupellos und menschenverachtend, reich und mächtig. Moralisch gelangte die Kolonie in dieser Zeit vermutlich an ihren Tiefpunkt. Die auf den Prazos verbliebenen Portugiesen waren tief in die dunklen

Difaqane die größte bekannte gewaltsame Völkerverschiebung im südlichen Afrika

Aus den chaotischen Kriegswirren geht das Gazareich hervor

Allerorten Verwüstung, Not und moralischer Verfall

BUREN & BRITEN

Geschäfte mit aufblühendem Sklaven- und Elfenbeinhandel verstrickt. Hier war das schnelle Geld zu machen. Nachdem die Machtstrukturen einmal geklärt waren – hier die Prazeiros und das selbstbewusste Königreich Gaza, an den Küsten die Soldaten und Verwaltungskräfte Portugals – kamen die Fluchtwellen und Kriegshandlungen allmählich zur Ruhe.

Neue Machtblöcke einstehen

Doch waren die beschaulichen Zeiten für Portugal endgültig passé, denn seine Besitzansprüche gerieten nun durch die aufstrebenden Buren in Gefahr. Diese hatten, ursprünglich vom Kap nach Norden ziehend, den Binnenstaat Transvaal gegründet und trachteten nach einem Zugang zum Meer, wie dem nahegelegenen Naturhafen in der Delagoa Bay (Bucht von Maputo). Den Buren folgten sozusagen auf dem Fuße die Briten aus der Kapprovinz. Sie hatten 1820 sogar Anspruch auf den Südteil der Delagoa Bucht erhoben, vor allem, um die Franzosen auf Madagaskar an einer weiteren Ausbreitung auf afrikanischem Festland zu hindern. Keine dieser Nationen schien die jahrhundertealten Ansprüche des schwachen, vor Ort kaum präsenten Portugal anzuerkennen. Der innere Verfall und die militärische Schwäche der Portugiesen in Mosambik war nicht zu übersehen. Doch der kleine Staat wehrte sich nach Kräften und riskierte heftige Dispute und Konfrontationen. Zu einer Klärung zugunsten Portugals kam es erst 1875.

Buren und Briten
Bedrohung für die Portugiesen

Im 19. Jh. interessierten sich erstmals Europäer anderer Nationen mit meist wissenschaftlichen Ambitionen für das mosambikanischen Gebiet. Die Berichte der britischen, italienischen und deutschen Naturforscher, die zwischen 1823 und 1847 das Land bereisten, betonen immer wieder die Gastfreundschaft der Portugiesen. Den größten Eindruck machten allerdings die Erzählungen von Dr. David Livingstone, der zugleich die skrupellosen Machenschaften der Prazeiros aufdeckte und massiv anklagte.

Oben: Kolonialgebäude der Gemeindeverwaltung von Milange

GESCHICHTE   KOLONISIERUNG

David Livingstone *erforscht das Innere Afrikas und ist mehrmals zu Gast bei den Portugiesen*

David Livingstone, der schottische Missionar und größte Entdecker im südlichen Afrika, traf im März 1856 nach fast dreijähriger Reise, die ihn von Südafrika an die Westküste nach Angola und an die Viktoriafälle geführt hatte, in Mosambik ein. Bei seiner Ankunft in Tete eilte ihm der Ruf des ersten Afrikadurchquerers voraus. Obwohl dies nicht ganz der Wahrheit entsprach, brachte Livingstone zumindest als erster genaue Beschreibungen und Berichte aus Innerafrika. Damit lenkte er das öffentliche Interesse Europas auf diese unbekannten Regionen und die portugiesischen Gebiete. Nach seiner Heimkehr wurde er in London von den Massen gefeiert und vom Wirtschaftsadel hofiert. Livingstone war ein gläubiger, friedfertiger Ehrenmann, der sich Zeit seines Lebens dem Kampf gegen die Sklaverei verschrieb. Seine Landeskenntnis und sein naiver Eifer, durch britisches Engagement in Innerafrika die Sklaverei zu unterbinden und den Menschen Gutes zu tun, nutzten die Imperialisten geschickt aus. Als Führer der offiziellen britischen **„Zambezi Expedition"** kehrte Livingstone wenige Jahre später an den Sambesi zurück. Sein Auftrag war, einen schiffbaren Weg nach Innerafrika zu finden, der als Grundlage für den künftigen Handel angesehen wurde. Den Portugiesen waren die britischen Ambitionen keineswegs entgangen und so behinderten sie die Expedition so gut sie konnten, ohne dabei das gastfreundliche Wesen abzulegen. So war der Misserfolg dieser Expedition, bei der Livingstone zwar den Chire River bis zum Malawisee erforschte, jedoch auch eingestehen musste, dass der Sambesi wegen der Cahora Bassa Stromschnellen unschiffbar war, auch durch die Spannungen und Behinderungen seitens der Portugiesen begründet.

...die seinen Forschungsreisen skeptisch gegenüber stehen

Europa zerstückelt Afrika am fernen Verhandlungstisch

In Europa lösten die Entdeckungen der Afrikaforscher einen **Wettlauf um den schwarzen Kontinent** aus. Mit unerhörter Raffgier beeilten sich mehrere Nationen, riesige Gebiete, die ihnen in der Regel größtenteils vollkommen unbekannt waren, an sich zu reißen. König Leopold von Belgien annektierte das riesige Kongogebiet; die Deutschen drängten nach Südwestafrika und Deutsch-Ostafrika, England bohrte einen Keil zwischen die portugiesischen Besitzungen. Daneben tummelten sich die Buren, Italiener und auch Frankreich versuchte, Kolonien zu gründen. Die 1870er und 1880er Jahre standen ganz unter dem hartnäckigen Ringen um afrikanische Gebietsansprüche zwischen den Europäern. Dabei setzten sich am wirkungsvollsten die Briten durch und wuchsen für die trägen Portugiesen rasch zu einer Bedrohung heran. Portugals Chancen, seine beiden Besitzungen miteinander zu verbinden, sanken kontinuierlich. Das schwache Mutterland musste sogar um das eigene Überleben in Afrika bangen.

Epoche der größenwahnsinnigen Imperialisten

Mit Großbritannien war der jahrzehntelange Streit um die Delagoa Bucht, wo die Briten 1820 den Union Jack gehisst hatten, durch die Expansionsgelüste **Cecil Rhodes** erneut entfacht. Dieser hatte sich von der britischen Krone das Recht auf die Gebiete am Sambesi zusprechen lassen, und im Sturm die Kolonien Nord- und Südrhodesien erobert (Sambia und Zimbabwe). Dann stellte er den Portugiesen ein Ultimatum zum Verlassen der Sambesiregion, um den Zugang zum Meer zu erzwingen. Darüber kam es fast zum Krieg. Portugal schickte demonstrativ Kanonenboote den Sambesi hinauf. Sprichwörtlich in letzter Minute einigten sich die Kontrahenten

KOLONISIERUNG

darauf, die Sambesisiedlung Zumbo an der Mündung des Luangwa als westlichen Grenzpunkt des portugiesischen Einflussgebietes anzuerkennen. Im Zuge dieser Einigung gab England seine Ansprüche auf die Delagoa Bucht auf. Die Bucht blieb jedoch eng umschlossen von den Burengebieten. Daraufhin konterte Portugal mit der demonstrativen Verlegung seiner Hauptstadt nach Laurenço Marques (Maputo).

Laurenço Marques wird neue Hauptstadt

Das Shiretal und Nyasaland musste Portugal an Großbritannien abtreten, das dort seit Livingstones Expedition zahlreiche Missionsstationen gegründet hatte. Mit den Deutschen wurde als gemeinsame Grenze die historische Trennung zwischen arabischem und portugiesischen Gebiet, der Fluss Rovuma, festgelegt.

Grenzverhandlungen

Auf der **Berliner Kongo-Konferenz** 1884/85 behauptete Portugal nach zähem Ringen seine historischen Ansprüche auf die Kolonialgebiete. Allerdings verpflichteten die Verhandlungen die Mutterländer zur „sichtbaren Kolonisierung und Eroberung" ihrer Gebiete. Folglich konnte Portugal seine Kolonien nur behalten, wenn es diese tatsächlich als Kolonien verwaltete. Zu keiner Zeit während der ersten 300 Jahre in Mosambik hatten sich die Portugiesen um den Aufbau von Verwaltung oder Infrastruktur bemüht. Demzufolge übten sie auch keine tatsächliche Kontrolle über das Land aus, sondern sicherten sich ihre auf Küstengebiete und den Raum Tete beschränkte Vormachtstellung durch ihre waffentechnische Überlegenheit. Portugal sah sich mit massiven Problemen konfrontiert. Die im Landesinneren herrschenden gesetzlosen Prazeiros beugten sich der neuen Verwaltung teilweise erst nach mehreren Feldzügen.

Portugal behält seine Kolonien, muss aber eine Verwaltung einführen

Die Eroberung des **Königreichs Gaza** zählte zu den größten Herausforderungen für die Portugiesen. Thronfolger des Begründers von Gaza, Soshangane, wurde 1856 König Gungunhana. Zeitlebens hätte er sich lieber den Briten in Rhodesien angeschlossen und blieb den Portugiesen feindselig gesinnt. 1895 stellten diese dem selbstbewussten König ein Ultimatum, und als er darauf nicht einging, drangen drei Kompanien in Gaza ein. Die überlegenen Soldaten brannten die Hauptstadt Manjakazini nieder und sandten den gestürzten König als Gefangenen nach Lissabon, wo er dem Gespött der Öffentlichkeit ausgesetzt wurde. Nach der brutalen Niederschlagung Gazas eroberten die Portugiesen in zähem Kampf das gesamte Sambesi-Tiefland. Über die Yao, Makonde und Makua im Norden Mosambiks erlangten sie jedoch erst zu Beginn des 20. Jh. die Kontrolle.

Zerschlagung des Gazareichs

Nachdem die Einheimischen militärisch unterworfen waren, ging Portugal dazu über, an ausländische Gesellschaften großzügige Konzessionen zu vergeben, wie der Niassa Company, Mozambique Company oder die British Sena Sugar Estates. Die Region südlich des Save Flusses diente dagegen als unerschöpfliches Arbeitskräftereservoir für die Goldminen in Transvaal. An Portugal bezahlten diese Finanzgruppen Pachtgebühren, die sie durch **Zwangsarbeit** (Chibalo) und **Hüttensteuern** bei den Afrikanern eintrieben. Weil nur die Provinzen Gaza, Nampula, Inhambane und Laurenço Marques direkter portugiesischer Verwaltung unterstanden, profitierte das Mutterland auch durch den geringeren Verwaltungsaufwand.

Beginn der Industrialisierung und Monetarisierung, um die Menschen für höchste Profite auszubeuten

GESCHICHTE   DIE WELTKRIEGE

Tausende Wanderarbeiter für die Bergwerke im Land der Buren

Erforderliche infrastrukturelle Maßnahmen, wie Brücken-, Bahn- und Straßenbau, führten die Portugiesen kostensparend durch Rekrutierung von Zwangsarbeitern durch. Und selbst an den rund 15 000 Wanderarbeitern, die jährlich aus Mosambik zu den Minen bei Johannesburg geschickt wurden, verdienten die Kolonialherren. Gesetzlich verankert hatte man diese Diskriminierung durch die 1899 verabschiedete koloniale Arbeitsverordnung, nach der fortan alle Eingeborenen – auch Frauen – zwischen 14 und 60 Jahren unter Arbeitszwang standen und Hüttensteuern bezahlen mussten. De facto lief dies auf moderne Sklaverei hinaus, und viele Afrikaner flüchteten damals aus Mosambik in Nachbarkolonien, die nicht ganz so restriktive Gesetze erließen.

Portugals militärische Schwäche blieb jedoch auch weiterhin augenscheinlich und riskant. Noch bis Ende des Jahrhunderts gab es geheime Verhandlungen zwischen England und Deutschland, in denen eine Aufteilung von Angola und Mosambik erwogen wurde.

Das 20. Jh.: Der lange Weg zur Unabhängigkeit

Portugal überlässt finanzkräftigen Konzessionsgesellschaften das Land

Zu Beginn des 20. Jh. hatte Portugal Mosambik nach seinen Vorstellungen kolonisiert. Nicht etwa die Entwicklung des Landes und seiner Bevölkerung standen dabei im Vordergrund, sondern wie seit Jahrhunderten die wirtschaftliche Ausbeutung mit geringstmöglichem Aufwand. Die wirtschaftlich aufstrebenden Regionen im Inneren Afrikas (Witwatersrand, Rhodesien), benötigten vor allem billige Arbeiter und kurze Transportwege zum Meer. Beidem wurden die Portugiesen in Mosambik willig gerecht. Der infrastrukturelle Ausbau beschränkte sich auf die Transitwege zu den Nachbarkolonien. Die eigene Bevölkerung wurde zahlungskräftigen Minengesellschaften als Billigarbeiter zur Verfügung gestellt. Das Verpachten riesiger Gebiete ersparte eigenes Engagement vor Ort und sicherte regelmäßige Einnahmen. So war die Kolonie ein Konglomerat aus zerpflückten portugiesischen Verwaltungsgebieten und riesigen Konzessionsgebieten in ausländischer Hand. Diese Gesellschaften wurden mit weitreichenden Rechten ausgestattet, wie dem Monopol auf Handel und Verwaltung, Eisenbahnbau und Hafenbetrieb.

Der 1. Weltkrieg

Portugal und seine Kolonien bleiben neutral

1914 brach in Europa der 1. Weltkrieg aus. Mosambiks Nordgrenze lag plötzlich an der Front gegen die befeindeten Deutschen aus Deutschostafrika (Tansania). Hier machte vor allen Dingen der Feldherr General von Lettow-Vorbeck von sich reden, der im November 1917 nach Nordmosambik vordrang. Seine Kriegsgegner, Engländer und Buren, waren den Deutschen hundertfach überlegen. Direkten Kämpfen ging der erfolgreiche Stratege daher geschickt aus dem Weg. Dennoch schmälerten mehrere Niederlagen und eine verheerende Grippewelle die Kompanie auf rund 200 Deutsche und 1500 Askaris. Im September 1918 verließen die Deutschen – verfolgt von den Briten – Mosambik in Richtung Nordrhodesien, wodurch in der portugiesischen Kolonie wieder Ruhe einkehrte.

Während der Aufbaujahre nach Kriegsende versuchte Portugal seinen afrikanischen Kolonien stärkere Freiheiten einzuräumen, um eine eigenständige Entwicklung zu fördern. So sollte eine finanzielle Autonomie ab

DIE WELTKRIEGE

1920 wirtschaftliche Anreize bieten, und die Kolonien konnten fortan Anleihen zur Entwicklung beantragen. Doch in den Kolonien fehlte die Finanzkraft. Mehr als die Hälfte der Haushaltseinnahmen kamen dort aus den Hüttensteuern. Die Landeswährungen verloren nun drastisch an Wert, und nur massive Subventionen des Mutterlandes konnten ein wirtschaftliches Debakel verhindern. Dann überschlugen sich die Ereignisse: Durch einen Militärputsch kam 1926 in Portugal der Faschist **Antonio Salazar** an die Macht und verstärkte sofort seine Kontrolle über die afrikanischen Kolonien. Salazar betrieb eine Politik der totalen Bindung („Was gut ist für Portugal, ist auch gut für Mosambik!") und drückte den Überseebesitzungen seinen Stempel auf. Das Mutterland erhielt fortan ein Handelsmonopol; die Kolonien unterlagen dem Exportzwang ins Mutterland; die Preise wurden staatlich festgesetzt. Erfolgreich löste Salazar die Konzessionen auf und entmachtete die Prazos. Er schickte einen Strom verarmter Bauern aus Portugal in seine Kolonien, um die Landwirtschaft und Leichtindustrie zu fördern. Jeder Frau, die damals aus dem unterentwickelten Portugal in die Kolonien zog, versprach er Vieh und Landbesitz. Die zumeist mittellosen Einwanderer wurden in hübsche Kolonialstädtchen angesiedelt. Gleichzeitig – um seine Vorstellungen vom erzwungenen Reis- und Baumwollanbau durchzusetzen, aber auch um die Einwanderer, die in direkte wirtschaftliche Konkurrenz zu den Afrikanern gerieten, zu bevorzugen – verankerte Salazar nun die Apartheid. So verdiente ein Portugiese bei gleicher Lohnarbeit bis zu 5 mal mehr. 1928 kam es zu einem Vertrag mit der Südafrikanischen Union über die Wanderarbeiter aus Mosambik. Zwei Jahre später beendete Salazars Kolonialakte offiziell die Zwangsarbeit, um sie jedoch gleichzeitig in ein landwirtschaftliches Pflichtprogramm umzuwandeln, nach dem alle Afrikaner zwischen 15 und 60 Jahren sich für sechs Monate pro Jahr zu Hungerlöhnen auf portugiesischen Plantagen verdingen mussten (auch die Charta von 1933 und die Verfassung von 1951 übernahmen später wesentliche Teile dieser diskriminierenden Akte).

Salazars Radikalprogramm zeigte Wirkung. Vor allem der bei der Bevölkerung verhasste **Zwangsanbau von Baumwolle und Reis** vervielfachte deren Produktion zwischen 1930 und 1950. Weil Portugal während des 2. Weltkriegs neutral blieb, erlebte Mosambik durch seine landwirtschaftlichen Exporte in diesen Jahren sogar einen wirtschaftlichen Aufschwung. Dabei litten dennoch große Bevölkerungsteile in den 1940er und 50er Jahren Hunger, weil der Zwangsanbau von „Cash Crops" die zur eigenen Versorgung notwendigen „Food Crops" verdrängt hatte.

Das Ende des 2. Weltkriegs veränderte die politischen und ethischen Anschauungen der Europäer nachhaltig. Genauso stark prägte der lange Krieg die auf Seiten der Alliierten kämpfenden Afrikaner. Zu Tausenden hatten afrikanische Soldaten brüderlich mit den Europäern an der Front gedient. Nach ihrer Rückkehr sah diese Generation berechtigterweise keinen Grund, warum sie nun wieder Menschen zweiter Klasse werden sollten. Überall auf dem schwarzen Kontinent regte sich afrikanisches Nationalbewusstsein, und so gerieten die 1950er Jahre zum Zeichen der allgemeinen Öffnung und sozialen Lockerung in den Kolonien. Wie eine Welle

Der Militärputsch im Mutterland

...wird zur Zwangsjacke für die Kolonien

Salazar verankert die Apartheid

Der 2. Weltkrieg

Neues Gedankengut in der Nachkriegszeit

GESCHICHTE 1950-1960

Um der UNO beizutreten, werden die Kolonien zu Überseeprovinzen

schwappten die Freiheitsträume der Afrikaner von Kolonie zu Kolonie. Angola und Mosambik wurden auffallend spät und nur schwach von diesem Virus ergriffen. Das lässt sich mit dem extrem schlechten Bildungsniveau in den Kolonien erklären und mit der Tatsache, dass aufgrund von Portugals Neutralität keine Angolaner oder Mosambikaner im Krieg gedient hatten.

Auch das portugiesische Mutterland hatte sich nach dem Krieg verändert. Das „Armenhaus Europas" versuchte sich den europäischen Nachbarn anzunähern und der UNO beizutreten. Den Beitritt zu den Vereinten Nationen ermöglichte erst eine Verfassungsänderung, welche die portugiesischen Kolonien zu Überseeprovinzen deklarierte. Diesen musste Lissabon allerdings das Wahlrecht zugestehen. Portugal fand auch diesmal eine heuchlerische Umschreibung für seinen **praktizierten Rassismus**: Das Wahlrecht wurde allen Portugiesen und den Assimilierten in Mosambik und Angola zugestanden. Als assimiliert galten freilich nur Leute, die bestimmte Auflagen erfüllten. Darunter zählten ein europäischer sozialer Status und Lebensstil, Portugiesischkenntnisse in Wort und Schrift sowie durch Führungszeugnisse bescheinigte Loyalität gegenüber dem Mutterland. Kaum 1 % der Bevölkerung konnte diese Bedingungen erfüllen, zumal dafür eine Schulbildung erforderlich war und Portugal den Bildungssektor allein den Kirchen

Geschickt kaschiert ein scheinbar großzügiges Zivilrecht die praktizierte Rassendiskriminierung

überlassen hatte. Assimilierte galten als eine Mittelklasse zwischen den Portugiesen und der breiten afrikanischen Masse. Sie hatten neben dem Stimmrecht ein Anrecht auf gleiche Bezahlung wie Portugiesen und durften sich ohne Passierschein frei im Land bewegen. Die Unterklasse, 99 % der Afrikaner, lebte auf erschreckend niedrigem Niveau und blieb nach wie vor der Ausbeutung durch Zwangsrekrutierung, Zwangsarbeit und zahlreichen Repressalien ausgesetzt. Portugal schreckte nicht vor dem Fälschen von Statistiken und geschönten Umschreibungen zurück, um sein Treiben in Afrika zu rechtfertigen. Da wurden **Zwangsrekrutierte** als freiwillig Angeworbene bezeichnet, so wie man früher Sklaven zu Auswanderern deklariert hatte. Beschränkung der Bewegungsfreiheit von Afrikanern und der Zwang zum Baumwollanbau galten als Erziehungsmodell für einen schrittweise angelegten, sanften Übergang vom ungebildeten Kleinbauerntum zum Bürger einer modernen Industrienation. Die Bildung der afrikanischen Massen wurde dennoch weiterhin vernachlässigt. Nach außen behauptete Portugal stets, in seinen Kolonien bzw. Überseeprovinzen keinen Rassismus wie in den Nachbarkolonien zu pflegen. Doch der einzige Unterschied zu Südafrika oder Rhodesien lag in der portugiesischen Bereitschaft zur Rassenmischung (ein Tabu in britischen Kolonien).

Auch in Mosambik regt sich nun der afrikanische Widerstand

Ende der 1950er Jahre zeigte das portugiesische Modell erste Brüche. Die schwerfälligen Portugiesen reagierten undiplomatisch auf den aufkeimenden Widerspruch der Afrikaner. Angestachelt durch die Freiheitsbewegungen in den Nachbarstaaten kam es zu ersten Krawallen und Unmutsbezeugungen, die auf nahrhaften Boden fielen. Wo Großbritannien Gespräche mit den afrikanischen Nationalisten aufnahm, da mauerte Portugal und zeigte sich demokratischen Ideen gegenüber unzugänglich. Zwar förderte Lissabon endlich den privatwirtschaftlichen Sektor und genehmigte Auslandsinvestitionen, die sozialen Bereiche fristeten aber weiterhin ein Schattendasein.

1960-1970

Im Juni 1960 ereignete sich in **Mueda** ein Massaker, welches im nachhinein als Beginn des Freiheitskampfes angesehen wird. Bei einem offiziellen Treffen zwischen friedlichen Demonstranten und dem portugiesischen Verwalter eröffnete die Kolonialmacht das Feuer und tötete 600 unbewaffnete Afrikaner. In Angola kam es wenig später zum Aufstand, der zwar brutal niedergeschlagen wurde, aber eine **Staatskrise** im Mutterland auslöste. Lissabon reagierte nach der gleichen Methode, mit der sich die Portugiesen schon vor Jahrhunderten alle Chancen zum Dialog verbaut hatten. Die Polizei ging vehement gegen mutmaßliche Widersacher vor, zu denen man besonders die kleine gebildete Elite zählte. Zahlreiche Afrikaner wurden verschleppt, ein friedlicher Übergang in eine gemischtrassige Gesellschaft wurde von Tag zu Tag unwahrscheinlicher. Mit Gewalt versuchte Portugal zu verhindern, was nicht mehr aufzuhalten war: das aufkeimende Selbstbewusstsein der Afrikaner.

Mosambiks Provinzen

Gründung der Frelimo

Mit Unterstützung durch Julius Nyerere, dem ersten Präsidenten im unabhängigen Tansania, schlossen sich drei Widerstandsgruppen 1962 zur **Frelimo** (Frente da Libertaçao de Moçambique/Front zur Befreiung Mosambiks) zusammen. Zum Vorsitzenden wurde **Eduardo Mondlane** aus der Gaza-Provinz gewählt, der nach seiner Schulausbildung bei protestantischen Missionaren in den USA studiert hatte. Die Frelimo durfte im Nachbarstaat Tansania Quartiere und Büros gründen. 1964 begann der bewaffnete Befreiungskampf mit dem Angriff auf eine Garnison in Chai (Cabo Delgado). Durch den starken Rückhalt bei der Bevölkerung und die Rückzugsmöglichkeit nach Tansania errangen die Freiheitskämpfer rasch Erfolge und lösten eine regelrechte Flucht der Kolonialherren in Nordmosambik aus. Die Frelimo ernannte die Gebiete zu „befreiten Regionen und Dörfern", in denen eigene Schulen und Gesundheitszentren eröffnet wurden. Portugal war nicht in der Lage, die Gebiete militärisch zurückzugewinnen. Nachdem Eduardo

Den Frelimo-Schlachtplan von Chai kann man im Revolutionsmuseum von Maputo sehen

GESCHICHTE — DIE UNABHÄNGIGKEIT

Tod Mondlanes und Machtergreifung Samora Machels

Mondlane 1969 von einer Briefbombe getötet wurde, übernahm nach heftigen inneren Streitigkeiten im Mai des folgenden Jahres der ebenfalls aus Gaza stammende **Samora Machel** die Führung der Frelimo. Zu dieser Zeit spitzte sich der Unabhängigkeitskrieg zu und wurde nicht zuletzt durch die Interventionen Chinas und der Sowjetunion ideologisch gefärbt. Als die Kämpfe Tete erreichten, gingen die Portugiesen zum Gegenschlag über. Bei der so gen. **„Operation Gordischer Knoten"** stellten sich 35 000 Soldaten den Widerstandskämpfern entgegen und setzten sogar Napalmbomben ein. Die Frelimo antwortete mit einem zermürbenden Partisanenkrieg und operierte im Untergrund. Die meisten Kämpfer setzten sich nach Norden

Verbissener Partisanenkrieg gegen die Kolonialmacht

ab, mit gezielten Aktionen bedrohten sie dabei den Beira-Korridor und blockierten den Bau des Cahora-Bassa-Staudamms. Längst war offenkundig, dass Portugal diesen weitflächigen Krieg nicht mehr gewinnen konnte. Außerhalb der Städte war Mosambik praktisch in der Hand der Frelimo. Außenpolitisch wuchs der Druck auf die angeschlagene Kolonialmacht beständig. Während zahlreiche inzwischen unabhängige afrikanische Staaten offene Unterstützung für die Befreiungskämpfer betrieben, musste Portugal zeitweilig sogar das militärische Eingreifen des Apartheidregimes Südafrikas fürchten. Der längst verlorene Krieg wurde von Portugal aus immer starrsinniger und grausamer geführt. Massaker, wie jenes 1972 in Wiriamu (Tete-Provinz), bei dem Hunderte wehrlose Zivilisten niedergemetzelt wurden, zeigten letztendlich die Ohnmacht der Kolonialherren. Dennoch wurde das Ende des langen Krieges nicht in Mosambik erreicht, wo die Frelimo zwar den Norden befreit hatte, aber im Süden erfolglos geblieben war, sondern durch die überraschenden Ereignisse im Mutterland selbst ausgelöst.

Die drei Hauptgebiete der Frelimo: Lichinga und die Küste des Malawisees, Cabo Delgado und Tete bis Vila de Sena

Nelkenrevolution *im Mutterland: Sturz der Diktatur*

Am 25. April 1974 kam es in Portugal zum **Staatsstreich**. Junge Offiziere um den Sozialisten Mario Soares stürzten in der so gen. „Nelkenrevolution" die Diktatur Caetanos. Nun ging alles ganz schnell. Die neue sozialistische Regierung wollte Demokratie fürs eigene Land, und ihre Kolonien schnellstens loswerden. Sofort wurden Verhandlungen mit der Frelimo aufgenommen und im September das „Abkommen von Lusaka" unterzeichnet, das eine **Übergangsregierung** unter Samora Machel bis zu den Unabhängigkeitswahlen vorsah. Daraufhin besetzten aufgebrachte weiße Siedler die Radiostation Mosambiks und verkündeten kurzerhand die Unabhängigkeit vom Mutterland. Die Aufrührer wurden jedoch rasch gestürzt

Die ersten freien Wahlen des Landes führen zum Sieg der Frelimo

und die Tumulte in der Hauptstadt eingedämmt. Nach einer relativ friedlichen Übergangszeit von einem halben Jahr führte das Land am 25. Juni 1975 die ersten **freien Wahlen** seiner Geschichte durch. Der erwartete deutliche Wahlsieg Samora Machels und der Frelimo setzte unmittelbar eine Massenflucht der Portugiesen in Gang. Von den rund 200 000 Portugiesen im Lande verließen 90 % Hals über Kopf die Kolonie. Dabei zerstörten sie in einer beispiellosen Sabotagewelle mutwillig viele Einrich-

Massenflucht und Sabotage seitens der Portugiesen

tungen und ließen das Land in einem völlig desolaten Zustand ohne Fachkräfte und Bildungselite zurück. Die ohnehin schwache Wirtschaft Mosambiks, die ganz auf die europäischen Bedürfnisse ausgerichtet war, lag nach dem Wegfall dieser Bindungen orientierungslos am Boden.

1980ER JAHRE

Samora Machel und die Frelimo krempelten sogleich den Staatshaushalt nach ihren Idealen um. Die **Wende zum Marxismus** mit dem Bemühen, eine neue gebildete und politisch konforme, auf das Gemeinwohl bedachte Gesellschaft zu formen, galt als oberstes Ziel. Die freie Presse wurde ausgeschaltet, das Einparteiensystem eingeführt und die Wirtschaft, Schulen und Krankenhäuser verstaatlicht. Missionare verwies man des Landes, und die Überwachung der Bürger wurde durch die Geheimpolizei gewährleistet. Kritiker und Kriminelle landeten in Umerziehungslagern. Das Vakuum, welches nach der Massenabwanderung der Portugiesen entstand, füllten sofort die Sowjets. Sie schickten über 1000 Berater und Ausbilder, die sich rasch abgrenzten und eine neue, das Land ausbeutende Elite bildeten. Der allgemeine Bedarf an Facharbeitern und qualifiziertem Personal war so massiv, dass praktisch alle Uniabsolventen sofort verantwortungsvolle Posten bezogen.

Mosambik wird sozialistisch und bindet sich eng an die Sowjetunion

Noch deutlicher manifestierte der 3. Kongress der Frelimo 1977 den Weg zum sozialistischen Staat nach dem Vorbild der Sowjetunion. Die Frelimo stand unter direktem sowjetischen Einfluss und isolierte sich dadurch von seinen Nachbarn völlig. Weil so die bestehenden wirtschaftlichen Bindungen zugunsten der Ideologie gekappt wurden, manövrierte sich der Staat selbst ins Abseits. Außenpolitisch unterstützte Mosambik die afrikanischen Freiheitsbewegungen in den verbliebenen Apartheidregimen Rhodesien und Südafrika. Dies veranlasste die Rhodesische Regierung unter Smith, mit der **Renamo** (Resistencia Nacional Moçambicana/Nationaler Widerstand Mosambiks) eine Terrorgruppe in Mosambik zu installieren. In Rhodesien herrschte zu dieser Zeit ein grausamer Bürgerkrieg, und der junge sozialistische Nachbarstaat Mosambik, der den schwarzen Unabhängigkeitskämpfern bereitwillig Unterschlupf bot, wuchs sich zur ernsten Gefahr für das Überleben der südrhodesischen Kolonialregierung aus.

Gründung der Renamo

Als Rhodesien 1980 unabhängig wurde, übernahm Südafrika als letzte Bastion weißer Vorherrschaft die Förderung der Renamo und baute die Terrorgruppe rigoros aus. Rund 8000 Aktivisten verübten in Mosambik Anschläge und Terroraktionen, um das Land zu destabilisieren und die von Zimbabwe genützten Transportwege zum Meer zu blockieren (Beira-Korridor). An sich war international bekannt, dass die Renamo in erster Linie eine von außen installierte und finanzierte Terrorgruppe war. Dass dennoch auch viele westeuropäische Staaten, wie die Bundesrepublik, die Renamo unterstützten, kann nur im Zusammenhang mit den harten Fronten im Kalten Krieg nachvollzogen werden. Der Konflikt wurde international gesteuert und auf beiden Seiten mit Waffen, Personal und Know-How genährt. Dabei stand die Renamo sozusagen für den „Westen, die Freiheit und die freie Marktwirtschaft" im erbitterten Kampf gegen „düsteren Bolschewismus, Staatsdoktrin und Unfreiheit".

Südafrika finanziert und fördert den Destabilisierungskrieg in Mosambik

Die Regierung Mosambiks geriet immer stärker in Bedrängnis. Südafrikas Weigerung, Minenarbeiter aus Mosambik anzuheuern oder die mosambikanischen Transitwege zu nutzen, führte zu katastrophaler Arbeitslosigkeit. Die Militärschläge der Renamo erschütterten das innenpolitische

Schon gewusst?
Zwischen 1980 und 1992 lebten ca. 20 000 mosambikanische Vertragsarbeiter in der DDR. Heute wohnen noch etwa 2800 Mosambikaner in Deutschland.

37

GESCHICHTE — DER BÜRGERKRIEG

Oben: Ruinen ehemaliger Kasernen erinnern heute noch an den langen Bürgerkrieg

Klima und die heimische Infrastruktur. Doch trotz der wirtschaftlichen Talfahrt und dem offenkundigen Versagen des marxistischen Modells hielt die Frelimo noch starr an der Ideologie fest. Unterdrückung und Bürokratie ließen jedes Privatengagement verkümmern und das Volk abstumpfen. Sehr große Erfolge konnte die Partei dagegen in sozialen Bereichen, wie dem Gesundheitswesen und dem Bildungssektor, feiern. Die Gleichberechtigung von Frauen war praktisch in allen Lebensbereichen tief verankert. Ansonsten kämpften die desillusionierten und gegängelten Menschen jedoch um das tägliche Überleben in einem ausgezehrten, verarmten Staat. Die Makua und Makonde im Norden wichen immer stärker von der Frelimo ab und sympathisierten mit der Renamo.

1983 trieben die fortgesetzten Kämpfe und eine verheerende Dürre das Land an den **Rand einer Hungersnot**. Mosambik erklärte sich zahlungsunfähig und musste dem Westen die vorsichtige Öffnung signalisieren, um Lebensmittellieferungen zu erhalten. Am 16. März 1984 unterzeichnete Machel das **„Nkomati-Abkommen"** mit Südafrika, worin sich beide Staaten verpflichteten, die Unterstützung der Untergrundgruppen ANC bzw. Renamo einzustellen. Jahre später sollte sich herausstellen, dass sich nur Mosambik an die Vereinbarung hielt, während Südafrika weiterhin Renamo-Soldaten ausbildete. In Folge des Abkommens sollte Südafrika Strom von Mosambiks Cahora Bassa Kraftwerk abnehmen. Doch die Renamo, die sich keineswegs dem neuen politischen Wind fügen wollte, sprengte die Leitungen und verhinderte damit den Deal. Und so kehrte, auch nachdem der Renamo offiziell der Rückhalt entzogen war, keinesfalls Ruhe ein. Vielmehr startete die Renamo nun einen beispiellosen Terror gegen die Bevölkerung. Von ihrem Hauptquartier in Gorongoso fielen die schwer bewaffneten Soldaten über die Landbevölkerung her, rekrutierten durch Kinderentführungen junge Nachwuchskämpfer, zogen plündernd umher und zerstörten Straßen, Brücken, Schulen und Hospitäler. Massaker an

Die Renamo beginnt einen beispiellosen Terror gegen das Volk

DER BÜRGERKRIEG

unschuldigen Zivilisten und gezielte Exekutionen und Verstümmlungen von Lehrern, Ärzten und Beamten wurden zum Markenzeichen der Renamo. Aber auch unbezahlte Frelimo-Soldaten zogen plündernd durch die Dörfer. Das ganze Land war vom Bürgerkrieg erschüttert. Zimbabwe, das seit 1982 Soldaten zum Schutz der Transportroute Mutare-Beira nach Mosambik abstellte, erhöhte sein Kontingent bis 1985 auf 12 000 Soldaten. Nachdem der Versuch eines Waffenstillstands zwischen Frelimo und Renamo nach der „Pretoria-Erklärung" vom Oktober 1984 gescheitert war, rüsteten zimbabwische und Frelimo-Truppen gemeinsam zum großen Schlag gegen die Renamo und erstürmten am 28. August 1985 das Renamo-Hauptquartier in den Gorongosabergen. Dennoch führten die versprengten Renamo-Gruppen weiterhin ihren grausamen Guerillakrieg gegen Staatsmacht und Bevölkerung, und stürzten das Land immer tiefer ins Chaos.

Oben: Mitten im Feld steht ein ausgebrannter Panzer

Am 19. Oktober 1986, auf dem Höhepunkt der innenpolitischen Krise, kam Samora Machel bei einem Flugzeugabsturz ums Leben. Die näheren Umstände seines Todes konnten bislang nicht geklärt werden, ein Mordanschlag scheint sehr wahrscheinlich (siehe S. 40).

Rätselhafter Flugzeugabsturz

Der bisherige Außenminister **Joachim Alberto Chissano** trat die Nachfolge Machels an und setzte die allmähliche Umorientierung und vorsichtige Öffnung fort. Der deutsche Bundeskanzler Kohl besuchte als erster westlicher Regierungschef im November 1987 Mosambik. Einen Monat später erließ die Regierung eine **Amnestie für Renamo-Soldaten**, die ihre Waffen niederlegten. Schreckliche Massaker, wie im Juli 1987 in Homoine, bei dem 388 Zivilisten ermordet wurden, konnten den vorsichtigen Öffnungskurs Mosambiks zwar immer wieder behindern, aber nicht mehr aufhalten.

Chissano leitet die Wende ein

Als mit dem Ende des Kalten Krieges 1988 auch jegliche internationale Unterstützung für Frelimo bzw. Renamo versiegte, bot sich nun endlich die Chance auf eine Beendigung des Bürgerkriegs. Chissano bemühte sich engagiert um Verhandlungen mit der Renamo und versprach, den Sozialismus abzulegen sowie Wirtschaftsreformen einzuleiten. Er fügte sich einem ausländischen Wiederaufbauprogramm, schuf Anreize für Investoren, wertete die Landeswährung ab und setzte die Reprivatisierung in Gang. Mit der Renamo konnte nach zähen Verhandlungen 1990 ein Waffenstillstand ausgehandelt werden. Im gleichen Jahr garantierte eine neue Verfassung die Unabhängigkeit der Justiz, Wahrung der Menschenrechte und Einführung

Frelimo und Renamo nehmen den Dialog auf

GESCHICHTE — DER FRIEDEN

> ▶ **Tod des Präsidenten** ◀
>
> Samora Machel befand sich mit 34 hochrangigen Begleitern auf dem nächtlichen Rückflug von einem Gipfeltreffen in Sambia, als sein Flugzeug bei Mbuzini nahe der südafrikanischen Grenze abstürzte. Nach Auswertungen der Black Box folgte der Pilot den Anweisungen einer Stimme, die er dem Tower von Maputo zuordnete. Nach diesen mysteriösen Kommandos stürzte er in einer fatalen Rechtskurve in die Berge von Mbuzini anstatt planmäßig zu landen. Noch heute bekräftigt die Regierung von Mosambik, dass Machel damals Opfer eines von außen gelenkten Terroranschlags wurde.

des Mehrparteiensystems. Obwohl die Renamo weiterhin als Terroristenvereinigung angesehen wurde, führten Joachim Chissano für die Frelimo und Afonso Dhlakama für die Renamo unter UNO-Aufsicht ernsthafte Friedensverhandlungen und unterzeichneten im Oktober 1992 – freilich unter Mithilfe hoher Geldzusagen an die Renamo – ein **Friedensabkommen**. Die internationale Friedenstruppe UNOMOZ stationierte ab April 1993 rund 5000 Blauhelme überall im Land und gewährleistete die friedliche Entwaffnung von etwa 110 000 ehemaligen Soldaten (davon 20 000 Renamo-Rebellen und 90 000 Regierungssoldaten). Diese entscheidende Hürde galt als Voraussetzung für die freien Wahlen im November 1994, bei der 14 Parteien mit 12 Präsidentschaftskandidaten antraten. Mit einer Wahlbeteiligung von 85 % wurde Chissano im Amt bestätigt.

Freie Wahlen im November 1994

Die tiefe Friedenssehnsucht führt zum Ende des Krieges

Eine Zweidrittelmehrheit hatte die Frelimo allerdings nicht erreicht, weil die Renamo zur allgemeinen Überraschung 38 % der Stimmen gewann. In den Provinzen Nampula, Tete, Zambezia, Sofala und Manica hatte die Renamo die Mehrheit errungen. Obwohl internationale Beobachter erwarteten, Chissano würde nun eine Koalitionsregierung mit der Renamo eingehen, beteiligte der Präsident die Renamo nicht an der Regierung. Die Renamo akzeptierte das **Wahlergebnis** und ihre Rolle als Oppositionspartei. Somit konnte der Integrationsprozess der Renamo weiterhin erfolgreich verlaufen. 1995 verließen die letzten UNO-Soldaten Mosambik und 1,7 Millionen Flüchtlinge kehrten in der größten Rückführungsaktion Schwarzafrikas in ihre Heimatdörfer zurück. Der Schrecken des Renamo-Terrors hatte eine Million Menschenleben gefordert und ein Drittel der Bevölkerung in die Flucht getrieben. 500 Schulen, 90 Gesundheitszentren und rund 140 Dörfer hatte die Renamo zerstört. Dennoch erfuhr sie keineswegs überall Ablehnung, sondern bekam Zulauf von den Gegnern der Frelimo.

Die zarten Pflänzchen Demokratie, Toleranz und Frieden scheinen tatsächlich in Mosambik zu gedeihen

Trotz vieler Sorgen, die Friedensbemühungen könnten scheitern, hat Mosambik den mühevollen Weg zu innerem Frieden, Demokratie und freier Marktwirtschaft konsequent und erfolgreich beschritten. Zögerlich nahmen beide Parteien ihre neuen Aufgaben wahr. Die Frelimo als gewandelte Kommunistenpartei löste sich vom Anspruch der Alleinherrschaft, die ehemalige Terrorgruppe Renamo mutierte zur friedlichen Oppositionspartei. Das geschundene Volk war kriegsmüde und trat allmählich selbstbewusster auf. Die Hinwendung zum Westen brachte die Wirtschaft wieder in Schwung und bescherte dem Land zahlreiche Entwicklungsprojekte. Als Zeichen des Neuanfangs feierte man 1997 die Wiedereröffnung des einstigen Vorzeigenationalparks Gorongosa nach der mühevollen Räumung aller Landminen und der Rückführung von Wildtieren. 1998 stärkten weitere Reformen die Demokratie und die Oppositionsparteien im Lande. Die

DER FRIEDEN

Oben: Die Frelimo wirbt auch heute noch mit dem Bild des ersten Präsidenten

Parlamentswahlen vom Oktober 1999 bestätigten die Machtverhältnisse im Lande. Bei einer Wahlbeteiligung von 68 % ging die Frelimo mit 48,5 % der Stimmen als Wahlsieger hervor gegenüber der Renamo mit knapp 39 %. Obwohl internationale Wahlbeobachter und das mosambikanische Verfassungsgericht die Wahlen für fair erklärt haben, beschuldigte Dhlakama die Frelimo der Wahlmanipulation.

Im Februar 2000 brachte eine **Jahrhundertnaturkatastrophe** Mosambik weltweit in die Schlagzeilen, als im Süden des Landes die breiten Ströme Save und Limpopo zu reißenden Sturzfluten anschwollen und riesige Landflächen überfluteten. Das verheerende Unglück löste eine beispiellose internationale Welle der Hilfsbereitschaft aus (s. S. 152).

Flutkatastrophe

Bei den Wahlen im Dezember 2004 trat Chissano nicht mehr an. Sein Wunschnachfolger, der Generalsekratär der Frelimo und frühere Innenminister **Armando Guebuza**, errang bei sehr schwacher Wahlbeteiligung mit 56% der Stimmen einen deutlichen Sieg über die Renamo (35 %). Allmählich wandelte sich die politische Landschaft. Gegenseitiges Misstrauen zwischen Renamo und Frelimo erschwerte auch in dieser Regierungsperiode die parlamentarische Zusammenarbeit. Das größte Problem im Land blieb die eklatante Korruption im Beamtenapparat. 2009 formte sich in Beira eine neue Partei, die **MDM**, deren Präsidentschaftskandidat **Daviz Simango** bei jungen, politikverdrossenen Menschen zum Shooting Star mutierte. Die Wahlbeteiligung bei den jüngsten Wahlen im Oktober 2009 lag mit 45 % wieder sehr niedrig; auffällig hoch war dabei die Anzahl absichtlich ungültig abgegebener Stimmzettel. Beobachter berichteten von massivem Wahlbetrug und einem anhaltenden Demokratiedefizit. So verwundert es freilich nicht, dass die Frelimo offiziell erneut siegte – diesmal sogar mit 75 % der abgegebenen gültigen Stimmen. Die Politikverdrossenheit besonders unter den jungen Städtern nimmt daher weiter zu, die in Daviz Simango und seiner MDM einen Hoffnungsträger sehen. Nur ihm wird zugetraut, wirklich gegen die ausufernde Korruption vorgehen zu wollen.

Die Gruppe der Nichtwähler wächst in Mosambik stetig. Viele zeigen ihren Unmut mit der Frelimo auch durch absichtlich ungültige Stimmzettel

KULTUR & GESELLSCHAFT

Die Bevölkerung Mosambiks

Ein buntes Völkergemisch

Trotz seiner kolonialen Vergangenheit leben heute in Mosambik fast ausschließlich Afrikaner. Mit mehr als 5 Mio. Angehörigen aus mehreren Untergruppen stellen die **Makua** die stärkste ethnische Gemeinschaft im Land. Sie siedeln hauptsächlich im Norden Mosambiks bis weit nach Tansania. In direkter Nachbarschaft leben rund 1,6 Mio. **Lomwe** und die eher kleine Gruppe der **Makonde**. Diese vor allem in Südtansania beheimatete Ethnie bildet in Cabo Delgado mit 360 000 Menschen die bekannteste Volksgruppe Mosambiks. Eigenständige, bis heute lebendige Traditionen und ein bemerkenswertes kunsthandwerkliches Geschick begründen die internationale Bekanntheit der Makonde. Von diesem freiheitsliebenden, eigensinnigen Volk ging in den 1960er Jahren der Unabhängigkeitskampf gegen die Kolonialmacht aus.

Ethnische Gruppen

Die Tieflandzone beiderseits des Sambesi ist die Heimat von 1 Mio. **Sena**, 400 000 **Nyanja** und 260 000 **Nyungwe**. In der Provinz Inhambane leben etwa 700 000 **Tswa** und 250 000 **Tonga**, in Sofala und Manica dagegen hauptsächlich **Shona** (800 000), **Ndau** (100 000) und **Manyika** (100 000). Nach Süden schließen sich 1,5 Mio. **Tsonga** und 800 000 **Chopi** an. Südlich von Maputo haben sich die **Ronga** (400 000) und versprengte Zulugruppen niedergelassen.

Portugiesen, Asiaten und Mulatten

Von den **Portugiesen** sind nur schätzungsweise 30 000 geblieben, die heute mehrheitlich in Beira und Maputo leben. Außerdem stellen die rund 7000 **Chinesen** und 15 000 **Inder** eine asiatische Minderheit im Land. Durch die jahrhundertelange Vermischung der Portugiesen und Afrikaner haben die **Mischlinge** bzw. **Mulatten** heute einen erheblichen Anteil an der Bevölkerung. Ein ironisches Sprichwort der früheren Kolonialherren lautet denn auch: „Gott schuf den Weißen und den Schwarzen; den Mulatten schuf der Portugiese".

Der Fluss als kulturelle Barriere

Der breite Strom des Sambesi trennt zwei gegensätzliche ethnische Kulturkreise. Nördlich des Flusses haben die Volksgruppen traditionell eine mutterrechtliche Ausrichtung, während der Süden und die unter islamischem Einfluss stehenden Küstenvölker traditionell eher patriarchalisch geprägt sind.

Einwohnerzahlen

Die **Bevölkerungszahlen** sind nach den Wirren des Bürgerkriegs und der Rückkehr Hunderttausender Flüchtlinge reichlich ungenau. Man muss sich einmal vor Augen führen: Mehr als 5 Mio. Menschen waren damals auf der Flucht, 1,7 Mio. davon im Ausland. Die meisten davon sind nach Kriegsende in ihre Heimatdörfer oder in neu ausgewiesene Siedlungen zurückgekehrt. Außerdem waren etwa 1 Mio. kriegsbedingte Todesopfer zu beklagen. 1995 gab die UNO als hochgerechnete Bevölkerungszahl Mosambiks 16 Mio. Bürger an. Diese Zahl hat sich bis 2011 auf annä-

Im Jahr 2009 leben etwa 21,7 Mio. Einwohner in Mosambik

BEVÖLKERUNG

Oben: Frauen in Vilankulo beim Bierbrauen

hernd 23 Millionen Menschen erhöht. Mosambik ist mit 28,71 Einwohnern pro km² noch immer verhältnismäßig spärlich besiedelt und zählt zu den am dünnsten besiedelten Ländern Afrikas. Der schnelle Zuwachs innerhalb der letzten 15 Jahre löst aber durchaus Besorgnis aus. Halten diese Zuwächse wie bisher an, dann verdoppelt sich die Bevölkerung Mosambiks künftig alle 15-20 Jahre.

Wie viele Drittweltländer hat Mosambik eine auffallend junge Bevölkerung, bei der 56 % weniger als 20 Jahre alt sind und nur 10,4 % älter als 50 Jahre. Die **Lebenserwartung** liegt bei durchschnittlich 42,8 Jahren (die Angaben variieren allerdings je nach Bezugsquelle, insbesondere aufgrund der Aids-Problematik; so werden bei einigen Statistiken auch 52 Jahre genannt).

Die meisten Mosambikaner leben entweder entlang der Küsten, wo die Fischgründe des Indischen Ozeans das Überleben sichern, oder in den wenigen großen Städten. Die Bürgerkriegsjahre, in denen sich die Zivilisten im Schutz der Großstädte sicherer fühlten, ließen die Einwohnerzahlen von Städten, wie Maputo, Beira, Nampula und Nacala sprunghaft ansteigen. Ein Drittel der Mosambikaner lebt deshalb heute in urbanen Zentren, während das Hinterland zum Teil nur extrem dünn besiedelt ist. Das Schlusslicht im Bevölkerungsgefälle bildet die Provinz Niassa mit weniger als drei Einwohnern pro km².

Schon gewusst?
Kennen Sie die Madgermanes? So werden die 20 141 Vertragsarbeiter genannt, die bis zur Wiedervereinigung Deutschlands in der DDR lebten und arbeiteten. Fast alle mussten damals (gegen ihren Willen) nach Mosambik zurückkehren

GESELLSCHAFT — SPRACHE & RELIGION

Sprachen

Sprachliche Vielfalt

Neben der offiziellen Amts- und Geschäftssprache Portugiesisch sind rund 33 verschiedene Bantu-Sprachen verbreitet. Rund jeder vierte Mosambikaner spricht die im Süden dominierende Sprache Tsonga. Im Zentrum Mosambiks sind Sena und Shona am stärksten vertreten. 38 % der Mosambikaner sprechen das im Norden beheimatete Makua-Lomwe. Von eher untergeordneter Bedeutung bleiben Shangaan, Tswa und Zulu im Süden; Nyanja, Gitonga und Ndau in der Landesmitte sowie Chuabo, Yao und Makonde im Norden.

Kaum ein Mosambikaner erlernt Portugiesisch als Muttersprache; sondern meistens erst in der Schule

Was das Portugiesisch anbetrifft, so findet es trotz seiner Bedeutung als Amtssprache nur eine überraschend niedrige Verbreitung. Während in Maputo 90 % der Männer Portugiesisch verstehen, sinkt diese Zahl im Norden unter 30 %. Verstärkt hat dieses niedrige Bildungsniveau, das noch aus der Kolonialzeit herrührt, der Bürgerkrieg, der einer Generation junger Menschen die Schulbildung vorenthielt. Flüchtlingsfamilien lernten in den Auffangcamps der Nachbarländer Englisch anstelle von Portugiesisch. Die neue Ausrichtung Mosambiks nach Westen und zu seinen Nachbarstaaten lässt die Kolonialsprache weiter in den Hintergrund treten, während für Tourismus und Handel die englische Sprache an Bedeutung gewinnt.

Englisch gewinnt an Bedeutung

Vereinzelt wird auch Funakalo verstanden, eine Kunstsprache, die als Mischung aus Englisch, Afrikaans und afrikanischen Elementen in den Bergwerken und Minen entstand. Diese Befehlssprache weißer Vorarbeiter und Chefs wird als Sinnbild der Unterdrückung angesehen und abgelehnt.

Religion

Traditioneller Naturglaube wird als Animismus bezeichnet. Zeigt er auch unterschiedliche ethnische Merkmale, beinhaltet er dabei aber stets eine komplizierte Ahnenmythologie, den Glauben an die Wiedergeburt und die Unterwerfung des Individuums gegenüber der Gemeinschaft. Schon vor Jahrhunderten gerieten die nördlichen Küstenvölker unter islamischen Einfluss. Seit dem 16. Jh. gaben die Portugiesen christliches Sendungsbewusstsein vor, um ihre Besitzansprüche zu rechtfertigen. Vor allem die katholische Kirche zeigte regen Missionseifer und übernahm schließlich fast vollständig die Erziehung und Bildung der schwarzen Untertanen. Protestantische Missionare waren unter der portugiesischen Kolonialherrschaft wenig beliebt, denn sie pflegten die Afrikaner im Gegensatz zu den Katholiken in den lokalen Sprachen zu unterrichten. Als Mosambik 1975 unabhängig wurde und den marxistischen Weg einschlug, wurden die Religionen inklusive traditioneller Rituale, wie der Initiation, verboten. Seit 1990 besteht offiziell wieder Religionsfreiheit, und die vorab aus dem Land "komplimentierten" Missionare und Koranlehrer kehrten bereitwillig nach Mosambik zurück. So schätzt man, dass sich heute rund 24 % der Bevölkerung zum katholischen Glauben bekennen, 22 % zum protestantischen Glauben und etwa 20 % – mit zunehmender Tendenz – zum Islam. Etwa jeder zweite Mosambikaner ist bekennender Animist bzw. verbindet die Naturreligion mit dem Islam oder dem Christentum.

Trotz Islamisierung, Christianisierung und Religionsverbot ist der Naturglaube heute noch stark verankert

GESUNDHEITSWESEN

▶ Teure Aids-Behandlung ◀

Nirgendwo sonst auf der Welt breitet sich Aids derart rasant aus wie im südlichen Afrika. Von den weltweit mehr als 60 Mio. HIV-Infizierten leben 25,4 Mio. in Afrika südlich der Sahara. Dort gilt die Krankheit heute als Todesursache Nr. 1. Die Deutsche Stiftung Weltbevölkerung rechnet damit, dass fast die Hälfte der heute Fünfzehnjährigen an den Folgen von Aids sterben wird. In Mosambik gelten 1,5 Mio. Menschen, vor allem Frauen, als HIV-infiziert.

Dass die ärmsten Länder zu den am stärksten von der Seuche betroffenen zählen und die Pharmaindustrie mit dem Argument hoher Forschungskosten stattliche Preise für ihre Medikamente verlangt, wird zunehmend zum Problem. Indische Konzerne bieten Nachahmerprodukte (Generika) für rund 350 Euro pro "Aidscocktail" an – zu einem Drittel des Preises der westlichen Großkonzerne, die sich jedoch auf ihre Patentrechte berufen und gegen die Billigprodukte wehren. Für die meisten Betroffenen in Afrika bleiben die Arzneimittel – Patentrecht hin oder her – unerschwinglich.

Gesundheitswesen

Die extrem schlechte Nahrungsmittelversorgung und mangelnde Hygiene insbesondere bei der Trinkwasserversorgung sind Ursachen für die hohe Zahl an **Infektionskrankheiten**. Vier Fünftel aller Mosambikaner haben noch keinen Zugang zu sauberem, gereinigtem Trinkwasser. Auch die Immunschwächekrankheit **AIDS** breitet sich stark aus. Allein die offizielle Todesrate Mosambiks liegt jährlich bei 100 000 Opfern. Besonders krass verbreitet sich die Krankheit in der Grenzregion zu Zimbabwe. Zwar ist es möglich, in Mosambik moderne, lebensverlängernde Medikamente für Aidskranke zu beschaffen, doch liegen die Preise laut UNAIDS bei bis zu 1000 Euro für eine Monatsration. Kaum ein Betroffener kann sich diese westliche Medizin leisten und eine staatliche Versorgung existiert nicht, weshalb viele verzweifelte Patienten Hilfe bei den traditionellen Heilern suchen, von denen manche wiederum die Infektionswege der Krankheit AIDS verleugnen. Mitunter kommt es dabei zu gefährlichen Auswüchsen und Irrglauben, z. B. der weit verbreiteten Behauptung, ein HIV-Infizierter könne durch Sex mit einer Jungfrau geheilt werden. Trotz der Aids-Problematik rangiert die **Malaria** mit etwa 4 Mio. Erkrankungen pro Jahr immer noch auf Rang 1 der Todesursachen, besonders bei Kindern.

Das Gesundheitswesen war schon zu Kolonialzeiten ein großes Manko Mosambiks. Mit Erlangen der Unabhängigkeit verließen 80 % der portugiesischen Ärzte das Land, nur 85 verbliebene Ärzte mussten die medizinische

Oben: Prächtiges Eingangstor zum Hospital von Ilha de Moçambique, einst das Vorzeigekrankenhaus der Kolonie

15 % der 15-49-Jährigen sind HIV-infiziert. Die Infektionsrate gilt als eine der Höchsten der Welt.

GESELLSCHAFT **GESUNDHEITSWESEN**

> Die "**Curandeiros**" (Traditionellen Heiler) waren nach der Unabhängigkeit Mosambiks erst mal unerwünscht, als dem totalen Marxismus gefrönt und die kulturellen und religiösen afrikanischen Wurzeln verleugnet wurden. Heute sind die **Traditionellen Heiler** unter dem Dach des Berufsverbands AMETRAMO vereint und werden staatlich gefördert. Die meisten Heiler genießen als bekannte Personen der Gemeinschaft öffentlichen Respekt und Einfluss. Im Verborgenen arbeiten die Fetisch-Heiler, deren Kräfte von Kritikern gemeinhin als Aberglaube und Hexerei abgetan wird.

Versorgung des jungen Staates damals gewährleisten. Der Versuch, eine flächendeckende Grundversorgung aufzubauen, scheiterte letztlich am langjährigen Buschkrieg gegen die Renamo. Seit dem Friedensschluss findet ein konsequenter Wiederaufbau statt. Dazu werden in ländlichen Regionen Gesundheitsposten zur Grundversorgung installiert, welche von regionalen Gesundheitszentren betreut werden. Mehrere solcher Gesundheitszentren wiederum koordiniert jeweils ein Arzt.

Nach wie vor ist Mosambik erschreckend unterversorgt, vor allem im dünn besiedelten Hinterland. Rein statistisch kommt 1 Arzt auf 15 742 Einwohner (übertragen auf Deutschland hieße das, in ganz Berlin gäbe es nur 35 Ärzte). Demzufolge liegt auch die Kindersterblichkeit 13 Mal höher als in westeuropäischen Staaten.

Traditionelles Heilwesen

Traditionelle Medizin hat einen wichtigen Platz im afrikanischen Leben

Das traditionelle Heilwesen ist zu Recht tief in der afrikanischen Kultur verwurzelt. In den ländlichen Regionen wird noch überwiegend traditionelle Medizin praktiziert; und auch in den Städten werden, trotz moderner medizinischer Einrichtungen, zuerst oder parallel traditionelle Heiler konsultiert. Ursache dafür ist die tief verankerte Überzeugung, dass Krankheiten soziale und spirituelle Wurzeln haben, und der traditionelle Heiler die zur Genesung erforderliche Verbindung zur spirituellen Welt aufnehmen kann.

Die Basis der traditionellen Heilkunde bilden Naturprodukte, wie Wildfrüchte, Samen, Rinden, Schildkrötenpanzer, Schlangenhäute, Raupen und Wurzeln. Das wertvolle Wissen um die Wirkung der einzelnen Bestandteile und um die Zusammensetzung und Zubereitung einer Medizin hat sich seit Jahrhunderten von Generation zu Generation übertragen. Traditionelle Heiler kennen bestimmte Akazienwurzeln, mit denen sie Schlangenbisse behandeln, und andere Wurzeln gegen Durchfall. Sie behandeln Infektionen, Geschlechtskrankheiten, Geisteskrankheiten etc. Lange Zeit wurden sie von der westlichen Welt als primitive Medizinmänner und Scharlatane verurteilt. Man nannte sie ironisch *Witch Doctor* und sprach ihnen jede Kenntnis von der Heilkunst ab. Doch mittlerweile hat man viele Parallelen zur modernen Medizin erkannt: die gleichen Naturextrakte werden in hochtechnisierten Laboratorien erforscht, und ein Großteil unserer Arzneien basieren auf Wildpflanzen oder tierischen Produkten, bzw. auf den Erkenntnissen, die aus der Erforschung solcher Produkte gewonnen werden konnten.

Lange verunglimpft, entdeckt man heute viele Parallelen zur westlichen Medizin und Forschung

Krankheit wird nicht isoliert betrachtet

Die traditionellen Heiler genießen ein großes Vertrauen in der Bevölkerung, da sie in der dörflichen Gemeinschaft integriert leben und über großes Einfühlungsvermögen in die Gedankenwelt ihrer Patienten verfügen. Sie fungieren neben der Heilkunst immer auch als Ratgeber für alle Lebensfragen. Der Vorbeugung von Krankheiten messen sie ebensoviel Bedeutung bei wie der Symptom-Behandlung. Sicherlich können diese Mediziner nur

BILDUNG

leichte chirurgische Eingriffe vornehmen und gefährliche Verletzungen oder schwere Erkrankungen nicht behandeln. Sie können daher die Hospitäler und Krankenstationen nicht ersetzen, stellen aber eine wertvolle Bereicherung in der medizinischen Versorgung dar. In dünn besiedelten, ländlichen Regionen, wo Ärzte und Krankenhäuser fehlen, sichern sie mitunter die einzige medizinische Versorgung der Bevölkerung.

Oben: Schulunterricht im Freien bei Morrungulo

Bildung & Schulwesen

Während der Kolonialzeit besuchten nur etwa 10 % der Afrikaner eine Missionsschule, allen anderen blieb die Schulbildung verwehrt. Nach der Unabhängigkeit begegnete die Regierung dem niedrigen Bildungsniveau mit der Einführung der kostenlosen Schulpflicht. Als Unterrichtssprache wurde Portugiesisch beibehalten. In den 1980er Jahren folgte eine engagierte Alphabetisierungskampagne für Erwachsene.

Die Zahl der Analphabeten sank von 75 % auf etwa 52 %

Die aktuelle Situation ist bedrückend: Nur 10 % der Mädchen und 18 % der Jungen schließen die 7. Klasse an einer der knapp 8700 Grundschulen im Land ab. Ihre Lehrer sind schlecht ausgebildet; etwa 40 % der Grundschullehrer haben überhaupt keine Lehrerausbildung. Den Grundschulabsolventen stehen danach nur 156 weiterführende Schulen zur Verfügung. Noch beschränkter ist das Angebot an Schulen der zweijährigen Oberstufe, der Voraussetzung für ein Studium, die daher nur noch 1 % der Schüler absolvieren. Studienplätze sind ebenso rar: 2006 gab es 16 000 Bewerber für nur 2200 Studienplätze an der Eduardo-Mondlane-Hochschule in Maputo, der Katholischen Uni in Beira, der Medizin-Hochschule in Nacala und der Landwirtschaftliche Hochschule in Cuamba. Überall herrscht chronischer Lehrermangel; das Lehrer-Schüler-Verhältnis liegt trotz vieler Neueinstellungen immer noch bei 1:66. Schuld sei die hohe "Lehrkraft-Verlustrate" durch Aids. Zudem besteht ein Süd-Nord-Gefälle: Nach Norden nehmen die Anzahl und der bauliche Zustand der Schulen kontinuierlich ab.

Die aktuelle Situation: Nur zwei Drittel aller Kinder besuchen eine Grundschule, und nur 10 % danach eine weiterführende Schule

Traditionen in der afrikanischen Gesellschaft

Die Großfamilie

Weil die Menschen bisher keinen vertrauenswürdigen Staat kennengelernt haben, ist die Familie so wichtig

Die afrikanische Großfamilie bedeutet für Mosambikaner Gesellschaftsmittelpunkt, strukturelle Basis und Zufluchtsort. Hier werden Sozialfälle abgefangen und moralische Werte gelebt. Der Einzelne identifiziert sich über seine Familie, die soziale Gemeinschaft bildet für ihn die wichtigste Institution. Familiäre Isolation wird als Horror und Schmach empfunden, und unter allen Umständen vermieden. So entsteht eine Verbindlichkeit, die den Einzelnen in eine feste, der Familie und dem "Clan" verpflichtete Rolle zwingt, ihm aber auch den Schutz und die Fürsorge derselben gewährt. Diese lebenslange Wechselbeziehung bestimmt alles private und öffentliche Handeln; sie zieht sich durch Politik und Wirtschaft, und sie ist die Ursache für mancherlei scheinbar unverständliche afrikanische Wesenszüge.

Ein guter Mensch ist, wer seine Ahnen und (Bluts)-Verwandten ehrt, schützt und alles mit ihnen teilt. Er darf also nicht wohlhabender als die Verwandten sein oder muss seinen Reichtum verteilen. Versäumt er dies, wird ihm von den Angehörigen rasch das schwere Vergehen der Hexerei vorgeworfen. Diese strenge familiäre Verpflichtung unterwandert jedes individuelle Streben nach wirtschaftlichem Fortschritt und Wachstum.

Die Rolle des Regulo (Chief)

Hierarchien innerhalb der Dorfgemeinschaften

Die traditionelle politische Struktur der Bantu-Ethnien beruht auf dem sog. *Chieftainship*, einer Einrichtung, die sich nur schwer beschreiben lässt. Jedes Volk hat mehrere Regulados oder Chiefs, die über verschiedene Regionen (auch Regulado genannt) regieren. Seinem Volk gegenüber strahlt ein Regulo mitunter eine größere Macht aus als selbst die Landesregierung. Er ist weit mehr als ein Dorfvorsteher, genießt enormen Respekt und Verehrung in seinem Volk, kann aber auch abgewählt werden, wenn seine Beschlüsse zu despotisch, unbefriedigend oder ungerecht werden. Seine Aufgaben sind vielfältig, im Grunde ist er eine Art Schiedsrichter für alle Alltagsprobleme und gemeinschaftlichen Entscheidungen, ein Hüter von Gesetz, Ordnung und Moral. Die Verteilung von Landflächen, Scheidungen, Streitigkeiten, Wohnungswechsel, Kriminaldelikte – alles wird vom Regulo geregelt und dann bedingungslos akzeptiert. Damit ein Regulo richtige Entscheidungen treffen kann, lässt er sich von Beratern, die häufig zu den älteren und gebildeten Männern im Dorf zählen, unterstützen. Die Geschicke eines Volkes hängen stark davon ab, wie diplomatisch, weise und umsichtig der Regulo handelt. In ländlichen Regionen ist die Macht der Regulo noch weitgehend erhalten, während sie in Ballungszentren aufweicht. Ferner haben die Jahre des strengen Marxismus die traditionelle Stellung der Regulados geschwächt bzw. ihre Autorität durch parteitreue Volkspolizisten ersetzt.

Schon gewusst?
Die Armutsrate ist auf dem Land gesunken, steigt jedoch in den Städten deutlich an. Die Schere zwischen Reichen und Armen klafft dort immer stärker auseinander

Der Alltag der Menschen

Rechts: Makua-Familie bei Mecula, Niassa Provinz

Die meisten Menschen leben von der Hand in den Mund. Etwas leichter als im kargen Hinterland, wo nur mühselig dem sandigen oder steinigen Boden Nahrung abgerungen werden kann, haben es die Küstenbewohner. Kokos-

TRADITIONEN

nüsse, Papaya und Ananas wachsen dort praktisch von allein, und das fischreiche Meer sichert den Menschen ein Auskommen. Bargeld haben die meisten dennoch nur selten, z. B. nach der Erntezeit, wenn überschüssige Produkte auf den Märkten verkauft werden konnten. Vor allem im Hinterland ist Tauschhandel gang und gäbe.

17 Jahre schmutziger Buschkrieg und bittere Armut haben ein kollektives Trauma hinterlassen. Zu viele leere Versprechungen haben sich in Seifenblasen aufgelöst, als dass man hier euphorisch einer neuen Doktrin folgen möchte. Doch trotz der Resignation, die von Zeit zu Zeit spürbar wird, haben die Menschen ihre Neugier, Hilfsbereitschaft und Warmherzigkeit bewahrt. Dies zeigt sich vor allem im Hinterland, wo ausländische Besucher und Touristen noch so rar sind, dass sie in der Regel sofort die Dorfattraktion darstellen.

> ### Die Hungerstatistik
>
> Gemessen am Nahrungsmittelangebot zählt Mosambik nach einer Studie der FAO (Ernährungs- und Landwirtschaftsorganisation der Vereinten Nationen) zu den **fünf ärmsten Ländern der Welt**. Während in den Industriestaaten jedem Einwohner täglich Nahrung mit einer Energie von 3340 Kilokalorien zur Verfügung steht, sind es in Mosambik nur 1720 Kilokalorien. Der internationale Durchschnitt liegt bei 2720 Kilokalorien. Die Studie berücksichtigt dabei den Zeitraum von 1994 bis 1996. Nach Angaben der FAO benötigt eine 30-jährige Frau (55 kg Gewicht) bei leichter Arbeit täglich 2040 Kilokalorien bzw. 2380 Kilokalorien bei schwerer körperlicher Arbeit. Gleichaltrige Männer mit 65 kg Gewicht haben einen Energiebedarf von 2531 bzw. 3429 Kilokalorien. Feldarbeit und Holzhacken – der Alltag in Afrika – gehören dabei zu den schweren körperlichen Tätigkeiten. Die 23 Mio. Mosambikaner zählen damit zu den 828 Mio. Menschen weltweit, die **chronisch unterernährt** sind.

GESELLSCHAFT — ROLLE DER FRAU

Frauen in Mosambik

Seit jeher gab es in der afrikanischen Gesellschaft eine klare geschlechtsspezifische **Arbeitsaufteilung**. Den Männern oblag die Jagd, das Roden der Felder, das Zäunebauen, Dachdecken und der Hausbau. Die Frauen waren verantwortlich für das Sammeln wilder Früchte und Wurzeln, das Hacken, Jäten und Ernten, das Holzsammeln, Wasserholen, Kochen und die Kindererziehung. Somit leisteten die Männer die periodisch anfallenden schweren Arbeiten, während die Frauen die alltäglichen, zeitraubenden Tätigkeiten ausübten.

Die Portugiesen und die anderen Kolonialmächte benötigten jedoch billige Arbeitskräfte. Da die Afrikaner zunächst wenig Interesse an der Lohnarbeit zeigten, wurden sie durch die Einführung von Kopf- und Hüttensteuern dazu genötigt. Um diese Steuern bezahlen zu können, mussten die Männer einer mit Geld bezahlten Arbeit nachgehen, was gravierende Auswirkungen auf das Familienleben hatte. Von nun an ging ein Großteil der Männer für Monate oder Jahre in Bergwerken, Minen oder auf Großplantagen der Lohnarbeit nach, während die Frauen mit versorgungsabhängigen Kindern und Alten zurückblieben. Dadurch wurden sie zum allein verantwortlichen Haushaltsvorstand. Noch stärker als in den afrikanischen Nachbarländern haben die Mosambikanerinnen Verantwortung übernehmen müssen und sich dabei emanzipiert. Chibalo, die Zwangsarbeit während der Kolonialzeit, hielten die Portugiesen bis in die 1970er Jahre aufrecht. Im Gegensatz zu anderen Kolonien wurden in Mosambik auch Frauen zur **Zwangsarbeit** verpflichtet. Während Tausende Männer zu den Minen in Südafrika und Rhodesien zogen, wurden die zurückbleibenden Frauen zum Anbau von Baumwolle gezwungen, anstatt auf ihren kleinen Feldern Nahrungsmittel für den eigenen Verbrauch zu produzieren. Nach der Unabhängigkeit, als die Männer aus den Minen zurückkehrten und alles besser werden sollte, zwang der Guerillakrieg viele Männer in den Krieg. 5 Mio. Menschen waren schließlich innerhalb des Landes auf der Flucht. Die meisten davon Frauen mit Kindern.

Oben: Schwere Lasten auf dem Kopf zu tragen – das lernen Frauen in Afrika schon in Kindertagen

ROLLE DER FRAU

Die Frauen haben diese harten Jahre selbstbewusster gemacht. Sie helfen sich sehr stark untereinander und haben gelernt, unabhängig Entscheidungen zu fällen. Diese Entwicklung ging einher mit der progressiven Haltung der Frelimo-Regierung. Von Anfang an konnten Frauen Zutritt zu allen Lebens- und Verwaltungsbereichen erlangen. 13 % der Parlamentarier in Mosambik sind weiblich. Frauen treten auch mit einem Anteil von über 50 % im Handel auf. Afrikanische Märkte werden von Frauen bestimmt. Sie brauen Maisbier, flechten Matten oder verkaufen die Überschüsse aus der eigenen landwirtschaftlichen Produktion. Doch treten sie fast ausschließlich als Kleinhändlerinnen auf und haben, selbst wenn sie sich organisieren und gemeinschaftlich agieren, kaum eine Chance auf größere Absatzmärkte oder Expansion. Vor allem schränkt die große **Armut** Frauen ein. Mädchen werden viel seltener zur Schule geschickt als Jungen und mit sehr jungen Jahren schon verheiratet. Noch immer existiert ein altes Gesetz, nach dem Witwen keinen Anspruch auf den Besitz des Verstorbenen haben.

Nur 15,6 % der Frauen auf dem Land sprechen Portugiesisch oder Englisch

Das traditionelle Kleidungsstück der Frauen ist ein Wickeltuch namens Capolana

Allerdings wird dieser Brauch nur noch selten praktiziert. Insgesamt zeigt sich gerade bei den Frauen ein deutliches Gefälle zwischen Städten und ländlichen Regionen. Städterinnen sind freier, haben eher Zugang zu Informationen und Bildung, häufig durch Lohnarbeit ein eigenes Einkommen und können sich in der Gesellschaft stärker behaupten als die Frauen auf dem Land.

In vielen Regionen, insbesondere dem Küstenstreifen unter islamischem Einfluss, ist nach wie vor die **Polygamie** üblich. Die Frauen werden bereits während der Erziehung auf die künftige Mehrehe vorbereitet. Vielfach wird das Argument angeführt, dass die Polygamie die einzelne Frau entlaste. Die Ehefrauen teilen sich die tägliche Arbeit, wobei es eine Rangordnung zwischen der ersten und der oder den anderen Ehefrauen gibt.

Die **Mutterschaft** ist weiterhin die gesellschaftlich wichtigste Aufgabe der Frau und Verhütung ein Tabu-Thema (Mosambikanerinnen gebären durchschnittlich 5,5 Kinder).

Trotz des beschwerlichen Lebens sind Frauen charmant und fröhlich

GESELLSCHAFT — KUNSTHANDWERK

Kultur

Kunsthandwerk und Malerei

Mosambik hat im Vergleich zu den eher spartanischen, von Buren und Briten beeinflussten Nachbarländern eine erfrischend lebendige und verspielte Kunstszene, die sich besonders in Malerei, Schnitzkunst und Musik entfaltete. Besonders auffallend ist die Präsenz weiblicher Künstler in diesem Land. Nach Erreichen der Unabhängigkeit haben zahlreiche Künstler und Kunsthandwerker ein Auskommen durch staatliche Auftragsarbeiten und die generelle Förderung einheimischer Kunst und Kultur gefunden.

Plakatkunst — Stil einer politischen Epoche

Ein augenscheinliches Beispiel dafür ist die **Plakatkunst**, welche politische Motive, aber auch aktuelle Alltagsszenen auf öffentlichen Gebäuden, Hauswänden und Mauern abbildet. Sie hat sich zu einem eigenständigen, vom sozialistischen Zeitgeist geprägten Kunststil entwickelt. Bilder dieser Stilrichtung werden **Murals** genannt. Das bekannteste Werk der Plakatkunst (mit 95 m Länge) befindet sich am Heroe's Circle nahe dem Flughafen von Maputo (siehe rechts "Was ist ein Mural?").

Die darstellende Kunst Mosambiks hat internationale Anerkennung und Ruhm erfahren

Kein anderer Maler hat den mosambikanischen Kunststil stärker geprägt als **Malangatana Ngwenya**. Seine eindringlichen Motive klagen anschaulich Horror und Gewalt des Krieges an, ergreifen wie ein stummer Schrei den Betrachter. Bereits in den 60er Jahren stellte der 1936 Geborene seine Bilder aus, und als Frelimo-Anhänger wurde er 1970 von den Kolonialherren zu einer Gefängnisstrafe verurteilt. Nach der Unabhängigkeit stellte der überzeugte Sozialist sein ganzes Schaffen in den Dienst der marxistischen Idee. Seine bizarren, geschundenen Figuren in leuchtenden Farben drücken stets das Böse, Unglückliche und Schmerzvolle im Leben aus. Malangatana sagt von sich selbst, er "verbinde afrikanische und europäische Elemente zu diesem eigenen Stil", der ihm weltweit als bekanntesten zeitgenössischen Künstler Mosambiks Anerkennung brachte.

In diesem Zusammenhang sollte unbedingt auch der Kunstschnitzer **Alberto Chissano** Erwähnung finden, der ebenfalls seit den 1960er Jahren arbeitete, nachdem er eher zufällig zur Kunst gelangt war. Chissano gehörte einst zur Putzkolonne einer Kunstvereinigung, wo er sich eines Tages zum Schnitzen inspirieren ließ. Seine Objekte passen einfühlsam zum jeweiligen Charakter des verwendeten Holzes. Chissano starb 1994. Werke beider Künstler können im Nationalmuseum von Maputo besichtigt werden, für Alberto Chissano wurde in seinem Wohnhaus in Matola, einem Vorort Maputos, ein eigenes Museum eingerichtet (siehe S. 118).

Kunst der Makonde

Internationalen Ruhm genießt die **Schnitzkunst der Makonde**. Hierbei handelt es sich sowohl um Skulpturen mit verschlungenen Wesen als auch um Tanzmasken, Zeremoniestäbe, Hocker und Musikinstrumente. Die größte Bekanntheit als Sammlerobjekte erlangten die kunstvollen Holz- und Terrakottamasken. Typisch sind Helm- und Gesichtsmasken, die gerne mit Narbentätowierungen versehen und echten Haaren geschmückt werden. Durch die starke Nachfrage hat sich bei den Makonde früh die Produktion für Souvenir- und Kunstmärkte entwickelt. Echte Kunstwerke entdeckt

MUSIK & TANZ

zumindest der Laie nur schwer. Vielfach werden auch Kunstobjekte der benachbarten Makua und Mwera irrtümlich den Makonde zugeschrieben. Der Künstler Nkatunga gilt als der angesehenste Makonde-Schnitzer. Näheres zu diesem Thema finden Sie auch auf S. 298.

Musik und Tanz

Schon während der Kolonialzeit galt Lourenço Marques, wie Maputo damals hieß, als heißester Tipp für eine lebendige, spontane Musikszene im südlichen Afrika. Zwar hat sich seither vieles iverändert, die Musik blieb für viele aber auch während der schwierigen Bürgerkriegsjahre eine Art Ventil, ja vielleicht sogar eine Fluchtburg. Heute prägen Maputos Nachtleben wieder jazzige Life-Konzerte und spontane Sessions.

Die **Mbila**, ein traditionell aus Holz gefertigtes Xylophon mit bis zu 19 Klangstäben, das seinen besonderen Klang durch die Hohlkörper aus Massala-Äpfeln erhält, wurde von der UNESCO 2005 zum "Unantastbaren Kulturgut" ausgezeichnet.

Traditionelle afrikanische Tänze sind noch sehr lebendig im kulturellen Leben enthalten und aufgrund der Völkervielfalt zahlreich und verschiedenartig, wie z. B. der **Mapiko-Tanz** der **Makonde**, der allein den Männern vorbehalten ist. Die Tänzer verhüllen sich bis zur Unkenntlichkeit in phantasievolle Kostüme und tragen geschnitzte Holzmasken. Haarteile verstärken das wilde Aussehen dieser Tanzmasken. Ein Mapiko-Tänzer darf nicht erkannt werden, denn es gilt, die Frauen und Kinder des Dorfes gehörig zu erschrecken und einzuschüchtern. Trommeln begleiten die Gebärden der unheimlichen Tänzer, die symbolisch für den Geist eines Verstorbenen auftreten und sehr gefürchtet werden.

Oben: Ein Musiker mit seiner selbst gefertigten "vijola"

▶ Was ist ein Mural? ◀

Murals sind eine spezifische, populäre und sehr politische Kunstform im modernen Mosambik. Sie entstanden in ihrer Urform im Unabhängigkeitskampf gegen die Kolonialmacht. Revolutionäre Themen und Thesen wurden damals ähnlich den Graffiti-Bildern unserer Heimat auf Hauswände und Mauern gepinselt. Mit der Unabhängigkeit erlangte die Kunst ihren von der sozialistischen Regierung geförderten Höhepunkt der Schaffensperiode. Zahlreiche Murals entstanden damals hauptsächlich im Stadtgebiet von Maputo. Nationale Helden und wichtige Parteislogans wurden so der Bevölkerung nahegebracht. In der Folgezeit verschwanden die Texte nach und nach und die Murals entwickelten sich zu anspruchsvoll gestalteten Gemälden. **Malangatana** als berühmtester Vertreter dieser Kunstform schuf damals den Mural im Garten des Naturhistorischen Museums. Später wurden Murals ganz gezielt als Denkmäler zur Preisung der sozialistischen Revolution eingesetzt und an zentralen Stellen im Stadtgebiet aufgestellt, so auch der 95 m lange Mural gegenüber dem Heldendenkmal. Mit der Demokratisierung des Landes seit dem Friedensschluss haben sich die Murals, die immer eng an den Sozialismus geknüpft waren, überlebt.

GESELLSCHAFT — MUSIK & TANZ

▶ Aktuell: Henning Mankell ◀

Der Schwede Henning Mankell, geboren 1948, ist einer der meistgelesenen Schriftsteller seiner Heimat und international als Bestsellerautor bekannt. Seine Kriminalromane „Die fünfte Frau", „Die falsche Fährte", „Hunde von Riga", „Mittsommermord", deren Hauptfigur Kommissar Wallander ist, stehen auch in Deutschland auf den Bestsellerlisten. Doch was hat ein schwedischer Krimi-Schreiber mit Mosambik zu tun?

Ganz einfach – Henning Mankell lebt den Spagat: „Ein Fuß im Schnee, ein Fuß im Sand", beschreibt er selbst seinen Lebensstil. Denn Henning Mankell lebt hauptsächlich in **Maputo**, wo er das „Abenteuer seines Lebens" fand. Der gelernte Regisseur leitet die Theatergruppe "Mutumbela Gogo" und das **Avenida Theater**, seit er 1985 dorthin eingeladen wurde, um beim Aufbau eines professionellen Theaters zu helfen. Erst blieb er eine Woche, dann pendelte er zwischen den Kontinenten, bis er sich ganz für Mosambik entschied, obwohl seine Ehefrau Eva, die Tochter Ingmar Bergmanns – in Schweden zurück blieb. Für sein Theater und die zum größten Teil kaum geschulten Akteure, engagiert sich Mankell euphorisch und sieht im Theater ein Ausdrucksmittel, um die ungebildeten Massen, die vielfach nicht lesen und schreiben können, zu erreichen. Dass das Theater nun schon seit mehr als 25 Jahren arbeiten kann, verdankt es neben dem Engagement der Intendanten Manuela Soeiro auch den finanziellen Mitteln Mankells durch die großen Publikumserfolge seiner Kriminalromane. Mankell ist von seinen Schauspielern begeistert: „Ich habe hervorragende Schauspieler, die problemlos Shakespeare in Europa spielen könnten", wirbt er und betrachtet seine Aufgabe in Mosambik als Lebenswerk (siehe auch S. 130).

Neben den Krimis hat Henning Mankell auch einige bemerkenswerte, gesellschaftskritische Afrika-Romane geschrieben, z. B. über die **Straßenkinder Maputos** („Der Chronist der Winde") sowie die Titel "Kennedys Hirn" (die Handlung spielt teilweise in Mosambik), "Die rote Antilope" und "Tea Bag".

Musik und Tanz haben in ganz Afrika eine besondere Bedeutung. Sie gehören zum Leben wie Essen und Trinken, dienen religiösen und profanen Zwecken gleichermaßen, sind Lebenselexier und Ausdruck ungebändigter Vitalität. Den meisten Tänzen liegen spirituelle Motive zugrunde, wie das Hoffen auf Regen, Dank für eine gute Ernte, Zurschaustellung militärischer Stärke oder das Abwenden eines Unheils. Meist soll dabei ein spiritueller Kontakt zu den Ahnen hergestellt werden und viele Tänzer fallen durch den ausdauernden und eindringlichen Klang der Trommeln in Trance.

Die „Nationale Tanzgesellschaft" Mosambiks genießt seit der Unabhängigkeit des Landes staatliche Förderung und ist schon vielfach auf ausländischen Bühnen aufgetreten. Internationale wohlwollende Anerkennung hat das **Teatro Avenida** von Maputo erlangt, das mit wenig Geld, aber viel Engagement und talentierten Spielern von sich Reden macht (siehe links). Dennoch kämpfen die meisten Künstler des Landes gegen die Härten und Unbill des Alltags in einem armen Drittweltland und können sich meist kaum von ihrer Kunst ernähren.

LITERATUR & SPORT

Literatur

Eine Literatur im modernen Sinne entwickelte sich in Schwarzafrika erst nach dem Auftauchen der Europäer und der Kolonisierung. Zuvor waren Geschichten und Erzählungen mündlich überliefert worden (Oralliteratur). Mit dem Unabhängigkeitsbestreben der Afrikaner entstand eine eigenständige Poesie. Nach der Unabhängigkeit förderte die Regierung die einheimische Literatur und seit 1982 organisieren sich die Schriftsteller in einem eigenen Berufsverband.

Die überragende Figur der mosambikanischen Literatur ist **Mia Couto**, 1955 in Beira geborener Journalist, der mit Gedichtbänden und Erzählungen berühmt wurde und 1986 den nationalen Literaturpreis erhielt (z. B. „Das schlafwandelnde Land" 1994 im dipa Verlag, Frankfurt). Die Autorin **Paulina Chiziane**, ebenfalls Jahrgang 1955, beschreibt im Roman „Wind der Apokalypse" (Brandes&Apsel Verlag) eindringlich die Kriegswirren ihres Heimatlandes. Weitere empfehlenswerte Titel: "Das siebte Gelöbnis" und "Liebeslied an den Wind".

Sport

Ballsportarten sind die Favoriten dieses sportbegeisterten Landes. Die Basketball-Nationalmannschaft gewann mehrfach afrikanische Meisterschaften. Eine weitere Leidenschaft gilt dem Fußball. Herausragende Leistungen auf internationalem Parkett gelang den mosambikanischen Sportlerinnen bei Kurz- bis Mittelstreckenläufen, wie dem 800-Meter-Lauf.

Human Development Index

Der HDI benennt den Entwicklungsstand eines Staates und wird jährlich von der UNO ermittelt. Er errechnet sich aus den Kriterien Lebensstandard, Schulbildung und mittlere Lebenserwartung. Die Skala reicht von 0,0 bis 1,0, wobei ein HDI von 1,0 die angestrebte Spitze indiziert, die bisher weltweit aber noch nicht erreicht wurde. Zum besseren Verständnis: Ein HDI von 1,0 würde ermittelt werden, wenn die mittlere Lebenserwartung der Bürger eines Staates bei 85 Jahren läge, Erwachsene zu 100 % alphabetisiert wären, 100 % aller Kinder Schulen besuchten und das reale Bruttoinlandsprodukt 40 000 US$ betragen würde. Dagegen indiziert ein HDI von 0,0 einen Staat mit Alphabetisierungs- und Einschulungsrate von 0 %, ein Bruttoinlandsprodukt von 100 US$ und eine mittlere Lebenserwartung von 25 Jahren. **Alle Staaten dieser Welt** liegen irgendwo zwischen diesen beiden Extremwerten. Zu den **Schlusslichtern** der Skala zählen seit Jahrzehnten vor allem Staaten Schwarzafrikas, wie Niger, Somalia, Sierra Leone – und Mosambik. Nach der UNDP-Listung erreicht Mosambik nämlich nur Rang 184 von 187 indizierten Staaten. Die westlichen Industrienationen liegen dagegen bei HDI-Werten von 0,9-0,95.

Mosambik in Kürze

Staatsname:	Republik Mosambik
Staatsform:	Präsidiale Republik
Staatsoberhaupt:	Armando Guebuza (seit 2004)
Gesamtfläche:	799 380 km², davon 786380 km² Landfläche
Nachbarländer:	Tansania, Malawi, Zimbabwe, Sambia, Südafrika und Swaziland
Bevölkerung:	ca. 23 Mio. Einwohner
Bev.-wachstum:	ca. 2,44 % pro Jahr
Bev.-dichte:	ca. 29 Einwohner pro km² im Vergleich: BRD 217 Einw./km²
Hauptstadt:	Maputo, ca. 1,9 Mio. Einwohner
Landessprache:	Portugiesisch

*Bild links:
Eingang
zum Teatro
Avenida
in Maputo*

WIRTSCHAFT

Allgemeine Situation

Von Beginn des 20. Jh. bis zur Unabhängigkeit hatte Mosambik eine ausgeprägte Dienstleistungsfunktion gegenüber Südafrika. Portugal führte Mosambik eher wie eine Krämerkolonie, scheute hohe Investitionen und Veränderungen. Die Bevölkerung war nur zur Verrichtung von Billiglohnarbeit vorgesehen. So schickte man die Männer in die Bergwerke der Nachbarkolonien, wo sie unter schlechten Bedingungen Schwerstarbeit verrichteten und die Zurückbleibenden wurden der **Chibalo** unterworfen, also zur Zwangsarbeit auf Plantagen oder beim Straßenbau gezwungen. Mitte der 1950er Jahre hatte Portugal obendrein mehr als eine halbe Million afrikanischer Bauern – bzw. zumeist Bäuerinnen, weil die Männer in den Minen schufteten – zum **Baumwollanbau** gegen festgesetzten Hungerlohn genötigt. Etwa zeitgleich wurden einige ehrgeizige wirtschaftliche Projekte eingeleitet, wie der Kohleabbau in Moatize bei Tete und der Bahnbau am Limpopo nach Rhodesien mit dem Limpopo-Stauprojekt. Dies entlastete Beiras Hafen und führte zum wirtschaftlichen Aufschwung in Laurenço Marques (Maputo).

Zwangsarbeit für alle afrikanischen Männer und Frauen

Der schwierige Übergang in die Unabhängigkeit

Auf die Unabhängigkeit Mosambiks reagierten die meisten ansässigen Portugiesen mit **Sabotage** – der Zerstörung ihre Fabriken, Maschinen und Gebäude – und der panikartigen Flucht aus dem Land. Sie hinterließen ein verheerendes Vakuum. Kapital, Know-How und Fachkräfte – alles fehlte dem jungen Staat. Die Frelimo versuchte sofort, einen neuen Weg zu gehen und lehnte sich dabei eng an den Marxismus sowjetischer Prägung an. Sie förderte die Landwirtschaft, verstaatlichte die meisten Betriebe und vernachlässigte den brachliegenden industriellen Sektor. Die enge Bindung an die Ostblockstaaten isolierte Mosambik zusehends von seinen Nachbarn. Das marxistische Einparteiensystem entpuppte sich als massiver wirtschaftlicher Fehlschlag. Zusätzlich zerstörten die jahrelangen, blutigen Auseinandersetzungen mit der Rebellenfront Renamo weitgehend die Infrastruktur Mosambiks. Im Juni 1980 wurde der Metical als Landeswährung eingeführt. Wenige Monate später fand die erste Konferenz der SADCC in Maputo statt. Dennoch stand das Land unmittelbar vor dem Kollaps, drehte sich der Alltag der Menschen nur noch um das nackte Überleben. Gegen Ende der 1980er Jahre mutierte das Land zum traurigen Spitzenreiter als „**ärmstes Land der Welt**". Die Not zwang die Regierung zu einer Wirtschaftsliberalisierung und Neuorientierung zum Westen hin. Internationale Interessen und die Kriegsmüdigkeit der Mosambikaner ermöglichten schließlich die politische Rückkehr zur Normalität, der Voraussetzung für eine Entspannung im wirtschaftlichen Bereich. Der Friedensschluss mit der Renamo 1992 und gezielte Wiederaufbauprogramme mit starker ausländischer Unterstützung setzten eine wirtschaftliche Erholung in Gang. Konsequent betreibt die Regierung seither alle Maßnahmen zur Strukturanpassung. Dennoch sind die Folgen jahrelanger Misswirtschaft und des Bürgerkriegs zu gravierend, als dass eine rasche Wendung erwartet werden könnte. Mehr als 20 % der Bewässerungssysteme waren durch den

Verstaatlichungen und enge Bindung an den Ostblock lähmen die Wirtschaft

Die Not zwingt zu Reformen

Rechts: Schnapsbrennerei, Zambezia

ERWERBSTÄTIGKEIT

Krieg unterbrochen, fast 70 % der Staudämme zerstört, 36 % der Handelsniederlassungen vernichtet und rund 8000 km Straßen unpassierbar... Der Wiederaufbau gestaltete sich zum kräftezehrenden Gewaltakt. Das Land litt stark unter den Kriegsfolgen, wie der Wiedereingliederung von Flüchtlingen und Kriegsversehrten. Die **hohe Arbeitslosigkeit** von rund 70 % und eine erdrückende **Staatsverschuldung**, die weltweit einen Spitzenrang einnimmt, zählen bis heute zu den größten Belastungen. Mosambik ist leider auch das am drittstärksten von **Wetterkatastrophen** betroffene Land der Welt (nach Bangladesh und Äthiopien). So wird es trotz des engagierten Reformkurses noch viele Jahre von ausländischer Hilfe abhängig bleiben. Weitere Schuldenerlasse und eine Umverschuldung werden vermutlich unumgänglich sein. Positiv werden die konstante Reformbereitschaft der Mosambikaner gewertet und der erfolgreiche Ausbau diverser Wirtschaftsbereiche, wie dem Tourismus und dem Transportwesen. Sorge bereitet allerdings die ausufernde Korruption in der Verwaltung. **Südafrika**, die stärkste Wirtschaftsmacht der Region, investiert seit Jahren in Mosambik. Fabriken, Minen, Brauereien, Hotels und Transportunternehmen werden Stück für Stück aufgekauft. Kritiker fürchten, das Land könnte zu einem Satellitenstaat Südafrikas verkommen. In den letzten Jahren erreichte Mosambik mit Hilfe dieser Investitionen ein starkes Wirtschaftswachstum (2010: 7,0 %). Trotzdem ist Mosambik immer noch eines der ärmsten Länder der Welt, weil vom erzielten Wachstum nur die kleine Elite politischer Entscheidungsträger provitiert, während bei der ländlichen Bevölkerung die Armut sogar anwächst.

Erwerbstätigkeit und Löhne

Vier Fünftel der Einwohner sichern ihren Lebensunterhalt hauptsächlich durch die Subsistenzwirtschaft. Den meisten Mosambikanern ermöglicht sie das karge Überleben; Wohlstand lässt sich damit kaum erwirtschaften. Der Anteil der Bevölkerung, der unter der **Armutsgrenze** lebt, ist mit 55 % erschreckend hoch. Der soziale Sprengstoff ist groß, weil entgegen der Einkommen die Preise von Basisgütern stetig ansteigen. Der durchschnittliche **Monatslohn** der Arbeiter beträgt lediglich 50-80 Euro. Rund 45 000 Mosambikaner arbeiten in den südafrikanischen Minen und Bergwerken, sehen sich dort aber einer wachsenden Fremdenfeindlichkeit ausgesetzt.

> ### SADCC und SADC
>
> Die SADCC ist eine 1980 gegründete Konferenz zur Koordinierung der Entwicklung im südlichen Afrika. Neben Mosambik sind die Mitgliedsstaaten Botswana, Zimbabwe, Namibia, Malawi, Sambia, Angola, Lesotho, Swaziland und Tansania. Diese zehn Staaten ersetzten die SADCC im August 1992 durch eine neue Organisation mit neuen Zielvorgaben – die Entwicklungsgemeinschaft des südlichen Afrika SADC. Der große Unterschied der beiden Gemeinschaften besteht darin, dass nun im Gegensatz zur Zeit der SADCC ein gemeinsamer Markt im südlichen Afrika in enger Verbindung zu Südafrika aufgebaut werden soll. Die Erfolge beider Organisationen blieben jedoch eher bescheiden.

WIRTSCHAFT LANDWIRTSCHAFT

Landwirtschaft

In den Küstenzonen werden vor allem Maniok (Cassava), Mais, Hirse/Sorghum und Erdnüsse gepflanzt. Zuckerrohr, Reis, Weizen, Kartoffeln und Bananen gedeihen gut in Flusstälern und den breiten Deltamündungen; an der Sambesimündung auch riesige Kokospalmwälder. Baumwolle findet man besonders in den Provinzen Cabo Delgado, Nampula, Zambezia und Inhambane. Das Bergland um Chimoio bietet sich für Tabakproduktion und Bohnenanbau an. Die wichtigsten landwirtschaftlichen Erzeugnisse für den Export sind Baumwolle, Cashewnüsse und Zuckerrohr. Mosambiks Cashewnüsse (S. 263) zählen zu den besten der Welt.

Oben: Maisankauf durch malawische Händler in grenznahen Dörfern wie hier in der Zambézia Provinz

Der Agrarsektor macht heute etwa 44 % des BSP aus, und 80% der Bevölkerung ernähren sich quasi von der Subsistenz als Bauern oder Fischer. Trotz der guten Bodenqualität, die einen weiteren Ausbau der Landwirtschaft erlaubt, wird Mosambik für Jahre auf Nahrungsmittelimporte angewiesen bleiben, weil immer noch viel zu geringe Flächen landwirtschaftlich genutzt werden (weniger als 10 % der Landflächen), und hauptsächlich traditioneller Hackbau betrieben wird. Rückschläge in der Entwicklung durch Ernteverluste und Obdachlosigkeit bescheren auch die häufigen Naturkatastrophen: Regelmäßige Dürren, häufige Fluten im Sambesibecken (zuletzt im Januar/Februar 2008) und verheerende Zyklone, wie im März 2008 in der Provinz Nampula.

Rechts: Fingerhirse

VIEHWIRTSCHAFT

Bis 1996 vergab die Regierung bereits über 50 % des fruchtbaren Ackerlandes an ausländische Investoren (Südafrikaner), wobei Korruption und dramatische Zwangsenteignungen der ansässigen Einheimischen beteiligt waren. Danach sorgte ein verbesserter Schutz für fairere Verteilung, weil nun die Gemeinden und Regulos ein Mitspracherecht haben. Seit 2010 sorgt das "Landgrabbing" der ausländische Investoren aber wieder für Zündstoff.

Ungleiche Landverteilung sorgt für Zündstoff

Viehwirtschaft

Die Viehhaltung bietet sich nur in wenigen Landesteilen an, denn weite Flächen Mosambiks sind von der Tsetsefliegenplage betroffen, die die Naganaseuche, eine tödliche Krankheit, auf Nutztiere übertragen kann. Außerdem gelten die Böden im Norden als ungünstige Weidegründe. Für den Eigenverbrauch ist die Kleinviehhaltung verbreitet. Am stärksten wird kommerzielle Viehwirtschaft – insbesondere Rinderzucht – in den Provinzen Maputo und Gaza betrieben.

> **Schon gewusst?**
> Seit ein paar Jahren laufen Anbauprojekte mit Jatropha-Pflanzen für die Gewinnung von Biodiesel

Fischerei

Trotz reicher Fischgründe setzte erst nach der Unabhängigkeit der Aufbau einer eigenen Fischereiindustrie ein. Zur Kolonialzeit musste das Land vielmehr als Absatzmarkt für Fischprodukte aus Portugal und Angola herhalten. Heute betreiben rund 40 000 selbstständige Fischer traditionellen Fischfang je zur Hälfte zur Selbstversorgung und für die lokalen Märkte. In geringem Maße wird Fischfang für den Export betrieben. An kommerziellen Fischfangunternehmen sind meistens ausländische Firmen beteiligt, die insbesondere Garnelen und Langusten abfischen – trotz zunehmender **Gefahr der Überfischung**. So wurden die einst legendären Garnelenbestände in den 1980er Jahren von der Sowjetunion rigoros abgefischt und haben sich bisher nicht wieder erholen können. Süßwasserfischfang in Flüssen und dem Niassasee wird fast ausschließlich zur Selbstversorgung betrieben.

Bergbau & Industrie

Abgesehen davon, dass Mosambik über Jahrzehnte hinweg als wichtigster Arbeitskräftelieferant für die Bergwerke und Minen der Nachbarländer fungierte, spielt der Bergbau in Mosambik lange keine Rolle. Obwohl bei Tete die weltgrößten Kokskohlelagerstätten vermutet werden, wurde der Bergbau bisher stiefmütterlich behandelt. Seit 2007 fördert der brasilianische Bergbaukonzern Vale in Moatize bei Tete Kohle.

> ### Bodennutzungssysteme
>
> **Brandrodung**
> Das Brandrodungssystem wird hauptsächlich im Landesinneren auf mageren Böden praktiziert. Dabei wird ein Stück Land abgeholzt und anschließend abgebrannt. Die Asche bleibt als Dünger zurück. Es wird entweder direkt in die Asche oder mit einem Pflanzstock gesät. Nach ein bis zwei Ernten ist der Boden erschöpft und muss für bis zu 25 Jahre brachliegen, ehe er erneut nutzbar wird. Dieses ökologisch bedenkliche System ist selbstverständlich nur bei einer sehr dünnen Bevölkerungsdichte möglich. Bei hohem Bevölkerungsdruck erfolgt heute dagegen häufig bereits nach 7 Jahren Brache der erneute Anbau, was den Boden dauerhaft schädigt und die Ernteerträge kontinuierlich schmälert.
>
> **Hack- und Pflugkultur**
> Dies ist die klassischen Anbaumethode in Regionen, wo fruchtbare Böden eine intensive Bearbeitung mit Hacke oder Ochsenpflug ermöglichen. Es wird das Prinzip der Fruchtfolge angewandt. Auf eine fünf- bis sechsjährige Kultivierungsperiode folgt eine gleich lange Brache.

WIRTSCHAFT — WASSER & ENERGIE

Mineralvorkommen

Im Rovuma-Becken vor der mosambikanischen Küste wurden verhältnismäßig gut zugängliche Erdgasvorkommen entdeckt. Die beachtlichen Erdgasvorkommen bei Inhassoro in der Provinz Inhambane werden seit 2004 von Sasol gefördert. Der Abbau von Schwersanden erfolgt in der Provinz Zambézia, wo die größten Mineralvorkommen, wie Kupfer, Eisenerz, Bauxit, Betonit und Titan, liegen. Die Kohlelagerstätten im Raum Tete werden inzwischen intensiv abgebaut. Alle diese Investitionen werden von ausländischen Konzernen betrieben. Mosambikaner kommen nicht einmal als Fachpersonal zum Zug, weil das Land nach wie vor unter einem eklatanten **Mangel an Facharbeitern** leidet. Mosambik hat das niedrigste Produktionsniveau im Südlichen Afrika und seine Arbeiter erhalten die niedrigsten Löhne der ganzen Region.

Schon gewusst?
Im Rovuma Bassin werden Erdölvorkommen vermutet

Wasser, Energie

Dem Küstenstaat führen zahlreiche Flüsse reiche Wasservorkommen aus Innerafrika zu, z. B. Sambesi, Limpopo und Save. Am Sambesi entstand während der Kolonialzeit ein ehrgeiziges Projekt: die Stauung der Stroms auf Höhe der Cahora Bassa Stromschnellen zum seinerzeit viertgrößten Stausee der Welt. Mit einer 171 m hohen Staumauer wurde der Sambesi dabei zu einem 270 km langen See mit 52 000 Mio. m³ Fassungsvermögen aufgestaut. Das riesige Wasserkraftwerk sollte nicht Mosambik mit Energie versorgen, sondern den Nachbarstaat Südafrika, wozu eine 1414 km lange Hochspannungsleitung nach Pretoria verlegt wurde. 1985 brachen die Stromlieferungen ab, nachdem die Renamo rund 600 Strommasten zerstört hatte. Seit 1998 wird wieder Strom nach Südafrika und Zimbabwe exportiert.

Nur 13 % der Mosambikaner verfügen über einen Stromanschluss

Bild unten: Cahora Bassa Staudamm

VERKEHR

Nur wenige Kilometer stromabwärts von Cahora Bassa wird ein weiterer Staudamm, der Mphanda Nkuwa, gebaut, wodruch die Energieproduktion des Landes verdoppelt werden soll.

Energie für Südafrika

Verkehr & Transport

Als klassisches Transitland für die Binnenstaaten im südlichen Afrika verfügt Mosambik über ein gutes Verkehrsnetz zwischen seinen großen Städten bzw. Häfen und den Grenzen der südlichen Anrainerstaaten. Von den bestehenden rund 30 000 km Straßen sind bisher allerdings nur etwa 7000 km geteert worden. Auch das Bahnnetz wird verbessert, wobei die Bahn kaum dem Passagierdienst, sondern als Frachtweg für den Schwertransport dient. Entlang der Nationalstraße zwischen Maputo und Beira sind alle Kriegsschäden repariert worden; nur in den nördlichen und sehr abgelegenen Landesteilen stellen ganz vereinzelt im Krieg gesprengte Brücken und Straßenschäden noch eine Behinderung dar. Die Bahnstrecke von Maputo nach Zimbabwe ist seit Oktober 2004 wieder in Betrieb. Drei bedeutende Brücken sind 2009 fertiggestellt worden: Die Sambesibrücke bei Caja und die beiden "Unity Bridges" über den Rovuma an der Landesgrenze zu Tansania. 109 Millionen US-Dollar werden derzeit in den Bau einer neuen Sambesibrücke bei Tete investiert, die noch 2012 fertiggestellt werden soll. Ausgebaut wird außerdem seit Jahren der Entwicklungskorridor von Nacala nach Malawi, der den mosambikanischen Meereshafen an das sambische Fernstraßen- und Bahnnetz anschließen wird. Ferner sind der Ausbau des Flughafens Nacala, die Wiederherstellung des Hafens von Beira und die Ausweitung der Elektrizitätsproduktion von Cahora-Bassa anvisiert.

Das Verkehrsnetz

Bild unten: Straßenbau in der Niassa Provinz

WIRTSCHAFT — TOURISMUS

Tourismus

Oben: Junge Urlauber am Strand von Vilankulo feilschen um einen Barrakuda

Schon gewusst?
1,5 Mio. Touristen reisten 2009 nach Mosambik und bescherten dem Land Einnahmen von rund 195 Mio. US$. 40 000 Menschen finden im Tourismus Arbeit, mehr als die Hälfte davon sind weiblich.

Alle loben das hohe touristische Potenzial Mosambiks. Fakt ist jedoch, dass das früher so beliebte Ferienziel für Jahrzehnte von den touristischen Landkarten verschwand und heute erst wieder langsam entdeckt und entwickelt werden möchte. Es ist berechtigt, von der **2700 km langen Küste** mit Traumstränden und vorgelagerten Inseln zu schwärmen, vom Indischen Ozean und seinen Tauchgründen. 300 000 Auslandsgäste jährlich besuchten bis Anfang der 1970er Jahre Mosambik, um sich an eben diesen Stränden zu erholen, die lusitanisch anmutenden Küstenstädtchen zu genießen und herrliche Nationalparks zu besuchen. Doch dann wurde Mosambik unabhängig, die Portugiesen flohen in heller Aufruhr und die Regierung wandte sich dem Sozialismus zu – das jähe Ende für den Tourismus, der seinen endgültigen Dolchstoß durch den Renamo-Guerillakrieg bekam. Besucher waren nicht mehr erwünscht (die Frelimo stellte keine Touristenvisa aus) und blieben sowieso freiwillig aus. Als Ferienziel geriet Mosambik in Vergessenheit. Nur wer in den 1980er Jahren in Südafrika unterwegs war, bekam allenthalben zu hören, wie herrlich es in Mosambik doch einst gewesen sei.

Mosambik hat den Friedensschluss von 1992 als Chance zur Neuorientierung genützt und sich dem Westen geöffnet. Gerade in einem so verschuldeten und verarmten Land wird der Tourismus als rettender Strohhalm für die breite Bevölkerung angesehen. In der Tat heißen heute die Regierung und das Volk seine Besucher ehrlich Willkommen. Überall im Land sind **Ansätze zur Entwicklung einer touristischen Infrastruktur** bemerkbar. So entstehen neue Hotels und Ferienanlagen an den endlosen Stränden, einige Nationalparks werden wieder mit Wildtieren aufgestockt,

TOURISMUS

das Tourismusministerium versucht, das Land in zeitgemäßer Form zu präsentieren und die Regierung bemüht sich um eine Vereinfachung der Einreiseformalitäten. Ist man erst einmal im Lande, spürt man immer wieder das Anliegen, man möge sich wohl fühlen, positive Eindrücke sammeln und gerne einmal wiederkommen. Kaum ein anderes Land der Region hat ähnlich zuvorkommendes Grenzpersonal; fast scheint es, als gäben sich alle besondere Mühe, zu einem positiven Bild ihres Landes beizutragen. Jedoch: Die deutliche Erhöhung der Visagebühren ist ein Ärgerniss für den Tourismus, der besonders Kurzreisende betrifft.

Mosambik soll wieder attraktiv werden

Auch internationale Investoren haben den frischen Wind und die touristischen Möglichkeiten in Mosambik erkannt und engagieren sich dort. Vor allem Südafrikaner und Investoren aus arabischen Ländern dringen in alle Bereiche vor und häufen ihren Besitz im Lande. So bilden die Südafrikaner auch die stärkste Gruppe ausländischer Besucher, gefolgt von Portugiesen, US-Amerikanern und Deutschen. **Badefreunde, Taucher** und **Sportfischer** stellen einen Großteil der Besucher, die nach Südmosambik reisen. Die Touristenströme verlaufen entlang der Küste zwischen Ponta do Ouro im Süden und dem Bazaruto Archipel. Mit den eleganten Resorts auf den Querimba-Inseln ist jetzt auch der Norden auf den touristischen Landkarten aufgetaucht. Ins Hinterland und in die Nationalparks verirren sich bisher aber noch wenige Besucher, abgesehen vom Gorongosa Nationalpark, der professionell vermarktet wird.

Regelmäßig Wachstumsraten

Woher kommt eigentlich der Name Mosambik?

Als die Portugiesen am Ende des 15. Jh. erstmals an den südostafrikanischen Küsten auftauchten, regierte auf der Ilha de Moçambique ein arabischer Sklavenhändler. Seine Macht reichte bis weit ins Landesinnere. Der Überlieferung nach nannte man ihn „Mussal A' l Bik" oder „Moussa Ben Mbiki". Dieser Ausdruck scheint sich schließlich leicht verändert als Ortsbezeichnung eingebürgert zu haben.

Flüchtlings- und Entwicklungshilfe

Eine ganze Reihe internationaler Agenturen und Gemeinschaften versucht mehr oder weniger erfolgreich, einem der "ärmsten Länder der Welt" auf die Beine zu helfen. Für die UNO bedeutete der Einsatz der UNOMOZ zur Befriedung des Landes und Entwaffnung der Kriegsgegner eine der wenigen wirklich erfolgreichen Aktionen auf dem afrikanischen Kontinent. Das UN-Flüchtlingshilfswerk UNHCR hat in Mosambik viel geleistet für die Rückkehr und Wiedereingliederung der Millionen Flüchtlinge. Auch die UNICEF verfolgt diverse Projekte im Land. Neben diesen UN-Hilfen findet man staatliche Hilfsaktionen, wie USAID aus den Vereinigten Staaten. Besonders aktiv und engagiert wirken jedoch die sog. NGO's (Nongovernmental-Organisationen). Mosambik wird besonders von britischen, irischen und skandinavischen Projekten unterstützt. Es haben sich im Land verschiedene einheimische NGO's entwickelt, wie das Frauenförderprojekt MULEIDE und die Projekte ADEMO und ADEMIMO, die sich um Minenopfer kümmern. Auch die Räumung der verbliebenen Landminen verläuft mit ausländischer Unterstützung, vornehmlich aus Kanada und Großbritannien (siehe auch S. 66 und S. 369).

Zitat von Julius Nyerere: "Menschen können nicht entwickelt werden; sie können sich nur selbst entwickeln"

WIRTSCHAFT ÖKOLOGIE

Ökologie

Rund 13 % des Landes stehen unter Schutz

Jagdgebiete machen 51 206 km² Fläche aus

Natur- und Tierschutz wurden lange Zeit vernachlässigt

Schon gewusst?
Mosambik ist eines von sechs Ländern, die von der Weltbank Mittel zum Aufbau sauberer Energieformen erhalten zur Linderung der Folgen des Klimawandels

Bild rechts: Straßenhändler mit frisch erlegter Rohrratte, einer Delikatesse in Niacuadala (Zambezia)

Mosambik hat sieben **Nationalparks** mit insgesamt 26 150 km² Fläche (3,4 % der Landesfläche) und fünf **Naturschutzgebiete** mit knapp 18 600 km² (2,4 % der Landesfläche). Zahlreiche Wildschutzgebiete machen zusammen weitere 7 % der Landesfläche aus. Diese Gebiete liegen zumeist in schwer zugänglichen, für die menschliche Besiedlung unattraktiven Regionen im Hinterland. Der Natur- und Wildschutzgedanke ist in Mosambik noch nicht sonderlich ausgeprägt. Schon die Portugiesen hatten der Fülle und Pracht der afrikanischen Natur weniger Interesse und Wertschätzung entgegen gebracht, als z. B. die Briten in benachbarten Kolonien. Erst spät und nachlässig haben sie Schutzgebiete ausgewiesen; Forschung und Pflege von Natur und Tierwelt aber kaum betrieben. Lediglich der viel besuchte Gorongosa Nationalpark galt als Stolz der Kolonie. Die unabhängige Frelimo-Regierung wendete sich mit marxistisch Idealen dem Ostblock zu und man weiß heute, wie rigide und geringschätzig diese Regime mit ihrer Umwelt umgingen. Zur Katastrophe für die einheimische Tierwelt entwickelte sich der Buschkrieg gegen die Renamo. Und daran tragen alle Nationen ihren Anteil, der Westen ebenso wie der Osten. Denn beide Kriegsgegner, die Renamo wie die Frelimo, kauften jahrelang Waffen und Kriegsgerät für **Elfenbein** und dem Horn der Nashörner. Erst diese Zeit, in der die Tiere als Nahrungs- und Finanzquelle in einem zerstörten Land über Jahrzehnte verfolgt wurden, hat ihren Bestand akut gefährdet. Sicherlich sind z. B. Elefanten im 18. und 19. Jh. massiv bejagt worden. Ihre Population konnte sich in den ausgewiesenen Schutzgebieten aber wieder auf rund 65 000 Tiere erholen. Doch während des Buschkriegs gab es keine Rückzugsgebiete mehr für die Wildtiere. Mitten im **Gorongosa Nationalpark**, der Perle Mosambiks, schlug die Renamo sogar ihr Hauptquartier auf. Anfang der 1990er Jahre schätzte man höchstens noch 15 000 versprengte Elefanten im Land.

Seit 1992 hat es eine **scharfe Kehrtwendung** gegeben. Das Land will Touristen und Touristen wollen Elefanten und Löwen. Mosambik möchte sich als attraktives Land mit intakter Natur und vielfältiger Tierwelt präsentieren. Der ideelle Wert ihrer natürlichen Umgebung soll nun in den Köpfen der Bevölkerung verankert werden. Wildtiere werden bislang nach ihrem Wert auf dem Fleisch- oder Trophäenmarkt bewertet, doch das soll sich ändern. Die Menschen sollen sensibilisiert werden für die Bedeutung einer ökologisch intakten Umgebung und dafür, dass sich damit bei Touristen Geld verdienen lässt. Man hat errechnet, dass Ökotourismus und Jagdsafaris einer Region 5 x mehr Einkommen bringen können als Landwirtschaft oder Rinderzucht. Dies ist freilich ein langer Weg, und je größer die Armut, um so schwierig ist er zu beschreiben. Ein sichtbares Zeichen sollte die Wiedereröffnung des Gorongosa Nationalparks setzen, nachdem mühevoll die Landminen entfernt und der Wildbestand wieder aufgestockt wurden. Weniger mit touristischen Ambitionen als dem Versuch, ein erfolgreiches Miteinander von Dörfern und Wildbeständen zu bewerkstelligen, engagiert sich der Tusk Trust im Niassa Reservat. Hier wurden die Dörfer zum Schutz vor den zahlreichen, frei umherziehenden Elefanten mit Elektrozäunen umschlossen (siehe auch S. 319f).

ÖKOLOGIE

Das Land kämpft auch mit ökologischen Sünden, die dem Besucher nicht sofort ins Auge stechen. So ist die rasante **Abholzung** der Wälder inzwischen zu einem der größten Probleme Mosambiks angewachsen. Mosambik verliert jährlich 210 000 ha Waldflächen und wird in zehn Jahren keinen Wald mehr besitzen, wenn diese Entwicklung nicht gestoppt wird. Der größte Teil des Holzeinschlags dient allein der Energiegewinnung als Brennholz oder für die Holzkohleproduktion. Um den verheerenden Raubbau an den Waldbestände zu stoppen, bedarf es dringend alternativer Methode zur häuslichen Energiegewinnung. Bislang ist aber gerade die Armut der Bevölkerung ein Hindernis für eine stärkere Verwendung von Gasöfen. Wo immer eine neue Straße im Hinterland gebaut wird, folgen der Zuzug der Dörfer und die Vernichtung der Wälder augenblicklich. Ein weiteres Problem stellt die zunehmende Zerstörung der Mangrovensümpfe vor Mosambiks Küsten dar. Sie führt unter anderem zu einem Rückgang der Krustentiere. Dies hat in der Region um Maputo die einst zahlreichen Garnelen bereits verdrängt.

Massive ökologische Folgen verursachte auch die Jahrhundert-Naturkatastrophe, die im Februar 2000 riesige Gebiete im südlichen Tiefland überflutete (siehe S. 160). Neben dem humanitären und ökonomischen Desaster wurde auch die Tierwelt dramatisch betroffen. In den Folgemonaten wurden von der Flut vertriebene Elefanten selbst noch weit im Norden in Malawi entdeckt, z. B. im Liwonde Nationalpark.

Mosambiks Nationalparks und Wildschutzgebiete

- Gorongosa Nationalpark: westlich von Beira
- Great Limpopo Transfrontier Park
- Zinave Nationalpark: am südlichen Saveufer
- Banhine NP: im Grenzgebiet zu Südafrika/Zimbabwe
- Bazaruto NP: Inselgruppe vor Vilankulo, Unterwasserpark
- Quirimba NP: Archipel nördlich von Pemba, Marinepark
- Chimanimani Nationalpark: Provinz Manica
- Reserva do Rovuma (Niassa): an der Grenze zu Tansania
- Reserva do Gilé: südöstlich von Nampula
- Reserva do Marromeu: im südlichen Sambesidelta
- Reserva do Pomene: zwischen Inhambane und Vilankulo
- Reserva Especial do Maputo: Elefantenreservat

Aktuell: TFCA, "Transfrontier Conservation Areas"

Zu den jüngeren Entwicklungen im südlichen Afrika zählt die Planung und Einrichtung von grenzüberschreitenden Naturschutzgebieten, auch **Peace Parks** genannt. Erstes erfolgreiches Modell war die Zusammenführung von Gemsbok Nationalpark (Südafrika) und Kalahari Gemsbok Park (Botswana) zu einem gemeinsam geleiteten riesigen Naturraum in der Kalahari. Im Oktober 1999 unterzeichneten Mosambik, Zimbabwe und Südafrika die Vereinbarung zur Entwicklung des **Great Limpopo Transfrontier Parks** im Bereich Kruger Nationalpark (Südafrika), Gonarezhou Nationalpark (Zimbabwe) und dem mosambikanischen Banhine Nationalpark in der Provinz Gaza. Dieser Nationalpark soll mit 92 700 km² bis an den Save reichen (diverse Jagdgebiete werden integriert) und somit zu einem der größten Schutzgebiete weltweit werden. Nach Entfernung der Grenzzäune können Elefanten und Büffel auch wieder ihren traditionellen Wanderrouten nachgehen. Ein weiteres Projekt ist die Schaffung des grenzüberschreitenden **Chimanimani Nationalparks** in der Bergwelt zwischen Zimbabwe und Mosambik.

WIRTSCHAFT — LANDMINEN

Schon gewusst?
Ein Belgier bildet in Tansania sehr erfolgreich Ratten aus, die Landminen erschnüffeln können

Alte Kriegslasten: Die Landminen

Landminen sind heimtückische Waffen, die verdeckt unter der Oberfläche ruhen, bis ein Mensch oder Tier darauf tritt und sie zum Explodieren bringt. Sie verursachen schwere Verletzungen, die meist zum Tode führen, wenn nicht schnell genug ärztliche Hilfe geleistet wird. Laut UNICEF sterben in Mosambik 60 % der Minenopfer wegen der fehlenden Notfallversorgung. Einige Minentypen sollen ihr Opfer gleich töten, andere sind gezielt auf die Verletzung und Verstümmelung von Menschen ausgelegt. Weil Landminen so wenig kosten, werden sie weltweit bei kriegerischen Konflikten eingesetzt. Bis zu 40 Jahre bleiben solche versteckten Waffen wirksam und fordern weiter ihre unschuldigen Opfer, auch wenn der Krieg im Land schon lange vorbei ist.

Man kennt **Antifahrzeug-Minen** und **Antipersonen-Minen**, worunter die Tretminen, Splitterminen und Springminen fallen. Je nach Modell und Herkunft kosten Antipersonen-Minen im Durchschnitt nur je 5-8 Euro und sind daher auch für arme Länder leicht zu erwerben. Bis zu 1000 Euro kostet es dagegen, eine Mine sachgerecht zu beseitigen.

Eine Mine zu legen ist billig und einfach, sie jedoch sachgerecht zu bergen kostet sehr viel Mühe und Geld

Die humanitäre **Entminung** betroffener Gebiete – also ein 100%-iges Säubern der Region, um diese wieder sicher bewohnbar zu machen – ist immer eine Herausforderung für Jahrzehnte. Zunächst müssen die Minenfelder ausfindig gemacht und abgesteckt werden, anschließend muss jede einzelne Mine geortet und von Hand entschärft werden. Plastikminen sind besonders schwer aufzuspüren, weil die Metalldetektoren darauf nicht ansprechen. Hier können Minensuchhunde oft hervorragende Arbeit leisten. Ansonsten müssen die Minenräumer das Gelände Zentimeter für Zentimeter äußerst vorsichtig absuchen. Rein statistisch kommt es bei jeder fünftausendsten geräumten Mine zu einem Unfall. Besonders zahlreich sind Unfälle bei zurückkehrenden Flüchtlingen, die selbst ohne Sachkenntnis zur Entminung schreiten, weil sie fürs eigene Überleben die verminten Felder wieder bestellen müssen.

Rund 10 000 Menschenleben haben die Landminen Mosambiks seit den 1960er Jahren gefordert

Während des Bürgerkriegs zwischen Renamo und Frelimo wurden zwischen 500 000 und 1,5 Mio. Minen eingesetzt, verbindliche Zahlen liegen nicht vor. Die Minen wurden entlang wichtiger Straßen und Grenzen vergraben, um diese gegen den Feind zu verteidigen; breite Minenfelder sollten außerdem militärische Basen und Brücken schützen. Besonders heimtückisch war das Verminen von Schulen, Krankenstationen und landwirtschaftlichen Nutzgebieten, mit denen die Zivilbevölkerung getroffen und Handel und Alltagsleben beeinträchtigt werden sollten. In allen Provinzen Mosambiks waren Landminen eingesetzt worden, besonders aber entlang der Grenze nach Zimbabwe und in den Provinzen Maputo, Inhambane, Zambezia und Tete.

Im Januar 1993 begannen die landesweiten **Räumungsaktionen** der UNOMOZ, die seit 1995 vom „UN Department of Humanitarian Affairs" weitergeführt wurden. Die Landesregierung installierte zusätzlich die „National Mine Clearance Commission", die 1998 in das „National Demining Institute" überging. Seither wurde in ganz Mosambik intensiv

LANDMINEN

geräumt. Bis Sommer 1999 waren 1815 erwiesene oder mögliche Antipersonen-Minenfelder entdeckt und abgesteckt worden, um sie der Reihe nach zu räumen. Die allermeisten Minenfelder sind kleiner als 5 ha. Besonders stark engagierte sich der britische HALO-Trust bei den Räumungsaktionen, doch auch viele andere europäische Nationen waren hier aktiv.

Die Zahl der Unfälle mit Landminen war Dank der intensiven Räumung bis 2004 stark rückläufig. Die Betroffenen waren meistens Männer und Kinder; nur selten Frauen. Bis Ende 2004 wurden rund 100 000 Minen im Land geräumt. Leider stieg die Zahl der Unfälle mit Minen seit dem Jahr 2005 wieder deutlich an. Am stärksten betroffen sind davon die Provinzen Maputo, Inhambane und Tete.

Das erklärte Ziel der Regierung, bis 2009 landesweit die Entminung abzuschließen, wofür rund 150 Mio. US$ aufgewendet worden waren, konnte bisher noch nicht erreicht werden und wird nun für 2014 anvisiert. Das nationale Entminungsinstitut entwickelte einen entsprechenden Minenaktionsplan, jedoch auf Grundlage von ungesicherten Daten. So sind z. B. die großen Minenfelder rund um den Cahora Bassa Staudamm und entlang der zimbabwischen Grenze noch nicht zuverlässig quantifiziert worden. Das Resultat ist eine etwas unklare Situation über die aktuelle Minenlage und die potenziellen Risikogebiete. Im Jahr 2010 sind sieben Menschen durch Unfälle mit Landminen getötet worden und 24 verletzt. Man spricht aktuell von 300 Mio. km² Flächen, die bisher geräumt wurden, aber auch 9 Mio. km² vermintem Gebiet, das noch zur Räumung aussteht.

Oben: Ein Minensucher im Einsatz. Diese gut bezahlte Arbeit erfordert stabile Nerven, größte Vorsicht und viel Genauigkeit

Die **Statistik** für Mosambik besagt, dass bei jedem Minenunglück durchschnittlich 1,45 Personen getötet und 1,27 Personen verwundet werden. 40 % der mosambikanischen Haushalte haben mindestens ein Minenopfer zu beklagen. Landminen stellen noch immer die dritthäufigste Ursache für Amputationen dar, nach Diabetes-Erkrankungen und Straßenunfällen.

Zur Info: Zur persönlichen Sicherheit auf Reisen in Mosambik bezüglich der Landminenproblematik haben wir einen eigenen Absatz im Serviceteil zusammengestellt, der auf S. 369 nachzulesen ist.

NATUR & TIERWELT

NATURRAUM MOSABIK

Topographie des Landes

Der langgezogene Staat an der Südostküste Afrikas erreicht eine Nord-Süd-Ausdehnung von 1900 km bei 60 bis 600 km Breite. Mosambiks **Meeresküsten** erreichen 2700 km Länge. Während der Norden noch bis zu 100 m hohe Kliffküsten und Wattbereiche kennt, dominieren rund um das Sambesidelta und bis an den Save Mangrovensümpfe. Weiter südlich folgt eine Ausgleichsküste mit schlammigen, breiten Flussmündungen und Brackwasserlagunen hinter dem sandigen Dünenwall. Etliche Korallenriffe und Inselarchipele sind dem langen Küstengürtel an vielen Stellen vorgelagert.

Hibiskusblüte

Knapp die Hälfte der Landfläche liegt als **Tieflandbereich** unter 200 Höhenmetern. Diese Zone schließt sich an die Meeresküste an und gewinnt nach Westen allmählich an Höhe. Dieser flache Tieflandbereich dehnt sich von Norden – hier ist er etwa 60 km breit – nach Süden kontinuierlich aus. Auf der Höhe des Sambesi ragt das Flachland bereits rund 100 km ins Landesinnere und erfasst in etwa ab dem Rio Save schließlich die gesamte Landesfläche nach Süden.

Als nächste Höhenstufe folgt nach Westen das 200-500 m hohe **Niedere Plateau**. Diese Landschaftsform findet man besonders im Norden und sie macht ca. 16 % der Landesfläche aus. Hier sind vor allem die **Granit-Inselberge** mit nahezu senkrechten, abenteuerlichen Steilhängen in einer ansonsten flach gewellten Landschaft beeindruckend.

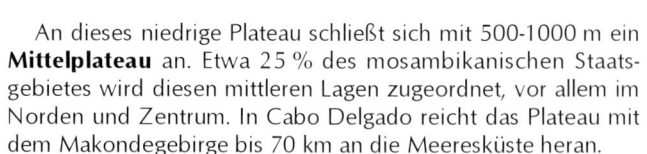

Oben: Palmfarnzapfen

Unten: Papayastaude

An dieses niedrige Plateau schließt sich mit 500-1000 m ein **Mittelplateau** an. Etwa 25 % des mosambikanischen Staatsgebietes wird diesen mittleren Lagen zugeordnet, vor allem im Norden und Zentrum. In Cabo Delgado reicht das Plateau mit dem Makondegebirge bis 70 km an die Meeresküste heran.

Als **Bergland** fasst man die Höhen über 1000 m zusammen, wie das Alto Niassa Gebirge, Alta Zambézia und Angonia mit Bergen über 1500 bis 2000 m. Mount Binga im Chimanimanigebiet an der Grenze zu Zimbabwe ist mit 2436 m der höchste Berg Mosambiks. Platz 2 nimmt der Namuli bei Gurué in der Provinz Zambézia ein. Markant sind ferner der Inselberg Gorongosa (1862 m) nahe dem gleichnamigen Nationalpark, der Chiperoni (2052 m) bei Milange an der Grenze zu Malawi und die Bergspitzen Jeci (1836 m) und Txitonga (1848 m) nördlich von Lichinga.

PFLANZEN

Vegetationsformen

Savannen bzw. offene Busch- und Strauchlandschaften sind die häufigste Landschaftsform Mosambiks. In Tieflandzonen und Küstennähe herrschen **Trockenwälder** vor. Die Meeresküsten werden vor allem durch den Wechsel von **Palmenwäldern**, dichtem Gestrüpp und **Mangrovengürteln** bestimmt. Das Sambesidelta bildet als riesiges Sumpfgebiet Lebensraum für Mangroven, Gräser und Borassuspalmen. Ähnliche **Sumpflandschaften** und Marschen mit Grasebenen prägen die Flutgebiete am Limpopo, Save und Pungue. Landeinwärts nehmen Akazien- und Mopanewälder zu, die typisch für heiße und regenarme Regionen mit sandigen Böden sind. Im feuchteren Norden sind dagegen **Miombowälder** weit verbreitet.

Unter den mehr als 5600 verschiedenen Pflanzen Mosambiks sind 250 Spezies endemisch (im Vergleich: von den 2500 Pflanzenarten Deutschlands sind 88 Spezies endemisch). Die Region Maputaland im äußersten Süden und die Chimanimani Bergwälder genießen wegen ihrer Vielzahl endemischer Pflanzenarten eine besondere Stellung.

Miombowald

Als Leitspezies des ausgesprochen attraktiven Miombowaldes gelten die Baumfamilien Brachystegia, Julbernardia und Isoberlinia. Als Gemeinsamkeit zeichnen diese Arten pilzförmige, ausladende Baumkronen und ein explosives Aufspringen der Samenkapseln aus. Besonders häufig ist der **Muombo** (*Brachystegia longifolia*) vertreten, dessen Plural „Miombo" bei der Namensgebung dieser Waldart Pate stand. In mittleren Höhenlagen um 1200 m trifft man auf den **Msasa** (*Brachystegia spiciformis*), dessen Samenkapseln sich nach dem krachenden Aufbrechen sofort spiralförmig eindrehen. In seiner Gesellschaft siedeln sich **Munondobäume** (*Julbernardia globiflora*) an. Die beiden bis zu 12 m hoch wachsenden Laubbäume unterscheiden sich an Blättern und Schoten: die sind beim Msasa haarlos, Munondoblätter und Samenkapseln dagegen samtweich und fein behaart.

In trockeneren Gebieten weicht der Msasa dem **Mfuti** (*Brachystegia boehmii*). Die meisten Miombowaldbäume sind periodisch Laub abwerfend, wobei der Austrieb neuer Blätter noch vor der Regenzeit stattfindet, da er durch den enormen Temperaturanstieg zum Ende der Trockenzeit ausgelöst wird. Dass Blüten und Früchte oft direkt aus dem Stamm und aus dicken Ästen wachsen, ist eine Besonderheit blühender Bäume in den Tropen. Die schattigen Miombowälder zeichnen sich in der Regel durch eine geschlossene Grasdecke aus.

Miombowald dominiert zwischen 5° und 20° südlicher Breite vor allem aufgrund seiner extremen Widerstandsfähigkeit gegenüber den häufigen Buschbränden und weil er auch auf steinigen Böden gedeiht, die für viele andere Bäume wertlos sind.

Gewässer

Aus der Küstenlage Mosambiks ergibt sich, dass sein Staatsgebiet von mächtigen **Flüssen** durchzogen wird, die vom zentralafrikanischen Hochland dem Indischen Ozean zustreben. Die breiten Flüsse durchströmen ausgedehnte sandige Flussbette und bilden teilweise sehr schlammige Mündungen. Von Norden nach Süden sind die mächtigsten Ströme der Rio Rovuma an der Grenze zu Tansania, Rio Lúrio, Sambesi, Save und Limpopo. Das riesige **Sambesidelta** muss als drittgrößte Drainage Afrikas als ein eigenständiger Naturraum betrachtet werden. Seine 1 330 000 km² große Fläche dehnt sich 120 km entlang der Küste aus. Ferner zählt der **Cahora Bassa Staudamm** in der Provinz Tete noch immer zu den weltweit größten künstlichen Seen. Mit der Provinz Niassa beansprucht Mosambik rund 200 km Küstenlinie am Ostufer des **Lago Niassa** (auch Malawisee genannt). Das 575 km lange Gewäs-ser gilt als drittgrößter See des Kontinents und viert-tiefster See der Welt.

NATUR & TIERWELT

Mopanewald

Mopanewald bedeckt viele Gebiete in Tete und Gaza

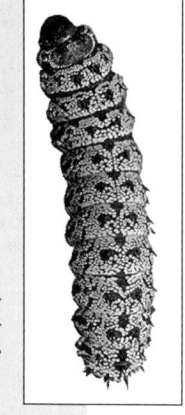

Mopanewälder sind in regenärmeren Gebieten besonders im Süden Mosambiks weit verbreitet und unterscheiden sich deutlich von anderem Bewuchs. Die sandigen oder lehmig-weißen Böden sind nur spärlich mit Gras bewachsen; und in der Trockenzeit wirken die oft großflächig abgebrannten und schattenlosen Mopanewälder abweisend. Das Zirpen unzähliger Zikaden und bizarre Termitenhügel prägen ihre Atmosphäre. Ihr dominantester Baum **Mopane**, *Colophospermum mopane*, verleiht dieser Vegetationsform den Namen. Der schnell wachsende, anspruchslose Mopane kann bei günstigen Bedingungen bis zu 18 m Höhe erreichen, bleibt aber bei schlechten, alkalischen Böden oft nur ein Busch. Der Baum lässt sich leicht an seinen schmetterlingsförmigen Blättern erkennen, an denen man zu bestimmten Jahreszeiten den sog. „Mopanewurm" *Gonimbrasia Belina* findet. Viele Afrikaner sammeln diese bunten Raupen, um sie gekocht und geröstet zu verzehren.

Mopanefalter leben nur für zwei Tage

Oben: Mopaneraupe

Die Blätter des **Falschen Mopane** (*Guibourtia coleosperma*) sind denen des Mopane sehr ähnlich. Falscher Mopane ist jedoch ein weniger häufig vorkommender Baum mit einem rosaweißen Stamm.

Ein weiterer auffälliger Vertreter des Mopanewaldes ist die **Afrikanische Kastanie** (*Sterculia africana*). Ihre pelzige Fruchtkapsel hat Ähnlichkeit mit der des Baobab. Als Vertreter der Kakaofamilie steht sie gerne auf steinigen Böden und im Sambesital.

In den Niedrigzonen

Die trockenen Niederungen mit sandigen Böden und sehr hohen Temperaturen weisen eine spezielle Vegetation auf. Bizarre **Fieberbäume** *(Acacia xanthophloea)* prägen die Landschaft am Unterlauf des Sambesi, bei Vila de Sena. Ihre ungewöhnlich gelben Stämme heben sich während der blätterlosen Trockenzeit besonders stark hervor. Schon die ersten Forschungsreisenden und Missionare nannten diese anmutige Akazie Fieberbaum, weil sie sie für den Auslöser von Malaria hielten. In der Tat wächst sie in den besonders heißen, sumpfigen Niederungen, wo auch die Malaria wütet, hat ansonsten aber nichts mit der Krankheit zu tun. **Pod Mahogany** *(Afzelia quanzensis)* ist ebenfalls ein großer, schattenspendender Baum der Tieflagen. Seine mahagonifarbenen, bis zu 10 x 17 cm großen Baumkapseln sind ein beliebtes Andenken. Bei günstigen Bedingungen kann er bis zu 35 m hoch wachsen. In der traditionellen Medizin werden seine Wurzeln gegen Bilharziose eingesetzt. Der **Rote Mahagonibaum** (*Khaya nyasica*) kann sogar bis zu 60 m Höhe erklimmen und gilt als wichtiger Holzlieferant für Möbel. Seine Rinde enthält Quinin, einen bedeutsamen Wirkstoff gegen Malaria.

Blühende Sukkulente

PFLANZEN

An Flussufern

Flussufer und Bachbette weisen eine besonders große Vielfalt an Bäumen auf. Sehr markant ist der große **Red Milkwood** (*Mimusops zeyheri*), ein immergrüner Baum, der stattliche 1000 Jahre alt werden kann. Seine kleinen, ovalen, gelborangenen Samen enthalten besonders viel Vitamin C. Zu Beginn der Regenzeit trägt dieser Baumriese weiße Blüten. Größeres Glück braucht man, um ein Exemplar der **Holzbanane** (*Entandrophragma caudatum*) zu entdecken. Dieser eher seltene Baum steht bevorzugt an Gewässern auf steinigem Grund und trägt Fruchtkapseln, die im aufgesprungenen Zustand zu Beginn der Regenzeit wie geschälte Bananen am Baum hängen. Der **Matumi** bzw. **Wilde Oleander** (*Adina microcephala*) blüht in der Regenzeit weiß und trägt eine schöne immergrüne Krone mit langen Blättern. Befremdend wirkt der Stamm der **Blaurinden-Commiphora** (*Commiphora caerulea*) aus der Myrrhe-Familie, dessen milchig-blaue Rinde beständig abblättert. Man findet diese Exemplare besonders am Sambesi und Cabora Bassa Damm in der Tete Provinz.

Akazien, Albizia und Combretum

Akazien bevorzugen Savannen und lichte Wälder in überwiegend trockenen Regionen, und sind daher vor allem in mittleren und niederen Höhenlagen anzutreffen. Weil diese Hülsenfrüchtler den Stickstoff aus der Luft wie einen Dünger nützen, wachsen sie auch noch auf sehr verkarsteten Böden. Eine recht auffällige Akazie ist die in der Tete Provinz vorkommende **Papierrindenakazie** (*Acacia sieberana*), deren hellfarbige Rinde sich wie Papierfetzen abschält. Ihre Samenhülsen sind ein begehrtes Futter für Elefanten, Büffel, Antilopen oder auch Rinder. Noch markanter ist der von unzähligen Noppen und Warzen übersäte Stamm der **Knopfdornakazie** (*Acacia nigrescens*), die ebenfalls in der Tete Provinz und am Limpopo heimisch ist. Der Baum bleibt oft monatelang ohne Blätter und gilt als Indikator für gutes Weideland. **Apfelringakazien** (*Acacia albida*), auch Winterdorn und Anabaum genannt, wachsen mit bis zu 30 m Höhe besonders an Flussufern in tief liegenden Gebieten, wie dem Sambesital, und bilden dort ein begehrtes Viehfutter. Ihre frischen Blätter treiben nämlich im südlichen Winter, wenn alle anderen Bäume noch kahl sind. Für den Nahrungszyklus der Wildtiere kommt ihnen daher eine besondere Bedeutung zu. Die Bäume der weit verbreiteten Albizia-Familie werden leicht mit Akazien verwechselt. Um sie zu unterscheiden, sollte man wissen, dass nur Akazien an den Ästen Dornen haben. Weit verbreitet in Misch- und Trockenwäldern sind afrikanische **Weiden**. Diese Langfadengewächse der *Combretum*-Familie tragen Früchte mit vier Flügeln in gelben, grünen, braunen oder violetten Farben. Typisch sind **Vierblattcombretum** (*Combretum ghasalense*), **Kudubusch** (*Combretum apiculatum*) und die **Rostbraune Buschweide** (*Combretum hereoense*).

Der **Farbkätzchenstrauch** (*Dichrostachys cinerea*) ist als akazienähnlicher Busch in niedrigen Höhenlagen vor allem in Südmosambik verbreitet. Er gilt als Indikator für überweidete Böden, weil er eine typische Sekundärpflanze ist, und lässt sich leicht an seinen Samenhülsen erkennen, die wie verschlungene Knäuel am Busch hängen. Das Bild (oben) zeigt eine Blüte.

Samenkapsel des Falschen Mopane

NATUR & TIERWELT

Baobabs – in Mosambik nennt man sie "Bondero" – faszinieren durch ihr bizarres Aussehen

Brennende Baobabfrüchte verwenden Afrikaner zum Vertreiben von Kriebelmücken

▶ Zierbäume ◀

*Im Laufe der Jahrhunderte wurde eine Reihe von Zierbäumen nach Mosambik eingeführt, von denen der lilablühende **Jacaranda** und der rotblühende **Flammenbaum** die bekanntesten sind*

Siehe Bild . 74!

Baobab

Der berühmteste Baum Afrikas heißt Baobab bzw. Affenbrotbaum (*Adansonia digitata*). Er zählt zu den Wollbäumen und kommt nur in niedrig-heißen Regionen in Afrika vor (entlang des Sambesi, Limpopo, Save, Lúrio etc.). Dieser ungewöhnliche Baum gilt als extrem vital und zäh, manche Exemplare werden bis zu 3000 Jahre alt. Sein massiger Stamm fungiert als Wasserspeicher, der in Trockenzeiten von Elefanten angezapft wird. Er hat große, weiße Blüten, die nur für etwa zwei Tage im Oktober/November blühen, und ovale, samtige Früchte, die soviel Vitamin C enthalten, wie kaum eine andere bekannte Pflanze. Der Baobab wird fast vollständig verwertet, selbst seine jungen Blätter sind wie Spinat gekocht essbar. Unzählige Legenden und Mythen befassen sich mit dem Baobab, der in den meisten afrikanischen Kulturen sehr verehrt wird. Manche glauben, der Sud aus seinen Samen schütze vor Krokodilen, andere behaupten, Gott habe den Baum versehentlich verkehrt herum eingepflanzt – sozusagen mit den Wurzeln nach oben! Hohle Baobabs wurden früher als Versteck, Unterschlupf oder auch als Gefängnis verwendet.

Baobabfrucht

Leberwurstbaum

Zu den ungewöhnlichsten Bäumen Afrikas muss man den Leberwurstbaum (*Kigelia africana*) zählen, der in den niedrigen Zonen an Flussufern und in offenen Waldlandschaften anzutreffen ist (z. B. im Sambesital). Seine bis zu 1 m langen und bis zu 10 kg schweren Früchte enthalten sehr viel Wasser und hängen wie Leberwürste von den Ästen und Zweigen herab. Im unreifen Zustand sind sie giftig, später werden sie allerdings zum Bierbrauen verwendet. Ansonsten sind sie ein beliebtes Futter für Mangusten, Hippos, Paviane und anderes Wild. Die dunkelroten, trompetenförmigen Blüten (der Baum gehört zu den Trompetenbaumgewächsen) verströmen abends einen unangenehmen Duft, der Fledermäuse zum Bestäuben anlockt.

Kasuarine

Aus seiner Heimat im Fernen Osten brachten sie die Portugiesen schon früh nach Mosambik, um die sandigen Küsten mit diesen Zweikeimblattgewächsen zu stabilisieren. Inzwischen haben sich die Kasuarinen (*Casuarina equisetifolia*) längst „selbständig gemacht" und weithin verbreitet. An den von Portugiesenhand gepflegten Küstenorten, wie Pemba, Vilankulo oder vor Ilha de Moçambique, trotzen diese merkwürdigen Laubbäume den

PFLANZEN

Meeresstürmen. Ihre Blätter erinnern an Kiefernnadeln und auch die kleinen zapfenähnlichen Früchte geben den Kasuarinen die irreführende Erscheinung von Nadelbäumen.

Afrikanischer Regenbaum

Besondere Erwähnung verdient der Regenbaum (*Lonchocarpus capassa*). Der mittelgroße, weitverbreitete Baum steht gerne an Flussläufen. Sein Namen verrät es schon: dieser Baum scheint gelegentlich zu regnen! Dafür ist allerdings ein kleines Insekt verantwortlich, das auf diesen Bäumen lebt. Um sich vor der starken Sonneneinstrahlung zu schützen, muss sich die Zikade (*Ptyelus grossus*) selbst mit sog. "Kuckucksspucke" bedecken. Dazu saugt sie die Rinde an, produziert Spucke und scheidet sogleich fast reines Wasser aus, welches dann vom Baum zu tropfen scheint.

Mukwa

Wegen seiner großen runden Samenfrucht relativ leicht zu identifizieren ist der Mukwa (*Pterocarpus angolensis*). Die haarige Kugel weist außen herum einen weichen, wellenförmigen Ring von etwa 3 cm Breite auf. Diese Früchte hängen oft monatelang am Baum. Wenn man den Mukwa anschneidet, tritt eine blutähnliche Flüssigkeit aus, die zum Färben verwendet wird. Der Baum ist sehr feuerresistent und bietet hervorragendes Holz für Paddel, Kanus und Speere. Man findet ihn häufig in tiefliegenden Gebieten Zentralmosambiks, wie dem Savetal.

Bambus

Als „Stahl der Tropen" lobten die Kolonialherren einst die Universalnutzpflanze Bambus (*Bambusae*). Seine jungen Triebe sind essbar (Bambussprossen), und die hohlen, knotigen Stengel als extrem stabiles Nutzholz begehrt. Sowohl zum Gerüstbau als auch für kunsthandwerkliche Flechtarbeiten lassen sich die Rohrstangen verwenden. Als botanische Besonderheit durchbrechen die Schößlinge bereits mit der endgültigen Stammdicke den Boden, wachsen fortan also nur noch in die Länge. Bambus ist wegen seines kieselsäurehaltigen Holzes äußerst feuerbeständig. In Niassa und Cabo Delgado gehören Bambusstauden zum typischen Landschaftsbild.

Sukkulenten

Zahlreiche Euphorbien aus der Gattung der Sukkulenten sind in Mosambik verbreitet. Die am häufigsten vorkommende ist die **Kandelabereuphorbie** (*Euphorbia candelabrum*). Sie wird bis zu 10 m hoch und blüht in der Regenzeit gelbgrün. Sehr oft steht sie in trockenen Regionen direkt an markanten Termitenhügeln. Wenn man Euphorbien verletzt, tritt ein giftiger Milchsaft aus (was beweist, dass es sich um ein Wolfsmilchgewächs und nicht um einen Kaktus handelt).

Kapokbaum

Ein weiteres, ursprünglich aus Amerika eingeführtes Wollbaumgewächs wird seit Jahrhunderten plantagenmäßig im tropischen Afrika angepflanzt: der Kapokbaum (*Ceiba pentandra*). Den bis zu 50 m hohen Baumriesen prägen vor allem die faltigen Brettwurzeln und seine länglichen Fruchtkapseln, die den Kapok, ein weißes, wollartiges Gewebe, das früher als Polstermaterial Verwendung fand, enthalten. Die attraktiven Bäume verschönern heute noch so manchen zentralen Mittelplatz kolonialer Ortschaften und bilden städtische Alleen.

Unten: Samenkapselring des Mukwa

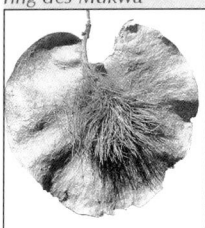

NATUR & TIERWELT

Palmen

Flussufer, Sümpfe und die Küstenstreifen des Indischen Ozeans sind klassische Standorte von Palmen. Riesige Palmenhaine symbolisieren besonders in Küstenzonen das Klischee vom tropischen Paradies. Am bekanntesten und durch ihre extrem gute Verwertbarkeit auch besonders häufig ist die **Kokospalme** (Cocos nucifera). Sie gilt als eine der ältesten Kulturpflanzen der Menschheit. Ohne feste Reife- und Erntezeiten wachsen in jedem Stamm alljährlich etwa 100 Nüsse heran. In frühem Reifezustand lässt sich von den Nüssen nur die Flüssigkeit genießen. Etliche Kokosnüsse fallen auch schon zu Boden, bevor sie nach ca. 15 Monaten die Vollreife erlangen. Dann allerdings besteht das innere Fruchtfleisch zu rund 50 % aus der Trockensubstanz Kopra, die herrlich schmeckt und sehr viel Kokosöl enthält.

Delebpalme

Fächer- und Wilde Dattelpalmen sind besonders stark verbreitet

Weiter im Landesinneren dominieren **Fächerpalmen** (Hyphaene cariacea). Sie bevorzugen Sandböden und Regionen mit salzhaltigem Grundwasser. Eine südmosambikanische Unterart ist die **Ilalapalme** (Hyphaene natalensis). Bis zu 2000 runde Früchte trägt eine einzelne Palme, die erst zwei Jahre reifen und nach weiteren zwei Jahren abfallen. Diese Früchte sind ein begehrtes Elefanten- und Affenfutter, wobei die Tiere zugleich als Samenverteiler dienen. Als Souvenirartikel werden die Früchte aufgesammelt und halbiert, denn ihr hartes, weißes Inneres erinnert an Elfenbein. Aus den Früchten einer Palme kann außerdem bis zu 70 l Palmwein gewonnen werden. Die Palme selbst wächst sehr langsam.

Früchte der Ilalapalme

Zum Verwechseln ähnlich sieht die **Deleb**- oder **Palmyrapalme** (Borassus aethiopum) aus, ebenfalls eine der nützlichen Fächerpalmen. Aus den orangegelben Früchten werden Wein, Arrak und Zucker hergestellt. In Elefantengebieten ist die Delebpalme besonders stark verbreitet, weil Elefanten die Samen unverdaut ausscheiden und auf diese Weise großflächig verteilen.

Bild oben: Kasuarinenzweig, rechts: Frucht der Raffiapalme

Die orangefarbenen Früchte der attraktiven **Wilden Dattelpalme** (Phoenix reclinata) erinnern stark an Datteln. An der Südküste sind **Kosipalmen** (Raphia australis) vertreten.

PFLANZEN

Die faszinierende Welt der Mangroven

Es ist schon erstaunlich, dass eine so faszinierende und nützliche Pflanze nicht stärker gewürdigt wird! Sicherlich – Mangrovensümpfe sind stickig, schwül, ein undurchdringliches, übelriechendes Gewirr voller Moskitos und wenig abwechslungsreich. Doch andererseits harren die **skurrilen Gewächse** in einem höchst unwirtlichen Lebensraum aus und schaffen ein Biotop für viele tropische Meeres- und Küstenbewohner. In Mosambik bedecken sie rund 400 000 ha Fläche, vor allem entlang der Küsten von Zambézia, Sofala und Nampula. Die häufigsten Mangrovenarten sind *Heritiera littoralis*, *Sonnaratia alba* und *Xylocarpus granatum*.

Mangroven wachsen dort, wo andere Pflanzen nicht mehr lebensfähig sind, nämlich im Gezeitenbereich tropischer Küsten. Eine **geniale Anpassungsfähigkeit** ermöglicht diesen unscheinbaren, immergrünen Tropengehölzen die Existenz in einer ständig wechselnden Umgebung. Alle sechs Stunden, mit jeder Ebbe und Flut, durchleben sie ein Wechselbad, liegen ihre langen Stütz- und Atemwurzeln frei bzw. unter Wasser. Dem enormen Salzgehalt, der alle anderen Bäume abtöten würde, begegnen die Mangrovenarten auf unterschiedliche Weise. Manche entwickeln Blattdrüsen, durch die mit Hilfe einer Flüssigkeit das Salz wieder ausgeschieden wird. Andere befördern das Salz durch ihre Wurzeln bis in die Blätter, die sie bald danach abwerfen.

Es gibt viele **verschiedene Mangrovenarten**, die sich zwar alle recht ähnlich sehen, aber nicht unbedingt miteinander verwandt sind. Rote Mangroven vermehren sich besonders effektiv. Aus den Früchten einer Pflanze sprießen pro Jahr einige Hundert Keimlinge, die bereits dort bis zu 50 cm lange Wurzeln bilden, bevor sie schließlich abfallen. Sie treiben im Wasser und verankern sich bei der ersten Bodenberührung sofort mit ihren Wurzeln. Sehr schnell entwickeln sie dann Seitenwurzeln, um sich gegen die starke Strömung zu schützen. Finden die Keimlinge keinen Nährboden, können sie bis zu ein Jahr lang im salzhaltigen Mündungsgewässer treiben, ohne abzusterben.

Da Mangroven lebenslang den **Gezeitenströmungen** ausgesetzt sind, bilden sie sehr starke, pfahlartige Stützwurzeln. Zwischen diesen Wurzeln lagert sich angeschwemmter Schlamm an. Dieser Schlamm, abgestorbene Wurzelteile und enorme Mengen abgeworfenen Laubes stabilisieren die Mangrovensümpfe und werden zu nährstoffreichem Morast, der wiederum das Wachstum der Mangroven beschleunigt. Wie ein bis zu 20 km breiter Gürtel umschließt das wuchernde Dickicht schließlich Küsten und Wasserwege, und schützt als natürlicher Filter die Uferzonen vor Brandung, Treibgut und Abfällen. Im Hort dieser dichten, schlammigen Vegetation finden Schalentiere, Muscheln, Krabben und Austern einen hervorragenden Lebensraum. Viele Wasser- und Watvögel nisten in den Sümpfen; und Barsche, Welse und Langusten halten sich im brackigen Flachwasser auf.

NATUR & TIERWELT

Oben: Fruchtgebilde des Cashew-Baums mit Scheinfrüchten und Cashewnüssen. In Mosambik werden sie "Caju" genannt.

Mangobaum

Mangobäume gehören zu den meisten afrikanischen Dörfern wie Lagerfeuerstellen und Hühner. Als einer der ältesten Fruchtbäume der Menschheit genießt der ursprünglich aus Südostasien kommende Mangobaum (*Mangifera indica*) überall tiefe Verehrung. Der immergrüne Laubbaum bildet kräftige schattenspendende Kronen, in denen zu Beginn der Regenzeit Tausende an Vitamin C+A reiche Früchte heranreifen. Vor dem Genuss der süßen Mangofrüchte sollte man ihre oft klebrige Schale gut abwaschen. Die Fruchtstiele enthalten nämlich ein langwirkendes Gift, das beim Pflücken austreten kann. Das Fruchtfleisch der Mango ist aber nicht nur köstlich, sondern auch gesund.

Cashew-Baum

In ganz Mosambik, vor allem jedoch in den Provinzen Nampula und Cabo Delgado, werden Cashewbäume in Plantagen kultiviert und zieren Dörfer und Straßen. Im Amazonasbecken heimisch, hat sich der rund 12 m hohe, weit ausladende Baum inzwischen über die Tropengebiete der Welt ausgebreitet. Grund dieser Popularität ist das eigenwilligste Fruchtgebilde, welches ein Tropenbaum je produziert hat: die Cashewnuss. Zunächst reift eine fleischige runde Frucht, die süßlich duftet, rötlich-gelb wie eine Birne aussieht und im reifen Zustand durchaus verspeist und zu feinen Chutneys etc. verarbeitet werden kann. Sie fungiert dennoch nur als Scheinfrucht, denn die eigentliche nierenförmige Cashewfrucht wächst aus diesem Birnengebilde hervor. Diese

Unten: Blühender Frangipani-Strauch, ein Zierstrauch der Tropen

PFLANZEN

Frucht kann man roh keinesfalls essen. Man öffnet vielmehr mühevoll die steinharte Schale und entfernt die öligen Samen. Diese werden anschließend geröstet und landen dann als nicht ganz billige Cashewnüsse in den Supermärkten der Welt. Die Herstellung erfolgt zumeist noch in Handarbeit und wird neuerdings auch wieder in Nordmosambiks Fabriken in der Nampula Provinz betrieben (siehe dazu S. 263).

Cassava (engl.) bzw. Maniok (frz.)

Die Cassavapflanze bildet bis zu 3 m hohe, verholzte Stengel und lange, schmale Blätter. Sie wird vorwiegend in Flusstälern und Sumpfgebieten angebaut und ist eine typische Pflanze des Wanderfeldbaus (Chitemene). Dazu werden zu Beginn der Regenzeit Ableger in die Erde gesteckt, die Pflanze wächst dann je nach Region in ein bis drei Jahren heran. Cassava bzw. Maniok ist eine stärkehaltige Wurzelknolle, ihre bitteren Sorten enthalten in der Schale ein der Blausäure ähnliches Gift. Erst durch mehrtägiges Wässern, Schälen, Pressen, Raspeln und Trocknen (dies verbreitet einen unangenehmen Geruch) werden die Knollen entgiftet. Die pflanzeneigenen Enzyme zersetzen dabei den Giftstoff Linamarin, der bei diesem Prozess schließlich als Zyanwasserstoff entweicht. Das zurückbleibende Cassavamehl kann nun unbedenklich verzehrt und zu Brot oder Kuchen weiterverarbeitet werden. Weicht man jedoch die Wurzeln zu kurz in Wasser ein, so kann das Linamarin nicht vollständig abgebaut werden und schädigt ab einer bestimmten Menge im menschlichen Körper Teile des Rückenmarks. Die Folge sind spastische Lähmungen und Gliedmaßenverformungen. Seit Ende des 20. Jh. wird diese als Konzo bezeichnete Krankheit besonders in Äquatorialafrika und Mosambik registriert. Sie bricht dort aus, wo Frauen aus Not die seit vielen Generationen praktizierte Sorgfalt im Umgang mit der Cassavawurzel vernachlässigen und gilt daher als ein Indikator für wirtschaftlichen Zusammenbruch, Bürgerkrieg und Armut.

Cassava bzw. Maniok bildet für mehr als 100 Millionen Afrikaner das wichtigste Grundnahrungsmittel. Die starke Verbreitung dieser Knolle liegt in ihren offensichtlichen Vorteilen: Cassava benötigt nur wenige Nährstoffe im Boden, ist weitgehend dürreresistent, lässt sich mit wenig Arbeitsaufwand platzsparend anbauen und kann je nach Bedarf geerntet werden, weil ja sozusagen direkt im Boden gelagert wird. Diesen Merkmalen verdankt Cassava die abfällige Kolonialbezeichnung „Frucht des faulen Mannes" oder „Female crop". Nachteile von Cassava sind der geringe Nährwert, die mit drei Jahren lange Reifezeit und der hohe Arbeitsaufwand zur Zubereitung von Cassavamehl.

Oben: Cassava- bzw. Maniok-Stauden.

Im englischen Sprachraum heißt die Pflanze Cassava, im französischen Sprachraum Maniok, im portugiesischen Mandioka.

Nachlässige Zubereitung der Wurzelknolle vergiftet und schädigt den menschlichen Körper

Kolonialeuropäer lehnten den Verzehr dieser bitteren Pflanze stets ab

77

NATUR & TIERWELT

DIE TIERWELT MOSAMBIKS

Verwendete Abkürzungen:
KL Körperlänge in cm
SL Schwanzlänge in cm
GL Gesamtlänge in cm
KH Körperhöhe in cm
H Hörnerlänge in cm
G Gewicht in kg
LR Lebensraum
LD Lebensdauer in Jahren
A Aktivität
m männliches Tier
w weibliches Tier

Pflanzenfresser, Raubtiere und Primaten

Die Säugetiere werden wissenschaftlich in Pflanzenfresser, Fleischfresser und Herrentiere gegliedert. Die meisten Pflanzenfresser, wie Böcke und Antilopen, sind tagaktive Herdentiere, wobei sich das Weiden meist auf die kühleren Stunden beschränkt. An bedeckten Tagen und in mondhellen Nächten sind die Tiere aktiver; bei starker Bejagung können sich tagaktive Wildtiere auch zu reinen Nachttieren entwickeln. Die **Pflanzenfresser** werden in verschiedene Untergruppen gegliedert: Paarhufer (Giraffen, Schweine, Flusspferde, Ducker, Böcke, Kleinantilopen, Rinder), Unpaarhufer (Zebras, Nashörner), Schliefer, Rüsseltiere, Schuppentiere, Röhrenzähner, Hasen- und Nagetiere.

Raubtiere unterteilt die Wissenschaft in Katzen (Geparde, Panther- und Ginsterkatzen), Schleichkatzen, Hunde, Marder und Hyänen. Wildkatzen sind überwiegend scheue, nachtaktive Einzelgänger. Löwen bilden eine Ausnahme, denn sie leben und jagen als Rudel, wie auch die Hyänen und Hyänenhunde (Afrikanische Wildhunde). Beschreibung ab Seite 88.

Die dritte große Gruppe bilden die **Primaten**, die auch als Herrentiere bezeichnet werden. In Mosambik sind aus dieser Gruppe einige Hundsaffen (Meerkatzen, Paviane) und Halbaffen oder Loris (Galagos) vertreten. Beschreibung ab Seite 94.

179 verschiedene Säugetiere leben in Mosambik. In Deutschland kommen lediglich 90 Säugetierarten vor.

Pflanzenfresser

Elefant
(Elephant)
Loxodonta africana

KH m300-400, w240-300; G m4,5t-6t, w2,2t-3t; GL m700-730, w640-660; SL 110-150; Rüssellänge 160-220 cm; Stoßzahnlänge m bis 350, w bis 80; LR Feucht- bis Trockensavanne, Galeriewälder, heiße Niederungen, Berglandschaften; A rund um die Uhr, mittags ruhend; LD in Freiheit ca. 15 J., eigentlich bis 60 J.

Größtes Landsäugetier der Welt und das Symbol für Afrika schlechthin ist der Elefant. Er kann bis zu 4 Meter groß und 5000 bis 6000 kg schwer werden. Allein sein Herz bringt 25 kg auf die Waage!

Elefanten haben einst in ganz Afrika bis auf 5000 m Höhe gelebt. Aufgrund des enormen Futter- und Wasserbedarfs (300 l Wasser und 100-200 kg Grünzeug pro Tag) unternehmen Elefanten bis zu 500 km lange Streifzüge und beschäftigen sich rund 17 Std. täglich mit der Nahrungsaufnahme. Wilderei und die Zerstörung der jahrhundertealten 'Elefantenpfade' durch Straßen, Zäune und Ortschaften beschränken ihren Lebensraum nahezu überall auf die ausgewiesenen Nationalparks und Schutzzonen.

Ein Elefant wird nach 22 Monaten Tragezeit geboren und wiegt bei seiner Geburt bereits 90 kg. Mit 10-12 Jahren wird er geschlechtsreif, interessanterweise aber bei starker Überpopulation erst viele Jahre später. Eine Elefantenkuh bringt in ihrem Leben etwa 10 Kälber zur Welt. Außer dem Menschen haben Elefanten keine natürlichen Feinde und können bis zu 60 Jahre alt werden. Dass ihre derzeitige durchschnittliche Lebenserwartung nur 15 Jahre beträgt, haben sie diesem einzigen Feind zu verdanken.

SÄUGETIERE

Des Dickhäuters wichtigstes Körperteil ist der Rüssel. Mit ihm atmet und riecht er, und er benützt ihn zum Trinken, Greifen und Schlagen. Elefanten hören und riechen ausgezeichnet, das Sehvermögen ist dagegen nur mittelmäßig, allerdings in der Dämmerung besser ausgeprägt als bei Tageslicht. Die Tiere baden gerne. Anschließend suhlen sie im Schlamm oder bespritzen sich mit viel Staub, den sie später an Bäumen oder Termitenhügeln abreiben. Dieser Vorgang schützt die Haut vor Austrocknung. Beim Fressen gehen die Tiere sehr verschwenderisch mit ihrer Umgebung um. Um an Zweige und Blätter zu gelangen, werden Bäume oft entwurzelt oder abgebrochen.

Fußabdruck eines Elefanten

Das beeindruckendste an den friedlichen Dickhäutern ist ihr ausgeprägtes Sozialverhalten. Die weiblichen Tiere und alle Jungtiere leben in geschlossenen Familienverbänden. Zumeist bilden mehrere Generationen von Müttern und Töchtern eine geschlossene Herde, die von einer erfahrenen, alten Leitkuh angeführt wird. In jungen Jahren bleiben auch die Bullen in kleinen, lokkeren Gruppen zusammen, und sie treffen die weiblichen Herden nur zur Paarung. Alte Bullen werden Einzelgänger. Elefanten gehen auffallend friedlich, liebevoll und umsorgend miteinander um. Ihre Familienbande sind eng und bleiben lebenslang bestehen. Sie trauern um verletzte oder getötete Artgenossen, halten manchmal Totenwache und decken dann den Körper des toten Tieres mit Zweigen ab. Dieses Verhalten ist sogar schon gegenüber verletzten Menschen beobachtet worden. Die Leitkuh muss besonders erfahren und weise sein, um zu wissen, wo z. B. in Dürrezeiten nach Wasser gegraben werden kann, welche Pfade sicher sind, wo Gefahren lauern und wie sich die Familie dann verhalten muss. Dieses Wissen vermittelt sie im Laufe vieler Jahre an die Jüngeren. Der massive Abschuss gerade der älteren Tiere (wegen der längeren Stoßzähne) durch die Wilderei hat deshalb neben der allgemeinen Dezimierung der Elefanten auch eine besonders tragische Auswirkung auf die Überlebensfähigkeit des Nachwuchses. Wo früher alte Kühe 80 bis 100 Tiere anführten, müssen heute Kleingruppen aus 15 Tieren mit einer verschreckten, unerfahrenen, vielleicht erst 20-jährigen Leitkuh überleben.

Elefanten haben eine relativ deutliche **Körpersprache**. Aggression, Angriffslust und Erregung, wie sie z. B. bei Stress und während der „Musth" (sexuelle Stimulation der Bullen) auftreten können, zeigen sich durch ein feuchtes Sekret, welches aus den Drüsen an beiden Schläfen austritt. In solchem Gemütszustand kann es zu gefährlichen Angriffen kommen.

In Mosambik werden Elefanten im Maputo Elephant Reserve geschützt und sind auch im Gorongosa Nationalpark wieder angesiedelt worden. In den nördlichen, sehr dünn besiedelten

NATUR & TIERWELT

Bilder rechts von oben:
Giraffe, Warzenschwein mit Wurf, Pinselohrschwein und Flusspferd

Provinzen Niassa und Cabo Delgado durchstreifen Elefanten die Wildnis bis nahe an den Indischen Ozean, kleinere Bestände gibt es im Great Limpopo Transfrontier Park, wohin aus dem südafrikanischen Parkanteil (Kruger NP) Elefanten umgesiedelt worden sind. Die Wilderei hat stark zugenommen, und man schätzt heute kaum mehr als 12 000 Elefanten im Land.

Giraffe
(Giraffe) *Giraffa camelopardalis*
KH 270-500;
KL 300-400;
SL 90-110; **G** 500-900;
LR halboffene Savannenlandschaften;
A tagaktiv; **LD** bis 28 J.

Das höchste Lebewesen der Welt lebt seit 10 Mio. Jahren nur in Afrika. Giraffen bevorzugen Busch- und Baumsavannen, Miombo-Waldlandschaften und ganz besonders Akazienwälder. Nach etwa 440 Tagen Tragezeit wird ein 70 kg schweres Jungtier geboren, das bereits nach einer Stunde laufen können muss. Die Mutter-Kind-Beziehung ist nur sehr locker. Nach 10 Jahren ist das Jungtier ausgewachsen und hat nur noch wenige Feinde. Gegen Angreifer verteidigt sich eine Giraffe mit gezielten Hufschlägen oder entkommt durch Flucht (mit bis zu 50 km/h). Schutzlos und gefährdet ist sie allerdings während des Trinkens, weshalb sie oft sehr lange zögert, bevor sie sich zum Wasser niederbeugt. Sie trinkt dann bis zu 50 Liter und kann damit eine ganze Woche auskommen. Die durchschnittlich 4-5 Stunden Schlaf pro Tag verbringt eine Giraffe teilweise im Stehen, und nur wenn sie sich sicher fühlt, liegend. Giraffen können über einen Kilometer weit sehen und dabei auch Farben unterscheiden. Hängen die Ohren einer Giraffe nach unten, ist sie entspannt. Aufstehende Ohren signalisieren Aufmerksamkeit und Erregung. Kleine Hörner tragen sowohl männliche als auch weibliche Tiere.

In Mosambik besiedeln Giraffen ausschließlich den Großraum um den Banhine Nationalpark

Warzenschwein
(Warthog)
Phacochoerus aethiopicus
KH 55-85;
KL 105-150; **SL** 35-50;
G m <150, w <75;
LR vielseitig, kein dichter Wald;
A tagaktiv; **LD** 18 J.

Warzenschweine leben in ganz Afrika südlich der Sahara in offenen Grasflächen und lichten Savannen, wurden aber in Mosambik auf dünn besiedelte Regionen und Wildschutzgebiete zurückgedrängt. Sie meiden dichten Wald oder felsige Steilhänge. Innerhalb des Familienverbands leben sie standorttreu in festen Wohn- und Schlafhöhlen. Das Weibchen wirft 2-4 Jungtiere, die 4 Monate gesäugt werden und bereits nach einer Woche der Mutter ins Freie folgen. Gerne suhlen Warzenschweine in Wasser- oder Schlammlöchern. Ihr Sehvermögen ist ausgezeichnet und ihren Feinden (Löwen und Leoparden) entkommen sie meist durch Flucht. Die bis zu 150 kg schweren Tiere verteidigen ihre Familie mutig mit den unteren Eckzähnen (Hauern). Ihre Hauptnahrung besteht aus Gräsern.

Pinselohrschwein
(Bushpig) *Potamochoerus porcus*
KH 55-80; **KL** 100-150;
SL 30-45; **G** m 45-120;
LR vielseitig; **A** nachtaktiv; **LD** 12-15 J.

Diese auch Buschschwein genannte Spezies hält sich in allen Lebensräumen außer lichten Savannen auf und bleibt doch meist unentdeckt. Die rotbraunen Allesfresser leben in Kleingruppen bis zu 12 Tieren. Sie sind bei den Bauern unbeliebt, gelten die Bodenwühler mit den auffallend langen Ohrpinseln doch als starke Ackerbauschädlinge. Im Maputo Elephant Reserve und dem Gorongosa NP hat man die besten Chancen, sie zu entdecken.

SÄUGETIERE

Flusspferd
(Hippo) *Hippopotamus amphibius*
KH 130-165; **KL** 280-420; **SL** 35-50; **G** 1300-3500;
LR Gewässer mit Flachufern u. Sandbänken; **A** tagsüber im Wasser, nachts weidend; **LD** 40-45 J.

Flusspferde leben in trägen Gewässern mit flachen Uferstellen und Sandbänken bei einer Wassertemperatur von 18-35°C. Man trifft sie bis auf 2000 m Höhe. Stark verbreitet sind sie in den Flüssen Sambesi, Rovuma, Lugenda, Save und deren Zuflüssen.

Ihre nackte Haut ist mit zahlreichen Schleimdrüsen übersät und an den Füßen bilden sie Ansätze von Schwimmhäuten. Gewöhnlich tauchen die geselligen Tiere 2-5 Minuten, doch können sie in Ausnahmesituationen bis zu 15 Minuten unter Wasser bleiben. Die meiste Zeit verbringen sie träge im Wasser oder ruhend auf Sandbänken und am Ufer. Hippos verhalten sich relativ laut, sie schnauben, brüllen und wiehern. Das Maulaufreißen ist ein Zeichen der Aggression. Ihr Lebensraum ist in strikte Territorien eingeteilt, die von der jeweiligen Gruppe streng verteidigt werden. Dazu zählen auch der Uferbereich und die fest ausgetretenen Wechsel (markierte Trampelpfade). Abends verlassen die Flusspferde das Wasser entlang dieser Wechsel, um an Land zu fressen. Pro Mahlzeit vertilgen sie bis zu 60 kg Gräser und legen dabei nicht selten 30 km lange Wanderungen zurück. Ihr Hauptfeind ist der Mensch. Nur gelegentlich werden einzelne Hippos von Löwen angefallen oder Jungtiere von Krokodilen erlegt.

Flusspferde gehen eher grob miteinander um. Die Rangkämpfe der geschlechtsreifen Männchen verlaufen nicht selten brutal. Die Tiere versuchen dabei, dem Gegner die Vorderfüße zu brechen, was den Hungertod zur Folge hat. Dringt ein Männchen unerlaubt in das Territorium der Mutter- und Jungtiere ein, wird es mit Gewalt vertrieben. Man vermutet, dass die recht rohe und grobe mütterliche Erziehung die Kleinen auf das kämpferische Leben vorbereiten soll. Hippos gelten als die für den Menschen gefährlichste Säugetierart in Afrika. Vor allem Boote und Kanus, die sich ihrem Territorium nähern, werden rückhaltlos attackiert.

NATUR & TIERWELT

Kronenducker
(Common Duiker)
Cephalophus grimmia
KH 45-55; KL 80-115;
SL 10-22; H 8-18;
G 10-20; LR vielseitig,
kein Regenwald/Wüste;
A Dämmerung LD 12 J.

Diese Kleinantilope ist im südlichen Afrika und ganz Mosambik weit verbreitet. Die Angewohnheit, bei Störung mit gesenktem Kopf fortzuschleichen, verlieh dem auch **Steppenducker** genannten Tier seinen Namen. Die scheuen Ducker halten sich stets im Dickicht oder Gehölz auf, sind ortstreu und bei Bejagung nachtaktiv. Sie fressen neben Blättern auch Kleintiere und Bodenvögel (Perlhühner). Entlang dem Savetal kann man auch die Unterart **Blauducker** aufstöbern; **Rotducker** dagegen in Küstennähe und Mosambiks Südregion.

Oribi
(Oribi) *Ourebia ourebi*
KH 50-65; KL 90-110;
SL 6-10; H 8-19;
G 12-22;
LR Buschlandschaften;
A Dämmerung
LD 8-12 J.

Oribis, sie werden auch **Bleichböckchen** genannt, besiedeln in Mosambik offene Grassavannen mit niedrigem Bewuchs zwischen den Flüssen Save und Sambesi. Dabei treten sie einzeln oder in Kleingruppen auf. Bei Störung oder Gefahr ducken sie sich zunächst, um dann plötzlich mit einem pfiffartigen Laut aufzuspringen und davon zu rennen. Ein Identifikationsmerkmal ist der schwarze Fleck hinter den Ohren. Nur die männlichen Tiere tragen Hörner.

Klippspringer
Oreotragus oreotragus
KH 47-60; KL 75-115;
SL 7-13; H <16;
G 10-18; LR felsiges,
bergiges Gebüsch; A
Dämmerung LD 15 J.

Mit kleinen Hufen, die den Klippspringer an einen Balletttänzer erinnern lassen, hat sich dieser Bock hervorragend an sein Terrain, die felsigen, zerklüfteten Berglandschaften der Provinzen Niassa, Tete und Gaza, angepasst. In der Regel werden die Weibchen größer als männliche Tiere, dafür tragen nur männliche Tiere kurze, gerade Hörner. Klippspringer treten paarweise auf, man vermutet, dass die Tiere lebenslang die Einehe praktizieren.

Steinantilope
(Steenbok)
Raphicerus campestris
KH 45-60; KL 70-90;
SL 5-10; H 7-19;
G 10-16;
LR Savannen und
Steppen; A Dämmerung; LD 10-12 J.

Offenes Fachland und lichte Savannen sind das Terrain von Steinantilopen. Die ortstreuen Einzelgänger glänzen durch ihr hervorragendes Gehör, das ihnen Gefahrenquellen meist frühzeitig verrät. Das ist überlebensnotwendig, denn die zierliche, flinke Antilope hat zahlreiche Feinde. Bei Störung oder Gefahr legt sich eine Steinantilope flach zu Boden und flüchtet erst spät mit einem jähen Satz. Männliche Steinantilopen identifiziert man leicht an ihren glatten, steil hochstehenden bzw. leicht vorgeneigten Hörnern.

Klippspringer

Steinantilope

SÄUGETIERE

Vertreter der Böcke werden in die Unterfamilien Wald-, Pferde-, Ried- und Wasserböcke gegliedert. Die scheuen **Waldböcke** tragen alle in unterschiedlicher Ausprägung weiße Abzeichen auf dem Rumpf (als Linien oder Punkte). Sie haben ausgezeichnetes Seh-, Hör- und Riechvermögen und können über 2 Meter weit springen. Zu ihrer Gattung zählen im südlichen Afrika:

Waldböcke

Die rehartigen Schirrantilopen sind in Mosambik flächendeckend in Riedgräsern und Galeriewäldern nahe Gewässern beheimatet. Sie leben überwiegend als Einzelgänger oder in Kleingruppen, oft aber in Gesellschaft von Pavianen oder Meerkatzen und sind sehr ortstreu. Bei Gefahr verteidigen sie sich mutig und gelten als gute Schwimmer und Springer. Ihr größter Feind ist der Leopard. Nur männliche Tiere tragen die spiralförmigen langen Hörner.

Schirrantilope
(Bushbock)
Tragelaphus scriptus
KH 65-100; KL 115-150; SL 30-35; H <55; G 25-80; LR deckungsreiche Wassernähe; A tagaktiv; LD 12 J.

Nyalas leben in Kleingruppen stets in Wassernähe und sind durch ihre scheue Anmut und die quer über den Rumpf verlaufenden weißen Streifen eine imposante Erscheinung (vor allem die kräftigen männlichen Tiere mit ihren prächtigen Hörnern). In vielen Regionen sind Nyalas ausgerottet worden, und man kann sie in Mosambik heute nur noch in der Region des Banhine Nationalparks im Great Limpopo Transfrontier Park beobachten.

Tieflandnyala
Tragelaphus angasi
KH 80-120; KL 135-195; SL 40-55; H <80; G m100-140, w55-90; LR Buschwälder
A tagaktiv; LD <16 J.

Diese attraktiven Antilopen sind in den Wäldern und Buschlandschaften von ganz Mosambik verbreitet, verhalten sich aber sehr scheu. Kudus (auch **Großkudu** genannt) haben ähnlich den Nyala eine feine, weiße Linienzeichnung über dem Rücken, die Männchen tragen weit geschraubte Hörner. Sie leben in kleinen Gruppen in Akazienwäldern und in steinigem Berg- und Buschland und verlassen kaum jemals den schützenden Wald. In Gefahrensituationen fliehen Kudus frühzeitig und springen dabei mühelos über 2,5 m hohe Hindernisse. Wenn sie in Bedrängnis geraten, verteidigen sie sich jedoch nicht. Wegen ihres zarten Fleisches und des schönen Geweihs bilden Kudus ein begehrtes Objekt der Wilderer und Jäger.

Kudu
(Kudu) *Tragelaphus strepsiceros*
KH 120-150; KL 185-245; SL 30-55; H <180; G 25-80; LR steiniger Busch-, Berglandschaften; A tagaktiv; LD in Freiheit etwa 8 J., in Gefangenschaft bis zu 23 J.

Schirrantilope

Kudu

NATUR & TIERWELT

Elenantilope
(Eland) *Tragelaphus oryx*
KH m 140-180, w 130-160; KL m 240-340, w 210-270; SL 55-85; H m <120, w <65; G m 400-1000, w 300-600; LR Savannen, Halbwüsten; A Dämmerung LD 15-20 J.

Diese rinderähnliche Antilope ist der **größte Waldbock Afrikas** und wird bis zu 1000 kg schwer. Sie lebt in Herden ohne feste Territorien in offenen Savannen, ist scheu, meidet Menschen, verteidigt sich bei Gefahr aber sehr mutig. In fast allen Regionen Afrikas wurde sie wegen ihres Fleisches stark gewildert und ist heute kaum noch in freier Wildbahn zu entdecken. Die hellbraunen Tiere tragen eine schwache helle Linienzeichnung auf den Flanken. Männliche Tiere identifiziert man an den Hautlappen unter dem Hals.

Pferdeböcke

Pferdeböcke nennt man pferdegroße Antilopen mit langen bogenförmigen oder locker geschraubten Hörnern, die in offenen Buschwäldern verbreitet sind:

Rappenantilope
(Sable Antelope)
Hippotragus niger
KH m 130-145, w 130-145; KL m 210-230, w 190-255; SL 40-70; H m <165, w <100; G m 200-270, w 190-230; LR Buschwälder; A Dämmerung LD <17 J.

Männliche Rappenantilopen haben ein fast schwarzes Fell, die Weibchen sind dagegen mittelbraun. Durch ihre langen, säbelartig gebogenen Hörner wirken diese Tiere ausgesprochen majestätisch und zählen zweifellos zu den besonders attraktiven Antilopen Afrikas. Sie sind theoretisch in allen Landesteilen Mosambiks außer dem Süden beheimatet, jedoch nicht mehr sehr häufig anzutreffen. Jede Herde wird von einer erfahrenen Leitkuh angeführt, während die Bullen in der Regel allein umherstreifen. Bei Gefahr verteidigen sich Rappenantilopen selbstbewusst und mutig.

Pferdeantilope
(Roan Antelope)
Hippotragus aquinus
KH m 150-160, w 140-150; KL m 240-265, w 220-245; SL 60-70; H m <100, w <80; G m 260-300, w 220-275; LR Buschwälder A Dämmerung LD <17 J.

Pferdeantilopen leben in Mosambik nur noch in kleinen Gruppen in den Galeriewäldern des Great Limpopo Transfrontier Parks und vereinzelt in den Provinzen Tete und Niassa. Die nach der Elenantilopen zweitgrößten Antilopen Afrikas suchen auffallend gerne die Gesellschaft von Zebras, Büffeln oder Gnus. Bei Gefahr zeigen sie großen Mut und attackieren notfalls sogar selbst den Angreifer, bevor sie sich geschlagen geben. Ihre Hörner sind geringelt und leicht nach hinten gebogen. Pferdeantilopen sind reine Grasfresser.

Elenantilope

Rappenantilope

SÄUGETIERE

Bedeutendster Vertreter der Familie der **Kuhantilopen** in Mosambik ist die Lichtenstein-Kuhantilope. In den Schutzgebieten des Hinterlands ist sie noch heimisch in Steppen und Trockensavannen oder halboffenen Hügellandschaften. Ihr Verbreitungsgebiet sind der Norden des Landes und die Region zwischen Sambesi und Save. Dort sieht man sie mitunter auf Erhebungen wie Termitenhügeln „Wachestehen". Kuhantilopen haben eine auffällige starke Hörnerbiegung. Sie reagieren auch auf die Alarmrufe anderer Antilopenarten oder Perlhühner.

Lichtenstein-Kuhantilope
(Lichtenstein's Hartebeest)
Alcelaphus lichtensteini
KH 120-145;
KL 175-245; **SL** 40-70;
H <70; **G** 130-180;
LR Buschlandschaften;
A Dämmerung **LD** 18 J.

Auch Gnus zählen zu den Kuhantilopen und sind in offenen Savannen und Steppen zwischen Save und Sambesi beheimatet. Sie halten sich meist in lockeren Großherden auf. Da Gnus nur Gräser bis 10 cm Höhe fressen, wird vermutet, dass Buschbrände für ihr Überleben notwendig sind. Ihr größter Feind ist der Löwe, dem die ängstlichen Tiere nur durch frühzeitige Flucht entkommen können. Nach der Geburt müssen die Neugeborenen bereits nach 3-5 Minuten aufstehen und den Muttertieren folgen können. Gnus unternehmen in Großherden weite saisonale Wanderungen, wenn es der Lebensraum zulässt. Ihrem nasalen Blöken verdanken sie den Namen „Gnu".

Weißbart- oder **Streifengnu**
(Blue Wildebeest)
Connochaetes taurinus
KH m 125-145, w 115-140; **KL** m 180-240, w 170-230; **SL** 60-100;
H m bis 85, w <40;
G m 165-290, w 140-260; **LR** Grassteppen;
A tagaktiv; **LD** <18 J.

Ried- und Wasserböcke, wie der Großriedbock, sind etwa hirschgroße Schwemmlandbewohner, die nur in Wassernähe anzutreffen sind. In Mosambik beheimatet ist der Wasserbock.

Ried- und Wasserböcke

Wasserbockherden befinden sich immer in der Nähe von Gewässer, um bei Gefahr dorthin zu fliehen. Sie werden meist von Raubkatzen verschont, solange ausreichend anderes Wild vorhanden ist, denn ihr Fleisch ist faserig, zäh und strömt einen moschusartigen Duft aus. Auffälliges Erkennungszeichen des graubraunen Wasserbocks ist sein von einem weißen Kreis umrahmter Spiegel. Außer dem südlichen Drittel Mosambiks gilt das ganze Land als Verbreitungsraum.

Wasserbock
(Waterbock) *Kobus ellipsiprymnus*
KH <130; **KL** <220;
SL 25-45; **H** <100
G 170-230; **LR** wassernahe Galeriewälder **A** Dämmerung **LD** <18 J.

Wasserbock

Gnu

85

NATUR & TIERWELT

Impala
Aepyceros melampus
KH 75-90; KL 120-160; SL 30-45; H <90; G m 200-270, w 190-230; LR Parklandschaften, Miombo- & Mopanewälder; A Dämmerung, teilw. auch nachts; LD <12 J.

Das Impala, auch **Schwarzfersenantilope** genannt, gilt als eigene Gattung unter den Paarhufern und ist in ganz Nordmosambik und im Westen des Landes von Tete bis in den Süden (außer in Bergregionen) anzutreffen. Die etwa hirschgroße Antilope bildet gesellige, große Herden bis zu 100 Tieren und hält sich gerne in Gesellschaft anderer Huftieren auf. Sie ist sehr ortstreu und bevorzugt dichte Mopane- und Miombowälder. Ihr Sehvermögen ist zwar schlecht, dafür riecht und hört sie ausgezeichnet. Auf der Flucht können Impalas bis zu 60 km/h schnell laufen und mit bis zu 3 m hohen und 10 m weiten Orientierungssprünge glänzen.

Kaffernbüffel
(Buffalo) Syncerus caffer
KH 100-160; KL 170-260; SL 50-80; H 75-100; G 250-800; LR Wald, Sumpf, Feuchtsavannen; A Dämmerung und nachts; LD <20 J.

Die Familie der Echtrinder wird durch die Kaffernbüffel vertreten. Die 800 kg schweren Büffel leben überwiegend in geschlossenen Herden in Wäldern, Savannen und Grassteppen, immer jedoch in Wassernähe. Sie sind in Mosambiks Nationalparks und Wildschutzgebieten verbreitet, allerdings sehr scheu. Büffel sehen und hören nur schlecht und müssen sich auf ihren Geruchssinn verlassen. Ihr Hauptfeind ist der Löwe. In der Herde neigen Büffel in vermeintlichen Gefahrensituationen zu überstürztem Fluchtverhalten. Bei einem Angriff verteidigt sich der einzelne Büffel allerdings mutig und nicht selten wird dabei der Löwe verletzt oder sogar getötet. Alte Einzelgänger und in die Enge getriebene Tiere greifen unter Umständen auch Menschen an.

Büffel *Klippschliefer*

Schliefer
(Dassie) Heterohyrax brucei, Procavia capensis
KH 20-30; KL 40-60; G 2,5-4,5; LD bis 12 J.; LR und A siehe rechts

Die Familie der **Schliefer** umfasst die Baum-, Steppen- und Klippschliefer. Die possierlichen, kaninchenartigen Huftiere erinnern an Nagetiere bzw. übergroße Meerschweinchen mit kleinen, runden Ohren und kurzen Beinen. Doch sind die geselligen, wendigen Pflanzenfresser näher mit Elefanten verwandt als mit irgendeinem der Tiere, denen sie ähnlich sehen. LR Baumschliefer: Feucht- u. Galeriewälder, Steppenschliefer: Savanne, Steppe, Buschwald, Klippschliefer: Felsen, steinige Berghänge; A Baumschliefer nachtaktiv, Steppen- und Klippschliefer tagaktiv

SÄUGETIERE

Zur Gruppe der Unpaarhufer zählen Einhufer (Zebras) und Nashörner.

Die beiden friedlichen, plumpen Pflanzenfresser der Nashorngattung sehen sehr schlecht, können aber mehrere Kilometer weit hören und riechen. Es sind gemütliche Zeitgenossen, die allen Konfrontationen lieber aus dem Weg gehen. Ist die Fluchtdistanz aber überschritten oder das Nashorn irritiert, kann es zu kraftvollen Angriffen oder Scheinangriffen kommen. Dabei senkt das Tier den Kopf, schnaubt und prescht mit unerwarteter Geschwindigkeit (über 50 km/h) auf sein Ziel los. Die Tiere fressen sehr unterschiedliche, nahrhafte Blätter und Gräser. Sie können auch Pflanzen verdauen, die für den Menschen hoch giftig sind.

Nashörner haben außer dem Menschen fast keine Feinde. Spitzmaulnashörner werden gelegentlich von Löwen angegriffen. Die deutlich größeren und helleren Breitmaulnashörner werden eigentlich von allen Tieren in Ruhe gelassen.

Breitmaulnashorn

In Mosambik sind die natürlichen Bestände an Nashörnern durch Wilderei soweit dezimiert, dass nur noch sporadisch von Zeit zu Zeit die Sichtung eines Nashorns im Hinterland gemeldet wird.

Das Steppenzebra ist im östlichen und südlichen Afrika weit verbreitet und in zahlreiche Unterarten gegliedert. Zwischen Sambesi und Rovuma lebt das sog. **Böhmzebra**. Es hat schwarze Streifen auf weißer Grundfarbe, auch seine Beine sind gestreift. Noch enger und zahlreicher sind die Streifen beim **Selouszebra**, welches man in ganz Mittel- und Nordmosambik antrifft. Der Süden des Landes ist der Lebensraum des **Chapmanzebras**. Die ehemals flächendeckende Verbreitung im Land ist heute deutlich eingeschränkt auf geschützte Gebiete.

Zebras werden bis zu 350 kg schwer und leben in engen, harmonischen Familienverbänden. Sie gesellen sich gerne zu anderen Huftieren, wie Giraffen und Gnus. Ihr Gehör ist sehr gut, das Seh- und Riechvermögen dafür schwächer ausgeprägt. Ihr typischer Laut ist ein pferdeähnliches Wiehern. Neugeborene Fohlen erkennen ihre Mutter erst nach mehreren Tagen, bis dahin zeigen sie eine angeborene Nachfolgereaktion. Aus diesem Grund verjagen die Mütter in den ersten Tagen alle anderen Tiere aus der Nähe des Fohlens. Die Stuten werden in der Regel kräftiger und größer als Hengste.

Unpaarhufer

Spitzmaulnashorn
(Black Rhino)
Diceros bicornis
KH 140-225;
KL 290-360; SL 60-70;
H (vorne) <120;
G 0,7 t-1,6 t; LR trockener Busch, Savanne, auch Wald;
A ganztags, bes. Dämmerung, bei Störung auch nachts;
LD <40 J.

Breitmaulnashorn
(White Rhino)
Ceratotherium simum
KH 175-210;
KL 360-380; SL 90-100; H (vorne) <150;
G 3,5t-4,7t;
LR deckungsreiche Buschlandschaften;
A Dämmerung und nachts; LD <40 J.

Steppenzebra
(Zebra) *Hippotigris*
Equus burchellii
KH m 120-140,
w 105-120;
KL m 200-245,
w 190-240; SL 45-60;
G m 220-350,
w 170-330;
LR Savannen, lichter Busch; A tagaktiv;
LD 20-30 J.

Nashorn & Zebra

NATUR & TIERWELT

Raubtiere

Löwe
(Lion) *Panthera leo*
KH 75-110; **KL** 145-200; **SL** 65-100; **G** 120-200; **LR** offene Landschaften, Halbwüsten bis Feuchtsavanne; **A** sehr träge, aktiv eher morgens, abends und nachts; **LD** bis 30 J., meist aber nur 13-15 J.

Außer in dichten Wäldern sind Löwen praktisch überall lebensfähig, jedoch in den meisten Ländern, wie auch in Mosambik, auf abgelegene Regionen im Hinterland und Schutzgebiete zurückgedrängt. In den Provinzen Niassa, Cabo Delgado und Tete ist ihr Bestand noch recht stabil. Man vermutet, dass insgesamt noch zwischen 1000 und 2000 Löwen in Mosambik leben.

Als einzige Katzenart leben sie in festen Rudeln. Löwen können sehr gut schwimmen und klettern. Ihr tiefes, keuchendes Brüllen ist bis zu 8 km weit hörbar. Die männlichen Tiere tragen prächtige Mähnen um den Hals und benehmen sich sprichwörtlich wie Paschas. Der „König der Tiere" ruht träge bis zu 20 Stunden am Tag, während die Löwinnen für die Jagd, Aufzucht der Jungen und das Wacheschieben zuständig sind. Ihre Jagdmethode besteht aus vorsichtigem Anschleichen, dann folgt ein kurzer, schneller Ansprung (bis 70 km/h) und das Töten der Beute durch Kehlbiss oder Genickbruch. Der Jagderfolg von Löwen liegt nur bei 20 %. Sie fressen bevorzugt die Eingeweide der Beutetiere und bleiben mitunter mehrere Tage bei einem Riss. Allerdings herrscht wenig Familiensinn, denn nach einem Riss fressen immer zuerst die männlichen Tiere, dann die Weibchen, die in der Regel die Beute gerissen haben, und zuletzt die Jungtiere. In Extremfällen verhungert der Nachwuchs bei Futtermangel, auch Kannibalismus kommt vor. Im Durchschnitt überlebt nur jedes zweite Löwenkind die ersten Jahre. Ausgewachsene Löwen haben keine natürlichen Feinde, es kann allerdings passieren, dass sie von mutigen Beutetieren getötet (aufgespießt) werden. Verletzte und geschwächte Löwen greifen mitunter auch Menschen an.

Oben: Hyänenspur im Sand

Löwenpaar

Fortpflanzung: Nach etwa 100 Tagen Tragezeit wirft eine Löwin 1-6 Junge, die ein halbes Jahr gesäugt werden. Nach 2 Jahren ist der Nachwuchs jagdfähig und nach 5-6 Jahre ausgewachsen. Junge Löwen erkennt man übrigens an rosafarbenen Schnauzen, bei alten Löwen ist die Schnauze dunkel.

SÄUGETIERE

Die muskulösen und geschmeidigen Pantherkatzen sind extrem scheue Einzelgänger, die ihre erlegte Beute auf Bäume schleppen, um sie dort nach und nach zu verzehren. Leoparden bewegen sich sehr gewandt in steinigem, steilen Gelände und gelten als ausgezeichnete Schwimmer. Besonders beliebte Beutetiere sind Affen, Schirrantilopen, Ziegen und Haushunde. Leoparden treten quasi flächendeckend in ganz Mosambik auf, sind jedoch überall sehr selten und scheu. Ihr Bestand gilt als nicht gefährdet, obwohl die Schleichkatzen wegen ihres Fells viel gewildert werden. Die meisten Tiere kommen durch Fallen zu Tode, seltener werden sie erschossen.

Leopard
(Leopard) *Panthera pardus*
KH 50-70; **KL** 130-190; **SL** 60-90; **G** 90-190; **LR** sehr vielseitig; **A** überwiegend nachts, teilweise auch morgens und abends; **LD** in Gefangenschaft bis 20 J.

Den Gepard kennzeichnet im Gegensatz zum kompakten, muskulösen Leopard eine windhundartige Gestalt mit sehr langen, dünnen Beinen und einem kleinen Kopf. Das drahtige Leichtgewicht lebt als Einzelgänger und weicht Begegnungen mit Artgenossen aus. Da der Gepard von Natur aus friedlich ist, kann er leicht domestiziert werden. Er bewohnt offene Landschaften bis in 2000 Meter Höhe, ist aber in ganz Afrika vom Aussterben bedroht und in Mosambik nur noch im Westen der Provinzen Gaza und Inhambane (im Grenzgebiet zum Krüger N. P.) und der südlichen Provinz Tete angesiedelt. Vereinzelt treten sie in Niassa und Cabo Delgado auf, doch scheint ihr Gesamtbestand in Mosambik nicht einmal mehr 100 Tiere auszumachen. Geparde benötigen großflächige Territorien. Ihre Gefährdung hängt auch mit den Risiken der Aufzucht zusammen. Etwa die Hälfte der Jungtiere wird in den ersten Lebensjahren von anderen Raubtieren, wie Löwen und Hyänen, gefressen. Eine **Weltrekordleistung** stellt der Gepard bei der Jagd auf: Er schleicht sich zunächst an die Beute heran und legt dann die letzten hundert Meter in einem atemberaubenden Sprint zurück. Dabei kann er einen halben Kilometer mit 80 km/h zurücklegen, erreicht Spitzengeschwindigkeiten von 110 km/h und macht über 7 Meter weite Sprünge!

Gepard
(Cheetah) *Acinonyx jubatus*
KH 75-85; **KL** 110-140; **SL** 65-80; **G** 40-60; **LR** Wüsten, Trockensavannen, offene Landschaften; **A** tagaktiv, vor allem morgens und abends; **LD** max. bis 16 J.

Raubtiere

Leopard

Gepard

NATUR & TIERWELT

Schakal
(Jackal) *Canis*
KH 45-50; **KL** 70-90;
SL 35-40; **G** 6-12;
LR Savannen, Steppen;
A überwiegend nachts und bei Dämmerung;
LD 10-12 J.

Die fuchsähnlichen Schakale bewohnen Erdbauten in niedrig bewachsenen Savannen und Steppenlandschaften. Die nachtaktiven Tiere ernähren sich hauptsächlich von Aas, Früchten, Vögeln und Kriechtieren. Sie zeigen ein ängstliches Verhalten und verteidigen sich und ihr Revier nur schwach. Schakale gehen eine Lebensehe ein und ziehen die Jungen gemeinsam auf. Während Streifenschakale (Side-striped Jackals) in ganz Mosambik vereinzelt vorkommen, beschränkt sich der Lebensraum von Schabrackenschakalen (Black-backed J.) auf Landesteile südlich des Sambesi.

Hyänenhund oder Afrikanischer Wildhund
(Wild Dog, Hunting Dog, Painted Dog)
Lycaon pictus
KH 70-75; **KL** 80-110;
SL 30-40; **G** 18-28;
LR Savannen, Steppen;
A tagaktiv, vor allem morgens und abends;
LD 10-12 J.

Hyänenhunde haben ein unverwechselbares Äußeres: Schmaler, windhundartiger Körper, lange, dünne Beine, große und rundliche Ohren, auffallend geflecktes Fell in den Farbvariationen weiß, gelb, braun und schwarz. Jedes Tier weist eine andere Färbung auf, nur am Schwanzende sind alle weiß. Trotz der hundeähnlichen Erscheinung und ihres Verhaltens sind sie nicht mit Hunden oder Hyänen verwandt. **„Wild Dogs"**, wie sie zumeist genannt werden, bilden lebenslang bestehende feste Rudel und leben in sehr engem Sozialgefüge miteinander. Nur das dominanteste Paar im Rudel bekommt Junge, die von der ganzen Gruppe gemeinsam aufgezogen werden. Auch verletzte Rudeltiere werden von allen anderen versorgt und verpflegt. Die Überlebenschance der Welpen ist gering, da sie sehr krankheitsanfällig sind und häufig von Löwen getötet werden. Außerdem ist der Mensch noch immer Feind Nr. 1, weil Farmer die Tiere rückhaltlos abschießen. Besonders problematisch ist ihr enormer Platzbedarf, denn Wild Dogs beanspruchen riesige Territorien. Immer häufiger geraten sie dabei mit den Menschen in Konflikt. Sie jagen Großwild, wie Kudus, Impalas und Ducker, gemeinsam in einer ausdauernden Hetz- oder Rennjagd mit Geschwindigkeiten bis zu 55 km/h. Dabei sind die Jäger extrem erfolgreich (sie haben zu 95 % Jagderfolg). Wo die natürlichen Beutetiere fehlen, reißen sie Nutztiere, wie Rinder und Ziegen. Die Rache der Farmer führte dazu, dass Wild Dogs heute stärker vom Aussterben bedroht sind als Nashörner. Ihr Bestand ist überall akut gefährdet. Man schätzt, dass in ganz Afrika nicht mehr als 3000 dieser faszinierenden Tiere überlebt haben. Wieviele davon in Mosambik existieren, ist derzeit nicht bekannt.

Tüpfelhyäne
(Spotted Hyaena)
Crocuta
KH 70-90; **KL** 120-180; **SL** 25-30; **G** 55-85; **LR** Halbwüsten bis Feuchtsavannen;
A Dämmerung und nachts; **LD** in Gefangenschaft bis 40 J.

Hyänen leben in Rudeln mit etwa 20 Tieren in markierten Territorien in den geschützten Gebieten Nord- und Zentralmosambiks. Die ortstreuen Nachtjäger zeichnet ein hervorragendes Seh-, Hör- und Riechvermögen aus. Innerhalb ihrer Gemeinschaft dominieren die Weibchen, die in der Regel auch größer und schwerer sind. Vor einem Angriff oder Beutezug hört man oft das typische Heulen der Hyänen: ein 2-3 Sekunden andauernder gezogener Heulton, der bis zu 15 mal wiederholt wird. Das schaurige Gelächter, das gelegentlich zu hören ist, ist ein Angst- und Erregungsruf der Hyänen. Bei der Jagd sind sie ausgesprochen ausdauernd

SÄUGETIERE

und warten geduldig auf den günstigsten Augenblick, ehe sie ihr Opfer mit bis zu 50 km/h niederreißen. Die Beute wird mit Haut, Haaren und Knochen verschlungen; Aas und selbst tote Artgenossen verschmähen Hyänen auch nicht. Keineswegs fressen Hyänen nur die Reste eines Löwenkills, vielmehr verjagen ebenso oft Löwen die erschöpften Hyänen von ihrem frischen Riss. Einzelne Fußgänger sind schon von Hyänenrudeln attackiert worden.

Karakal (Caracal) *Caracal caracal*
KH 40-50; KL 65-90; SL 20-30; G 8-18; LR Trockensavannen bis Wüsten; A überwiegend nachts und bei Dämmerung; LD <17 J.
Der auch unter dem Namen Wüstenluchs bekannte Karakal ist an sich in Afrika und Zentralasien weit verbreitet, bleibt aber als vorsichtiger Einzelgänger meist unentdeckt. Seine Erscheinung ist luchsartig, das weiche Fell oberseitig einfarbig hellbraun, nur am Bauch mit gelblichen Flecken besetzt. Eindeutiges Erkennungsmerkmal sind die langen Haarpinsel an den spitzen Ohren. Er lebt in Felsspalten oder Erdlöchern, wo er seine Jungen aufzieht. Bei der Jagd nach Säugetieren von der Größe einer Maus bis zum Springbock oder nach Bodenvögeln schleicht er sich zunächst unbemerkt an und überwältigt seine Beute dann mit einem Blitzspurt.

Serval (Serval) *Leptailurus serval*
KH 45-55; KL 65-90; SL 25-35; G 6-15;
LR Deckungsreiche Savannen, Galeriewald; A meist nachtaktiv u. b. Dämmerung; LD <20 J.
Die hochbeinige Kleinkatze trägt einen verhältnismäßig kleinen Kopf mit breit angesetzten, großen Ohren. Das ockerfarbene Fell ist am Rücken mit schwarzen Flecken in Längsreihen besetzt. Das Revier des standorttreuen Serval liegt in Trocken- oder Feuchtsavannen, die gute Deckung und Wassernähe gewähren. Mit der Jagdtechnik einer Katze erbeutet er Bodenvögel, kleine Säugetiere und Eidechsen dank seines hervorragenden Seh- und Hörvermögens.

Schabrackenschakel

Afrik. Wildhund (Wild Dog)

Tüpfelhyäne

Raubtiere

NATUR & TIERWELT

Ginsterkatze
(Small-spotted Genet)
Genetta genetta
KH 15-20; KL 40-55;
SL 40-51; G 1-2,3;
LR Wald, Feucht-
savannen, Sumpf;
A nachtaktiv; LD <9 J.

Die Gemeine Ginsterkatze, auch **Kleinfleckginsterkatze** genannt, ist von schlanker, niedriger Erscheinung: ein extrem langer Schwanz, kurze Beine, langer Rumpf und ein spitz zulaufender, fuchsartiger Kopf. Das strohfarbene Fell ist von dicken schwarzen Flecken übersät, die am Schwanz in breite Streifen übergehen. Die ähnliche **Großfleckginsterkatze**, deren schwarze Flecken noch dunkler erscheinen, kommt ebenfalls in ganz Mosambik vor. Die geschickten Kletterer flüchten bei Gefahr bevorzugt in die Bäume.

Zibetkatze
(African Civet)
Viverra civetta
KH 25-40; KL 80-95;
SL 40-53; G 9-20;
LR Wald, Feucht- und
Trockensavannen;
A nachtaktiv; LD <14 J.

Die zur Familie der Ginsterkatzen zählende afrikanische Zibetkatze mit der Größe eines mittelgroßen Hundes trägt ein stark schwarz geflecktes Fell mit grauem Unterton. Der Schwanz ist buschig, die Hinterläufe wirken länger als die Vorderen, und den breiten Kopf hält die Zibetkatze meist flach geduckt. Tagsüber versteckt sie sich in hohem Gras. Sie verfügt über ein ausgezeichnetes Riech- und Hörvermögen sowie ein spezielles Dämmerungs- und Bewegungssehen. Auch bei Gefahr bleibt die Zibetkatze meist am Boden, nur selten springt sie auf Bäume. Ihre Revier markiert sie mit Duftdrüsen, die ein Sekret enthalten, das bei der Parfumgewinnung eine wichtige Rolle spielt.

Zebramanguste
(Banded Mongoose)
Mungos mungo
KH 18-20; KL 30-45;
SL 20-30; G 0,6-1,5;
LR Feucht- und
Trockensavannen
nahe Gewässer;
A tagsüber; LD <11 J.

Zahlreiche **Mangusten** und **Ichneumons** sind im südlichen Afrika beheimatet. Die gedrungene Zebramanguste ist ein typischer und zugleich leicht identifizierbarer Bewohner Mosambiks. Das oliv- bis graubraune Fell ist auf dem Rücken des Tieres von abwechselnd hellen und dunklen Querbändern besetzt.

Mangusten ziehen in Familientrupps bis 30 Tieren innerhalb eines Gebietes ständig umher, wo sie selbst gegrabene Erdhöhlen, hohle Baumstämme oder ausgehöhlte Termitenbauten bewohnen. Vor allem morgens und abends sind die munteren Gesellen aktiv, vormittags sonnen sie sich gerne ausgiebig. Ihren Feinden, größeren Raubtieren und Greifvögeln, entgehen die mutigen Kämpfer meist durch einen rechtzeitigen Warnruf und verteidigen sich notfalls auch gemeinsam gegen einen Angreifer. Sie können dabei selbst gefährliche Giftschlangen in die Flucht schlagen.

Honigdachs
KH 23-28; KL 65-75;
SL 18-25; G 8-16; LR
sehr vielseitig; A
überwiegend nachts
und bei Dämmerung;
LD bis 24 J.

In Größe und Gestalt ähnelt er dem europäischen Dachs. Auffällig ist seine weißgraue Schabracke (Oberseite von der Stirn bis zur Schwanzwurzel), während der übrige Körper schwarz ist. Sprichwörtlich ist die Aggressivität, mit der der Honigdachs trotz seiner kleinen Körpergröße sogar büffelgroße Gegner angreift. Die meisten Tiere gehen dem kampfwütigen Honigdachs daher aus dem Weg. Er ernährt sich von Bienenhonig und kleinen Kerbtieren. Um an die begehrten Bienenwaben zu gelangen, lässt er sich von einem Vogel, dem Honiganzeiger, dorthin führen. Der Dachs zerstört die Waben und jeder der Beiden erhält seinen Teil vom Honig und den Bienenlarven (eine faszinierende Zweckgemeinschaft im afrikanischen Tierreich).

SÄUGETIERE

Zebramanguste — *Honigdachs* — *Buschhörnchen*

Unverkennbar wegen ihres langen Borstenkleides sind die größten Nagetiere Afrikas. Der plumpe Körper ist kaum zu erkennen unter der prächtigen Mähne aus bis zu 30 cm langen, schwarzweiß geringelten Hohlstacheln, die vom Kopf bis zum Schwanz reichen. Stachelschweine sind nahezu überall in Afrika außerhalb der Sahara weit verbreitet. Meist deuten aber nur ausgefallene Stacheln am Boden auf ihre Anwesenheit hin. Die Tiere hausen in geräumigen Wohnhöhlen mit mehreren Ausgängen. Bei Dämmerung und nachts treten sie auf festen, bis zu 15 km langen Wechseln die Nahrungssuche an (Pflanzen aller Art, abgefallene Früchte, sie nagen aber auch Knochen ab). Bei Gefahr und Verfolgung bleiben sie plötzlich stehen und lassen den Feind in die aufgestellten Stacheln laufen. Die Stacheln werden übrigens nicht abgeschossen, fallen aber leicht ab.

Südafrika-Stachelschwein
(Cape Porcupine)
Hystrix africaeaustralis
KH ca. 25; **KL** 65-85;
SL 12-17; **G** 15-27;
LR vielseitig; **A** nachts und bei Dämmerung;
LD 20 J.

Der Springhase gilt als eigene Gattung in Afrika, gehört aber zu den Nagetieren (es handelt sich nicht um einen Hasen). Der kaninchengroße Nager ähnelt mit seinen stark verkürzten Vorderbeinen im Kontrast zu den langen Hinterbeinen und riesigen Füßen einem Känguruh. Ferner sind der dichtbuschige lange Schwanz, löffelförmige Ohren und große, runde Augen auffällig. Die putzigen Tiere graben in den Sandböden zahlreiche Gänge und Wohnhöhlen, deren Ausgänge sie vor dem Schlafengehen von innen mit Sand verstopfen. Jedes Tier hat mehrere solcher Bauten, die bei Gefahr sofort aufgesucht werden. Springhasen leben paarweise, jedoch oft in enger Nachbarschaft, so dass an einem Fressplatz mitunter mehrere Dutzend Tiere wohnen. Die friedfertigen Gesellen verzehren neben vegetarischer Kost auch Kerbtiere. Als Beutetiere fallen sie Ginster- und Wildkatzen, Schakalen, Schlangen und nachtaktiven Greifvögeln zum Opfer. In Mosambik sind sie nur im südlichen Landesdrittel heimisch.

Springhase
(Spring Hare)
Pedetes capensis
KL 35-43; **SL** 34-49;
G 3-4; **LR** Sandböden in Überschwemmungsland und Pfannen;
A nachts und bei Dämmerung; **LD** 7 J.

Die zierlichen, wendigen Buschhörnchen treten in variablen Farben von grau über braun und Ocker auf. Sie sind weit verbreitet, fressen am Boden, flüchten aber bei Gefahr in die Bäume. Zahlreiche Unterarten sind bekannt. Im westlichen Mittel Mosambiks sind vor allem **Ockerfuß-Buschhörnchen** (Smith's Bush Squirrel, *Paraxerus cepapi*) verbreitet.

Buschhörnchen
(Squirrel)
KL 13-20; **G** 120-250 g;
LR Busch- und Waldlandschaften
A tagsüber

93

NATUR & TIERWELT

Steppenpavian
(Baboon) Papio cynocephalus
KH 40-70; **KL** 50-120; **SL** 40-70; **G** 20-50; **LR** Savannen, Galeriewälder, felsiges Gelände; **A** tagaktiv; **LD** 30 J.

Paviane, die sich zumeist am Boden aufhalten, gliedern sich in zahlreiche Unterarten. Der ockerfarbene Gelbe Babuin bzw. Küstenpavian bewohnt Mosambik vom Sambesi nordwärts, der graue Große Tschakma ist dagegen südlich dieses Stroms vertreten. Paviane bilden große Gruppen von 20 bis 80 Tieren und festen Territorien in offenen Landschaften und felsigen Regionen. Ausgewachsene Männchen können bis zu 50 kg schwer und über einen Meter groß werden und verhalten sich ausgesprochen mutig und kampflustig. Paviane greifen Feinde als geschlossene Horde an und können sich Raubtieren dadurch meist gut widersetzen. Ihre kräftigen Reißzähne verursachen schwere Verletzungen. Die größte Gefahr droht ihnen durch Leoparden, aber auch Krokodile, Pythonschlangen, Hyänenhunde und Löwen zählen zu ihren Feinden. Als Warnlaut dient ein tiefes, kehliges Bellen. Paviane sind wenig wählerische Allesfresser, die ihren Speiseplan aus Grünzeug, Blattwerk und Samen gerne mit Frischfleisch anreichern. Alte Männchen fressen gelegentlich sogar Jungtiere aus der eigenen Horde.

Pavian

Grünmeerkatze
(Vervet Monkey) Cercopithecus aethiops
KL 40-80; **SL** 50-110; **G** 3-7; **LR** vielseitig, Parklandschaften; **A** tagaktiv; **LD** in Gefangenschaft <24 J.

Diese munteren, zierlichen Gesellen mit den langen, dünnen Schwänzen sind in zahlreichen Unterarten weit verbreitet und leben in Trupps bis zu 60 Tieren. Meerkatzen gelten als ausgesprochen neugierig und aktiv. Sie bewegen sich am Boden und auf Bäumen gleichermaßen geschickt, fliehen bei Gefahr aber immer in die Bäume. Meerkatzen sind ausgezeichnete Schwimmer, Springer und wahre Kletterkünstler. Anderen Horden gegenüber verhalten sie sich feindselig.

Bushbaby

Grünmeerkatze

SÄUGETIERE

Diese viel seltenere, auch **Samangoaffe** genannte Art kommt in Mosambiks Bergwäldern entlang der Grenze zu Zimbabwe sowie im gesamten Küstengebiet vor. Weißkehlmeerkatzen sind etwas kräftiger und viel dunkler gefärbt als die gräulichen Grünmeerkatzen. In Trupps bis 30 Tiere leben diese Meerkatzen sehr scheu und zurückgezogen, halten sich meist in Baumwipfeln und nur selten am Boden auf. Auch hier sind mehrere regional auftretende Unterarten bekannt.

Weißkehl-Meerkatze
(White Throated Guenon) *Cercopithecus erythrarchus*
KL 50-60; **SL** 60-90; **G** 4-7; **LR** schattige Wälder **A** Dämmerung

Galagos aus der Familie der Loris sind kaum je zu sehen, da sie tagsüber eingerollt auf Bäumen schlafen und nur nachts (vor allem in den ersten Abendstunden) aktiv werden. Man erkennt sie an ihrem lauten, kleinkinderartigen Geschrei, hat jedoch nur selten Gelegenheit, diese scheuen und flinken Wesen zu beobachten. Dem eindringlichen Geschrei verdanken sie ihren englischen Name **Bushbaby**. Durch Wald- und Buschbrände werden immer wieder tagsüber tief schlafende Galagos getötet.

Riesengalago
(Thick-tailed Bushbaby) *Galago crassicaudatus*
KL 27-47; **SL** 30-50; **G** 1-2; **LR** Wald, Baumsavanne;
A nachtaktiv; **LD** in Gefangenschaft <14 J.

Steppengalago
(Lesser Bushbaby) *Galago senegalensis*
KL 14-21; **SL** 20-30; **G** 150-300g;
LR Küstenwald, Baumsavanne;
A nachtaktiv; **LD** in Gefangenschaft <14 J.
(siehe Bild links unten)

Riesengalago

Primaten

Portugiesische Tiernamen	
Elefant	elefante
Giraffe	girafa
Nashorn	rinoceronte
Büffel	búfalo
Löwe	leão, a leoa
Leopard	leopardo
Gepard	chita
Schakel	chacal
Krokodil	jacare
Schlange	serpente
Pavian	macaco-cão
Warzenschwein	facocero
Pinselohrschwein	porco-do-mata
Zebra	zebra
Kudu	cudo
Elen	elande
Wasserbock	inhacoso
Rappenantilope	pala-pala

Samangoaffe

NATUR & TIERWELT

Chamäleon

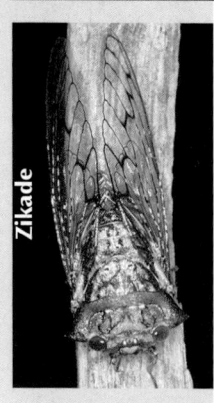

Zikade

Die faszinierenden Echsen haben Klammerfüße, Wickelschwänze und Augen, die unabhängig voneinander frei beweglich sind. Sie zählen zu den **Wurmzünglern**, da sie ihre Beute mit der blitzschnell herausschnellenden, langen Zunge ergreifen. Ein Chamäleon kann sich nicht verteidigen, seine Überlebensstrategie besteht aus perfekter Tarnung. Dazu verfügt die Echse neben den bedächtigen, wippenden Bewegungen über die einmalige Fähigkeit, ihre Körperfarbe der jeweiligen Umgebung anzupassen. Ein Chamäleon im Gebüsch zu entdecken, ist für Ungeübte fast unmöglich. Sehr viel leichter lassen sich Chamäleons beim langsamen Überqueren von Teerstraßen erspähen. Während und direkt nach der Regenzeit sind besonders viele Chamäleons unterwegs. Es kommen im südlichen Afrika sowohl eierlegende als auch lebend gebärende Arten vor. Weibliche Tiere werden in der Regel größer als männliche.

Faszinierende Termiten

Von den rund **3500** bekannten **Termitenarten** unserer Welt kommen etwa 400 in Afrika vor. Diese unglaublich raffinierten Insektenstaaten existieren seit mehr als 100 Mio. Jahren; ihre bis zu 6 m hohen Bauten sind somit die ältesten Wohnanlagen der Welt. In Mosambik kommen vor allem solche Arten vor, die rings um den Termitenbau Pilze kultivieren, die alles in der Umgebung verrotten lassen. Sehr vieles aus dem komplizierten Lebenszyklus der Vegetarier bleibt bis heute im Dunkeln. Wahr ist, dass Termiten massive Schäden anrichten und Möbel, Kleidung, ja sogar Häuser zerstören können. Dabei wird jedoch meist übersehen, dass ihr nützlicher Beitrag zur Verwertung von absterbenden Hölzern und der Auflockerung des Bodens weitaus größer ist. In Afrika werden Termiten auch „**White Ants**" genannt, obwohl sie näher mit Schaben und Kakerlaken, als mit Ameisen verwandt sind.

Termiten leben in Staatengemeinschaften mit bis zu 3 Mio. Tieren pro Kolonie und sind lebenslang für die Gemeinschaft aktiv. Die meisten Insekten gehören der blinden, halbentwickelten Arbeiterklasse an, die unentwegt schuftet, Gänge gräbt und Tunnel bis in 40 m Tiefe aushöhlt. Nur rund 5 % von ihnen sind Soldaten. Diese größeren Termiten werden von den Arbeitern gefüttert, wenn sie nicht gerade die Gesamtanlage gegen Gefahren von außen, vornehmlich Ameisen, zu verteidigen haben. Vor jeder Regenzeit wachsen Tausende Tiere heran, die von den Arbeitern umhegt und versorgt werden, wobei sie schließlich zierliche Flügel, feste Körper und Augen entwickeln. Eines Tages, meist nach den ersten Regenfällen, strömen diese behüteten jungen Termiten einer Region gleichzeitig aus ihren Bauten aus zu einem kurzen „**Hochzeitsflug**". Viele Gefahren und etliche Feinde, die sie als wohlschmeckende Proteinquelle schätzen, warten auf diese Termiteninvasion, und nur wenigen gelingt es, eine sichere und geeignete Landefläche auf dem Boden anzusteuern. Dort treffen je eine männliche und eine weibliche Termite zusammen und graben sich sogleich gemeinsam in den Boden, um eine neue Kolonie zu gründen. Die restliche Lebensaufgabe eines solchen Weibchens – rund 20 Jahre – wird nun ausschließlich das Produzieren Hunderttausender Eier sein (täglich etwa 30 000).

TIERE

Chamäleon

Grashüpfer

Zebramangusten

Heuschrecken

Frosch

Stabheuschrecke

NATUR & TIERWELT

Krokodil

Nilkrokodil
(Crocodile)
Crocodylus niloticus

Ob aus Krokodileiern weiblicher oder männlicher Nachwuchs schlüpft, entscheidet die Bruttemperatur: unter 30 °C wird das Geschlecht weiblich, über 30 °C männlich.

*Bild oben: züngelnder Nilwaran
Bilder rechte Seite von oben: halbwüchsige Krokodile in einer Krokodilfarm, Puffotter*

Krokodile besiedeln die warmen Zonen der Erde seit rund 200 Mio. Jahren und gehören damit zu den ältesten Lebewesen der Welt. Von ursprünglich 108 verschiedenen Spezies haben bis heute 22 Arten überlebt. In Afrika sind die besonders großen, bis zu 6 m langen Nilkrokodile beheimatet. Diese bis zu 700 kg schweren Echsen sind mit knöchernen Hautschilden gepanzert, weshalb man sie auch Panzerechsen nennt.

Krokodile leben in Gewässern mit flachen Uferstellen und Sandbänken. Ihrer Beute lauern sie oft stundenlang im seichten Uferbereich auf. Haben sie ihr Opfer entdeckt, gleiten sie unbemerkt heran, stoßen mit unglaublicher Energie aus dem Wasser und schnappen zu. Dann versuchen sie, die Beute unter Wasser zu ziehen und zu ertränken. Krokodile können nicht kauen. Durch Umherwirbeln um die eigene Achse reißen sie die Beute in Stücke, die sie herunterschlingen.

Aus Furcht vor Angriffen, zum Schutz der Fischernetze und wegen ihrer begehrten Haut sind Krokodile intensiv bejagt worden. In den meisten besiedelten Regionen gelten sie daher als ausgerottet. In Nationalparks, abgelegenen Regionen und an den Flüssen Sambesi, Save, Incomáti und Rovuma sind die Bestände an fossilen Panzerechsen aber noch gesichert.

Lauernde Krokodile im Wasser sind kaum von treibendem Gehölz zu unterscheiden, daher ist in Afrika generell an allen Uferzonen große Vorsicht geboten. Meist wird auch die Geschwindigkeit unterschätzt, mit der sich die Riesenechsen bei einem Angriff aus dem Wasser hieven.

REPTILIEN

Nilwaran (Nile Monitor) *Varanus niloticus*
Zur Familie der Echsen zählt auch der bis 2 m lange Nilwaran, der ein äußerst flinker Jäger ist, Menschen allerdings ausweicht und als ungefährlich gilt. Als **größte Echse Afrikas** lebt der Nilwaran amphibisch und ist ein ausgezeichneter Schwimmer. Der tagaktive Einzelgänger prescht blitzschnell davon, wenn man ihn aufschreckt. Er ernährt sich bevorzugt von Eiern und Jungvögeln der am Boden brütenden Vogelarten und hält sich fast immer nahe Uferzonen auf.

Steppenwaran (Rock Monitor) *Varanus exanthematicus*
Mit maximal 1,3 m Länge ist der Steppenwaran deutlich schmächtiger als sein Vetter Nilwaran. Seine Färbung ist von hellem graubraun. Der weit verbreitete Waran lebt in selbst gegrabenen Bodenlöchern.

Schlangen (Snakes)
Von den zahlreichen Schlangenarten Mosambiks sind etwa ein Viertel giftig. Dazu zählen vor allem die Gabun-Viper, Schwarze Mamba, Afrikanische Speikobra, Boomslang und die Puffotter. Eine ungiftige Riesenschlange ist der mehrere Meter lange Python. Er tötet seine Beute (Hühner, kleine Antilopen), indem er sie umschlingt und erdrückt. Schlangen haben Körper ohne Gliedmaßen und eine von Schuppen bedeckte Haut. Ihr Rachen, die Speiseröhre und der Magen sind weit dehnbar, um die Beute vollständig verschlingen zu können.

Schlangen sind scheu und weichen dem Menschen aus. Geräusche und das Vibrieren des Bodens schrecken sie auf, und sie ziehen sich meist sogleich zurück. Eine gefährliche Ausnahme bildet die hochgiftige **Puffotter** (*Bitis arietans*). Sie ist sehr träge, bewegt sich nur langsam und wird leicht übersehen. Die meisten Unfälle passieren deshalb mit diesen zickzack-gemusterten Vipernschlangen. Die Puffotter stellt bei der Fortpflanzung einen **Weltrekord** auf: Von allen Wirbeltieren der Welt gebärt sie die meisten Jungtiere mit bis zu 150 rund 15 cm großen Babyschlangen pro Wurf! Ihr größter Feind sind die truthahngroßen Kaffernhornraben, die gut und gerne ein Dutzend Puffottern pro Woche verschlingen.

Während der Trockenzeit sind Begegnungen mit Schlangen seltener als zur Regenzeit, wenn Erdlöcher und Spalten, in denen die Reptilien Unterschlupf suchen, voll Wasser laufen (s. auch S. 339).

NATUR & TIERWELT

Dugong (Seekuh)

Dugong dugong
GL 250-320;
G 150-200;
LR Salzwasser in Küstennähe;
A tagsüber in tiefen Gewässern, nachts im Flachen weidend;
LD in Gefangenschaft bis 70 Jahre

Sie sehen ein wenig aus wie Walrosse, gebären lebende Jungtiere und haben verschließbare Nasen- und Ohrlöcher. Ihre Vordergliedmaßen sind als Flossen einsetzbar, die Hintergliedmaßen kaum zu erkennen und die abschließende Schwanzflosse ist quer gestellt. Diese zur Sirenia-Familie zählenden sanften Säugetiere werden tatsächlich den Huftieren zugeordnet und sind vermutlich nahe mit Elefanten verwandt. Der wissenschaftliche Name Sirenia kommt aus dem Griechischen und nimmt Bezug auf die mystischen Fabelwesen Sirenen. Die Seefahrer vergangener Zeiten glaubten in diesen Meeresbewohnern jene Meerjungfrauen zu erkennen, die ihresgleichen ablenkten und ihre Schiffe auf Klippen auflaufen ließen. Bei säugenden Seekühen erinnern die prallen Brüste tatsächlich an solche Fabelwesen.

Seekühe erreichen Spitzengeschwindigkeiten von 22 km/h und weiden bis zu 12 m tief

Als gesellige Wasserpflanzenweider ziehen sie in festen Familienverbänden in den flachen Küstengewässern umher. Von Haus aus eher zutraulich wurden die schwerfälligen Säugetiere um ihres Fleisches willen weltweit fast ausgerottet. Die verbliebenen Tiere sind äußerst scheu geworden. Sie halten sich gelegentlich an den Bazaruto Inseln, bei Inhambane und an den Küsten der Provinz Zambézia auf. Geraten sie versehentlich in Fischernetze, sterben die Tiere oft schon allein am psychischen Stress dieser Situation.

Delphin

Delfine halten sich ganzjährig vor den mosambikanischen Küsten auf, am besten beobachtet man sie von Juni bis August im Süden, z. B. Tofo

Delphine sind Zahnwale von 2-4 m Länge und können bis zu 200 kg schwer werden. Ihre Oberseite ist dunkel, am Bauch sind sie weiß, und die Flanken haben graue bis gelbe Streifen. Die Tümmler können zwar nicht sonderlich tief tauchen, aber mit bis zu 50 km/h unglaublich schnell schwimmen. Die Säugetiere haben eine Tragezeit von etwa 10 Monaten. Es wird immer nur ein Junges geboren, das die Mutter sofort zur Wasseroberfläche bringt, damit es atmen kann. Nach einiger Zeit lernt das Neugeborene zu tauchen und kann auch unter Wasser gesäugt werden.

Im Zusammenhang mit Delphinen wird immer wieder die Frage nach ihrer Intelligenz gestellt. Es ist schon mehrfach vorgekommen, dass Delphine Menschen in Seenot gerettet haben. Auch ihre eigenen Artgenossen werden mitunter bei Verletzung durch gegenseitiges Stützen vor dem Ertrinken bewahrt. Die Experten streiten darüber, ob es sich hierbei um bewusstes oder angeborenes Verhalten handelt. Herausragend ist auch ihre Bereitschaft zur Dressur und zum Erlernen synchroner Bewegungen. Ihrem freundlichen Wesen und Aussehen verdanken die Meeressäuger die große Sympathie, die ihnen nicht erst seit „Flipper" entgegen gebracht wird.

Wale

Juni - Oktober sind die besten Monate zur Walbeobachtung

Mehr als 30 verschiedene Walarten bewohnen die Ozeane des südlichen Afrika. Darunter fallen verschiedene Bartenwale sowie Pottwal, Buckelwal und als größter Vertreter der Blauwal. Man kann sie gut im Süden Mosambiks beobachten.

LEBEN IM MEER

Der Südafrikanische Seebär ist die einzige Robbenart des südlichen Afrikas und kommt dort an den Meeresküsten von Namibia, Südafrika und dem Süden Mosambiks vor. Er wird den **Pelzrobben** zugeordnet. Die größeren Männchen tragen ein dunkelbraunes Fell, während das Kleid der weiblichen Seebären silbergrau scheint. Die rundköpfigen Robben sind sehr gesellig und ortstreu. Sie bilden an bevorzugten Brutstellen regelrechte Kolonien, die sie alljährlich zur Paarung wieder aufsuchen. Die Weibchen gebären ihr Junges im November/Dezember und ziehen den Nachwuchs rund drei Monate lang auf, ehe sie gemeinsam ins Meer verschwinden. Sie ernähren sich von Kleinfischen, Kopffüßern und Krebsen.

Südafrikanischer Seebär
(Cape Fur Seal)
Arctocephalus pusillus
KL 150-240;
G 90-310;
LR Salzwasser in Küstennähe;

Die schutzlosen Meeresbewohner sind weltweit bedroht, denn sie stellen sowohl eine Nahrungsquelle als auch noch immer einen begehrten Souvenirartikel dar (der Handel mit Meeresschildkrötenpanzern ist strikt verboten). Die Tiere kommen jedes Jahr an bestimmte Strände, wie die Bazaruto Islands, um ihre Eier im Sand abzulegen. Dort stehen sie inzwischen unter Schutz. Meeresschildkröten zählen zu den Spitzenreitern unter den Tieftauchern. Lederschildkröten vermögen bis zu 1 500 m tief zu tauchen, womit sie nach dem Pottwal den zweiten Platz beim Tieftauchen einnehmen. Diese bis zu 700 kg schweren Riesenschildkröten können stundenlang unter Wasser bleiben, ehe sie erneut zum Luft holen an die Oberfläche auftauchen. In Mosambik kommen 5 verschiedene Spezies der Meeresschildkröten vor, die Lederschildkröte allerdings nur in Südmosambik.

Meeresschildkröte

Die Weibchen werden erst mit 30 Jahren geschlechtsreif

Nur eines von 100 Jungen erreicht die Geschlechtsreife

Bild unten: Feuerrot leuchtender Seestern vor der Küste Mosambiks

Vielfältig: Leben im Mangrovensumpf

Ausgesprochen faszinierend ist die Vielfalt höchst eigenwillig anmutender Lebensformen, denen man im Schlick der Mangroven begegnen kann. Dem flüchtigen Betrachter bleiben die vielen krabbelnden und springenden Tiere meist verborgen, denn sie ziehen sich bei vermeintlicher Gefahr sofort in Sand- und Schlammlöcher zurück. Bleibt man dagegen eine Weile ruhig stehen, kommen die neugierigen Kleintiere schnell wieder zum Vorschein. Besonders auffällig sind die sogenannten **Winkerkrabben** aus der Familie der Reiterkrabben bzw. Zehnfußkrebse. Die männlichen Krabben tragen neben einer unscheinbaren Schere auch noch eine monströse, überdimensionale Schere, mit der sie heftig winken, um Weibchen zur Begattung anzulocken. Bei den weiblichen Winkerkrabben sind dagegen beide Scheren gleich ausgebildet. Winkerkrabben laufen und graben seitwärts. Sie leben in senkrechten Höhlen, die sie bei ansteigender Flut von innen mit einem Schlammbrocken verschließen. So bleibt genug Luft zum Atmen in der Höhle, und bis zur nächsten Ebbe harren die Krabben darin aus.

Die originellsten Bewohner im Mangrovenschlick sind sicherlich die amphibischen **Schlammspringer**. De facto handelt es sich um Fische in Grundelgestalt, die bei Flut schwimmen und sich bei Ebbe im feuchten Schlick aufhalten. An Land ziehen sich die 5-15 cm großen Tiere mit Hilfe ihrer langen Brustflossen vorwärts und können enorm weit springen. Die riesigen, froschartigen Augen vermögen sie rundum zu drehen. Sie ernähren sich von kleinen Krabben, Asseln, Insekten und Garnelen (s. Bild S. 161).

Wissenschaftlich betrachtet kommt den **Lungenfischen** die größte biologische Sonderstellung zu. Diese Knochenfische repräsentieren einen entscheidenden Schritt der Evolution, nämlich das Kunststück, vom Leben im Wasser zum Leben auf dem Lande überzuwechseln. Lungenfische besitzen noch Kiemen, aber auch schon Lungen. Sie leben bevorzugt im schlammigen Bodenbereich der Flüsse. Die afrikanische Art (Protopterus) zeichnet sich durch besondere Fähigkeiten während der Trockenzeit aus, wenn sie sich in den Schlammboden eingräbt und darin bis zu zwei Jahre Trockenheit überstehen kann. Während dieser Zeit atmet der Lungenfisch durch einen winzigen Gang, den er sich mit der Schwanzspitze freihält, und ernährt sich von körpereigenem Eiweiß, das er in seinen Muskelpartien abbaut. Durch den Stoffwechsel entstehen Stickstoffverbindungen, die der Fisch im Normalfall ausscheiden kann, während seines Trockenschlafes aber in wasserunlöslichen Harnstoff umwandelt – **ein kleines Wunder**, denn alle anderen bekannten Wirbeltiere würden sich dabei selbst vergiften. Afrikanische Lungenfische vertragen sogar die 1000-fache Menge an Harnstoff, ohne daran Schaden zu nehmen.

TIERSPUREN

Fährten afrikanischer Wildtiere

Länge der Spur

Wichtig: Bei Hyäne und Hyänenhund/Wildhund kann man die Krallen im Abdruck erkennen. Löwen- und Leopardenspuren weisen dagegen keine Krallen auf.

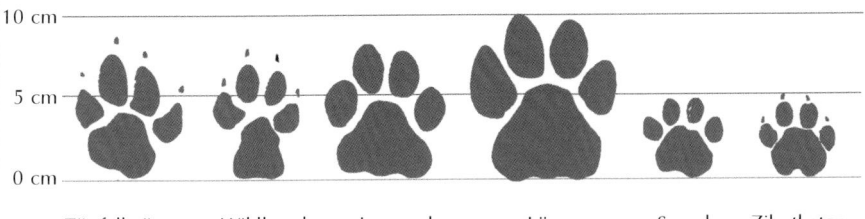

Tüpfelhyäne — Wildhund — Leopard — Löwe — Serval — Zibetkatze

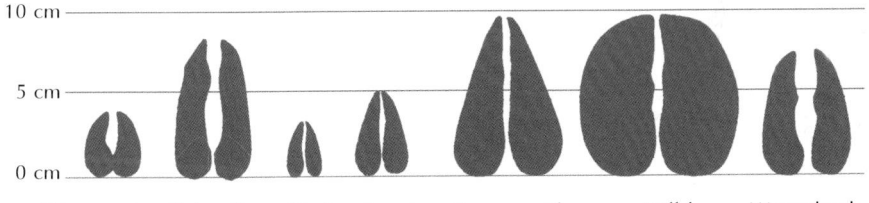

Warzenschw. — Kuhantilope — Ducker — Impala — Rappenantilope — Büffel — Wasserbock

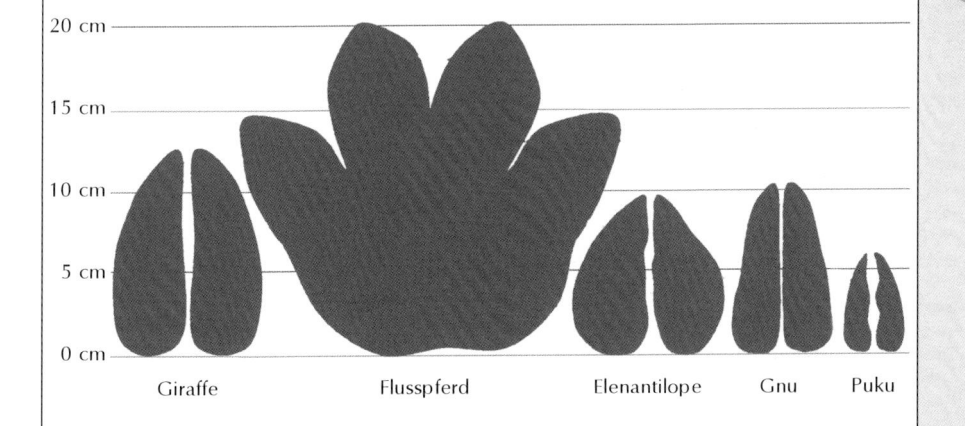

Giraffe — Flusspferd — Elenantilope — Gnu — Puku

NATUR & TIERWELT

DIE VOGELWELT MOSAMBIKS

Etwa **800 Vogelarten** kommen in Mosambik vor (im Vgl: nur 330 Arten in der BRD)

Vor allem Mittel- und Nordmosambik sind wahre Schatzkammern für Ornithologen

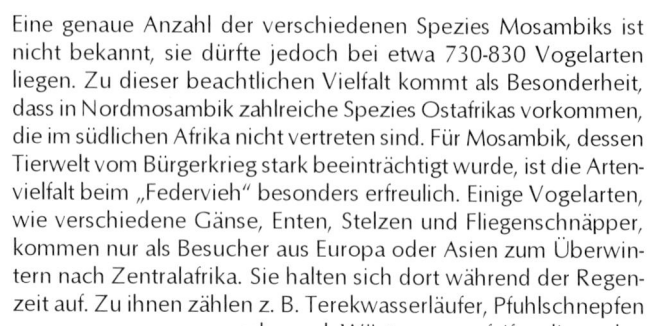

Eine genaue Anzahl der verschiedenen Spezies Mosambiks ist nicht bekannt, sie dürfte jedoch bei etwa 730-830 Vogelarten liegen. Zu dieser beachtlichen Vielfalt kommt als Besonderheit, dass in Nordmosambik zahlreiche Spezies Ostafrikas vorkommen, die im südlichen Afrika nicht vertreten sind. Für Mosambik, dessen Tierwelt vom Bürgerkrieg stark beeinträchtigt wurde, ist die Artenvielfalt beim „Federvieh" besonders erfreulich. Einige Vogelarten, wie verschiedene Gänse, Enten, Stelzen und Fliegenschnäpper, kommen nur als Besucher aus Europa oder Asien zum Überwintern nach Zentralafrika. Sie halten sich dort während der Regenzeit auf. Zu ihnen zählen z. B. Terekwasserläufer, Pfuhlschnepfen oder auch Wüstenregenpfeifer, die an den Meeresküsten brüten. Der überwiegende Anteil sind allerdings Vögel des tropischen Afrika.

Von Greifvögeln und anderen Fleischfressern

Zu den weit verbreiteten Greifvögeln zählen Adler, Geier, Habichte, Bussarde, Milane und Falken. In Bergregionen kann man den seltenen, schwarzen **Kaffernadler** (*Aquila verreauxii*) entdecken, der eine feine weiße Zeichnung auf dem Rücken trägt. Die braunen **Raubadler** (*Aquila rapax*) werden als Aasfresser gele-

Bild oben: Neugieriger Strauß
Bild unten: Palmengeier

Ein typischer Vogel Südmosambiks ist der Afrikanische Wiedehopf

gentlich in der Gesellschaft von Geiern gesichtet. Als typischer Vertreter an Afrikas Ostküsten gilt der **Kronenadler** (*Stephanoaetus coronatus*). Doch der auffälligste und sicherlich bekannteste Adler ist der markante **Schreiseeadler** (*Cuncuma vocifer*). Kopf, Brust, Rücken und Schwanz sind weiß, Bauch und Schultern braun gefärbt und die Flügel (Spannweite 50-60 cm) schwarz. Charakteristisch und seltsam eindringlich ist sein möwenartiger, weittragender Schrei, den er auch während des Fluges ausstößt. Die bis zu 75 cm großen Raubvögel siedeln paarweise an Binnengewässern und Flüssen, wie Sambesi, Save und Lago Niassa. Ihre Brutzeit fällt in die Monate Mai bis August. Beim männlichen **Gaukler** (*Terathopius ecaudatus*), einem sehr hoch fliegenden, mittelgroßen schwarzen Adler, sind Schnabel und Füße rot gefärbt. Die weiße Unterseite seiner Flügel ist beim Flug deutlich sichtbar. **Kampfadler** (*Polemaetus bellicosus*) ernähren sich von Affen, Schliefern und kleinen Antilopen, weshalb sie häufig in Nationalparks vorkommen. Ihr weißes Federkleid ist mit dunklen Flecken gemustert und sie haben einen dunklen Kopf.

VÖGEL

Der **Schmarotzermilan** (*Milvus migrans parasitus*) mit dem gegabelten Schwanz und dem gelben Schnabel trägt diesen Namen, weil er mit steilem Sturzflug nicht nur Beutetiere, sondern auch Lebensmittel aus den Camps und Dörfern stiehlt. Er hält sich während der sommerlichen Regenzeit in Mosambik auf und kreist dort häufig über Anwesen und Teerstraßen.

Aasfressende Geier kreisen ebenfalls oft hoch über Tierkadavern. Die großen Vögel mit den ausladenden Flügeln und kleinen nackten Köpfen haben ein eher abschreckendes Äußeres. In wildreichen Regionen sind **Kappengeier** (*Necrosyrtes monachus*), **Schmutzgeier** (*Neophron percnopterus*) und **Weißrückengeier** (*Gyps africanus*) vertreten. **Palmengeier** (*Gypohierax angolensis*) kommen dagegen ausschließlich entlang der Meeresküsten vor. Ein auffälliger Bodenvogel der offenen Grasflächen in Wildschutzzonen ist der zur gleichen Familie gehörende **Sekretärsvogel** (*Sagittarius serpentarios*). Dieser langbeinige, blassgraue Vogel mit dem weichen Schopf und den langen mittleren Schwanzfedern schreitet theatralisch langsam und würdevoll.

Wasservögel, Watvögel und Vögel im Uferbereich

An den Meeresküsten Südmosambiks tauchen in den Wintermonaten von Zeit zu Zeit **Albatrosse**, verschiedene **Sturmvögel** und vereinzelt auch **Kaptölpel** (*Morus capensis*) auf. Die gänsegroßen, ein wenig zigarrenförmigen Vögel segeln oft in langen Ketten hintereinander flach über dem Meer. Kopf und Hals sind gelb gefärbt, das am Rumpf zu weiß übergeht, die großen runden Augen leuchtend blau. Um Beute zu machen, stürzen die Vögel aus großer Höhe senkrecht ins Meer hinab (Stoßtauchen). Zwischen November und März halten sich migrierende **Sturmschwalben** an den Küsten auf. Sehr typisch ist die **Dominikanermöwe** (*Larus dominikanus*). Kopf, Hals, Bauch und Schwanz dieser mittelgroßen Möwe sind weiß, Mantel und Oberflügel rußschwarz, Beine und Schnabel gelb (mit einem roten Fleck auf dem Schnabel). Ihre Stimme wirkt klagend und eindringlich. **Graukopfmöwen** (*Larus cirrocephalus*) und **Rauchseeschwalben** (*Hydroprogne caspia*) prägen ebenfalls die Küstenzonen. Allerdings fallen sie weit weniger auf als die zierlichen **Flamingos** (*Phoenicopterus ruber*) und **Zwergflamingos** (*Phoenicopterus minor*) oder die eleganten **Rosapelikane** (*Pelecanus onocrotalus*). Die bis zu 1,75 m großen Pelikane, deren Flügelspannweite 3 m betragen kann, halten sich gleichermaßen an Süß- und Salzwasser auf. Die äußerst scheuen, weißen Vögel, deren Federkleid nur während der Brut ein rosaroter Hauch ziert, brüten zu Hunderten oder Tausenden an Flachgewässern. Ebenfalls in riesigen Kolonien brüten **Brillenpinguine** (*Sheniscus demersus*) auf den küstennahen Inseln im Ozean. Die Weibchen schaben dort kleine

Regionale Besonderheiten

Im äußersten Süden des Landes bis etwa Xai-Xai und dem **Limpopo** ist der Natalheckensänger beheimatet.

Etwas weiter nördlich bis auf die Höhe von **Inhambane** dehnt sich das Verbreitungsgebiet der Vangaschnäpper aus.

Entlang der Südküste, aber auch an den Stränden der **Bazaruto Inseln**, sind Reihenläufer typische Sommergäste.

Blaukehlnektarvögel besiedeln die Miombowälder südlich des **Save-Flusses**, der kleine Böhmspint dagegen das Sambesital.

Einen besonderen Ruf für spektakuläre Vogelbeobachtungen genießen die **Gorongosa-Berge**. In ihren Feuchtwäldern entdecken Kenner extrem seltene Arten, wie Grünkopfpirol und den Swynnertonrötel, der ansonsten nur noch bei **Mt. Selinda** an der Grenze zu Zimbabwe auftritt.

Nordmosambik hingegen gilt als Schmelztiegel süd- und ostafrikanischer Arten. Hier tauchen nun Kleiner Purpurastrild, Blassschnabeltoko, Brandweber, Barratbuschsänger, Fischers Laubbülbül und Braunbrustbartvögel auf.

NATUR & TIERWELT

Vögel

Vertiefungen in den Boden, die sie mit Steinen, Federn und Hölzern auspolstern, bevor sie dort zum Brüten ihre beiden Eier ablegen. Nach dem Schlüpfen mausern sich die Pinguinjungen innerhalb von drei Monaten.

An Tümpeln, Uferzonen und Flussläufen tummeln sich besonders viele Vogelarten. In den Gewässern leben dunkle, langhalsige Kormorane, die schwimmend und tauchend Fische erbeuten. In Mosambik sind vor allem **Weißbrustkormorane** (Phalacorocorax carbo) und **Kapkormorane** (Phalacorocorax capensis) vertreten. Der Kapkormoran gilt sogar als häufigster Kormoran im südlichen Afrika. Er liefert das wertvolle Düngemittel Guano und hält sich nur an Salz- und Brackwasser auf. Etwas größer gewachsen ist der **Afrikanische Schlangenhalsvogel** (Anhinga rufa), der tief im Süßwasser schwimmt und – wie eine Schlange – nur den Kopf herausstreckt. Der **Hammerkopf** (Scopus umbretta), der die größten Einzelnester unter den afrikanischen Vögeln baut, trägt diesen Namen, weil sein Kopf dem Umriss eines Hammers ähnelt. Dieser braune, mittelgroße Vogel ist teilweise nachtaktiv und ernährt sich hauptsächlich von Fröschen (siehe Bild auf S. 161).

Die zahlreich vertretenen Reiher unterscheiden sich im Flug deutlich von Kranichen und Störchen, denn sie fliegen nicht mit ausgestreckten Hälsen, sondern mit zurückgezogenem Kopf. Aus ihrer Familie sind **Graureiher** (Ardea cinera), **Mittelreiher** (Mesophyox intermedius), **Silberreiher** (Casmerodius albus) und die bis zu 1,5 m großen **Goliathreiher** (Ardea goliath) verbreitet. In Gesellschaft von Großwild oder Nutztieren halten sich gerne die nur 50 cm großen, weißgelblichen **Kuhreiher** (Bubulcus ibis) auf, um Parasiten vom Fell ihrer Wirtsträger zu picken. Eine auffällige, stolze Erscheinung in feuchteren Wildgebieten ist der bis zu 1,65 m große **Sattelstorch** (Ephippiohynchus senegalensis) mit seinem rot-schwarz-gelben Schnabel. Der **Abdim-** oder **Regenstorch** (Ciconia abdimii), ein Zugvogel, der sich etwa von Oktober bis März in Mosambik aufhält, pickt in dieser Zeit auf zahlreichen Äckern und Feldern

VÖGEL

nach Insekten. Auch der grauweiße **Marabu** (*Leptoptilos crumeniferus*) zählt zu den Störchen, kommt aber fast nur in Wildschutzgebieten vor und lebt von Aas, Fröschen und Heuschrecken. Häufig sieht man ihn in Gesellschaft von Geiern.

Zu den lautesten Vogelarten mit anhaltendem Geschrei zählen Ibisse, Kiebitze, Regenpfeifer und Gänse. Der olivgraue **Hagedasch-Ibis** (*Bostrychia hagedasch*) zeichnet sich durch ein charakteristisches, eindringliches Schreien aus, das besonders abends zur Dämmerung weithin zu hören ist. Auch den **Dreibandregenpfeifer** (*Charadruis tricollaris*), einen kleinen Watvogel, charakterisiert sein lang anhaltendes, klagendes Geschrei. Auf den Sandbänken des Sambesi lässt sich der **Langspornkiebitz** (*Xiphidiopterus albiceps*) beobachten. Auch **Senegalkiebitz** (*Afribyx senegallus*) und **Trauerkiebitz** (*Vanellus lugubris*) sind häufig vertreten. Der auffällig schwarz-weiß gezeichnete **Waffenkiebitz** (*Hoplopterus armatus*) bevorzugt Feuchtgebiete und Sumpfregionen. Unter den Watvögeln sind neben Stelzenläufern und Wasserläufern auch Schnepfen, die vielfach nur periodisch als Zugvögel auftreten, verbreitet.

Marsche, Sümpfe und Seen gelten als Heimat von **Afrikanischen Löfflern** (*Platalea alba*), etwa 90 cm großen weißen Vögeln mit rotem Gesicht und Beinen sowie auffälligen Löffelschnäbeln. Sieht man einen hübschen Vogel mit riesigen Füßen auf Seerosen und schwimmenden Wasserpflanzen umher stolzieren, handelt es sich um das Blaustirn-Blatthühnchen bzw. **Jacana** (*Actophilornis africanus*). Der Vogel ist kastanienbraun und an Schnabel und Stirnschild blauweiß. Kraniche bevorzugen Sumpfgebiete und Feuchtsavannen. Die überwiegend blassgrauen **Klunkerkraniche** (*Bugeranus carunculatus*) kommen praktisch nur im Gorongosa N. P. vor (kennzeichnend sind zwei vom Kinn herabhängende 'Klunker'). Weite Verbreitung findet dagegen der **Kronenkranich** (*Balearica regulorum*). Seine Oberseite ist schiefergrau, dazu trägt er weiße Flügel mit rostbraunen Armschwingen und auf dem Scheitel eine rostfarbene Federkrone. Kronenkraniche gehen eine lebenslange Einehe ein, und je ein Vogelpaar bezieht ein Revier mit 1,5 km² Radius. Ihre Brut verteidigen die anmutigen, großen Vögel vehement selbst gegen so gefährliche Feinde wie Löwen.

Auch die kleinen, leuchtend gefärbten Eisvögel sind zumeist direkt an Gewässer gebunden. Fische und Libellenlarven frisst der **Kobalteisvogel** (*Alcedo semitorquata*), der am Rücken blau und am Bauch rostrot gefärbt ist. Der bis zu 40 cm große **Riesenfischer** (*Ceryle maxima*) ernährt sich hauptsächlich von Süßwasserkrabben, während der winzige **Zwergfischer** (*Ispidina picta*) Insekten und Grillen erbeutet. Deshalb lebt er, wie der unauffälligere **Streifenliest** (*Halcyon chelicuti*), auch in Miombowäldern.

Silhuetten von Greifvögeln

Falke

Habicht/Weihe/Milan

Adler

Oben: *Waffenkiebitz*

Bilder links:
*Hammerkopf
und Sattelstorch*

107

NATUR & TIERWELT

Die Nachtaktiven

Eulen, Uhus und Käuze gehören zu den Jägern mit nächtlicher Lebensweise. Typischerweise haben sie Hakenschnäbel, große Köpfe und direkt nach vorne blickende Augen. Ihr Flug ist geräuschlos und der Blick starr. Eine nahezu flächendeckende Verbreitung erlangte die **Schleiereule** (*Tyto alba*). In Trocken- und Buschsavannen kann man den **Perlkauz** (*Glaucidium perlatum*) mitunter auch am Tage beobachten. Der **Berguhu** (*Bubo africanus*) mit den auffälligen Federohren sitzt bei Dunkelheit manchmal auf den Straßen.

Hühnervögel

Rebhühner, Frankoline, Wachteln und Perlhühner werden gemeinhin als Hühnervögel zusammengefasst. Das **Helmperlhuhn** (*Numida meleagris*) ist in trockenem Buschland sehr weit verbreitet, während **Kräuselhaubenperlhühner** (*Guttera pucherani*) eher in Miombowäldern und dichtem Buschwald leben. Laufhühnchen, wie das **Hottentottenlaufhühnchen** (*Turnix hottentotta nana*), fühlen sich in feuchten Dambos wohl. Weitere klassische Vertreter dieser Gruppe sind **Rotschopftrappe** (*Eupodotis ruficrista*), **Natalfrankolin** (*Francolinus natalensis*), **Rotkehlfrankolin** (*Francolinus afer*) und **Harlekinwachtel** (*Coturnix delegorguei*).

Baumvögel

In den Bäumen und Wäldern lebt eine Vielzahl unterschiedlicher Vogelarten, zu denen Trogone, Spechte, Kuckucks-, Bart- und Mausvögel zählen. Der winzige **Grünastrild** (*Estrilda melanotis*), ein Prachtfink, lebt in den Bergwäldern nahe der Grenze zu Zimbabwe. Die auffälligen **Nashornvögel** – benannt nach den überdimensionalen, gebogenen Schnäbeln – zeigen ein ungewöhnliches Brutverhalten: Das Weibchen mauert sich zum Brüten in die Nesthöhle ein und wird durch eine kleine Öffnung vom Männchen gefüttert. Einige Nashornvogelmütter bleiben sogar in der Höhle, bis die Jungvögel ausfliegen. In Miombowäldern sind **Grautokos** (*Tockus nasutus*) beheimatet, in trockeneren Mopanewäldern dagegen **Rotschnabeltokos** (*Tockus erythrorhynchus*).

VÖGEL

Kaffernhornraben (*Bucorvus cafer*) gelten mit fast 4 kg Gewicht als die größten afrikanischen Nashornvögel. Die über 1 m großen Bodenbewohner sind schwarz gefiedert mit roten Gesicht.

Eine andere afrikanische Waldvogelfamilie sind die Turakos bzw. Lärmvögel. Am unscheinbarsten ist der **Graulärmvogel** (*Corythaixoides concolor*), der wegen seines lauten Geschreis jeden Eindringling verrät und den englischen Namen 'Go-away-Bird' trägt. Er lebt in trockenem Busch und Akazienwäldern. Der **Glanzhaubenturako** (*Tauraco porphyreolophus*) mit grünem Kopf, blauen Schwanzfedern, purpurschwarzer Haube und leuchtend roten Schwingen, die im Flug gut sichtbar sind, gilt als scheuer Waldbewohner. Auch der **Spitzschopfturako** (*Tauraco livingstonii*) Zentralmosambiks trägt ein grünes Gefieder, eine lange, spitze Haube und einen rötlichen Schnabel.

Weitere typische Vögel

Zu den Vögeln, denen Reisende häufig begegnen, zählen der recht zutrauliche **Graubülbül** (*Pycnonotus barbatus*) und zahlreiche Stare. Der **Messingglanzstar** (*Lamprotornis chloropterus*) gilt als geselliger Miombowaldbewohner in Gebieten nördlich des Save, während der **Mevesglanzstar** (*Lamprotornis mevesii*) nur die Trockenwälder entlang von Limpopo und Sambesi bewohnt. In Wildschutzgebieten sieht man gelegentlich **Rotschnabel-Madenhacker** (*Buphagus erythrorhynchus*) auf Großwild, wie Büffel und Kudus, sitzen, denn sie ernähren sich von deren Zecken

Nahe Gewässern hält sich die große, bräunlich gestreift und gefleckte **Bindenfischeule** (*Scotopelia peli*) auf. **Nachtschwalben** – man nennt sie auch **Ziegenmelker** – sind nachtaktive Vögel mit sehr langen Flügeln, die bei Einbruch der Dunkelheit ihre schwingenden Kreise ziehen. Sie ernähren sich von Insekten, die sie während dieses lautlosen Fluges jagen. Tagsüber sitzen sie getarnt und unbeweglich im Gehölz. Mehrere Arten sind in Mosambik vertreten.

Bilder oben: Frankolin und Kaffernhornrabe

NATUR & TIERWELT

und Parasiten. **Schildraben** (*Corvus albus*) genießen den Ruf als klassische Müllfresser, die häufig bei menschlichen Siedlungen und Camps leben. Sie werden etwa 45 cm groß und sind schwarz gefiedert, mit weißer Brust und einem weißen Halsband.

Vielfältig und mitunter schwer identifizierbar sind die unterschiedlichen **Webervögel**. In Riedgräsern und immergrünen Wäldern werden **Weißstirnweber** (*Amblyospiza albifrons*) und **Waldweber** (*Ploceus bicolor*) heimisch. Weite Verbreitung oftmals auch nahe menschlicher Ansiedlungen finden **Dorfweber** (*Ploceus cucullatus*). Die schwarzroten **Oryxweber** (*Euplectes orix*) bewohnen hohe Gräser, Schilf oder auch Maisfelder. Eine Ähnlichkeit mit dem Oryxweber zeigt der **Stummelwida** (*Coliuspasser axillaris*), doch haben die Männchen einen deutlich längeren Schwanz.

In den Wäldern Zentralmosambiks kommen die großen **Kappapageien** (*Poicephalus robustus*) vor. Das kleinere **Erdbeerköpfchen** (*Agapornis lilianae*) tritt am Sambesi und nördlich davon in trockenen Laubwäldern auf. Viel Lärm machen die in Akazienwäldern heimischen **Braunkopfpapageien** (*Piocephalus crypto-xanthus*).

Oben: Dieser Rotschnabeltoko mustert den Fotografen skeptisch

Bezaubernd wirken die schlanken, leuchtend gefärbten afrikanischen **Bienenfresser**, wie der scharlachrote **Karminspint** (*Merops nubicoides*). Während der Regenzeit brütet dieser Zugvogel in großen Kolonien in sandigen Steilufern der Flüsse in Niedrigzonen. Ein weiterer, höchst attraktiver afrikanischer Migrant ist der **Paradiesschnäpper** (*Terpsiphone viridis*, siehe Bild auf S. 161).

Nektarvögel haben noch längere Schnäbel als Bienenfresser, um an den Blütennektar zu gelangen. Entlang der Südküste bis Inhambane hält sich der **Neergaards Nektarvogel** (*Nectarinia neergaardi*) auf. **Weißbauchnektarvögel** (*Nectarinia talatala*) sind dagegen im ganzen Land in Savannen, Akaziengebüsch und Uferwäldern heimisch.

Ein prächtiges Gefieder präsentieren die mittelgroßen Racken, die häufig einzeln oder paarweise auf trockenen Zweigen oder Stromleitungen sitzen. In offenen Baumlandschaften sind **Gabelracken** (*Coracias caudata*) heimisch, im Miombowald Südmosambiks lebt die **Spatelracke** (*Coracias spatulata*), während der **Zimtroller** (*Eurystomus glaucurus*) Galeriewälder bevorzugt.

Unten: Schildrabe

SÜD-MOSAMBIK

Den Süden Mosambiks bilden die Provinzen Maputo, Gaza und Inhambane. Die endlosen Sandstrände an den Küsten Südmosambiks sind zum überwiegenden Teil touristisch gut erschlossen und stellen das größte Kapital dieser Region dar. Alljährlich zieht es eine wachsende Zahl sonnenhungriger Urlauber besonders aus Südafrika an die Strände Südmosambiks, die als Tauch- und Badeparadies gelten. Und die Kapitale des Landes, Maputo, wird als eine der lebendigsten Metropolen im südlichen Afrika gerühmt.

TOP-Highlights in Südmosambik

Die Stadt Maputo
Inhambane–Tofo–Barra
Bazaruto Archipel

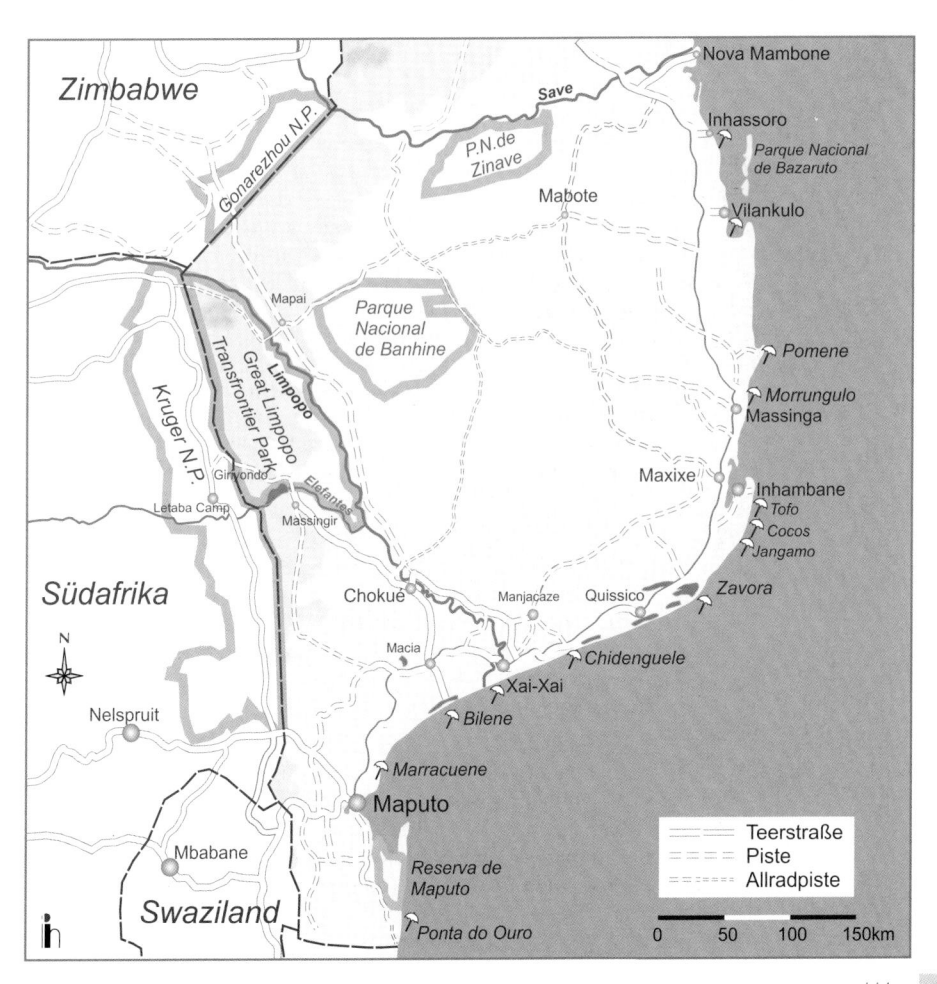

DIE PROVINZ MAPUTO

Die Maputo Provinz, mit 23576 km² die kleinste und südlichste des Landes, grenzt an Südafrika, Swaziland und die mosambikanische Provinz Gaza. Die Bevölkerung setzt sich hauptsächlich aus Ronga und Nachkommen der Zulu zusammen und beträgt durchschnittlich 44 Einw. pro km². In der mediterranen, lebendigen Hauptstadt lässt es sich als Besucher leicht einige Tage aushalten. Weitere Sehenswürdigkeiten sind die Tauch- und Fischgründe von Ponta do Ouro und das Maputo Elephant Reserve.

Stadtgeschichte

Der erste Seefahrer "entdeckte" die Bucht vor mehr als 500 Jahren

1498 erkundete der Seefahrer Vasco da Gama den Seeweg nach Indien und ankerte dabei als erster Europäer in der schönen Bucht. Doch erst als 1545 der portugiesische Kaufmann Lourenço Marques hier auftauchte und die günstige Lage der Bucht im Mündungsgebiet der vier Flüsse Matola, Maputo, Tembe und Umbeluzi erkannte, nahm Portugal wirklich Notiz von diesem Naturhafen. Tausende Elefanten hielten sich in dem sumpfigen Gelände auf, das von einem Häuptling namens Maputa regiert wurde. Marques nannte die Bucht "Baia de Lagoa" (Lagunenbucht); ein Name, der sich als Delagoabucht bis ins 20. Jh. erhalten sollte. Die vielen Elefanten bestärkten ihn darin, hier einen kleinen Stützpunkt einzurichten und mit den Einheimischen in regelmäßige Handelskontakte zu treten. Für ein paar Ballen Stoff und bunte Perlen tauschte er riesige Mengen Elfenbein ein. Von da an lenkten portugiesische Kaufleute alljährlich ihre Handelsschiffe in die Bucht und ankerten vor Ilha Inhaca um Elfenbein, Nashorn-Hörner und gelegentlich auch Sklaven lukrativ aufzukaufen. Lange Zeit blieb es bei diesen Handelskontakten zwischen Einheimischen und den Portugiesen, die sich damals noch nicht für das Land jenseits der Küste interessierten.

Europäische Handelsschiffe legten hier regelmäßig an

Ab Mitte des 17. Jh. geriet die Delagoabucht gegenüber den portugiesischen Handelsstützpunkten weiter im Norden etwas ins Hintertreffen und wurde nur noch sporadisch angelaufen. Das bemerkten auch die konkurrierenden europäischen Seemächte, denen die guten Handelskontakte zu den Afrikanern in der Delagoabucht nicht verborgen geblieben waren. 1721 wagte die niederländische „**Dutch East India Company**" eigene Ansprüche durch den Bau eines kleinen Forts in der Bucht anzumelden, das heute als das erste feste Gebäude Maputos betrachtet wird. Die Niederländer hatten allerdings den Widerwillen der ansässigen Bevölkerung unter- und ihre Handelsprofite überschätzt. Innerhalb weniger Jahre scheiterten die niederländischen Ambitionen, und die Bucht wurde wieder verlassen. Anschließend versuchten auch die Briten hier Fuß zu fassen, doch abermals wehrten die ansässigen Ronga jede Besitznahme von Land heftig ab.

Erst 1781 gab es wieder Bautätigkeit in der Delagoabucht. Diesmal errichteten die Portugiesen eine Garnison auf Ilha Inhaca und ein kleines Fort an der Küste, um damit ihren Anspruch gegenüber anderen Seemächten kundzutun. Doch das Fort brannte kurz danach völlig nieder und das

MAPUTO

portugiesische Engagement reichte nicht aus, um es wieder komplett aufzubauen. Dafür befestigten sie 1784 den ersten Hafen in der Delagoabucht. Es wollte aber mit der Ansiedlung von Portugiesen und einer infrastrukturellen Entwicklung einfach nicht so recht klappen, weil ständige Scharmützel und Streitereien mit den einheimischen Ronga um die Vorherrschaft in der Region die Portugiesen schwächten. 1796 mussten die rund 80 Siedler von Lourenço Marques, wie man die Siedlung nun nannte, ins Landesinnere fliehen, als französische Kriegsschiffe die Bucht belagerten. Erst vier Jahre später hatte Portugal die Bucht wieder zurückerobert. Die kleine Siedlung an der Küste war kaum mehr als eine Anhäufung armseliger Hütten im Schutz eines unbedeutenden Forts. Die Lebensbedingungen waren primitiv und im sumpfigen Gelände grassierte die Malaria.

Über Jahrhunderte blieb die Siedlung unbedeutend

Und es sollte lange dauern, bis sich daran etwas änderte. Zu Beginn des 19. Jh. fegte die Difaqane über das südliche Afrika hinweg, eine Kriegswelle bisher ungeahnten Ausmaßes, das seinen Ursprung bei den Zulu in Natal hatte. 1833 fielen Ngoni-Zulu über Lourenço Marques her und zerstörten die Siedlung. Nachdem die Buren 1838 die Zulu-Streitkräfte geschlagen hatten, kehrte zwar wieder Ruhe ein, doch nun streckten die Buren ihre Hand nach der Delagoabucht aus. Zum ersten Mal drohte die Gefahr, nicht vom Meer, sondern aus dem Landesinneren annektiert zu werden. Die Buren waren auf der Flucht vom Kap nach Norden in die Region von Transvaal vorgestoßen und gründeten nun Republiken, deren Grenzen sie ausloteten. Als Binnenstaaten suchten sie nach einem Zugang zum Ozean. 1838 erreichte der **Ochsenwagentreck** von Louis Trichardt unter härtesten Reisebedingungen den Naturhafen von Lourenço Marques. Der Führer zahlreicher erschöpfter Burenfamilien starb im Anblick des Ozeans an Malaria und Entkräftung. Seine Schützlinge aber konnten sich gegen die ansässigen Portugiesen und Mischlinge nicht durchsetzen, der Treck scheiterte. Fürs Erste mussten sich die Buren geschlagen geben.

Unruhige Zeiten

Schon gewusst?
Das beliebte Bier "Dois M" (=MM) ist benannt nach Mac Mahon. Der französische Präsident hatte den Streit um die Delagoabucht für Portugal entschieden.

In den 1860er Jahren mauserte sich die kleine Ansiedlung zu einer Stadt, die über den sumpfigen Bereich hinaus wuchs und langsam die dahinter liegende Hügellandschaft erklomm, in der es sich aus klimatischen Gründen gesünder und angenehmer leben ließ. Ab dieser Zeit geriet die Bucht erneut zum Spielball internationaler politischer Interessen: Der Präsident der Buren, Pretorius, erklärte mehrfach seinen Anspruch auf einen Zugang zum Meer und drohte den schwachen Portugiesen. Doch stand die **junge Burenrepublik** selbst unter Druck: Mit den Diamantenfunden in Kimberley 1867 und den Goldfunden in Lydenberg zwei Jahre danach setzte eine rasante wirtschaftliche Entwicklung an der Südspitze des afrikanischen Kontinents ein. Großbritannien annektierte den Burenstaat kurzerhand 1877, um sich den Zugang zu den lukrativen Fundstätten zu sichern, doch befreiten sich die Buren im ersten Freiheitskrieg 1880/1881 von der britischen Vorherrschaft. Nun verlangten sie mehr denn je nach einem eigenen Hafen, um den Export ihrer Bergbauprodukte eigenständig – und fern der Briten – abzuwickeln. Erst nach zähen Verhandlungen und viel Säbelrasseln einigten sich die Buren und die Portugiesen schließlich auf den

Die Buren auf der Suche nach einem Anschluss an den Ozean

Die Versuchung war groß, sich die Delagoabucht einzuverleiben, zumal die Portugiesen weiterhin kaum Präsenz vor Ort zeigten

PROVINZ MAPUTO STADTGESCHICHTE

Buren und Briten wollen die Bucht annektieren

noch heute gültigen Grenzverlauf und beschlossen einen gemeinschaftlichen Ausbau der Exportwege. Dies stieß nun den Briten auf, die keinesfalls zusehen wollten, wie ihre Felle davon schwammen und die Geschäfte künftig ohne sie gemacht werden sollten. Großbritannien besetzte daraufhin den südlichen Teil der Delagoabucht und die Insel Inhaca als vermeintliches Staatsgebiet von Natal. Und annektierte die Burenrepublik Transvaal. Als neuer Herr im Burenland verhandelte nun Großbritannien mit den Portugiesen über den Ausbau der Infrastruktur. Mit den immensen Goldfunden in Witwatersrand (bei Johannesburg) war klar geworden: Die Delagoabucht, der nächstgelegene Hafen, musste dringend für den Bergbauexport erschlossen werden.

Lourenço Marques soll Hauptstadt werden

So wurden zwei Entscheidungen am Ende des 19. Jh. zu Meilensteinen in der Entwicklung der Stadt: Portugal und die Buren einigten sich darauf, eine Bahn zwischen Johannesburg und Lourenço Marques zu verlegen. Und um den portugiesischen Anspruch deutlich zu dokumentieren, verlegte die Kolonialmacht 1897 nach fast 500 Jahren ihre Hauptstadt von Ilha de Moçambique nach Laurenço Marques.

Die goldenen Jahre einer aufblühenden Stadt

Damit begann **das goldene Zeitalter der Stadt**. Sie entwickelte sich mit dem Bahnbau nach Witwatersrand zu einer der lebendigsten und fröhlichsten Metropolen Afrikas. Kosmopolitisch, sinnenfreudig, attraktiv, lebensfroh und ausgelassen – Lourenço Marques hatte all das, was man in den puritanischen britischen und bibelfesten burischen Städten vermisste. LM, wie man die Stadt damals abkürzte, wurde in der ersten Hälfte des 20. Jh. in einem Atemzug mit Rio de Janeiro und Kapstadt genannt, so sehr beeindruckten ihre Schönheit, die imposante Lage und das sympathische Flair. Unter den rund 40 000 damaligen Bürgern von LM waren etwa 9000 Europäer. Über die Bahn und den Seeverkehr gelangten damals aber doppelt so viele Menschen – etwa 80 000 alljährlich – als Durchreisende in die Hafenstadt.

Ein Luxusleben nur für Weiße

Liberal und kosmopolitisch, großzügig und kunstvoll blieb die Stadt über viele Jahrzehnte, doch nur für ihre wohlhabenden weißen Bürger und Besucher. Die Schwarzen waren hier ähnlichen Diskriminierungen ausgesetzt wie in den Nachbarländern. In den 1950er und 1960er Jahre boomte Lourenço Marques als Feriendomizil für Europaportugiesen, Rhodesier und Südafrikaner. Hier fanden die weißen Kolonialisten, was ihnen in den eigenen puritanischen Ländern untersagt war: Kasinos, Nachtclubs und Prostitution in einer mediterranen, lockeren Umgebung.

Maputo und der Sozialismus

Nach der Unabhängigkeit Mosambiks gab Präsident Machel der Hautstadt seines Landes den Namen Maputo in Erinnerung an den afrikanischen Häuptling, der bis zur Ankunft der Europäer hier regiert hatte. Die Stadt zählte damals etwa eine halbe Million Einwohner. Ihre glücklichen und fetten Jahre waren vorbei – sie erlebte den gleichen Niedergang wie das ganze Land. Der Tourismus brach augenblicklich zusammen, der junge Staat wurde von Südafrika geächtet, die meisten Weißen waren fluchtartig ausgereist. Zwar wurde Maputo während der Bürgerkriegs kaum beschädigt und geriet nie in die Hände der Renamo, doch lag sie wie eine Insel im blutigen Krieg und siechte vor sich hin unter dem Elend, das tagtäglich in die Stadtgrenzen einzog. Es fehlte das Geld für Neubauten oder

Reparaturen, die Lebensmittel wurden knapp und die Bewohner konnten ihre Stadt nicht mehr verlassen, weil vor ihren Toren der Krieg tobte. Und dennoch blieb Maputo auch damals eine auffallend saubere Stadt. In den 1980er Jahren sorgten freiwillige Arbeitsgruppen des Volkskommitees für tägliche Putz- und Müllsammelaktionen im Stadtgebiet und hielten Maputo damit makellos sauber. Gleichzeitig strömten die **Bürgerkriegsflüchtlinge** zu Tausenden in die Hauptstadt. 1987 kletterte die Einwohnerzahl schon auf über 1 Mio. Menschen. Die Stadt reagierte mit einer eigentümlichen Form von **Stagnation**; alles Leben, das einst so vielfältig blühte, erstarb zum Minimum, zum nackten Überlebenskampf. Die alten lusitanischen Paläste verfielen, weil niemand sich eine Renovierung leisten konnte, die Kultureinrichtungen verkamen, die so oft beschworene Musikszene erstarb. Maputo drückte aus, was für das ganze Land zutraf: Die Stadt war kriegsmüde, erschöpft und ausgemergelt. Ein Schatten seiner selbst.

Der Friedensschluss zwischen Renamo und Frelimo und der anschließende Übergang zu einer Demokratie bescherten dem Land nicht nur lobende Zustimmung aus dem Ausland, sondern auch dollarschwere Aufbauhilfe. Die Hoffnung auf eine bessere Zukunft und die Finanzspritzen aus dem Ausland führten allerorten zu rege**r Bautätigkeit** und einer Wiederbelebung des privaten Handels. Auch die Weißen kehrten nun als Consultants, Auslandsvertreter, Bauherren oder Entwicklungshelfer zurück. Maputo erwachte sozusagen aus seinem Trübsinn. Die Stadt wurde nicht nur optisch aufgeputzt, sie füllte sich auch wieder mit dem Leben, das sie einst gegenüber anderen Hauptstädten so ausgezeichnet hatte.

Bild oben: Leben in Ruinen – so zeigt sich die Altstadt

Die vielseitige Musik- und Kunstszene, von der diejenigen schwärmen, die sie damals erleben durften, entwickelt sich nur langsam wieder. Das moderne Maputo ist nicht mehr mondän wie zu Kolonialtagen, aber dafür viel afrikanischer, als die Stadt jemals sein durfte. Sie unterscheidet sich deutlich von den anderen Metropolen im südlichen Afrika, wirkt mit ihren Prachtbauten und Straßencafés fast wie eine lateinamerikanische Großstadt. Die Lebensart, der Hang zum Strandbaden und Flanieren, die Bierfreudigkeit, der Körperkult und die Existenz einer sich freimütig zeigenden Mittelschicht geben Maputo tatsächlich ein eigenwilliges Flair. Heute leben hier wohl zwei Miollionen Menschen, die genaue Anzahl vermag niemand zu ermessen. Maputo ist Museum und Moloch zugleich. Hier liegen Luxus und Elend direkt beieinander, finden Künstler und Bettler eine Heimat, treffen das 21. Jh. und uralte afrikanische Traditionen übergangslos aufeinander. Manche behaupten, Maputo sei ein "afrikanisches Havanna".

Die Vitalität kehrt zurück

Maputo ist eine Insel des Fortschritts innerhalb Mosambiks

PROVINZ MAPUTO — ORIENTIERUNG

Erste Orientierung

Vorsicht: Im Stadtgebiet sind zahlreiche tiefe Schlaglöcher!

Von weitem glänzt Maputo: Die moderne, von zahlreichen Hochhäusern geprägte Skyline auf der Landspitze am Indischen Ozean verrät noch nichts vom Verfall, der diese Stadt ergriffen hat. Man ahnt vielmehr, wie schön diese Stadt einmal gewesen sein mag, und man erkennt noch nicht das Verkehrschaos inmitten der allgegenwärtigen Baufälligkeit und ruhelosen Bautätigkeit Maputos, wo bunte neue Läden und Kneipen zwischen hässlichen Hochhäusern stehen, in denen der Schimmel wohnt.

Einteilung in Ober- und Unterstadt

Keimzelle Maputos ist das Hafengelände zwischen dem Bahnhof und dem Praça 25 de Junho, von wo aus sich die Besiedlung in höher gelegene Gebiete zog. Das Stadtzentrum wird daher in die **Baixa**, die Unterstadt mit den Geschäftsvierteln, und die **Cima**, die koloniale Oberstadt mit Wohn- und Residenzvierteln, wie Polana und Sommerschield, gegliedert. Dahinter schließen sich wie gefräßige Geschwüre riesige, teilweise chaotische Wohnviertel für die afrikanischen Massen bis an die Stadtränder an. 2400 Straßen soll es in Maputo geben...

Zur Info:
Alle Häuser haben Nummernschilder, die nicht eine Gebäudenummerierung darstellen, sondern die Distanz zum Anfang der jeweiligen Straße in Metern. Deshalb gibt es auch so viele vierstellige Nummern

Der erste Eindruck innerhalb der Stadt wird von den verschwenderisch breiten Avenidas geprägt, die Maputo fast schachbrettartig durchziehen. Baumalleen, Straßencafés und Palmen erzeugen vor den kolonialen Häuserzeilen fast einen Déjà-vu-Effekt; erinnern an das gefällige Ambiente mediterraner Städte. Wer die Großstädte der afrikanischen Nachbarländer kennt, wird sich der andersartigen Atmosphäre Maputos kaum entziehen können. Diese Metropole wirkt ungleich vitaler, lässiger und extrovertierter. Niemand dürfte je die vielen Kneipen und Straßencafés von Maputo gezählt haben, die jeden Morgen ihre Stühle auf das Trottoir stellen und damit das besondere Flair der Stadt ausmachen.

Maputo ist tropisch grün, wo immer man hinsieht. Angeblich hatten die Kolonialherren seit den 1920er 25 000 Bäume aus 50 verschiedenen Arten in dieser Stadt gepflanzt. Irgend etwas scheint hier stets zu blühen; am schönsten sind die im September/Oktober blau blühenden Jacarandabäume, die ganze Straßenzüge säumen.

Der Innenstadtbereich wird durch die Avenida de Angola nach Westen und die Avenida Kenneth Kaunda nach Norden abgegrenzt. In Ost-West-Richtung verlaufen wichtige Geschäftsstraßen, wie die **Avenida 25 de Setembro**, in der das Postamt, der Zentralmarkt und etliche Banken ansässig sind, und die Prachtstraße **Avenida 24 de Julho** mit Restaurants und zahlreichen Boutiquen sowie die **Avenida Eduardo Mondlane**.

Die wichtigsten Pracht- und Geschäftsstraßen

Von Norden nach Süden durchquert als prächtiger Boulevard die **Avenida Julius Nyerere** den vornehmen Teil Maputos. Parallel hierzu bildet die **Avenida da Marginal** die mit Kasuarinen, Pinien und Palmen gesäumte Küstenpromenade als Verlängerung der Avenida 25 de Setembro. Sie verläuft am Club Naval und vielen Strandlokalen vorbei stadtauswärts nach **Bairro Triunfo** und weiter zum Badestrand und Ausflugsgebiet an der **Costa do Sol**. Hier endet nach dem gleichnamigen beliebten Lokal und den zahlreichen Souvenirständen der Teerbelag. Fährt man auf der Sandpiste weiter, gelangt man in das kleine Fischerdorf Aldeia dos Pescadores.

MAPUTO

Die Strände von Maputo

Obwohl so herrlich am Indischen Ozean gelegen, bietet Maputo zwar kilometerlange, jedoch wenige besuchenswerte, saubere Badestrände. Der bekannteste an der **Costa do Sol** liegt nur 12 km außerhalb der Stadt und leidet unter der zweifelhaften Wasserqualität (das Wasser ist oft trüb und verfärbt) und dem sehr flachen Strand. Schöne Sandstrände zieren die vorgelagerten Inseln **Inhaca** und **Ilha Portuguese**, die aber beide nur umständlich erreichbar sind (s. S. 138). Ansonsten wird man für eine ansprechende Badegelegenheit schon bis **Macaneta**, rund 50 km nördlich von Maputo, fahren müssen (S. 139). Alternativ darf man gegen Eintrittsgebühr in den meisten großen Hotels den Swimmingpool benützen. Besonders tollen Ausblick gewähren die Pools in den Hotels Cardoso, Polana und Southern Sun.

Maputo ist kein Badeziel

Info: Detaillierter Innenstadtplan von Maputo siehe S. 126!

PROVINZ MAPUTO — MUSEEN

Museen in Maputo

- **Museu de História Natural:** Hervorragendes Naturhistorisches Museum in gotischem Prachtbau am Praça da Travessia do Zambeze, Tel. 21485401. Große Skelettsammlung einheimischer Tiere, teilweise auch ausgestorbene Arten sowie ausgestopfte Affen, Antilopen und Raubtiere. Außerdem werden hier Elefantenföten in ihren verschiedenen Entwicklungsstadien ausgestellt (für diese Sammlung mussten 980 Elefanten sterben). Öffnungszeiten: Di-Fr von 08.30-15.30 h, Sa/So von 10-17 h, Mo geschlossen. Eintritt: wochentags ca. 1,50 €, sonntags reduziert.
- **Museu de Arte:** Av. Ho Chi Minh 1233, Tel. 21314885. Bekanntes Kunstmuseum mit den Werken zeitgenössischer Künstler Mosambiks, wie A. Chissano, Mucavele und Malangatana. Zumeist handelt es sich um Malereien und Skulpturen. Öffnungszeiten: Dienstag bis Sonntag von 15.00-19.00 h. Der Eintritt ist frei.
- **Museu da Moeda:** Rua Consiglieri Pedroso/Ecke Praça 25 de Junho, Tel. 21420290. Weltweite Münzsammlung im ältesten Gebäude Maputos mit viel Wissenswertem über die Geschichte des Geldes in Mosambik. Öffnungszeiten: Di-Fr von 11.00-17.00 h, Sa von 09.00-15.30 h, So von 14.00-17.00 h. Eintritt: ca. 1,50 €.
- **Museu de Revolução:** Av. 24 de Julho, Tel. 21400348. Geschichtsunterricht: Hier dreht sich alles um die Revolutionsgeschichte des jungen Staates (etwa 1960-77), die mit zahlreichen Fotografien, Karten, Waffen und anderen Dokumenten auf vier Stockwerken veranschaulicht wird (auf Portugiesisch). Öffnungszeiten: Wochentags von 09.00-12.00 h und 14.00-18.00 h, samstags 14.00-18.00 h, sonntags 15.00-18.00 h. Eintritt: 0,50 €.
- **Museu de Geologia:** Av. 24 de Julho 355, Tel. 21498053. Umfangreiche Mineralien- und Gesteinssammlung. Öffnungszeiten: Dienstags bis sonntags von 09.00-17.00 h. Eintritt ca. 1,50 €.
- **Museu de Chissano:** Rua Torre de Vale, Bairro Sial, Matola. Tel. 21780705. Ein im westlichen Vorort Matola gelegenes Museum, das im ehemaligen Wohnhaus des Skulpturenkünstlers Alberto Chissano untergebracht ist (stadtauswärts entlang der Av. 24 de Julho fahren, ca. 10 km vom Zentrum). Das Museum ehrt Leben und Werk des 1994 durch Selbstmord Verstorbenen und stellt auch andere namhafte mosambikanische Künstler vor. Öffnungszeiten: Täglich außer Montag von 09.00-12.00 h und 15.00-17.00 h. Dem Museum angeschlossen ist ein Restaurant mit einheimischen Spezialitäten. Der Eintritt beträgt ca. 1,50 €.

Darüber hinaus zeigt das **Fortaleza** eine interessante Ausstellung zur Kolonialzeit (Bild oben).

MAPUTO

Sehenswertes

Wir empfehlen zwei Stadtteilspaziergänge und eine Fahrt entlang der Uferpromenade. Schwerpunkt der Besichtigungen bildet der Altstadtbereich in der Baixa, der Unterstadt, die man gut zu Fuß erkunden kann.

Info: Detaillierter Innenstadtplan von Maputo siehe S. 126!

Tour 1: Altstadtspaziergang in der Baixa

Wir beginnen unsere Tour am zentralen Platz der Unabhängigkeit **Praça da Indépendencia** mit der weißen katholischen **Kathedrale** von Maputo. Sie wurde 1944 in diesem etwas nüchternen gotischen Stil mit hohem Spitzturm erbaut und formt aus der Vogelperspektive betrachtet ein Kreuz. Der Zugang liegt seitlich gegenüber dem Hotel Rovuma-Carlton. Südlich der Kathedrale schließt sich das filigrane Franko-Mosambikanische Kulturzentrum an (s. S. 130).

Die Nordseite des Unabhängigkeitsplatzes flankiert das neoklassizistische graue Rathaus **Conselho Municipal**. Fertiggestellt wurde das Palastgebäude 1945 während der Kolonialzeit; damals stand in großen, stolzen Lettern „Aqui é Portugal" (Hier ist Portugal) auf der vorderen Außenwand. Besucher dürfen die Lobby betreten, wo Miniaturmodelle die Stadt in ihrer Gründerzeit zeigen.

Unser Stadtspaziergang führt vom Praça de Indépendencia in südliche Richtung entlang der Avenida Samora Machel. Dort fällt sofort das überaus zierliche **Casa de Ferro** auf, ein zweistöckiges Eisenhaus nach dem Plan des berühmten Architekten Eiffel 1892 erbaut. Hier sollte eigentlich der damalige Gouverneur residieren, doch heizten sich die Stahlkonstruktion im afrikanischen Klima viel zu stark auf, als dass man dort komfortabel wohnen könnte. Der Gouverneur verzichtete also auf das Vergnügen, in einem Eisengestell zu residieren. Heute genießt dieses fragliche Privileg die Museumsverwaltung.

Gegenüber dem eigenwilligen Eisenbauwerk thront vor dem Eingang zum Botanischen Garten die **Bronzestatue von Samora Machel**, dem immer noch verehrten ersten Präsidenten Mosambiks. Der dahinter liegende öffentliche Park, eine herrliche Zuflucht während der heißen Mittagsstunden, trägt den Namen **Jardim Tunduru**. Als Botanischen Garten ließen ihn die Kolonialherren 1885 vom berühmten britischen Landschaftsarchitekten Thomas Honney anlegen. Die Parklandschaft mit ihren prächtigen, schattigen Bäumen erfreut sich großer Beliebtheit. An zahlreichen Exemplaren informieren kleine Plaketten an den Baumstämmen über die Spezies und Heimat der Bäume. Eine große Sammlung an Baum- und Palmfarnen

Bilder oben: Eingang des prächtigen Bahnhofs von Maputo; "Casa de Ferro", das Eisenhaus nach Eiffel

119

PROVINZ MAPUTO　　SEHENSWERTES

Leider breitet sich Wildwuchs im einst so schönen Gewächshaus aus

Schon gewusst?
In der Provinz Maputo gelten 26 % der Bevölkerung als HIV-positiv

Das Fortaleza wirkt heute unscheinbar und klein

Im Inneren wird das Fort zur Oase der Ruhe

Geldmuseum

Die Altstadt Maputos wirkt verdreckt und verfallen. Hier muss man schon genau hinsehen, um den nostalgischen Charme zu spüren

beherbergt das Gewächshaus, doch leider verfällt dieses sehenswerte Kleinod zusehends. Auf unserem weiteren Weg nach Süden entlang der Av. Samuel Machel bietet sich für eine Einkehr die Pastelaria Scala an der Avenida 25 de Setembro an. Drei, vier Häuserblocks weiter entlang der Av. 25 de Setembro liegt die **Feira Popular**, eine Art Jahrmarkt- und Amüsierviertel mit Dutzenden Kneipen, Bars und Bierstuben, das allerdings erst spät abends zum Leben erwacht.

In Richtung Westen mündet die Avenida Samora Machel dagegen nur ein paar Schritte vom Jardim Tundura in den **Praça 25 de Junho**. Hier befinden wir uns schon mitten im ältesten Teil der Stadt. Jeden Samstagvormittag findet inmitten des Platzes ein Kunstmarkt statt (Mercado Artesanato, S. 125). Auf der Südostseite des Platzes, Ecke Av. Filipe Samuel Magaia, versteckt sich zwischen den Hochhäusern der Umgebung das portugiesische **Fortaleza da Nossa Senhora da Conceição**. In mächtigem rotem Sandstein haben die Kolonialherren in den Jahren 1851-67 das wehrhafte Fort an genau der historischen Stelle errichtet, wo 1781 das erste kleine Fort gestanden hatte. Das denkmalgeschützte Fortaleza strahlt die typische Atmosphäre portugiesischer Wehranlagen aus, wie sie zahlreich an der Küste Ostafrikas zu finden sind. Der Besuch lohnt sich, offenbart sich im Innenhof doch eine grüne Oase der Ruhe (offiziell täglich geöffnet von 08.00-17.00 h, freier Eintritt). Im kleinen Militärmuseum finden von Zeit zu Zeit Ausstellungen statt. Darüber hinaus werden historische Fotos und alte, verwitterte Inschriften ausgestellt sowie Kanonen, Tonkrüge und die Statuen ehemaliger Gouverneure.

Schlendern wir nun durch die ältesten Straßen Maputos zum Praça dos Trabalhadores, nicht ohne vorher das Museo da Mueda (S. 118) im ockergelb gestrichenen Flachbau **Casa Amarela** am Nordende des Platzes an der Rua Consiglieri Pedroso aufzusuchen. Dieses älteste Haus der Stadt wurde hübsch restauriert. Ob man nun der Rua Consiglieri Pedroso nach Westen folgt oder der Parallelstraße Rua do Bagamoio, die wegen der Spelunken und Nachtclubs als „Straße der Sünde" galt, ist egal, denn beide Straßen stoßen auf die quer verlaufende Rua da Mesquita, in der das viktorianische Hotel Central und die alte **Moschee** liegen. Leider verkommen die historischen Bauten dieses Viertels bzw. fallen erbarmungslos neuen Bauprojekten zum Opfer. Von der Rua da Mesquita gelangt man in wenigen Schritten zum städtischen Zentralmarkt, **Mercado Municipal** (siehe S. 125).

Baufällige Häuser mit filigranen Verzierungen und Veranden zieren die engen Gassen, die noch immer ein lebhaftes Bild aus der Gründerzeit vermitteln. Unser Ziel ist jedoch der **Praça dos Trabalhadores**, in dessen Mitte ein kolossales Monument der Gefallenen im Ersten Weltkrieg gedenkt. Zu Füßen der imposanten, 10 m hohen Granitstatue im Stil einer griechischen Athene schlängelt sich eine steinerne Kobra empor. Der Legende nach soll die Frau einst die Landbevölkerung von dieser terrorisierenden Giftschlange befreit haben, die in den auf dem Kopf getragenen Korb voll dampfend heißen Kassavabreis gesprungen und daran erstickt sei. Doch das prächtigste Augenmerk am Platz der Arbeiter, der ansonsten nicht gerade von ansprechenden Gebäuden gesäumt wird, ist der imposante

MAPUTO

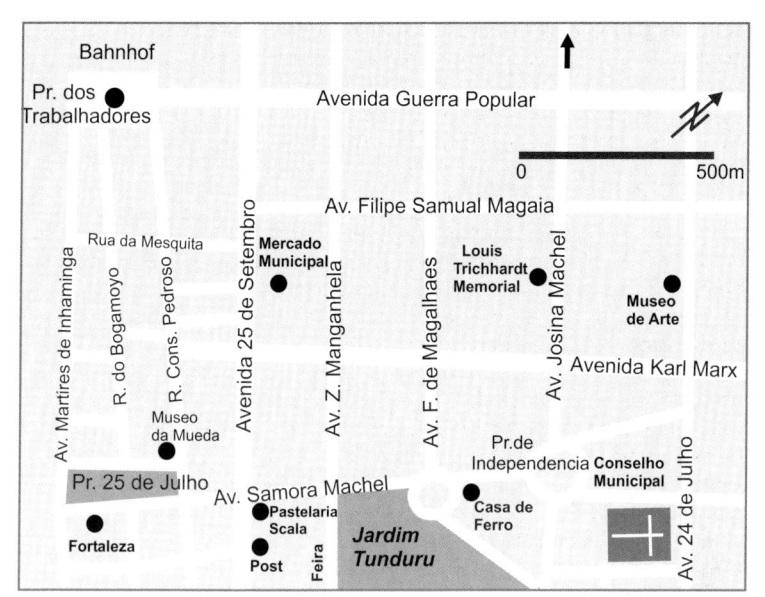

Zur Info: Detaillierter Innenstadtplan von Maputo siehe S. 126!

viktorianische **Hauptbahnhof** (Caminho de Ferro de Moçambique). Auch dieser Prachtbau geht auf das Design von A. G. Eiffel zurück. Seit Fertigstellung der Bahnlinie nach Johannesburg 1895, die zum Eingangstor für Generationen von Neuankömmlingen aus Europa wurde, sind Hunderttausende Menschen durch diesen imposanten Bahnhof gereist. Der große Kuppeldom lässt Licht und Luft durch den Bahnhof fluten. 1995 wurde das Gebäude liebevoll renoviert. Es strahlt heute wieder ein wenig den Glanz jener Tage aus, als die Eisenbahn den Rang einnahm, den wir heute der Luftfahrt beimessen. Ein Bahnhof als Tor zur Welt – hier ging der Anspruch weit über den der Zweckmäßigkeit hinaus. Viele Besucher zählen diesen Bahnhof zu den schönsten der Welt. Im Innern des Bahngeländes stehen noch zwei ehrwürdige, ausrangierte Dampflokomotiven aus dem 19. Jahrhundert.

Der Bahnhof ist die Sehenswürdigkeit schlechthin!

Folgt man nun der Avenida Guerra Popular vom Praça dos Trabalhadores nach Norden zurück ins Stadtzentrum und biegt an der Av. Ho Chi Minh nach rechts, so gerät man unversehens in ein von indischen Läden geprägtes Viertel und steht bald vor dem **Louis Trichardt Memorial**. Dieses kunstvoll gestaltete Denkmal erinnert an den Burentreck von 1835-38 unter der Führung von Louis Trichardt. Die beschwerliche Reise in Ochsenwagen kann auf den Mosaiken und Wandreliefs nachvollzogen werden. Louis Trichardt erlag nach seiner Ankunft in Lourenço Marques, wo die Buren eine neue Heimat gründen wollten, schon bald der Malaria (siehe Stadtgeschichte, S. 113).

Schon gewusst? Will Smith drehte als Darsteller von Muhammed Ali im Film "Ali" die Stadtszenen von Kinshasa in Maputo!

Auf dem Rückweg zu unserem Ausgangspunkt an der Praça da Indépendencia kommen wir noch am Kunstmuseum vorbei (S. 118).

Tour 2: Der elegante Teil Maputos: Bairro Polana

Tour durch den mondänen Teil der Kapitale

Das elegantere Stadtgebiet erstreckt sich ungefähr zwischen den Hotels Cardoso und Polana. Der Stadtteil Polana markiert das traditionelle Wohngebiet der (weißen) Wohlhabenden. Schräg gegenüber dem Hotel Cardoso am Praça da Travessia do Zambeze hat das naturhistorische Museum (**Museu de História Natural**, S. 118) seinen Sitz in einem ausladenden manuelinischen (portugiesisch-gotischer Stil) Prachtkomplex, dessen Besuch man sich nicht entgehen lassen sollte. Wer sich für die Geologie des Landes interessiert, findet ein liebevoll gestaltetes **Museu de Geologia** ein paar Straßenzüge weiter in der Av. 24 de Julho/Ecke Av. Martires da Machava.

Wenden wir uns nun der breiten **Avenida Julius Nyerere** zu, die manchmal als „Golden Mile" tituliert wird. Hier schlendert man durch den mondänen, wohlhabenden Stadtteil der Schönen und Reichen. Zahlreiche Straßencafés bieten sich hier für eine kleine Einkehr an, um das geschäftige Treiben zu genießen. Die Av. Julius Nyerere ist die beste Adresse für Boutiquen und Souvenirläden. In Ihrem Umfeld haben sich viele Konsulate und Botschaften niedergelassen. Luxushotels, elegante Restaurants, Fluggesellschaften, Reisebüros, Mietwagenagenturen – was immer das Herz des Besuchers begehrt, hier wird er es finden. Nicht weit entfernt liegt der neue Kunstmarkt FEIMA (S. 133).

Bild oben: Das Naturhistorische Museum im manuelinischen Baustil

Ganz konträr zeigt sich dagegen die Avenida Friedrich Engels. Diese erhöht über dem Meer liegende Panoramastraße ist eine Flanier- und Joggingstraße mit zahlreichen Parkbänken, guter Aussicht und wenig Verkehr.

In der Av. Ahmed Sekou Touré kann man zwischen all dem modernen Großstadttreiben eine kleine, unauffällige **Griechisch-Orthodoxe Kirche** besichtigen. An der Av. Kwame Nkrumah steht die sternförmige Kirche **Santo Antonio da Polana** aus grauem Beton, deren Interieur von mächtigen Glasfenstern bestimmt wird.

Maputos feinste Adresse

Stolzestes Hotel der Stadt, ja geradezu eine Kampfansage gegen Armut und Verfall, ist das legendäre **Hotel Polana**. Erbaut in den 1920er wurden damals keine Kosten und Mühen gescheut, dieses Prunkhotel mit herrlicher Aussicht auf den Ozean zu errichten. Wenn aus Kostengründen auch nur die wenigsten Touristen dort residieren, so stehen Caféterrasse, Restaurant (Tipp: Jeden Sonntag mondänes Lunch-Buffet) und die sonstigen Läden doch auch den Nicht-Hotelgästen offen. Spielernaturen finden hier außerdem ein Kasino.

Achtung!

Folgt man dagegen der Av. Julius Nyerere weiter nach Norden, liegt rechts in einer großzügigen Gartenanlage der **Präsidentenpalast**. Meiden Sie das Gelände, denn hier patrouillieren bewaffnete Soldaten. Es ist verboten, auf dem Teerweg vor dem Palast spazieren zu gehen oder mit dem Auto anzuhalten.

MAPUTO

Tour 3: Entlang der Uferpromenade Avenida da Marginal

Wir beginnen diese Tour am Praça Roberto Mugabe, wo die Avenida Marginal am „Clube Nautico" vorbei die Landzunge umfährt und sich schließlich nach Norden wendet. Dort liegt der Yachthafen mit dem weißen Sportklubhaus **„Clube Naval"** von 1913. Etwa 2 km weiter passiert man den kunsthandwerklichen Laden **Artedif**, der Erzeugnisse einer Behinderteninitiative vertreibt, allerdings die meiste Zeit geschlossen ist. Erst deutlich danach wird die Strecke lebendiger. Zahlreiche Straßenhändler reihen ihre Schnitzereien, Bilder und andere Kostbarkeiten zwischen den Palmen und Kasuarinen auf; etliche Strandlokale vom Mini-Container bis zum edlen Die Straße führt nun am Restaurant „Club Marítimo" vorbei. Wer hier in die abzweigende Straße links einbiegt, sieht gleich danach rechts der Straße den **Fischmarkt** „Mercado do Peixe", wo man sich ausgezeichnet mit dem vielseitigen frischen Fang des Tages eindecken kann. Kehren wir zurück zur Avenida Marginal und lassen die Großstadt hinter uns zurück. Die Straße führt uns nun durch **Bairro Triunfo**, einem ehemals kleinen Fischerdorf, das inzwischen zu einem Großstadtvorort mit zahlreichen Wohnungen für die Städter angewachsen ist. Die Avenida führt entlang der Kasuarinen und Pinien, die einst gegen die starken Winde angepflanzt wurden. Der Ozean frisst dennoch unermüdlich den schmalen Strand, viele Kasuarinenwurzeln stehen abenteuerlich frei und wehren sich standhaft, aber doch vergeblich gegen den Griff der Wellen.

Unser Tipp: Unternehmen Sie diese Tour morgens oder erst spät nachmittags!

Bild oben: Angler am Sonntagmorgen an der Uferpromenade

Nach einigen Kilometern gelangt man nach Bairro **Costa do Sol**. Einst galt dieser Flecken als stilles Ausflugsziel für einen gemütlichen Strandtag, doch um das alteingesessene Costa do Sol Restaurant haben sich längst andere Lokale, Unterkünfte und schließlich auch zahlreiche Straßenhändler, die den sonnenhungrigen Ausflügler eifrig von der Attraktivität ihrer Waren überzeugen möchten, angesiedelt. Von Costa do Sol führt die Piste noch weiter bis zum kleinen Fischerdorf Bairro dos Pescadores, wo sie dann aber endet.

Zwei Inseln sind der Küste im Mündungsgebiet des Rio Incomáti vorgelagert, von denen die größere **Ilha Xefina** schöne Strände bietet, die zum Schnorcheln besucht werden. Nur ein paar genügsame Fischer bewohnen heutzutage diese Insel; doch Ruinen eines portugiesischen Forts und Kanonenreste aus der Mitte des 16. Jh. erinnern an die historische Bedeutung Xefinas, als hier Handelsschiffe stationiert waren. Am preiswertesten lässt man sich mit einem Fischerboot von Bairro dos Pescadores zur Insel übersetzen. Die Reiseagenturen in Maputo bieten auch einen Motorboots-Charter an.

Vorgelagerte Inseln in der Bucht von Maputo

PROVINZ MAPUTO — SEHENSWERTES

Bild rechts: Gemalte Werbung an der Hauswand eines Lokals

Heldenplatz & Mural am Praça dos Heróis

Unweit des Flughafens liegt am Praça dos Heróis an der Avenida Acordos de Lusaka das verdeckte sternförmige Denkmal zu Ehren der Helden Mosambiks, in dem diese ihre letzte Ruhe finden. Es ist nur am 3. Februar jeden Jahres, dem Tag der Helden, der Öffentlichkeit zugänglich. Wer diese monumentale Selbstdarstellung sozialistischer Prägung zu anderen Tagen besichtigen möchte, sollte im Informationsministerium in der Av. Eduardo Mondlane nach einer Besuchsgenehmigung fragen.

Auf der gegenüberliegenden Straßenseite steht ein Kunstwerk, das dem Heldendenkmal in der Gunst der Besucher längst den Rang abgelaufen hat: der 95 m lange „Mural" (siehe S. 53). Verschiedene bekannte Künstler des Landes haben auf dieser wellenförmigen Betonwand eindrucksvoll und in bunten Farben den Befreiungskampf ihres Volkes gegen die Kolonialmacht gezeichnet. Vorsicht: Sowohl beim Heldendenkmal als auch beim Mural ist Fotografieren streng verboten! Bei Nichtbeachtung handelt man sich schnell Ärger ein.

Bild unten: Prächtiger Bahnhof von Maputo, ein Prunkstück des Viktorianischen Zeitalters

Architektonische Besonderheiten

Bei einem Stadtrundgang durch Maputo zählen Gebäude unterschiedlicher Baustile zu den interessantesten Sehenswürdigkeiten. Ein schönes Beispiel kolonialportugiesischer Architektur ist der Luxusbau aus den 1920ern, in dem sich das **Hotel Polana** befindet. Das **Hotel Central** und der imposante, perfekt renovierte **Bahnhof** entstammen der viktorianischen Zeit. Als ältestes Gebäude der Stadt verdient die ehemalige Gouverneursresidenz Beachtung, in der heute das Geldmuseum untergebracht ist und das wegen seines ockergelben Anstrichs **Casa Amarela** genannt wird. Ein wenig märchenhaft wirkt das **Naturhistorische Museum** im sog. „Manuelinischen Stil" (gotischer Baustil portugiesischer Art). Das zweistöckige Stahl- oder **Eisenhaus** „Casa de Ferro" nahe dem Botanischen Garten ist nach den Plänen des französischen Architekten A. G. Eiffel erbaut worden, der sich bekanntlich in Paris mit seinem stählernen Eiffelturm verewigen durfte. An der Av. 25 de Setembro, westlich Rua da Imprensa, liegen zwei weitere glanzvoll restaurierte Kolonialbauten: die Nationalbibliothek und das Hauptpostgebäude von Maputo.

Märkte in Maputo

- **Mercado Municipal:** Avenida 25 de Setembro. Der mehr als 100 Jahre alte Zentralmarkt vertreibt Lebensmittel aller Art und viel Fisch. Der auffallend schöne Kuppeleingang wurde einst vom französischen Architekten Eiffel entworfen.

- **Mercado Xipamanine:** Rua dos Irmãos Roby (zweigt von der Av. De Angola links ab). Der größte Stadtmarkt Maputos bietet für europäische Augen zahlreiche visuelle Reize: Handwerker klopfen ihre Metalleimer und Blechöfen an Ort und Stelle, Fleischer und Gemüsehändler warten auf Kundschaft, Gebrauchtwarenhändler breiten ihre Waren aus: Korbwaren, Kleidung aus den Beständen von Altkleidersammlungen, fremdartige Kräuter, Musikinstrumente, Kofferradios, Schuhe, Fahrradersatzteile – dazwischen köcheln Frauen in kleinen Garküchen, schneiden Friseure Haare und halten traditionelle Heiler ihre Sprechstunden ab. Ein Spaziergang über diesen bunten Markt gehört zu den eindrucksvollsten Erlebnissen für die Sinne. Hier findet man auch die breiteste Auswahl an Ingredienzen der traditionellen Medizin, wie Tierklauen und -schwänze, Schädel und Felle. Vorsicht: In diesem Gedränge werden Touristen besonders leicht Opfer von Taschendiebstahl!

- **Mercado Janeta:** Die Markthalle mit dem angeblich besten Obst- und Gemüseangebot der Stadt liegt am Ende der Av. Mao Tse Tung gegenüber der Kirche. Es gibt hier auch Pflanzen und Keramikwaren.

- **Mercado Artesanato:** Jeden Samstagvormittag findet auf dem Praça 25 de Junho ein großer Kunstmarkt statt. Touristen und andere zahlungskräftige Besucher finden hier traditionelles Handwerk und moderne Souvenirs, Kunst und Kitsch, Makonde-Schnitzereien und Batiken.

- **Mercado do Peixe:** Auf dem Fischmarkt an der Avenida Marginal (gegenüber dem Clube Maritimo links abbiegen), bekommt man die Auswahl an Fischen und Meeresfrüchten in der ganzen Stadt. Fische, Garnelen, Krabben, Tintenfische und Langusten in großen Mengen!

- **FEIMA:** Der neue touristische Kunstmarkt öffnet täglich und liegt an der Av. Armando Tivane. Viele Parkplätze vorhanden.

> **Maputos Straßenkinder**
>
> Zerlumpte Kinder gehören heute zu Maputos Straßenbild und sind ein alarmierendes Zeichen für das soziale Ungleichgewicht im Land. Tausende verwaiste oder verstoßene Kinder wurden durch ländliches Elend in die Hauptstadt geschwemmt, von denen kaum eines mehr als seinen Namen kennt. Sie bilden bereits eine eigene Bevölkerungsgruppe Maputos undschließen sich zu Gruppen zusammen, die ihr Revier heftig gegen andere Straßenkindergangs verteidigen. Tagsüber stromern sie durch „ihre" Straßen, suchen nach Nahrungsmitteln in den Abfällen, betteln, verdingen sich mit „Car Watching" (sie erwarten ein paar Meticais fürs Autobewachen) oder stehlen auch, wo sich die Gelegenheit dazu bietet. Nachts schlafen sie in Mauernischen oder Häuserruinen, Pappkartons ersetzten Decken, und ständig sind sie dem Kampf ums nackte Überleben ausgesetzt. Stadtverwaltung und Polizei werden ihrer schon lange nicht mehr Herr und die überwiegend europäischen Hilfsprojekte, die Straßenkindern Heimplätze zuweisen, scheitern meistens, weil sie den verwahrlosten Kindern keine echte Lebensalternative bieten. Maputos Straßenkinder zeigen sich dem Fremden gegenüber meistens freundlich und mitunter sogar charmant. Sie freuen sich über Lebensmittelgeschenke und ein Gespräch, sind auskunftswillig und haben ein hervorragendes Gedächtnis, weshalb sie „Gönnern" und „Bekannten" noch längere Zeit grüßend zuwinken.

PROVINZ MAPUTO — STADTPLAN

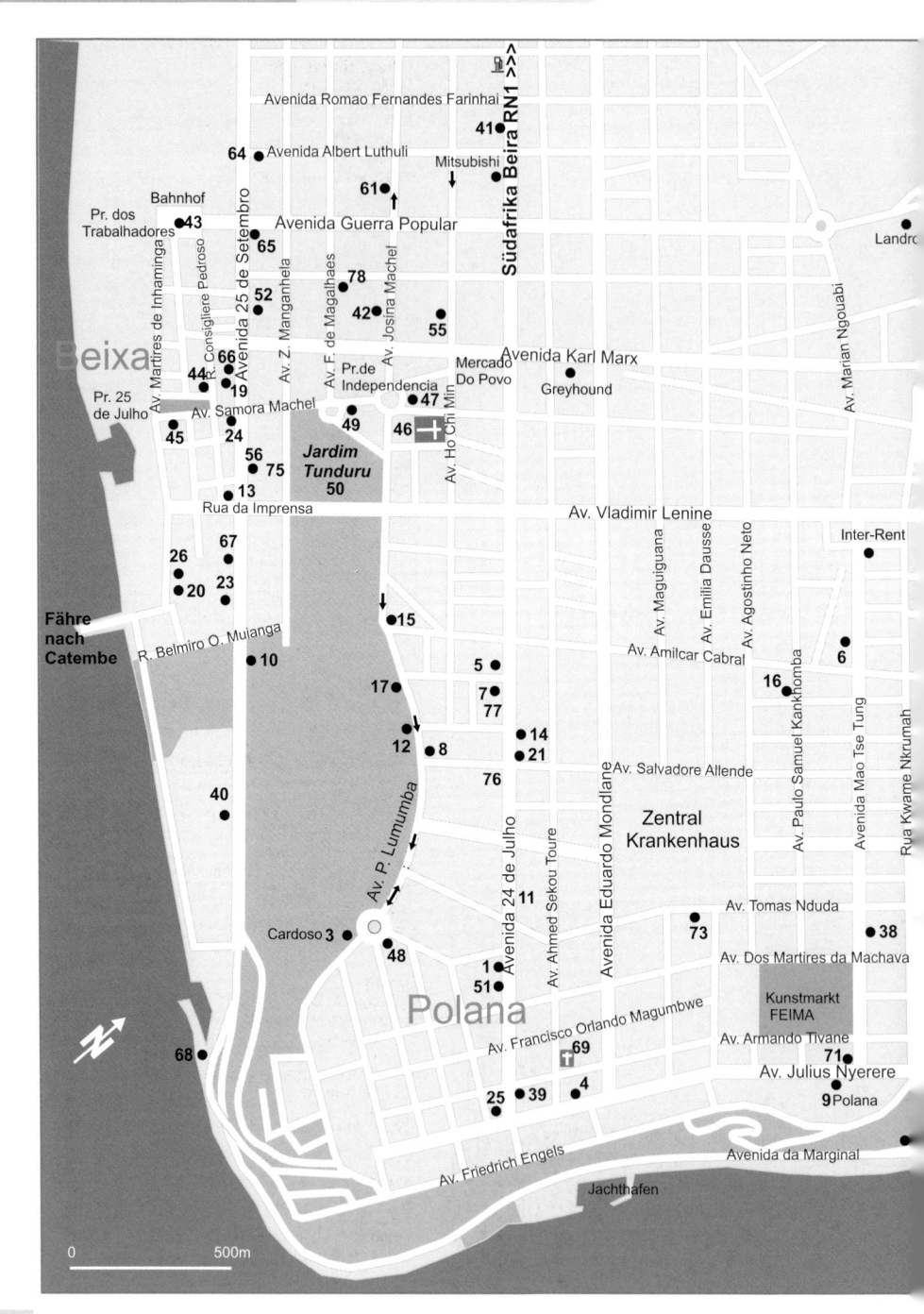

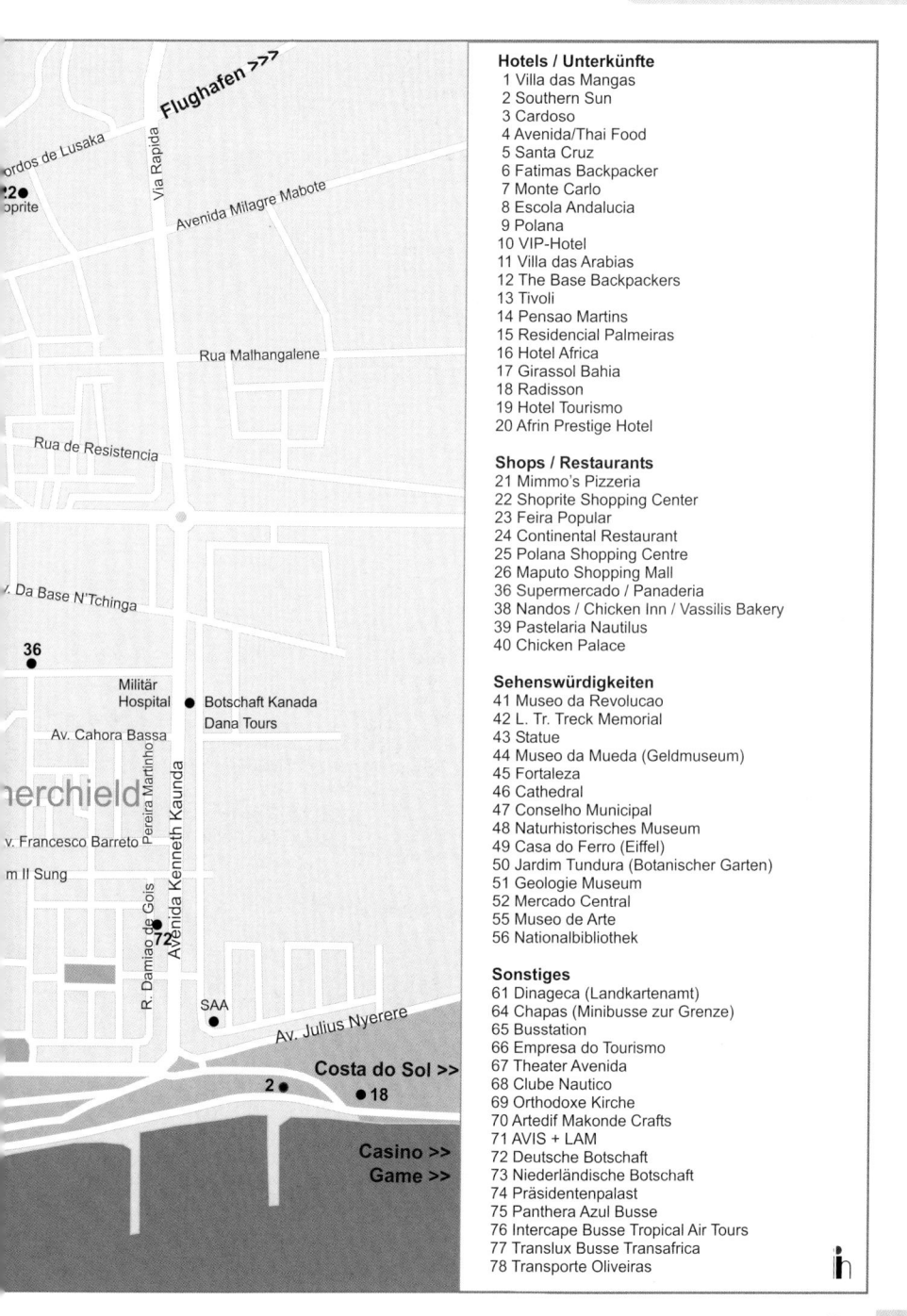

MAPUTO

Hotels / Unterkünfte
1 Villa das Mangas
2 Southern Sun
3 Cardoso
4 Avenida/Thai Food
5 Santa Cruz
6 Fatimas Backpacker
7 Monte Carlo
8 Escola Andalucia
9 Polana
10 VIP-Hotel
11 Villa das Arabias
12 The Base Backpackers
13 Tivoli
14 Pensao Martins
15 Residencial Palmeiras
16 Hotel Africa
17 Girassol Bahia
18 Radisson
19 Hotel Tourismo
20 Afrin Prestige Hotel

Shops / Restaurants
21 Mimmo's Pizzeria
22 Shoprite Shopping Center
23 Feira Popular
24 Continental Restaurant
25 Polana Shopping Centre
26 Maputo Shopping Mall
36 Supermercado / Panaderia
38 Nandos / Chicken Inn / Vassilis Bakery
39 Pastelaria Nautilus
40 Chicken Palace

Sehenswürdigkeiten
41 Museo da Revolucao
42 L. Tr. Treck Memorial
43 Statue
44 Museo da Mueda (Geldmuseum)
45 Fortaleza
46 Cathedral
47 Conselho Municipal
48 Naturhistorisches Museum
49 Casa do Ferro (Eiffel)
50 Jardim Tundura (Botanischer Garten)
51 Geologie Museum
52 Mercado Central
55 Museo de Arte
56 Nationalbibliothek

Sonstiges
61 Dinageca (Landkartenamt)
64 Chapas (Minibusse zur Grenze)
65 Busstation
66 Empresa do Tourismo
67 Theater Avenida
68 Clube Nautico
69 Orthodoxe Kirche
70 Artedif Makonde Crafts
71 AVIS + LAM
72 Deutsche Botschaft
73 Niederländische Botschaft
74 Präsidentenpalast
75 Panthera Azul Busse
76 Intercape Busse Tropical Air Tours
77 Translux Busse Transafrica
78 Transporte Oliveiras

Hotels, Pensionen und Backpackerlodges

Hotels der Luxusklasse
- **Hotel Polana:** P.O.Box 1151, Avenida Julius Nyerere 1380, Tel. 21241700, Fax 21491480, www.serenahotels.com. Elegantes Luxushotel der Serena-Gruppe mit viel Flair und kolonialer Tradition. Mondäner Pool, Fitnessbereich, Kasino, Restaurant, Bar und Café. Klimatisierte, gediegene Zimmer. 2010 renoviert. Preise: je nach Saison mit B&B ab 110 €/DZpP, ab 200 €/EZ.
- **VIP Hotel Maputo:** Av. 25 de Setembro 692, Tel. 21351000, Fax 21351001, E-mail: hotelmaputo@viphotels.com. Ein gediegenes 5-Sterne-Luxushotel mit 196 Zimmern und allem erdenklichen Schnickschnack. Preise: B&B ab 89 €/DZpP und ab 163 €/EZ.
- **Maputo Southern Sun:** Av. Marginal, Tel. 21495050, Fax 21497700, www.southernsun.com. Ein 4-Sterne-Hotel von Southern Sun für Geschäftsreisende und Touristen in guter Strandlage mit über 160 Zimmern, Fitnesscenter, Pool. Preise: B&B ab 110 €/DZpP, ab 200 €/EZ.
- **Hotel Avenida:** 627 Avenida Julius Nyerere, Tel. 21484400, Fax 21499600. E-mail: bookings@hotelavenida.co.mz. Internet: http://hotel-avenida-maputo.h-rzn.com. Ein modernes Hotel der Luxusklasse mit Restaurant und Dachbar. Es bietet Konferenzeinrichtungen und liegt direkt im modernen Zentrum. Preise: B&B ab 125 €/DZpP und 230 €/EZ.
- **Hotel Cardoso:** Avenida Martires de Mueda 707, Tel. 21491071/5, Fax 21494054, 21491804, E-mail: info@hotelcardoso.co.mz. 4-Sterne-Hotel der Luxusklasse mit herrlichem Blick auf Altstadt und Hafen, da am Hang gelegen. Ansprechender Garten/Pool mit Ausblick, Restaurants, Konferenzeinrichtungen. Preise: B&B ab 85 €/DZpP und 140 €/EZ. www.hotelcardoso.co.mz
- **Pestana Rovuma:** R. da Sé, 114, Tel. 21305000, Fax 21305305, E-mail: reservas.africa @pestana.com. Alteingesessenes Hotel der Luxusklasse mit Restaurant, Bars, Pool, Einkaufskomplex, Gesundheitszentrum und Konferenzeinrichtungen, in der Baixa gelegen. Es gehört zur portugiesischen Pestana Hotelgruppe. Preise: B&B ab 65 €/DZpP und 115 €/EZ. www.pestana.com
- **Hotel Girassol Bahia:** Av. P. Lumumba 737, Tel. 21360350, Fax 21360330. Moderne Hotelanlage mit 27 Zimmern und 7 Apartments, Pool, Internetzugang und Restaurant. Preise: ab 105 €/DZpP und 180 €/EZ. www.girassolbahiahotel.co.mz
- **Afrin Prestige Hotel:** Rua Ngungunhane 56, Tel. 21358900, Fax 21358901, E-mail: prestige.hotel@afrinhotels.co.mz, www.afrinprestige-hotel.com. In Baixa direkt bei dem Maputo Shopping Mall liegt dieses neue Hotel mit Pool, Restaurant und 98 Zimmern, die alle mit Kitchenette ausgestattet sind. Preise: ab 115 €/DZpP und 205 €/EZ.
- **Radisson Blu Hotel:** Av. Marginal, 141, Tel. 21328463, Fax 21328449, E-mail: info.maputo@ radissonblu.com. Das Luxushotel eröffnet im Mai 2012. Preise: B&B ab 135 €/DZpP, 250 €/EZ.

Mittelklassehotels
- **Girassol Indy Village:** Rua d. Sebastião 99, Sommershield, Tel. 21498765, Fax 21499643, E-mail: girassolindyvillage@visabeira.co.mz, www.girassolhoteis.co.mz. 72 klimatisierte Zimmer, 55 Villen, Restaurant, Tennis, Fitnessraum und Spa. Preise: B&B ab 100 €/DZpP und 180 €/EZ.
- **Hotel Terminus:** Avenida Francisco Orlando Mangumbue 587, Tel. 21491333, Fax 21491284, www.terminus.co.mz. Ein beliebtes Hotel der Mittelklasse mit Restaurant, Pool, 47 klimatisierten Zimmern und Mietwagenverleih. Preise: B&B ab 60 €/DZpP und ab 90 €/EZ.
- **Hotel Monte Carlo:** Avenida Patrice Lumumba 620, Tel. 21304048, Fax 21308959, E-mail: info@montecarlo.co.mz, Internet: www.montecarlo.co.mz. Modernes Ambiente, beliebt bei Geschäftsreisenden, 36 klimatisierte Zimmer mit Bad/TV/Internetzugang. Bar, Restaurant und Pool vorhanden. Preise: B&B ab 52 €/DZpP und 104 €/EZ.
- **Hotel Tivoli:** P. O. Box 340, Avenida 25 de Setembro 1321, Tel. 21307600, Fax 21307609, E-mail: tivoli@tvcabo.co.mz. Internet: www.tivoli.odline.com. Klimatisiertes Mittelklassehotel modernen Stils mit Konferenzeinrichtungen und À-la-Carte-Restaurant mit Bar. 40 moderne Zimmer und 32 Suiten mit TV, Bad, WC. Preise: B&B ab 78 €/DZpP und 130 €/EZ.
- **Hotel Turismo:** Avenida 25 de Setembro 1743, Tel. 21352200, Fax 21352220, www.hturismo.com. Bis 2009 ein Hotel der Ibis-Gruppe mit 167 modernen, klimatisierten Zimmern, Restaurant, Internet und bewachtem Parkplatz. Preise: B&B ab 40 €/DZpP und 72 €/EZ.

MAPUTO

Gästehäuser, Frühstückspensionen & Backpacker-Hotels

- **Residencial Palmeiras:** Ave. Patrice Lumumba 948, Tel. 21300199, E-mail: carlos.pereira@tvcabo.co.mz. Ruhige, saubere und liebevoll eingerichtete Pension mit klimatisierten Zimmern mit TV/Internet, sicherem Parkplatz. Dieses Haus ist eine häufige Empfehlung unserer Leser. Preise: B&B ab 44 €/DZpP und ab 70 €/EZ.
- **Mozaika Guesthouse:** Ave. Agostinho Neto 769, Tel. 21303939, Fax 21303956, E-mail: mozaika_guesthouse@hotmail.com, www.mozaika.co.mz. Klimatisierte Zimmer, Pool, Internetzugang und Bar in persönlich geführter, nett eingerichteter Pension. Preise: B&B 52 €/DZpP und 88 €/EZ.
- **Pensão Martins:** 1098 Avenida 24 de Julho, Tel. 21424930/21301429, Fax 21429645, E-mail: morgest@tvcabo.co.mz. Klimatisierte Zimmer in einer netten Pension mit TV, Restaurant, Pool, Bar, Internetzugang und hübscher Gartenanlage. Viele Dauergäste (oft Geschäftsleute), es gibt hier allerdings kein Restaurant. Preise: ab 430 €/DZpP und ab 50 €/EZ.
- **Residencial Hoyo Hoyo:** Avenida F. O. Magumbwe 837, Tel. 21490701, Fax 21490724, E-mail: hoyohoyo@odline.com. Zentrales, recht beliebtes Gästehaus mit indischem Restaurant. Preise: B&B an 38 €/DZpP und 64 €/EZ. www.hoyohoyo.odline.com.
- **Vilas das Mangas:** Avenida 24 de Julho 401, http://villadasmangas.com.sapo.pt/, E-mail: villadasmangas@tvcabo.co.mz, Tel. 21497078, Fax 21497507. Ein kleines, gediegenes Hotel im Zentrum mit Pool im begrünten Innenhof, Bar, Restaurant und klimatisierten Zimmern. Preise: ab 31 €/DZpP und ab 50 €/EZ.
- **Villa das Arábias:** Avenida 24 de Julho 698, Tel. 82-5367972, www.villadasarabias.com. 23 elegante Räume gruppieren sich um einen Innenpool. Zimmerpreise mit B&B ab 88 Euro.
- **Residencial Sundown:** Rua 1301 de Sommershield 117, Tel. 21497543, Fax 21497546, www.maputoaccommodation.com. Die familiäre, einfache Pension bietet zweckmäßige Zimmer mit B&B für 50 €/DZpP und 84 €/EZ.
- **Fatima's Backpackers:** 1317 Avenida Mao Tse Tung, Tel. 824145730/21302994, Fax 21300305. E-mail: fatimas@tvcabo.co.mz. Eine klassische, etwas beengte Backpackerlodge mit Kochgelegenheit, hübschem Innenhof, Gemeinschaftsschlafräumen für 14 € pP und Zimmern mit/ohne Bad für 21-25 €/DZpP und 12-34 €/EZ. Beliebter Treffpunkt der Rucksackreisenden, gute Infoquelle. Sehr beengtes Zelten möglich (10 €). Info: www.mozambiquebackpackers.com. Es wird auch ein Shuttle zwischen Maputo und ihrem Backpackers in Tofo organisiert (S. 185).
- **The Base Backpackers:** Ave. Patrice Lumumba 545, Tel. 21302723. Gartenloses Stadthaus mit Kochgelegenheit, Internetzugang und Zimmern ab 20 €, Mehrbettzimmer ab 7 € pP.

Unterkünfte außerhalb von Maputo in Richtung Costa do Sol

- **Kaya Kwanga:** Verlängerung der Avenida Marginal, Tel. 21492706, Fax 21492704, E-mail: miramar.kayakwanga@tvcabo.co.mz, www.kayakwanga.co.mz. Schöne Bungalowgartenanlage neben dem Minigolfplatz mit Pool, Spielplatz, Restaurant. Familiäres, freundliches Ambiente. Preise: B&B ab 30 €/DZpP und 45 €/EZ.
- **Maputo Backpackers:** Ave. Marginal, Bairro Triunfo an der Costa do Sol, Tel. 21451213/824672230, E-mail: maputobp@gmail.com. Kleine Backpackerunterkunft in einem Privathaus-außerhalb Maputos rund 50 m vom Strand und etwa 800 m vor dem Hotel/Restaurant Costa do Sol gelegen. Klimatisierte Mehrbettzimmer 16 € pP, Doppelzimmer 40 €/Nacht.
- **Hotel Costa do Sol:** Avenida Marginal, Tel. 21450115, Fax 21450162, E-mail: rcs@teledata.mz. Mittelklassehotel mit klimatisierten Zimmern und Bungalows am Strand von Costa do Sol, das weniger wegen des Hotels, als des beliebten Restaurants wegen besucht wird. Viel Betrieb an Wochenenden. Preise: B&B ca. 32 €/DZpP und 45 €/EZ. Die Bungalows **"Kurhula Park"** sind derzeit geschlossen.

Weitere Unterkünfte: in Macaneta/Marracuene S. 139, Catembe S. 141, Insel Inhaca S. 138 und entlang der EN1 in Richtung Norden S. 150.

Camping: Leider Fehlanzeige, Maputo bietet keine Campinggelegenheit. Notcamping ist möglich im winzigen Innenhof der Backpackerlodge Fatima's (ziemlich beengt und laut). Alternativ bei Casa Lisa, 48 km nördlich von Maputo, siehe S. 150.

Restaurants & Nachtleben

Am besten macht man sich ohne Wertsachen und nur dem Geld, das es auszugeben gilt, auf den Weg

Im Vergleich zu anderen Großstädten im südlichen Afrika, wo mit Einbruch der Dunkelheit fast alles Leben erstirbt, bietet Maputo richtiggehend viel Nachtleben. Eine gediegene Atmosphäre bei entsprechenden Preisen bieten die Firstclasshotels der Stadt, allen voran das Hotel Polana. Hier kann man beinahe wie in alten Kolonialzeiten in gepflegter Manier speisen oder einen Drink auf der Aussichtsterrasse genießen. Das Ambiente ist durchaus angenehm, doch bleibt man hier unter seinesgleichen – den Weißen und wenigen einheimischen Emporkömmlingen. Die berühmte Seele der Stadt mit ihrer Musik und Genussfreude dringt in diese Einrichtungen nicht ein.

Die **breiteste Auswahl** an Lokalen und Restaurants findet man in der Av. 24 de Julho und der Av. Julius Nyerere; Fast-Food-Ketten, wie Nandos, Chicken Inn oder Vassili's Bakery auch an der Av. Mao Tse Tung. Auf Seafood haben sich einige Restaurants an der Av. Julius Nyerere und an der Avenida Marginal spezialisiert (im Costa do Sol gibt es herrliche Seafood Dinner). Eine Empfehlung für portugiesische Fischgerichte ist auch das Restaurant "Zambi" an der Av. 10 de Novembro 8. Wer Thai-Food liebt, sollte das Restaurant im Hotel Avenida besuchen. Auf keinen Fall sollten Sie versäumen, auf einen Café oder ein Cerveja in einer gemütlichen Pastelaria einzukehren.

Viele Hotels und Restaurants bieten an den Wochenenden Buffets oder Barbecue, oft auch mit Lifemusik

Wie alle Hafenstädte der Welt beherbergt Maputo ein Rotlicht-Milieu, das man im **Hafenviertel**, vor allem in der Rua do Bagamoio, antrifft. Hier befinden sich zahlreiche Bars und Spelunken. Mitunter kann man fetzige Lifemusik in den Bars dieses Viertels genießen. An der Av. Marginal gibt es hinter dem neuen Radisson Hotel ein **Kasino** für Nachtschwärmer und Spielfreunde.

Später am Abend, denn das richtige Treiben fängt hier erst gegen 23 Uhr an, besucht man die **Feira Popular**. Auf rund 1 km² Fläche ist mitten im Zentrum am Ende der Av. 25 de Setembro eine Art Jahrmarkt- und Amüsierviertel entstanden, in dem Dutzende Bars und preiswerte Restaurants dicht an dicht stehen. Hier wird oft bis in den nächsten Morgen gefeiert.

Interessieren Sie sich für **Theater**? Das Teatro Avenida, Av. 25 de Setembro, Tel. 21424411/21326501, bietet an den Wochenenden unter der Mitarbeit von Henning Mankell anspruchsvolle und sozialkritische Unterhaltung mit renommierten Darstellern und Tanzgruppen (siehe auch S. 54).

Workshops und Foren für darstellende Kunst, Musik und Kunsthandwerk

Eine bekannte Adresse für kulturelle Events ist das **Franko-Mosambikanische Kulturzentrum** in der Av. Samora Machel gegenüber der Kathedrale (Info siehe www.ccfmoz.com) mit wechselnden Darbietungen, einer Bibliothek und einem *Café*. Nicht weit entfernt, in der Av. 25 de Setembro/ Ecke Av. Karl Marx, bietet das „**Zentrums für brasilianische Studien**" (Di-Fr von 09.00-13.00 h, 15.00-19.00 h), Sprachunterricht, eine Bibliothek und freitagabends häufig Auftritte von Musikgruppen. Im *Casa de Cultura* an der Ecke Av. Ho Chi Minh und Av. Alberto Luthuli ist die nationale Musik- und Tanzgesellschaft (Companhia Nacional de Canto e Dança) ansässig. Interessierte können hier Unterrichtsstunden in traditionellem Tanz & Musik nehmen. Ein eigenständiger Künstlerkreis mit über 100 Mitgliedern ist **Núcleo de Arte** in der Rua da Argélia, wo Besucher die Werke direkt von ihren Erzeugern beziehen bzw. diese teilweise auch bei der Arbeit beobachten können. In der Av. Marianne N'gouabi 798 findet werktags ein ähnliches Zusammentreffen der **Makonde-Schnitzer** statt.

MAPUTO

Allgemeine Infos für Maputo

Klima & Reisezeit

Das subtropische Klima Maputos ist durch die häufigen Winde fast ganzjährig angenehm. Die kühlsten und trockensten Monate von Mai bis August haben durchschnittliche Tagestemperaturen um 20°C bei deutlich kühleren Nächten. Im Juli können antarktische Stürme mitunter eiskalte Luft aus dem Süden bringen und die Luft für mehrere Tage auf nur mehr 6 °C absinken lassen. Die heißeste Zeit bringen die Monate Oktober und November, ehe mit dem Einsetzen der Regenzeit warme Temperaturen mit hoher Luftfeuchtigkeit vorherrschen. Die Tagestemperaturen erreichen während der Regenzeit von Januar bis März gerne feuchtheiße 30-38° C.

Oben: Sandverwehungen an der Strandstraße Avenida Marginal

Kriminalität & Gefahren

Maputo dürfte für Touristen wohl das gefährlichste Pflaster des Landes sein. Hier sind Armut und Not so allgegenwärtig, dass Diebstahl und Raubüberfälle auf die vermeintlichen Reichen leider zur Tagesordnung gehören. Diese Entwicklung ist weltweit in Metropolen armer Länder auszumachen. Andererseits bewegen sich viele weiße Bewohner Maputos deutlich freizügiger als in anderen Großstädten im südlichen Afrika. Sie joggen sonntags an der Promenade, flanieren in der Stadt. Dennoch empfiehlt es sich, einige Sicherheitsmaßnahmen zu beachten: Niemals sollte man mit Wertsachen, wie einem großen Bargeldvermögen, zu Fuß unterwegs sein. Handtaschen können entrissen und Rucksäcke unbemerkt aufgeschnitten werden. Also immer nur mit wenig Bargeld und möglichst ohne andere Wertsachen losziehen. Grundsätzlich sind Stadtspaziergänge nach Einbruch der Dunkelheit zu meiden. Wer abends ausgehen will, lässt sich per Taxi ans Ziel bringen. Um einsame Plätze und Gärten macht man einen weiten Bogen. Erhöhte Vorsicht ist überall in dichtem Gedränge, wie in Bussen und auf Märkten, angebracht. Frauen möchten wir auch tagsüber von einsamen Strandspaziergängen abraten.

Gesperrte Zonen: Bitte beachten Sie, dass die Regierungsgebäude und der Präsidentenpalast im Stadtzentrum (nahe dem Hotel Polana) gesperrt sind – hier darf man nicht spazierengehen. Auch das Fotografieren ist hier streng verboten.

Autos sollte man nirgends unbewacht abstellen, sie werden allzu leicht aufgebrochen oder gestohlen. Am besten bleibt immer jemand beim Wagen oder man stellt ihn bei einem bewachten Hotel unter. Sichere bewachte Parkplätze bieten z. B. die Hotels Polana, Cardoso, Southern Sun und das Shoprite Einkaufszentrum.

Weiße Autofahrer werden inzwischen nur noch vereinzelt bei **Verkehrskontrollen** „herausgepickt" und eingehend kontrolliert. Wenn alle Papiere in Ordnung sind und man stets höflich bleibt, enden diese Kontrollen meist mit einem höflichen Gruß. Mitunter versuchen schlecht bezahlte Polizisten ihren Sold durch Bußgeldforderungen bei Touristen aufzubessern. Auch hier gilt, sofern die Papiere und das Fahrzeug in Ordnung sind: Stets freundlich und korrekt bleiben, aber standhaft. Zur Not anbieten, ins Polizeirevier zu fahren, um den „Comandante" zu sprechen oder den Kontakt mit der eigenen Botschaft aufzunehmen. In der Regel darf man dann ganz schnell weiterfahren. Erstaunlich oft erhellen sich auch die Gesichtszüge des Gegenübers schlagartig, wenn man sich als Europäer auf Mosambikreise outet.

PROVINZ MAPUTO — INFORMATIONEN

Wichtige Adressen von A bis Z

Banken & Geldwechsel
Zahlreiche Banken mit ATM-Schaltern und Wechselstuben findet man in der Avenida 24 de Julho, der Av. Julius Nyerere und der Av. Mao Tse Tung. In der Regel sind sie wochentags ganztags und am Samstagvormittag geöffnet, sonntags allerdings geschlossen. Stellen Sie Vergleiche an zwischen den gebotenen Wechselkursen und berücksichtigen Sie die jeweilige Höhe der Kommissionsgebühren. Reiseschecks werden kaum noch von Banken und Wechselstuben akzeptiert. Die Wechselstube am Flughafen hat auch abends offen, bietet aber schlechtere Kurse als die Innenstadt. Südafrikanische Rand werden gegenüber Euro und US-Dollar bevorzugt.

Botschaften
Deutschland: Rua Damiao de Góis 506, Tel. 21482700/21492714, Fax 21492888.
Schweiz: Av. Ahmed Sekou Touré 637, Tel. 21315275, Fax 21315276.
Österreich: Av. 24 de Julho Piso 4, Tel. 21423244, Fax 21425387.
Südafrika: Av. E. Mondlane/Ecke Av. J. Nyerere 745, Tel. 21490059, Fax 21493029.
Swaziland: Av. Nkwame Nkrumah, Caixa Postal 4711, Tel. 21492451.
Zimbabwe: Av. Martires Machava 1657, Tel. 21490404/21494680.
Tansania: Av. Martires Machava 852, Tel. 21490110/21490112.
Sambia: Av. Kenneth Kaunda 1286, Tel. 21492452.
Malawi: Av. Kenneth Kaunda 75, Tel. 21491468/21492676, Fax 21490224.

Fluggesellschaften
- **LAM:** Linhas Areas de Mocambique. Av. Karl Marx 220, Tel. 21326001, Fax 21465134; Av. Mao Tse Tung/Ecke Av. Julius Nyerere Tel. 21490590/21496101, Fax 21496105; am Flughafen Tel. 21465074. Reservierungen Tel. 21468000.
- **SAA:** South African Airways. Av. Zimbabwe 520, Tel. 21488970, 21303927, Fax 21465625. Außerdem mit Büro am Flughafen, Tel. 21498097.
- **TAP:** Air Portugal. Av. 25 de Setembro 1373, Tel. 21420099/21303927.
- **Kenya Airways:** Am Flughafen: Tel. 21466913 sowie in der Av. Mao Tse Tung 252.

Flugcharter
- **MEX:** Tel. 21466008, Fax 21465562, am Flughafen. www.mex.co.mz.
- **LAM Air Charters:** Tel. 21465024, Fax 21465525, am Flughafen von Maputo.
- **Unique Air Charter:** Tel. 21465592, Fax 21465476, am Flughafen von Maputo.
- **Transairways:** Tel. 21465108, am Flughafen von Maputo.

Immigration
Das Büro der Migração, wo man Visaangelegenheiten klärt, liegt an der Av. Patrice Lumumba gegenüber dem Hotel Girassol Bahia.

Krankenhaus

Notruf: 197
Ambulanz: 21422002

- **Clínica Especial:** Zentralkrankenhaus, Av. E. Mondlane, Tel. 21429522/82-3192640.
- **Clínica Cruz Azul:** Privatklinik an der Av. Karl Marx 414, Tel. 21305151/82-3040030. Mit Radiologie, Urologie und Pädietrie.
- **Clínica da Sommershield:** Privatklinik in Sommershield, 52 Rua Pereira do Lago (die Straße zweigt von der Av. Kim II. Sung ab), Tel. 21493924. Das Personal spricht englisch, hier ist auch ein deutschsprachiger Orthopäde stationiert.
- **Clinica 222:** Privatklinik mit Ambulanz-Service, Av. 24 de Julho 823, Tel. 21313000.

Zahnarzt
- **Dentamed Clinica Dentária Lda.:** Av. Francisco O. Magumbwe, 954. Tel. 21493370. Zahnklinik mit deutschsprachigem Zahnarzt.
- **Dente Feliz:** Beim Hotel Avenida/ Av. Julius Nyerere, Tel. 21491426.
- **Clínica Elim:** Av. Patrice Lumumba, 290, Tel. 21308882. Englischsprachig.
- **TM-Consultório Dentário:** Av. Mao Tse Tung 1386, Tel. 21499303

NP-Behörde
Direção Nacional de Fauna e Flora Bravia: Av. Zedequias Manganhela 333. Tel. 21431789

Polizei
Tel. 01-21422001/21425031/21325031, Notruf-Tel. 112

Post Office
Das Hauptpostamt – Correio Central – befindet sich in der Avenida 25 de Setembro Nr. 30. Das alte Gebäude liegt dem Café Continental schräg gegenüber. Öffnungszeiten: Mo-Fr von 07.45-12.00 h und 14.00-17.00 h, Sa von 07.45-12.00 h.

MAPUTO

Reiseagenturen

- **Novo Mundo:** Rua da Sé im Rovuma Carlton Hotel, Tel. 21306202, Fax 21306206, E-mail: novomundo@tdm.co.mz. IATA-Reisebüro.
- **Tropical Air Travel:** Av. 24 de Julho 909, Tel. 21431006/21425078, Fax 21525082. Hier starten die Intercape Expressbusse nach Südafrika.
- **Mozaic Travel:** Rua da Massala, 240, Triunfo. Tel. 21451380. Reisebüro mit breitem Angebot an Stadtrundfahrten und Tagesausflügen.
- **Dana Tours:** Av. Kenneth Kaunda 1170, Tel. 21495514/21491001 und 844040710, Fax 21494042, E-mail: info@danatours.net, http://www.tourmozambique.travel/, www.danatours.net. Angebote für Tagesausflüge und Stadtrundfahrten.

Telefon & Internet

Auf der Rückseite des Postamts liegt an der Av. Zedequias Manganhela das Telefonamt (**TDM**). Im Stadtgebiet und am Flughafen gibt es weitere Telefonbüros. Der **Städtecode von Maputo** beginnt mit '21' und ist ein fester Bestandteil jeder achtstelligen Teilnehmernummer. **Internetcafés**: "Connection Time" im 1. Stock des Hotel Avenida; "Internet Café" in der Ave. Karl Marx 609; "TDM Café" beim Rovuma Hotel u. v. m. in den Shopping Centren der Stadt.

Touristeninformation

- **Business Information Centre (BIP):** Av. Eduardo Mondlane/Ecke Av. F. O. Magumbwe, Tel. 21492622, 21490200, Fax 21492622. E-mail: bip@teledata.mz. Diese Informationsstelle bietet hauptsächlich Literatur zur politischen Bildung (portugiesisch) und wenig für den Touristen. Öffnungszeiten: Montag bis Freitag von 07.30-12.30 h und 14.00-17.30 h, Samstag von 08.00-12.00 h.

Einkaufen in Maputo

Souvenirs

- **FEIMA:** An der Av. Armando Tivane entstand 2011 mit diesem Freilichtmarkt eine neue Touristenattraktion. Hier gibt es Souvenirs aller Art und zwei Lokale. Parkgelegenheit vorhanden.
- **Artedif:** Av. Marginal, http://br.geocities.com/artedif/. Kooperative von Behinderten, die Kunsthandwerk herstellen und zu günstigen Preisen verkaufen. Täglich von 09.00-15.30 h geöffnet.
- **Núcleo de Arte:** Rua de Argélia 194, www.africaserver.nl/nucleo/, Tel. 21492523. Künstlerzentrum mit Verkauf, Galerie und Restaurant. Täglich von 09.00-17.00 h.
- **Mercado de Artesanato:** Praça 25 de Junho, Künstlermarkt jeden Samstagvormittag (S. 125)

Lebensmittel & Alltagsbedarf

- **Maputo Shopping Mall**: Rua Marques de Pombal, in der Altstadt nahe der Catembe Fähre. Das moderne Einkaufszentrum bietet einen Supermarkt, Wechselstube, Kino, Bank und mehreren Restaurants und ist täglich geöffnet.
- **Shoprite Einkaufszentrum**: Av. Acordos de Lusaka. Die südafrikanische Supermarktkette mit sehr breitem Angebot, Apotheke, Boutiquen, Fast Food und bewachtem Parkplatz liegt etwas außerhalb des Stadtzentrums.
- **Interfranca (auch Franka):** Av. 24 de Julho 1550, großes Kaufhaus mit unterschiedlichen Läden in zentraler Lage.
- **Supermercado Luz:** Av. Vladimir Lenine nahe der Praça da OMM. Exklusivster Supermarkt mit reichhaltigem Angebot an importierten Waren.
- **Pastelaria Nautilus** (Av. 24 de Julho) und **Vassili's Bakery** (Av. Mao Tse Tung) bieten ausgezeichnete Backwaren.
- **GAME und Supermare Supermarket:** Südafrikanische moderne Einkaufszentren mit ATM-Schaltern und sicherem Parken an der Straße nach Costa do Sol.

Landkarten & Bücher

- **Sencaçóes:** Av. Julius Nyerere 657/Ecke Av. E. Mondlane und im Hotel Rovuma.
- **DINAGECA** (sprich: "dinaschegga"): Fax 21421804. Im Vermessungsamt an der Av. Josina Machel werden ein paar Detaillandkarten des Landes verkauft.

An- und Weiterreise

Flughafen Maputo International Airport liegt etwa 8 km vom Zentrum der Stadt an der Av. Acordos de Lusaka und wird von Minibussen (Chapas) regelmäßig angesteuert. Taxis befahren die kurze Strecke ins Zentrum für 8-12 Euro. Der Flughafen bietet bisher keine Gepäckaufbewahrung an. Fluginformationen erhält man unter den Rufnummern 21465074/21465829 und 21465828.

Die Airporttax beträgt für Inlandflüge 10 U$, für internationale Flüge 30 U$ und für regionale Strecken 20 U$, ist aber in den meisten Tickets bereits enthalten. Weil viele Flüge überbucht sind, sollte man rechtzeitig zum Einchecken erscheinen.

Mietwagenagenturen
- **Avis:** Am Flughafen (täglich erreichbar): Tel. 21465497, Fax 21465493. Internet: www.avis.co.za. Stadtbüro am Praça dos Trabalhadores, 51: Tel.424144, Fax 431990.
- **Hertz:** Am Flughafen (täglich, Sa nur vormittags, So nachmittags): Tel. 21465534, Fax 21326077. Stadtbüro: Av. 24 de Julho, 2006, Tel. 21303172. Stadtbüro im Hotel Polana in der Av. Julius Nyerere, 1380: Tel.494982, Fax: 426077. Internet: www.hertz.com und http://hertz-moz.info.
- **Europcar:** Am Flughafen (täglich, So nachmittags): Tel. 21466182/21466163, Fax 21466163. Internet: www.europcar.co.mz. Stadtbüro in der Av. Julius Nyerere, 1418 (nahe Hotel Polana): Tel. 21497338, Fax: 21497334, E-mail: europcar@virconn.com.
- **Euro Rent Lda.:** Rua Kamba Simango, 358, Tel. 21485572, 823014519, E-mail: eurorent@eurorent.co.mz. Internet: www.eurorent.co.mz.
- **Interrent Car Rental:** Am Flughafen: Tel. 21465250, Fax 21465250. Internet: www.interrent.co.mz, E-mail: info@interrent.co.mz. Stadtbüro in der Av. Mao Tse Tung 591/279: Tel. 21418878, 21493543, Fax 21418873, 24-Std-Tel. 823005180.

Oben: Bahnsteig in Maputo

MAPUTO

Die mosambikanische Bahn ist unter Tel. 2141269 erreichbar. Für den Tourismus spielt die Bahn allerdings keine Rolle, da sie keine attraktiven Verbindungen und ein völlig unzureichendes Reservierungssystem für die brechend voll besetzten Bummelzüge bietet. Es gibt derzeit keine durchgehenden Züge mehr in die Nachbarstaaten, z. B. nach Johannesburg, Durban und Swaziland. Seit Jahren ist geplant, auf der Strecke Maputo-Johannesburg einen durchgehenden Zug, den "Komati-Train", einzusetzen. Doch bisher ist die Idee nicht umgesetzt worden.

Bahnhof und Bahnverbindungen

Für **Fernstreckenbusse** gibt es in Maputo keinen gemeinsamen Terminus. Die Busse der verschiedenen Unternehmen fahren an unterschiedlichen Haltestellen ab. Abfahrten sind fast immer frühmorgens. Die Expressbusse bieten bequeme Sitze, Klimaanlage, Hostessenservice, Musik, Videounterhaltung und Getränke.

Busbahnhof und Busverbindungen
nach Südafrika

- **Panthera Azul:** Expressbusse nach Johannesburg; Nelspruit und Durban. Abfahrt & Reservierung: Av. Zedequias Maganhela 273, Tel. 21302077/81494238, Fax 21302098. Täglich um 08.00 h nach Johannesburg für 29 € (7 Std. Fahrt) bzw. Nelspruit (22 €). Jeden Di/Do/Sa um 07.00 h nach Durban zum gleichen Preis. Info & Reservierung Johannesburg Tel. 0027-11-3377438, Durban 0027-31-3097798, Beira 23326564/23323564. http://mysite.mweb.co.za/residents/pantazul/
- **Translux:** Expressbusse via Nelspruit nach Johannesburg/Pretoria und Kapstadt. Abfahrt & Reservierung: Transafrica, Av. 24 de Julho 1235, Tel. 21303825. Täglich morgens und abends nach Nelspruit (22 €) und Johannesburg (32 €). www.translux.co.za
- **TCO Turismo (Transportes Carlos Oliveiras):** Moderne Doppeldeckerbusse fahren jeden Mo/Mi/Fr um 07.00 h von Maputo über Nelspruit nach Johannesburg und jeden Di/Do/Sa um 07.00 h zurück sowie jeden Di/Do/Sa um 07.00 h nach Durban und jeden So/Mi/Fr um 07.00 h zurück (jeweils ca. 25 €). Tel. Maputo: 21300634, Tel. Johannesburg +27-725-638648, Tel. Durban +27-31-3040997.
- **Intercape/Tropical Air Travel:** Expressbusse via Nelspruit nach Johannesburg, Abfahrt & Reservierung: Tropical Air Tours, Av. 24 de Julho 909, Tel. 21431007, 21308067. Preisgleich mit Translux, bietet mehrere Abfahrten täglich. www.intercape.co.za
- **Greyhound:** Av. Karl Marx 1242, Tel. 21355700/21308067/21427505. Tägliche Verbindung nach Nelspruit und Johannesburg (32 €). www.greyhound.co.za

Die als **Chapas** bekannten mosambikanischen Minibusse sind an der Av. Albert Lithuli/Ecke Av. 25 de Setembro staioniert und starten ganztägig zu unregelmäßigen Zeiten (sobald sie voll sind). Die Fahrt nach Nelspruit kostet etwa 17 €, nach Durban oder Johannesburg je 27 €, nach Manzini/Swaziland 6 € und zur südafrikanischen Grenze in Ressano Garcia ebenfalls rund 6 €.

Chapas
nach Südafrika und Swaziland

Sehr viele Busse fahren von Maputo in die nördlichen Landesteile. Bei Expressbusfahrten in den ferneren Norden wird wegen des Nachtfahrverbots eine Übernachtung in Vilanculo, Chimoio oder an der Savebrücke eingelegt. Den besten Ruf bzgl. der Fahrsicherheit und der Ausstattung der Busse genießt Transportes Carlos Oliveiras.

Busverbindungen
innerhalb Mosambiks

- **TCO Turismo (Transportes Carlos Oliveiras):** Tel. 21300634/21400475/21405108. Es gibt ein Office an der Av. F. de Magalhaes/Ecke Av. Filipe Samuel Magaia, die Abfahrten sind jedoch ca 4 km westlich des Zentrums an der Avenida 24 de Julho, kurz hinter dem Praça de 16 Junho. Täglich um 06.00 h starten komfortable, klimatisierte Expressbusse mit WC nach Beira (42 €) mit Stopp in Xai-Xai (10 €), Maxixe (19 €) und Vilankulo (29 €). Einige Busse fahren direkt weiter bis Nampula (ebenfalls 87 €), andere fahren von Beira weiter nach Chimoio (6,50 €) und Tete (20 € ab Beira).

Einfachere und dafür preiswertere Fernstreckenbusse starten ab "**Junta**", einem Busbahnhof 7 km außerhalb Maputos. Die Abfahrten nach Norden, in Richtung Vilankulo, Beira, Chimoio, Tete und Nampula, sind in der Regel sehr früh morgens gegen 4 Uhr. Wer zu spät kommt, findet tagsüber weitere Busabfahrten zumindest für kürzere Distanzen. Große Gepäckstücke oder Rucksäcke kosten einen Aufpreis.

Info: Fähre nach Catembe
siehe S. 140

PROVINZ MAPUTO — VERKEHRSMITTEL

Verkehrsmittel innerhalb der Stadt

Busse & Chapas (Minibusse)

Busse und Chapas

Innerhalb von Maputos Stadtgebiet fahren zahlreiche Busse zu sehr niedrigen Preisen. Busbahnhöfe liegen am Praça dos Trabalhadores vor dem Bahnhof, am Praça do Zambeze vor dem Naturhistorischen Museum, an der Av. 25 de Setembro/Ecke Av. Guerra Popular und an den zentralen Märkten der Stadt. Die Busse sind meist hoffnungslos überfüllt. Ferner befahren Chapas das Stadtgebiet ohne feste Routen und Abfahrtszeiten. Die Fahrtziele werden von den Kollektoren an den Haltestellen ausgerufen. Es gibt zwei Tarifzonen: Strecken bis 10 km kosten 5 Metical, darüber 10 Metical. Zentrale Haltestelle für Minibusse: Avenida 25 de Setembro/Ecke Avenida Albert Luthuli.

Taxis

- Shoprite: Av. Acordos de Angola, Tel. 21466095
- Piri-Piri: Av. 24 de Julho, Tel. 21307162, 823071620
- Polana Taxi: Av. Julius Nyerere, Tel. 21493255, 21491001
- Taxi Marcelo: Tel. 825050050 und 845050050

Teilweise verwenden die Taxis Taxameter (stets darauf achten, dass die Einstellung bei Fahrbeginn zurückgestellt ist). Bei Taxis ohne Taxameter sollte der Fahrpreis vorab ausgehandelt werden. Fahrten innerhalb der Stadt kosten in der Regel zwischen 4 und 8 €. Man kann ein Taxi unterwegs heranwinken oder eine der Taxihaltestellen aufsuchen (Mercado Central, Bahnhof, Hotels Polana, Cardoso, Rovuma und am Flughafen).

Bild oben: Breite Avenidas prägen Maputos Stadtbild

Touristen-Shuttle-Bus "Maputo Express"

Mozambique City Tours setzt einen täglichen Shuttlebus zwischen den Sehenswürdigkeiten Maputos ein, den man im "Hop On – Hop Off"-Verfahren benützt. Ticket-Verkaufsstellen sind in den Hotels Polana, Rovuma und Southern Sun sowie im Bahnhof (Erw. 23 €, Kinder 14 €). Info: Tel. 21333531, www.mozambiquecitytours.com.

MAPUTO

Ausreise: Von Maputo nach Südafrika

Eine mehrspurige Mautstrecke der Trans Africa Concession führt durch eintönige Landschaft zur lebhaften "Lebombo Border". Unterwegs sind an den Mautstellen Maputo Plaza und Moamba Plaza Gebühren in Mtn., Rand oder US$ bar zu entrichten (je nach Fahrzeuggröße ins. 3-24 Euro, Wechselgeld gibt es stets in Mtn.).

Am mosambikanischen Grenzposten gibt es eine Tankstelle, einen ATM-Schalter, ein Versicherungsbüro sowie Übernachtungs- und Einkaufsgelegenheit.

4 km weiter liegt die südafrikanische Grenze und direkt dahinter die Ortschaft Komatipoort mit diversen touristischen Einrichtungen, Tankstellen, Supermärkten, Bungalowanlagen und Campingplätzen. Deutsche, Österreicher und Schweizer benötigen für die Einreise nach Südafrika kein Visum.

Casa do Campo: Tel. 827656460. Restaurant mit Zimmervermietung (22 Euro/Nacht) und Notcamping im Hof (8 Euro pP) 6 km vor der Grenze.

Maputo–Ressano Garçia

Gesamtstrecke: 92 km
Fahrzeit: ca. 1-1,5 Std.
Zustand: gut ausgebaute Teerstraße
Vorsicht: strenge Radarkontrollen, unterwegs zwei Mautstationen

Grenzöffnungszeiten: täglich von 06.00-22.00 h, zu südafrikanischen Ferienzeiten auch länger. Einreisende Touristen erhalten hier das Visum für Mosambik.

Ausreise: Von Maputo nach Swaziland

Entlang der Av. 24 de Julho verlässt man das Stadtzentrum und erreicht nach etwa 10 km den Industrievorort Matola und 20 km weiter Boane. Kurz nach der Ortschaft geht es an einer Straßengabelung links weiter nach **Namaacha** (beschildert). Die schmucke Kleinstadt in den Bergen kurz vor der Grenze galt in Kolonialtagen als Naherholungsgebiet der Hauptstädter. Wer es sich leisten konnte, hielt sich im kühleren, bewaldeten Namaacha ein Ferienhaus. Knapp 4 km außerhalb des Ortes liegt ein kleiner Wasserfall, den ein südafrikanischer Betreiber 2011 gepachtet hat und touristisch ausbauen möchte (direkt vor dem Ortseingang rechts abbiegen). Übernachtungsgelegenheit für Durchreisende bietet das Libombos Hotel (siehe rechts).

Libombos Hotel
Hotel mit Kasino, Pool, Bar und Restaurant an der Hauptstraße im Ortszentrum gelegen. Rua Principal, Namaacha, Tel./Fax 21960101. Preise: B&B ab 22 Euro/DZpP und 40 Euro/EZ.

Maputo–Lomahasha

Gesamtstrecke: 77 km
Fahrzeit: ca. 1-1,5 Std.
Zustand: gut ausgebaute Teerstraße
Besonderheit: Radarkontrollen, unterwegs eine Mautstation

Die Grenzstation Lomahasha/Namaacha ist täglich von 07.00-20.00 h geöffnet und mit Tankstelle, Bank und Versicherungsagentur ausgestattet. Der Grenzverkehr ist ziemlich chaotisch. Info für Einreisende nach Mosambik: Touristenvisa sind erhältlich, Carnet wird akzeptiert.

Infos zu Swaziland

Deutsche, Österreicher und Schweizer benötigen für die Einreise nach Swaziland kein Visum. Autofahrer müssen eine „Road Tax" (Straßenbenützungsgebühr) von ca. 3 Euro entrichten. Etwa 20 km nach der Grenze erreicht man eine Barriere mit „Food and Mouth Control". Um einer etwaigen Übertragung von Maul- und Klauenseuche vorzubeugen dürfen keine lebenden Tiere und kein rohes Fleisch von Mosambik nach Swaziland eingeführt werden. Kurz danach passiert man den Zugang zum Hlane National Park, in dem man an einem kleinen Damm campieren kann. In Swaziland werden südafrikanische Rand überall als Zahlungsmittel anerkannt.

Alternativ gibt es seit 2005 in Goba einen weiteren Grenzübergang nach Swaziland

PROVINZ MAPUTO — ILHA INHACA

Ausflug zur Insel Inhaca

Wie eine steinerne Wächterin versperrt die Insel Inhaca (sprich: injaka) den Eingang zur Bucht von Maputo. Ein gleichnamiger Chief wurde im 16. Jh. zum Namensgeber der 72 km² kleinen Insel, die seither ungezählten Handelsschiffen als sicherer Ankerplatz diente. Auf Inhaca haben nie viele Menschen gelebt, erst die letzten Bürgerkriegsjahre spülten Flüchtlinge und Heimatlose an, so dass die Bevölkerung bis heute auf rund 5500 Insulaner anstieb.

Vor Jahrtausenden war Ilha Inhaca Teil des afrikanischen Festlands, wurde aber durch ein Ansteigen des Meeresspiegels und Strömungsveränderungen abgetrennt. Großwild gibt es auf der Insel nicht, aber eine beachtliche Vogelvielfalt von mehr als 250 registrierten Arten. Und weil hier einige der sehr gefährdeten Dugongs und Meeresschildkröten brüten, wurde ein Teil der Insel mit Uferzonen zum **Marineschutzgebiet** erklärt. Ein **Biologiemuseum** mit Forschungsstation und konservierten Meerestieren gibt Aufschluss über die Inselbesonderheiten. Es liegt südlich des Dorfes im Westen der Insel, rund eine Stunde Fußmarsch von der Bootsanlegestelle entfernt. Öffnungszeiten: 08.30-11.30 h und 14.00-15.30 h, Sa/So erst ab 09.30 h, der Eintritt beträgt 100 Mtn.

Ilha Inhaca bietet eine abwechslungsreiche, sanfte Hügellandschaft, hohe Sanddünen an der Küste, palmenbestandene Wege und idyllische Fischerhütten. Im Norden bilden Mangrovensümpfe Nistmöglichkeiten für viele Küstenvögel, wogegen der Westseite intakte **Korallenriffe** vorgelagert sind, die zum Schnorcheln und Tauchen einladen. Zwischen Dezember und Februar halten sich in diesen Gewässern Walhaie auf. Man kann Strandwanderungen mit Blick auf Maputo unternehmen oder einen Ausflug zur unbewohnten Nachbarinsel **Ilha dos Portugueses**. Bei extremer Ebbe kann man zu Fuß dorthin laufen, ansonsten fahren Boote. Das Dorf Inhaca besitzt einen kleinen Fischmarkt und ein Restaurant namens Lucas. An Wochenenden ist auf Inhaca durch die vielen Tagesausflügler viel los und jede Serviceleistung kostet dann unverhältnismäßig hohe Touristenpreise. Außerdem wird beim Betreten der Insel von jedem Touristen eine "Insel-Eintrittsgebühr" über 10 US$ kassiert.

Für die Übernachtungsgäste bestehen neben der hochwertigen Inhaca Island Lodge nur einfache Anlagen im Backpacker-Stil. Dazu zählen **Ramos Ram Campus** (Tel. 82-7818316, Zelte und Rondavel ab 17 €pP), **Cool Runnings** (Tel. 826164084, ab 14 €pP), **Ritas Place** (Tel. 820542770, ab 15 € pP) und **Fernando Nhaca Lodge** (Tel. 827188549, ab 22 € pP). Campinggelegenheit besteht in Santa Maria an der Südspitze der Insel für ca. 5 €pP (sehr spartanisch, nur brackiges Brauchwasser vorhanden). Außerdem darf man am Leuchtturm im Norden von Inhaca campieren. Campinggäste sollten unbedingt alle benötigten Lebensmittel und Trinkwasser mitbringen.

• **Inhaca Island Lodge:** Pestana Hotels, Tel. 21760003, Fax 21305305, www.pestana.com. Ein Ferienresort mit internationalem Standard: 40 klimatisierte Zimmer inmitten eines tropisch begrünten Gartens mit schönem Poolbereich und vielen Palmen. Ein ansässiges Unternehmen bietet allerlei Wassersportaktivitäten an, wie Windsurfen, Schnorcheln im Riff, Tauchen zu veschiedenen Schiffswracks, Hochseefischen und Kayaking (www.diveafrica.com). Preise: Halbpension kostet ab 95 €/DZ und ab 140 €/EZ (wochentags günstiger als am Wochenende).

Anreise

Bequem sind die **Charterflüge** von Maputo zur Insel, die Trans Airways bei einer Mindestpassagierzahl von 6 Personen anbietet (Hin- und Rückflug kosten ca. 65 €pP). Tel. 21 465108.

Vodacom Express (www.inhacaferry.co.za, Tel. +27-823398055) fährt jeden Samstag und Sonntag mit einem **Passagier-Katamaran** ab dem "Porto de Pesca" nach Inhaca (Hinfahrt 08.00 h-09.45 h, Rückfahrt 15.00 h-16.45 h). Preise: Oneway 40 €, Hin- und Rückfahrt 50 €. Am Hafen besteht sichere Parkmöglichkeit für Fahrzeuge. Bei Pauschaltagesausflügen der Reiseagenturen, wie Dana Tours, werden die Touristen in der Regel mit diesem Katamaran befördert. Trotz der Kosten von bis zu 100 €pP sind dort kaum mehr Leistungen, als die Transfers zum Hafen inkludiert.

Preisbewusste reisen mit der **öffentlichen Fähre** (batelão) an. Libonda Ferries (Tel. 21743139) legt am Landungssteg an der Av. 10 de Novembro ab, von wo auch die Fähre nach Catembe startet. Abfahrt jeden Di/Do/Sa/So um 07.30 h, der Fahrpreis liegt bei ca. 6 € pP und Strecke. Die etwa dreistündige Fahrt kann bei stürmischem Wetter reichlich ungemütlich werden.

MACANETA

Ausflug nach Macaneta

Rund eine Fahrstunde nördlich von Maputo wird eine schmale Landzunge durch den Rio Incomáti vom Festland abgetrennt. Hier liegt Macaneta, ein Fischerdorf und Naherholungsziel der Hauptstädter (wegen seiner schönen Sandstrände). Vorsicht: teilweise entsteht hier eine starke Strömung.

Die Zufahrt erfolgt über die große Nationalstraße EN1, die an der Avenida de Mocambique beginnt. Nach 31 km erreicht man die Ortschaft **Marracuene**, einst ein kolonialer Ferienort, der in den Bürgerkriegszeiten besonders gelitten hat (Beschreibung mit Unterkünften siehe S. 150).

Für die Weiterfahrt nach Macaneta zweigt man direkt in der Linkskurve der EN1 nach rechts in den Ort, fährt an der Moschee vorbei und biegt am Ende der Straße nach links ein. Eine Piste führt hier über die Bahnlinie und direkt zur Fähre ("batelão") am Incomáti (GPS S 25.43.98 O 32.40.88), die von Sonnenauf- bis -untergang verkehrt (180 MTn), jedoch häufige Ausfälle hat. An Wochenenden bilden sich an der Fähre mitunter lange Warteschlangen. Am gegenüberliegenden Flussufer geht es auf einer Allradsandpiste weiter ins 10 km entfernte **Macaneta**. Viele Gäste von Tan'n'Biki und Jays Beach Lodge lassen daher ihre Pkws an der Fähre zurück und werden abgeholt).

In Macaneta liegen die Ferienanlagen zwischen dem Fluss und dem Ozean.

Info: Dieser Ausflug wird auch als Tagestour von Reiseagenturen in Maputo, wie z. B. Dana Tours, angeboten.

Unterkunft in Marracuene

- **Marracuene Lodge:** Tel. 820000005, E-mail: marracuene@adviser.co.mz, www.marracuenelodge.co.mz. Einfache Chalets und Campinggelegenheit einsam im Gebüsch am Rio Incomáti gelegen, ohne Blick auf den Fluss. Zufahrt: Kurz vor dem Ort rechts in die Allradpiste einbiegen, nach 2,2 km links beschildert. Camping 8 €, Chalets ab 40 €/Nacht.
- **Rodgers:** 2 km vor Marracuene an der EN1 gelegene Campingwiese (8 € pP) und klimatisierte Chalets ab 22 €/DZpP mit Pool.

Oben: Lokal an der Fähre über den Incomáti

Ferienanlagen in Macaneta

- **Jays Beach Lodge:** Tel./Fax 84-8630714. www.jaysbeachlodge.co.za. Strandanlage 12 km von der Fähre entfernt mit Chalets und Camping (Allradzufahrt). Die Campingplätze liegen hinter den buschbestandenen Dünen mit Wasseranschluss, Grillstellen, teilweise Schattendächern, Duschen/Toiletten. Die Selbstversorger-Chalets sind komfortabel ausgestattet, es gibt einen Pool und ein Restaurant mit Beach Bar. Preise: Chalets je nach Größe und Saison ab 19 € pro Person, Camping 10 € pP, Strom zzgl. 5,50 €, Tagesbesucher zahlen 5,50 € pP.
- **Macaneta Holiday Resort:** Tel. 82-7152813. E-mail: macanetalodge@tdm.co.mz, www.macanetaaccommodation.com. Eine Mittelklasseanlage mit riedgedeckten Bungalows (ab 30 €/DZpP) und einem Campingplatz (ab 8 € pP) am Strand. Mit Restaurant und Strandbar. Bootsauflüge möglich, Quad Bikes sind willkommen, Jetskiing wird angeboten.
- **Tan'n Biki:** Tel. 82-3885142, www.tanbiki.co.za. Gepflegter Campingplatz mit gehobener Ausstattung, ganz nach südafrikanischem Geschmack ausgerichtet (Quad Bikes sind willkommen). Preise: Camping pro Stellplatz 35 € plus 6 € für Strom, Vierbett-Chalets ab 70 €/Nacht (je nach Saison und Ausstattung).
- **Incomáti River Lodge:** Tel. 82-3053680. Die Lodge ist bei Redaktionsschluss jedoch weiterhin geschlossen.

Maputaland: Tour von Maputo nach Süden

Maputo – Ponta do Ouro

Gesamtstrecke: 117 bzw. 155 km (je n. Strecke)

Fahrzeit: je ca. 4-5 Std.

Zustand: Schotterpisten und kaputter Asphalt bis Salamanga, danach lange Tiefsandpisten

Versorgung: unterwegs keine Tankstellen

Besonderheit: Allrad unbedingt erforderlich

Um in das Gebiet südlich von Maputo zu gelangen bestehen zweierlei Fahrtoptionen. Entweder fährt man entlang der Maputo Bay über Matola auf der EN 2, bis nach 22 km in Boane (mit Tankstelle, ATM) eine harte Wellblechpiste nach Süden abzweigt. Sie führt durch eine öde Ebene über Mungazine (Porto Henrique) nach Bela Vista, wo sie auf die massiv beschädigte Teerstaße zwischen Catembe und Salamanga trifft (insg. 87 km Strecke).

Tipp: siehe Landkarte auf S. 146!

Autofähre nach Catembe

Catembe

In die Ortschaft Catembe, die direkt gegenüber dem Zentrum Maputos an der Südseite der Maputobucht liegt, gelangt man mit der Fähre viel schneller und spart sich den langen Umweg. Zwei Motorfähren halten tagsüber den regen Verkehr aufrecht. Der Landungssteg liegt an der Av. 10 de Novembro. Die Fahrt dauert nur eine Viertelstunde und bietet einen Ausblick auf die Skyline Maputos. Fußgänger bezahlen für eine Überfahrt 5 Mtn., Pkws 150 Mtn., Geländewagen 270 Mtn., Lkws 650 MTn (mit Zuschlag am Wochenende und an Feiertagen). Es ist geplant, eine Brücke zu bauen.

Oben: Fußgänger betreten die Catembefähre

Abfahrtszeiten ab Maputo: 05:00, 06:00, 07:00, 08:30, 10:30, 12:30, 14:30, 16:30, 17:30, 18:30, 20:30, 22:15, 23:15. Abfahrtszeiten ab Catembe: 05:30, 06:30, 07:30, 09:30, 11:30, 13:30, 15:30, 17:00, 18:30, 19:30, 21:30, 22:45, 23:45

MAPUTALAND

Von Catembe führt die ruppige Schotterstraße nach Süden. Nach 42 km trifft man bei **Bela Vista** auf die Straße aus Boane. Hier beginnt ein Streifen Asphaltbelag voller Schlaglöcher, der nur bis **Salamanga** am Ostufer des kleinen Rio Maputo reicht (18 km). In diesem Bereich ist eine chinesisch-mosambikanische Zementfabrik in Bau. Der Teer endet an der Brücke über den Rio Maputo, dahinter liegt die verschlafene Ortschaft Salamanga, von der Reisende nur einen Hinduschrein und einen Police Checkpoint wahrnehmen.

Nun geht es auf zunächst breiter, ruppiger, steiniger Piste weiter. Nach 9 km überquert man den schmalen, von Papyrus umsäumten Rio Futi, nur 1,2 km danach zweigt die kurze Zufahrt zum Maputo Elephant Reserve ab (S. 145).

Geradeaus quält man sich weitere 28 km auf schlechter Piste mit Weichsandabschnitten durch den einsamen Buschwald und Eukalyptusforste bis in das Dorf **Zitundo** (GPS S 26.45.06 O 32.49.53). Hier beginnt ein ziemliches Wegegewirr. Wer sich links hält, kommt in den zweifelhaften Genuss, für 10 km auf löcherigem Teer zu fahren und landet 2 km nach dem Teerende in der Bucht von Ponta Mamóli (S. 144). 4 km vor der Bucht verlässt eine unbeschilderte Piste die Straße (GPS S 26.43.14 O 32.53.03) und führt über Ponta Malongane (8 km, S. 144) nach Ponta do Ouro (15 km, S. 142). Die Strecke führt aber über mehrere Dünenzüge und erfordert unbedingt Allrad (siehe Karte S. 146).

Wer das Dorf Zitundo geradeaus durchquert, gelangt über die zahlreichen Tiefsandspuren nach etwa 16 km zur südafrikanischen Grenze Ponta do Ouro – Kosi Bay und nach Ponta do Ouro. Mehrmals tauchen Wegkreuzungen, Gabelungen und Umfahrungen auf; das ganze Gebiet ist zerfurcht von Fahrsuren. Auch von den Grenzgebäuden gibt es direkte Sandwege nach Ponta do Ouro; die Steigungen durch Sanddünen entlang dieser 9 km langen Strecke haben mehrere Umfahrungen. Landschaftlich ist es hier bezaubernd schön, denn die welligen Dünenzüge sind mit niederem Buschwerk und Küstenwald bewachsen.

Catembe Gallery Hotel & Spa
Am Strand von Catembe liegt ein kleines, sehr individuell eingerichtetes Luxushotel unter deutscher Leitung (seit 2010), das Katamaranfahrten, Ausflugstouren nach Maputo und Umgebung und einen eigenen Spa-Bereich bietet.
Preise: ab 115 €/DZpP. Kontakt: Tel. 21380050, www.catembe.net.

Oben: Eine Kiste Coka Cola auf dem Kopf

Wo liegt eigentlich Maputaland?
Der geographische Begriff Maputaland bezeichnet die Region, die einst unter dem Regiment von Chief Maputa gestanden hatte. Sie reicht in etwa vom heutigen Maputo nach Süden bis an den St. Lucia Nationalpark in Südafrika.

Im modernen Sprachgebrauch bemisst sie den kleinen mosambikanischen Landesteil südlich der Hauptstadt, der fast ausschließlich aus flachen Sumpfmarschen, Dünen- und Sandwäldern, Küstenschwemmland und Süßwasserseen besteht, die eine einzigartige, von der WHO als Wild- und Naturschutzzone ersten Ranges eingestufte Landschaftsform darstellen.

PROVINZ MAPUTO   PONTA DO OURO

Ponta do Ouro

Hochsaison ist hier an allen verlängerten Wochenenden und in den Monaten April und Dezember

"Goldspitze" tauften die portugiesischen Seefahrer die weite Dünenlandschaft von Ponta do Ouro am Südende Mosambiks, obwohl hier niemals das begehrte gelbe Metall gefunden worden ist. Ein einsamer Leuchtturm erinnert noch an die vergangen Zeiten, ansonsten steht der Name Ponta do Ouro heute für ein Wassersportzentrum (Hochseefischen, Tauchen und Delfinschwimmen) und brandungsreichen Badespaß an kilometerlangen Sandstränden. Das Meerwasser von Ponta do Ouro zählt Dank des feinen Sandstrandes ohne Algen und Steine zu den klarsten und saubersten der gesamten Ostküste Afrikas. Mit etwas Glück entdeckt man hier sogar vom Strand aus Wale im Meer.

Tipp: siehe Karte auf S. 146!

Nach der langen Fahrt über tiefsandige Spuren, die sich kreuz und quer über die eigenwillige Dünenlandschaft dieser Region ziehen, empfängt den Reisenden in Ponta do Ouro ein verschlafenes Nest, das sich an die wohlgeformte Bucht schmiegt (GPS S 26.50.41 O 32.53.07). Es ist ein typischer, südafrikanisch geprägter Ferienort mit Apartmentanlagen, Ferienhäusern, Tauchschulen, Boutiquen, Strandlokalen, Bankfiliale (mit ATM) und einer Tankstelle. Wochentags ist es ruhig in Ponta do Ouro, doch von Donnerstag bis Sonntag und generell zu allen südafrikanischen Ferienzeiten herrscht Hochsaison. In dieser Zeit schnellen die Preise um 30-50 % in die Höhe und der kleine Ort wirkt wie eine südafrikanische Enklave. So hört man hier plötzlich viele Leute Afrikaans sprechen, begegnet Fahrzeugkolonnen mit Motorbooten im Schlepptau und rechnet praktisch alles in SA-Rand ab.

Bild oben: Die Bucht von Ponta do Ouro

MAPUTALAND

Ferienanlagen in Ponta do Ouro

Bitte beachten: Hier besteht eine Preisdifferenz von der "Low Season" (wochentags außerhalb südafrikanischer Ferienzeiten) zur "High Season" (Do-So und alle Ferienzeiten), die nicht selten bis zu 100 % beträgt.

- **Motel do Mar Beach Resort:** Tel. 21650002, Fax 3486131. Ältere einfache Mittelklasseanlage direkt am Strand gelegen mit Selbstversorger-Chalets, Restaurant, Bar und Bootsverleih (Hochseefischen/Tauchen). Preis pro Cabana je nach Lage und Ausstattung ab 60 €/Nacht.
- **Kaya Kweru:** Tel. 21758403, E-mail: bookings@kaya-kweru.com, www.kaya-kweru.com. Diese legere Mittelklasseanlage liegt etwas weiter nördlich ebenfalls direkt an die Bucht. Sie bietet 24 klimatisierte Apartments mit Restaurant und Pool. Preise: B&B ab 60 €/DZpP, 65 €/EZ und 13 €/Dormitory.
- **Ocean View Cabanas:** Tel. 84-6044414, E-mail: erna@oceanview4.com. Im Ort liegen diese vier unterschiedlichen Ferienhäuser zur Selbstversorgung, die ab 75 € pro Nacht kosten.
- **Praia do Ouro Sul:** Tel. 82-7867283, E-mail: info@praia.co.za. In den bewaldeten Küstendünen über der Bucht verteilen sich die schönen Safarizelte auf Plattformen in dieser hochwertigen Ferienanlage. Mit Aussichtsdeck, Pool und Restaurant. Preise: ab 120 €/Nacht für zwei Personen.
- **O Lar do Ouro:** Tel. 82-5740213, E-mail: info@pontadoouro.com, www.pontadoouro.com. Nicht direkt am Strand sondern erhöht über Ponta do Ouro liegt dieses persönlich geführte Gästehaus mit Pool und Bar. Halbpension ab 50 €/DZpP.
- **Gamboozini Lodge:** Tel. 825437826, E-mail: gamboozini@me.com, www.gamboozini.com. Lässige Anlage für Tauchfreunde auf dem Hang über Ponta do Ouro gelegen, mit Bungalows (55 €/Nacht), Zimmern (20 €/Dormitory, 25 €/EZ) und Camping (10 € pP).
- **Tandje Beach Resort:** Tel. SA +27-11-67897213, E-mail: rose@simplyscuba.co.za. Am Südende der Bucht unter Kasuarinen direkt am Strand gelegener Campingplatz mit zahlreichen älteren Chalets, parzellierten Stellflächen und schmucklosen, einfachen Sanitäranlagen. Auf dem Gelände haben Tauchschulen (Simply Scuba, The Whaler) und Dolphin Encounters ihren Sitz und teilweise eigene "Beach Huts" für ihre Tauchgäste. Preise: Zweibettchalets ab 25 €, Camping ab 7 € (in der Nebensaison). Vorsicht: Das Camp ist nicht diebstahlsicher.
- **Campismo Leatherback:** Tel. 848615415, E-mail: www.campleatherback.co.za, www.campleatherback.co.za. Der neue Campingplatz 2 km vor Ponta do Ouro wird liebevoll geführt und ist deutlich schöner als Tandje Beach Resort, allerdings nicht am Meer gelegen (und dadurch auch weniger feucht und windig). Preise: Camping ab 10 € pP, Zimmer mit eigenem Bad ab 15 € pP.

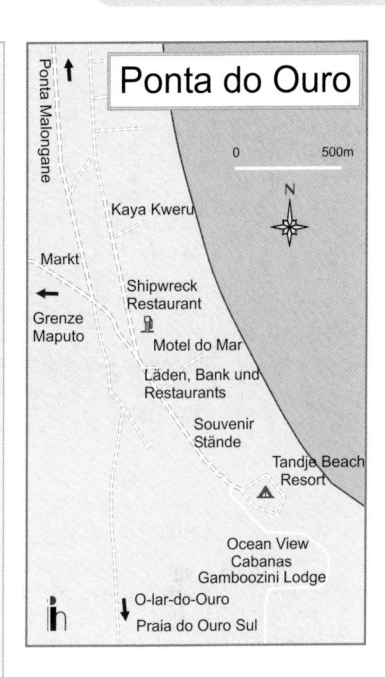

Ponta do Ouro

Ponta Malongane · Kaya Kweru · Markt · Grenze Maputo · Shipwreck Restaurant · Motel do Mar · Läden, Bank und Restaurants · Souvenir Stände · Tandje Beach Resort · Ocean View Cabanas · Gamboozini Lodge · O-lar-do-Ouro · Praia do Ouro Sul

Grenze Ponta do Ouro–Kosi Bay

Der kleine Grenzposten liegt neun tiefsandige Kilometer südlich von Ponta do Ouro, einsam in der bewachsenen Dünenlandschaft und wird hauptsächlich von Touristen frequentiert. Er ist täglich zwischen 08.00 und 17.00 h geöffnet, und nur an den Wochenenden herrscht viel Betrieb. Ein Versicherungsbüro ist vorhanden. Bei der Anreise ab Südafrika bitte beachten: In Südafrika führen gute Asphaltstraßen direkt bis an die Grenze bei Kosi Bay, doch in Mosambik geht es dagegen ausschließlich auf **sehr tiefsandigen Wegen** weiter, die Allrad erfordern. Es wäre unsinnig, diese Grenze mit einem nicht geländegängigen PKW zu passieren. Pkw-Fahrer lassen ihr Fahrzeug bewacht an der SA-Grenze zurück und lassen sich von ihrer Lodge abholen. GPS-Daten des Grenzpostens: S 26.51.85 O 32.49.77.

PROVINZ MAPUTO — PONTA DO OURO

Tauchen in Maputaland

Nur wenige Küsten können sich in Punkto Klarheit des Wassers mit Ponta do Ouro messen

Maputaland ist für seine **herrlichen Korallenriffe** und fischreichen Gewässer berühmt. Es gibt hier kaum Saumriffe, die die Wellen abhalten, daher herrscht meist eine kräftige Brandung. Die vorgelagerten Riffe liegen zwischen 4 m und 12 m tief und beherbergen sowohl Weichkorallen (Octocrallia) als auch Steinkorallen (Zoantharia). Sie bilden die Heimstatt Tausender Fische, Krustentiere und Meeresschildkröten. Walhaie, Mantas, Barrakudas, Schwertfische, Hochseehaie, Sambesihaie und Riesenzackenbarsche können hier in ihrer natürlichen Umgebung beobachtet werden. Ferner sind Delphine häufig; mitunter tauchen auch Wale und die seltenen, geschützten Dugongs auf. Die **beste Tauchsaison** ist von November bis April; am wenigsten eignen sich die wind- und sturmreichen Monate August und September. Maputaland bietet aufgrund seiner flachen Gewässer eine ganzjährig warme Wassertemperatur. Zwischen Mai und November herrschen ca. 22-27°C, von Dezember bis April 28-30°C warme Meerestemperaturen. Die üblichen Tauchtiefen betragen 15-30 m. In Acht nehmen sollte man sich hier übrigens vor dem blauen „Blue-bottle Jellyfish", einer Quallenart, die unangenehme Hautreizungen hervorruft.

Dieser Strand und das extrem klare Wasser zählen zu den schönsten des Landes. Dafür gibt es in dieser mitunter überfüllten Touristenenklave kaum Fischerdörfer und Einheimische am Strand, bei denen man frischen Fisch kaufen könnte.

In Ponta do Ouro haben sich mehrere Tauchschulen niedergelassen: Planet Scuba (www.planetscuba.co.za), Simply Scuba (www.simplyscuba.co.za), und Aquaventure Scuba Diving / The Whaler (www.aquaventure.co.za). Darüber hinaus bietet Dolphin Encoutours (www.dolphin-encountours.co.za) als Besonderheit „Schwimmen mit den Delfinen" an. Diese Tauchschulen und Dolphin Encoutours bieten mehrtägige Reisepakete inklusive Transfers von/zur südafrikanischen Grenze, Übernachtung, Verpflegung und mehreren Tauchgängen an. So holen sie regelmäßig donnerstags ihre Gäste von der nahen Grenze ab, die die eigenen Pkws dort unterstellen. Ein solches Drei-Nächte-Paket mit Vollpension, Riedhütten-Unterkunft und Tauchgängen oder Delfin-Bootstouren wird ab 240 € pP angeboten.

Resorts in Ponta Malongane und Ponta Mamoli

7 Kilometer nördlich von Ponta do Ouro wartet Ponta Malongane mit einem bemerkenswerten Riff auf. Hier finden Luxusreisende, Tauchfreaks und Hochseefischer Ferienanlagen, die zum Teil deutlich hochwertiger als in Ponta do Ouro sind.

- **Ponta Malongane Holiday Resort:** Tel. (SA) 0027-13-7411975, E-mail: reservations@malongane.co.za. www.parquedemalongane.com. Parzellierte riesige Ferienanlage mit Selbstversorger-Rondavelln und Chalets (jeweils ab 90 €/Nacht), Stelzen-Holzhütten (ab 42 €/Nacht), Mietzelten (ab 15 €/Nacht) Camping (ab 9 € pP, mit Stromanschluss), Tauchschule, Restaurant, Bar.
- **Tartaruga Maritima:** Tel. 83-3093469, E-mail: tartaruga@mweb.co.za, www.tartaruga.co.za. Ein kleines romantisches Luxuszeltcamp mit Stelzenbar nördlich obiger Anlage, das viel Safari-Flair hat. Dichte Vegetation, ein richtiges Naturcamp. Preise: Wochentags ab 42 €/DZpP und 75 €/EZ.
- **Vista Alta Spa & Lodge:** Tel. 84-8448143, Fax 86-6432820, E-mail: vistaaltaspalodge@gmail.com. Die moderne Anlage über der Bucht lockt mit Wellness-Angeboten. Preise: ab 85 €/DZpP.
- **White Pearl Resort:** Tel. 84456675, E-mail: enquiries@whitepearlresorts.com, www.pontamamoli.com. Exklusives modisches Luxusresort mit 22 Villas, die alle eigene Pools besitzen, das erst 2011 eröffnet wurde. 17 km nördlich von Ponta do Ouro einsam in einer Sandbucht gelegen (siehe auch S. 141). Kin Zugang ohne Reservierung. Preise: ab 190 €/DZpP, 286 €/EZ.

MAPUTALAND

Maputo Elephant Reserve
(Reserva dos Elefantes do Maputo)

Die Gründung des 1040 km² großen Elefantenschutzgebietes geht auf die 1960er Jahre zurück, als deutlich wurde, dass die einst so zahlreichen Elefanten Maputalands vom Aussterben bedroht waren. Zum Erhalt der letzten frei lebenden und ihren Wanderungen nachgehenden Dickhäuter hat man ein großes Gebiet südlich der Maputobucht ausgewählt, das vom Ozean, der Bucht und dem Rio Maputo nahezu eingekeilt wird. Landschaftlich dominieren hier flache Marschen und Sumpfgelände, an den Küsten auch buschbestandene Dünenzüge und Mangrovenwälder. Mehrere Süßwasserseen liegen ebenfalls im Schutzreservat. An der Westgrenze des Parks fungiert der Rio Futi als **Futi-Kanal**, einer Art Korridor für die Elefantenwanderungen zwischen der Bucht und den Schutzgebieten in Südafrika, allen voran dem Tembe Elephant Reserve und dem Ndumu Game Reserve (siehe auch S. 148).

Das Reservat bereitet ein stilles, beschauliches Vergnügen

Das Schutzgebiet wird auch "Maputo Special Reserve" genannt

Anfang der 1970er Jahre schützte das Maputo Reservat mehrere Hundert Elefanten, bot zahlreichen Antilopen und Schleichkatzen Unterschlupf und bildete für 65 aus Südafrika importierte Nashörner eine neue Heimat. Dann brach der Bürgerkrieg aus, in dem die Tiere zu den größten Opfern gezählt werden müssen, und so ergaben die Zählungen von 1994, als sich die Kontrahenten endlich zu einem Friedensschluss durchrangen, nicht einmal 60 überlebende Elefanten. Alle Nashörner waren Wilderern zum Opfer gefallen, vermutlich auch die Raubkatzen ausgerottet und was an Antilopen und anderen Säugetieren überlebt haben mag, ließ sich kaum

Bild oben: Die einzigartige Landschaft des Reservats

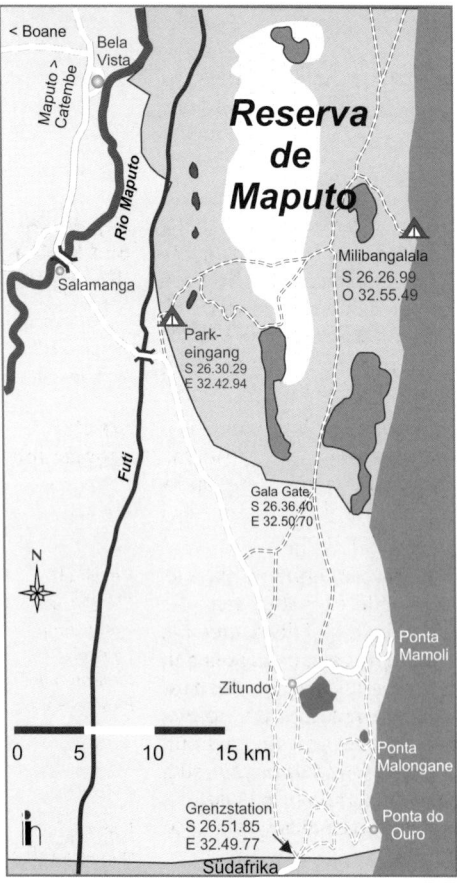

einschätzen. 1998 nahm sich der US-Multimillionär John Blanchard des desolaten Schutzgebietes an, der ironischerweise jahrelang den Kampf der Renamo unterstützt hatte. Der Geschäftsmann erkannte das enorme touristische Potenzial der gut erreichbaren Region und stellte Millionen an Dollars in Aussicht, um entsprechende Hotels, ein Kasino und das Aufstocken des Tierbestands zu realisieren. Auch die Weltbank und Naturschutzorganisatoren griffen die Pläne begeistert auf, deren Realisierung sich jedoch erst einmal in die Länge ziehen sollte. Parallel dazu stieg eine neue düstere Wolke über dem Elefantenschutzgebiet herauf: Wirtschaftsmagnaten in Südafrika und die Regierung Mosambiks gewichten das Potenzial der Region als Industriegebiet und potentieller Tiefseehafen höher als den Schutz von Naturraum und Tierwelt und planen einen gigantischen Ausbau der Gebietes. Auch gab es Pläne, an der nördlichen Küste des Schutzgebiets einen Yachthafen zu bauen. Dazu wurde 2001 eine riesige Schneise für die Errichtung einer Stromleitung in das Reservat gezogen, die seither den Natureindruck bei Pirschfahrten trübt, weil die Masten kilometerlang parallel zur Piste verlaufen. Der Streit um die künftige wirtschaftliche Nutzung der ökologisch so wertvollen Region Maputaland ist seit 2011 leider wieder brisant geworden (siehe dazu auch S. 149).

Anreise

71 km südlich von Catembe bzw. 10 km von Salamanga zweigt die beschilderte Zufahrt zum Parkeingang ab (siehe bis hierher die Beschreibung auf S. 141). Das Wildhütercamp am Haupteingang befindet sich bei GPS S 26.30.29 O 32.42.93. Gala Gate im Süden liegt 32 km nördlich der Teerstraße Zitundo-Ponta Mamoli. Wichtig: Innerhalb des Reservats sind Allrad und eine hohe Bodenfreiheit absolut notwendig.

Oben: Parkschild an der Zufahrt

MAPUTALAND

Allgemeine Infos
Das Schutzgebiet ist täglich von 06.00-18.00 h zugänglich. Der Tageseintritt beträgt 200 MTn pP und für Fahrzeuge (für Kinder die Hälfte). Die Gebühren sind auch in Rand zahlbar. Dana Tours in Maputo (S. 133) und das Catembe Gallery Hotel (S. 141) organisieren Tagesausflüge in das Schutzgebiet.

Eintrittspreise

Im Umfeld des Schutzgebiets besteht nur rudimentäre Campinggelegenheit: Wer im Reservat übernachten möchte, ist auf den einfachen **Milibangalala Campingplatz** angewiesen. Er liegt 38 km vom Parkeingang entfernt direkt am Meeresstrand. Hier campiert man ganz allein in einiger Entfernung zum kleinen Wildhüterdorf. Einfache Buschlatrinen und kalte Duschen sind vorhanden; das Wasser nimmt man aus dem Schöpfbrunnen. Sauberes Trinkwasser ist jedoch unbedingt selbst mitzubringen. Alternativ darf man auch auf der Wiese mitten im Wildhütercamp beim Haupteingang campieren (WC vorhanden). Camping kostet beidemale 100 MTn pP, wenn man am Gate campiert, fällt dafür kein Eintritt an.

Übernachten

Camping direkt am Indischen Ozean

Vor Jahren gründeten Schweizer zwei Community Camps, die beide zwar noch auffindbar sind, aber praktisch nicht mehr betrieben werden. Die "Tsakane ka Madjadjane Community Lodge" liegt am Westufer des Rio Futi an der Piste zwischen Salamanga und den Parkzugang. Die "Tinti Gala Community Lodge" liegt östlich des Gala Gate. Bei unserem Besuch im November 2011 waren beide Camps geschlossen.

Natur & Tierwelt
Das kleine Reservat beeindruckt die Besucher durch seine liebliche, sanfte Hügellandschaft – es ist eine Augenweide! Die meisten Erhebungen verlaufen wellenförmig in Nord-Süd-Richtung. Dazwischen liegen **klare Seen** und Riedsümpfe, umrahmt von buckeligen Grasflächen, denen sich wiederum dichte Waldinseln anschließen. Zum Indischen Ozean hin fällt das Gebiet mit hoher Sanddüne ab. Ein Riff ist dem Strand vorgelagert; und der Ozean zeigt sich hier meist mit starkem Wellengang.

Vegetation und Küstendünung

Das „Forum Natureza em Perigo" als Untergruppe des internationalen Endangered Wildlife Trust arbeitet bereits seit 1989 im Maputo Reservat, und seit 1998 ist hier auch die Peace Parks Foundation aktiv. Unter anderem läuft ein Projekt für Schutz und Erforschung der drei verschiedenen an diesem Strandabschnitt brütenden Meeresschildkrötenarten.

Schutzprogramme

Vereinzelt stattfindende Tierzählungen aus der Luft offenbaren alarmierende Zahlen: Ergab die Zählung von 2000 noch 308 Elefanten, sank die Zahl 2002 auf 150 Tiere und im Juli 2004 auf nur noch 90 Dickhäuter. Da die Tiere frei umherziehen können, ist es theoretisch möglich, dass bei den Zählungen einige Tiere nicht ermittelt wurden. Speziell entlang des **Futi Kanals** werden die Wildtiere aber durch anhaltende Wilderei, den fortgesetzten Holzeinschlag und die Ausweitung des Farmlandes massiv bedroht. Derzeit werden zur Errichtung des **Futi Corridors** ein Zaun bis zur südafrikanischen Grenze und ein Wildlife Sanctaury für überführte Wildtiere aus dem Tembo Elephant Park erbaut. 24 Zebras sind bereits von dort in das Maputo Elephant Reserve übersiedelt worden.

Tierwelt

Derzeit ist unbekannt, wieviele Elefanten im Park leben

Die Wildtiere sind sehr scheu

PROVINZ MAPUTO — ELEPHANT RESERVE

> **Peace Parks Projekt:**
> **Lubombo-Schutzgebiet**

Eines der weitreichenden drei Projekte der Peace Parks Foundation, die Mosambik betreffen, ist die Einrichtung der Lubombo-Schutzzone. Unter diesem Namen fassen die Initiatoren die kleinen südafrikanischen Parks Ndumo und Tembe mit dem Hlane Nationalpark und zwei weiteren Naturreservaten Swazilands und das Maputo Elephant Reserve Mosambiks zusammen. Hierbei handelt es sich um einen ökologisch einheitlichen und höchst schützenswerten Naturraum, der mehrheitlich aus Schwemmlandflächen, Süßwasserlagunen und Sandwäldern besteht. Neben dem Erhalt der besonderen regionalen Flora soll das drei Länder übergreifende, 16000 km² große Schutzgebiet vor allem den Elefanten freie Wanderungen und angemessenen Lebensraum bieten. Die Weltbank gab 2005 einen millionenstarken Kredit frei, um die Realisierung des Projekt zu ermöglichen. Vorbild wird das bereits umgesetzte Peace Parks Projekt Great-Limpopo-Transfrontier-Park (S. 156) sein.

In den dichten, verschlungenen Urwaldabschnitten hat man gute Chancen, einen prächtigen **Rotducker** vorbeiflitzen zu sehen. Auch Meerkatzen, Kudus und Haubenperlhühner halten sich hier auf. Die weiten, hügeligen Grasflächen sind mit kurzen, sehr widerspenstigen Gräsern bewachsen. In diesem Terrain sind Gackeltrappen, Steinantilopen und Riedböcke zuhause. In den Riedsümpfen staken verschiedene Reiher, Kormorane, Enten und Blaustirnblatthühnchen umher. Auch Elefanten kann man hier entdecken und natürlich Raubvögel, wie den Schreiseeadler. Die **Vogelwelt** gilt als ausgesprochen artenreich mit mehr als 350 verschiedenen registrierten Spezies. Flusspferde bewohnen die Lagunen und Seen, darüber hinaus leben Nyalas, Schirrantilopen und eine recht stattliche Anzahl **Pinselohrschweine** im Reservat.

David gegen Goliath: Naturschützer bekämpfen ein gigantisches Wirtschaftsprojekt

Zwischen der mosambikanischen Regierung und mehrheitlich südafrikanischen Investoren wurde im Sommer 2000 eine Vereinbarung unterzeichnet, die den **Bau eines neuen Industriehafens** bei Ponta Techobanine vorsah. Die Meldung entfachte augenblicklich einen weltweiten Sturm der Entrüstung bei Naturschützern, Wissenschaftlern und Tourismusmanagern. Die ausgewählte, 22 000 ha große Zone liegt etwa 70 km südlich von Maputo an der Grenze zu Natal/Südafrika, eingekeilt zwischen dem Maputo Elephant Reserve und den südafrikanischen Schutzgebieten Ndumu Game Reserve und Tembe Elephant Reserve. Die Investoren des „Ponta-Dobela-Consortiums" wollten über den neuen Hafen vor allem Südafrikas Kohleexporte abwickeln, die per Bahn – über eine Verlängerung der Bahnverbindung – direkt von den Kohlebergwerken hierher transportiert werden sollten, und argumentierten daher mit dem wirtschaftlichen Aufschwung für die Region: Der neue Hafen würde Transportschiffe bis zu 300 000 Tonnen Gewicht bedienen können. Allein die Konstruktion schaffe 2500 Arbeitsplätze, die vorgesehene angrenzende Industriezone noch einmal 10 000 Jobs. Dagegen standen allerdings massive Einwände der Naturschützer. Zum Einen ist die Region wegen ihrer herrlichen Strände und Tauchgründe eine **beliebte Touristenattraktion**. Große Sorgen bereitet auch die zu erwartende Wasserverschmutzung, die womöglich bis zum südafrikanischen St. Lucia Nationalpark, der seit 1999 als **Weltnaturerbe** geschützt wird, die Fische und Wasservögel verseuchen könnte. Außerdem würde die Industriezone mit ihren Schwertransporten den **„Futi-Corridor"** zerstören. Der Plan, einen Tiefseehafen mit Industriezone ausgerechnet in diesem ökologisch sensiblen und touristisch vielversprechenden Gebiet zu konstruieren, spaltete die Gesellschaft. Und so blieb er erst einmal in der Schublade. Bis in die jüngste Vergangenheit, denn plötzlich ist die Kontroverse wieder aktuell: Die Regierung von Mosambik hat praktisch zeitgleich das Peace Parks-Schutzabkommen für den Lubombo Transfrontier Park verabschiedet und die Pläne für den Bau des Tiefsee-Industriehafens von Ponta Techobanine sowie den Bahnanschluss dessen bis nach Botswana wiederbelebt. Lange hatte es danach ausgesehen, dass der Tiefseehafen seinen Planungszustand nie verlässt und sich die Idee vom grenzüberschreitenden Naturschutz und sanften Tourismus durchsetzen würde, doch so wie sich die Regierung nun in Wiedersprüche verwickelt, rechnen die Naturschützer mit dem Schlimmsten. Luft- und Meeresverschmutzung, zunehmende Wilderei, Abholzung, Schwerverkehr und der Zuzug Tausender Arbeiter würde das Aus bedeuten für ein Gebiet, das von der Weltbank als einmaliger **Naturraum ersten Ranges** eingestuft und gefördert wird und das die welthöchsten bewachsenen Küstendünen und eine entsprechend einzigartige Flora und Fauna beherbergt.

Bild links: Typisches Wegegewirr im Tiefsand Maputalands

DIE PROVINZ GAZA

Die 75 450 km² große Provinz Gaza grenzt an Südafrika, Zimbabwe, die mosambikanischen Provinzen Maputo, Inhambane, Manica und auf einer Länge von 150 km an den Indischen Ozean. Die Meeresstrände und der Great Limpopo Transfrontier Park sind die touristischen Highlights von Gaza.

▶ Fahrtstrecke: Von Maputo nach Xai-Xai ◀

Maputo – Xai-Xai

Gesamtstrecke: 204 km
Fahrzeit: ca. 2-3 Std.
Zustand: sehr gut ausgebaute Teerstraße, viel Verkehr, häufig strenge Radarkontrollen
Tankstellen: zahlreich, z.B. in Marracuene, Manhiça, Palmeira, Macia

Casa Lisa
Tel. 82-3041990, E-mail: buckland@teledata.mz. 48 km nördlich von Maputo bzw. 18 km nach Marracuene bietet sich Casa Lisa mit einfachen Chalets (ab 19 €/Nacht), Campingwiese (7,50 € pP, mit heißen Duschen und Unterstand) und Restaurant als Stoppover-Punkt an.

Blue Anchor Inn: Tel. 21900559, E-mail: blueanchorinn@teledata.mz, www.blueanchorinn.com. Ein sehr gepflegtes, persönlich geführtes Gästehaus gleich neben Casa Lisa mit 17 ansprechenden Chalets (B&B 39 €/DZpP, 49 €/EZ), Á-la-carte-Restaurant und Pool.

Zongoene Lodge
Tel. 824026791, Fax 21306043, E-mail: info@zongoene.com, www.zongoene.com. Gepflegte südafrikanische Ferienanlage mit riedgedeckten Chalets, mehreren Pools, Restaurant, Campingstellflächen, Motorbooten und Quad Bikes. Preise: B&B 47-65 €/DZpP und 77-130 €/EZ, Selbstversorger-Chalet ab 142 € pro Nacht. Camping kostet 7-13 € pP, jeweils in der Vor- und Hauptsaison.

Man verlässt Maputo entlang der Ave. de Moçambique, die in die Nationalstraße EN 1 übergeht und allmählich aus den überfüllten Vororten der Hauptstadt in eine ländlichere Umgebung führt. Nach 30 km durchquert man die Kleinstadt **Marracuene** (Macaneta-Abstecher, siehe S. 139). 18 km nördlich bietet sich gute Übernachtungsgelegenheit nur 1 km abseits der EN1 (siehe links).

Die viel befahrene Strecke führt durch landwirtschaftliche Nutzflächen mit intensivem Mais- und Reisanbau. Man durchquert die schmucke Kleinstadt **Manhiça**. Wenig später senkt sich die Straße am Ortsende von Palmeiras in das breite, brettebene Schwemmland des Incomáti hinab und verläuft darin als Fahrdamm zwischen Zuckerrohrplantagen und brachliegenden Feldern. Erst 42 km weiter verlässt man in Magul die sumpfige Incomati-Tiefebene und befindet sich bereits in der Provinz Gaza. Bei KM 143 liegt die Kleinstadt **Macia** (sprich: "Masija"). Sie wirkt geschäftig wie ein riesiger Straßenmarkt, bietet mehrere Supermärkte, Tankstellen und ein breites gastronomisches Angebot. Ferner zweigen in Macia die Straßen nach Bilene (siehe rechts) und Chokué/Massingir (siehe S. 155) ab. Nach Xai-Xai sind jetzt noch 61 km zu fahren. Entlang der Strecke werden Cashewnüsse und Feuerholz verkauft. Rund 15 km vor Xai-Xai weist ein Schild zur Zongoene Lodge (36 km Allradpiste bis zur Mündung des Limpopo, siehe links).

Dahinter folgt der Abstieg ins breite Tal des Limpopo. Erst nach 10 km Fahrt durch das Schwemmgebiet erreicht man die ausladende Limpopobrücke. Fahrzeuge in Richtung Norden befahren die Brücke gratis, der Gegenverkehr muss für die Brückenbenützung eine Mautgebühr von 10-20 MTn entrichten (je nach Fahrzeuggröße). Direkt nach der Brücke beginnt die Stadt Xai-Xai (siehe Seite 152).

Streckenbeschreibung Xai-Xai – Maxixe: S. 177 mit den Strandresorts in Chidenguele etc.

Xai-Xai

Die Hauptstadt der Provinz Gaza liegt auf einer kleinen Anhöhe über dem trägen Flussbett des Limpopo. Die Hauptstraße der gemütlichen Stadt offenbart noch etliche Häuser aus der Kolonialzeit. Xai-Xai (sprich: scheischei) bietet einerseits eine gute Versorgung mit Supermärkten, kleinen Läden, Markt, Banken, Verwaltungsgebäuden, Polizei (Tel. 28222079), Restaurants, Hospital (Tel. 28225111) und Tankstellen, macht aber dennoch einen provinziellen Eindruck. In der Nähe des Bahnhofs gibt es eine Zweigstelle des Lebensmittelgroßhändlers Handling; die beste Bäckerei, Padaria Mukokwene, findet man schwieriger: Vor der Mobil-Tankstelle rechts und dort die nächste Straße wieder rechts einbiegen.

Vorsicht: Hier sind häufige Verkehrskontrollen bei ausländischen Fahrzeugen (Geschwindigkeit, Anschnallpflicht etc.)!

Die Abzweigung der 12 km langen asphaltierten Stichstraße ist am nördlichen Stadtrand von Xai-Xai ausgeschildert. Die vor Kurzem noch einsame Stichstraße wird nun durchgehend besiedelt. Fahren Sie am unbeschilderten Kreisel von Praia do Xai-Xai links zur Uferzone hinab und biegen Sie gleich wieder scharf links in die Piste, dann kommen Sie direkt zum Strand.

Zum Strand von Xai-Xai

Anreise mit öffentlichen Verkehrsmitteln: Alle Fernstreckenbusse zwischen Maputo und Maxixe halten in Xai-Xai. Der Bushalteplatz liegt direkt vor dem Restaurante Por do Sol in der Hauptstraße. Busse von Oliveiras halten weiter nördlich gegenüber der katholischen Kirche. Für Chapas gibt es eine Haltestelle beim Kreisverkehr im Ortszentrum. Von hier pendeln sie auch zum Praia do Xai-Xai.

Busfahrpreis von Xai-Xai nach Maputo: ca. 4 Euro, nach Inhambane: 6 Euro

Praia do Xai-Xai

Endlose Sandstrände mit hohem, kräftigem Wellengang sind die Besonderheit dieses Strandes. Für reine Badefreaks oder Kinder und Nichtschwimmer ist dieser unruhige Küstenabschnitt wenig geeignet. Bei Flut entsteht neben den ungestümen Wellen eine gefährliche Strömung. Baden ist weniger riskant bei Ebbe, wenn das schützende Riff freigelegt wird. Direkt in der Bucht im Ort (südlicher Teil) ist es dann harmlos, doch auf Höhe des Campingplatzes warnen Schilder vor dem Schwimmen, weil die **unberechenbare Brandung** zusammen mit einer seitlichen Strömung gefährlich werden kann. Hier brechen die Wellen voller Kraft ans Ufer und zurück. Die meisten Besucher kommen daher wegen des Hochseefischens. Barrakudas und Schwertfische zu jagen gilt hier als Königsdisziplin. Wer dafür nichts übrig hat, fühlt sich zwischen den südafrikanischen Gruppen fröhlicher Hobbyfischer, die gerne mit vollständiger Bootsausrüstung anreisen und Wagenburgen bauen, ein wenig verloren. Leider ist Praia do Xai-Xai wenig heimelig, denn hier stehen noch immer die Bausünden der sozialistischen Ära zwischen Häuserruinen, die wohl noch aus der Kolonialzeit stammen. Auch die Atmosphäre wirkt eingetrübt und ein wenig abweisend. Wie auch in anderen Strandorten Südmosambiks ist der Tourismus hier fest in südafrikanischer Hand und der Rand das gängige Zahlungsmittel.

- **Complexo Halley's:** Tel. 282350030, 827126520, E-mail: complexohalley@yahoo.co.br. Einfaches, alteingesessenes Strandhotel mit Restaurant und Diskothek direkt im Zentrum am Strand gelegen, nur wenig einladend. Zimmerpreise je nach Lage ab 15 €/DZpP und 25 €/EZ.
- **Xai-Xai Caravan Park/Parque do Campismo:** Tel. 282350220. Riesiger einfacher Campingplatz am Strand unter Kasuarinen, die ein wenig vor dem strammen Wind schützen. Wegen der angrenzenden Uferpiste ist der Platz oft unruhig. Camping á 5 € pP (mit Strom), einfache Zweibett-Bungalows ab 15 €/Nacht, hölzerne „Wendy Houses" ab 26 €/Nacht. Mit Strandbar, viele Meerkatzen.
- **Xai-Xai Eco Estate (Xai Xai Beach Lodge), Blue Waters Estate und Reef Estate:** Tel. 28235033, www.winchestermarketing.com/xaixai/resort.asp. Entlang des nördlichen Strandabschnitts ziehen sich über mehrere Kilometer drei Residenzanlagen für vorwiegend südafrikanische Investoren. Die geräumigen Stelzenchalets werden touristisch nicht vermarktet.

PROVINZ GAZA — BILENE

Rückblick: Die Flutkatastrophe vom Februar 2000

Am 26. Februar 2000 ereignete sich in der Provinz Gaza eine **Naturkatastrophe ungeahnten Ausmaßes**. Aufgrund heftiger Niederschläge im südlichen Afrika schwillt über Nacht der Rio Limpopo an und überflutet in Windeseile ganze Landstriche. Die Menschen erwachen im Hochwasser, es bleibt keine Zeit, die Habseligkeiten zu packen, man rettet sich schnellstens auf Hausdächer, Baumkronen oder kleine Anhöhen. Tausende drohen in einem riesigen Hochwassersee zu ertrinken. Rasch schicken die Medien Bilder des Horrorszenarios um den Globus und rütteln die Weltbevölkerung auf. Straßen, Brücken, Bahnlinien und Dörfer – alles ist versunken im riesigen See, zu dem Rio Limpopo und Rio Save angeschwollen sind. Das Binnenmeer erreicht zeitweilig die Größe Hollands. Etwa 11 000 m³ Wasser pro Sekunden stürzen den Limpopo hinab. Am schlimmsten betroffen sind die Gebiete zwischen Chokué und Xai-Xai, obwohl die gesamte Region zwischen Save und Limpopo mehr oder weniger unter Wasser steht.

Zögernd läuft die internationale Hilfe an und Dank der unermüdlichen Rettungsmaßnahmen können bald 45 000 Menschen von Bäumen, Dächern und Inseln gerettet werden. 250 000 Flüchtlinge werden in den Sammellagern aufgefangen. Seuchen und Hunger, die Folgen solcher Massenlager, sind verheerend. In der Folgezeit treten 12 000 Choleraerkrankungen auf, die in 161 Fällen zum Tode führen. Von den rund 2 Mio. unmittelbar Betroffenen werden 1 Mio. von Nahrungsmittelhilfen abhängig, weil sie nach dem Verlust ihrer Felder und aller Habseligkeiten völlig mittellos sind. Im Nachhinein wird die Zahl der Todesopfer auf mehr als 700 geschätzt. Die infrastrukturellen Schäden durch zerstörte Straßen und Brücken gehen in die Millionen, und die gesamte Ernte fällt aus.

Oben: Strandidylle im Complexo Palmeiras in Bilene Bilene ist von Johannesburg aus der am schnellsten zu erreichende Strand

Anreise mit öffentlichen Verkehrsmitteln:
Man verlässt die Fernstreckenbusse zwischen Maputo und dem Norden in der Ortschaft Macia. Von dort geht es mit den tagsüber kontinuierlich zum Strand von Bilene pendelnden Chapas weiter.

Abstecher nach Bilene

In Macia zweigt die 33 km lange, geteerte Stichstraße nach Bilene ab, an der Honig feilgeboten wird. Der bedeutendste Ferienort zwischen Maputo und Inhambane gilt als gemütliches, familienfreundliches Badeparadies. Doch zu Ferienzeiten und an langen Wochenenden verwandelt er sich in ein quirliges, überteuertes Ferienlager.

Die Kleinstadt hat durchaus historische Bedeutung: Im 19. Jh. lag hier das Machtzentrum des Königreichs Gaza, wo Staatsgründer Soshangane sein Domizil bezog und seine letzte Ruhe fand. Die Portugiesen nannten die Ortschaft São Martinho und am Martinstag finden hier noch immer Festlichkeiten zu Ehren des Heiligen statt.

Bilene liegt nicht direkt am Indischen Ozean sondern an der **Lagoa Uembje**, einer 20 km langen und 5 km breiten Lagune, die durch eine lange Sanddüne vom Ozean getrennt wird, das Wasser ist dennoch salziges Meerwasser. Die sehr flachen Sandstrände und die sanfte Lagune ohne Wellengang sind in Mosambik ziemlich einzigartig. Sie gelten als kindersicher und ziehen daher im Gegensatz zu Praia do Xai-Xai auch Familien mit Kleinkindern an. Bei starkem Wind ist Bilene ein Windsurfer-Paradies. Umrahmt wird die große Lagune von dicht bewachsenen Sandhügeln.

Einkaufstipp: Etwas versteckt im hinteren Teil des Marktes findet man den besten frischen Fisch und Garnelen. Frisches Brot wird morgens aus Macia geliefert und vor der Marcelaria am Rande des Markts verkauft.

BILENE

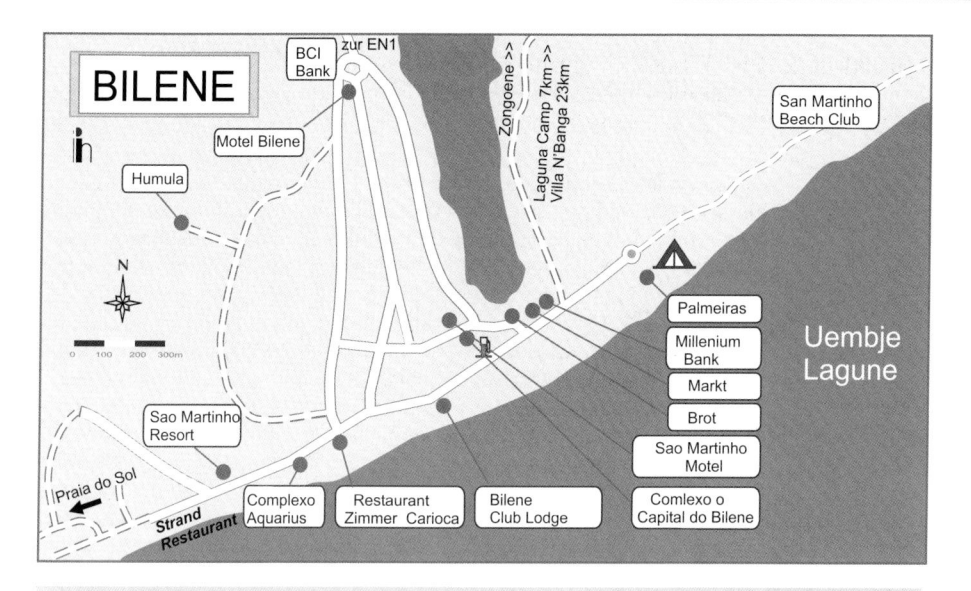

Unterkunft an der Lagune von Bilene: Pensionen, Ferienhäuser, Campingplätze

- **Complexo Palmeiras:** Tel./Fax 28259019, E-mail: palmeira@bilene.virconn.com, Internet: http://complexopalmeiras.blogspot.com/. Eine traditionsreiche Ferienanlage mit Restaurant und Bar direkt am flachen Strand. Zweibett-Rondavel kosten ab 60 €/Nacht, Camping hinter der Düne kostet 4 € pP plus 5 € pro Stellplatz (in der Nebensaison entfällt die Stellplatzgebühr). Tipp: Die Sanitäreinrichtungen bei den Chalets sind gepflegter als im Campingbereich. Die Anlage ist oft überfüllt, und es gibt hier sehr viel Sicherheitspersonal, das auf und ab läuft.
- **Complexo Aquarius:** Tel. 828259000, Fax 28259000, www.aquariusbilene.co.mz. Beliebtes Restaurant, bei dem auch Ferienhäusern áb 60 €/Nacht direkt an der belebten Bucht von Bilene angeboten werden. Zentrale Lage, preiswerte Küche, ansprechender Pool und Garten.
- **Complexo Humula:** Tel./Fax 21314576/28259020, E-mail: reservations@humulahotel.com, www.humulahotel.com. Abgeschottete, gepflegte Ferienanlage mit Pool, Tennisplatz und Ferienhäusern mit eigenen Gärten. Preise: Ferienhäuser ab 147 €/Nacht, klimatisierte Doppelzimmer ab 76 €/Nacht (am Wochenende mit Zuschlag).
- **Praia do Sol:** Tel. 825704300, E-mail: leo@pdsol.co.za, www.pdsol.co.za. Die ruhige Anlage liegt gute 2 km außerhalb von Bilene in Richtung Westen. Sie bietet ansprechende A-Frame-Chalets mit Restaurant und freundlichem Service (keine Selbstverpflegung möglich). Preise: HP ab 75 €/DZpP und 110 €/EZ, Self-Catering-Chalets ab 135 €/Nacht.
- **Laguna Camp:** Tel. 826377510, (NA) 00264-61-254606, www.laguna-camp.com. Einsam und ruhig auf einer Düne an der Lagune gelegen (6 km Pistenzufahrt ab Bilene). Preise: Selbstversorger-Bungalows ab 77 €/Nacht, Camping in der Nebensaison 11 € pP, sonst 52 € pauschal pro Stellplatz pro Nacht.
- **Mahelane Lodge:** Tel. 827869669, Fax 282259048, www.mahelanelodge.co.za. Ruhig und einsam an der Westseite der Lagune erhöht über dem Meer gelegen, mit Unterkunft in geschmackvollen Chalets. Preise: B&B ab 54 €/DZpP und 108 €/EZ.
- **Villa N Banga:** Tel. 823821290, E-mail: villanbanga@teledata.mz, www.villanbanga.co.za. Neueres Ferienresort in abgeschiedener, ruhiger Lage (Allradzufahrt) mit Mietzelten und hölzernen Ferienhäusern. Preise: Je nach Saison ab 35 €/DZpP im Mietzelt. Mit Restaurant.
- **São Martinho Beach Resort:** www.smbc.co.za. Eine riesige Ferienresidenz mit 340 Luxusvillen und Apartments auf 1,3 km Länge, die nicht touristisch angeboten werden.

PROVINZ GAZA DAS HINTERLAND

Das Landesinnere: Entlang dem Limpopo River zum Great Limpopo Transfrontier Park

Das Landesinnere der Provinz Gaza, die mehrere Hundert Kilometer weit bis an die Grenzen Südafrikas und Zimbabwes reicht, ist weitgehend unerschlossen. Ihre Lebensader ist der breite **Limpopo**. Beiderseits des trägen Flusses verlaufen Straßen durch das flache Limpopotal. Diese sumpfige, heiße Niederung war im Februar 2000 von einer verheerenden Jahrhundertflut heimgesucht worden (S. 152). Entlang des Limpopo liegen zahlreiche Dörfer, deren Bewohner die fruchtbaren Schwemmgebiete landwirtschaftlich nutzen. Während der Küstenstreifen Gazas Feuchtigkeit und Regen vom Ozean erhält, verirren sich nur selten dicke Regenwolken ins trockene Landesinnere. Hier werden vor allem Baumwolle, Zuckerrohr, Reis und Mais angebaut bzw. Cashewnüsse gepflanzt. Jenseits des breiten Flussbetts mit seinen Sandbänken und Uferbäumen ist das Flachland nur schwach besiedelt (durchschnittlich 16 Menschen bewohnen einen Quadratkilometer dieser Provinz). Chopi, Tsonga und Changana bilden die stärksten Volksgruppen der einsamen Region. Aus ihren Reihen kamen die meisten Wanderarbeiter, die im 20. Jh. das Gold in den Minen Südafrikas abbauten. Afrikaans wird hier deshalb mitunter besser verstanden als Portugiesisch.

> **Fahrtstrecke: Von Macia nach Massingir**

Aktueller Konfliktstoff: Südafrikas Farmer leiten zu viel Wasser aus dem Limpopo ab; in Mosambik kommt nur mehr ein Rinnsal an

Die 63 km lange, stark beschädigte Teerstraße von Macia in das landwirtschaftliche Zentrum Chokué führt eintönig durch eine dicht besiedelte Ebene voller Anbauflächen. Sie folgt dabei für viele Kilometer dem Limpopo-Bewässerungskanal. Die Stadt **Chokué** zeigt sich quirlig: Zahlreiche Verkaufsstände auf dem Straßenmarkt, Kneipen, Bars, Supermärkte, Banken und Tankstellen prägen das Stadtbild (Chokué ist die letzte gute Versorgungsstation vor dem Great Limpopo Transfrontier Park). 2008 wurde zwischen Chokué und Gujá am Ostufer des Limpopo eine neue Verkehrsbrücke errichtet, wodurch man seither unkompliziert in die Inhambane Provinz wechseln kann. Auf der Weiterfahrt von Chokué in Richtung Massingir lässt der Verkehr spürbar nach, in dieser trockenen Gegend gibt es auch

Ein Touristen-Highway führt von Giryondo über Chokué an die Strände Inhambanes

kaum noch Dörfer. Hier dominieren spärliche Akazien und Dorngestrüpp, vereinzelt von Baobabs aufgelockert. Nach 29 km erreicht man das Dorf **Majangue**, wo die Straße nach Massingir abzweigt. Würde man hier geradeaus weiterfahren, gelangte man nach Maccaretane, wo der Limpopo aufgestaut wurde. Die 700 m lange Staumauer, von der aus manchmal Hippos zu sehen sind, dient als Brücke zum Ostufer des Flusses.

Die Strecke führt durch einen sehr armseligen Landstrich Mosambiks

Wir bleiben aber am Südufer des Limpopo, folgen dem Abzweig nach Massingir und fahren auf schmaler Schlagloch-Teerstraße durch eine eintönige, trockene und sehr einsame Gestrüpplandschaft. Armselige Dörfer, magere Rinder und dünne Hunde sind die einzige Abwechslung entlang dieser reizlosen 100 km langen Strecke. **Massingir** ist auch nur ein unbedeutendes Dorf, besitzt aber eine Tankstelle und eine Bank mit ATM für Visa-Electron. Die Teerstraße führt direkt über die 5 km lange Staumauer zum Eingang zum Great Limpopo Transfrontier Park.

LIMPOPO NP

Great Limpopo Transfrontier Park

Vor einigen Jahren haben sich Naturschutzorganisationen, wie die Peace Parks Foundation, mit den Regierungen und Naturschutzbeauftragten im südlichen Afrika zusammengesetzt und ihre Ideen von grenzüberschreitenden, gemeinsam verwalteten und zusammengefassten Nationalparks zu Papier gebracht: Dort, wo bisher Staatsgrenzen räumlich nah beieinander liegende Schutzgebiete trennen, sollten künftig **Naturräume ohne Grenzzaun und Sperren** die ökologische Einheit wieder herstellen. Wildtiere sollten ihren uralten Wanderzyklus wieder aufnehmen können und alle beteiligten Länder vom gesteigerten touristischen Interesse profitieren. Für viele klangen diese Pläne zunächst wie naive Träume. Doch im Jahr 2000 wurde der erste Park nach diesem Grundsatz eröffnet, der Kgalagadi Transfrontier Park in Südafrika und Botswana. Ein noch größeres Projekt soll im Dreiländereck Südafrika, Zimbabwe und Mosambik entstehen: Die Zusammenfassung des südafrikanischen Kruger NP und seinen umliegenden Wildgebieten (ca. 22 000 km²), dem zimbabwischen Gonarezhou NP mit angrenzenden Wildgebieten (ca. 10 000 km²) und Teilen der mosambikanischen Provinz Gaza, wie den Nationalparks Banhine und Zinave samt deren Umland (etwa 66 000 km²) zu einem annähernd 100 000 km² großen Schutzgebiet.

Tatsächlich wurde ein trilaterales Komitee auf Ministerebene gegründet, um die politischen Richtlinien für einen solchen Schritt zu ermitteln: Die Angleichung der nationalen Gesetze und Verfügungen im Wildschutzbereich, der Abbau der Grenzzäune, die Ausbildung von Personal und Rangern, der Aufbau eines gemeinsamen Wildschutz-Managements, die Räumung von Landminen in Mosambik, die Umsiedlung kleiner Dörfer und der Aufbau einer ausgeglichenen Infrastruktur. Im November 2000 unterzeichneten die Regierungschefs der drei Länder einen Vertrag zur Gründung des **Gaza-Kruger-Gonarezhou Transfrontier Parks**. Die beiden Nationalparks Banhine und Zinave und deren Umgebung wurden fürs Erste nicht mehr berücksichtigt. Dann wurde noch einmal abgespeckt, Zimbabwe mehr oder weniger ausgeklammert, und heute integriert der **Great Limpopo Transfrontier Park** im Wesentlichen nur den südafrikanischen Kruger NP und ein bislang als „Coutada 16" bekanntes, 10 000 km² großes Jagdgebiet in Mosambik, das zwischen Rio Elefantes und Rio Limpopo direkt an den südafrikanischen Kruger NP anschließt.

Am Anfang stand ein Traum

Ein Schutzgebiet von der Größe Portugals, das zu mehr als zwei Drittel in Mosambik liegen soll

Wie dieser Park entstand

Oben: Beschilderung im Park

155

PROVINZ GAZA — TRANSFRONTIER PARK

Umsetzung der Ideen

Der mosambikanische Sektor Coutada 16 wurde nun in drei Bereiche gegliedert: ein Touristengebiet, eine Wildlife Area im Grenzgebiet zu Südafrika und ein Jagdbereich im Osten. Im Herbst 2001 begann man damit, den fast 400 km langen Zaun im Osten des Kruger NP zu öffnen und die ersten Elefanten nach Mosambik zu transportieren. Planmäßig sollten rund 1000 der 9000 Dickhäuter Südafrikas in Mosambik ein neues Zuhause finden. Die Elefanten sollten nach Jahrzehnten erstmals wieder ihren traditionellen Wanderungen nachgehen können. In den Folgejahren wurden mehrere Tausend Wildtiere auf die mosambikanische Seite umgesiedelt, doch nicht alle bleiben freiwillig in der neuen Heimat. Vor allem die Elefanten kehrten in der Mehrzahl immer wieder in den Kruger NP zurück. Leider wurde das

Das Elefanten-Umsiedlungsprojekt gilt als gescheitert

Elefantenprojekt wegen fehlender finanzieller Mittel eingestellt, nachdem erst 111 Elefanten nach Mosambik transportiert worden waren. Außerdem will man jetzt entdeckt haben, dass die mosambikanischen Parkanteile für die erhoffte Elefantenpopulation zu trocken seien. Statt dessen kündigte Südafrika im Februar 2008 an, sein "Elefantenproblem" im Kruger NP künftig wieder mit Culling zu lösen (dem "Keulen", also dem gezielten Töten von Elefantenherden).

Südafrika hatte seinen Beitrag zum Bau des neuen Grenzpostens Giriyondo pünktlich erfüllt, doch wegen der Verzögerungen in Mosambik konnte der Grenzübergang erst Ende 2005 eröffnet werden. Am Massingir-Stausee wurden die ersten Touristenunterkünfte mit Chalets und Camping eröffnet. Auf mosambikanischer Seite stehen aber noch große Veränderungen an. Die Euphorie ist erlahmt, die Entwicklung stagniert und die ansässige Bevölkerung ist kaum vom Nutzen des Parks überzeugt worden. Optimisten schwärmen von den 147 Säugetierarten, 116 Reptilien, 505 Vogelarten und über 2000 Pflanzenarten dieses neuen Wildschutzgebietes. Und Mosambik hofft weiterhin, von den 1,1 Millionen Touristen, die den Kruger NP jedes Jahr besuchen, einmal 200 000 in den eigenen Teil des neuen Schutzgebiets locken zu können. Bislang ist es aber noch nicht einmal gelungen, die Dörfer und Rinderherden aus dem Park umzusiedeln.

Anreise

Für Autofahrer, die von Südafrika nach Mosambik einreisen: am Massingir Gate werden Autoversicherungen angeboten

Der Parkeingang liegt gute 7 km von Massingir entfernt und öffnet täglich von 6-18 Uhr. Die Zufahrt führt direkt über die 5 km lange Staumauer, hinter der die Asphaltstraße in eine grobsteinige Piste übergeht. Im Gebäude der Parkverwaltung erhält man das Permit für den Parkbesuch. Der **Eintritt** beträgt 200 Mtn. pro Person und pro Fahrzeug und ist 24 Stunden lang gültig (Kinder und Trailer je 50 Mtn.). Camping kostet 210 MTn pP, Zweibettchalets in Albufeira 1200 MTn/Nacht, Vierbettchalets in Albufeira und die Chalets in Aguia Pesqueira kosten 1500 MTn. Die Gebühren sind nur bar in Meticais oder Rand zahlbar.

Achtung: Als Reaktion auf die vielen Transitfahrer zwischen Südafrika und Mosambik dürfen seit Dezember 2011 die beiden Grenzübergänge Giryondo und Pafuri nur noch mit einer gültigen Übernachtungsreservierung in einem der beiden Parkbereiche benutzt werden.

Parkdurchfahrt nach Giryondo (SA)

Auch im Park fährt man zunächst noch durch Dörfer und begegnet Menschen und Rindern anstelle von Wildtieren. Die Umsiedlungsaktionen für die Dörfer im Park sind trotz der lukrativen Entschädigungsangebote bisher recht erfolglos. Nach 14 km Fahrt auf steiniger, harter Piste durch das Gestrüpp, an armseligen Dörfern und abgemagerten Rindern vorbei, erreicht man das Dorf Mawodzi, wo eine

Bild rechts: Ausblick von einem Chalet im Campismo Albufeira

unbeschilderte Piste nach Pafuri abzweigt. Danach wird es endlich einsamer, und es stellt sich trotz der trostlosen Eintönigkeit allmählich das Gefühl ein, in einem Nationalpark zu sein. 4 km weiter zweigt die erste Zufahrt zum Aguia Pesqueira Campingplatz ab. Wildtiere sind rar und sehr scheu, nur gelegentlich sind ein paar Warzenschweine und Zebras zu entdecken. 68 harte Wellblechkilometer nach dem Beginn des Nationalparks liegt der Grenzposten Giryondo.

LIMPOPO NP

Grenzposten Giriyondo: Am 07.12.05 öffnete der gemütliche Grenzposten mitten im Park, den nur Besucher mit reservierter Parkübernachtung und Fahrzeuge bis max. 4 Tonnen passieren dürfen. Tägliche Öffnungszeiten:
01.04.-30.09.: 08:00-15:00 h
01.10.-31.03.: 08:00-16:00 h.
Tipps für die Weiterreise in den südafrikanischen Kruger NP-Teil: Der Parkeintritt kann nur bar in Rand oder mit einer Kreditkarte (VISA und Mastercard) bezahlt werden. Direkt an der Grenze wird das Permit ausgestellt, man kann hier auch weitere Übernachtungen im Park reservieren. Die nächste Tankstelle befindet sich im Letaba Camp (45 km). Sie akzeptiert nur Bargeld, es gibt aber einen ATM-Schalter für VISA, Mastercard, Maestro und Cirrus. Touristen, die hier von Südafrika nach Mosambik einreisen, erhalten das Visum an der Grenze (zahlbar in Euro, Rand, US$).

Parkdurchquerung nach Pafuri
Fahrt entlang der Hauptstrecke wie vorab beschrieben bis Mawodzi, wo man nach Norden abzweit. Es wird bald sehr einsam. Die 158 km lange Längsdurchquerung des Parks bis Xikumbani wird nur selten befahren und ist bei Regen unpassierbar. Die eintönige Wellblechpiste bietet Dörfer statt Tiererlebnisse.

Die meisten Reisenden fahren von Mapai Station über die Limpopofurt und Xikumbani nach Pafuri (die abgesteckte Limpopofurt ist nur in der späten Trockenzeit möglich und kostet 200 MTn Gebühr, ansonsten muss man den mit 500 Rand stark überteuerten handbetriebenen Ponton benützen). Hierfür fällt kein Parkeintritt an. Bei Xikumbani treffen diese Zufahrt und die Piste aus Mawodzi aufeinander. Die restlichen 80 km bis Pafuri führen durch Buschwald. Der kleine **Grenzposten Pafuri** öffnet täglich von 08.00-16.00 h (keine Tankstelle, kein Geldwechsel möglich). Bei Einreise nach Mosambik sind Visa und Autoversicherung erhältlich.

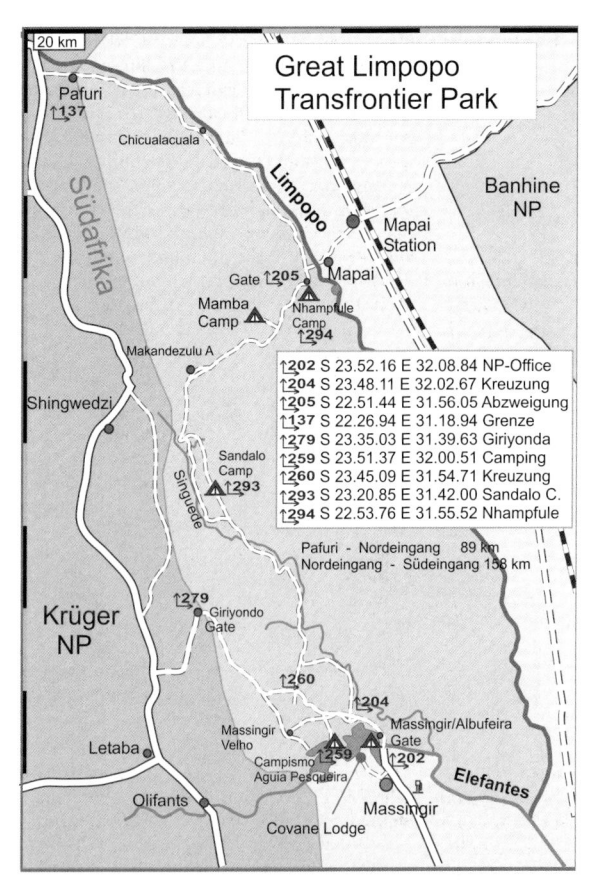

↑202 S 23.52.16 E 32.08.84 NP-Office
↑204 S 23.48.11 E 32.02.67 Kreuzung
↑205 S 22.51.44 E 31.56.05 Abzweigung
↑137 S 22.26.94 E 31.18.94 Grenze
↑279 S 23.35.03 E 31.39.63 Giriyonda
↑259 S 23.51.37 E 32.00.51 Camping
↑260 S 23.45.09 E 31.54.71 Kreuzung
↑293 S 23.20.85 E 31.42.00 Sandalo C.
↑294 S 22.53.76 E 31.55.52 Nhampfule

Pafuri - Nordeingang 89 km
Nordeingang - Südeingang 158 km

LIMPOPO NP

Übernachtungsmöglichkeiten

Covane Fishing & Safari Lodge: Die neue Mittelklasselodge liegt außerhalb des Parks am steilen Südufer des Stausees, rund 14 km von Massingir entfernt (beschildert). Sie ging 2011 aus dem ehemaligen Gemeindeprojekt Covane Community Lodge hervor. Das Camp bietet sechs Riedchalets (50 €/Nacht), 15 Campingstellflächen (7,50 € pP) und vier Hausboote (150 €/Nacht plus Treibstoff), mit denen man selbständig über den Stausee schippern darf. Mit Restaurant. Tel. 823712829/28951030, E-mail: info@tfpd.co.za, www.covanelodge.com.

Campismo Albufeira: Gleich neben dem Parkeingang in Massingir gelegen bietet dieses Camp elf Chalets zur Sebstversorgung (3. Bild von oben) und acht Campingstellflächen mit Grillstellen, Abfalltonnen und einer Gemeinschaftsküche mit Kühlschrank und Gaskocher. Bei den Chalets bieten Nr. 7 bis Nr. 11 die besten Ausblicke zum See, besonders Nr. 7. Die Campsites haben keinen Seeblick; Nr. 1 und Nr. 6 liegen schön. Preise: siehe S. 156.

Campismo Aguia Pesqueira: 24 km vom Parkeingang entfernt liegt das Camp am Hochufer des Stausees und gewährt reizvolle Ausblicke (besonders Plätze Nr. 6, 8 und 10). Vier Zweibettchalets und zehn Campingstellplätze mit Grillrosten und Mülltonnen verteilen sich entlang des Escarpmentrands, an der Rezeption gibt es auch einen Lagerplatz für Großgruppen und Overlander. Gute Sanitäreinrichtungen (Bild links unten); auch hier gibt es eine Gemeinschaftsküche. Preise: siehe S. 156.

Campismo Sandalo: Ein kleiner, einfacher Campingplatz für Parkdurchquerer entlang der Strecke nach Mapai. Caretaker kümmern sich um Dusche und Toilette, mitunter gibt es hier aber Wasserengpässe. Camping kostet 210 MTn pP.

Campismo Nhampfule: Ein weiterer kleiner, unbeschilderter Campingplatz im Mopanegestrüpp, mit Duschen, Toiletten und einem eigenen Tiefbrunnen. Er liegt nahe Mapai rund 5 Std. von Pafuri entfernt. Camping kostet 210 MTn pP.

Giryondo 4x4 Camp: Dieser Neuzugang lässt sich bisher nur beim Giriyondo Gate buchen und liegt etwa 3 km davon entfernt. Die Zufahrt ist äußerst steinig (im Flussbett), Allrad und Bodenfreiheit sind nötig. Der Platz ist weder umzäunt, noch gibt es Wasser, jedoch eine Duschvorrichtung und Buschtoilette. Tagsüber kaum Schatten, nachts sehr reizvoll durch die stärkere Wildtierdichte. Camping kostet 210 MTn pP.

Alle fünf oben genannten Camps sind dem mosambikanischen Parkmanagement unterstellt. Kontakt & Reservierung: Tel. (SA) +27-72-4474279 und +27-21-7017860, E-mail: limpopo@wol.co.za. Direkt: Tel. 843011719 und 826547968.

Machampane Wilderness Camp: Tel. 213-27288, (SA) 0027-21-7017860, E-mail: dolimpopo@intra.co.mz, marichen@tfpd.co.za, www.tfpd.co.za, www.sanparks.org, www.dolimpopo.com. Das luxuriöse Safaricamp mit nur fünf Zeltchalets liegt nur etwa 30 km vor der südafrikanischen Grenze und wird von National Parks of South Africa vermarktet. All-Inclusive-Preise: ab 210 €/DZpP und 230 €/EZ. Transfer ab Massingir oder Letaba in Südafrika möglich, ebenso mehrtägige Wilderness Trails, zum Teil als Selbstfahrer, aber auch geführt (Elefantes Canoe Trail).

DAS HINTERLAND

> **Fahrtstrecke: Von Chidenguele nach Mapai** <

Einige Kilometer südlich der Ortschaft Chidenguele zweigt von der EN1 eine gut ausgebaute Sandpiste in die Distrikthauptstadt **Manjacaze** ab (Tankstellen, Bank, schöne breite Alleen). Die 40 km lange Strecke durchquert dabei ein Sumpfgebiet mit klaren Lagunen. Das gemütliche Städtchen liegt 41 km vor der aufstrebenden Ortschaft **Chibote**. Hier findet der Reisende eine gute Infrastruktur, Post, Telecom, Tankstellen und die letzten vernünftigen Einkaufsmöglichkeiten. Direkt nach Chibote fällt das Gelände steil in die Limpopo-Schwemmebene ab. Der rasche Landschaftswechsel ist imposant. Im Tal geht es dann auf nur mehr 10 Meter über Null schnurgerade dahin. Nach 30 km durchquert man Mohambe, anschließend verläuft die Straße sogar direkt neben dem Limpopo. Zahlreiche, große Felder werden beiderseits bewirtschaftet. 27 km nach Mohambe gerät man in die kleine Ortschaft **Gujá**, wo eine nagelneue Brücke den Limpopo überspannt (nur 6 km bis Chokué). Geradeaus trifft man dagegen nach 22 km Strecke durch ein sehr dicht besiedeltes Gebiet auf die Straße zwischen Maccaretane und Mapai. Hier geht es rechts weiter. Nun wird die Strecke eintönig, flach und kerzengerade. Nebenan verläuft die Bahnlinie, die einzige Abwechslung bringen vereinzelte Stationshäuschen. Zunächst durchfährt man Mopanegestrüpp. Nach 65 km wird **Mabalane** (in manchen Karten Maalamba) durchfahren. Eine Straßenbeleuchtung und verlassene portugiesische Einfamilienhäuser erinnern noch an vergangene blühende Zeiten. 48 km nach Mabalane kommt der Marktflecken **Combomune** in Sicht. Dann weicht der Mopane endgültig zurück, um großflächigen Aufforstungen von Lebombo-Eisenholz Platz zu machen. Die Etappe nach **Mapai Station** ist 100 km lang. Diese letzte Ortschaft vor dem Grenzposten Chicualacuala ist eine vergessene Bahnstation, sie bietet weder frisches Trinkwasser noch Sprit.

Nach weiteren 82 km erreicht man in **Chicualacuala** die Grenze nach Zimbabwe (täglich 8-18 Uhr, Visa sind erhältlich). Ein unregelmäßiger Güter- und Personenzug befährt die Strecke von Maputo zur Grenze.

Von Mapai Station führt eine Allradpiste zum Limpopo, wo in der späten Trockenzeit eine mit Stecken markierte Furt die Durchfahrt ermöglicht und ein handbetriebener Ponton liegt (siehe S. 157). Von dort kann man zur südafrikanischen Grenze bei **Pafúri** (S. 158) fahren.

Eine Piste zweigt 2 km südlich von Mapai Station nach Osten ab und führt nördlich des Banhine NP nach **Machaila** (127 km einsame Schotterpiste, S. 160).

Bahnschienen auf der einsamen Strecke nach Mapai

Oben: Typischer Wohnungsstil dieser Region

PROVINZ GAZA   BANHINE NP

Banhine Nationalpark

Der Banhine Nationalpark (sprich: „banjine") war in kolonialen Tagen ein beliebtes Touristenziel, ist heute aber ein vergessener Park. Schon die Recherchen vor Ort gestalteten sich für uns reichlich schwierig. Niemand wusste damals, wo ein möglicher Zugang in den Park läge und ob es überhaupt noch ein Wildhütercamp gäbe. Wir mussten den Park fast umkreisen, um sein Geheimnis zu lüften:

Der **Hauptzugang** in den Banhine Nationalpark liegt auf der Ostseite zwischen Machaila und Chigubo (siehe Karte). Im Westen des Parks gibt es einen weiteren Zugang beim Hariane Gate. Dadurch bietet sich auch eine Parkdurchquerung an, allerdings ist die Strecke einsam und mitunter zugewachsen.

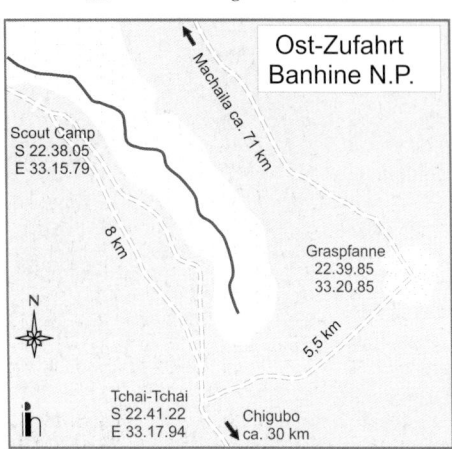

Ost-Zufahrt Banhine N.P.

Scout Camp
S 22.38.05
E 33.15.79

Graspfanne
22.39.85
33.20.85

Tchai-Tchai
S 22.41.22
E 33.17.94

Chigubo
ca. 30 km

Der Park liegt zwischen den Flüssen Limpopo und Changane in einer **sumpfigen Ebene**. Der heimische Lebombo-Ironwood (Eisenholzbaum), begehrt wegen seines extrem harten Holzes, bildet immer wieder dichte Wälder mit undurchdringlich anmutenden Rändern. Vereinzelt stehen Lebombo-Euphorbien dazwischen, auch Mukwabäume, dichter Dornbusch und seltener einzelne Baobabs. Das Gebiet liegt in einem Sandfeld, welches von etlichen, nicht sehr periodisch fließenden Bächen durchzogen wird. Natürlicher Buschwald wechselt mit hochstehendem Gras; fast könnte man es eine **attraktive Savannenvegetation** nennen. Da gibt es Mopanegebüsch, abschnittsweise junge Fächerpalmen, dazwischen Ponds und Tümpel, nasse Senken und sandige Flussbette. Eine Landschaft, die für Großwild, wie Elefanten und Giraffen, prädestiniert scheint. Aber nur die Vogelwelt ist reichhaltig. Vereinzelt mögen Ducker, Steinantilopen und scheue Kudus im Park umherstreifen, doch die wenigen Wildtiere zeigen eine tiefe Scheu vor dem Menschen. Das Potenzial des Parks ist enorm, denn es leben so wenige Menschen in dieser gottverlassenen Region – zumeist Shangaan – dass einer Rückführung von Wildtieren nichts im Wege stünde. Im Bereich des Wildhütercamps sollen noch ein paar Elefanten umherziehen. Zebras, verschiedene Böcke und Antilopen sowie Paviane kann der seltene Besucher dort mitunter auch entdecken.

Vorsicht: Nach Regenfällen ist das sumpfige Gelände rund um Chigubo nicht befahrbar

Anreise: Der Hauptzugang liegt zwischen **Machaila** (sprich: „maschaila") und **Chigubo** an der Ostseite des Nationalparks. Die Anreise von Chokué nach Chigubo erfolgt über eine schmale, ruppige Allrad-Sandpiste. Nach Machaila führt von Mapai (S. 159) eine 127 km lange, breit ausgebaute Schotterstraße. Von Mabote im Osten ist Machaila ebenfalls über eine einsame, wellige und sandige Waldpiste erreichbar (178 km, hohe Bodenfreiheit empfohlen). Man kann von Machaila weiter bis Massangena am Rio Save fahren, dort existiert jedoch keine Brücke über den Fluss.

Ab Machaila (GPS S 22.15.23 O 32.54.92) fährt man 71 km in Richtung Chigubo, ehe man in einer offenen Graspfanne einen 90°-Knick nach rechts macht. 5 km weiter kommt man zur ersten kleinen Ansiedlung: Tchai-Tchai – ein Brunnen, ein Kiosk, eine Bar und ein Silo. Hier befindet sich eine Gabelung. Links geht es nach Chigubo, rechts dagegen zum 8 km entfernten Wildhütercamp und Parkeingang. Diese 8 km lange Piste gabelt sich unterwegs. Beide Strecken sind sandig und führen direkt zum Gate, die rechte Spur verläuft entlang eines schilfrigen Sumpfsees mit vielen Wasservögeln.

Beim **Scout Camp** werden 200 Mtn. Tageseintritt pro Person und Fahrzeug berechnet. An der **Vogelforschungsstation** im Park kann man einfache Mietzelte beziehen (15 US$ pP) und campieren (10 US$ pP), es gibt dort eine Dusche und eine Toilette.

Kleine Streifenschwalben

Farbenprächtiger Schmetterling

Vorsicht: Qualle!

Winkerkrabbe im Meeresschlick

Szene am Strand von Vilankulo

Morbider Charme auf "Ilha"

Kathedrale in Inhambane mit Wehrturm

Ilha de Moçambique

Kapelle in Gurué

Siedler im Great Limpopo Transfrontier Park

So residierten die portugiesischen Kolonialherren (renovierter Palast auf Ilha de Moçambique)

Verfallenes Kolonialhaus, Cabo Delgado

Dorfladen in einer Lehmhütte, Manica

Rindenboote als Wassertaxi auf dem Rio Lucite

Zufahrt zum Niassa Reserve

Bazaruto Archipel bei Ebbe

Bewachsene Küstendünung im Lubombo-Schutzgebiet

Urlaub in Mosambik: Resorts mit Robinson-Crusoe-Ambiente und legere Strandlokale

Ein kühles "Manica" oder "Laurentina" gefällig?

Typische Strandanlage in Mosambik

Traumstrand mit Palmenwald: Barra

168 *Märchenhafte Kulisse: Fieberbäume am Rio Missicadzi im Gorongosa NP*

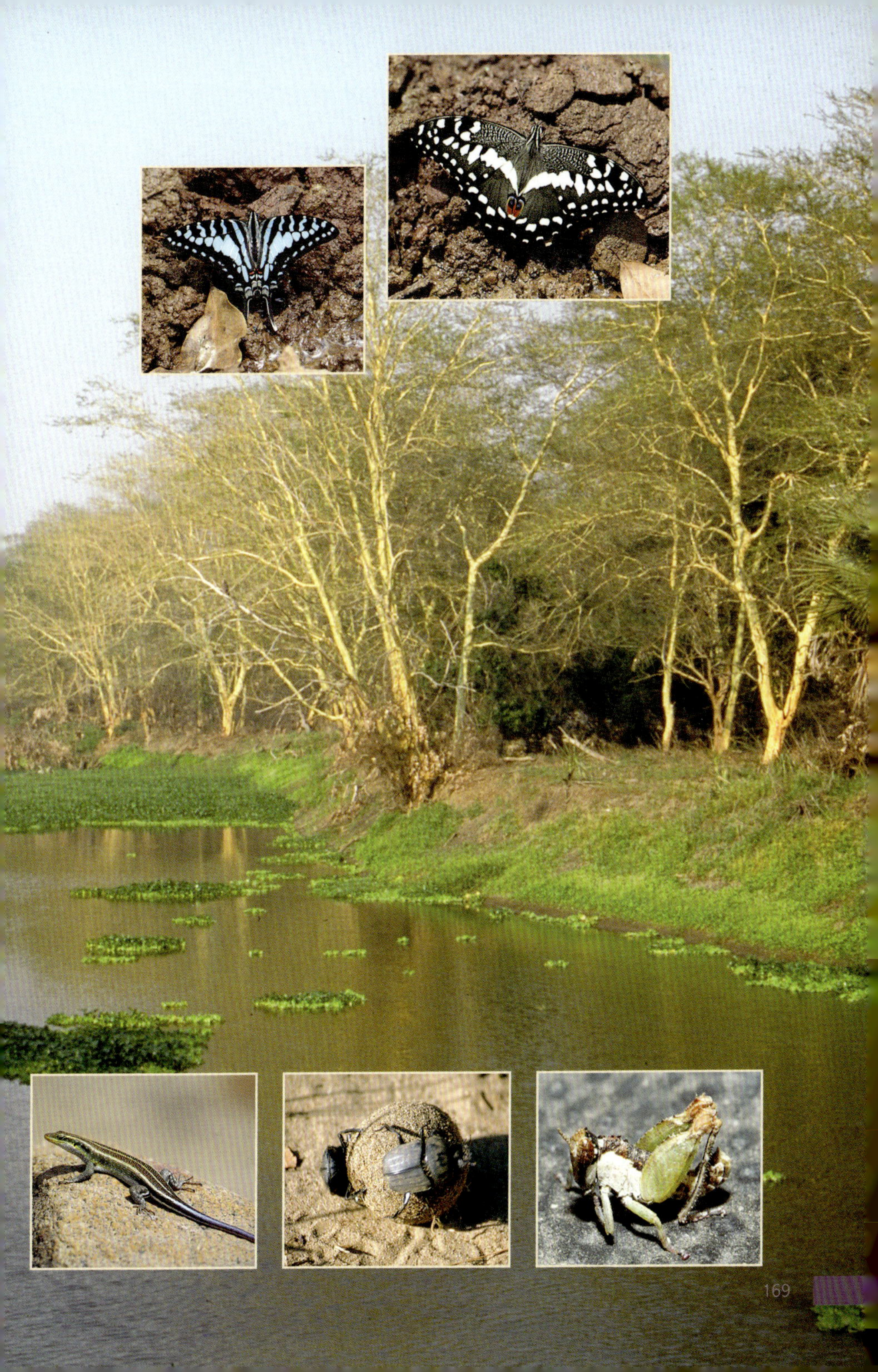

Mosambik ist reich an kulturellen Schätzen und lebendigen Traditionen

Bilder von oben links nach unten:
Bei den Mädchen und Frauen der Makonde gelten weiße Gesichtsmasken als attraktiv;
Alltag auf dem Land: Zerstoßenes Maniokmehl sieben;
Verzierte Trommel am Niassa See;
Gorongosa, in der Provinz Sofala: Kinder verkaufen frisch erlegte Wildtiere am Straßenrand;
Dorfkneipe bei den Shona in Espungabera

Auf einem Dorfmarkt bei den Shona

Trommeln ist Männersache!

Prächtige Vorratskörbe bei den Sena am Sambesi

Erdnuss-Lagerung

171

Ein Fahrrad ist manchmal schon Luxus

Waldpiste in Niassa

Zügellose Abholzung der alten Wälder

Asphalt heißt noch lange nicht gute Straße!

Völlig zugewachsene Bahnschienen in der Provinz Sofala

Immer wieder Schlaglöcher und Straßenbaumaßnahmen

Verlässt man die Hauptstraßen, ist man schnell ganz allein in der Wildnis unterwegs

Ausgefallene Frisur

Perfekte Balance!

Musiker der Njungwe

Mandao-Mädchen der Provinz Manica

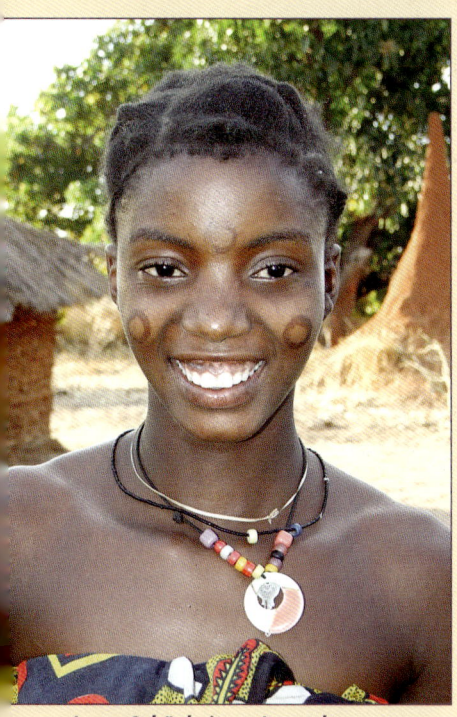

Junge Schönheit am Lugenda

Makua-Mädchen mit Gesichtsmaske

Wildhüter im Gorongosa NP

Oberlippenschmuck bei Nantulo

Fröhliche Geschwister in Bilene

Schnapsbrennerei in Zambézia

Eine typische Padaria in Inhambane

DIE PROVINZ INHAMBANE

Inhambane ist die **Provinz der zwei Millionen Kokospalmen**. Hier reihen sich endlose Palmenhaine aneinander und geben der Küste ein tropisches Ambiente. Lange Sandstrände mit vorgelagerten Riffen und die berühmten Bazaruto Inseln locken Touristen in Scharen hierher. Jenseits der Küste ist das flache Hinterland dagegen nahezu unbekannt. Die Chope und Tsonga dieser mit 19 Personen/km² dünn besiedelten Region leben hauptsächlich vom Anbau von Tangerinen, Cashew- und Kokosnüssen.

Die Ferienanlagen von Inhambane sind zumeist in südafrikanischen Händen

▶ Fahrtstrecke: Von Xai-Xai nach Maxixe u. Inhambane ◀

Entlang dieser Strecke zweigen mehrfach Zufahrten zu Ferienanlagen ab, wie nach 40 km nach **Chizavane** (10 km Piste) und 19 km später nach **Chidenguele** (5 km), die hier in die hohen Küstendünen gebaut wurden. Abwechslungsreicher wird die Fahrt nach ins. 131 km in **Quissico**, einem wichtigen Versorgungspunkt an der EN1 mit Ausblick auf die von Kokoswäldern umstandene Lagune. Auf der Weiterfahrt mehren sich die tropischen Kokospalmwälder mit idyllischen kleinen Dörfern unter Mango- und Cashewbäumen. Nach 42 km überquert man die riesige Poelela Lagune und erreicht am Nordufer die Ortschaft **Inharrime**. 12 km weiter zweigt eine Piste zum einsamen Strand von **Závora** ab. Allmählich wird es richtig malerisch. In den endlosen Palmenhainen reihen sich Schilfgrashütten aneinander und am Straßenrand werden bergeweise Kokosnüsse feilgeboten. Bei Gesamt-KM 231 gabelt sich in **Lindela** die Straße: Rechts geht es in die Provinzhauptstadt Inhambane (33 km, s. S. 179). Die EN 1 führt dagegen geradeaus weiter nach Maxixe (28 km).

Xai-Xai – Maxixe / Inhambane

Gesamtstrecke: 261 bzw. 266 km
Fahrzeit: ca. 4-5 Std.
Zustand: neue breite Asphaltstraße
Tankstellen: in Chidenguele, Quissico, Inharrime, Cumbana

Praia de Chizavane

Nascer do Sol: Tel. 28264500, www.nascer.co.za. Zweibettchalets zur Selbstversorgung (ab 70 €/Nacht) und Camping (10 € pP plus Barraca 5 €) an den hohen Dünen direkt am Meer. 10 km Allradzufahrt.
Zona Braza Lodge: Tel. 28229060, www.zonabraza.com. Barracas (ab 15 € pP) und Ferienhäuser (ab 33 € pP) in den hohen Dünen. 11 km Zufahrt.
Paradise Magoo: Tel. 28264109, www.paradisemagoo.co.mz. Idyllisch gelegene Ferienhäuser und hochwertige Campingstellplätze in den hohen Küstendünen. 7 km Allradzufahrt, extrem tiefsandig!

Praia de Chidenguele

Sunset Beach Lodge: Tel. 843575960, www.sunsetbeachlodge.com. Gepflegte Selbstversorgeranlage mit Chalets ab 32 €/DZpP und Camping ab 12 € pP direkt am Strand (8 km Zufahrt).
Paraiso de Chidenguele: Tel. 843909999, www.chidbeachresort.com. Sportfischerlodge mit Selbstversorger-Bungalows in einsamer Lage (5 km Allradzufahrt). Preise: ab 22 €/DZpP.

Nhambavale Lodge: Tel. 837854627, www.nhambavalelodge.co.za. Fischercamp an der Süßwasserlagune mit 10 km Allradzufahrt. Camping ab 10 € pP, Chalets ab 30 €/DZpP.
Lakeview Resort: www.lakeviewresort.co.mz, Tel. 21401098. Hotel und Restaurant 7 km von Chidenguele.

Inharrime und Závora

Complexo Poelela: An der EN1 liegt vor Inharrime an der Poelela Lagune ein einfaches Community Camp mit Chalets und Bar.
Závora Lodge: Tel. 847022660, www.zavoralodge.com. Große Ferienanlage zwischen Küstendüne und Lagune mit Restaurant, Selbstversorger-Chalets ab 25 €/DZpP und Camping ab 8 € pP. 17 km Zufahrt.
Dunes de Dovela: Tel. 29365055, www.dunesdedovela.com. Neue Lodge (ab 105 €/DZpP und Mietzelte (46 €/DZpP) in hohen Dünen 20 km nördlich von Inharrime. 12 km Allradzufahrt.

PROVINZ INHAMBANE — MAXIXE

Maxixe

Die lebhafte Kleinstadt Maxixe (sprich: "Maschisch") ist Verkehrsknotenpunkt, Versorgungsstation und Ausgangspunkt für Dhaus nach Inhambane gleichermaßen.

Die Ortschaft an der Baia de Inhambane ist auch die einzige Stelle zwischen Maputo und Beira, an der die EN1 dem Ozean so nahe kommt, dass sie bis an die Meeresküste heran reicht.

Alle Fernstreckenbusse halten in Maxixe; die Bushaltestelle liegt hinter dem Hotel Golfinho Azul. Tankstellen, Supermärkte, Banken mit ATM sowie mehrere Unterkünfte und Restaurants bieten dem Durchreisenden eine gute Versorgungslage. Gleich neben dem Campingplatz und dem Lokal "**Stop**" liegt die Abfahrtsstelle der Dhaus, die als Wassertaxis zwischen Maxixe und der gegenüber liegenden Provinzhauptstadt Inhambane pendeln (ca. 6 € pP).

Kokospalmen in der Inhambane Provinz

Schätzungsweise zwei Millionen Kokospalmen reihen sich an dieser Küste zu einer Bilderbuchszenerie aneinander. Die wertvollen Palmen finden hier ein ideales Klima und so tragen sie in Inhambane schon nach fünf Wachstumsjahren Früchte (üblicherweise gelingt das erst nach sieben Jahren). Die attraktiven Palmen können 80 Jahre alt werden und produzieren bis zu 40 Jahre lang rund 22 kg Kokosnüsse jährlich. Auch wenn die Palmen scheinbar wie wild wachsend beiderseits der Straße gedeihen, so gehören sie doch alle irgend jemandem in den umliegenden kleinen Dörfern.

Unterkunft in Maxixe:

- **Campismo de Maxixe:** Tel. 29330351, Fax 29330434. Sehr einfacher Campingplatz in Ortsmitte direkt an der Bucht, mit Blick auf Inhambane und die Dhaus. Der Strand ist zum Baden ungeeignet. Stellflächen, Holzbungalows und Barbetrieb. Preise: Camping 4 € pP, Caravan/Holzchalet ab 14 €/DZpP.
- **Golfinho Azul:** Tel. 29330071/ 29330228. Hotel, Restaurant und Campingplatz im Ort mit einfachen Zimmern ab 10 €.
- **Pousada Maxixe:** Tel. 29330199/ 29330780. Sehr einfache Zimmer ab 7 €, ebenfalls direkt im Ort gelegen.
- **Quinta de Santo Antonio:** Dieses Gästehaus in Lindela bietet sich als Übernachtungsalternative an.

Bilder links: Dhau-Anlegestelle in Maxixe, ein Marktbereich entlang der Fernstrecke EN1

INHAMBANE

Bild oben: Altstadt von Inhambane

Inhambane

Die beschauliche Provinzhauptstadt an der Mündung des kleinen Rio Matumba gehört mit den umliegenden Traumstränden zu den größten Sehenswürdigkeiten Mosambiks. Inhambanes arabischer Einschlag ist unverkennbar und zeigt sich immer wieder zwischen den alten lusitanischen Villen und den kleinen indischen Läden. Hier paaren sich die Einflüsse des alten Europa, Indiens und Arabiens mit der afrikanischen Kultur und geben Inhambane diese weltoffene und doch sehr verschlafene Atmosphäre.

Schon im 11. Jh. lag an diesem Naturhafen eine arabische Handelsstation, die regelmäßig von den persischen und arabischen Dhaus angelaufen wurde (als südlichster Punkt an der ostafrikanischen Küste, der mit einer Dhau erreicht werden konnte). Vor allem Tuchwaren wurden damals gehandelt. Die Portugiesen ließen sich ab dem 16. Jh. in der Bucht blicken. 1560 wurde Inhambane von den Jesuiten als erste Missionsstation ihres Ordens ausgewählt. Zwei der drei Ordensbrüder ließen sich hier vorübergehend nieder, um in den Fischerdörfern zu predigen. Der dritte Priester, Goncalo da Silveira, reiste ins Landesinnere weiter, wo er im Königreich Mwene Mutapa eines gewaltsamen Todes starb (siehe Geschichte S. 19). Während der folgenden 200 Jahre prosperierte die kleine Siedlung zu einem bedeutenden Umschlagplatz für Elfenbein aus dem Landesinneren. Im 18. Jh. kamen indische Händler nach Inhambane. 1727 entdeckte der portugiesische Kommandant Soares, dass die afrikanische Bevölkerung Handel

Stadtgeschichte

Vorsicht: Frauen sollten im Gebiet von Inhambane, Tofo und Barra nicht allein am Strand spazierengehen

PROVINZ INHAMBANE   INHAMBANE

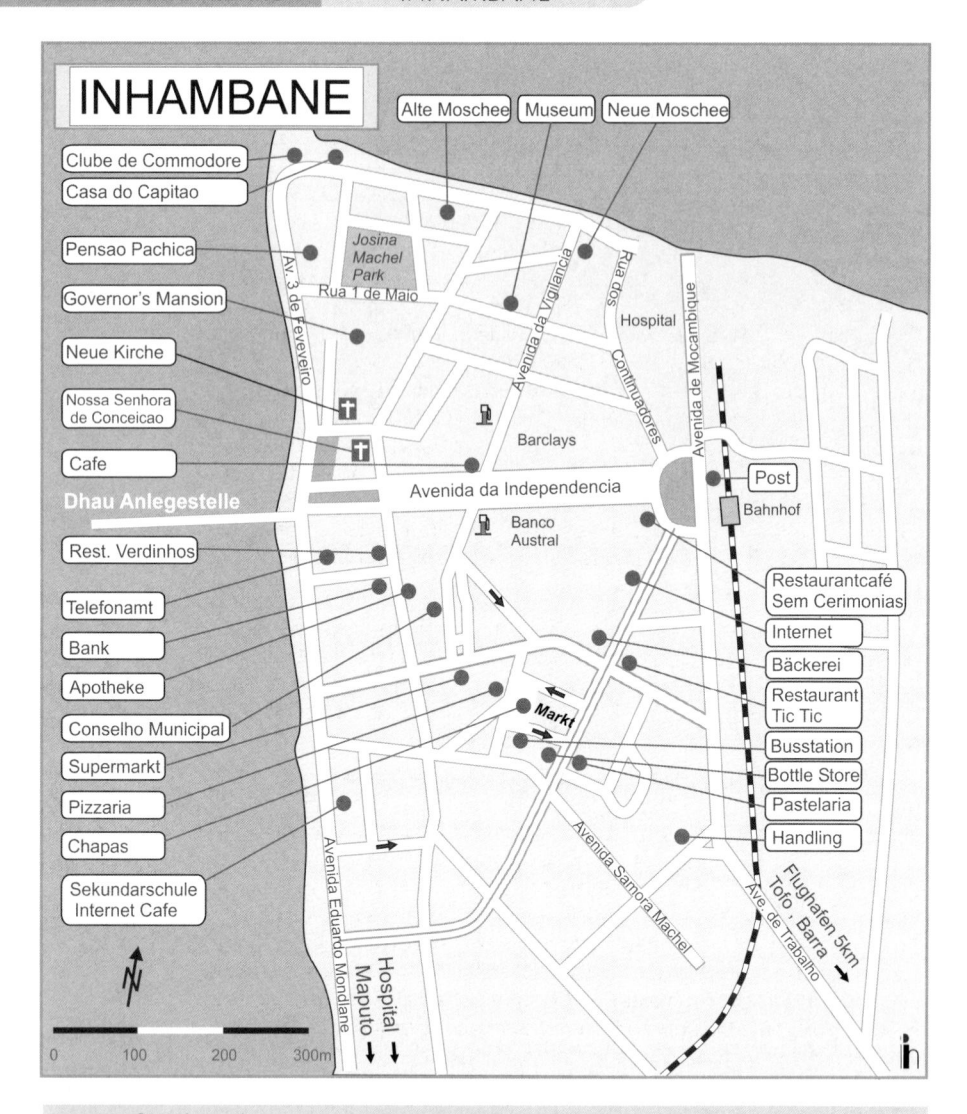

An- und Weiterreise
5 km östlich der Stadt in Richtung Tofo liegt der Flughafen (wird von LAM und Charter-Fluggesellschaften angeflogen).
Expressbusse fahren täglich frühmorgens zwischen Maputo und Inhambane (7 Stunden, 15-20 Euro). Der Busbahnhof liegt hinter dem Mercado Municipal. Fernstreckenbusse von Maputo in den Norden (nach Vilankulo, Beira, Tete) befahren die EN1mit Stopp in Maxixe (S. 178), ohne Inhambane anzusteuern. Dhaus befödern ihre Passagiere vom Landungssteg in Inhambane nach Maxixe (20 min.) und zurück. Chapas verkehren permanent zwischen Inhambane und Lindela an der EN1 bzw. nach Barra und Tofo.

INHAMBANE

mit niederländischen Handelsschiffen betrieb und rächte diesen „Verrat" mit der mutwilligen Zerstörung von Dörfern und der Hinrichtung ihrer Chiefs. Als er dann auch noch ein kleines Fort zur Bekräftigung seiner Ansprüche errichten ließ, zogen sich die Niederländer aus der Region zurück. Als Stadt bestätigt wurde Inhambane 1763, zu einer Zeit, als der Sklavenhandel aufblühte. Inhambane war einer der ersten Häfen, in denen die menschliche Fracht für die amerikanischen Kolonien zusammengeführt und verkauft wurde. Rund 15 000 Sklaven pro Jahr verschleppten die Portugiesen damals allein aus Inhambane. **Elfenbein** und **Sklaven** – das weiße und schwarze Gold Afrikas – begründeten den Wohlstand der Stadt. 1834 zogen die Soldaten von König Soshangane, dem Begründer des Gazareichs, plündernd durch die Hafenmetropole, die sich danach jedoch erholte und zur drittgrößten Stadt der Kolonie wuchs. Der wirtschaftliche Höhenflug geriet zu Beginn des 20. Jh. aber ins Stocken, als Lourenço Marques zur Hauptstadt erklärt und ausgebaut wurde. Inhambane hatte die Güter, die ihren Wohlstand begründeten, verloren und konnte nicht so recht Anschluss finden an die Moderne. Während der langen Bürgerkriegsjahre blieb Inhambane von Zerstörungen verschont. Und so erlebt die Hafenstadt heute mit der einzigen südmosambikanischen historischen Altstadt eine bescheidene Renaissance als Touristenziel.

Einst war Inhambane als Handelsmetropole und Hafen bedeutsam

Heute ist der Ort nur von touristischer Bedeutung

Am besten lässt man sich in dieser alten Handelsstadt einfach treiben und schlendert durch die Häuserzeilen. Inhambane erscheint sehr ruhig und verschlafen, die meisten seiner Gebäude warten noch verfallen auf eine Restaurierung. Erst wenige Kolonialhäuser, wie das weiße Conselho Municipal, strahlen wieder ihren alten Glanz aus.

Sehenswertes

Am **Landungssteg**, wo die Dhaus Passagiere nach Maxixe bringen, sieht man noch einige Bootsbauer am Strand ihrer handwerklichen Arbeit nachgehen. Die **Uferpromenade** (Avenida Eduard Mondlane und in ihrer Verlängerung die Rua de Fevereiro) bietet beschauliche Ausblicke auf arabische Segelboote, deren dreieckige, etliche Male geflickte Segel einen verwegen Eindruck machen. Die Bucht gewährt ihnen einen sicheren Ankerplatz und Schutz vor den verheerenden Zyklonen. 1840 haben Muslime hier eine kleine **Moschee** gebaut, die heute noch steht. Nahe dem Landungssteg steht die katholische **Kathedrale** „Nossa Senhora de Conceição" aus dem späten 18. Jh. Eine Besonderheit der kleinen Kirche ist ihr mit Schießscharten besetzter Wehrturm. Das stark in Verfall begriffene Gotteshaus wurde mit irischer Finanzierung ein wenig renoviert. In den Straßen hinter der Kathedrale erinnern niedrige Einfamilienhäuschen an die koloniale Vergangenheit, dazwischen haben sich kleine indische Läden niedergelassen. In der Rua 1 de Mayo wartet ein kleines **Museum** auf Besucher (Di-Fr 9-17 h, Sa 10-17 h, kein Eintritt). Am Ende der Av. Independência, dem Zentrum Inhambanes, liegt der alte **Bahnhof**, vor dem einige ausrangierte Zugmaschinen unbeachtet vor sich hin rosten. Versäumen Sie nicht einen Besuch des ausgesprochen bunten, lebhaften Markttreibens auf dem **Mercado Municipal**, wo man neben Nahrungsmitteln, allerlei Hausrat und Möbeln auch viele Korbflechtwaren angeboten bekommt, die in Inhambane angefertigt werden.

Bilder S. 182: Szenen aus Inhambane

Tipps & Info

Die Provinzhauptstadt bietet ein gutes **Versorgungsnetz** mit Banken, Internetcafé, Versicherungsbüro, Tankstellen, Post Office. Tel. Polizei: 29320457, Krankenhaus 29320345. Banco Austral und BIM verfügen über ATM-Automaten für VISA. Inhambanes Strände sind im Gegensatz zu Barra und Tofo nicht zum Baden geeignet.

Restaurants: Besonders beliebt sind Verdinhos, Tic Tic beim Market und die Pizzeria in der Pensão Pachiça.

Klima: Die Provinz liegt im Zyklonbereich der südlichen Hemisphäre. Zwischen Januar und März brauen sich über dem Indischen Ozean gelegentlich gewaltige Wirbelstürme und Orkane zusammen, die schließlich über Madagaskar und die mosambikanische Küste hinwegfegen. Inhambane weist ein verhältnismäßig schwüles Klima auf und erhält mehr Regen als Vilankulo oder Maputo. Die Luftfeuchtigkeit liegt meist über 75%.

Dhau-Fahrten: Am Dhauhafen kann man Rundfahrten oder Tagesausflüge unternehmen, z. B. nach Linga-Linga für rund 25 Euro pro Dhau.

Unterkunft in Inhambane

Pensão Pachiça: Tel. 823559590, www.barralighthouse.com. Die Backpackerunterkunft bietet Übernachtung im Schlafsaal für 14 € pP, Zimmer für 20 €/DZpP und 25 €/EZ, Zimmer mit Bad und Küche für 68 €/Nacht. Die Pension ist ein Treffpunkt der Rucksackreisenden, während Selbstfahrer eher den Light House Campsite in Barra aufsuchen, der vom gleichen Besitzer betrieben wird. Es gibt auch ein Restaurant.

Casa Jensen: Tel. 828596150, www.casajensen.com. Private Pension mit fünf klimatisierten Zimmern mit WIFI und Minibar in einem Wohngebiet in Richtung Flughafen gelegen (Zufahrt beschildert). Zimmerpreis mit B&B ab 68 €/Nacht.

Casa do Capitao: Tel. 29356076, www.hotelcasadocapitao.com. Modernes Luxushotel mit klimatisierten Zimmern ab 65 €/DZpP, 96 €/EZ, WIFI, Pool und elegantem Restaurant "Clube de Commodore".

Die meisten Touristen bevorzugen allerdings eine Unterkunft an den Stränden von Barra und Tofo (S. 183f).

TOFO & BARRA

Die Strände rund um Inhambane

Tofo

Von Inhambane führt eine 23 km lange Teerstraße durch dichte Palmenhaine zum bekanntesten Strandort dieser Region, wo in den Ferienzeiten stets viel Trubel herrscht. Trotz seines Bekanntheitsgrades erweist sich das **Aussteigeridyll** Tofo eher als unscheinbares Fischerdorf mit einem schmalen, von Kasuarinen bestandenen Strand, an dem sich Backpackerunterkünfte, Ferienhäuser und Strandlokale aneinander reihen und nachmittags noch der frische Fang aus den Fischerbooten verkauft wird. Tofo liegt ein wenig geschützt gegen die starken Meereswinde, dennoch herrscht hier eine stärkere Brandung und Strömung als in Barra.

Die ansässigen **Tauchschulen** bieten Ausflüge ins berühmte Manta Reef, PADI-Tauchkurse und "Schnorcheln mit Walhaien" (Tauchausrüstung wird gestellt). Delfine sind rund um Inhambane am ehesten zwischen Juni und August zu beobachten, Buckelwale von Juni bis Oktober, Walhaie und Mantas von Oktober bis in den April. Nahe Bamboozi bietet ein deutsch-mosambikanisches Paar Reitgelegenheit auf seinem Pferdehof an (Tel. 843080300). Als Restaurants empfehlen sich "Casa de Comer" im Ortskern von Tofo und "Dino's" an der Straße Richtung Bamboozi, das neben Seafood-Spezialitäten auch WIFI bietet. Für Selbstversorger bietet "Chilli's Deli" an der Tankstelle vor Tofo Wurstwaren, Käse, Gebäck, einen Coffee Shop und einen ATM-Schalter.

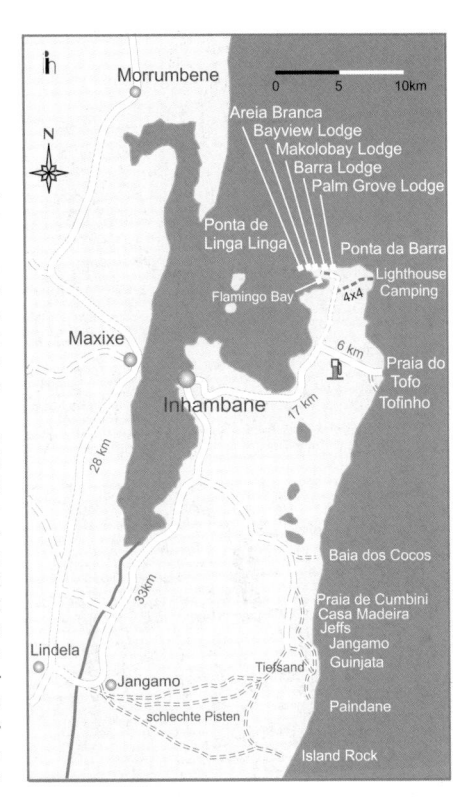

Ponta da Barra

Ponta da Barra bezeichnet die nördliche Landspitze an der Bucht von Inhambane, deren 8 km lange Zufahrtspiste 6 km vor Tofo abzweigt. Dank seiner dem Meer nicht unmittelbar zugewandten, windgeschützten Lage sind die Strände flachsandig, das Wasser türkisfarbenen, klar und gut zum Baden geeignet. In der Nähe des Leuchtturms liegt das Riff der Küste so nah, dass man dort prima schnorcheln kann. Die **idyllischen Palmenstrände** von Barra, vor denen die Dhaus von Inhambane lautlos vorübergleiten, wirken wie exotische Kalenderbilder. Dass Barra ein Platz zum Träumen und Erholen ist, haben auch die Südafrikaner bemerkt. Und so richten sich die meisten Unterkünfte, die Ferienhäuser mit mehrere Schlafzimmern suchen (auf S. 184 empfehlen wir einige, die auch für nur zu zweit reisende Personen interessant sind). Barra Reef Divers neben der Barra Lodge bietet neben Tauchgängen und Schnorcheln auch Unterstützung bei der Unterkunftssuche an (www.barrareef.com).

Tauchstrände südlich von Tofo: zwischen Baia dos Cocos und Paindane

In diesem Bereich liegen einige Wassersportresorts an der stürmischen, oft rauhen Meeresküste. Manchmal schützt sie eine hohe Küstendüne vor dem starken Wind. Hierher kommen hauptsächlich (südafrikanische) **Hochseefischer** und **Sporttaucher**. Für die extrem sandigen Zufahrten ist Allrad erforderlich. Unter Camping wird hier meistens eine Barraca verstanden, neben der man mitten im Camp parkt – wenig gemütlich und meistens mitten im strammen Wind. Hunde mitzubringen, erlaubt keines der Camps. Die Strände sind feinsandig, hohe Dünen begrenzen den Ozean.

Unterkünfte in Tofo, Barra und weiter südlich: S. 184

Wer flache Sandstrände sucht, geht nach Barra. Lässiges Beach-Live bietet Tofo. Sportfischer und Taucher mögen die südlichen Resorts. Lange Beach Walks kann man überall unternehmen.

183

Ferienresorts in Tofo, Barra, Jangamo und Paindane

Unterkünfte in Tofo

- **Casa Barry:** Tel. 29329007, www.casabarry.com. Südafrikanische Anlage mit Ferienhäusern zur Selbstversorgung (ab 213 €/Nacht) und kleineren Zweibett-Hütten ohne Ausstattung (ab 98 €/Nacht), die traumhaft am südlichen Ende der Tofo-Bucht liegt. Mit Tauchschule, Bar/Restaurant.
- **Baia Sonámbula:** Tel. 29329032, www.baiasonambula.com. Ein kleineres, sehr gepflegtes Gästehaus mit Bungalows (B&B ab 67 €/DZpP, ab 80 €/EZ) und Zimmern (B&B 49 €/DZpP und 59 €/EZ), ebenfalls am südlichen Rand der Bucht von Tofo gelegen. Ohne Restaurant.
- **Fatimas Nest:** Tel. 824145730. Ableger von Maputos Backpackerlodge. Sehr legere Anlage mitten in Tofo (nicht direkt am Strand) für ein jugendliches Publikum mit Zimmern, Bungalows und Mietzelten. Preise: Zimmer mit Bad ab 25 €/DZpP und 34 €/EZ, Zimmer/Mietzelte ohne Bad ab 20 €/DZpP und 27 €/EZ, Dormitory ab 14 € pP, Camping im Hof ab 10 € pP (Strom extra).
- **Mango Beach:** Tel. 829434660, www.mangobeach.co.za. Weitläufige Bungalowanlage mit Riedchalets zur Selbstversorgung ab 30 €/DZpP, Cabanas ab 14 €/DZpP und einfachen Hütten (Bush Huts) ab 12 €/Nacht. Wichtig: Handtücher muss man selbst mitbringen.
- **Turtle Cove:** www.turtlecovetofo.com, Tel. 828438950. Lässige Backpackeranlage nicht am Strand gelegen mit gemauerten Chalets ab 16 €/DZpP, rudimentären Grashütten ab 8 €/DZpP, Camping ab 4 € pP und Bar/Restaurant. Tauchen, Surf-Schule und Yoga-Stunden werden angeboten.
- **Bamboozi Beach Lodge:** Tel. 29329040, www.bamboozibeachlodge.com. Das beliebte Ferienresort, im Palmenhain 1,8 km nördlich von Tofo gelegen, war lange eine Backpackerlodge, steht nun aber unter dem Management der Barra Resorts. Windgeschützt hinter der hohen Küstendüne liegen Bungalows & A-Frame-Chalets (ab 62 €/Nacht), zahlreiche einfache Backpacker-Bambushütten (ab 28 €/Nacht), ein Dormitory (ab 12 € pP) und besteht Campingmöglichkeit inmitten der Gebäude (ab 11 € pP, mit Gemeinschaftsküche). Auf der Düne residieren schönere Sea-View-Chalets mit eigenem Bad und Minibar (ab 89 €/Nacht) sowie die Bar und das Restaurant. Hier ist ferner ein Tauchzentrum ansässig, das viele Ausflüge anbietet (www.divingtofo.com).

Unterkünfte in Barra

- **Palm Grove Lodge:** Tel. 834524029. Bungalows zur Selbstversorgung mit 2-8 Betten, Bar und Restaurant. Unter Palmen hinter kleinem, sandigen Dünenwall. Preise: B&B ab 30 €/Nacht.
- **Barra Lodge:** http://www.barraresorts.com, Tel./Fax 29320561. Palmenbestandene lebhafte Mittelklasse-Ferienanlage am schönen breiten Sandstrand mit Poollandschaft, Restaurant, Strandbar, Tauchschule, Reitgelegenheit, ansprechenden Zweibett-Bungalows (HP ab 140 €/DZpP, 155 €/EZ) und einfacheren Casitas (HP ab 82 €/DZpP, ab 90 €/EZ).
- **Barra Beach Club:** Tel. 829356076, www.signaturehotels.co.za. Neues Vier-Sterne-Resort mit nur neun eleganten, klimatisierten Zimmern, zwei Pools, Restaurant und Wassersportangeboten. Eine Anlage für gehobene Ansprüche, ruhiger und gepflegter als die umliegenden Hotels. Preise: HP ab 95 €/DZpP und, 115 €/EZ.
- **Flamingo Bay Water Lodge:** Tel. 29356005, www.flamingobay.co.za. Romantische Luxuslodge mit Stelzenchalets im Gezeitenbereich der Mangroven. Preise: HP ab 120 €/DZpP, ab 146 €/EZ.
- **Makolobay Lodge:** Tel. 829229778, www.makolobay.co.za. Eng nebeneinander stehende, gemauerte Chalets zur Selbstversorgung ab 55 €/Nacht. Mit Restaurant.
- **Bayview Lodge:** Tel. 829024628, www.bayviewlodgemoz.com. Sehr ansprechende, klimatisierte Zweibett-Ferienhäuser zur Selbstversorgung direkt am Strand. Preise: ab 82 €/Nacht.
- **Areia Branca Lodge:** Tel. 29356177, http://areiabranca.co.za, E-Mail: areiabranca@tdm.co.mz. Das kleine Camp liegt windgeschützt der Inhambanebucht zugewandt, so sieht man von drei Seiten das Meer; die Zufahrt ist allerdings sehr tiefsandig und meist nur bei Ebbe möglich. Es bietet Zweibett-Chalets zur Selbstversorgung ab 15 €/DZpP und Camping mit Strom und Licht ab 8,50 € pP.
- **Lighthouse 4x4 Camping:** Tel. 845734525, www.barralighthouse.com. Tiefsandiger Campingplatz in exponierter Lage am alten Leuchtturm ab 10 € pP. Mit schattigen Kasuarinen, Stromanschuss, rudimentären Sanitäranlagen und einer großen Bar, ansonsten aber ziemlich einfach und ruhig (keine Quads erlaubt). Tolle Lage, aber oftmals recht stürmisch. Es gibt zwei Zufahrt, diejenige über die Küstendüne ist sehr tiefsandig (Allrad ist ein Muss)!

TOFO & BARRA

Baia dos Cocos & Praia de Jangamo
• **Coconut Bay Resort:** Tel. 29321160, www.coconutbay.co.za. Das nördlichste der Resorts (17 km Allradzufahrt) liegt einsam in den Dünen vor dem berühmten Manta Reef. Chalets ab 80 €/Nacht, Rondavels ab 50 €/Nacht, Casitas ab 30 €/Nacht, großes schattenloses Campingareal ab 5 € pP, Tauchbasis, Restaurant. Keine Quadbikes erlaubt.

Südlich davon gabelt sich die Piste. Rechts gelangt man zum Dorf Jangamo, die linke Piste führt sehr tiefsandig zu den Resorts in Richtung Paindane Beach. Die folgenden drei Resorts liegen direkt nebeneinander in der Guinjata-Bucht:

• **Jeffs Palm Resort:** Tel. 846901310, www.jeffsmoz.com. Weitläufige, gepflegte Anlage mit geräumigen, gemauerten Ferienhäusern in einem Palmenhain auf der hohen Düne (steiler Weg zum schmalen Strand hinab). In der Saison leider viel Durchgangsverkehr. Mit Taurus-Supermarkt! Preise: Ferienhäuser ab 200 €/Nacht, Vierbett-Cabanas ab 78 €/Nacht und Barracas ab 24 €/Nacht.
• **Jangamo Beach Resort:** Die einfachere, legere Nachbaranlage steht unter der Leitung von Jeffs Palm Resort (siehe oben). Preise: Villas ab 190 €/Nacht, Cabanas ab 140 €/Nacht, Camping ab 10 € pP zzgl. Barraca ab 19 €/Nacht.
• **Guinjata Bay Resort:** Tel. 832836918, www.guinjata.com. Auf der hohen Düne am südlichen Rand der Bucht gelegen bietet dieses gepflegte Camp den breitesten Strand und die kürzesten Fußwege. Mit großem Restaurant und Wassersportzentrum (Tauchen, Hochseefischen, Walsafaris). Preise: HP ab 50 € pP. Camping in der Nebensaison 8 € pP, in der Hauptsaison deutlich teurer.
• **Paindane Beach Resort:** Tel. 29356310, www.paindane.com. 4 km südlich schließt sich das Campingresort mit tiefsandigen, parzellierten Stellplätzen an (direkt am Meer, wenig Schatten, etwas uneben, mit Strom). Preise: Vierbett-Rondavel ab 60 €/Nacht, Camping ab 9 € pP, Barracas ab 16 €/Nacht.
• **Island Rock Resort:** Tel. 843983550, www.islandrock.co.za. Riesiger Campingplatz, sehr einsam an einer Düne am Jangamo Beach gelegen, mit Tauchbasis, Quadbikes, Zweibett-Ferienhäusern ab 23 €/Nacht und Camping ab 7 € pP zzgl. Schattendach 3 € und Strom 5,50 € pro Tag.

Anmerkung: Wie fast überall im Süden Mosambiks erlebt man diese Resorts entweder überfüllt (zu den SA-Ferienzeiten) oder ziemlich verwaist, was auch nicht recht gemütlich ist. Wir haben den Eindruck gewonnen, dass in Barra und Tofo eher saisonal ausgeglichener Betrieb herrscht.

Bilder von oben: Aufbruch zum Tauchgang in Tofo; Flanieren in der Barra Lodge; eine typische Barraca für Campinggäste

PROVINZ INHAMBANE — **MORRUNGULO**

Fahrtstrecke: Von Maxixe zum Rio Save

Neuer Teerbelag bis ca. 70 km nördlich von Massinga

Die 69 km lange Fahrt zur aufstrebenden Kleinstadt **Massinga** verläuft durch anmutige Palmenhaine. 9 km nördlich der Ortschaft zweigt die malerische Zufahrt zum Strand von Morrungulo ab, in dessen flachen Gewässern ganztägiges Baden möglich ist (13 km Sandstraße). Auf der einsamer werdenden Fahrt nach Norden knickt die Straße von der Küste ins Landesinnere ab, und schlagartig verändert sich dadurch auch die Vegetation. Es geht nun durch trockenes Buschland und bald tauchen auch Cashewbäume und knorrige Baobabs auf, die zu den südlichsten auf dem afrikanischen Kontinent zählen. Bei KM 196 zweigt in Mapinhane eine Zufahrt zum Zinave Nationalpark ab (siehe S. 195); 30 km danach folgt in Pambara die asphaltierte Abzweigung nach Vilankulo und nach weiteren 58 km auch die Inhassoro-Abzweigung. Von jetzt an wendet sich die EN1 endgültig von der Küste ab. In Pande passiert man die Anlagen der SASOL Erdgasförderung und erreicht 40 km später die Brücke über den Rio Save, an der eine Tankstelle, ein kleiner Markt, ein altes Kirchlein und eine Bar liegen. Für das Befahren der mehr als 800 m langen Brücke wird bei Fahrtrichtung von Süden nach Norden ein Brückenzoll erhoben (Pkws 10 MTn, Pick-ups 20 MTn).

Maxixe – Brücke am Rio Save
Gesamtstrecke: 348 km
Fahrzeit: ca. 5-6 Std.
Zustand: überwiegend gute Asphaltstraße
Tankstellen: in Morrumbene, Massinga, Unguana, Mapinhane, Pande, Inhassoro-Turnoff, Save-Brücke

Weiterführende Streckenbeschreibung: siehe S. 198

Bei Vilankulo endet ziemlich abrupt der touristisch stark entwickelte Teil des Landes. Bis hierher fahren noch viele der südafrikanischen Touristen, doch spätestens in Inhassoro, wenn sich die EN1 vom Meer abwendet, kehren fast alle wieder um. Hier beginnt des ursprünglichere Zentrum Mosambiks.

Praia de Morrungulo

• **Sylvia Shoal Lodge:** www.mozambique1.com, Tel. 832707582. Strandresort unter Palmen mit Traumstrand und Restaurant 2,2 km nördlich von Morrungulo. Chalets ab 28 €/DZpP, Camping ab 8 € pP (Stromanschluss 6 €/Tag), Barraca ab 10 €.
• **Morrungulo Resort:** www.pontamorrungulo.co.za, Tel. 29370101. Das traditionsreiche Resort bietet in einem grandiosen Palmenhain Ferienhäuser, Barracas und schattige Campingstellflächen direkt am Strand. Preise: Luxusvillen ab 200 €/Nacht, Chalets und Casitas zur Selbstversorgung ab 110 €/Nacht, Camping ab 10 € pP, Barraca ab 16 €/Nacht, Stromanschluss 6 €/Tag. Tauchschule nebenan. Keine Quadbikes erlaubt. Mit Restaurant.
• **Bonito Bay Resort:** Neue gepflegte Anlage mit Tauchbasis, Restaurant und Pool 3 km südlich von Morrungulo, die Bungalows ab 100 €/Nacht und Casitas an 48 €/Nacht anbietet.

Praia de Pomene

Nur 200 m nördlich der Morrungulo-Abzweigung beginnt die 54 km lange, beschwerliche Allradzufahrt zum Strand von Pomene, der im Pomene Naturreservat liegt, einem 1972 gegründeten Schutzgebiet für die gefährdeten Dugongs und 20 000 ha Mangroven- und Dünenwälder (200 Mtn. Eintritt pro Person/Fahrzeug täglich).
• **Pomene Bay Lodge:** www.barraresorts.com, Tel. 823698580. Idyllisches Camp voller Palmen und Kasuarinen. Die "Water Chalets" kosten je nach Ausstattung mit HP ab 96 €/DZpP und 113 €/EZ, kleine Selbstversorger-Hütten kosten ab 29 €/DZpP und 35 €/EZ, der reizvolle Campingplatz ab 12 € pP und 18 € für eine Barraca. Allradzufahrt!
• **Casa Family Fishing Camp:** Tel. 828820067, www.casarei.co.za. Südafrikanisches Fishing Camp mit Strandhütten und größeren Bungalows zur Selbstversorgung ab 18 € pP. Allradzufahrt!

Vilankulo

Zur Kolonialzeit hieß die Küstenstadt Vilanculos; ein Name, der heute immer noch kursiert, manchmal auch in der Abwandlung Vilanculo. Die Aussprache ("Wilank<u>u</u>lo") ist in allen Fällen identisch, als neue Schreibweise ist "Vilankulo" richtig.

Vilankulo liegt 21 km abseits der EN1 und ist auf guter Asphaltstraße erreichbar. Für eine Kleinstadt weist Vilankulo bemerkenswert gute Versorgungseinrichtungen auf, was seiner touristischen Bedeutung als Tor zu den vorgelagerten Bazaruto Inseln (S. 191f) geschuldet ist.

Wie kaum eine Stadt Mosambiks hat sich Vilankulo gemausert. Man findet hier eine gut funktionierende städtische Infrastruktur und es scheint, der Ferienort bemühe sich, eine Art Kapitale für die Mitte des Landes zu werden. Während Beira und Quelimane einer Stagnation verfallen, blüht das kleine Vilankulo auf. Allerdings liegt Vilankulo im Zyklongürtel und wird von Zeit zu Zeit von den tropischen Wirbelstürmen in Mitleidenschaft gezogen.

Das Städtchen selbst ist ohne Besonderheiten. Nur wenige Straßen durchziehen das Zentrum, dem sich gleich danach einfache Palmgrashütten an sandigen Pisten anschließen. Hier leben die Fischerfamilien und Bootsbauer noch direkt am Strand zwischen den Touristenanlagen und Backpacker-Unterkünften. Vilankulos beständig schmaler werdenden Strand, wo Frauen und Kinder bei Ebbe Krabben sammeln, wird zum Ort hin von Palmen und Kasuarinen begrenzt. Von den Inseln des Bazaruto Archipels liegt die nur 10 km entfernte Insel Magaruque in Sichtweite. Außerhalb von Vilankulo dehnen sich Mangrovenwälder aus. Bei Ebbe zieht sich der türkisblau schimmernde Ozean weit zwischen freiliegende Sandbänke zurück und ermöglicht malerische Strandwanderungen im weichen, weißen Sand.

Zur Info

Ein netter aufstrebender Küstenort

Vilankulos Besucher sind nicht zuletzt durch den Flughafen internationaler als im südafrikanisch geprägten Inhambane, Bilene und Ponta do Ouro

Bild oben: Eine Dhau bei Ebbe vor Vilankulo

Ferienresorts in Vilankulo

- **The Smugglers:** Tel. 840710792/846833543, www.smugglers.co.za. Gepflegte, begrünte Anlage mit beliebter Sports Bar, Restaurant und Gratis-WIFI. Preise: Zimmer ab 45 €/Nacht (Gemeinschaftsbad), Zimmer mit Bad/Klimaanlage 75 €/Nacht, Selfcatering-Chalet ab 112 €/Nacht.
- **Palmeiras Lodge:** Tel. 29382050/843802842. Gartenlodge an der Uferpromenade von Vilankulo mit einem Mehrbettgästehaus (15 € pP), ansprechenden klimatisierten Chalets (ab 60 €/DZpP), gratis WIFI und einem kleinen Pool. Seit 2011 Besitzerwechsel, die Anlage wurde renoviert.
- **Hotel Dona Ana:** Tel. 29383200, http://thehoteldonaana.com. Am Hafen von Vilankulo entsteht derzeit ein ultramodernes Boutiquehotel der Luxusklasse.
- **Zombie Cucumber:** Tel. 828049410, www.zombiecucumber.com. Lebhafte Backpackerlodge für ein junges Publikum mit kleinem Pool und Restaurant. Übernachtung in Mehrbettzimmern für 9,50 € pP, Chalets mit Gemeinschaftsbad für 40 €/Nacht. Vorausbuchungen sind nicht möglich.
- **Casa de José e Tina:** Tel. 29382140, www.joseftina.com. Hübsche kleine Anlage direkt am Strand von Vilankulo mit Restaurant, Chalets ab 20 €/Nacht, Suiten ab 25 €/Nacht und kleinem Campingbereich auf der Wiese (ab 4 € pP), die nach einem Besitzerwechsel derzeit weiter ausgebaut wird.
- **Complexo Alemanha/Vilanculos Backpackers:** Tel. 820822070/2938205, E-mail: berndoog@tdm.co.mz. Lässige Backpackerlodge in Ortsmitte unter deutscher Leitung mit Mehrbettzimmern für 6 € pP und Zweibettapartments "Pajota" für 20 €/Nacht. Restaurant große Bar und eine Küche zur Selbstversorgung sind vorhanden.
- **Baobab Beach Camp:** Tel. 827315420, www.baobabbeach.net. Bekannte Backpackerlodge am feinsandigen Strand am südlichen Ortsrand. Riedhütten werden für 38 €/Nacht (ensuite) bzw. 18 €/Nacht (Gemeinschaftsbad) angeboten, Mehrbettzimmer für 7 € pP. Der Campingbereich mit Zeltwiese (5,50 € pP) ist oft überfüllt mit Overländern, die einfachen Sanitäranlagen sind dann völlig unzureichend. Nebenan befindet sich die Tauchschule Odyssea Diving, die vier Zimmer für Taucher anbietet (**Casa Babi**, www.odysseadive.com, B&B für 65 €/DZpP und 95 €/EZ).
- **Beach Village Backpackers:** Tel. 845104746, www.beachvillagemoz.com. Neue gepflegte Anlage neben Baobab Beach Camp mit schönem Pool, begrüntem Garten, Restaurant, Mehrbettzimmern (13 € pP) und fünf Bungalows (60 €/Nacht). Campingstellflächen sind geplant.
- **Casa Rex:** Tel. 29382048, www.casa-rex.com. Gediegenes Boutique-Hotel mit feinem Restaurant, erhöht am Strand gelegen und mit weitem Hafen- und Meerblick. Eine elegante Anlage im spanischen Stil mit Rundbögen und dunklen Holzmöbeln. Preise: B&B je nach Zimmerausstattung ab 82 €/DZpP und ab 105 €/EZ. Mit Kitesurfen und allerlei anderem Wassersport.
- **Aguia Negra:** Tel. 29382387, Fax (SA) 0027-21-8471169, www.aguianegra.co.za. Ansprechende, erhöht gelegene Anlage mit sehr großen A-Frame-Schilfchalets, wo man in den offenen Dächern schläft. Schöner Pool, lockere Atmosphäre. Preise: B&B ab 120 €/DZpP und 150 €/EZ.
- **Vilanculos Beach Lodge:** Tel. 29382388, www.vilanculos.co.za. Die luxuriöse Lodge bietet eine moderne Urlaubswelt mit eleganten Stelzenchalets zwischen hohen Bäumen und einer ausladenen Poollandschaft. Preise: B&B ab 130 €/DZpP und 154 €/EZ.
- **Villas do Indico:** Tel. 828741915, www.villasdoindico.com. Diese Luxuslodge liegt 10 km nördlich von Vilankulo, die letzten 4 km unter die steile Lodgezufahrt sind sehr tiefsandig (Allradzufahrt!). Sie bietet geschmackvolle Chalets und zehn hochwertige Campingstellflächen mit Wasseranschluss, Grillstelle, Strom und Licht, außerdem ein gutes Restaurant, einen romantischen Pool und einen SPA-Bereich. Unser Tipp für alle, die sich selbst verwöhnen wollen. Preise: B&B in einfachen Chalets ab 27 €/DZpP, 38 €/EZ, im Luxus-Chalet ab 58 €/DZpP, 76 €/EZ, Camping 8 € pP.
- **Archipelago Resort:** Tel. 820697530, www.archipelago-resort.com. Etwa 7 km südlich von Vilankulo gelegenes familienfreundliches Camp mit Chalets und Ferienhäusern für 41 € pP.
- **Blue Waters Beach Resort:** Tel. 828075700. 4 km vor Vilankulo zweigt nach Süden die Zufahrtspiste ab (8 km, gut beschildert). Schöner, großer Pool, renovierungsbedürftige Rundhütten (ab 65 €/Nacht) und Camping im begrünten Garten ab 13 € pP (etwas Hanglage).
- **Casa Guci:** Tel. 842378702, www.casaguci.com. Oberhalb vom Blue Waters Resort liegt dieses gepflegte Ferienresort unter engagierter deutscher Leitung, in dem geräumige Ferienhäuser mit 2-4 Betten zur Selbstversorgung (ab 50 €/DZpP) oder mit B&B (ab 58 €/DZpP) bzw. VP (ab 80 €/DZpP) angeboten werden. Für Einzelbelegung 35 % Zuschlag. Mit Pool. Das Restaurant ist für seine Pizza nach italienischer Art bekannt.

VILANKULO

Hilfreiche Tipps und Infos

Einkaufen: Der Taurus-Supermarkt bietet eine erstklassige Getränkeauswahl, Gemüse, Käse, Fleisch- und Wurstwaren (Mo-Sa 7-15 Uhr, VISA wird akzeptiert). Backwaren bieten die Padaria Bento und das Café Mocambicana; preiswerte Getränke vertreibt der Großhändler Handling. Fisch und Meeresfrüchte: Am späten Nachmittag breiten die Fischer ihre Waren vor dem Supermarkt Taurus und beim Markt aus (ca. 2,50 €/kg für Fisch, ca. 10 €/kg für Prawns, die allerdings meist tiefgekühlt aus Beira angeliefert werden). In Vilankulo sind Red Snapper, Barrakuda und Tintenfische häufig.

Internet: Gratis WIFI bietet das Kilimanjaro Café im neuen Shopping Centre gegenüber von Taurus.

Straßenjungs: Die "Street Boys" von Vilankulo treten an Neuankömmlinge sofort heran und versuchen mit recht guten Englischkenntnissen als Helfer, Dolmetscher oder Schlepper für Ausflüge und Unterkünfte zu dienen. Die meisten der Kinder sind aufmerksam, freundlich und geschickt. Sie hoffen auf ein Taschengeld oder Lebensmittelgeschenke und erhalten auch von den Lodgebetreibern ein paar Münzen, wenn sie Gäste bringen. Leider gibt es aber auch einige Taschendiebe und Betrüger, daher besser wachsam sein!

Ausflüge und Bootstouren: Es existiert ein breites Angebot und die meisten Resorts bieten eine entsprechende Vermittlung an. Für Bootsausflüge und Inseltrips, wie Dhaufahrten zur Ilha Magaruque, empfehlen wir die Firma Sailaway Dhow Safaris (www.sailaway.co.za). Zum Schnorcheln oder Tauchen, Hochseefischen, Schwimmen mit Delfinen oder für Walbeobachtungen (Juli-September) hat sich u. a. Odyssea Dive (www.odysseadive.com) an der Baobab Beach Lodge einen Namen gemacht. Wer Lust hat, kann am Strand reiten (www.mozambiquehorsesafari.com), eine Yacht chartern oder auch Kitesurfen.

Autofahrer: Parken Sie nicht auf der falschen Straßenseite, sonst riskieren Sie in Vilankulo rasch einen Strafzettel.

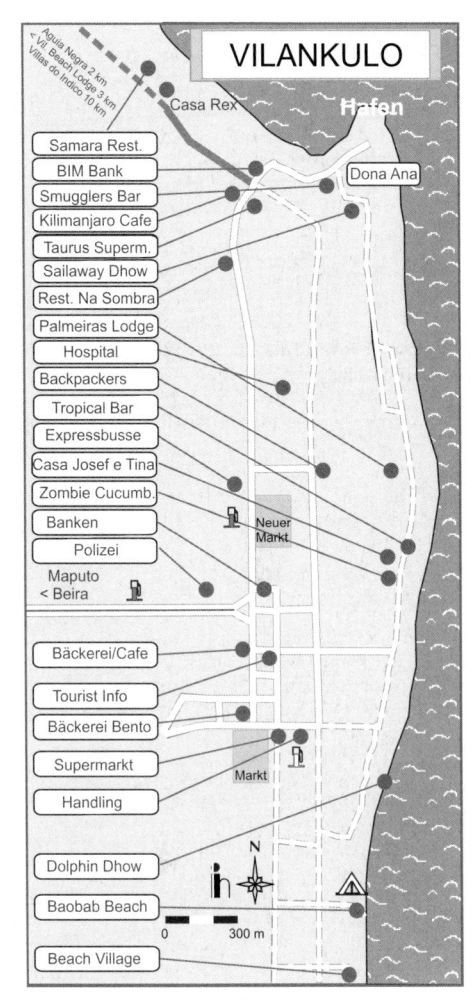

Preisbeispiele für Wassersport und Ausflüge in Vilankulo:

Tauchgang	80 € pP
Schnorcheln	56 € pP
Wal Watching	90 € pP
Kitesurfen	70 € pP/3 Std.
Dünenreiten	35 € pP/2 Std.
Sunset Cruise	15 € pP
Bazaruto Dhow Trip	57 € pP
4x4 Car Hire	80 €/Tag
Fishing Boat Trip	35 €/Tag

PROVINZ INHAMBANE — VILANKULO

An- und Weiterreise

Flug: Vilankulos Internationaler Flughafen wird von Johannesburg, Durban, Nelspruit/Kruger NP, Maputo und Beira angeflogen und bietet Weiterflüge zu den Bazaruto Islands und dem Gorongosa NP. Federal Air (früher Pelican Air) hat einen Verkaufsschalter im Taurus Supermarkt, CFA Air Charters ein Büro im Flughafengebäude.

Busse & Chapas: Der Halteplatz der Chapas liegt zentral beim neuen Mercado. Gegenüber halten die Expressbusse nach Maputo (29 €), Chimoio und Beira (23 €). Fahrzeit je 10-12 Std., Abfahrten stets frühmorgens gegen 5 Uhr. Panthera Azul befährt die Strecke Maputo-Beira mehrmals wöchentlich, und Fahrgäste können an der Vilankulo-Abzweigung aussteigen, von wo aus tagsüber permanent Chapas in die Stadt pendeln. Innerhalb Vilakulos fahren Taxi-Tuk-Tuks. Um von Vilankulo zu den Inseln des Bazaruto Archipels zu gelangen, wählen die meisten Reisenden **Motorboote** (buchbar in den Resorts und im Tourist Office). Die Überfahrt zur Insel Benguerra kostet etwa 120 €, nach Bazaruto 195 €. Viel preiswerter, aber auch mühseliger und abenteuerlicher lässt sich die Fahrt mit einer **Dhau** gestalten. Zur Info: Einheimische, die Touren mit einem „Speed Boat" anbieten, verstehen darunter meistens eine motorisierte Dhau.

Inhassoro

Inhassoro markiert den nördlichsten touristischen Strand bis Beira. Die kleine Ortschaft liegt 15 km abseits der EN1 und den Inseln Santa Carolina und Bazaruto gegenüber, weshalb die Transfers zu diesen beiden Inseln hier günstiger sind als in Vilankulo.

Das Besondere an Inhassoro ist seine entspannte, zeitlose Atmosphäre. Der Ort steckt noch nicht so fest in den Klauen des Tourismus, sondern geht seinen Alltagsgeschäften nach, bei denen sich der Fremde als willkommener Gast fühlt. Der Strand eignet sich auch bei Ebbe zum Baden, allerdings wird hier manchmal viel Seetang angespült. So ist Inhassoro noch fast ein Geheimtipp der Einheimischen. Aber nicht zuletzt durch die ausländischen Fachkräfte bei der nahegelegenen SASOL-Erdgasförderung verändert sich auch Inhassoro. Noch vor wenigen Jahren wurden hier viele Fischernetze ausgebracht und bei Ebbe per Traktor an Land gezogen. Garnelen, Sardinen, Barrakudas und Krabben waren die typische Beute der Fischer von Inhassoro, doch heute liegt die Fischerei ziemlich brach, weil alles abgefischt worden ist. Dafür gibt es hier jetzt Tankstellen, Bankfilialen mit ATM, mehrere Ferienanlagen und die Pizzeria "Café Mambo Jambo" mitten im Dorf. Die Resorts sind genau auf den südafrikanischen Bedarf abgestimmt, und auch hier trifft man die Anlagen zumeist entweder überfüllt oder ziemlich verwaist an (siehe auch Anmerkung S. 185)

- **Hotel Seta:** Tel. 29391000/823048900. Ein traditionsreiches Strandhotel aus der Kolonialzeit, mit Gartenterrasse, neuem Restaurant (gute Garnelengerichte) und Pool, Zimmern, Chalets und 22 parzellierten, teilschattigen Campingplätzen, das am Ende der Zufahrtsstraße mitten in Inhassoro liegt. Preise: Chalets mit B&B 150 €/Nacht, Zimmer mit B&B ab 68 €/Nacht, Camping 7 € pP.
- **Casa Luna:** Tel. 848856788, www.inhassoro.com. Zweibett-Luxuszelte auf Stelzen (B&B ab 89 €/Nacht) und gemauerte Zweibettchalets (B&B ab 97 €/Nacht) am nördlichen Ortsrand von Inhassoro. Mit schönem hölzernem Pooldeck, Strandbar und weithin geschätztem Restaurant.
- **Estrela de Mananisse:** Tel. 846659316, www.starofmoz.co.za. Zehn Chalets mit Gemeinschaftsküche und ein schönes Pooldeck im begrünten Garten. Kein Restaurant, da ein Selbstversorgercamp. Preise: Chalets ab 30 €/DZpP, Zimmer ab 20 €/DZpP, Camping im Garten 11 € pP.
- **Dugong:** Tel./Fax 843891471, http://dugongmozambique.com. Gepflegte Ferienanlage am Strand mit tropischem Garten und familiengerechten Ferienhäusern ab 120 €/Nacht.
- **Ilala Beach Lodges:** Tel. 843433450, www.ilalabeach.com. Etwa 8 km südlich von Inhassoro gelegene ansprechende Ferienhäuser zur Selbstversorgung ab 95 €/Nacht.
- **BD Lodge:** Tel. 843905700, www.mozadventures.com. Komfortable Anlage mit Stelzenchalets zur Selbstversorgung (ab 105 €/Nacht) und Chalets (ab 89 €/Nacht) nördlich von Inhassoro.

Bazaruto Archipel

Eine Reihe verträumter Inseln inmitten azurblauen Meeres, mit endlosen weißen Sandstränden, idyllischen Buchten und Palmen, die sich in der leichten Brise wiegen – so stellen sich viele ein tropisches Paradies vor. Und das ist so ziemlich genau das, was die Bazaruto Inseln bieten. Strandliebhaber und Tauchfreaks haben das kleine Archipel zum besten Tauchspot an der ostafrikanischen Küste und zum größten Highlight Mosambiks erklärt. Das Wassersportangebot ist tatsächlich hervorragend, und wer dem Robinson-Crusoe-Gefühl auf der Spur ist und tagelang selig zwischen sanften Dünen dösen möchte, wird hier bestimmt fündig. Eine artenreiche Fauna zu Lande und im Ozean und die Spezialitätenküche in den Hotelanlagen, wo man sich darauf versteht, mit frischem Fisch und Meeresfrüchten delikat den Gaumen zu verwöhnen, lassen die Inseln wie Perlen im Indischen Ozean erscheinen.

Wer nichts als Ruhe, Sonne, Einsamkeit und grandiose Tauchgründe sucht, liegt hier genau richtig

Bekannt sind die Inseln seit Jahrhunderten wegen der Perlen, die hier geerntet wurden. Eine befestigte Station errichteten die Portugiesen aber erst Mitte des 19. Jh. auf der Insel Santa Carolina. 1971 erklärte die Kolonialmacht die großen Inseln Bazaruto, Benguerra und die umliegenden Riffe zum 1400 km² großen **Marine-Nationalpark**. Der WWF engagiert sich für die Inseln und die EU finanziert das Projekt kräftig. Es ist im Gespräch, das Archipel für eine Einstufung zum Weltnaturerbe bei der UNESCO vorzuschlagen.

Geschichte

Die rund **4000 Insulaner** haben stets vom Fischen gelebt. Nachdem die Regierung in den letzten Jahren mehr als 200 Lizenzen an Fischfangunternehmen vergeben hat, die mit Riesentrawlern die reichen Fischgründe vor der Küste abfischen, verlieren jedoch die einheimischen Fischer ihre bisherige Erwerbsgrundlage und bangen um die nackte Existenz.

Schon gewusst?
Vier der fünf Meeresschildkrötenarten Mosambiks legen hier ihre Eier ab

Fünf Inseln bilden das Archipel: Bazaruto, Benguerra (früher Santo António), Magaruque (früher Santa Isabel), Santa Carolina und Bangué. Sie liegen zwischen 10 und 25 km vor der mosambikanischen Küste. Bis vor rund 10 000 Jahren waren die größeren Inseln noch an der Landzunge Ponta São Sebastião mit dem Festland verbunden. Außer Bangué, die nur 30 m² groß ist und erst seit Mitte der 1990er Jahre existiert, sind alle Inseln bewohnt (Bangué ist ein Produkt angeschwemmten Sands).

Allgemeines

Das **Verwaltungszentrum** der Nationalparkbehörde liegt in Zenguelema an der Westküste von Ilha Bazaruto. Hier wird u. a. überwacht, dass alle Besucher die einmalige **Eintrittsgebühr** von 200 Meticais (10 US$) bezahlen, die patrouillierende Ranger einkassieren (unbedingt quittieren lassen). Kinder bis 12 Jahren sind frei. Für Boote sind dagegen 150 Meticais zu bezahlen.

Info: Man kann den Eintritt auch im WWF-Büro in Vilankulo bezahlen

Die Inseln sind ganzjährig bereisbar. Im Südwinter genießt man hier warme Tage mit abendlicher Abkühlung. Die heißesten Monate sind November, Dezember und Januar, die aber durch eine ständige Meeresbrise gemildert werden. Zwischen Januar und März ist "Zyklonzeit", in der mitunter dramatische Stürme über die kleinen Inseln hinweg fegen. Deswegen liegen die meisten Resorts auch an den windgeschützten Westküsten der Inseln, wo das Meer ruhiger ist und weniger Strömung aufweist. Das Bazaruto Archipel erhält insgesamt weniger Regen als z. B. Inhambane und Xai-Xai. Hier ziehen die feuchten Luftmassen über die Inseln hinweg ohne sich abzuregnen.

Klima

PROVINZ INHAMBANE — BAZARUTO ARCHIPEL

Anreise

Gäste der exklusiven Strandlodges reisen in der Regel per Flug an; entweder landen sie auf dem Flughafen Vilankulo und werden mit einem Helikopter auf die Inseln befördert (rund 260 € Zuschlag) oder sie fliegen mit einem Charterflug direkt zum Airport von Bazaruto Island. Von hier bestehen seit 2009 mit CFA-Charters auch Flugverbindungen direkt zum Gorongosa NP.

Schon gewusst?
Zwischen November und März ziehen 60 000 Zugvögel über die Inseln hinweg, vor allem Wattvögel und Seeschwalben

Die Alternative bilden Motorboote und Dhaus ab Vilankulo und Inhassoro. Die Inselresorts haben außerdem Schnellboote, mit denen sie ihre Gäste bei Bedarf vom Festland abholen können. Für das **Chartern einer Dhau** bezahlt man rund 30 € pro Tag, allerdings kann die Fahrt von Vilankulo nach Bazaruto je nach Wind und Gezeiten zwischen zwei und acht Stunden dauern. Es ist daher ratsam, sich bei der Absicht, mit einer Dhau zu reisen, einem erfahrenen Unternehmen anzuvertrauen, wie z. B. "Sailaway" in Vilankulo, Tel. 823876350, www.sailaway.co.za.

Natur & Tierwelt

Saline Tidebecken, Süßwasserseen, Mangrovensümpfe und weitläufige Sandstrände bestimmen die Inseln

Die artenreiche Fauna des Archipels war ausschlaggebend für die Einrichtung des Nationalparks. Mehr als 150 Vogelarten sind bisher registriert worden, außerdem 45 verschiedene Reptilien und zahlreiche seltene Schmetterlinge und Amphibien. Rotducker, Schirrantilopen und die kleinen Suni leben in den Dickichten und Wäldern der Inseln. Die Sumpfniederungen auf Bazaruto und Benguerra beherbergen Krokodile. Ihre Anwesenheit ist nur möglich, weil sich die Inseln sehr spät vom Festland abgespalten haben. Eine Besonderheit stellen die rund 100 **Dugongs** dar, die als einer der größten noch vorhandenen Bestände entlang der gesamten afrikanischen Küste gelten. Obwohl die vom Aussterben bedrohten, rund 200 kg schweren Meeressäuger unter strengem Schutz stehen, werden sie von den Einheimischen als Fleischlieferanten geschätzt und immer wieder gewildert. Manchmal verfangen sich die friedvollen Vegetarier aber auch in Fischernetzen und sterben am psychischen Stress dieser Notlage. Während des Südwinters besuchen weibliche **Meeresschildkröten** die Inseln, um nachts ihre Eier im Sand zu vergraben, z. B. an der Nordküste von Benguerra. Auch diese geschützten Tiere, die der Kraftakt, an Land zu robben und tiefe Löcher in den Sand zu graben, völlig erschöpft, sind durch den Menschen stark gefährdet. Immer wieder fallen sie Jägern zum Opfer. Hier zeigt der Endangered Wildlife Trust (EWT) viel Engagement zum Schutz gefährdeter Tierarten im Bazaruto Archipel.

Tauchen und Fischen

Zu den besten Tauchgründen der afrikanischen Ostküste zählen die Bazaruto Inseln sicherlich. Bei einer durchschnittlichen Sicht von 15 bis 35 m und extremen Tauchtiefen (wegen eines 300 m tiefen Unterwassergrabens) öffnet sich dem Taucher hier eine **herrliche Unterwasserwelt**. Am bekanntesten ist das „**Two Mile Reef**" vor Benguerra. Der Artenreichtum unter Wasser ist spektakulär. Mehr als 200 verschiedene Fische leben in diesem tropischen Gewässer und seinen Korallenriffen, darunter Haie, Mantas, Barrakudas und Schwertfische. Delfine sind regelmäßige Besucher vor den Küsten der Inseln und lassen sich viel leichter als die stark gefährdeten Dugongs erspähen. Beim Sportfischen setzt sich unter umsichtigen Hobbyfischern erfreulicherweise immer stärker die Devise „Catch and Release" durch: Der Fang wird gewogen, ausgemessen, auf einem Foto verewigt – und dann schnell wieder vom Haken gelöst und in die Freiheit entlassen.

BAZARUTO ARCHIPEL

Bazaruto

Mit 30 x 5 km Ausdehnung (103 km² Fläche) ist Bazaruto die mit Abstand größte Insel des Archipels. Mehr als 2000 Menschen leben auf dem langgezogenen Eiland, dessen Westküste bis an die Meeresküste mit dichten Mischwäldern bewachsen ist. Im Inneren der Insel bildet sich durch einen fortschreitenden Absenkungsprozess sumpfiges Marschland mit Inlandseen, in denen Krokodile leben. Ein alter Leuchtturm aus dem Jahre 1890, der „Farol do Bazaruto", gilt am Nordende der Insel als Sehenswürdigkeit. Früher wies der Turm mittels Paraffinlampen den Seeleuten den rechten Kurs; heute wird der renovierte Turm mit Solarenergie betrieben. Ganz in der Nähe liegt zu Füßen der höchsten Düne Bazarutos das älteste Hotel der Inselgruppe, die Bazaruto Lodge.

- **Bazaruto Lodge:** Pestana-Hotelgruppe, Tel. 843083120, Fax 21305305. 26 klimatisierte A-Frame-Chalets inmitten hoher Palmen an einer schmalen Bucht direkt am Strand gelegen. Gemütliche afrikanische Atmosphäre auf 4-Sterne-Niveau. All-Inclusive-Preise: ab 170 €/DZpP und ab 280 €/EZ.
- **Indigo Bay Island Resort & Spa:** Tel. (SA) 0027-11-4671277, Fax 4659623, www.raniafrica.com. Luxuriöse, elegante 5-Sterne-Hotelanlage von Rani Resorts mit 45 klimatisierten Holzchalets auf hoher Küstendüne, zwei Restaurants, großzügiger Poollandschaft, Masage- und Tauchzentrum. Preise: All-Inclusive ab 360 €/DZpP.
- **Camping:** Fehlanzeige. Der sehr rudimentäre Zenguelema Campsite beim Wildhütercamp ist geschlossen. In Planung ist schon länger ein Eco Community Camp an der Inselsüdspitze bei Ponta Dundo, wo die Station der Parkverwaltung liegt, bisher aber ohne Fortschritt.

Benguerra

Knapp 1000 Menschen bewohnen die 11x 5 km (25 km²) große Sandinsel, die von Ilalapalmen, Milkwood- und Cashewbäumen bedeckt ist. Im Zentrum der Insel leben ein paar Krokodile in Süßwasserlagunen, und an der Küste türmen sich hohe Dünen auf. Die Nordspitze der Insel ist ein Brutgebiet der Meeresschildkröten.

- **Benguerra Lodge:** Tel. 29382127 und in Südafrika 0027-11-4520641, www.benguerra.co.za. Diese luxuriöse, geschmackvolle Anlage wird höchsten Ansprüchen an Komfort und Privatsphäre gerecht. Die riedgedeckten Cabanas, Casitas und Villen sind von hohen Bäumen umgeben, das Haupthaus auf Stelzen errichtet. Mit Pool, Restaurant, Bar und großem Freizeitprogramm. All-Inclusive-Preise: ab 350 €/DZpP.
- **Marlin Lodge:** Tel. in Südafrika 0027-12-4609410, Fax 4609477, www.marlinlodge.co.za. 14 riedgedeckte Chalets mit ausladenden Terrassen reihen sich um ein Hauptgebäude auf Stelzen, Restaurant und Pool. Neben Fischen und Tauchen kann man hier auch Quad Bikes fahren und sich im Wellness-Center verwöhnen lassen. All-Inclusive-Preise: ab 430 €/DZpP.
- **Azura at Gabriels:** Tel. (SA) 0027-11-4761347, www.azura-retreats.com. Früher galt Gabriels als die einzige preiswerte Alternative zu den Luxusanlagen des Archipels, da hatte das Camp noch Backpacker-Hütten. Inzwischen wurde daraus ein höchst exklusives Luxusresort mit Butler-Service. Dafür zahlt man jetzt auch mindestens 460 €/DZpP.

PROVINZ INHAMBANE — BAZARUTO ARCHIPEL

Weitere Inseln
Sandbänke und Lagunen

Magaruque

2,5 km² misst die idyllische Insel, die noch die Reste eines alten Forts beherbergt. Die Ruine einer kolonialen Hotelanlage befindet sich am palmengesäumten Sandstrand. Hier befindet sich die einzige geteerte Fluglandebahn des Archipels. Weil Magaruque nur wenige Kilometer der Stadt Vilankulo vorgelagert ist und an der Ostseite herrliche Tauch- und Schnorchelgründe bietet, wird sie von Tagesausflüglern gerne besucht. Eine Besonderheit dieser Insel sind auch die vielen Sandbänke, die in ihrer Umgebung bei Ebbe freigelegt werden. Stundenlange Spaziergänge zwischen den zurückbleibenden, klaren Pools und Lagunen sind dann möglich.

Santa Carolina (Paradise Island)

Rani-Resorts plant hier ein Luxusresort mit Spa zu errichten

Die kleinste der bewohnten Inseln misst nur 0,87 km² Fläche (etwa 3 km mal 500 m). „Pérola do Indico", die Perle des Indischen Ozeans, tauften die Portugiesen dieses Kleinod, das im schützenden Windschatten von Bazaruto liegt. Heute kennt man sie eher unter dem Namen „Paradise Island". Auf dieser kleinen Insel hatten die Kolonialherren 1855 eine feste Station mit kleiner Kapelle errichtet, wie noch ein paar Ruinen erkennen lassen. Sie ist übrigens die einzige Felseninsel des Archipels, ihre Schwesterninseln liegen alle auf Sand.

Bild oben: Friedliche Beschaulichkeit im Gleichklang der Natur

Vilankulo Coastal Wildlife Sanctuary

Dugong Beach Lodge

Tel. 848036464, www.dugonglodge.co.za. Diese Lodge liegt nicht direkt im Bazaruto Archipel, sondern auf der westlichen Halbinsel von São Sebastião im privaten Vilankulo Coastal Wildlife Sanctuary, das sich über einen Teil der Küste erstreckt. Nur 30 Gäste nimmt das ansprechende 4-Sterne-Refugium mit seinen strohgedeckten Beach Chalets inmitten ursprünglicher Küstennatur auf. Die Anreise erfolgt per Flug oder Boot. Wassersportarten wie Tauchen und Baden sind auch hier die Hauptanziehungspunkte. All-Inclusive-Preise ab 260 €/DZpP und 360 €/EZ.

Linene Island Lodge

Tel. 828885295, Fax 866571923, www.linene-island.com. Im Süden des Archipels liegt auf der kleinen Linene Island an der Ostseite der Halbinsel von São Sebastião die rustikale Mittelklasse-Lodge mit zahlreichen hölzernen Bungalows, die vornehmlich Hochseefischer anzieht. All-Inclusive-Preise: 190 €/DZpP und 280 €/EZ.

ZINAVE NP

Im Landesinneren: Der Zinave Nationalpark

Das Landesinnere der Provinz Inhambane ist ein touristisch unbeflecktes Neuland. Wenige Straßen, von denen die meisten nur sandige Pisten sind, durchziehen dieses weite, karge Hinterland. Es herrscht eine typische Lowveld-Vegetation vor; in den heißen Niederungen gedeihen besonders Baobabs und Trockenbuschwälder.

Kaum ein Tourist reist derzeit ins Landesinnere

Im Nordwesten der Provinz Inhambane schmiegt sich der Zinave NP an den Rio Save. Massive Wilderei während des Bürgerkriegs und eine brachliegende Verwaltung haben von diesem Park kaum mehr als den Namen erhalten. Doch seit die Peace Parks Foundation in Mosambik aktiv ist, richten die Naturschützer ihr Augenmerk auf diese abgelegene Wildnis. Schließlich ist langfristig geplant, den Zinave NP zusammen mit dem Banhine NP in den grenzüberschreitenden Gaza-Kruger-Gonarezhou Transfrontier Park einzugliedern. Bis dahin versucht das "Zinave-Bindzo-Projekt" (FNP) die ansässigen Dorfbewohner für den Tierschutz zu sensibilisieren.

Zukunftsmusik Die Dörfer im Park sollen umgesiedelt und endlich die Wilderei eingedämmt werden

30 km südlich der Vilankulo-Abzweigung zweigt von der EN1 eine breite Piste nach Mabote ab (115 km Strecke). Unterwegs lohnt bei KM 29 ein kurzer **Abstecher** zu den **„Zimbabwe da Manyikeni"**. Die Steinruinen aus der Zimbabwe-Epoche liegen 3 km rechts der Straße. Verfallene Steinwälle und einige Schautafeln sind zu entdecken. **Mabote** ist ein bedeutendes Zentrum im Landesinnern und verfügt über mehrere Läden, Restaurants, Tankstelle, Polizei, Landepiste und Schulen. An der Kreuzung mitten im Ort biegt man rechts ab, kommt nach 1,1 km am Markt vorbei und darf auf keinen Fall die unscheinbare Gabelung nach weiteren 200 m übersehen (GPS S 22.01.76 O 34.07.92). Hier unbedingt links fahren, sonst landet man auf der alten Zufahrt in den Park, einem kaum noch benützten Wegegewirr. Nun geht es 29 km in nordwestlicher Richtung durch einsamen, teilweise tiefsandigen Buschwald. Bei GPS S 21.54.93 O 33.55.38 biegt man rechts in die kleinere und größtenteils wellige Piste ein und erreicht 22 km weiter das Dorf **Maculuve**. Halten Sie sich in Maculuve stets nördlich und fahren Sie auf nun wieder weicher Sandpiste noch 10 km bis zum Eingang in den Park (61 km von Mabote). Vom Parkeingang liegt das Camp am Rio Save noch 30 km entfernt.

Anreise

Ein Foto der Ruinen finden Sie auf S. 196!

Zukunftsmusik Es gibt Pläne für einen neuen "Touristenhighway" zwischen Pafuri und Mapinhane

4 km vor dem Camp führt eine 24 km lange Stichstraße zur Lagoa Manyemba, die stets Wasser hält und somit viele Vögel anzieht.

Die Lagune Manyemba

Von hier kann man östlich am Fluss entlang bis nach Covane fahren und weiter bis Jofane. In westliche Richtung kann man recht unkompliziert auf einer einsamen Waldpiste bis Massangena gelangen (ca. 190 km).

Weiterfahrt ab Camp Zinave

Trotz seiner desolaten Situation gelten die vollen **Eintrittsgebühren** für den Park: 200 Mtn. pro Person und Fahrzeug (pro Tag), 200 Mtn. für Camping und 450 Mtn. für eigenständige Pirschfahrten. Das neue Camp Zinave (sprich: „sin<u>a</u>we") entpuppt sich als Dorfgemeinschaft mit Hühnern und regem Einbaumverkehr auf dem Save. Seit der verheerenden Flut vom Februar 2000, die die alten Campruinen bis in Fensterhöhe überspülte, liegt das neue provisorische Camp auf einer Anhöhe, von der aus der Fluss nicht sichtbar ist (GPS S 21.25.25 O 33.51.81).

Allgemeine Infos

PROVINZ INHAMBANE — ZINAVE NP

Trost- und schattenlos liegt das neue Camp auf der Anhöhe, bietet keinerlei Rundblick, und schlimmer noch – man weiß um den nahen Fluss und kann ihn nur erahnen. Ein Besuch des alten Camps gestaltet sich zum **Trauerspiel**: Zinave Camp war ein mosambikanisches Mana Pools (das zimbabwische Camp am Sambesi hat Traumlage). Hohe Schattenbäume schirmten die gemauerten Rondavel gegen glühende Sonnenstrahlen ab, deren Fenster sich zur breiten Save-Flussschleife öffneten. Hier müssen Elefantenherden durchgezogen sein, Antilopen gegrast haben, Flusspferde gegrunzt und Affen durch die Baumwipfel gesprungen sein. Ein afrikanisches Paradies mag dieser Flecken gewesen sein, verwöhnt von der Natur. Das Camp war groß: Es gab Verwaltungsgebäude, Gesundheitsposten, Ausstellungsräume... Heute klettert man über die verfallenen, von hohem Gras verdeckten Mauern, betritt da und dort ein Gebäude, erkennt Einrichtungsmerkmale. Unwillkürlich drängen sich Phantasiebilder auf vom einst blühenden Camp. Dann steht man vor dem verblassten Schild des Wildlife Office. Darin am Boden schön aneinander gereiht die Schädel, Knochen, Hörner und Gebisse von Wildtieren, wie Elefanten, Giraffen, Gnus und Wasserböcken. Ein Eindruck, der traurig macht.

Natur & Tierwelt

Der Park flacht zum Save hin von 190 m auf unter 80 Höhenmeter ab. Ein halboffener Wald bedeckt dieses ebene Gebiet, der wohl zur traumhaften Baumsavanne würde, wenn Wildtiere regelmäßig das hoch stehende Gras und Buschwerk abfressen könnten. Munondobäume (Julbernardia Globiflora) und Strychnos-Arten sind typische Vertreter dieser Wälder, ebenso Combretum, Sukkulenten und zahlreiche Baumflechten. In Flussnähe stehen zarte Fieberbäume.

Nyalas, Ducker, Zebras, Impalas, Kudus, Stein- und Schirrantilopen kommen in kleinen Populationen vor, auch Leoparden, Hyänen und einzelne Löwen. Trotz des Logos des Zinave NP gibt es keine Giraffen, und auch die Elefanten wurden ausgerottet. Paviane und Pinselohrschweine sind heimisch. Rund 100 Hippos leben im Rio Save, nicht jedoch nahe dem Camp. 2011 wurden 50 Zebras von Kruger NP hier ausgewildert und für 2012 ist ein Restocking-Programm mit Impalas, Büffeln, wieteren Zebras und sogar Elefanten geplant. Vielleicht müssen sich die Besucher eines Tages also nicht mehr mit Kurzsichtungen von Antilopen und Meerkatzen begnügen...

Bilder von oben: Ein Wegweiser zum Zinave NP an der EN1;
Das verfallene alte Camp Zinave am Rio Save macht nachdenklich;
Rätselhafte Ruinen "Zimbabwe da Manyikeni" an der Straße nach Mabote

ZENTRAL-MOSAMBIK

Die Provinzen Sofala, Manica und Tete bilden die Landesmitte. Im Westen Zentralmosambiks türmen sich nahe der Grenze zu Zimbabwe die höchsten Berge des Landes auf, im Osten säumen endlose Mangrovensümpfe die sandigen Meeresküsten. Badestrände findet der Tourist dagegen nur wenige. Das hügelige Landesinnere ist mit markanten Granitkuppen und dichten Miombowäldern bedeckt. Die Lebensader dieser Region ist der mächtige Sambesi, der rund 1000 km durch das Land fließt, ehe er sich in ein Delta von der Größe Schleswig-Holsteins verzweigt und in den Indischen Ozean ergießt. Das größte touristische Highlight ist der Gorongosa Nationalpark.

Bitte beachten

Zentral- und Nordmosambik sind nicht mit dem Süden vergleichbar und deutlich schwieriger zu bereisen. Schlechte Straßen, häufige Stromausfälle, Wasserknappheit, schmutzige Städte und bescheidene Unterkünfte sind Dinge, mit denen der Reisende hier durchaus konfrontiert werden kann.

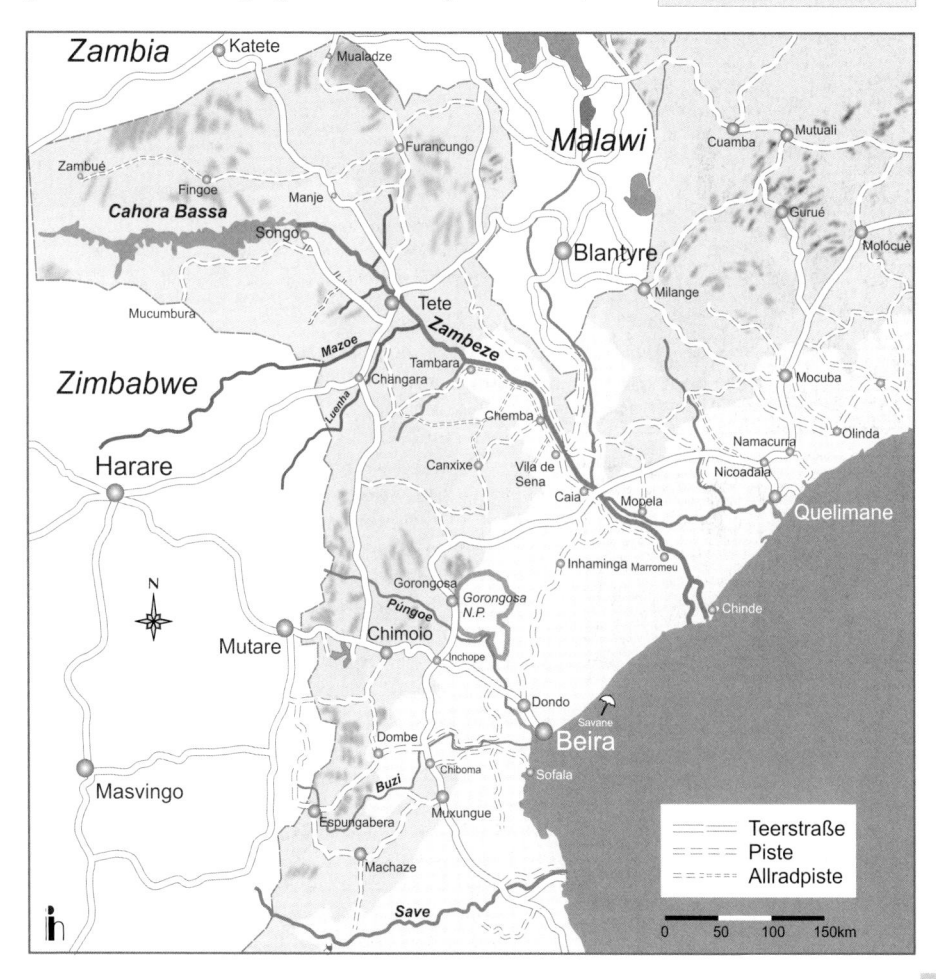

DIE PROVINZ SOFALA

Sena und Ndau bilden die stärksten Volksgemeinschaften dieser 67 218 km² großen Provinz. Ein Drittel der Bevölkerung lebt in der Hafenstadt Beira. Sofala gilt als Renamo-Hochburg, in der die Oppositionspartei seit jeher starken Rückhalt findet. Das Abfischen von Garnelen, Holzwirtschaft und der Zuckeranbau bilden neben dem Hafenbetrieb von Beira die wirtschaftlichen Grundpfeiler.

Fortsetzung der Streckenbeschreibung nach Süden: siehe S. 185

Fahrtstrecke: Von der Save-Brücke nach Beira

Die Streckenbeschreibung beginnt an der Hängebrücke über das breite, sandige Flussbett des Rio Save (sprich: "sawe"). Das Hochufer lässt erahnen, wie stark der zumeist gemächlich dahin fließende Save in der Regenzeit anschwellen kann. Bei der Flutkatastrophe im Februar 2000 stieg das Wasser bis 2 m unter die Brücke. Für das Befahren der Brücke wird bei Fahrtrichtung von Süden nach Norden ein Brückenzoll erhoben (Pkw 10 MTn, Pickups 20 MTn). Die Gegenrichtung ist gratis.

Nördlich des Save beginnt die Provinz Sofala. Die ersten 80 km der Straße durch diese einsame, halboffene Savanne voller Gestrüpp, Fächerpalmen und Baobabs waren bei der Flutkatastrophe besonders stark beschädigt und anschließend vollkommen neu gebaut worden. Das Gebiet ist fast menschenleer, nur ein paar Paviane sitzen gelegentlich auf der Straße.

Übernachtungsgelegenheit besteht 30 km nördlich vom Save River, kurz vor dem Rio Muari, im Papagaio Camp des **Rio Save Game Reserves**, einem Jagdgebiet, das auch Photosafaris und Birding propagiert (nur von Norden erkennbar beschildert). Eine 11 km lange Piste führt zum Camp, das recht idyllisch unter zwei Baobabs liegt und Bungalows, Mietzelte und Camping (400 MTn pP) anbietet. Tel. 82708314, in SA 027-123461507, E-mail: etglmoz@mweb.co.za, www.riosavevalley.co.za.

Nach 112 km besteht in **Muxungue** (alte Karten verzeichnen noch den Namen Nova Golegã) die Gelegenheit, Sprit aufzutanken. Der Ort ist außerdem eine Hochburg des Cashew-Straßenverkaufs; ein Kilo der köstlichen gerösteten Nüsse kostet ca. 7,50 Euro. Ab hier besteht auch die Möglichkeit, auf einer Piste über Machaze nach Espungabera zu fahren (Beschreibung siehe S. 227).

Save-Brücke – Beira

Gesamtstrecke: 393 km
Fahrzeit: ca. 6-7 Std.
Zustand: gute Asphaltstraße
Tankstellen: in Muxungue (ggl. rationiert), Inchope, Namatanda, Dondo

---

Die Flutkatastrophe von 2001

Im Februar 2001, genau ein Jahr nach der Jahrhundertflutkatastrophe in Südmosambik, führte die Öffnung der Schleusen im Kariba-und im Cahora Bassa-Damm zu einer Überflutung der Landstriche am Unterlauf des Sambesi. Denn auch die Flüsse Rio Púngoe und Rio Save führten Hochwasser und setzten weite Landstriche, Dörfer und Straßenabschnitte unter Wasser. Fast 100 000 Menschen waren dadurch betroffen und mussten vorübergehend ihre Dörfer verlassen bzw. evakuiert werden. Zwar fiel die Flut lange nicht so schlimm aus wie im Februar 2000, doch forderte sie mehr als 80 Todesopfer und zerstörte viele infrastrukturelle Einrichtungen und etliche bereits bestellte Felder.

INCHOPE

Die EN1 gerät nun allmählich in hügeligen Miombowald. 50 km weiter zweigt direkt nach der Brücke über den **Rio Buzi** im Dorf Goonda die Straße nach Dombe und Espungabera ab (155 km, S. 225). Auf der weiteren Strecke überqueren Sie den breiten Rio Revue, ansonsten bleibt die Fahrt ereignislos. Die Besiedlung hat allerdings gewechselt, denn entlang der Straße siedeln nun fast durchgehend bescheidene Subsistenzbauern und Holzköhler. Es sind armselige Dörfer, die fast ausschließlich vom Holzkohleverkauf und Ananasanbau leben. Die Menschen wirken sehr zurückhaltend. Nach insgesamt 258 km stößt man in der Ortschaft **Inchope** (siehe S. 216) auf die zwischen Mutare/Zimbabwe und Beira verlaufende EN 6. An diesem wichtigen Verkehrsknotenpunkt mit Tankstelle befindet sich ein dauerhafter Police Check Point.

Von Inchope führt die EN 1 weiter nördlich über den Ort Gorongosa nach Caia am Sambesi (S. 216) bzw. zum Gorongosa Nationalpark (S. 217). Alternativ können Sie entlang der als „Beira Korridor" bekannten EN 6 in westliche Richtung nach Chimoio (siehe S. 216) reisen. In Richtung Osten gelangen Sie auf der EN 6 dagegen in die Hafenstadt Beira.

Sofort fällt die Straße von 270 m auf nur mehr 80 Höhenmeter ab. Nach 33 km Fahrt wird die Ortschaft **Namatanda** durchquert (Tankstelle vorhanden, die Versorgung ist aber nicht gesichert). Ab jetzt geht es stets parallel zur Eisenbahnlinie durch das flache, nahezu baumlose Púngoe-Tiefland. Man kommt durch die Bahnstation Tica und wenig später in das sumpfige Mündungsgebiet des Rio Púngoe, der nach weiteren 40 km überquert wird. Als hoher Fahrdamm wurde die Straße in dieser weiten Flutebene aufgeschüttet; doch zahlreiche Schlaglöcher belegen, dass dies trotzdem nicht vor Überflutungsschäden schützt. Nach heftigen Regenfällen im Hinterland kommt es hier immer wieder zu schweren Überschwemmungen, und die Straße wird mitunter tagelang unpassierbar. 26 km nach der Brücke zweigt unbeschildert und wenig auffällig die EN 213 nach Caia ab (siehe S. 208). Kurz danach liegt **Dondo**, ein florierender Vorort mit guter infrastruktureller Versorgung und einer großen Zementfabrik Die letzten 32 km führen nun direkt nach Beira hinein.

Wichtige Fernstraßenkreuzung

Von Inchope nach Beira (ca. 132 km)

Oben: Ein Korwaren-Händler auf dem Weg zu einem Wochenmarkt

PROVINZ SOFALA STADTGESCHICHTE

Beira

Erste Orientierung	Unser erster Eindruck bei den Recherchen: alle verfügbaren Stadtpläne sind vollkommen falsch! Da waren Straßen verzeichnet, die offensichtlich über den stadtplanerischen Zustand nie hinaus gekommen sind. Wir sahen uns zu grundlegenden eigenen Vermessungen gezwungen. Der zweite Eindruck: In Beira herrscht "Rotunden-Begeisterung"; keine andere Stadt des Landes hat so viele (unbeschilderte) Plätze mit Kreisverkehr zu bieten. Hat man erst einmal die chaotischen, schäbigen Vororte Beiras überwunden, offenbart das Zentrum eine eigenwillige Mischung aus kolonial geprägten, meist dem Verfall preisgegebenen Straßenzügen und architektonisch streng sozialistischen Verunstaltungen. Die Innenstadt liegt zwischen der Mündung des Rio Púngoe und dem Leuchtturm, das unmittelbare, pulsierende Stadtzentrum zwischen Praça do Município und Praça do Maquininio. Die Altstadt an der Púngoemündung verläuft vom Hafen bis zur Kathedrale. Die ältesten Kolonialgebäude waren zumeist auf Stelzen gebaut und mit hübschen Veranden und Blechdächern ausgeschmückt. Renoviert sind die wenigsten, aber alle sind bewohnt. Selbst in den abenteuerlich eingestürzten Häusern mit herab hängenden Balkonen und morschen Dachkonstruktionen wohnen Familien mit einer stoischen Gelassenheit. Ein paar schöne Beispiele dieser unbedarften Ignoranz gegenüber dem **Niedergang der Architektur** findet man in der Avenida Mondlane, einem der ältesten Straßenzüge der Stadt. Der Teil dieser Alleestraße zwischen Av. Samora Machel und dem Praça do Município hat uns spontan zum Ausdruck "Straße des Verfalls" verleitet.
Oben: Leerstehende Hochhäuser, die nackten Betonwände kunstvoll mit Werbung versehen	Der historische Teil Beiras verkümmert zusehends, dazwischen ragen hässliche Betonhäuser im Stil der Ostblock-Plattenbauten in den Himmel. Beiras Atmosphäre ist die einer beschaulichen Provinzhauptstadt; nicht die einer Metropole, wie man es von der zweitgrößten Stadt des Landes erwartet. Größte Hauptstraße Beiras ist die Avenida S. Machel, ein breiter Boulevard mit Mittelstreifen, der mit Bäumen bepflanzt wurde. Entlang der Uferstraße zum Leuchtturm hin säumen Kasuarinen und einzelne Schiffswracks den Strand.
Stadtgeschichte	Arabische Handelsbeziehungen mit den Völkern an der Púngoemündung gehen bis auf das 9. Jh. zurück. Über Jahrhunderte gingen die Dhaus vor allem im 50 km südlich gelegenen Sofala vor Anker, um edle Stoffe, Gewürze, Perlen und Gold zu handeln. Im frühen 16. Jh. tauchten die Portugiesen auf und versuchten, den florierenden Handel an sich zu reißen. Daraufhin verließen die Swahili-Araber den Standort und lenkten die Handelsrouten über Angoche, das viel weiter nördlich liegt. Damit geriet die Region ins Hintertreffen. Dennoch verteidigten die Portugiesen die breite Mündung des Rio Púngoe bis weit in das 17. Jh. mit einer Garnison.
Schon gewusst? Die Asche des Leadwood-Baumes ergibt eine gute Zahncreme	1878 bekam Joaquim Carlos Paiva de Andrada große Ländereien am Nordufer der Púngoemündung zugesprochen. Sechs Jahre später ließ sich der reiche Prazeiro hier nieder und gilt seither als Gründer von Beira. Seiner winzigen Siedlung maß die portugiesische Krone genug Bedeutung bei,

BEIRA

um sie 1887 zu Ehren des jüngsten Thronfolgers Dom Luis Filipe, auch „Prince of Beira" genannt, offiziell unter dem Namen Beira anzuerkennen und durch eine Garnison zu schützen. Zu dieser Zeit belasteten heftige Querelen um Gebietsansprüche das anglo-portugiesische Verhältnis. Cecil Rhodes, der imperialistische Haudegen, hatte mit seiner Privatpolizei BSAC weite Gebiete Innerafrikas überrannt und die Kolonie Rhodesien gegründet. Sein Machthunger blieb ungestillt. Er forderte für seine Kolonien einen Zugang zum Meer, und der kürzeste Weg führte geradewegs nach Beira. Erst 1891 legten die gegnerischen Parteien per Vertrag die noch heute gültigen Landesgrenzen fest. Rhodes akzeptierte die portugiesischen Ansprüche nur, weil ihm im Gegenzug der Bau einer Bahnlinie zum Indischen Ozean zugesichert wurde sowie das Monopol, die portugiesischen Gebiete nördlich des Sambesi anhand von Konzessionen wirtschaftlich auszubeuten. Mit dem Bahnbau begannen die Briten 1898. Seit dieser Zeit

Die Briten hätten sich Beira und Umgebung gerne einverleibt

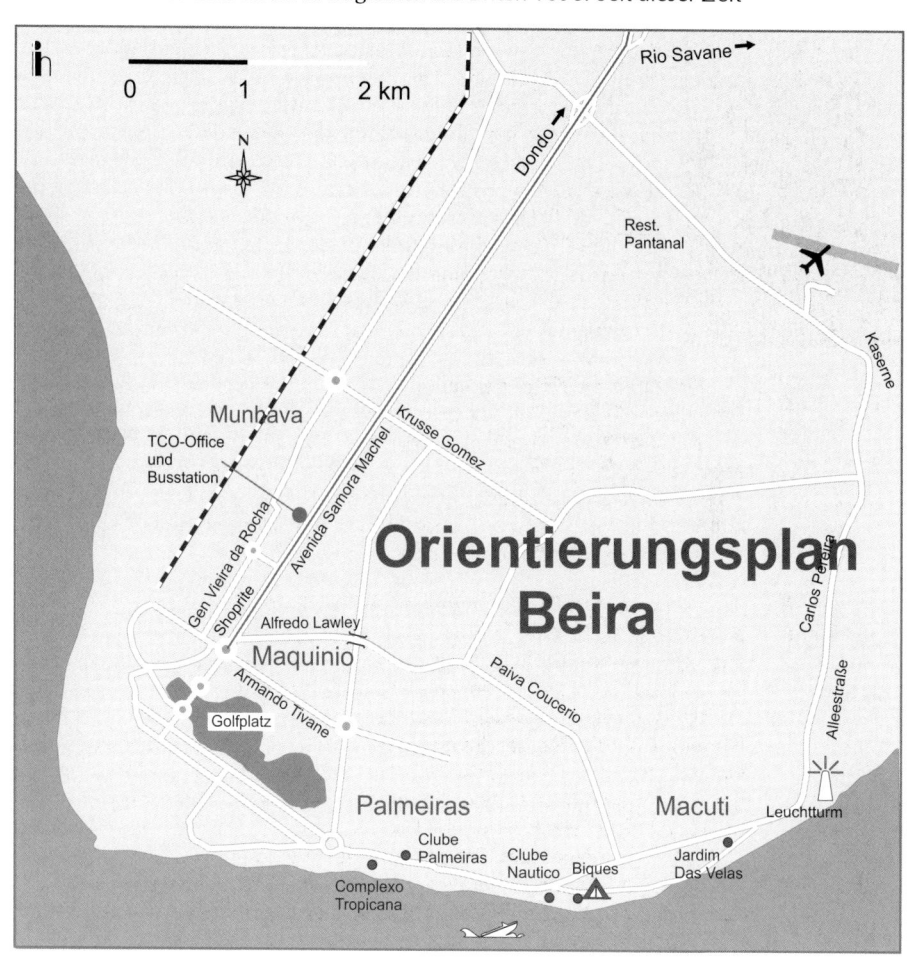

PROVINZ SOFALA — STADTGESCHICHTE

Oben:
Catedral de Nossa Senhora Rosário

bestand in Beira ein großer britischer Bevölkerungsanteil. Die Banken hielten damals sogar Bargeldbestände in britischen Pfund bereit. Der starke angelsächsische Einfluss prägte die Ortschaft für Jahrzehnte. Der Eisenbahnbau brachte viele Neuankömmlinge in die armselige, stickige Hafensiedlung. Das schwüle Klima und die nachlässigen Hygienebedingungen machten den Aufenthalt in Beira höchst unangenehm. 60 % der Bahnarbeiter sollen in den ersten beiden Jahren seit Beginn der Baumaßnahmen der Malaria und anderen Krankheiten zum Opfer gefallen sein. Rund 4000 Einwohner zählte Beira zu Beginn des 20. Jh., aber auch 80 Bars und Hafenspelunken. Die Umgebung war noch völlig unerschlossen und äußerst wildreich; es wird von Löwen berichtet, die damals durch die Straßen Beiras liefen. Zahlreiche Inder gelangten durch die Bahnarbeiten nach Beira und begründeten die spätere Händlergemeinschaft. Jahrzehntelang prägten indische Rikschas das Stadtbild Beiras. Das Leben war in Beira damals sehr männlich orientiert.

Als 1903 die Eisenbahn fertiggestellt war und der Transport über den Hafen von Beira ins Innere Afrikas zu den aufstrebenden britischen Kolonialstädten in vollen Zügen anlaufen konnte, erlebte die Hafenstadt einen raschen Aufschwung. Bei der Volkszählung von 1928 belegte Beira mit 23 694 Einwohnern (darunter 2153 Europäer) den zweiten Platz hinter der jungen Hauptstadt Lourenço Marques, die 43 000 Einwohner zählte. Bis Ende der 1960er Jahre verdoppelte sich die Bevölkerungszahl, der Anteil der Weißen stieg sogar auf 10 000.

Schon gewusst?

Die Hafenstadt Beira ist die Aids-Hochburg des Landes

Nach der Unabhängigkeit Mosambiks und Zimbabwes, das 1980 aus der britischen Kolonie Südrhodesien hervorging, vertieften die beiden Staaten das Erbe der Kolonialherren: Gemeinsam wurden die Straße und die Bahnverbindung ausgebaut sowie der Hafen vertieft und modernisiert, um Container- und Ölverladung zu ermöglichen. Trotz des destabilisierenden Bürgerkriegs, der besonders in Zentralmosambik wütete, hielten Soldaten aus Zimbabwe den **Beira Korridor** frei und so blieb Beira allzeit zugänglich. Heute ist die zweitgrößte Stadt des Landes auf 488 000 Einwohner angewachsen und noch der wichtigste Hafen Mosambiks.

Klima

Die Provinzhauptstadt liegt auf Meereshöhe im sumpfigen Mündungsgebiet des Rio Púngoe. Das Klima ist ganzjährig stickig und schwül.

BEIRA

Hotels und Pensionen in Beira

- **Hotel Tivoli:** Av. de Bagamoyo, Tel. 23320300, Fax 23320301, E-mail: h.tivoli-beira@teledata.mz. Modernes Business Hotel mit elegantem Ambiente. Es bietet 64 Zimmer und 10 Suiten mit Satelliten-TV und Klimaanlage und einen sicheren Parkplatz. Preise: B&B ab 86 €/DZpP und 140 €/EZ.
- **VIP Inn Biera:** Rua Luis Inácio, 172, Tel. 23340100, Fax 23322002, E-mail: hotelbeira@viphotels.com. Ein modernes Business-Hotel mit 54 klimatisierten Zimmern, kleinem Restaurant und sicherem Parkplatz. Airporttransfers und WIFI sind gratis. Preise: B&B ab 62 €/DZpP und 115 €/EZ.
- **Jardim Das Velas:** 282 Avienda F.P.L.M, Macúti, Tel./Fax 23312209, E-mail: jardimdasvelas@yahoo.com. Am Strand von Macúti liegt diese beliebte Studioanlage mit Einzelzimmern (ab 75 €) und größeren Familienstudios mit Kitchenette (ab 87 €/Nacht) und Grillgelegenheit im Garten, aber ohne Bar/Restaurant. Alle Zimmer sind klimatisiert und haben Balkone.
- **Hotel Embaixador:** Rua Major Serpa Pinto. Das große, traditionsreiche Mittelklassehotel aus den sozialistischen Jahren wird derzeit grundlegend umgebaut.
- **Beira Guest House:** Av. Eduardo Mondlane, Tel. 23324030, 823150460. Private Frühstückspension mit modern ausgestatteten, klimatisierten Zimmern (mit Fernseher und Minibar), Internetzugang und sicherem Parkplatz. Preise: B&B ab 38 €/DZpP und 70 €/EZ.
- **Rainbow Hotel Moçambique:** Ave. de Bagamoyo, Tel. 23325011 Fax 23325060, E-mail: mozambhotel@teledata.mz. Einst das beste Hotel von Beira, heute eher verblichener Stolz und sozialistischer Mief. Das 15 Stockwerke hohe Gebäude in zentraler Lage bietet Pool, Satelliten-TV und klimatisierte Zimmer. Preise: ab 50 €/DZpP und 84 €/EZ.
- **Hotel Miramar:** Av. Mateus Sansão Muthemba, Tel. 23322283, Fax 23329558. Einfaches Hotel an der Uferpromenade; das geräumige klimatisierte Zimmer mit Meerblick und einen bewachten Parkplatz bietet, seine besten Tage aber schon lange in sich gelassen hat. Preise: ab 20 €/Nacht.
- **Pensão Moderna:** Rua Travessa da Igreja 263, Tel. 23329901, 32324537. Älteres, eher einfaches Gästehaus südlich der Kathedrale, nur Sparfüchsen zu empfehlen. Preise: Übernachtung ab 12 €/DZpP und 14 €/EZ, mit Klimaanlage und eigenem Bad ca. 50% Zuschlag.

Camping

- **Biques:** Avenida das FPLM, Tel. 23312451/23313051. Am Strand des beliebten Restaurants (Seafood-Spezialist) im Vorort Macúti darf man Campieren, allerdings ziemlich beengt und ohne Privatsphäre. Nur rudimentäre Sanitäreinrichtungen, oft viel Wind. Preis: 3 € pP.

Sehenswertes in Beira

Beginnen wir unseren Stadtrundgang beim Hafen, der Keimzelle Beiras. Hier thront das **Casa Infante de Sagres**, der renovierte neoklassizistische Sitz der Manica Frachtgesellschaft. Der Kolonialbau zählt zu den größten architektonischen Leistungen der Stadt. Vom Hafen führen mehrere schmale Straßenzüge ins Zentrum beim Praça do Metical. Jede für sich ist ein verfallenes Relikt der Gründerjahre. Man kann vom Hafen auch entlang der Promenade zum Praça do Metical fahren und kommt dabei zum **Schiffsfriedhof**. Hier liegen zahlreiche seeuntüchtige Metallkolosse und rosten als hässliches Mahnmal vor sich hin. Nur zum Teil sind die Schiffe altersbedingt oder durch nachlässige Wartung fahruntüchtig geworden, ein beschämend großer Teil wurde 1975 beim Übergang in die Unabhängigkeit von frustrierten, das Land verlassenden Portugiesen als Sabotageakt zerstört. In einigen der Wracks haben heute Straßenkinder Unterschlupf gefunden. Auf dem Weg zum **Praça do Metical** ragt das rote BIM-Bankgebäude aus der grauen Häusereinheit hervor. Das renovierte Haus gilt als typisches Beispiel der Kolonialarchitektur des ausgehenden 19. Jh. und ist allgemein als Casa Portugal bekannt. Wie sein Name schon vermuten lässt, ist der Praça do Metical das wirtschaftliche Herz der Stadt, an dem sich ein Bankhaus ans

Unser Tipp: Englischsprachige Stadtführungen bietet Herr Farsai Gamariel an. Tel. 825860610 E-mail: fargam74 @yahoo.co.uk

PROVINZ SOFALA — SEHENSWERTES

Beira

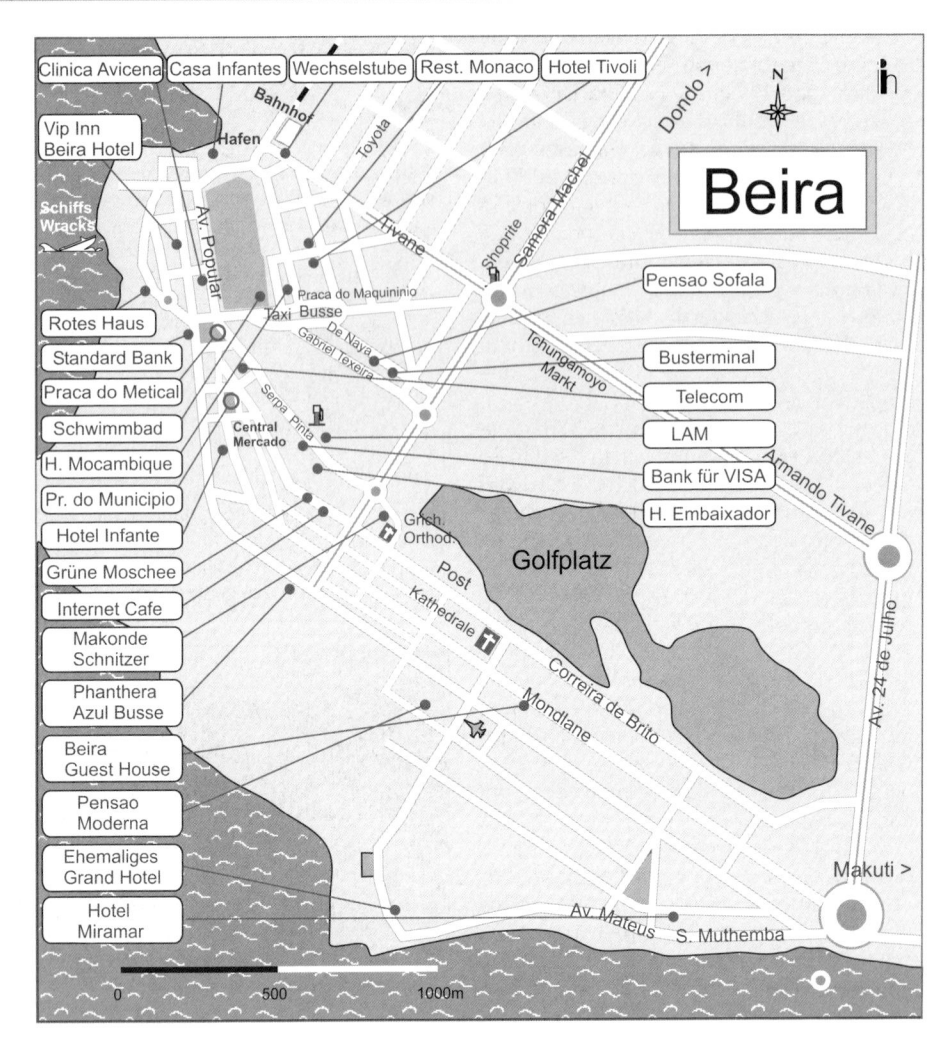

Map labels:
- Clinica Avicena
- Casa Infantes
- Wechselstube
- Rest. Monaco
- Hotel Tivoli
- Vip Inn Beira Hotel
- Hafen
- Bahnhof
- Toyota
- Dondo →
- N
- Schiffs Wracks
- Av. Popular
- Tivane
- Shoprite
- Samora Machel
- Pensao Sofala
- Rotes Haus
- Taxi Busse
- Praca do Maquininio
- De Naya
- Gabriel Texera
- Tchungamoyo Markt
- Standard Bank
- Busterminal
- Praca do Metical
- Serpa Pinta
- Telecom
- Schwimmbad
- Central Mercado
- LAM
- H. Mocambique
- Bank für VISA
- Pr. do Municipio
- Armando Tivane
- Gnsh. Orthod.
- H. Embaixador
- Hotel Infante
- Grüne Moschee
- Golfplatz
- Post
- Internet Cafe
- Kathedrale
- Makonde Schnitzer
- Correira de Brito
- Phanthera Azul Busse
- Mondlane
- Av. 24 de Julho
- Beira Guest House
- Pensao Moderna
- Ehemaliges Grand Hotel
- Makuti →
- Hotel Miramar
- Av. Mateus S. Muthemba
- 0 500 1000m

andere reiht. Einen Katzensprung weiter beherbergt der **Praça do Município** noch viele Kolonialgebäude, die diesem Platz ein fast europäisches Ambiente geben. Cafés stellen ihre kleinen Tisch unter schattige Bäume und laden zu einer Rast ein, davor werden Tageszeitungen auf dem Trottoir ausgelegt. Schräg hinter der Post fällt ein mittelalterlich anmutender Bau mit vergitterten Fenstern auf, der seit vielen Jahrzehnten als städtisches

BEIRA

Gefängnis dient. Die Angehörigen der Inhaftierten bringen untertags Nahrungsmittel für die Häftlinge in das **Prisão da Beira**. Einen Straßenzug weiter verrät das Menschengewirr den **Mercado Central**, einen der buntesten und vielseitigsten Stadtmärkte Mosambiks. Nun geht es weiter entlang der Avenida Correira de Brito. Hier steht in hellgrünen Tönen gestrichen die Moschee Beiras. Wenig später kommt man an einem Schreibwaren- und Videoladen vorbei, der auch als Internet-Café fungiert. Dann überquert man die Ave. Samora Machel und sieht bald danach links das unscheinbare griechisch-orthodoxe Kirchlein, in deren Nähe eine Kooperative Makonde-Schnitzkunst verkauft. Folgt man der Straße weiter, erreicht man schließlich die **Catedral de Nossa Senhora Rosário**, deren Eingang an der Avenida Eduardo Mondlane liegt. Für den Bau dieses 1925 fertiggestellten Gotteshauses trug man Steine vom verfallenen Fort in Sofala ab. Das graue Gebäude erstrahlt nach seiner Renovierung wieder in weißem Glanz.

Die Avenida Mateus Sansão Muthemba verläuft als Uferstraße entlang der Meeresküste nach Osten. Zunächst führt sie am ehemaligen **Grande Hotel** vorbei, einst eine Luxusherberge, die schon seit Jahrzehnten verkommt und von verarmten Familien „besetzt" wurde. Im Luxus-Pool wird heute Wäsche gewaschen. Viel weiter im Osten, die Straße heißt hier Avenida das FPLM und verläuft entlang des städtischen Strandes, erreicht man das Viertel Macúti. Zwischen dem Clube Nautico und dem rot-weiß gestreiften **Leuchtturm** „Farol de Estoril", der zugleich das offizielle Ende der Stadt markiert, liegt der **Badestrand** von Beira (Vorsicht: oft starke Strömung). An den Wochenenden füllt sich dieser Strandabschnitt mit Leben. Auf Höhe des Clube Palmeiras kann man direkt aus den Fischerbooten frische Garnelen kaufen. Nachts sollte man sich am Strand jedoch nicht alleine aufhalten.

Bild links: Schiffsfriedhof von Beira,
Bild rechts: Ein marodes Haus mit
Autowrack in der "Straße des Verfalls"!

Restaurants & Nachtleben

Das Nachtleben von Beira ist nicht so vielfältig wie in Maputo, doch findet der Reisende auch hier im Zentrum eine stattliche Auswahl an Bars und Restaurants mit schmackhafter Küche zu erschwinglichen Preisen. Als lokale Spezialitäten gelten die köstlichen Seafood-Gerichte und saftige Steaks (eine Reminiszenz an die britisch geprägte Vergangenheit).

Tagsüber konkurrieren die Straßencafés am Praça do Município um die Gunst der Gäste; und hier sollte man einen Besuch im leicht nostalgischen **Café Riviera** einplanen, das von frühmorgens bis 21 Uhr abends köstliche Snacks und Backwaren offeriert.

Ein traditioneller sozialer Treffpunkt ist der **Clube Náutico** (Tel. 23311720) mit seinem familiären, legeren Restaurant mit Bar und Pool direkt am Strand von Beira. Beliebt ist auch das Strand-Restaurant **Biques** in Makuti (mit der Campinggelegenheit, siehe S. 203), wo man am Besten den Sonnenuntergang mit Garnelen und Weißwein zelebriert.

Einkaufen in Beira

Der große südafrikanische Shoprite Supermarkt liegt in der Avenida Armando Tivane und bietet die breiteste Auswahl im Lebensmittelbereich. City Stores im Zentrum am Praça do Município ist ebenfalls gut sortiert. In der Altstadt sind allerlei indische Läden, dort befindet sich auch der Getränkegroßhändler Handling. Obst und Gemüse ersteht man am besten auf den lokalen Märkten.

Tageszeitungen findet man am ehesten bei den Straßenhändlern vor der Post am Praça do Município.

Wichtige Adressen von A bis Z

Banken & Geldwechsel Wie überall in diesem Land sprießen neue Bankfilialen nur so aus dem Boden, und die meisten bieten heute auch ATM-Schalter für Kreditkartenabhebungen. Bankfilialen aller mosambikanischer Bankhäuser gruppieren sich um den Praça do Metical. Unkompliziert lässt sich Bargeld auch bei der BIM-Filiale im Shoprite wechseln (bewachter Parkplatz, bis 16.00 h). Im Hafengebiet findet man außerdem Wechselstuben, wie "Multi Cambios" und "786 Cambio". Reiseschecks wird man in Beira dagegen praktisch überhaupt nicht mehr los.

Fluggesellschaften LAM: LAM-Büros befinden sich in der Rua Major Serpa Pinto (Tel. 23324142, Fax 23328632) und am Flughafen (Tel. 23301021/4). South African Airlink: Tel. 23301569, www.flyairlink.com.

Hospital & Apotheke **Clinica Avicena:** Tel. 23327990 und 825021520, Av. P. Popular. Die Privatklinik bietet einen 24-Stunden-Notdienst an.
Macúti Housing Complex: Tel. 23311925, Avenida Martires da Revolução.
Central Hospital: Tel. 23312071 in Macúti, Avenida das FPLM. Das staatliche Krankenhaus ist allerdings meistens überfüllt und schlecht ausgestattet. Eine Apotheke befindet sich im Shoprite-Komplex (Tel. 23328108).

Polizei Tel. 23213094/23327827, Notruftelefon Nr. 199

Post Office Das Hauptpostamt von Beira befindet sich am Praça do Município. Öffnungszeiten: Montags bis freitags von 07.45-12.00 h und 14.00-17.00 h, samstags von 07.45-12.00 h.

Reisebüros Mehrere Reiseagenturen befinden sich im Bereich des Praça do Metical.

Telefon & Internet Das Telefonamt und ein **Internetcafé** liegen neben der Post in der Rua Major Serpa Pinta und haben täglich von 08.00-21.00 h geöffnet. Teledata Internet befindet sich in der Rua Companhia.

Tourist-Info Fehlanzeige! In Beira gibt es kein Büro der Touristeninformation. Die Stadt ist schwer ins touristische Hintertreffen geraten.

Märkte in Beira
- **Mercado Central:** Der zentrale Stadtmarkt erstreckt sich zwischen der Rua Correira de Brito und der Rua Jaime Ferreira. Hier bekommt man Lebensmittel aller Art, von Gemüse und Obstwaren über Fleisch- und Fischprodukte. Für Touristen wird auch Kunsthandwerk angeboten.
- **Mercado do Goto (auch Chungamoio):** In der Avenida A. Tivane bietet dieser große Markt vor allem Haushaltswaren und Second-Hand-Kleidung.
- **Mercado do Maquinino:** Der Markt im Vorort Maquinino bietet neben Obst und Gemüse eine reichhaltige Auswahl an Utensilien der traditionellen Medizin sowie lebende Tiere.

Tipp!
- **Mercado da Praia Nova:** Direkt am Strand verkaufen die bei Flut heimkehrenden Fischer ihren frischen Fang. Hier gibt es die beste Auswahl an Fisch und Meeresfrüchten (etwa auf Höhe des Clube Palmeiras).

BEIRA

Oben: Der Praça do Municipio bildet das Herz Beiras

An- und Weiterreise

Flughafen & Flüge:
Der Internationale Flughafen von Beira liegt 7 km nordwestlich der Stadt im Vorort Estoril. Es besteht keine Busverbindung in die Innenstadt, doch gibt es Chapas nach Makuti. Eine Taxifahrt kostet ca. 10 €. Die Flugauskunft erreicht man unter Tel. 23301908/23301071. Der Flughafen bietet keine Gepäckaufbewahrung.

Nach Maputo bestehen tägliche Flugverbindungen, außerdem mehrmals pro Woche nach Johannesburg, Kruger-Mpumalanga, Harare, Nampula, Quelimane, Vilankulo und Tete.

Mietwagenagenturen:
Avis Rent-a-Car: Tel. 23301263, Fax 23301265, Büro am Flughafen.
Imperial Car Rental: Tel. 23302650/823002410, Fax 23302651, Rua Correira de Brito.
Sixt Rent A Car: Tel. 23302650, Büro am Flughafen.
Lobato Rent A Car: Tel. 23302521, Fax 23312981, Büro am Flughafen.

Bahnhof & Bahnverbindungen: Es besteht eine tägliche Bahnverbindung nach Chimoio (3 Std. Fahrt, etwa 5 Euro). Info & Reservierung: Tel. 23321051.

Busbahnhof & Busverbindungen:
Der Busbahnhof und ein Taxistand (Tel. 23322921, 23328592) liegen an der Avenida Artur Canto Resenda am Praça do Maquininio. Fernstreckenbusse halten zusätzlich am Mercado do Goto an der Avenida A. Tivane. Mit Panthera Azul kann man von Beira direkt bis Johannesburg durchfahren (Tel. 23326564/23323564/23325042).

Die klimatisierten TCO Oliveiras-Expressbusse starten frühmorgens gegen 4 Uhr vom TCO Office in der Rua dos Irmãos Roby, nördlich des Zentrums nahe der Ausfallstraße nach Dondo (siehe Map S. 201). Nach Maputo fahren die Busse täglich außer Samstag; nach Quelimane mehrmals wöchentlich. Jeden Di und Do fährt ein Bus zwischen Nampula und Beira, dienstags fährt er von Nampula über Beira durch bis Maputo. Fahrtage und Abfahrtszeiten ändern sich allerdings häufig. Info & Kontakt: Tel. 23354812, 823048162, E-mail: tcobeira@tdm.co.mz. Fahrpreise: Von Beira nach Nampula 45 €, nach Maputo 42 €, nach Vilankulo 23 €, nach Gorongosa 11 €, nach Chimoio 7 €, nach Tete 20 €, nach Caia 17 € und nach Quelimane 22 €.

PROVINZ SOFALA   SOFALA & CAIA

Die Umgebung von Beira

Robinson-Idylle: Tour zum Rio Savane Camp

An der schmalen Landzunge zwischen der Mündung des Rio Savane und dem Indischen Ozean liegt das Rio Savane Camp. Hier stehen Riedchalets und Campingstellflächen zur Verfügung und zur Anlage gehört ein einfaches Restaurant mit Bar. Die meisten Gäste kommen zum Fischen hierher. Es ist möglich, sowohl im Meer als auch im Mündungswasser des Savane zu baden. Viel Wind! Info + Reservierung: Tel./Fax 23323555 oder 823857660, in Südafrika Tel. 0027-11-8931768 und Fax 9162099. Preise: Bungalows 110 €/Nacht, einfache Hütten rund 75 €/Nacht, Camping ab 8 € pP, Barracas ab 12 €/Nacht. Achtung: Kein Zugang zum Camp mit Fahrzeugen! Anreise: Die Piste ER432 zweigt 500 m westlich der Airport Road von der Haupteinfallstraße nach Beira in entgegengesetzter Richtung ab. Achtung: Wer stadtauswärts fährt, kann wegen des Mittelstreifens nicht in die Piste einbiegen. Die Piste führt 32 km durch Schwemmgebiet (sie ist nach Regenfällen evtl. vorübergehend unpassierbar) und endet auf dem bewachten Parkplatz des Camps, direkt am Savane, wo die Besucher ihre Fahrzeuge zurücklassen. Das Camp liegt genau gegenüber auf der nördlichen Flussseite. Per Boot werden die Gäste hinüber gebracht.

Für History-Fans: Ein Ausflug nach Sofala

Als der portugiesische König 1501 den ersten offiziellen Gesandten an die Küste Ostafrikas schickte, residierte ein greiser Scheich in der arabischen Handelsmetropole Sofala. Die Küstenstadt war durch den Goldhandel mit dem Königreich Mwene Mutapa reich geworden. Für die Portugiesen symbolisierte sie das ersehnte „Tor zum Goldland". Vier Jahre nach der ersten Begegnung rangen die Portugiesen dem Scheich von Sofala die Genehmigung ab, ein Fort zu errichten, das zur Keimzelle der portugiesischen Kolonie werden sollte. Die swahili-arabischen Händler lehnten sich gegen die Neuankömmlinge auf und verließen Sofala, um den Goldhandel an den Portugiesen vorbei in andere Küstenorte zu lenken. So verlor Sofala, kaum dass Portugal die Handelsstadt erobert hatte, seine Bedeutung. Bis Mitte des 18. Jh. blieben zwar Soldaten im Fort stationiert und einige portugiesische und arabische Händler in Sofala, dann aber verfiel die alte Bastion an der südlichen Trichtermündung des Rio Púngoe und geriet in Vergessenheit. 1904 trug man zum Bau der Kathedrale von Beira die Steine des verfallenen Forts ab. Wer glaubt, in Sofala heute noch Zeugnisse der Geschichte zu finden oder gar durch alte Stadtanlagen zu wandeln, erlebt eine herbe Enttäuschung. Erosion und Sanddünen haben die Ruinen längst abgetragen und verdeckt.

Eine kleine Allradpiste führt nach Sofala. Leichter erreicht man die verfallene Stadt über die Personenfähre, die unregelmäßig von Beira nach Buzi fährt. Von dort geht es die letzten 75 km per Buschtaxi weiter. Das alte Sofala lag rund 1 km von der heutigen Siedlung entfernt.

CAIA

Fahrtstrecke: Von Beira nach Caia

Die Strecke führt entlang der EN 6 nach Dondo (32 km) und 10 km danach beim Cheringoma Turnoff zur Abzweigung der EN 213, die über Muanza nach **Inhaminga** (KM 188, Campinggelände mit einfachen Bungalows im Ort vorhanden), der größten Ortschaft auf dieser Strecke, verläuft. Regelmäßige Überschwemmungen setzen der welligen, unruhigen Flachlandstraße fürchterlich zu, so dass man nur mit langsamer Fahrt vorankommt. Dieser Abschnitt entlang der Küstenniederung ist als Tortur für Fahrzeug und Fahrer berüchtigt. Die meisten Reisenden nehmen daher lieber den Umweg über Inchope in Kauf, um entlang Fernstreckenstraße EN 1 über die Kleinstadt Gorongosa nach Caia zu fahren (siehe Streckenbeschreibung auf S. 216).

Die Fahrt ist einsam, dicht bewaldet und sehr wildreich. Aufmerksame Reisende entdecken eine reiche Vogelvielfalt und zahlreiche Edelhölzer, die hier noch nicht in großen Stil abgeholzt wurden. In diesen Wäldern leben noch Stachelschweine, Galagos, Rotducker und Meerkatzen. Die wenigen Menschen in den vereinzelten Dörfern verkaufen Honig und erlegtes Wild am Straßenrand (geräuchert oder frisch erlegt). 13 km nördlich von **Inhamitanga** mündet von links die EN1 aus Gorongosa in unsere Straße (bei GPS S 18.11.64 O 35.09.30). Bis Caia und zur Sambesibrücke sind jetzt noch rund 45 km auf beschädigter Teerstraße durch wildreichen Wald zu fahren. Unterwegs besteht eine reizvolle Übernachtungsgelegenheit im "M'phingwe Camp Catapu" (s. rechts).

Caia ist nur ein armseliges Dorf; von Bedeutung ist seine Tankstelle mit kleinem Laden und einer Bankfiliale mit ATM-Schalter.

Die neue Sambesibrücke bei Caia

Am 01.August 2009 fand die feierliche Einweihung der neuen 2,4 km langen "Armando Emilio Guebuza Brücke" über den Sambesi statt (Foto links). Seither wechselt man vom einen zum anderen Ufer des breiten Stroms in wenigen Minuten. Es besteht eine Geschwindigkeitsbegrenzung von 60 km/h. Der Brückenzoll beträgt 80 MTn für Pkws, 100 MTn für Pickups und Geländewagen und 800 MTn für Lkws.

Streckenfortsetzung nach Quelimane: s. S. 244.
Übernachtungscamp am Sambesi-Nordufer: s. S. 244.

Beira – Caia (Sambesi)

Gesamtstrecke: 266 km
Fahrzeit: ca. 5-6 Std.
Zustand: zumeist Erdstraßen, häufige Überflutungsschäden
Tankstellen: Dondo, Caia

Unser Tipp: 32 km südlich der Sambesibrücke, bei KM-Markierung 925, liegt einsam im 25 000 ha großen Waldschutzgebiet das idyllische **"Catapú Mphingwe Camp"**. Hier werden geräumige Cottages und kleinere Holzchalets angeboten (8-20 €/DZpP und 17-40 €/EZ). Es bietet gute Sanitäreinrichtungen, ein kleines Restaurant, viele Wanderwege und wird sehr liebevoll betreut (kein Camping erlaubt). Tel. 823014636, www.dalmann.com, E-Mail: tctcatapu@gmail.com.

Jahrzehntelang lief der gesamte Verkehr zwischen dem Süden und dem Norden des Landes über die altersschwachen Motorfähren von Caia. Für lange Wartezeiten und Zwangspausen bei Motorschäden, Dieselengpässen oder wenn sie auf eine Sandbank auflief, war die Sambesifähre weit über die Landesgrenzen hinaus berüchtigt.

2006 begann der Brückenbau, ein mehr als 80 Mio. Euro teures Projekt, das mehrheitlich von der EU, Italien, Schweden und der mosambikanischen Staatskasse finanziert worden ist.

Auf beiden Uferseiten hatten sich die Fähranlegestellen zu quirrligen, lebhaften Dörfern entwickelt. Mini-Restaurants und dröhnende Bars reihten sich in garagengroßen Schilfhütten aneinander, Frauen wuschen ihre Babies und Wäsche im Brackwasser, Kinder spielten in verrosteten Containern, Sammeltaxis lasen Fahrgäste, und Hühner wechselten den Besitzer. Mit der neuen Brücke hält sich niemand mehr länger hier auf und so sind auch die vielen Dienstleister längst abgewandert und verschwunden.

PROVINZ SOFALA — VILA DE SENA

Ein reizvoller Abstecher:
Das einsame Gebiet zwischen Sambesi und Gorongosa NP

Abenteuerlustigen Reisenden in Allradfahrzeugen bietet sich in Caia eine reizvolle Tour entlang dem Sambesi-Tiefland an. Nach Regenfällen ist diese Strecke allerdings teilweise unpassierbar. Sie führt durch sehr abgelegene Gegenden mit rückständigen Dörfern, alten Alleen und verfallenen Kolonialstädtchen, und mit etwas Phantasie lässt sich hier noch das selbstgerechte Leben der mächtigen Prazeiros nachempfinden.

Die Strecke führt von Caia stromaufwärts auf ruppiger Lateritpiste in die etwa 60 km entfernte Ortschaft **Vila de Sena**. Sie ist eine der ältesten Siedlungen am Sambesi und hat eine historische Sehenswürdigkeit zu bieten: Hier spannt sich eine 3660 Meter lange Eisenbahnbrücke über den Strom. Diese „Dona Anna Brücke" galt nach ihrem Bau von 1925-1934 als die **längste Eisenbahnbrücke der Welt**. Tausende Afrikaner mussten dafür schuften und wegen der hohen Sterberate nannte man sie bald die "Brücke der zum Tode Verurteilten". Allein der imposanten Stahlbrücke wegen lohnt sich die Fahrt hierher. Die Bahnschienen waren 1983 von der Renamo gesprengt und die Brücke beschädigt worden. Bis zur Reparatur der Schienen konnten Pkws die Brücke einspurig befahren, doch inzwischen ist sie nur noch für Züge und Fußgänger passierbar. Als einziges Relikt des alten Forts von Vila de Sena steht am Ortsrand in Richtung Chemba rechts der Straße das alte "Tor von Sena".

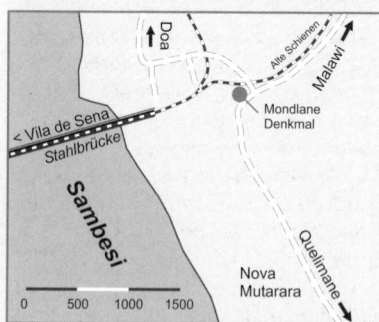

Oben: Die Dona Anna Brücke, als Autos sie noch befahren konnten
Bitte beachten: Autofahrer können nicht mehr über die Brücke von Vila de Sena nach Mutarara gelangen!

Mutarara

Am gegenüberliegenden Sambesiufer befindet sich die Ortschaft Mutarara, die von drei Richtungen eine Verkehrsanbindung hat: Eine Piste in Richtung Quelimane, die vor Chipanga mit einer Fähre den Rio Chire überquert (100 MTn), über Pinda den 2092 m hohen Monte Morrumbala umrundet und über Sabe die Sambesibrücke am Nordufer von Caia erreicht. Eine weitere Piste kommt von Tete, Moatize und Doa nach Mutarara. Die dritte Variante bildet die **Ausreisemöglichkeit nach Malawi** an. Die Strecke durchquert das dicht besiedelte, von Baobabs durchsetzten Tiefland des Rio Chire und gelangt nach 38 Kilometern an den unscheinbaren Grenzposten in **Vila Nova de Fronteira**. Nach freundlicher und korrekter Ausreiseprozedur zwischen Gebäuderuinen erreicht man 3 km weiter die Grenzstation Malawis (täglich von 06.00-18.00 h offen).

Weiterfahrt von Vila de Sena

Eine malerische 42 km lange Alleenstraße führte einst von Vila de Sena nach Chemba, doch die herrlichen alten Bäume werden heutzutage abgeholzt. In der Ferne sieht man bei klarer Sicht die fernen Shire Highlands von Malawi. **Chemba** strahlt den Glanz einer ehemals blühenden Kolonialstadt aus, deren Prachtstraße und gepflegte Plätze noch erkennbar, letztlich aber dem Verfall preisgegeben sind. Das Städtchen, das inzwischen eine eigene Tankstelle hat, liegt direkt am Sambesi, der sich hier in mehrere Arme verzweigt und sanft einige Inseln umspült. Das Hinterland ist von regelrechten Fieberbaumwäldern bewachsen. Diese gelben, bizarren Bäume geben der Landschaft im richtigen Licht einen eigentümlich märchenhaften Anstrich.

Von Chemba verläuft eine Piste unterschiedlicher Güte landeinwärts in Richtung Gorongosa NP (viel Wellblech, mitunter gut, teilweise Allrad zu empfehlen). Der Weg führt nach Canxixe (90 km) und weiter nach Maringuè (42 km), dem ehemaligen Hauptquartier des Renamo-Führers Afonso Dhlakama. 41 km nach Maringuè stößt er dann auf die EN1 zwischen Gorongosa und Caia (s. S. 216).

Unsere Strecke folgt jedoch von Chemba dem Sambesi flussaufwärts nach **Chiramba**. Diese Straße ist im Schwemmlandbereich teilweise durch vergangene Überflutungen so weit zerstört worden, dass man sie neu und sehr viel breiter ausgebaut hat. Dann verlässt man den Überflutungsbereich und fährt wieder auf der alten, malerischen Sandpiste entlang dem Sambesiufer. Elefantenschilder warnen gelegentlich vor Dickhäutern; zu sehen bekommt man sie aber kaum. Viele Menschen in dieser ursprünglichen Gegend sind am Körper tätowiert und manche haben auch Schmucknarben. Nach 45 km gilt es die sandige, aber mit Ästen ausgelegte Furt des Rio Pompué zu meistern (GPS S 17.09.76 O 34.53.55) und sich danach an der Gabelung rechts zu halten. 2 km weiter hat man das Hospital von Chiramba erreicht. In dieser weltvergessenen Gegend soll sich ein hohler Baobab befinden, in dessen Inneres David Livingstone am 16.September 1858 seine Initialen gravierte. Doch unsere Versuche, dem Nationaldenkmal auf die Spur zu kommen, scheiterten. Kaum jemand hatte je davon gehört, und es hieß – vielleicht um die Fragerei zu beenden – der Baum sei wohl schon längst gefällt oder verbrannt worden.

PROVINZ SOFALA — AM SAMBESI

Etwa 9 km vor Chiramba liegt neben der Piste und direkt am Hochufer des Sambesi ein freundlich geführtes Community Hunting Camp von **"Mozunaf Safaris"** mit einem Bungalow (600 MTn/Nacht), Campingplatz (300 MTn/Nacht) und rustikalen, aber sauberen Sanitäreinrichtungen (GPS S 16.53.79, O 34.41.25).

Die Sandpiste wird auf der **Weiterfahrt nach Tambara** noch schmäler, sie entschädigt aber mit einer märchenhaften Vegetation voller Baobabs, Fächerpalmen, Sukkulenten, Kastanien, Fieberbäumen und Dornbüschen. In den wenigen Dörfern stehen Grasiglus, teilweise mit kleinen Vordächern, die in ihrer Art an moderne Zelte erinnern. Von Zeit zu Zeit tauchen verwitterte und umgestürzte Meilensteine aus dem Jahr 1956 auf, als diese Straße befestigt wurde. Die Menschen in dieser Gegend, Njungwe, Matonga und Masena, gehören zu den freundlichsten des Landes. Nach 51 km eindrucksvoller Fahrt gelangt man an eine T-Kreuzung, wo es rechts nach **Tambara** am Sambesiufer geht (knapp 2 km). Auch dieses alte Kolonialstädtchen ist heute nur mehr ein Dorf mit Schule und Verwaltungsgebäuden, eine Tankstelle ist in Bau. Hier verlassen wir den Sambesi und wenden uns landeinwärts. Nach 36 km liegt unter einem Bergrücken das Dorf Lundo. 17 km weiter folgt eine sandige Furt durch den Rio Muira (GPS S 16.57.10 O 33.47.64). Die Piste steigt nun stetig an. Nach 47 km hält man sich an der Gabelung in einem Dorf rechts und 8 km weiter an der nächsten Gabelung links, um nach weiteren 4 km **Mungári** zu erreichen. Die größte Ortschaft seit Vila da Sena liegt nur noch 22 km von der Asphaltstraße EN 102 zwischen Guro und Changara entfernt (54 km bis Changara, S. 230).

Die Gesamtstrecke Caia – Vila de Sena – Changara beträgt somit 334 km.

Bilder oben: Ein Genuss für echte Afrikafans. Blick auf den trägen Sambesi; Ein ungewöhnliches Haus in Tambara; In der ländlichen Tieflandzone am Sambesi sind traditionelle Korbwaren, wie dieser riesige Getreide-Behälter, noch im Einsatz, während anderorts Plastikkörbe verbreitet sind.

Reserva de Marromeu im Sambesidelta

In Inhamitanga (S. 208) sowie an der EN1 rund 5 km vor Caia zweigen Pisten ab, über die man via Lacerdónia und Chupanga nach Marromeu, dem letzten Ort vor dem Sambesidelta, gelangt. Ihre historische Bedeutung hat die Strecke längst verloren. Nur noch ein verwittertes Grab erinnert in **Chupanga** an den einsamen Tod von Mary Moffat, der Ehefrau David Livingstones, die 41-jährig am 17.April 1862 am Sambesiufer der Malaria erlag und im Schatten eines Baobabs auf dem Missionsgelände bestattet wurde.

1910 ließ sich die britische Sena Sugar Company in **Marromeu** nieder. Die Konzessionsgesellschaft führte die Zuckerindustrie zum wichtigsten Wirtschaftszweig am Unterlauf des Sambesi. Bis Marromeu 1947 Bahnanschluss nach Beira erhielt, mussten alle Transporte per Raddampfer über den Chinde-Kanal zu den Frachtschiffen geliefert werden. Als die Renamo im Bürgerkrieg 1983 die Bahnlinie zerstörte, nahm man diesen Wasserweg wieder auf. Die Zuckerfabrik ist inzwischen wieder in Betrieb und das Gästehaus der Zuckerfabrik bietet einfache Notunterkunft und ein einfaches Restaurant. Auch eine Bankfiliale mit ATM gibt es in Marromeu. Eine Weiterfahrt per Auto ins Delta ist aber nicht möglich.

Reserva de Marromeu, das Büffelreservat

Büffel, Wasserböcke und Rappenantilopen weideten einst zu Hunderttausenden im Sambesidelta; auch Riedböcke, Elefanten, Flusspferde, Nashörner und Paviane waren zahlreich. Löwen und Leoparden ernährten sich vom großzügigen Angebot der Natur. Das Frischwasserlabyrinth des Deltas gewährte den Wildtieren optimalen Schutz.

Doch seit den 1930er Jahren fanden durch die populären und genehmigten Jagden viele Tausend Büffel und Krokodile den Tod. Der Wildbestand diente den Arbeitern in der Zuckerfabrik von Marromeu als Fleischlieferant, ihre Felle und das Horn von Elefanten und Nashörnern waren begehrtes Handelsgut. Die Jagd nahm schließlich derart verheerende Züge an, dass sich die Regierung zum völligen Stopp der unkontrollierten Jagden entschloss und statt dessen durch Lizenzen reglementierte Jagdsafaris einführte. Nach der Unabhängigkeit Mosambiks sprach sich die neue Regierung für einen behutsamen Umgang mit den natürlichen Ressourcen aus und ging engagierter gegen die Wilderei vor. Die 1981 gegründete Zambezi Wildlife Utilisation Area (ZWUA) mit mehr als 20 000 km² Fläche schloss das Marromeu Reservat ein. Zunächst zeigten die Maßnahmen große Erfolge. Ein Korridor zum Gorongosa Nationalpark ermöglichte freie Wanderungen zwischen den Schutzgebieten. Die Kontrolle der Jagden blieb allerdings stets schwach und die Wilderei nahm groteske Züge an. Bis 1988 haben etwa 1500 Elefanten überlebt, doch innerhalb der nächsten beiden Jahre wurden bis auf 300 Dickhäuter alle niedergeschossen. Auch die veranschlagten 5000 Flusspferde, 4000 Wasserböcke und 3500 Rappenantilopen zu Beginn der 1980er Jahre sind in weniger als einer Dekade um rund 90% reduziert worden. Mitte der 1990er Jahre zeigte sich das düstere Ausmaß der Ausrottung während des Bürgerkriegs: Nur 2000 Büffel hatten überlebt – **von ehemals 130 000 Büffeln**. Aus der größten Büffelherde Afrikas war eine scheue, bedrohte Gruppe geworden. Inzwischen sei ihre Zahl auf kaum 350 Tiere gesunken, weil vor allem im nördlichen Delta weiterhin gejagt wird. Auf diesem niedrigen Niveau muss der Tierschutz im Reservat nun wieder ansetzen – eine schwierige Aufgabe, und es ist nicht erkennbar, ob die Regierung sie anpacken will.

Das Sambesidelta

Das Sambesidelta markiert jenen Küstenabschnitt, an dem sich dieser faszinierende, **viertgrößte Fluss Afrikas** (nach Nil, Kongo und Niger) nach 2700 Flusskilometern in den Indischen Ozean ergießt. Das Delta – es gilt als das drittgrößte Afrikas – weist eine dreieckige Form mit rund 18 000 km² Fläche auf. Schon 100 km vor dem Meer deutet sich das Delta an und 40 km vor dem Ozean verzweigt sich der Sambesi in mehrere dem Meer träge zustrebende Arme. Die flachen Grasebenen voller Borassus- und Ilalapalmen werden immer häufiger von Wasserläufen durchzogen, teilweise überflutet und gehen allmählich in Mangrovensümpfe und schlickige Küstenwälder über. Die Küstendünen werden durch die dichten Mangrovenwurzeln gegen den eisernen, beständigen Griff des Ozeans geschützt. Die Küstenlinie des Deltabereichs dehnt sich schließlich 120 km weit aus. Man kann nicht mehr erkennen, wo der Fluss endet und das Meer beginnt, denn die salzige Flut drängt bis zu 50 km weit ins Land hinein. Die Kanäle und Inseln verändern sich dabei ständig; der Fluss schlängelt sich kurvenreich und mäandert. Beiderseits des Deltas folgen bis über Quelimane im Norden und Beira am Süden **endlose flache Sandküsten** mit **dichten Mangrovenwäldern**. Diese schützen nicht nur die sandigen Küsten vor Erosion, sondern bilden auch den Lebensraum für Garnelen. Weil die Küste hier so flach ist, weist das Delta die stärksten Gezeiten ganz Afrikas auf: 6,4 m Differenz herrscht hier zwischen Ebbe und Flut.

Undurchdringliche Wildnis

Das nahezu undurchdringliche Labyrinth aus Wasserwegen, Sandbänken und Mangrovensümpfen bildete ein wahres Paradies für Wasserböcke und Büffel. Schätzungen gehen von 130 000 Büffeln aus, die einst im Delta gelebt haben sollen, die mit Abstand **größte Büffelherde ganz Afrikas**. Ihr sagenhafter Bestand blieb bis in die 1930er Jahre unangetastet, als organisierte Jagden eingeführt wurden, um einerseits die Felle zu vermarkten, aber auch die Arbeiter in der Zuckerfabrik von Marromeu mit Fleisch zu versorgen. Die Auswirkungen waren verheerend und schon 1960 sah sich die Regierung gezwungen, die professionelle allgegenwärtige Jagd nach Fleisch, Fellen und Elfenbein zu verbieten. Statt dessen führte man kontrollierte Jagdsafaris ein. Südlich des Sambesi konnte sich der Tierbestand im neu eingerichteten Marromeu Büffelreservat noch einmal erholen; doch am Nordufer, das wegen der fruchtbareren Böden viel stärker besiedelt war, hatten die Wildtiere praktisch keine Chance mehr.

Größte Büffelherde ganz Afrikas

Bilder rechts von oben: Kanufahrer am Unterlauf des Sambesi; Lkw-Panne an der Straße nach Marromeu; Trockenfisch wird kunstvoll gebündelt; Verladung von Baumwollsäcken

Großen Schaden nahm das Ökosystem auch durch die mehrfache Stauung des Sambesi. Früher schwemmte der Sambesi bei Hochwasser wertvolle Schlämme aus dem Inneren Afrikas in das mosambikanische Tiefland. Die Dämme Kariba und Cahora Bassa lassen dem Deltagebiet dagegen kaum noch fruchtbaren Schlamm zukommen, weil dieser in den Stauseen abgefangen wird und die natürlichen Überschwemmungen ausbleiben. Heute ist der Fluss gezähmt, das Delta schrumpft und die Vegetation verändert sich zusehends. Riedbänke breiten sich aus, der Fischbestand reduziert sich und die fruchtbaren Anbauflächen in den Überflutungsmarschen sind verschwunden. Gleichzeitig werden die Grasflächen überbeansprucht, die früher durch die Überflutungen Schutz und Regeneration fanden.

SAMBESIDELTA

Auch heute noch liegen die meisten Dörfer der Region am Nordufer des Sambesi. Fischfang im Delta und auf hoher See, Kokosnuss- und Cassavaanbau bilden ihre Erwerbsgrundlage. Die Lebensbedingungen sind hart und bescheiden. Bei Tagestemperaturen von durchschnittlich 34-36 °C, teilweise auch auf 45 °C steigend, und einer Luftfeuchtigkeit von 80 % ist das Klima höchst belastend und das Delta eine Brutstätte der Malaria.

Ein Blick in die Geschichte: Chinde

1890 erkannte der Engländer Daniel J. Rankin den Chinde-Kanal als direkten, unkomplizierten Zugang zum Sambesi. Die Bedeutung dieser Entdeckung wird erst klar, wenn man sich vorstellt, dass bis dahin die Schiffskapitäne mitunter tagelang vor der Küste nach dem richtigen Zugang zum Sambesi suchten. Durch diese Wasserstraße blieb den Schiffen also die konfuse Passage durch das verschlungene Labyrinth des Sambesideltas erspart. Großbritannien beanspruchte sogleich einen Teil des Landes an der Bucht von Chinde, um dort seine Waren in die Binnenkolonie Nyasaland (Malawi) zu befördern. Also verpachtete Portugal am 01.01.1892 den Briten 10 ha Land mit 400 m Küstenlinie. Dies gilt als Gründungsdatum von Chinde, das sich trotz seines schlechten Images – die tiefliegende Siedlung auf einer Sandbank inmitten der Mangrovensümpfe galt als extrem ungesund und unattraktiv – rasch zu einem wichtigen Einfallstor nach Innerafrika mauserte. Zu Beginn des 20. Jh. hatten es sich die Ansässigen so bequem wie möglich gemacht; trotzten der öden Lage und dem Malariaklima mit einem Tennisplatz und zweistöckigen Häusern. Tausende Passagiere kamen in jenen Jahren durch Chinde, für die diese kleine Siedlung der erste Kontakt mit dem afrikanischen Festland bedeutete. Die Bodenerosion war so stark, dass Chinde mehrmals verlegt werden musste. Die Eröffnung der Bahnverbindung von Beira über Sena nach Nyasaland im Jahre 1922 lenkte die Verkehrsroute abrupt von Chinde nach Beira um. Die Zeit der langsamen Dampfschiffe wurde durch die Eisenbahn allerorten abgelöst. Am 24.02.1922 fegte auch noch ein verheerender Zyklon über Chinde hinweg, bei dem 55 Menschen ertranken, zahlreiche Gebäude zerstört wurden und mehrere Schiffe im Hafen sanken oder an Land geschleudert zerbarsten. Ein Wiederaufbau der zerstörten Hafenstadt schien wenig interessant. So erlosch 1923 die britische Konzession und Chinde versank in Bedeutungslosigkeit. Heute unterhält die Welthungerhilfe in Chinde ein Hilfsprojekt. Eine Straßenverbindung nach Chinde existiert dennoch nicht.

PROVINZ SOFALA — **BEIRA KORRIDOR**

Fahrtstrecke: Von Beira nach Chimoio

Beira – Chimoio
Gesamtstrecke: 199 km
Fahrzeit: ca. 3 Std.
Zustand: Asphaltstraße, viele Lkws
Tanken: Dondo, Inchope
Namatanda, Gondola

Die Straße führt durch die Púngoe-Tiefebene bis Inchope (KM 135), wie auf S. 199 beschrieben. In Inchope kreuzt die EN1 unsere Fernstraße. Wir halten uns jedoch geradeaus und geraten nun in die Provinz Manica. Die als Beira Korridor bekannte Straße schlängelt sich die Berge hinauf und erreicht bei KM 199 die Provinzhauptstadt Chimoio (S. 222).

Der Beira Korridor und seine Bedeutung im Bürgerkrieg

Mit "Beira Korridor" bezeichnete man die Fernstraße, die parallel verlaufende Eisenbahnlinie und eine Ölpipeline zwischen der Hafenstadt Beira und Zimbabwe. 1980 entstand dieser etwa 300 km lange Verkehrsweg aus dem Bedürfnis des soeben unabhängig gewordenen Zimbabwe, alternative Transitrouten zu den südafrikanischen Verkehrswegen zu erschließen. Damals herrschte am Kap noch das Apartheidregime und die unabhängigen Staaten im südlichen Afrika versuchten sich von der Wirtschaftsmacht Südafrika zu lösen. Die Prognosen für den Beira Korridor waren durchaus vielversprechend, doch der Bürgerkrieg setzte den Plänen ein jähes Ende. 1982 musste der Eisenbahntransport nach Sabotageakten der Renamo eingestellt und die Verschiffung von Steinkohle aufgegeben werden. Um die strategisch so wichtige Verbindungsstraße offen zu halten, sandte der zimbabwische Präsident Soldaten nach Mosambik, die fortan in Militärkonvois die Fahrzeuge entlang des Beira Korridors gegen Angriffe der Renamo schützten. Bis Kriegsende galt der Beira Korridor als eine der ganz wenigen „sicheren" Straßen Mosambiks, im Gegensatz zum sog. „Tete Run", der Transitstrecke zwischen Zimbabwe und Malawi, wo trotz der Militärkonvois regelmäßig Fahrzeuge überfallen und beschossen wurden.

Fahrtstrecke: Von Inchope nach Caia via EN 1

Inchope – Caia (EN 1)
Gesamtstrecke: 318 km
Fahrzeit: ca. 4 Std.
Zustand: einsame Asphaltstraße mit vielen Schäden und Schlaglöchern
Tankstellen: Gorongosa, Nhamapaza, Caia

Übernachtungsgelegenheit 15 km nach Inchope an der EN1:
Complexo Arco Iris, Tel. 825899280 (einfache Zimmer, Bar & Restaurant)

Im Jahr 2003 wurde die seit ewigen Zeiten projektierte Fernverbindung von Gorongosa nach Caia fertiggestellt und ermöglicht die Passage seither in angenehm zügigem Tempo. Von **Inchope** geht es zunächst 33 km bis zur mächtigen Brücke über den Rio Pungoé. 9 km weiter zweigt rechts die Zufahrt in den Gorongosa Nationalpark ab. Die erhöht gelegene Kleinstadt **Gorongosa** erreicht man nach weiteren 32 km. Außer einem prächtigen Ausblick auf den Monte Gorongosa und einem kleinen Markt bietet die Stadt nicht viel. Es gibt eine Bankfiliale mit ATM, eine Apotheke und eine Tankstelle, aber keine Bäckerei und keine Supermärkte. Früher lag hier eine Hochburg der RENAMO und die Straßenbautrupps hatten auch noch etliche Landminen aufgespürt. Nach Verlassen der Kleinstadt wird die Fahrt rasch sehr einsam und ereignisarm. 199 km nach Gorongosa stößt die Straße auf die EN 213 zwischen Beira und Caia. Bis Caia sind noch 45 km zu fahren (Beschreibung S. 209). Unterwegs bietet sich eine Übernachtungsgelegenheit für Naturfreunde im "Catapú Mphingwe Camp" (siehe S. 209).

Anschlussstrecke Caia – Quelimane: siehe S. 244.

Gorongosa Nationalpark

Bis in die 1970er Jahre galt der Gorongosa Nationalpark in Zentralmosambik als einer der schönsten Parks im südlichen Afrika und erfreute sich rund 11 000 Besuchern pro Jahr. Seine ansprechende Landschaft und artenreiche Tierwelt bezauberte Kolonialisten und Besucher des Landes gleichermaßen. Die berühmten „Big Five" (Elefant, Löwe, Leopard, Büffel und Nashorn), die schon seinerzeit für viele eine gelungene Safari ausmachten, waren zahlreich im Gorongosa NP vertreten.

Vorzeigepark der einstigen Kolonie

Der Niedergang dieses herrlichen Parks gehört zu den dunklen Kapiteln des Bürgerkriegs. Die Renamo hatte in dem an natürlichen Deckungen reichen Gebiet zwischen Monte Gorongosa und dem Nationalpark ihr strategisches Hauptquartier eingerichtet. Die Rebellen sollen sich auch in der unzugänglichen Flutebene aufgehalten haben. Wildtiere dienten den hungrigen Soldaten als Fleischquelle, wurden durch Landminen in Stücke gerissen oder flohen in Panik. 1985 eroberte die Frelimo nach heftigen Kämpfen das Renamo-Quartier „Casa Banana" im Park. Der Nationalpark lag also mitten in der Kriegsfront.

Für die Soldaten und Rebellen war der Park ein Selbstbedienungsladen

Großflächig vermint und nahezu leer gewildert, ohne Infrastruktur und Verwaltung, das alte Camp zerschossen – derart „kriegsversehrt" erlebte das ehemalige Schmuckstück des Landes das Bürgerkriegsende. Dennoch fanden sich rasch Befürworter für eine vollständige Reanimierung des Nationalparks. Mit enormem Engagement und kräftigen EU-Finanzhilfen ging es an den mühseligen Wiederaufbau. Niedergerissene Zäune mussten wieder aufgestellt werden, Scouts angelernt und vor allem die Landminen geräumt werden. Schließlich sollten Wildtiere aus anderen Parks und Schutzgebieten im Gorongosa NP eine neue Heimat finden.

Dennoch dümpelte der Park jahrelang etwas ziellos dahin. Erst im Jahr 2007 sind mit Hilfe üppiger Finanzspritzen viele Veränderungen erfolgt und eine moderne Parkverwaltung installiert worden. Die finanzstarke amerikanische Carr Foundation hatte das Marketing und das Management übernommen und gewaltig angekurbelt. Es wurden zahlreiche wichtige Persönlichkeiten und Mediengrößen in den Park geladen, darunter Vertreter der Weltbank und Touristikfunktionäre aus aller Welt. Im Chitengo Camp wurden Powerpoint-Vorträge inszeniert und unzählige Konferenzen abgehalten, Nachwuchskräfte der Parkverwaltung ausgebildet und schöne Prospekte entworfen. Die professionelle Werbung zeigt Früchte und führt eine stetig wachsende Zahl internationaler Besucher in den Park, doch haben wir bei unseren Recherchen auch jedesmal einige Schwächen entdeckt. Man gewinnt den Eindruck, vor lauter Selbstverwaltung und Selbstbeschäftigung stört nur einer: der mündige Reisende...

Die Situation heute

Parkgeschichte

1921 wurde an dieser Stelle ein erstes rund 1000 km² großes Wildschutzgebiet eingerichtet und 14 Jahre später auf 3200 km² Fläche ausgeweitet. In den 1930ern lag das Besuchercamp "Casa das Leoes" am Rande der Flutebene und war benannt nach den vielen Löwen dieser Gegend. Weil es regelmäßig überschwemmt wurde, verlegte man das Camp von dieser exponierten Position an einen trockeneren, aber

PROVINZ SOFALA — GORONGOSA NP

nur wenig Ausblick bietenden Platz im Gebüsch. Den Status eines Nationalparks erhielt das Schutzgebiet im Jahre 1960, da war Chitengo schon zu einem Riesencamp mit Rundbungalows, Schwimmbädern, Tankstelle, Restaurant und zahlreichen Verwaltungsgebäuden inklusive Schule und Krankenstation angewachsen. Sieben Jahre später folgte eine Flächenerweiterung auf 5370 km². Der Bürgerkrieg zwang 1983 zur Schließung des Parks, alles verfiel. Nach intensiver Minenräumung wurde er 1998 erstmals wieder der Öffentlichkeit zugänglich gemacht.

Eintritt und Unterkunft

Eintritt: Ausländische Besucher bezahlen pro Person und Tag 20 US$ (Kinder von 10-17 Jahren die Hälfte). Privatfahrzeuge, die nur bis ins Camp fahren, kosten nichts. Für eigenständige Pirschfahrten ist allerdings ein "Access Pass" für 45 US$ pro Tag zu erwerben (9-18 Uhr). **Geführte Aktivitäten:** Dreistündige Pirschfahrten kosten 26 US$ pP, Dorfbesuche 12 US$ pP, Sundowner-Trips 20 US$ und eine Tageswanderung zu den Gorongosa Waterfalls 70 US$ pP. Alle anfallenden Gebühren für Eintritt, Übernachtungen und Aktivitäten können im Chitengo Camp in Meticais, Rand, Euro, US$ oder mit Kreditkarten beglichen werden.

Girassol Gorongosa Lodge: Das renovierte staatliche Chitengo Camp wurde 2012 privatisiert. Es bietet 18 klimatisierte Zimmer in Doppelbungalows mit Bad und Moskitonetz (B&B 82 US$/DZpP, 130 US$/EZ); außerdem sechs Garden Rooms (B&B 65 US$/DZpP, 97 US$/EZ) und Mietzelte (B&B 39 US$/DZpP, 55 US$/EZ). Camping kostet 12 US$ pP mit heißen Duschen, Stromanschlüssen und viel Platz, teilweise bieten Bäume etwas Schatten. Der Platz ist tagsüber recht unruhig und man fühlt sich "wie auf dem Präsentierteller". In der Nebensaison von Januar bis Juni werden etwa 10 % Nachlass auf alle Übernachtungspreise gewährt. Das beliebte Restaurant serviert zu moderaten Preisen Frühstücksbuffets, Mittag- und Abendessen, außerdem ist es eine Gratis-WIFI-Zone. Warum es trotz Renovierung in 14 Jahren (noch?) nicht möglich war, die alten Gebäuderuinen abzutragen, haben wir leider nicht in Erfahrung bringen können. Gelegentlich springen Meerkatzen herum und trotten Warzenschweine durch das Camp, ansonsten lässt es eine echte Wildlife-Atmosphäre leider vermissen.

Bilder von oben: Der Eingang zum Park; Bungalows im Chitengo Safari Camp

Kontakt & Reservierung:
Girassol Gorongosa Lodge: Hendrik Pott, Tel. 823009853, Gorongosa Parkverwaltung: Tel. 23535010, Fax 23535011, E-mail: contact@gorongosa.net, www.gorongosa.net

GORONGOSA NP

Gorongosa N.P.

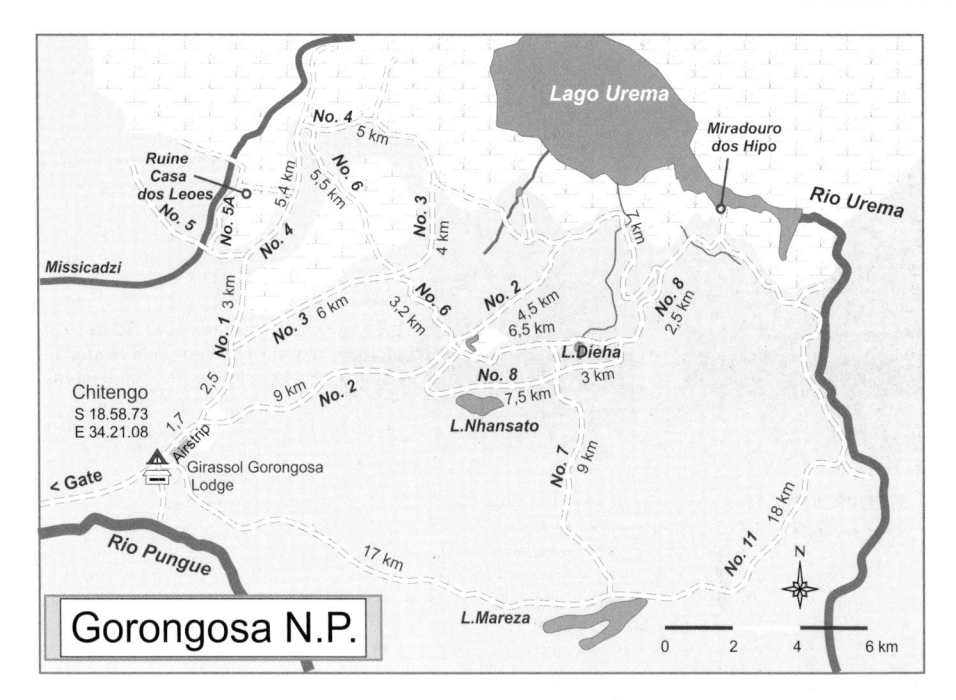

Reisezeit: Zu Beginn der Saison, von Mai bis Juli, steht das Gras derart hoch, dass die Sicht stark eingeschränkt wird. Auch sind dann noch nicht alle Wege befahrbar. August und September eignen sich daher viel besser für einen Besuch des Parks. Ab Oktober fordern die hohen Temperaturen, die auch nachts nur wenig absinken, eine robuste Konstitution von den Besuchern. Tsetsefliegen gibt es leider ganzjährig im Park.

In manchen Nächten zwischen Juli und September zieht vom Meer ein nasser Nebel ins Landesinnere und bedeckt den Park am nächsten Morgen mit einer extrem feuchten Nebelschicht mit rund 96 % Luftfeuchtigkeit. Erst Stunden später dringt dann die Sonne wieder durch.

Anreise: Die deutlich markierte Zufahrt in den Nationalpark erfolgt von der Fernstraße EN1, 42 km nördlich von Inchope bzw. 32 km südlich von Gorongosa (s. S. 199).

Die Parkzufahrt erweist sich als ruppige, breite Schotterpiste. Nach 4,4 km markiert ein Schild den Beginn des Nationalparks, aber erst nach weiteren 7,2 km erreicht man das Eingangstor. Früher gab es hier eine Gabelung nach Namatanda, doch ist der Weg nicht mehr befahrbar. Am Gate wird man registriert und die Parkwächter teilen die Ankunft per Funk dem Hauptcamp mit. Dann geht es weiter. Parkverwaltung, Girassol Gorongosa Lodge und Campingplatz befinden sich im 18 km entfernten Chitengo Camp. Der Park ist täglich von 06.00-18.00 Uhr zugänglich (max. 40 km/h).

Nicht-Motorisierte können Transfers buchen: Auf dem Landweg von Beira, Chimoio oder Inchope; oder auch per Charterflug mit CFA-Charters. Buchbar bei der Parkverwaltung: www.gorongosa.net.

"Gorongosa Adventures"
8 km entlang der Parkzufahrt, 3 km vor dem Gate, liegt etwa 500 m abseits der Piste ein neues Camp unter südafrikanischer Leitung. Fünf Mitglieder der Familie Van Zyl starten hier ein Unternehmen für Naturfreunde und Hobby-Ornithologen. Im rustikalen, gemütlichen Camp gibt es **Mietzelte** zur Selbstversorgung und **Camping**, man kann sich auch bekochen lassen. Birder finden hier versierte Guides für Tagestouren zum Gorongosa Mountain, auch Sundowner-Trips stehen auf dem Programm. Das Camp ist fertig, aber noch nicht vollständig lizensiert, daher wird die Bezahlung derzeit noch auf Spendenbasis abgewickelt.
GPS: S 18.58.57, O 34.10.45
Tel. 829571436, E-mail: gorongosainfo@gmail.com.

Infos für Autofahrer

Allrad ist innerhalb des Parks empfehlenswert, wenn auch die Zufahrt bis Chitengo problemlos ist und einige Wege im Park keinen Allradantrieb erfordern. Je mehr man sich dem Flutgebiet nähert, um so tückischer werden die Wege und können plötzlich feucht-sumpfige Bereiche aufweisen. Alle Wege im Park sind in der Regenzeit auch mit Allradfahrzeugen nicht mehr passierbar. Zwischen Dezember und Mitte April eines jeden Jahres wird der Gorongosa Nationalpark für die Öffentlichkeit geschlossen.

Die maximal erlaubte Geschwindigkeit im Park beträgt 40 km/h. Es ist verboten, die Wege zu verlassen. Im öffentlich zugänglichen Teil des Parks sind die Minen geräumt worden. Nachtfahrten sind nicht erlaubt und Tiere haben Vorfahrt.

Die Beschilderung der nummerierten Wege im Park ist relativ gut. Als besonders **ergiebige Wegstrecken**, die sich durch landschaftliche Schönheiten auszeichnen oder gute Tierchancen bieten, empfehlen wir die Wege Nr. 1, 4 und 5. Route Nr. 5 verläuft entlang des malerischen, von Fieberbäumen gesäumten Rio Missicadzi, die Nr. 4 führt direkt in das weite Flutgebiet. Wege Nr. 2, 7 und 8 gelten als Elefantengebiete. Über die Nr. 8 gelangt man auch zum Casa dos Hippos, einer renovierten Aussichtsstelle am Lago Urema.

Natur & Tierwelt

Der Nationalpark wird in drei Vegetationszonen gegliedert, die ihn landschaftlich vielseitig und attraktiv gestalten. Als Randgebiet liegt der Park in einem Ausläufer des **Rift Valleys**, jenem ostafrikanischen Grabenbruch, der den Kontinent der Länge nach durchzieht. Vor allem im Westen, der dem Monte Gorongosa zugewandten

GORONGOSA NP

Seite, dominieren Miombowälder. Im Norden findet man die Vegetation des unteren **Sambesitals** mit Baobabs, Dornbüschen und einzelnen Leberwurstbäumen. Diese Landschaftsform geht schließlich in die niedere **Küstenebene** über. Sehr hoch stehende Grasflächen und Fächerpalmen sind hier typisch. Entlang von Flussläufen wachsen Fieberakazien; Tümpel und Lagunen sind mit Wasserhyazinthen bedeckt. Am markantesten tritt die **baumlose Flutebene** in Erscheinung. Das Gelände flacht kontinuierlich von Westen nach Osten ab. Der Parkeingang liegt auf 170 m Höhe, Chitengo Camp nur noch auf 54 m. Unserer Ansicht nach ist allein die Vegetation im Park mit ihren "Märchenwäldern" und der besonderen Atmosphäre durchaus einen Besuch wert.

Vegetationsformen

Schon gewusst?
Eulen gelten in Afrika meistens als Unglücksboten

Die Antilopenzahlen entwickeln sich gut, nicht zuletzt, weil es an Raubtieren mangelt (die Zählung von 2010 erbrachte keine Sichtungen mehr von Löwen, Hyänen oder Leoparden). Weil die natürlichen Feinde fehlen, vermehren sich besonders Impalas, Riedböcke, Nyalas, Oribis und Warzenschweine prächtig. Außerdem resultieren viele Zuwächse aus den Wildtier-Rückführungen der letzten Jahre. Das Ausmaß an Zerstörung und Ausrottung während des Bürgerkriegs wird durch folgende vom Parkmanagement ermittelten Bestandszahlen augenscheinlich:

Tierwelt
Das Logo des Parks ist ein Mähnenlöwe. Die 40 Löwen aus dem Jahr 2007 waren bis 2010 aber leider alle verschwunden

Jahr der Zählung:	1971	1979	1994	1997	2007	2010
Elefanten	2200	3000	110	120	300	438
Büffel	14000	18000	20	30	185	361
Flusspferde	3000	4500	10	30	160	226
Wasserböcke	2500	700	130	200	4900	13233
Kuhantilopen	800	900	30	40	70	796

Derart geringe Bestände an Büffeln, Elefanten und Kuhantilopen, wie es die Zählungen in den 1990ern zeigten, können sich von allein nicht mehr erholen. Zum Erhalt dieser Spezies waren daher dringend Maßnahmen wie die Rückführung von Tieren erforderlich. 2006 wurde damit begonnen, Tiere aus dem Kruger NP umzusiedeln, wie z. B. die ersten Büffel, die stets zuerst im umzäunten Sanctuary gehütet werden, ehe sie schließlich im Park ausgewildert werden. Heute bestehen gute Chancen, Pinselohrschweine, Wasserböcke, Impalas, Oribis, Stein- und Schirrantilopen zu entdecken, mit etwas Glück wird man auch Elefanten und Hippos erspähen. Die Elefanten von Gorongosa werden jedoch von vielen Reisenden als recht aggressiv erlebt. Besonders auffällig sind die unglaublich großen Pavianherden und viele extrem stämmige Warzenschweine.

Aktuelle Pläne: Breitmaulnashörner sollen wieder eingegliedert werden

Auf offenen Flächen, wie dem Airstrip, weiden Oribis

Der Park gilt bei **Ornithologen** als große Besonderheit, da sein Artenreichtum grandios ist und hier, wie auch am Monte Gorongosa, mitunter ausgesprochen seltene Spezies gesichtet werden, z. B. Grünkopfpirole und Swynnertonrötel. Im Camp hüpft auch der seltene Morgenrötel durchs Gebüsch. Darüber hinaus ist der Park für Raub- und Wasservögel bekannt. In den Flutebenen halten sich an kleinen Tümpeln Purpurreiher, Goliathreiher, Schlangenhalsvögel, Nilgänse und Blaustirnblatthühnchen auf. Größere Gruppen Pelikane und Marabus sind ebenfalls nicht selten. Ein typischer Vogel dieses Parks ist auch der hübsche Zimtroller.

Bilder links von oben: Marabus am Rande der Flutebene; Der Pool im Camp; Oribi in der Flutebene

DIE PROVINZ MANICA

Feuchtmildes Klima begünstigt den Anbau von Zitrusfrüchten, Tabak, Gemüse und sogar von Wein

Mit 61 661 km² Fläche ist Manica die zweitkleinste Provinz Mosambiks. Hier dominieren abwechslungsreiche hügelige bis bergige Naturlandschaften. An der Grenze zu Zimbabwe liegt der höchste Berg des Landes, Monte Binga mit 2436 m. Im Durchschnitt leben nur 11 Einwohner pro Quadratkilometer in diesem Gebiet, die meisten davon sind Shona und Sena. Hauptanbauprodukte sind Zitrusfrüchte, Gemüse und Tabak, daneben spielt der Fluorit- und Goldabbau eine Rolle.

Chimoio

Gemütliches Städtchen mit häufigen Niederschlägen

Vorsicht: Am Cabeça do Velho sind Raubüberfälle vorgekommen

Die Provinzhauptstadt macht einen eher unscheinbaren, etwas gesichtslosen Eindruck. Die alten Gebäude im Stadtzentrum ähneln stark dem kolonialen Baustil Zimbabwes, ein Resultat des einst hohen britischen Bevölkerungsanteils in Chimoio (sprich "Schimojo"). Auch das milde, regenreiche Klima und die markanten Granitdome und sanften Hügel in der Umgebung dieser 750 m hohen Ansiedlung unterstreichen diesen Eindruck. Heute stellt die fünftgrößte Stadt Mosambiks ein wichtiges landwirtschaftliches Zentrum mit guter städtischer Infrastruktur dar. Aus Mangel an Sehenswürdigkeiten wurde der „Cabeça do Velho", ein Granitberg 5 km östlich der Stadt, zum Aussichtspunkt erklärt.

Unterkunft

- **Milpark Hotel:** Tel./Fax 23910021, E-mail: milparkhotel@hotmail.com. Das nette Motel liegt etwa 8 km östlich von Chimoio an der Straße nach Beira. Es bietet große Ferienhäuser, Pool, Restaurant, Internet gegen Gebühr. Zimmerpreise ab 56 €/Nacht. Camping wird beim Poolbereich gestattet (ca. 11 € pro Fahrzeug).
- **Hotel Inter-Chimoio:** Av. 25 de Setembro 18B, Tel. 25124200, Fax 25124202, E-mail: interchimoio@gmail.com. Modernes, zentrales Business-Hotel mit Pool, gutem Restaurant, gratis-WIFI und sicherem Parkplatz. Zimmerpreis ab 115 €/Nacht.
- **Hotel-Residencial Castelo Branco:** Rua Sussundenga, Tel. 25123934, E-mail: hrcastelobranco@tdm.co.mz. Mittelklassehotel in modernem Bau mit sauberen, wohnlichen Zimmern (Minibar). Großer Garten, beliebt bei Geschäftsleuten. Preise: B&B ab 48 €/DZpP und ab 85 €/EZ.
- **Complexo Hoteleiro Vila Pery:** Rua Pigivige 481, Tel. 25124391, E-mail: ch.vilapery @tdm.co.mz. Zweckmäßiges Hotel in zentraler Lage. Preise: ab 55 €/Nacht.
- **The Pink Papaya:** Tel. 825557310, http://pinkpapaya.atspace.com. Kleine Backpackerlodge unter deutscher Leitung in der Rua Pigivide/Ecke Rua 3 de Fevereiro. Mit freier Küchenbenützung und vielen Tipps und Infos. Preise: Dormitory 12 € pP, Doppelzimmer 28 €/Nacht, Einzelzimmer 23 €/Nacht.

Restaurants

Mitten im Stadtzentrum liegen die Restaurants "Elo 4" (Pizzeria) und "Flor de Vouga", beim Shoprite befindet sich ein "Hungry Lion" und auch das Milpark Hotel und das Hotel Inter-Chimoio bietet empfehlenswerte Restaurants.

Info

Man erreicht das städtische Krankenhaus unter Tel. 25122415, die Privatklinik Fatima unter Tel. 25123669 und die Polizei unter Tel. 25122213. Post und Telefonamt liegen an der Ave. Patrice Lumumba, ein Internetcafé in der Rua Dr. Aranjo de la Cerda. Im Shoprite-Komplex vor den Toren der Stadt befinden sich ein Internetcafé, eine Bank mit ATM-Schalter und eine Apotheke. Weitere Banken findet man in der Hauptstraße Ave. 24 de Setembro; die Standard Bank hat einen ATM-Schalter.
Der Flughafen liegt 8 km außerhalb Chimoios in Richtung Mutare (Tel. 25122242). Es bestehen regelmäßige Flugverbindungen nach Maputo und Beira. LAM- und

CHIMOIO

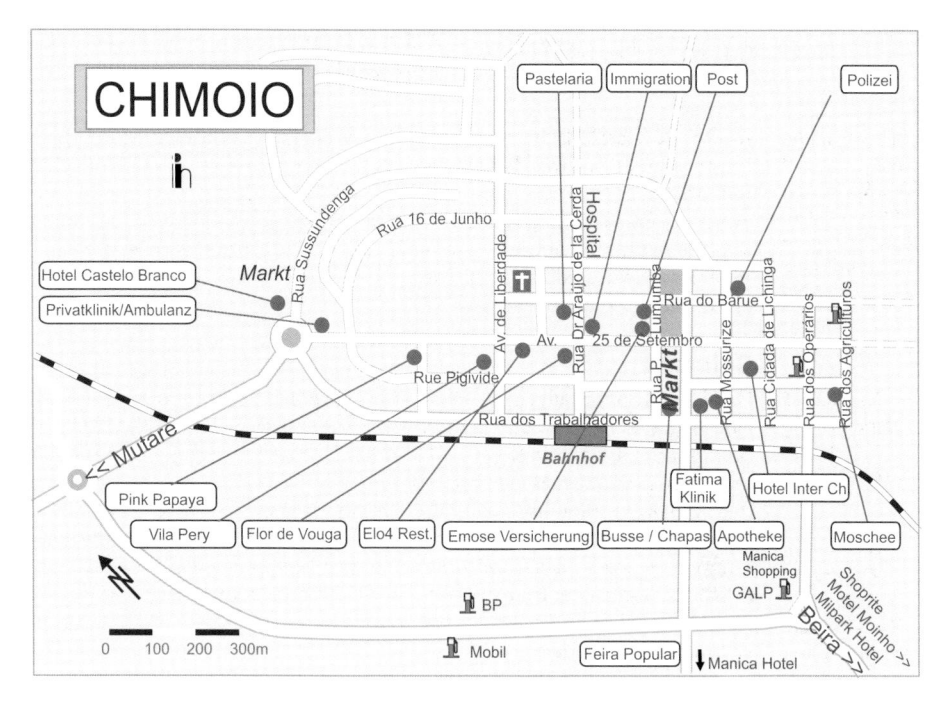

Charterflüge können in der Reiseagentur Agência Mafuia in der Rua dos Operários, Tel. 25122587, arrangiert werden. Zwischen Chimoio und Beira, Tete und Mutare (Zimbabwe) bestehen tägliche Busverbindungen. Der Busbahnhof befindet sich an der Avenida dos Trabalhadores gegenüber dem Bahnhof. Zwischen Maputo und Tete bzw. Nampula pendelnde Expressbusse legen in Chimoio eine Zwischenübernachtung ein und bieten Zustiegsmöglichkeit in beiden Richtungen. Beim Shoprite-Einkaufszentrum hat "Apple Rent A Car" ein Büro: Tel. 825010089, E-mail: applecarrental-chimoio@hotmail.com.

An- und Weiterreise

Mietwagen

Fahrtstrecke: Von Chimoio nach Mutare

4 km westlich von Chimoio zweigt die Straße zum Flughafen ab. Nach insgesamt 22 km erreicht man die Abzweigung nach Tete (Beschreibung S. 230). 6 km weiter lädt direkt an der Straße das „Restaurant Estagem da Selva" zu einer Rast. Die Asphaltstraße führt nun durch ein intensiv bebautes Gebiet, das mit Aufforstungen durchsetzt ist. Bei KM 37 erreicht man die Abzweigung zur Staumauer des **Chicamba Real Stausees**. Der weit verzweigte, riesige See entstand durch die Stauung von Rio Revué und Rio Msika. Eine schmale Piste führt zur gut 16 km entfernten und 125 m breiten Staumauer des „Barragem de Chicamba Real". Es gibt eine zweite Zufahrt zum Stausee, die 47 km westlich von Chimoio von der EN 6 abzweigt und nach 5 km Piste Casa Msika erreicht (siehe S. 224).

Streckenbeschreibung Chimoio - Beira: siehe S. 216

Chimoio – Mutare (Zimbabwe)

Gesamtstrecke: 99 km
Fahrzeit: ca. 2,5 Std. mit Grenzformalitäten
Zustand: gute Asphaltstraße
Tankstellen: in Manica

MANICA

Unterkünfte entlang der Strecke
Lamimos Lodge: Tel. 825014460, E-mail: sousawilly@gmail.com. Diese Anlage an der Abzweigung nach Tete bietet Ferienhäuser für 72 €/Nacht und Zimmer für 37 € pP, jeweils inklusive Frühstück. Es gibt einen Pool und ein Restaurant.

Casa Msika: Tel. 824404304, E-mail: casamsika@gmail.com. Ältere Ferienanlage direkt am Seeufer mit Chalets (B&B ab 50 €/Nacht), Zimmern (33 €/Nacht) und Camping (4 € pP, mit Strom). Restaurant, Bar und Pool vorhanden, es werden auch Bush Walks, Fishing Trips und Game Drives angeboten.

Penhalonga Wandergebiet
Botanisch interessierte Wanderfreunde finden rund um das Bergdorf Penhalonga, das 20 km nordwestlich von Manica liegt, eine reizvolle Wandergegend mit reichhaltiger Fauna. Preiswerte Unterkunft gewähren die sehr einfache Pension "Casa Gaswa" (mit Camping) und das renovierte Gutshaus "Quinta da Fronteira". Die Lebensmittel unbedingt mitbringen, für Bergtouren im Grenzgebiet zu Zimbabwe kann man sich vor Ort Guides nehmen.

Nach 71 km Fahrt gelangt man in die letzte mosambikanische Kleinstadt vor der Grenze. **Manica** liegt sanft eingebettet inmitten der ansprechenden, hügeligen Landschaft und wirkt auf Anhieb netter und nostalgischer als Chimoio. Die alten Häuser zeigen sowohl britische als auch portugiesische Einflüsse und zeugen von einer wohlhabenden Vergangenheit. Goldminen, eine Mineralwasserfabrik und der Kaffeeanbau stellen die wirtschaftliche Grundlage dieser ruhigen Gemeinde.

Manica Lodge: Tel. 25162452. Neben dem Schwimmbad am westlichen Ortsrand gelegen bietet die nette Anlage einfache Rondavel (ca. 15 €/DZ und 24 €/EZ) und ein Restaurant. Auf Anfrage lassen die freundlichen Betreiber Reisende auf dem felsigen Naturgelände auch campieren (6 € pro Zelt).

Ausreise nach Zimbabwe
Die lebhafte Grenzstation Machipanda liegt 20 km westlich von Manica und ist täglich von 06.00-18.00 h geöffnet. Einreisende Touristen erhalten hier Mosambik-Visa. Kurz danach erreicht man Mutare, die erste Stadt Zimbabwes mit städtischen Versorgungsmöglichkeiten.

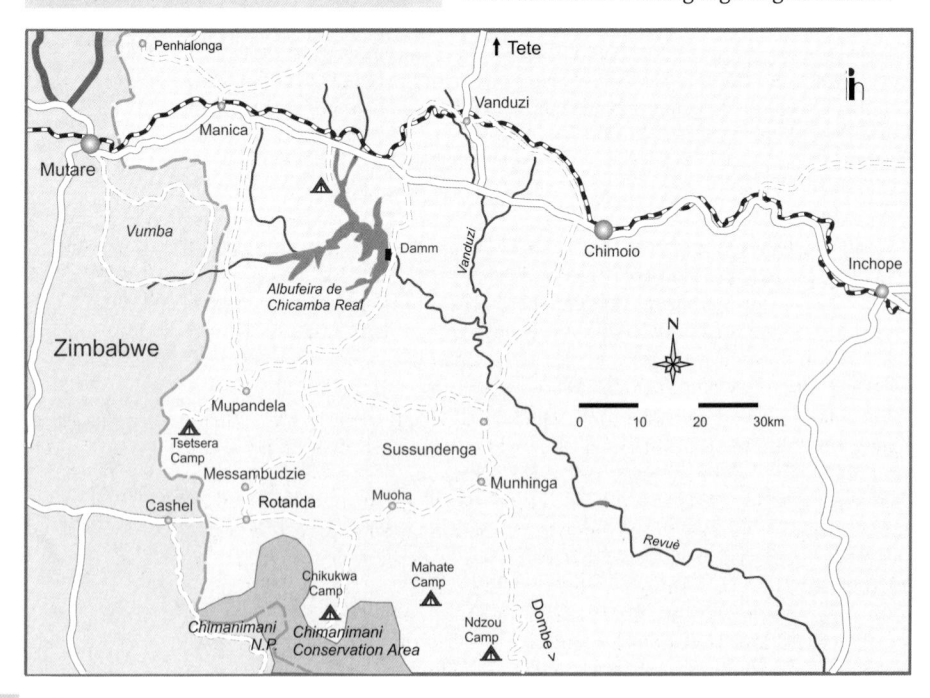

Ein Abstecher in die Berge:
Von Chimoio nach Dombe und Espungabera

Südlich des Beira Korridors EN 6 schließen sich beeindruckende, kaum zugängliche Bergregionen mit der höchsten Erhebung des Landes, dem 2436 m hohen Monte Binga, an. Nur wenige Straßen erschließen dieses abwechslungsreiche Gebiet. Auf abenteuerlicher Fahrt geht es dabei durch bizarre, wechselhafte Naturlandschaften mit Felsendomen, Granitbuckeln und Urwaldresten an Flussläufen und Berghängen.

Von Chimoio nach Dombe (123 km) und nach Espungabera (weitere 140 km)

Die Fahrt beginnt 4 km westlich von Chimoio an der Straße zum Flughafen. Durch eine stark abgeholzte Region führt die breite Piste nach **Sussundenga** (38 km). Direkt vor dem Ort zweigt eine Zufahrt zum Tsetsserra Camp im Chimanimani NP ab (61 km, siehe S. 229). Die Kleinstadt Sussundenga verfügt über mehrere Schulen, ein großes Hospital, Telefonamt, aber keine Tankstelle. 10 km nach dem Ort gelangt man an eine Weggabelung. Hier geht es rechts nach Rotanda (49 km) und zu weiteren Camps des Chimanimani Parks; nach links ist Dombe bereits ausgeschildert (75 km). Diese Strecke führt nun entlang der Ausläufer der Chimanimani-Berge im **Planalto de Chimoio** und bietet extreme Kontraste. Zunächst geht es noch unspektakulär auf der 600 m hohen Ebene dahin, durch Dörfer, die ringsum alle Bäume abgeholzt haben. Dann kommt der Abstieg, eine kurvenreiche Fahrt durch die Berge. Hier zeigt sich ein Bild des Schreckens: Einzelne Hütten oder Kleinstdörfer schmiegen sich an die Berghänge. Der ganze Umkreis solcher menschlicher Behausungen ist ein schrecklicher Kahlschlag. Hunderte Bäume, die von ein, zwei Arbeitern umgeschlagen werden. Dann wird abgebrannt und später für kurze Zeit auf den steilen, unergiebigen Hängen Ackerbau betrieben. Wo die Menschen noch nicht zugeschlagen haben, offenbart sich dagegen noch ein herrlicher, dichter und uralter Wald. Nach einiger Zeit liegen die Hütten zurück und die Piste durchzieht eine menschenleere Bergregion, wo nur die parallel verlaufenden Strommasten die natürliche Umgebung stören. Hier liegt ein Abschnitt mit phantastischen Urwaldriesen, mit einem tropischen Paradies, das einem den Atem verschlägt und das betroffen macht, weil so viele dieser Edelhölzer bereits abgeschlagen und die Wälder fürchterlich ausgedünnt wurden. Noch sieht man sie, doch es werden immer weniger: Die gigantischen Baumriesen, die gen Himmel drängen; Bäume, die Jahrhunderte alt sein müssen und anscheinend von einem besonderen Klima profitieren, welches dieses Wachstum ermöglicht.

Zerstörung alter Urwälder: siehe Bilder Seite 229

Vom Kahlschlag zu den beeindruckenden Baumriesen

Hier liegt ziemlich unvermittelt im einsamen Moribane-Wald das **Ndzou Camp** direkt neben der Straße. Es bietet sich weit und breit als einzige und recht idyllische Übernachtungsmöglichkeit an (siehe Beschreibung S. 229). Genießen Sie die Kühle und die Schönheit dieser Bergwälder, denn schon nach wenigen Kilometern beginnen Bananenplantagen und der Abstieg in die trockene Tiefebene. Ab jetzt ist die Straße auch breit ausgebaut, Gerüchten zufolge soll sie sogar geteert werden. Die schlimmen Folgen der Abholzung sind unübersehbar; die Hügel sind kahl und die Flüsse vertrocknen. 30 km nach dem Ndzou Camp stößt die Piste auf die Straße zwischen Dombe (links) und Espungabera (rechts).

Ndzou Camp im geschützten Moribane-Urwald: Ein Elektrozaun schützt vor Elefanten

PROVINZ MANICA — ESPUNGABERA

In Dombe wird Treibstoff aus Fässern verkauft

Unbedingt sehenswert!

Es lohnt sich, das kurze Wegstück nach **Dombe** zu fahren, denn hier gibt es eine kulturelle Besonderheit zu bestaunen: An der alten Anlegestelle der Fähre über den **Rio Lucite**, die seit dem Brückenbau überflüssig geworden halb versunken am Flussufer liegt, verkehren Wassertaxis für Fußgänger der besonderen Art. Es handelt sich hierbei um flache Boote, die aus der abgezogenen Rinde eines mächtigen Baumes gefertigt werden. Der Bootsmann steht aufrecht in der Rindenschale und stakt – den Gondolieri in Venedig gleich – mit einem langen Stecken in die Tiefe. Diese traditionelle Bootsbauart ist heute sonst nirgends mehr zu finden und wird sogar im Naturhistorischen Museum von Maputo ausgestellt. Die Zufahrt zur Anlegestelle der Rindenboote liegt 1 km westlich von Dombe, 300 m westlich des TDM-Sendemasts. GPS: S 19.58.62 O 33.23.62.

Alternative Weiterfahrt zur Fernstraße EN1

Von Dombe führt eine breite Piste durch ereignislose sumpfhaltige Waldgebiete entlang dem Rio Buzi nach Osten und trifft bei Goonda kurz vor der Brücke über den Rio Buzi auf die Fernstraße EN1.

Weiterfahrt nach Espungabera

Nach dem kurzen Abstecher zu den Rindenbooten geht es nun wieder nach Westen. Alte Karten zeigen hier nicht den neuen Straßenverlauf, denn durch den Bau der Lucite-Brücke verläuft die Straße nun erst noch einige Kilometer entlang dem Nordufer des Flusses. Nach der Brücke wendet sie sich direkt den Bergen zu und durchquert dichte Miombowälder. Nach etwa 35 km setzt plötzlich für 17 km ein schmaler Asphaltbelag ein. Dann geht es wieder auf Lateritpiste weiter, nun aber durch eine grandiose Bergwelt mit viel Panorama. Erst in Dakata trifft man wieder auf eine Schule und ein größeres Dorf. Danach zieht die Straße wildromantisch die Berge

Immer höher in die Berge hinauf...

hinauf, überquert klare, sprudelnde Flüsse und Bäche und lässt erahnen, welch atemberaubende Schönheit dieser Wegabschnitt einst bot, bis die Abholzung der Urwälder begann. Heute stehen nur mehr Reste dieser ehrwürdigen Wälder. Auf einem Bergrücken mit 1000 Höhenmetern, dem höchsten Punkte der Strecke, gerät man an eine T-Kreuzung (GPS S 20.25.69 O 32.45.87). Die Landesgrenze nach Zimbabwe liegt hier entlang der rechten Fahrspur nur 1,2 km entfernt. Der gemütliche Grenzposten ist täglich von 06.00-18.00 h geöffnet (Mosambik-Visa sind erhältlich).

Grenzort Espungabera

Die linke Piste führt geradewegs in das Städtchen **Espungabera** (4 km, kaum Versorgungsmöglichkeiten, keine Tankstelle). Obwohl ohne touristische Besonderheiten oder Sehenswürdigkeiten strahlt Espungabera etwas aus, das den meisten mosambikanischen Städten aufgrund der niedrigen Höhenlagen fehlt: Es ist dieser Geruch von Pinienhölzern, es sind die Jacaranda-Alleen und hohen Eukalyptusbäume, es mögen auch die tiefrote Lateriterde sein und die vielen Bretterbuden. Ganz sicher sind es auch der andere Lichteinfall und die Kühle, die sich hier schon nachmittags einstellen.

Info für Zimbabwe siehe auch S. 228

Espungabera liegt zu Füßen des 1234 m hohen Mount Selinda, der sich auf zimbabwischen Staatsgebiet befindet. Die Nebelwälder an seinen Hängen (**Chirinda Forest**) gelten als die südlichsten subtropischen Regenwälder Afrikas. Das botanische Kleinod, in dem über 50 m hohe Mammut-Mahagonibäume mit einem Durchmesser bis 5,25 m wachsen, steht unter Naturschutz. Unterkunft bieten dort Selbstversorger-Chalets und ein kleiner Campingplatz (Tel. Zimbabwe +263-127-224116/126-24841, siehe auch S. 228).

ESPUNGABERA

Von Espungabera nach Süden: Auf der ruppigen Weiterfahrt in Richtung Hacufera geht es durch fast vollständig abgeholzte Berge. Der Kahlschlag und die abgebrannten, kargen Böden machen betroffen. Nach 18 km beginnt die steinige Pistenabfahrt mit einem steilen Abstieg von über 900 m auf 300 m, der sich über etwa 8 km zieht. Danach geht es auf einer sehr staubigen Sandpiste weiter. Nach 98 km Fahrt gelangt man in den zusammenwachsenden Ortschaften **Machaze** und **Chitobe** an eine Gabelung (GPS S 20.49.58 O 33.22.16) Hier gibt es Tankstellen. Die Hauptstraße zur Küste führt weiter bis Chipudie (KM 124) und bei KM 172 an eine T-Kreuzung unter einem mächtigen Baobab (GPS S 20.21.96 O 33.46.52), wo man rechts abbiegt und nach weiteren 19 km die Fernstraße EN1 in Muxungue erreicht (191 km ab Espungabera, Anschlussstrecke siehe S. 198).

Ältere Landkarten zeigen eine Straßenverbindung zwischen Espungabera und Massangena am Rio Save. Diese Direktverbindung wurde nach dem Bürgerkrieg nicht mehr aufrechterhalten. Die neue Zufahrt zum Save beginnt nun an der Gabelung im Ort Machaze (siehe oben). Eine Sandpiste wurde von hier durch die dicht besiedelte Dornsavanne direkt nach Süden gezogen. Nach 58 km endet der Weg im Großdorf Chidoco (GPS S 21.19.19 O 33.16.91). Eine weiterführende Piste verläuft parallel zum Save bis nach Zimbabwe (anscheinend eine „Grüne Grenze"). Dabei kommt man nach etwa 30 km auf die Höhe von **Massangena**. Doch nur Einbäume verkehren hier, um Personen und Waren ans Südufer zu bringen. Fahrzeuge müssen den Save direkt durchqueren, was nur am Ende der Trockenzeit in Jahren mit sehr niedrigem Wasserstand möglich ist. Von Massangena aus, wo es eine Tankstelle gibt, ist es dann problemlos möglich, in den Zinave NP oder über Machaila nach Mabote zu fahren (siehe Beschreibungen S. 160/195).

Bilder rechts: Rindenboote am Rio Lucite; "Treibstofflager" in Dombe; Eukalyptusallee in Espungabera

Sehenswerte Naturschönheiten auf dem Staatsgebiet von Zimbabwe

Mount Selinda und Chirinda Forest

Im Grenzgebiet zwischen Zimbabwe und Mosambik liegt an den südlichen Ausläufern der Chimanimani-Berge ein selten besuchtes, Kleinod, der Chirinda Forest am Mount Selinda. Hierbei handelt es sich um den südlichsten erhaltenen subtropischen Regenwald Afrikas. Richtig definiert ist er ein Nebelurwald mittlerer Höhenlage. Diese Waldart fand ursprünglich stärkere Ausbreitung im Planalto de Chimoio (Eastern Highlands), doch waren genau die fruchtbaren, regenreichen Gebiete mittlerer Höhen das bevorzugte Agrarland europäischer Siedler. Stück für Stück wurden die Urwälder abgeholzt und zu Kaffeeplantagen und Äckern umgepflügt. Wie eine Insel ist das botanische Juwel Chirinda Forest inmitten der Agrarlandschaft erhalten geblieben.

Das Schutzgebiet umfasst 950 ha, wovon zwei Drittel mit Nebelurwald bedeckt sind. Seine Entstehung verdankt der Urwald der geographischen Lage und den Klimaverhältnissen. Mount Selinda ist eine 1234 m hohe Erhebung mit zwei Berghügeln. Die Umgebung liegt auf etwa 1000 m Höhe und fällt flach zum Indischen Ozean hin ab. Keine andere Bodenerhebung liegt zwischen Mount Selinda und der 400 km entfernten Meeresküste. Auf diese Weise wirkt der Berg wie eine Wettergrenze. Feuchte, schwere Luftmassen werden vom Indischen Ozean direkt an den Mount Selinda getrieben, wo sie sich mit durchschnittlich 1466 mm/Jahr heftig abregnen. Am Abhang des Berges, etwa auf 1100 m Höhe, konnte sich so ein immergrüner Nebelwald mit Hundert bis Zweitausend Jahre alten und über 50 m hohen Bäumen entfalten.

Viele dieser Pflanzen und Tiere kommen sonst nirgendwo in Mosambik und Zimbabwe vor, einige sind sogar endemisch. Mehr als Hundert verschiedene Baumarten sind vertreten, darunter afrikanische Mahagonibäume, Feigen, Eisenholz, Farne, Lianen, Orchideen und Moose.

Chimanimani Nationalpark

Chimanimani, ein Shona-Ausdruck für „im Gänsemarsch gehen", bezieht sich auf die Schlucht des Musapaflusses am mosambikanisch-zimbabwischen Grenzverlauf, die so schmal ist, dass sie sich nur im Gänsemarsch bezwingen lässt.

Der 171 km² große Nationalpark ist ein Paradies für Wanderer und Bergsteiger, denen sich nach dem beschwerlichen Aufstieg die Schönheit einer einsamen Gebirgsregion erschließt, ohne sie, wie in den europäischen Alpen, mit unzähligen, von Bergbahnen hinauf beförderten Ausflüglern teilen zu müssen. Das Naturerlebnis und die körperliche Herausforderung beim Bergsteigen oder Klettern stehen hier an oberster Stelle. Der Nationalpark ist vollkommen naturbelassen, lediglich mit Steinen markierte, unbefestigte Pfade durchziehen die urwüchsige Landschaft. Einzige Bauwerke sind das Basiscamp auf 1300 m Höhe und eine Wander-Schutzhütte im Bundi Hochtal.

Wenn man mit dem Aufstieg vom Basiscamp in das Bundi Hochtal und zur Schutzhütte den anstrengendsten Teil geschafft hat, sind alle anderen Wanderungen leichter zu bewältigen. Oft wandert man ohne große Steigungen. Eine beliebte Route führt von der Schutzhütte in gut zwei Stunden zum **Skeleton Pass**, der eine weite Aussicht nach Mosambik, an klaren Tagen sogar bis zum Indischen Ozean, gewährt. Viele Besucher wählen den dreistündigen Aufstieg auf den Gipfel des höchsten Berges, **Mount Binga** (2436 m), der in Mosambik liegt. Hier kann man den hohen Martin-Wasserfall in Mosambik sehen. Unterhalb des Gipfels eignet sich eine Wiese zum Campen. Ein 8 km langer Pfad, der teilweise durch Mosambik führt, bezwingt den 1893 m hohen Pass „The Saddle". Noch weiter südlich liegt die unberührte Haroni Gorge, eine wildromantische, aber unzugängliche Schlucht.

Beste Wandersaison sind die Monate von Juli bis September. Ab Ende September nimmt der Nebel zu, zwischen Mitte November und Ende März herrscht heftige Regenzeit. Typisch ist ein dichter Nieselnebel in den frühen Morgenstunden beim Basiscamp, der meistens wieder aufklart. In den Bergen besteht die Gefahr sehr schneller Wetterwechsel und Temperaturstürze.

Bilder rechts: Herrliche Bergurwälder im Moribane Forest; Hemmungsloser Kahlschlag der geschützten Urwälder; Ein Bungalow im lauschigen Ndzou Camp ("Elephant Camp")

CHIMANIMANI

Peace Parks Projekt III: Der grenzüberschreitende Chimanimani Nationalpark

Die schroffen, bis zu 2436 m hohen Chimanimani-Berge sind ein Ausläufer des Ostafrikanischen Grabenbruchs und fallen nach Süden steil und abrupt in das flache Tiefland ab. Sie bestehen aus hellem, weichen Quarzit- und Sandstein, weshalb sie im Gegensatz zu den nördlichen Bergen des „Planalto de Chimoio" (Zimbabwe: Eastern Highlands) auffallend zerklüftet sind. Aus geologischer Sicht handelt es sich um drei parallele Höhenzüge in N-S-Richtung. An der östlichen Gebirgskette, der Grenze zwischen Mosambik und Zimbabwe, liegen die höchsten Berggipfel: Binga (2436 m), Mawhenge (2399 m) und Domba (2215 m).

Das steile Gebirge wirkt als Wettergrenze. Den häufigen Regenfällen verdanken die Berge ihre ungewöhnlich artenreiche Vegetation mit 45 endemischen Pflanzen in den dichten Bergwälder und offenen Hochtälern. Heimisch sind hier seltene Baum- und Palmfarne, Berghibiskus, Orchideen, Aloen, Zedern, Gelbholz und Bergakazien. Die vielfältigen Landschaftsformen bieten scheuen Blauduckern, Klippspringern, Rappen- und Elenantilopen einen sicheren Lebensraum.

In Mosambik nimmt die „Area Conservação Transfronteira Chimanimani" (TFCA), ein Peace Parks-Modell, Dank eines Millionenkredits der Weltbank allmählich Gestalt an. Naturfreunden stehen einfache, von Caretakern betreute Community Camps und Wanderführer zur Verfügung. Außer den Camps Ndzou und Moribane, die an einer befahrenen Straße liegen, sind die abgelegenen Camps jedoch nur in der Trockenzeit mit Allradfahrzeugen erreichbar. Info & Kontakt: Tel. 823034285, www.micaia.org, E-mail: andrew@micaia.org. Die besten Infos bietet allerdings Dr. Reinhold Haas (www.africa-tour.de).

Ndzou Camp: Ein Waldcamp mit ansprechenden, geräumigen Holzbungalows, Restaurant und Campinggelegenheit zwischen hohen Bäumen. Gepflegt und freundlich geführt (saubere heiße Duschen). Preise: Bungalows 43 €/Nacht, Camping 8 € pP. Man sieht Samangoaffen, Paviane, seltene Vögel, wie Weißmantel-Bartvögel, Oliventauben und Bronzehalstauben. Hier kann man "Elephant-Trakking" und Kräuter-Wildwanderungen buchen. Anreise siehe S. 225.
Moribane Camp: 5 km südlich des Ndzou Camps liegt mitten im Moribane Forest am Wegesrand das kleine Wildhütercamp. Besucher können in rudimentären Hütten nächtigen, für Camping ist es zu eng.
Mahate Camp: Am Osthang des Mount Binga gelegen bietet dieses abgelegene, rudimentär ausgestattete Camp u. a. Wandermöglichkeiten zum Mudzira-Wasserfall.
Chikukwa Camp: In den Bergen auf kühlen 1000 m Höhe gelegen, bietet sich hier mit einfachen Mountain Huts und Camping für Wanderungen zum Chikukwa Wasserfall, zu Felsmalereien oder zur Mount Binga-Besteigung an. Anreise: 10 km südlich von Sussundenga zweigt die 58 km Zufahrtspiste ab.
Tsetsserra Camp: Dieses Camp liegt weitab im Norden des Parks am Fuße des gleichnamigen 2277 m hohen Berges. Die 61 km lange Zufahrt beginnt am nördlichen Ortsrand von Sussundenga.

In Planung ist seit Jahren außerdem das **Binga** Selbstversorgercamp am Musapa River zu Füßen des Mount Binga, doch seine Fertigstellung wird von Jahr zu Jahr verschoben. Mehrere feste Zelte, eine Küche und Campingplätze sollen hier einmal entstehen.

PROVINZ MANICA CHANGARA

Fahrtstrecke: Von Chimoio nach Tete

Chimoio – Tete

Gesamtstrecke: 387 km
Fahrzeit: ca. 5-7 Std.
Zustand: gute Asphaltstraße, Baumaßnahmen rund um Catandica
Tankstellen: keine

Die Fernstreckenverbindung verläuft durch einsame Bergregionen, der Verkehr ist mäßig. Von Chimoio folgt man der EN 6 in Richtung Manica bis nach 22 km die EN 102 abzweigt. 12 km weiter durchquert man die Kleinstadt Nova Vanduzi. Anschließend geht die Fahrt über den Rio Púngoe bis man nach ins. 144 km die malerische Ortschaft **Catandica** erreicht.

Rund 4 km vor Catandica weist rechts ein Holzschild zum "Bush Camp" der Farm Sol del Luna (20 km Sandpiste). Die von Schweizern betriebene Farm bietet drei Campingstellflächen und einen Mietcaravan, Pool und gute Sanitäreinrichtungen für 4 € pP. Verkauf von Farmprodukten.

Von hier bis Changara tauchen immer wieder sog. „**Balancing Rocks**" auf, scheinbar balancierende Granitblöcke, die wie spielerisch von Riesenhand übereinander gelegt wirken. Diese Gebilde entstanden in Jahrmillionen durch Erosion und tektonische Verschiebungen. Als besonders hartes Gestein blieben die isolierten Granitblöcke zurück, während die sie umgebenden Geröllschichten und weicheres Gestein allmählich abgetragen wurden.

*Oben:
Eine typische Straßenszene in Mittelmosambik:
Ein voll beladener Baumwolllaster*

Bei KM 239 passiert man die Ortschaft Guro und gelangt nach weiteren 17 km vor einem markanten Kegelberg an die beschilderte Abzweigung nach Mungári und Tambara (siehe Beschreibung S. 212). Die nächsten 54 km bis Changara fällt die Straße beständig ab zum Sambesi-Tiefland.

Changara liegt an der Gabelung zur breit ausgebauten und viel befahrenen EN 103, die zwischen Tete und der Grenze nach Zimbabwe verläuft. Die Kleinstadt gehört bereits zur Provinz Tete; ein Police Check Point überwacht den lebhaften Verkehrsknotenpunkt. Fahren Sie hier wegen der häufigen Radarkontrollen besonders defensiv. Die Tankstelle führt auch nur sporadisch Treibstoff. In Changara kann man entweder westlich nach Nyamapanda an der Grenze zu Zimbabwe fahren (49 km, Öffnungszeiten täglich von 06.00-18.00 h, meist reger Betrieb, Mosambik-Visa erhältlich) oder nach Nordosten weiter nach Tete.

Viele Lkws befahren die 95 km lange Strecke in die Provinzhauptstadt Tete. Doch für den Verkehr entschädigt die Fahrt durch eine **afrikanische Bilderbuchlandschaft**: Traditionelle Dörfer mit Rundhütten stehen zwischen riesigen, knorrigen Baobabs, von denen keiner dem anderen gleicht. Nach Süden zeigt sich ein Mopanewald, im Westen begleitet den Reisenden ein Bergrücken. 56 km vor Tete liegt an der Brücke über den breiten, sandigen Rio Mazoe ein Großdorf, ansonsten ist die trockene Gegend kaum besiedelt. Von der Abzweigung nach Songo und dem Cahora Bassa Stausee (S. 235) sind bis Tete nur noch 21 km zu fahren. Der Übergang von der Baobabebene zur Stadt kündigt sich durch den Ziegenmarkt an.

DIE PROVINZ TETE

Die Provinz Tete ragt wie ein mosambikanisches Anhängsel tief in das Innere Afrikas und wird von ehemaligen britischen Kolonien, den Ländern Zimbabwe, Sambia und Malawi, umschlossen. Verkehrstechnisch orientiert sich die Provinz nach Süden, könnte aber landschaftlich und ethnologisch eher den nördlichen Landesteilen zugeordnet werden. Nur 7 Einwohner/km² bewohnen dieses 100 724 km² große Terrain, wovon die meisten den Nyanja und Nyungwe angehören. Viele Menschen dieser typischen Transitregion verstehen ein wenig Englisch. Die Provinz wird vom breiten Sambesi zweigeteilt, der hier zum 2660 km² großen Cahora Bassa See aufgestaut wurde. Fischindustrie und Bergbau, allen voran Kohle und Eisen, bilden die wichtigsten Wirtschaftszweige.

Die Provinz der Baobabs

Schon gewusst?
Portugiesische Geographen glaubten einst, Tete läge am "Hitzepol" der Südhalbkugel

Tete

Die rund 650 km flussaufwärts am Sambesi gelegene Provinzhauptstadt gilt als heißeste Stadt im südlichen Afrika. Mitunter heizt sich im Oktober/November die Sambesiniederung auf mehr als 50° C auf und verwandelt Tete an solchen Tagen in einen sprichwörtlichen Glutofen.

Stadtgeschichte

Die geschichtsträchtige Stadt mit der 750 m langen Sambesi-Hängebrücke genießt schon seit Jahrhunderten eine strategische Bedeutung als Kreuzung wichtiger Handelsstraßen. Mit hoher Wahrscheinlichkeit bereisten swahili-arabische Händler bereits seit dem 9. Jh. den Sambesi flussaufwärts bis zu den Cahora-Bassa-Stromschnellen und gründeten dort Handelsposten. Einem arabischen Dokument aus dem 12. Jh. zufolge lag hier die arabische Siedlung Dendema. Demnach scheint unwahr, dass die Portugiesen Tete 1531 gegründet haben, wie sie später behaupteten. Über Tete und Sena waren die Güter und Handelswaren Innerafrikas und später auch die Sklavenkolonnen zu den Häfen von Sofala und Angoche gelangt. Die Portugiesen eroberten und besetzten diese Handelsposten am Sambesi. 1572 kam es im Zuge der **Strafexpedition** unter Francisco Barreto nach der Ermordung von Goncalo da Silveira zu einem fürchterlichen Massaker an den Arabern (siehe S. 20). Danach scheint es nicht mehr viele Swahili-Araber am Sambesi gehalten zu haben. Um 1630 lebten etwa 20 Portugiesen in Tete. Zu dieser Zeit installierte Portugal das Feudalsystem der **Prazos**, das besonders entlang dem Sambesi zahlreiche Kleinstaaten-ähnliche Machtzentren hervorrief. Die Prazeiros führten sich wie Warlords auf; Selbstjustiz und Gewinnsucht kennzeichneten diese Epoche.

Gründungszeitpunkt Tetes bleibt umstritten

Unter dem totalitären, selbstgerechten Regime der Prazeiros

Bis 1767 hatte man in Tete zwei Fortanlagen, ein Krankenquartier, ein Gefängnis und einen schmucken Gouverneurspalast errichtet. Etwa 30 Steinhäuser ergänzten damals die Siedlung. Die hier stationierten portugiesischen Soldaten waren zumeist degradiert worden; sie hatten sich irgendein Vergehen zuschulden kommen lassen und empfanden den Dienst in Tete auch als eine Strafversetzung. Bis in das letzte Jahrhundert blieben die Ortschaften am Sambesi die einzigen fest in portugiesischer Hand befindlichen Ländereien im Landesinneren.

PROVINZ TETE — TETE

Zuerst im Unabhängigkeitskampf und später im Bürgerkrieg: Tete lag immer an der Front

Im mosambikanischen Unabhängigkeitskampf spielte die Region wieder eine zentrale Rolle. Die Frelimo-Freiheitskämpfer hatten sich vom Norden des Landes bis in das Zentrum vorgearbeitet, wo sie den Beira-Korridor bedrohten und den Bau des Cahora-Bassa-Staudamms blockierten. Als die Kämpfe Tete erreichten, gingen die Portugiesen zum Gegenschlag über. Bei der „Operation Gordischer Knoten" stellten sich 35 000 Soldaten den Widerstandskämpfern entgegen und setzten sogar Napalmbomben ein. Die Frelimo startete nun einen zermürbenden Partisanenkrieg. Der ausbleibende Erfolg des portugiesischen Gegenschlags trotz der militärischen Übermacht offenbarte damals die Ausweglosigkeit der Kolonialmacht und führte eine psychologische Wende im Befreiungskampf herbei. Auch während des anschließenden Bürgerkriegs war Tete heiß umkämpft. Nirgendwo sollen mehr Landminen vergraben worden sein als in der Provinz Tete, wo der Cahora Bassa Staudamm eine Schlüsselrolle spielte. Die Renamo setzte jahrelang alles daran, den Damm zu zerstören, aber die Frelimo hielt den Stausee fest unter Kontrolle – unter anderem durch breite Minengürtel.

Vorsicht geboten!

Heute ist in Tete nichts mehr von den Kriegsjahren zu spüren. Im Gegenteil! Seit der Kohleabbau wieder eingesetzt hat, erlebt Tete einen Bauboom und eklatante Preissteigerungen. Der wirtschaftliche Aufbruch verändert die einst rückständige Stadt. Ortsfremde Reisende sollten sich vor Autoaufbrüchen in Acht nehmen, die hier gelegentlich vorkommen.

Die neue Sambesibrücke ist der Stolz Tetes

Im Januar 2011 wurde nach jahrelanger Bautätigkeit die neue 1,35 km lange "**Samora Machel Hängebrücke**" fertiggestellt, nachdem die vorhergehende Brücke einsturzgefährdet war. Autofahrer sollten sich hier besonders defensiv verhalten, denn am Nordufer befindet sich eine Polizeikontrolle, die u. a. darüber wacht, dass die Brücke nur mit 25 km/h befahren wird (Lkws 10 km/h). Außerdem werden hier gerne die Versicherungspapiere überprüft. In Fahrtrichtung von Norden nach Süden ist ein Brückenzoll zu errichten, die Gegenrichtung ist gratis. Um den starken Schwerverkehr zwischen Tete und Moatize zu begrenzen, wird derzeit eine weitere Brücke 6 km stromabwärts errichtet.

Einkehr und Zeitvertreib

An der Uferfront des Sambesi laden einige Restaurants, Bars und Kneipen zum Verweilen ein, wie die Bar im "Sundowners Restaurant" und das schattige Gartenlokal "Zambeze Paraiso". Besonders beliebt ist allerdings **Le Petit Café**, das nicht nur Backwaren und warme Gerichte für europäische Geschmäcker serviert, sondern auch ein WIFI-Hotspot ist. Am Flussufer nahe der Brücke liegen noch die rudimentären Reste eines historischen Forts. Das älteste Gebäude der Stadt, die Kathedrale von 1563 an der Avenida da Liberdade, wird heute nicht mehr benützt und ist leider auch dem Verfall preisgegeben.

Tipps & Infos für Tete

Das Versicherungsbüro von EMOSE gegenüber dem Markt wickelt Auto-Haftpflichtversicherungen zügig ab. Banken sind zahlreich, die meisten bieten auch ATM-Schalter. In der Av. 25 de Junho kann man im DHL-Büro auch Inlandsflüge buchen. Post und Telefonamt (TDM) liegen nebeneinander an der Avenida da Liberdade; ein Internet-Café in der Ave. Julius Nyerere. Die Polizei ist unter Tel. 25223088 erreichbar, das Krankenhaus unter Tel. 25222152, die Privatklinik Consultórios Médicos em Tete in der Ave. Julius Nyerere unter Tel. 25222084/825570840.

Rechts: Ein Frisörsalon mit gemalten Werbebildern

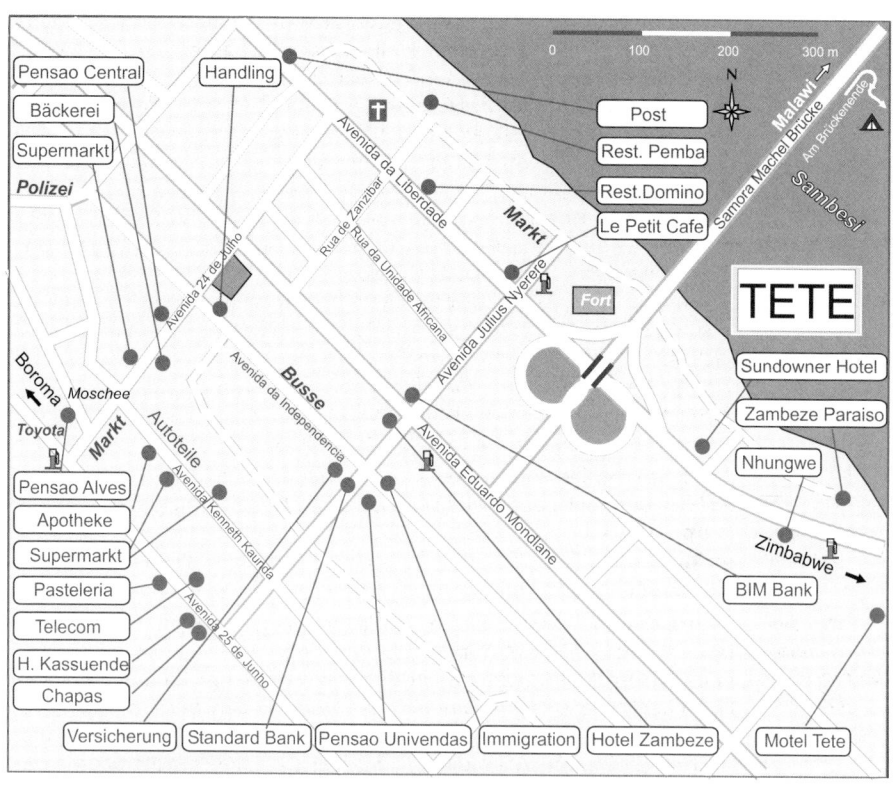

TETE

PROVINZ TETE

TETE

Der „Tete Run"
Als Tete Korridor bezeichnete man während des Bürgerkriegs die Fernverbindung von Zimbabwe nach Malawi über Tete. Diese wichtige Transitstrecke galt im Gegensatz zum Beira Korridor keinesfalls als sicher. Jahrelang schützten zimbabwische Militärkonvois die Transitfahrer, dennoch kam es im einsamen, bewaldeten Hinterland immer wieder zu Überfällen auf die Konvois. „Hell Run", die Höllenfahrt, nannten die Lkw-Fahrer diese mörderische Strecke. Wer es sich erlauben konnte, wählte lieber den langen Umweg durch Sambia, um sicher von Malawi nach Zimbabwe und umgekehrt zu gelangen. Heute sind keine Schüsse mehr aus dem Hinterhalt zu befürchten, aber die Radarkontrollen der Polizei, die zu schnell fahrende Ausländer gerne zur Kasse bitten!

An- und Weiterreise
Flughafen: Tel. 25220011, LAM Tel. 25222056. Es gibt Flugverbindungen nach Maputo, Beira, Quelimane und Lichinga.
Mietwagen: Apple Car Rental hat Büros in der Av. Eduardo Mondlane und am Flughafen, Tel. 825010089. Am Flughafen befinden sich außerdem Büros von Avis (Tel. 25220331), Sixt (Tel. 25220261) und Europcar (Tel. 25220171).
Fernstreckenbusse von Transportes Oliveiras befahren die Strecken Tete - Beira (20 €) und Tete - Chimoio (15 €). Es bestehen auch tägliche Busverbindung nach Zóbuè und zur malawischen Grenze.
Bus Terminal: Bushaltestelle und Chapas-Treffpunkt liegen vor dem Hotel Kassuende in der Avenida 25 de Junho, Busse halten auch an der Av. de Independéncia. Chapas fahren von Tete bis nach Cassacatiza, Chimoio, Chitima und Songo.

Abstecher: Missão de Boroma
Etwa 40 km flussaufwärts von Tete liegt die 1890 gegründete Missionsstation auf einem Hügel mit weitem Ausblick über die Flussebene. Besonders imposant ist die neubarocke Jesuitenkirche. Zur Unabhängigkeit Mosambiks verließen die Missionare die bis dahin blühende Station, heute ist sie aber wieder besetzt.

Unterkunft in Tete
- **Hotel Zambeze:** Ave. E. Mondlane, Tel. 25223100, Tel./Fax 25223002. Alteingesessenes Hotel in zentraler Lage mit klimatisierten Zimmern auf sieben Stockwerken. Dachrestaurant mit Aussicht, Internetcafé im Nebenhaus. Kein bewachter Parkplatz. Zimmerpreise: ab 55 €/DZpP und 75 €/EZ.
- **Pensão Univendas:** Avenida Julius Nyerere/Ecke Avenida da Independencia, Tel. 25224000/ 25223198. Zentrale ältere Pension mit klimatisierten Zimmern, wahlweise mit eigenem oder Gemeinschaftsbad und mit einem sicheren Parkplatz. Preise: ab 28 €/DZpP und ab 35 €/EZ.
- **Tete Motel:** Tel. 25222345/825882040, Fax 25222347. Empfehlenswertes, freundlich geführtes Hotel mit klimatisierten Zimmern am Ortsausgang in Richtung Changara/Zimbabwe direkt am Sambesi gelegen. Mit nettem Restaurant, aber ohne Alkoholausschank. Zimmerpreise ab 60 €. Sicheres Parken im Hof möglich, auf Anfrage darf man hier auch campieren für ca. 5 € pP.
- **Zambeze Paraiso Misterioso:** Av. da Liberdade, Tel. 825920380/827315550. Gemütliches großes Gartenlokal mit Palmen, Pool und Blick zur Sambesibrücke, in dem klimatisierte Zimmer ab 45 €/ Nacht angeboten werden. Camping wird gestattet auf dem Parkplatz (2 € pP, kein WC/Dusche).
- **Sundowner Guesthouse:** Av. da Liberdade, Tel. 25222374/825681568. Die lebhafte Bar unter südafrikanischer Leitung vermietet zehn klimatisierte Zimmer für 90 €, allerdings ohne Parkmöglichkeit.
- **Hotel Nhungué:** Rua Agostinho Neto, Tel. 25224070/847493547, www.teteadventures.com. Das neue moderne und ansprechende Hotel verfügt über 31 klimatisierte Zimmer im Motel-Stil, ein gutes Restaurant und einen sicheren Parkplatz. Preise: B&B 58 €/DZpP und 100 €/EZ.
- **Masolosolo Lodge:** Tel. 25224071, www.teteadventures.com (siehe Hotel Nhungué). Afrikanische Lodge am Sambesi mit gepflegten riedgedeckten Chalets. B&B 69 €/DZpP und 128 €/EZ.
- **Villa Habsburg:** Bairro Matundo, Tete, 5100, Tel. 25220323/847246435, www.villahabsburg.com. Gediegene Frühstückspension am Sambesiufer mit vier Gasträumen ab 92 €/Nacht.
- **Camping „Jesus e bom":** Tel. 25220195. Ein sehr einfacher Campingplatz am nördlichen Sambesiufer mit Blick auf Tete. Zufahrt: Direkt nach der Sambesibrücke rechts 300 m. Kein Restaurant, "dörflicher Charme", nur noch als Notcamping geeignet. Die Preise scheinen verhandelbar (3-8 € pP).
- **Park Inn Hotel (Radisson):** Tel: 843372009, www.parkinn.com/hotel-tete. Das neue Business-Hotel im Bairro Chingodzi am Nordufer des Sambesi sollte schon 2011 eröffnet, war bei Redaktionsschluss aber immer noch in Bau. Geplant sind 118 moderne Zimmer, Pool und Restaurant.

Fahrtstrecke: Von Tete nach Songo

Man fährt zunächst von Tete am Ziegenmarkt vorbei in Richtung Changara/ Zimbabwe. Nach 21 km zweigt inmitten einer Baobablandschaft die Teerstraße nach Songo rechts ab. Die nächsten 100 km bis zur Pistenabzweigung nach Estima bleibt die Umgebung noch eben und trocken. Außer den knorrigen Baobabs wachsen hier zahlreiche Bäume der typischen Sambesital-Vegetation. Besonders auffällig sind die weißen Kastanien „Sterculia appendiculata" und der „Pink Jacaranda" („Stereospermum kunthianum") mit seinen zarten, rosa Blüten (August-Oktober). Dann geht es direkt in die imposanten Bergen. 16 km weiter führt eine zweite Straße nach Estima. 2 km danach liegt ein Militärposten an einer Weggabelung und bewacht per Schranke die Straßen, die beide zum Staudamm führen. Die linke Straße führt entlang einer schmalen Fingerbucht zum Ugezi Fishing Camp und von dort kurvenreich und malerisch am Steilufer des Sees zur Staumauer. Die Ufer ragen derart steil und zerklüftet aus dem See, dass von keiner Stelle aus das wahre Ausmaß des Sees ersichtlich wird. Die rechte Straße zieht direkt bergauf nach Songo und von dort steil hinab in die schmale Schlucht, in der der Sambesi gestaut wurde. Obwohl durch den Damm gebändigt und teilweise überspült, wirkt die Schlucht sehr wild und gewaltig.

Songo

Die Kleinstadt verteilt sich ungeordnet über mehrere Kilometer auf einem 900 m hohen Bergplateau, jedoch ohne Ausblick auf den fast 600 m tiefer liegenden Stausee oder den Fluss. Alles wirkt hier aufgeräumt und ordentlich. Das Zentrum dieser weit verteilten Ortschaft markieren die Banken, eine Tankstelle, eine Bäckerei und der Supermarkt.

Die verschiedenen Ortsviertel tragen Namen afrikanischer Politiker: Bairro Patrice Lumumba heißt die Gegend, in der das Hospital und der Flughafen liegen, Bairro Seretse Khama nennt sich das Viertel am Ortsrand in Richtung Staumauer. Die Ortschaft Songo wurde für die Konstrukteure des Kraftwerks und der Staumauer gegründet, als 15 000 Arbeiter untergebracht werden mussten. Es bestehen tägliche Busverbindungen zwischen Tete und Songo.

Tete – Songo (Cahora Bassa)

Gesamtstrecke: 154 km
Fahrzeit: ca. 2-2,5 Std.
Zustand: gute Asphaltstraße, wenig Verkehr
Tankstellen: direkt in Songo

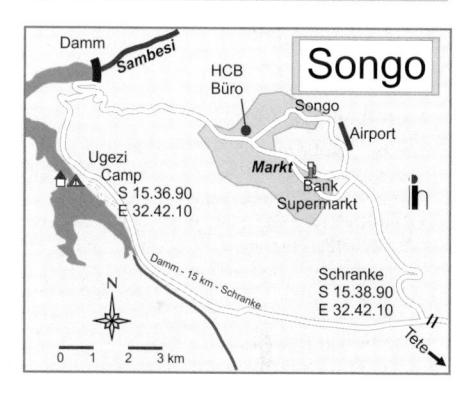

Ugezi Tiger Lodge
Tel. 825396411, www.ugezitigerlodge.com. Die südafrikanische Fishing Lodge liegt 6 km von der Staumauer an einem schmalen, fjordähnlichen Seitenarm des Stausees. Sie bietet gemauerte A-Frame-Chalets und einen begrünten Campingplatz unter riesigen Baobabs (mit Stromanschluss), und ein halboffenes Restaurant mit Bar. In der Bewertung dieser Anlage scheiden sich ganz auffallend die Geister: Manche Leser äußern Lob, andere üben herbe Kritik. Preise: Chalets ab 35 €/ DZpP und 48 €/EZ, Camping 10 € pP. Es werden Bootsfahrten und Ausflüge, wie z. B. "Dam Wall Visits" angeboten bzw. Hilfestellung beim Organisieren geleistet.

Cahora Bassa Stausee (Albuferra de Cahora Bassa)

Die "Kebrabassa-Stromschnellen" des Sambesi oberhalb von Tete stellten vor der Stauung eine 96 km lange Folge von mehr als 60 unüberwindlichen Stromschnellen, Wasserfällen und 13 tosenden Kateraktan dar. Bis dorthin ist der Sambesi schiffbar, also 470 km stromaufwärts. Schon David Livingstone musste aber vor den Stromschnellen kapitulieren und sie als unüberwindbar akzeptieren. 1957 entdeckte eine Untersuchungskommission das große Potenzial der Cabora Bassa Schlucht als Standort für einen Stausee. Zur Kolonialzeit trug die Schlucht des Sambesi den Namen Cabora Bassa ("Wo die Arbeit endet"). Nach 1975 wurde aus dem Wort 'Cabora' ein 'Cahora'.

Zur **Umsetzung des gewaltigen Stauprojekts** musste zunächst die Brücke in Tete über den Sambesi erbaut werden, um die benötigten Waren von Beira bis in das unerschlossene Hinterland zu befördern. Es fehlten Straßen und Unterkünfte. Die Umsiedlung von 24 000 Menschen wurde notwendig. Der eigentliche Baubeginn war deshalb erst 1969. Ganze fünf Jahre gingen ins Land, ehe die 303 m lange Staumauer errichtet war. Den 2660 km² großen See schließlich zu füllen dauerte von Dezember 1974 bis Mai 1975.

Schon gewusst?
Die Regierung plant 80 km flussabwärts von Cahora Bassa einen weiteren Staudamm, den "Mphanda Nkuwa Damm". Doch dafür müssten 100 000 Kleinbauern aus dem Flutgebiet weichen

Er gilt als **viertgrößter Stausee Afrikas** (nach Volta-, Nasser- und Karibasee). Obwohl mit 270 km etwa gleich lang wie der Karibasee, hält der Cahora Bassa Stausee nur die Hälfte des Volumens. Das liegt in seiner relativ geringen durchschnittlichen Tiefe begründet, denn über die Hälfte des Sees ist weniger als 18 m tief. Der maximale Wasserdurchlauf beträgt 13 600 cbm/sek. Die fünf 415MW-Turbinen können theoretisch 2075 Megawatt Strom produzieren und gelten als potenziell größter afrikanischer Stromerzeuger. Von Anfang an war das gigantische Projekt für die Energieversorgung Südafrikas ausgelegt worden. Dazu kam es allerdings lange nicht: Zuerst wegen der Unabhängigkeit Mosambiks und den daraus resultierenden eisigen Beziehung zwischen den beiden Ländern. Später, als Südafrika Strom von der Frelimo aufkaufen wollte, zerstörte die Renamo über 2000 Masten entlang der 1400 km langen Stromleitung nach Südafrika und vereitelte das Geschäft. Und nach dem Krieg waren nur mehr zwei der fünf Turbinen funktionstüchtig. Heute arbeiten alle Turbinen wieder, seit 1997 wird auch tatsächlich Strom nach Südafrika exportiert. Ein Viertel des Stroms nimmt der mosambikanische Staat ab, der größere Teil geht nach Südafrika.

Das Stauprojekt war übrigens von Anfang an umstritten und gilt noch immer als **ökologisch** höchst **bedenklich**. Um die Industrie Südafrikas mit billigem Strom zu versorgen und gleichzeitig mit diesem Prestigeobjekt die Macht im Land zu demonstrieren, opferten die Portugiesen das ökologische Gleichgewicht am Unterlauf des Sambesi. Flora und Fauna des Sambesideltas sind von der Stauung, die den Sambesi reguliert und die saisonalen, fruchtbaren Überflutungen unterbindet, stark beeinträchtigt worden. Auch die Menschen leiden unter den Veränderungen; das Delta schrumpft und die Fischerei geht kontinuierlich zurück, weil die Fische ausbleiben.

1982 wurden im Stausee erstmals **Kapentafische** (*Limnothrissa miodan*) entdeckt, eine im Tanganjikasee endemische, nur rund 4-5 cm große Süßwasser-Sardinenart. Sie waren seit 1966 im 220 km flussaufwärts gelegenen Karibasee ausgesetzt worden und bildeten dort rasch die Grundlage

*Rechts:
Blick auf die Staumauer und die steilen Berghänge der Cahora Bassa Schlucht*

CAHORA BASSA

Staumauer	Stausee	Kraftwerk
Höhe 171 m	Länge max. 270 km	max. 5 x 415 Megawatt
Breite 303 m	Breite max. 30 km	Durchlauf 452 m³/sec.
Höhenmeter 331 m	Tiefe max. 140 m	
Betonmasse 450 000 m³	Volumen 63 km³	
	Fläche 2660 km²	

für einen neuen florierenden Industriezweig. Niemand hatte für möglich gehalten, dass einige der Fische den Sog durch die Turbinen des Karibastauwerks überleben und quicklebendig in den Cahora Bassa Stausee gelangen könnten. Tatsächlich scheint es sich so zugetragen zu haben. Inzwischen hat man auch in Mosambik zögerlich angefangen, die äußerst proteinhaltigen Kapenta gewerbsmäßig abzufischen. Kapenta-Fischerboote fangen ihre Beute nachts mit flachen Rahmennetzen, die in großer Tiefe ausgelegt werden. Mit starken Lampen werden die Fischschwärme angelockt und abgefischt.

Tipp: Besichtigungstour an der Staumauer

Mit einer Genehmigung der Betreibergesellschaft Hidro-Eléctrica Cahora Bassa (HCB) in Songo (das Büro liegt 6,2 km von der Staumauer entfernt auf der linken Straßenseite am Ortseingang von Songo, Tel. 25282221-4) darf man die abgesperrte Zone der Staumauer betreten und besichtigen. Die knapp einstündige Führung ist kostenlos, muss aber am Vortag angemeldet werden. Hierbei ist auch die Ugezi Tiger Lodge behilflich, allerdings gegen Bezahlung. Die Tour ist sehr interessant, denn sie gewährt Einblicke in das Innenleben und die unterirdischen Anlagen der Staumauer, führt direkt zu den Turbinen und vermittelt eindrucksvoll die gewaltige Kraft, der dieses Bauwerk Stand halten muss.

PROVINZ TETE — CAHORA BASSA

Oben: Knorrige Baobabs bewachsen die unwegsamen Berge am Seeufer
Unten: Kapentafische werden auf diesen Bahnen zum Trocknen ausgelegt

CAHORA BASSA

Das Gebiet rund um den Stausee
Am Südufer des Stausees stehen breite Reihen mit Baumskeletten, weil hier das Ufer flacher und leichter zugänglich ist. Starke Winde und Stürme fegen häufig über den See hinweg, der allgemein als unberechenbar wildes Gewässer eingeschätzt wird. Rund um den See gibt es Tsetsefliegen, daher kann in dem kaum besiedelten Gebiet auch keine Nutztierhaltung betrieben werden. **Südlich des Sees** schließen sich zwischen Zumbo und Magoe zwei Jagdgebiete an, deren gemeinsame Grenze der Rio Messenguezi bildet. Klippspringer, Kudus, Schirrantilopen und Zebras sind hier scheu und selten geworden, ebenso Büffel, Elefanten, Elenantilopen und Löwen. Hyänen, Impalas und Leoparden sind dagegen noch zahlreich vertreten. Es heißt, rund 40 bis 50 km westlich von Songo beginne die „Wildlife Area" mit zahlreichen Wildtieren und einem großen touristischen Potenzial. Das Gebiet südlich des Stausees wird aber nur von wenigen Allradpisten durchzogen und selten befahren.

In **Mucumbura**, 45 km westlich von Magoe, besteht ein offizieller Grenzübergang nach Zimbabwe (08.00-18.00 h), die Zufahrtswege sind ok.

Am **Nordufer des Sees** liegt das Bergland von Morávia, in dem der Bürgerkrieg heftig wütete. Die Gegend ist dicht bewaldet. Wichtigste Ortschaft ist hier **Zumbo** an der Grenze nach Sambia und Zimbabwe.

Zumbo
Vermutlich lebten schon um 1546-1600 einige Portugiesen an der Luangwamündung am Sambesi und gründeten dort die Enklave Zumbo. Danach scheint die Siedlung verfallen zu sein, aber um 1725 hatten sich in Zumbo wieder portugiesische Händler niedergelassen, weil eine große Sklavenroute hier entlang führte. Um 1750 soll Zombo mit etwa 80 Europäern die größte portugiesische Siedlung am Sambesi gewesen sein. Ende des 18. Jh. lebten nachweislich schon rund 200 portugiesische Familien an der Luangwamündung. Dann aber entstanden neue Handelsrouten und der Blütezeit in der heißen Niederung folgte ein rascher Niedergang zu wirtschaftlicher Bedeutungslosigkeit. Nach Angriffen des Senga-Chiefs Mburuma, der Zumbo mehrfach attackierte und zerstörte, verließen die Europäer 1836 den Ort und zogen sich vom Luangwa zurück. Bei den späteren Grenzverhandlungen mit Cecil Rhodes und der BSAC wurde Zumbo als westlichste portugiesische Enklave anerkannt. Heute ist dieses kleine Dorf am Dreiländereck auf dem Landweg nur über die langwierige EN 221 via Fingoè zu erreichen. In unregelmäßigen Abständen verkehrt eine Personenfähre zwischen Songo und Zumbo. Die Grenze zu den Nachbarstaaten ist offen, allerdings nur im Einbaum passierbar.

*Bild oben:
Im Schutz der Bäume werden Ernteerträge, wie Maniok und Erdnüsse, aufbewahrt*

PROVINZ TETE — CASSACATIZA

Fahrtstrecke: Von Tete nach Cassacatiza

Straße nach Sambia

Man verlässt Tete über die Sambesibrücke, lässt auch das SOS Kinderdorf und die alte Kaserne zurück und gelangt nach 5 km an die Abzweigung der EN 221 nach Cassacatiza. Die EU-finanzierte Asphaltstraße zieht sich durch eine weite Baobabebene. Kurz danach führt nach rechts eine Schotterpiste nach Mutema und Furancungo. An der Brücke über den Mayuzi (KM 51) hat die Straße schon 250 Höhenmeter erreicht. Nun folgt der steile, imposante Aufstieg aus dem Tiefland in die Berge. Bizarre Sterkulienbäume krallen sich hier an die Berghänge. Dann geht es durch hügeliges Gelände weiter. Erste größere Ortschaft ist **Mandje** bei KM 111. 53 km weiter zweigt die EN 221 nach Westen in Richtung Fingoè und Zumbo ab. Danach folgt eine Strecke mit dichter Besiedlung und zahlreichen Abholzungsschäden. Früher war es hier sehr einsam, doch mit dem Straßenbau zogen auch viele Bauern in diese Gegend. Wo vor zehn Jahren kleine Dörfer im dichten Wald standen, gleicht die Strecke heute eher einem Reihendorf – eine für Mosambik typische Entwicklung. Trotz der guten Asphaltstraße ist der Verkehr nur mäßig. Nach 284 km Fahrt erreicht man **Cassacatiza**. Die Grenze ist täglich von 06.00-18.00 h geöffnet. Für die Einreise nach Sambia benötigen Deutsche, Österreicher und Schweizer ein Visum, das am sambischen Grenzposten ausgestellt wird (50 U$ für ein Single Entry Visum). Mosambik-Visa sind hier auch erhältlich. 55 km nördlich der Grenze trifft man in der Kleinstadt Katete auf die Great East Road (Tankstellen) zwischen Lusaka und Chipata.

> **Tete– Cassacatiza**
> Fahrt zur Grenze nach Sambia
> Gesamtstrecke: 284 km
> Fahrzeit: ca. 4 Std.
> Zustand: gute Asphaltstraße
> Tankstellen: keine
> Besonderheit: relativ einsam

Die Bergstrecke ist von Norden nach Süden imposanter, weil man den Panoramablick in die weite Tiefebene vor sich hat

ZÓBUE & CALOMUE

Fahrtstrecke: Von Tete nach Zóbuè u. Calómuè

Auf viel befahrener Strecke führt die EN 103 durch die Kleinstadt Moatize. Hier ist häufig eine Polizeikontrolle stationiert. Danach wird die Fahrt einsamer. 106 km nordöstlich von Tete gabelt sich die Straße. Rechts geht es durch eine malerische Landschaft nach **Zóbuè** und weiter zur Grenze nach Malawi. Der Grenzort bietet einfache Unterkunft (Zóbuè Motel, Tel. 25222065) und Versorgungsmöglichkeiten. Es gibt noch keine Bank, aber dafür jede Menge Geldwechsler an der Straße. Die Grenze ist täglich von 06.00-18.00 h geöffnet und wird von Privatfahrzeugen und Lkws rege frequentiert. Deutsche benötigen im Gegensatz zu Österreichern und Schweizern kein Visum für Malawi, das sich Angehörige dieser beider Saaten am besten vorab besorgen sollten, da es an der Grenze sonst zu Schwierigkeiten kommen kann. Nach Einreise in Malawi gelangt man auf guter Teerstraße über Mwanza nach Blantyre.

Straße nach Malawi

Info: Von Tete fahren Chapas in 3 Std. zur Grenze

Tete – Zóbuè und Calómuè

Zu den beiden Grenzposten nach Malawi
Gesamtstrecke: 123 km nach Zóbuè,
277 km nach Calómuè
Fahrzeit: ca. 1-2 bzw. 3-4 Std.
Zustand: Asphaltstraßen mit Schlaglöchern
Versorgung: unterwegs keine

Wer nach **Calómuè** reisen möchte, um dort nach Malawi zu reisen, fährt an der Gabelung 17 km vor Zóbuè entlang der EN 223 nach Norden. Die Fahrt bleibt einsam, gibt aber immer wieder schöne Ausblicke auf die bewaldeten Berge frei. Größte Ansiedlung ist das Dorf **Ulongwé**, das ein kleines Hotel und einige Läden bietet. Die Grenze liegt nur wenige Kilometer südlich der malawischen Stadt Dedza. Sie ist täglich von 06.00-18.00 h geöffnet und weniger stark besucht als der Grenzübergang bei Zóbuè. Von Dedza erreicht man über eine 85 km lange, gut ausgebaute Teerstraße die malawische Hauptstadt Lilongwe.

Links: Einsame Fahrt durch die hügelige Landschaft. Unten: Holzkohle und Baobabfrüchte werden am Straßenrand verkauft

Planalto de Angonia

Direkt nördlich von Tete, zwischen den beiden Fernstraßen nach Cassacatiza und Calómuè, liegt das angonische Bergland. Größte Ortschaft dieser einsamen, kaum zugänglichen Berge ist Furancungo an der EN 222, die das Gebiet durchquert. Das 1000-1500 m hohe Gelände weist ein angenehmes Klima auf, das sich gut für die kleinbäuerliche Landwirtschaft eignet, wie sie hier betrieben wird.

PROVINZ TETE   SAMBESI

Ein Blick in die Geschichte: David Livingstones „Zambezi Expedition"

Mit David Livingstone erwacht das Interesse an dieser Region

David Livingstone hatte das südliche Afrika bis zur angolanischen Küste von 1853-1856 erforscht und dabei die Viktoriafälle entdeckt. Nach seiner Rückkehr ist er in England ein berühmter Mann. Seine zweite Forschungsreise wird deshalb von der Regierung unterstützt und von mehreren Wissenschaftlern begleitet. Die Zambezi Expedition reist mit dem offiziellen Auftrag, einen schiffbaren Weg nach Zentralafrika zu finden.

Am 14.05.1858 erreichen Livingstone und seine Begleiter die Sambesimündung und folgen dem Strom flussaufwärts. Am 08. September treffen sie in Tete ein. Zwei Monate später haben sie mit ihrem Dampfschiff Ma-Robert das östliche Ende der Cahora Bassa Schlucht erreicht, die Livingstone noch ungefähr 3 km weit befahren kann, ehe er einsehen muss, dass die Stromschnellen nicht befahrbar sind. Die tosende Hölle ist ein Vielfaches gewaltiger und zerstörerischer als Livingstone je geglaubt hatte. All' seine Pläne und die Erwartungen seiner Geldgeber basieren auf der Erschließung des Sambesi als See- und Transportweg ins Innere Afrikas. Doch nun muss er bestürzt erkennen, dass eine Befahrung der Cahora Bassa Schlucht mit keinem bekannten Schiff gelingen könnte. Die Zambezi Expedition ist damit de facto gescheitert, doch Livingstone belügt sich selbst und mit seinen verharmlosenden Berichten auch die Finanziers und die britische Regierung. Er behauptet wider besseren Wissens, ein leichtes Schiff vermöge bei Hochwasser die Schlucht zu bezwingen, obwohl schon der Morumbua Wasserfall unmöglich bewältigt werden könnte.

Schon gewusst?
Ameisen sind mit Wespen verwandt und Fleischfresser; Termiten sind dagegen Vegetarier und mit Kakerlaken verwandt.

Dann wendet er sich dem Fluss Shire/Chire zu, der dem Sambesi vom Niassasee entgegenströmt und sich bei Caia mit diesem vereint. 1863 wird die glück- und erfolglose Expedition zurückgerufen. Die gewaltigen Stromschnellen und Wasserfälle der Cahora Bassa Schlucht gehen indes 112 Jahre später mit der Stauung des Sambesi für immer verloren.

Der Sambesi (Rio Zambeze)

Wissenswertes über den markantesten Strom im südlichen Afrika

Nach Kongo, Nil und Niger ist der Sambesi die Nummer Vier der afrikanischen Ströme und der bedeutendste Fluss im südlichen Afrika. Er entspringt im Norden Sambias, durchfließt riesige Flutgebiete, stürzt sich die Viktoriafälle hinab und wird anschließend zum Karibasee gestaut. Bei Zumbo am Dreiländereck Mosambik, Sambia und Zimbabwe erreicht er rund 1000 km vor dem Ende seiner Reise Mosambik und wird erneut zu einem riesigen Stausee aufgestaut. Anschließend fließt er träge und bis zu 8 km breit dem Indischen Ozean entgegen. Die letzten 40-50 km verzweigt er sich zu einem riesigen trichterförmigen Delta.

Nur wenige Brücken überspannen diesen markanten Strom: Einige kleine Holzbrücken nahe seinem Ursprung, wo er noch einem unscheinbaren Bach gleicht; später eine Fußgänger-Hängebrücke und die Brücken bei Victoria Falls und Chirundu. In Mosambik überspannen den Strom auf 1000 km Länge bisher auch nur drei Brücken: in Tete, Vila de Sena und in Caia, eine Vierte ist in Bau. Dieser beeindruckende Strom stellt also immer noch eine Barriere dar, die sich nur an wenigen Stellen überwinden lässt.

NORD-MOSAMBIK

Nordmosambik gliedert sich in die Provinzen Zambézia, Nampula, Niassa und Cabo Delgado. Dies ist das Land riesiger unberührter Wälder in einsamen Bergregionen, legendären Wildreichtums im hohen Norden und historischer Städte und Häfen. Wilde Flüsse, ursprüngliche Dörfer und imposante Missionsanlagen mit mächtigen alten Kirchen birgt dieser wenig besuchte Landesteil Mosambiks. Im Westen schließt er an den fischreichen, von steilen Bergen umschlossenen Niassasee. Während der Regenzeit sind weite Bereiche Nordmosambiks noch immer kaum zugänglich. Die größte Sehenswürdigkeit des Nordens ist die Insel Ilha de Moçambique.

Bitte beachten

Zentral- und Nordmosambik sind nicht mit dem Süden vergleichbar und deutlich schwieriger zu bereisen. Schlechte Straßen, häufige Stromausfälle, Wasserknappheit, schmutzige Städte und bescheidene Unterkünfte sind Dinge, mit denen der Reisende hier durchaus konfrontiert werden kann.

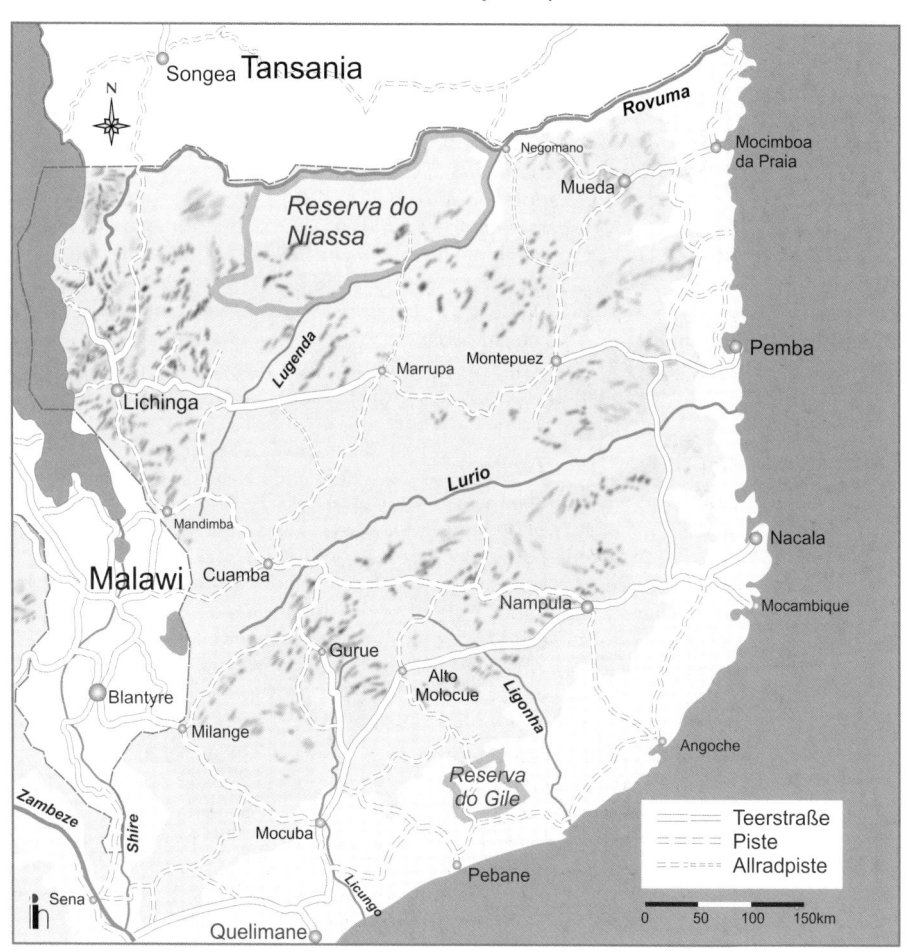

DIE PROVINZ ZAMBEZIA

Mit 103 127 km² ist die zweitgrößte Provinz Zambézia etwa so groß wie Island. In diesem Landstrich zwischen den Flüssen Sambesi und Rio Ligonha gedeihen zahlreiche landwirtschaftliche Produkte, von Teeplantagen bis zu endlosen Kokospalmhainen. Die Bevölkerung setzt sich hauptsächlich aus Makua und Chuabo zusammen (nur 29 Einwohner pro km²), hält streng an kulturellen Traditionen fest und liebt eine scharf gewürzte Küche.

Streckenbeschreibungen von Caia nach:
Beira S. 208
Inchope S. 216

Fahrtstrecke: Von Caia nach Quelimane

Caia– Quelimane

Gesamtstrecke: 207 km
Fahrzeit: ca. 2,5-3 Std.
Zustand: Teerstraße mit Schäden
Tankstellen: nur in Niacuadala

Cua Cua Lodge: Tel. 823120528. Chalets und Zimmer mit Aussicht, großem Restaurant und Campsite (800 m entfernt, gute Ausstattung, 8 €pP). DZ ab 35 €/N., EZ ab28 €

David Livingstones Zitat 1856:
"Quelimane muss lediglich des Sklavenhandels wegen gebaut worden sein, denn es würde nie jemandem auch nur im Traum einfallen, an einem so tief liegendem, schlammigen, vom Fieber heimgesuchten, von Moskitos wimmelnden Platz ein Dorf anzulegen, wenn es nicht um der Vorteile Willen geschehen wäre, die er dem Sklavenhandel gewährt."

Am Nordufer des Sambesi liegt 1 km nach der Brücke etwas abseits die Cua Cua Lodge (siehe links). Nach 10 km Fahrt besteht an einem kleinen, unbeschilderten Abzweig die Möglichkeit, über Pinda und Chipanga, wo man den Rio Shire mit einer Fähre übersetzt, nach Mutarara zu fahren (siehe S. 210). Die Fernstraße EN 1 verläuft nun durch schier endlose Reihendörfer, deren Umgebung für den Feldbau dramatisch abgeholzt worden ist, und gerät nach etwa 50 km Strecke in eine bewaldete Hügellandschaft. Nach 110 km Fahrt wird der sanfte Rio Lualua überquert, dessen breites Bett die herrlichen alten Tieflandurwälder durchzieht, die hilflos dem Kahlschlag der Dorfbewohner ausgesetzt sind. Der Boden dieser Provinz gilt als fruchtbar und die Bauern pflanzen eine große Vielfalt unterschiedlicher Gemüse und Hülsenfrüchte an, außerdem schlagen sie das Holz zum Verkauf. Am Straßenrand werden gelegentlich geräucherte Rohrratten und lebende Perlhühner verkauft. Besiedlung und Verkehr nehmen jetzt ständig zu und kündigen nach 165 km die erste größere Ortschaft, Nicuadala, an. Hier zweigt die Stichstraße nach Quelimane ab. Die schmale Teerstraße ist als Fahrdamm durch eine sumpfige, baumlose Ebene gelegt worden. Sie erreicht nach 37 km Quelimane.

Quelimane

Früher reichte das Sambesidelta bis Quelimane

Schon gewusst?
Man sagt, hier gibt es nur zwei Jahreszeiten: eine "sehr feuchte" und eine "unmöglich feuchte"!

Schon lange vor Ankunft der ersten portugiesischen Seefahrer wurde der tiefe Flusshafen am Rio Cua Cua als arabische Handelsstation genützt. Denn bis zu seiner Versandung in den 1820er Jahren bildete dieser Flussarm den Hauptkanal zum Sambesi. Ursprünglich dehnte sich auch das Sambesidelta noch bis hier hin aus. Vermutlich ist Quelimane (sprich „Kelim<u>a</u>ne") eine der ältesten Hafenstädte an der gesamten afrikanischen Ostküste. Mit Vasco da Gama tauchte 1498 erstmals ein Europäer an dieser von dichten Mangrovensümpfen umsäumten Flussmündung auf. Besonders viele Portugiesen ließen sich aber nicht hier nieder. Das anstrengende, feuchtheiße Klima machte den Aufenthalt unangenehm, zumal der etwa 10 km flussaufwärts gelegenen Stadt auch keine Meeresbrise Erleichterung verschafft.

QUELIMANE

Die feucht-heiße Stadt als Einfallstor nach Innerafrika

War bis zum 17. Jh. vornehmlich Elfenbein über diesen Hafen gehandelt worden, so folgte anschließend der Sklavenhandel großen Stils. Als zu Beginn des 19. Jh. die Briten gegen die Sklaverei vorgingen und Portugal sich schließlich zur offiziellen Abkehr vom Menschenhandel genötigt sah, schleuste man die menschliche Fracht noch jahrzehntelang nachts aus dem wichtigsten portugiesischen Sklavenhandelsplatz in Quelimane. Die Lücke, die das allmähliche Ende des Sklavenhandels in Quelimane hinterließ, wurde durch den Nahrungsmittelhandel aus dem fruchtbaren Hinterland zur Versorgung portugiesischer Inselstützpunkte, wie Ilha de Moçambique, gefüllt. In der nun folgenden Epoche der Forschungsreisenden und Missionare entwickelte sich Quelimane zum **Einfallstor nach Innerafrika**. David Livingstone unternahm seine Entdeckungsreisen von hier aus und wurde 1858 zum britischen Honorarkonsul in Quelimane ernannt, was die Bedeutung des Hafens für die britischen Ambitionen in Sachen Kolonialismus unterstrich. Bis zur Entdeckung von Chinde am Sambesidelta (S. 215) blieb Quelimane vor allem für Großbritannien der wichtigste Hafen an der Ostküste Afrikas, obwohl der Rio Cua Cua längst zu einem nicht mehr durchgängig schiffbaren Altarm des Sambesi verstopft war. Über rund 30 km war die Wasserverbindung unterbrochen worden und alle Waren mussten dann letztlich über diese Strecke mühselig per Land transportiert werden.

Schon gewusst?
Mosambikanische Redensart: "Quelimane lässt niemanden gleichgültig. Entweder man liebt es oder man liebt es nicht!"

Zu Beginn des 20. Jh. lebten rund 10 000 Menschen in Quelimane und aus dieser Zeit stammen auch die meisten der älteren Gebäude der Stadt. Eine klassische Altstadt, wie man sie aufgrund der langen Geschichte vielleicht vermuten möchte, hat die Hafenstadt nicht zu bieten. Mit fast 160 000 Einwohnern ist sie heute die viertgrößte Stadt des Landes und zeigt sich eher schmucklos. Quelimane wirkt dem Verfall näher als dem Wiederaufbau. Aber gerade dieser Umstand gibt der Stadt eine spezifische Atmosphäre. Die Zeit scheint einfach stillzustehen, irgendwo in der

Oben: Mangroven im Hafen von Quelimane am Rio Cua Cua

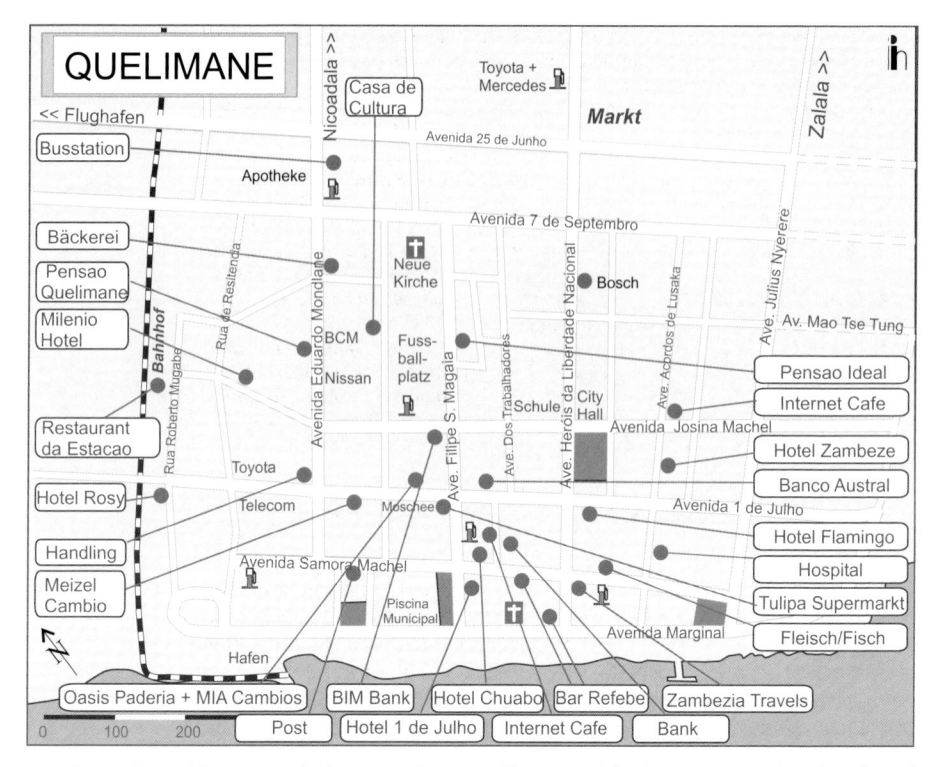

PROVINZ ZAMBÉZIA — QUELIMANE

Chaotischer Verkehr: überall Fußgänger und Fahrradfahrer!

Vergangenheit zu verharren. Sie ist quirlig-bunt, tropisch-schwül und meistens voller Menschen. Während sie viele Besucher langweilt oder gar abstößt, gehört die Stadt für Leute mit einem Faible für Skurriles zu den Highlights des Landes. Da scheiden sich einfach die Geister.

Was man sich anschauen sollte

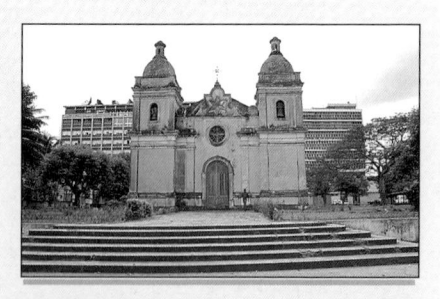

Spezielle Sehenswürdigkeiten bietet Quelimane an sich kaum. Aber eine ganze Reihe alter Gebäude und Relikte einer bedeutenden Vergangenheit, die es Wert sind, bei einem gemütlichen Stadtrundgang beachtet zu werden. Dazu gehört unserer Ansicht nach der alte Bahnhof, über den einst so viele Abenteurer, Eiferer und Forscher nach Afrika kamen und der heute fast still liegt. Die Justiz residiert in einem herrlichen Kolonialbau, auch das öffentliche Schwimmbad (Piscina) ist offensichtlich eine Einrichtung des viktorianischen Zeitalters. Weiter östlich entlang der Avenida Marginal steht die eher unscheinbare Kathedrale aus dem Jahr 1776 (siehe Foto). Von der Uferstraße aus blickt man auf dümpelnde Fischerboote und Holzkähne vor dichtem, stickigem Mangrovensumpf.

QUELIMANE

- **Hotel Chuabo:** Av. Samora Machel, Tel. 24213181. Zentral gelegenes, achtstöckiges Hotel mit einem Aussichtsrestaurant und klimatisierten Zimmern (TV, Minibar). Einerseits ist dieses Traditionshaus mit seiner nostalgischen Einrichtung und dem bemerkenswerten Treppenhaus besuchenswert, andererseits sind die besten Tage dieses Etablissements vorüber und der Preis überteuert. Zimmerpreise: ab 45 €/DZpP und 70 €/EZ.
- **Hotel Flamingo:** Av. 1 de Julho, www.hotelflamingoquelimane.com, Tel. 24215602, Fax 24255023. Das gut geführte Hotel mit 19 klimatisierten Zimmern (TV, Minibar, Safe, WIFI), sicherem Parkplatz, Gym und Poolbereich im Innenhof wird den Ansprüchen von Touristen eher gerecht. Preise: B&B ab 25 €/DZpP und ab 42 €/EZ.
- **Milénio Hotel:** Av. Zedequias Manganhela, 84, Tel. 24213314, E-mail: remilenio@gmail.com. Gepflegtes Hotel, klimatisierte Zimmer. B&B ab 28 €/DZpP, 50 €/EZ.
- **Villa Nagardas:** Praca do Bonga, 79, Tel. 24212046, E-mail: villanagardas@gmail.com. Gepflegtes Gästehaus mit klimatisierten Zimmern ab 70 €/Nacht, kein Restaurant.
- **Pensão Ideal:** Avenida Filipe Samuel Magaia, Tel. 24212731. Backpacker-Pension mit klimatisierten Zimmern, kein Parkplatz. Preise: ab 10 €/DZpP und 16 €/EZ.
- **Hotel 1 de Julho:** Av. Filipe S. Magaia/Ecke Av. Marginal, Tel. 24213067. Zimmer mit Ventilatoren ab 15 €, mit Klimaanlage gegen Aufpreis. Ohne Parkplatz.
- **Hotel Zambezia:** Av. Acordos de Lusaka, Tel. 24215490. Einfaches, älteres Hotel mit klimatisierten Zimmern ab 10 €/DZpP und 16 €/EZ.
- **Hotel Rosy:** Av. 1 de Julho, Tel. 2421969. Bescheidene Pension mit sehr zweckmäßigen Zimmern ab 18 €/DZpP und 28 €/EZ (teilweise klimatisiert).

Unterkunft

Bei den europäischen Entwicklungshelfern steht die Pizzeria Romana Da Estação an erster Stelle, denn hier kommt die Pizza tatsächlich aus dem Holzofen. Einen grandiosen Ausblick über den mangrovengesäumten Fluss genießt man vom Restaurant im obersten Stock des Hotel Chuabo. Beliebte Lokale sind außerdem "Roberto" im Hotel Flamingo, das Café Riviera an der Ave. Samora Machel beim Hotel 1 de Julho und die Lokale an der Ave. Marginal, wo man mit Blick auf Hafen und Fluss speist. Den schönsten Hafenblick im Sonnenuntergang genießt man vom Restaurant Refebe.

Restaurants

Quelimane gilt als eine relativ sichere Stadt. Sie ist kein Durchgangsort, hat aber durch die hohe Präsenz internationaler sozialer und kirchlicher Projekte zahlreiche ausländische Bewohner. Hier herrscht in Anlehnung an die koloniale Vergangenheit mittags eine Siesta bis 15 Uhr und Sonntag ist Ruhetag.

Praktische Infos

Die **Versorgungslage** ist für eine Provinzhauptstadt eher dürftig. Viele Läden sind fest in asiatischer Hand. Fisch, Obst und Gemüse bekommt man im Supermarkt "Casa das Frutas" oder auf dem Markt. Der Großhändler Handling bietet Getränke und Tiefkühlfleisch. Die hiesige Garnelenfischerei hat zweimal jährlich Saison (März/April und August/September). ATM-Schalter findet man bei BIM und der Standard Bank. Das städtische Krankenhaus ist unter der Tel. 24213000 zu erreichen, Notruf Tel. 197. Die Polizei erreicht man unter Tel. 24213453, Notruf Tel. 199.

Vorsicht im Marktbereich vor Dieben und Autoaufbrüchen!

Innerhalb der Stadt fahren **Taxis** (Taxi MBS, Tel. 24212637) und als Besonderheit dieser Stadt zudem zahlreiche **Fahrradtaxis**, die man am Karton am Gepäckträger erkennt.

Quelimanes **Flughafen** liegt 3 km nordwestlich der Stadt (Tel. 24213054). LAM fliegt mehrmals pro Woche nach Beira, Tete und Maputo. Das Stadtbüro befindet sich neben Moschee und Tulipa Supermarkt, Tel. 24212801. Am Flughafen hat eine Zweigstelle von Sixt Rent-A-Car eröffnet, Tel. 24217281, wo man Leihwagen mieten kann.

An- und Weiterreise

An- und Weiterreise per Bus und Bahn	Der **Bushalteplatz** liegt an der Av. Eduardo Mondlane. Die meisten Abfahrten sind frühmorgens. TCO Oliveiras befährt die Strecken Quelimane - Caia (11 €) - Beira (22 €) und Quelimane - Mocuba (5 €) - Nampula (22 €). Es ist möglich auch in Nicuadala an der EN 1 ein- oder auszusteigen. Außerdem befahren Chapas die gängigen Routen, z. B. auch nach Gurué. Die **Bahnstrecke** nach Mocuba wurde stillgelegt, nur Frachtzüge verkehren noch auf Kurzstrecken.

Ein Abstecher zum Meer: Praia do Zalala

Auf einer 35 km langen Stichstraße gelangt man zum Strand von Zalala, dem nächstgelegenen Badestrand und Naherholungsgebiet von Quelimane. Man folgt der Av. Julius Nyerere stadtauswärts. Die schmale Schlaglöcherteerstraße bietet auf voller Länge eine traumhafte tropische Szenerie, denn es geht größtenteils durch endlose Kokospalmplantagen, riesige Kapokbäume, Bambus, Mango- und Cashewbäume. Unzählige Fahrradfahrer und Fußgänger mit allerlei Gepäck wetteifern mit den vielen Chapas um ein Vorwärtskommen. Es gestaltet sich zur langsamen Panoramafahrt erst durch einen nicht endenden Straßenmarkt und später durch Grashüttendörfer unter Palmenwäldern. Die idyllische Szenerie entschädigt für die vielen Schlaglöcher. Leider hat ein asiatisches Virus die Palmen dieser Provinz befallen, wodurch viele allmählich absterben. Die Straße endet in **Zalala**, das sich als kleine Ansammlung von Ferienhäuschen entpuppt. Fischer verkaufen hier in der Saison eimerweise preiswerte Garnelen und Fisch. Der kilometerlange Sandstrand an der flachen Küste wird von einem breiten Kasuarinenwaldgürtel gesäumt, um den starken Wind ein wenig abzuhalten.

• **Zalala Beach Lodge:** Tel. 846147399/823044838, www.zalalabeach.com. Das neue Boutique-Hotel liegt 40 km von Quelimane beim kleinen Fischerdorf Supinho. Es bietet zehn Bungalows (Minibar, Ventilatoren), einen Pool und ein Restaurant in Strandnähe. Preise: B&B 82 €/DZpP und 106 €/EZ.

In Zalala direkt existierte früher das Gartenrestaurant Complexo Kass-Kass, wo auch einfache Zimmer und rudimentäre Chalets vermietet wurden, doch die Anlage ist derzeit geschlossen.

Beim Restaurant Rosa, das am Ende der Piste auf der rechten Seite liegt, wird Camping im Hof gestattet. Auch hier ist alles sehr einfach, aber Rosa bemüht sich um ihre Gäste. Ca. 5 € pP.

MOCUBA

Fahrtstrecke: Von Quelimane nach Alto Molócuè

Zunächst kehrt man von Quelimane entlang der Dammstraße nach Nicuadala zurück (37 km, Vorsicht: Radarkontrollen!) Die nächste Ortschaft Namacurra erhielt durch die neue Asphaltstraße eine Ortsumgehung. Bis in die 150 km entfernte Kleinstadt Mocuba ist die Straße noch in gutem Zustand. **Mocuba** liegt an der Straße nach Milange (S. 253) und genießt große Bedeutung für das Landesinnere der Provinz. Die vielen Läden sind gut gefüllt, es gibt Banken mit ATM-Schaltern und eine Tankstelle, jedoch nur einfache Unterkünfte. Am Markt halten die Chapas nach Milange und an der steinernen kolonialen Brücke über den breiten Rio Licungo am Nordende Mocubas warten die Chapas nach Nampula.

In der Umgebung von Mocuba gibt es heiße Quellen

Quelimane –Alto Molócuè
Gesamtstrecke: 339 km
Fahrzeit: ca. 6-7 Std.
Zustand: beschädigte Asphaltstraßen, Mocuba-Nampevo: ca. 48 km abgetragener Teer
Tankstellen: Nicuadala, Mocuba, Alto Molócuè

- **Pensão Cruzeiro:** Tel. 24810184, Ave. E. Mondlane. Die beliebte Anlage wird derzeit renoviert.
- **Mpathane Alojamento:** Tel. 826751636, Paulo Omar. Bewachter Parkplatz, kleines Lokal und Zimmer in einer stilleren Nebenstraße.

Noch etwa 48 km zwischen Mocuba und Nampevo, wo die EN 231 nach Errego und Gurué abzweigt (S. 254), verlaufen auf kaputter Piste, weil die Strecke neu asphaltiert wird. 120 km weiter ist das Etappenziel erreicht, das klimatisch angenehme, da höher gelegene Städtchen **Alto Molócuè** (sprich: „Molokwej"). Seine einstige Bedeutung als kolonialer Verwaltungssitz hat die rückständige Ortschaft längst verloren, nur im alten Verwaltungsviertel stehen noch einige schöne Bauten. Die Versorgungslage ist äußerst bescheiden und beschränkt sich fast auf eine Padaria beim Markt und eine Tankstelle (bisher keine Bank). Weitere Strecke: S. 256.

Bilder : Straßenszene in Mocuba; Schneiderei ist Männerarbeit; Zigarettenverkäufer am Strand

249

Tour an die Küste: Praia de Pebane und Reserva do Gilé

Für diese Tour schlagen wir folgende Route vor: Von Quelimane via Olinga und Mulevala nach Pebane, dort via Mualama nach Norden das Reservat Gilé durchqueren und über Uape nach Alto Molócuè. Die gesamte Tour verläuft auf Pisten, die sich in der Trockenzeit auch ohne Allrad befahren lassen.

Über Olinga und Mucobela zum Strand von Pebane

28 km nördlich von Namacurra liegt die unbeschilderte Abzweigung nach Olinga (GPS S 17.15.76 O 37.02.60). Man überquert den Rio Licungo und erreicht nach 53 km die verlassene, einst blühende Kleinstadt. Die nächsten 75 km führen durch einsame Wälder, in denen Holzabbau betrieben wird. Von **Mucubela** sieht man zunächst nur das wie eine mittelalterliche Burg auf einem Hügel thronende koloniale Gefängnis. Und noch eine Begegnung mit der Vergangenheit: breite Straßenzüge, verfallene portugiesische Bürgerhäuser, Straßenlaternen, Ruinen. Die Bewohner, Lomwe, beziehen weder die alten Steinhäuser noch reißen sie sie ab. Sie bauen ihre Hütten einfach daneben. Auf Piste geht es weiter. Die Bäche und Flüsse dieser Gegend sind tropisch bewachsen. 67 km nach Mucubela erreicht man Pebane am Indischen Ozean.

Schon gewusst?
Kulinarischer Tipp: Probieren Sie unbedingt einmal "Galinha Grelhada á la Zambézia" aus, ein in Koksmilch eingelegtes Grillhuhn!

Pebane entpuppt sich als kleines Städtchen an der Bucht von Bajone, umringt von Mangroven und riesigen Kokospalmplantagen. Jede freie Stelle zwischen den Kokospalmen ist mit Maniokfeldern belegt. Der Küstenstreifen ist dicht besiedelt und stark islamisch geprägt. Ein deutlicher Kontrast zum Landesinneren, wo das Christentum mit all seinen Schattierungen – Kapuziner, Augustiner, Lusitanische Gemeinschaft – dominiert. Früher war Pebane ein beliebter Ferienort für die weiße Kolonialverwaltung, das kleine Städtchen besitzt auch eine eigene Tankstelle. Der **Complexo Turismo Jamayma** im Ort liegt gleich neben der Disko und bietet kleine Bungalows (15 €) und Campinggelegenheit im Hof (knapp 4 € pP). Zum Strand von **Ponta Matirre** fährt man noch ca. 5 km weiter, wo der Weg direkt am Meer endet. Für die sandigen Steigungen ist hier Allradantrieb notwendig. Einzelne Kasuarinen trotzen dem Wind, kleine Fischerdörfer wurden in die Dünen gebaut.

• **Pebane Fishing Lodge:** Tel. 829502605, www.pebane.com. Neue südafrikanische Fishing Lodge mit Chalets und Bootsverleih nördlich von Pebane (beschildert). Preise: VP 85 €/DZpP und 190 €/EZ.

• **Macuacuane Lodge:** Tel. 847955925, www.macuacuane.com. Fishing Lodge 6 km nördlich von Pebane direkt am Strand mit Ferienhäusern zur Selbstversorgung (32 €/DZpP, 50 €/EZ), Restaurant und Bootsverleih.

Für die Weiterfahrt zum **Reserva do Gilé** (sprich: "schil<u>eeh</u>") kehrt man zur Gabelung 20 km vor Pebane zurück (GPS S 17.07.11 O 38.08.84) und wendet sich nach rechts. Diese Piste führt über Mualama nach Angoche und schließlich bis Nampula, ist aber wegen der Furt durch den Rio Ligonha nur während der Trockenzeit befahrbar. Wir befahren die Strecke nur etwa 30 km bis kurz nach der Brücke über den Melela, wo beim "Posto de Mualama" die Zufahrt ins Reservat beginnt. Alternativ gibt es weiter östlich bei GPS S 16.52.65 O 38.20.11 einen unscheinbaren Weg, der ebenfalls ins Reservat führt und nach kurzer Zeit auf den Hauptweg trifft.

RESERVA DO GILÉ

Auf schmaler Sandpiste geht es durch dichten Laubwald. Anfängliche Hütten weichen schnell zurück. Nach 12 km passiert man einen Wildhüterposten (GPS S 16.38.46 O 38.11.71). Dann fährt man wieder 27 km auf gut präparierter Waldpiste bis zur Abzweigung zum "Posto de Fiscal Zação de Lice", einem 6 km westlich am Rio Lice gelegenen Kontrollposten, der die Fischer überprüfen soll. Bis zum Hauptcamp "Posto Fiscal de Nakololo" am Rio Malema sind nun noch einmal 36 km zu fahren. Von hier aus wurde das dreijährige EU-Projekt zur Entwicklung des Reservats geleitet (S. 252). Vom **Nakololo Hauptcamp** führt die Waldpiste nach 28 km zum Nordausgang beim "Posto de Namarrua" (GPS S 16.18.39 O 38.14.51), der bereits auf einem über 300 m hohen Gelände liegt. Bisher wird kein Eintritt für den Besuch berechnet.

Das 2100 km² große Schutzgebiet wird von den Flüssen Rio Molócuè und Rio Licé/Rio Melela umschlossen und liegt im Küstentiefland. Es ist fast durchgehend mit dichten Laubwäldern bedeckt, bietet nur wenige Lichtungen und kaum Höhenzüge.

Gilé ist das einzige unbewohnte Reservat Mosambiks, in allen anderen befinden sich Dörfer. Dennoch wird viel illegal gejagt, wodurch die Wildtiere sehr scheu geworden sind. Knapp 100 Elefanten beherbergt das Reservat, darüber hinaus einige Löwen und relativ viele Leoparden. Kudus und Schirrantilopen sind auch vertreten und in den Flüssen leben Hippos. Impalas oder Giraffen kommen dagegen nicht im Gilé Reservat vor.

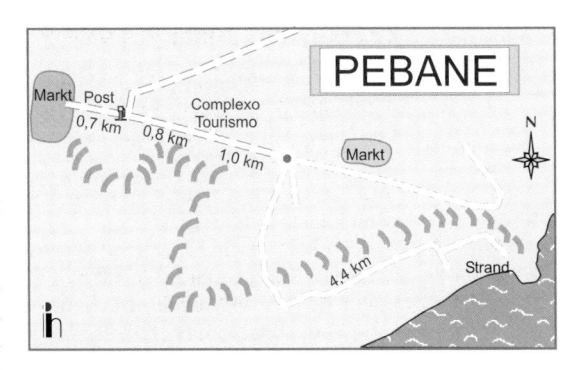

Bilder oben: Weggabelung im Wald des Reserva do Gilé; Abenteuerliche Brücke auf der nordwestlichen Zufahrt zum Reservat

PROVINZ ZAMBÉZIA RESERVA DO GILE

Camping und Mietzelte direkt am Flussufer

Ein italienischer Biologe versuchte mit EU-Finanzierung von 2000-2003 die touristische Infrastruktur wiederherzustellen, Wildhüter auszubilden und ein Touristencamp am Rio Lice zu errichten, wo Walking Safaris stattfinden sollten. Die Wege und **Camp Lice** sind ausgebaut worden, doch fehlt es an den Scouts, um dem Hauptproblem, der intensiven Wilderei, Herr zu werden. Erwarten Sie also nicht zuviel. Camp Lice bietet vier Zelte mit Dusche/Toilette und einem großen Schattendach. Preise: Die Zelte kosten 1000 Mtn./Nacht, Camping 150 Mtn. pro Person. Viele Frösche und Vögel!

Nordausgang bei Movimondo

Panoramafahrt durchs Hinterland

14 km nördlich vom Ausgang beim "Posto de Namarrua" gelangt man über eine regelrechte Cashewbaum-Allee in **Movimondo** an eine Wegkreuzung. Rechts könnte man nun über Gilé nach Alto Ligonha fahren. Geradeaus geht es ins Edelsteingebiet Mosambiks nach **Uape** (23 km). In diesem Dorf, das durch seine erhöhte Lage einen tollen Weitblick genießt, wird dem Fremden überall der Handel mit Turmalin, Emerald und Aquamarin angeboten. Von Uape geht es entweder weiter ins 109 km entfernte Alto Molócuè oder in westlicher Richtung über Morrua (42 km) und Mulevale (weitere 48 km) nach Mugeba (erneut 60 km) an der Teerstraße nach Mocuba. Wer die zweite Route wählt, wird mit einer Panoramafahrt belohnt, insbesondere bei **Morrua**, wo die "PARE"-Mine Edelsteine abbaut. Ein riesiger Granitkegelberg überragt hier die liebliche, mit Fächerpalmen durchsetzte Landschaft. Der breite, klare Rio Melela durchströmt das Gebiet. Zwischen Morrua und Mulevale ist die Piste wellig und nach Regenfällen unter Umständen schwierig zu befahren. **Mulevala** zeigt sich wieder als verlassenes Kolonialstädtchen, in dessen Mitte neben dem Markt noch das burgähnliche Gefängnis steht.

Unten: Milange. Blick auf das koloniale Büro der Stadtverwaltung

Tour ins Landesinnere: nach Milange und Gurué

In Mocuba zweigt die gut ausgebaute Piste nach Milange von der EN 1 ab. Die Erdstraße ist außer nach heftigen Regenfällen auch ohne Allrad gut befahrbar. Sie führt durch eine abwechslungsreiche Hügellandschaft und erreicht man nach 189 km die Grenzstadt **Milange**. Man findet in der lebendigen, 700 m hoch gelegenen Stadt einfache Unterkünfte (z. B. Pensão Lilli mit gutem Restaurant und Zimmern für 16 € oder die preisgleiche Pensão Farinha), eine Tankstelle und eine BIM-Bankfiliale mit ATM-Schalter. Etliche Geldwechsler sprechen Passanten auf der Straße an, um den Umtausch von U$, Rand oder Malawi Kwacha anzubieten. In Hanglage thront das ehemalige Kolonialverwaltungsgebäude (Administração) über der Kleinstadt, wo man rechts neben dem Gebäude frisches Quellwasser aus einer Leitung schöpfen kann. Tropische Wälder, die jedoch stark abgeholzt und teilweise mit Eukalyptusbäumen ersetzt werden, säumen beiderseits der Lateritpisten die Wege. Wer länger verweilen möchte, sollte einen Abstecher zur katholischen **Mission in Tengua** unternehmen, einem Dorf 11 km vor Milange in Richtung Mocuba. Wir haben eine Leserempfehlung erhalten, wonach die Missionsstation mit ihrer imposanten, doppeltürmigen Kirche eine ganz besondere, unvergessliche Stimmung verbreitet.

Milange (sprich "Milanschi")

Ausflugstipp

Die **Grenzstation** nach Malawi liegt nur 4 km außerhalb der Ortschaft, die Abwicklung verläuft in der Regel schnell und unkompliziert (täglich von 06.00-18.00 h). Jenseits der Grenze beginnt in Muloza eine Teerstraße, über die man nach knapp 30 km Fahrt durch attraktive Teeplantagen an den Hängen des 3001 m hohen Mount Mulanje die malawischen Stadt Mulanje erreicht und nach weiteren 85 km die Großstadt Blantyre.

Ausreise nach Malawi

Fahrt von Milange nach Gurué

Von Milange besteht die Möglichkeit **nach Gurué**, dem Teenbaugebiet Mosambiks und zugleich der bekanntesten Sehenswürdigkeit dieser Provinz, zu fahren. Diese Piste ist gut ausgebaut und ermöglicht zügige Fahrt. Sie führt zuerst durch Jacaranda- und Eukalyptusalleen aus Milange hinaus und durchquert dann eine sehr dicht besiedelte Tiefebene. An klaren Tagen genießt man dabei herrliche Ausblicke auf den mit 3001 m höchsten Berg im südlichen Afrika, den kurz hinter der Grenze in Malawi ruhenden Mulanje Mountain. Die vielen Reihendörfer sind erst nach Ende des Bürgerkriegs entstanden, als Tausende Flüchtlinge aus Malawi nach Mosambik zurückkehrten. Nicht alle konnten oder wollten in ihre Heimatdörfer ziehen, daher sind viele Dörfer entlang der grenznahen Straße entstanden, in denen der Maisanbau heute die wirtschaftliche Basis stellt. Die Flüchtlinge haben zum Teil über viele Jahre im englischsprachigen Malawi zugebracht. Namen wie „Grocery" oder „Tea Room" an den Hauswänden zeigen, dass manchen der Makua und Lomwe die portugiesische Sprache fremd geworden ist. Erst nach etlichen Kilometern Fahrt weicht die dichte Besiedlung zurück und tauchen in der Ferne die Berge rund um Gurué auf. Nach 105 km durchfährt man die kleine Ortschaft **Molumbo** mit einem Gefängnis, das noch aus der Kolonialzeit stammt und wie ein Fort mit Zinnen und Schießscharten besetzt ist. Auch ein verblichenes Wappen ziert noch den Eingang. Kurz nach dem Ort thront geradezu majestätisch die katholische Mission in erhabener Lage direkt an einem mächtigen Granitberg. Eine kurze, ausgewaschene Piste führt zur Kirche hinauf, wo man zwar den fortschreitenden Verfall der Mission erkennt, aber auch einen phantastischen Ausblick über die weite Ebene genießt. 56 km nach Molumbo gelangt man schließlich an die Gabelung zwischen Lioma und Gurué. Nach rechts sind bis Gurué nun noch 32 km zu fahren.

Immer wieder markante Gebirgsstöcke und Felszähne in der weiten Naturlandschaft

Schon gewusst?
Pro 1000 Höhenmeter nimmt die

- Sonnenstrahlung um 10-20% zu
- Temperatur um etwa 5° ab
- Luftfeuchtigkeit um 25% ab

Gurué

Leuchtend grüne Felder und hohe Berge als Kontrast zur Küstenregion

Das 730 m hoch gelegene Städtchen Gurué war einmal die landschaftliche Schatztruhe des Landes: Rundum bezaubern imposante Bergketten, eigentümliche Felsendome und Granitkuppen. An den Hängen des Monte Namúli liegen riesige leuchtend grüne Teeplantagen. Doch leider wird die üppige tropische Vegetation rücksichtslos abgeholzt und die einst schmucke Kleinstadt verfällt zusehends. Trotzdem lädt die milde Berglandschaft des Planalto Moçambicano mit seinem angenehmen Kontinentalklima zum Wandern oder Ausspannen nach einem längeren Küstenaufenthalt ein.

Vorsicht: Die Piste auf den Berg ist extrem zugewachsen und ausgewaschen

Mit 2419 m ist der Monte Namúli der zweithöchste Berg Mosambiks und eine stattliche Erscheinung. Für die Makua ist der Berg heilig, sie ehren ihn seit Menschengedenken. Das mächtige Bergmassiv ist sicherlich mit dafür verantwortlich, dass hier die höchsten Regenmengen ganz Mosambiks gemessen werden. In dieser tropisch-feuchten Umgebung gedeihen viele Getreide- und Gemüsesorten und besonders gut Tee.

Gurué bietet städtische Einrichtungen, wie Post, Banken (mit ATM bei der BIM-Bank), Tankstelle, Apotheke, einen Stadtmarkt und diverse einfache Läden. Der Supermarkt neben dem PEP bietet Tiefkühlkost an.

Unterkunft

Wanderfreunde erhalten in der Pensao Gurué wertvolle Tipps

• **Pensão Gurué:** Tel. 824938649. Die mitten im Ortszentrum gelegene Pension hat eine wechselvolle Geschichte; sie wird seit 2010 von einem österreichischem Paar geführt, renoviert und deutlich verbessert. Sie bietet einfache, aber saubere Zimmer von 22 €/Nacht (Gemeinschaftsbad) bis 35 €/Nacht (ensuite), ein nettes Restaurant, gratis WIFI und Campinggelegenheit im Garten (8,50 €/Zelt).

• **Motel Monte Verde:** Tel. 24910245. Schräg gegenüber der Pensão Gurué liegt das renovierte Motel mit sauberen Zimmern. Preis ab 15 €/Nacht.

Anreisealternativen nach Gurué

Zufahrt ab Nampevo

Gurué ist von allen vier Himmelsrichtungen aus erreichbar, allerdings nicht ohne gewisse Umstände. Am stärksten befahren und für Nichtmotorisierte am ehesten mit Chapas zu organisieren, ist die 120 km lange Anreise **ab Nampevo** über **Errego** entlang der EN 231. Die Bergstrecke ist geteert und führt durch eine ansprechende Szenerie mit Felsendomen.

Zufahrt ab Mutuáli

Die gleiche Straße, EN 231, führt von Norden **ab Mutuáli**, einer Bahnstation, nach Gurué. Die Abzweigung an der EN 8 ist nicht ausgeschildert, sie liegt östlich von Mutuáli bei der Mariensäule an der Primary School. Nach einsamer Fahrt durch dichte Wälder gelangt man hier nach 50 km in das kleine Verwaltungszentrum **Lioma**, wo am Ortsausgang ein ausgebrannter Panzer inmitten der kleinen Felder noch an die Schrecken des Bürgerkriegs erinnert. 19 km weiter gerät man an eine Gabelung, wo man sich links hält, um nicht nach Milange zu fahren, sondern nach weiteren 32 km das Teeanbauzentrum Gurué erreicht.

Zufahrt ab Cuamba

Wer direkt von **Cuamba** nach Gurué fahren möchte, gelangt über die ER556 an der Etarara Mission vorbei nach Correia (52 km), durchquert 1,3 km dahinter die Furt des Rio Lurio und erreicht 25 km weiter die EN 231 zwischen Lioma/Mutuáli und Gurué; von wo noch 32 km zu fahren sind.

Zufahrt ab Malema

Eine weitere Verbindungsstraße von der EN 8 nach Gurué wurde im Jahre 2000 konzipiert. Sie zweigt 13 km westlich **von Malema** nach Süden ab und verläuft als eine Abkürzung zur EN 231, auf die sie 15 km nördlich von Lioma trifft. Sie ist in der Regel ebenfalls gut befahrbar.

Landschaftlich reizvoll ist auch die Anreise **von Alto Molócuè**. Entlang der EN 104 geht es ins 22 km entfernte Vacha. Dort zweigt man auf eine kleinere Piste nach Nauela ab, die schließlich nach Gurué führt.

Der Zustand der Pisten kann sich in dieser regenreichen Gegend jederzeit verändern. Die Deutsche Kreditanstalt für Wiederaufbau erneuerte 2005 rund 800 km Pisten in der Provinz Zambézia; doch wie schnell diese Straßen ohne anschließende regelmäßige Wartung wieder verfallen, ist leider nicht vorhersehbar.

*Bilder von oben:
Beiderseits der Straßen Teeplantagen;
Kapelle in Gurué;
die Stadt Gurué vor dem
Monte Namúli*

DIE PROVINZ NAMPULA

Inselberge mit Gebirgszähnen, welligen Höhenzügen und bizarren Felsenzacken

Ausgesprochen kontrastreich zeigt sich die 78 197 km² große Provinz zwischen den Flüssen Rio Ligonha und Rio Lúrio. Gäbe es eine entsprechende Infrastruktur, wären die markanten, solitär stehenden Granitkuppen Nampulas wahrscheinlich ein Kletterparadies. In der relativ dicht besiedelten Provinz (38 Ew/km²) bilden die Makua die bedeutendste Volksgemeinschaft. Sie sind traditionell in der Landwirtschaft tätig und bauen hauptsächlich Cashewnüsse, Baumwolle und Tabak an.

> **Fahrtstrecke: Von Alto Molócuè nach Nampula** <

Alto Molócuè – Nampula

Gesamtstrecke: 265 km
Fahrzeit: ca. 2,5-3 Std.
Zustand: neue Asphaltstraße
Tankstellen: unterwegs bisher keine

Vorherige Streckenbeschreibung bis Alto Molócuè: siehe S. 249. Eine abwechslungsreiche Fahrt ohne spezielle Besonderheiten. Einige Kilometer nach **Alto Ligonha** überquert man den Rio Ligonha, der die Provinzgrenze zwischen Zambézia und Nampula markiert, weshalb hier stets Polizeikontrollen sind. Danach geht es zügig bis in die Großstadt Nampula.

Nampula

Als Bastion der Opposition wird Nampula bewusst vernachlässigt, heißt es. Straßenschäden mehren sich erheblich.

Nampula ist eine vergleichsweise junge Stadt. Wegen ihrer verkehrsgünstigen Lage verlegten die Portugiesen 1935 die Provinzverwaltung von Ilha de Moçambique in diese Kleinstadt. Rasch blühte Nampula auf und wurde schon in den 1960er Jahren, als die Portugiesen hier Militär gegen die Frelimo-Freiheitskämpfer stationierten, zur geschäftigen "Kapitale des Nordens". Bis heute ist die Einwohnerzahl auf 200 000 angewachsen und Nampula als drittgrößte Stadt des Landes unbestritten das pulsierendste Wirtschaftszentrum Nordmosambiks, was aber dennoch nicht unbedingt heißt, die Stadt wäre modern und sehenswert. Es dominieren eher der chaotische Verkehr, Schlaglöcher und bettelnde Straßenkinder. Für den Reisenden bietet Nampula neben dem sehenswerten Museum gute Versorgungsmöglichkeiten und eine günstige Verkehrsanbindung.

Sehenswertes **Kathedrale**

Die Cathedral da Nossa Senhora Fátima an der Avenida Eduardo Mondlane ist ein massiver, weiß getünchter Bau aus dem frühen 20. Jh. Rundbögen und Zwiebeldächer auf den Doppeltürmen geben diesem Kirchenbau fast eine lateinamerikanische Erscheinung. Innen wirkt die katholische Kirche sehr luftig und vor dem Eingang liegt ein breiter Vorplatz.

Tipp! **Museum der Ethnographie**

Dem ausgezeichneten ethnographischen Museum an der Avenida Eduardo Mondlane sollte man unbedingt einen Besuch abstatten. Es widmet sich mit zahlreichen Schaukästen, Ausstellungsstücken und Fotografien der Kunst

NAMPULA

und Kultur Nordmosambiks, vornehmlich der Makua und Makonde. Seine Mitarbeiter sind freundlich und hilfsbereit. Das Museum ist dienstags bis samstags von 14.00-16.30 h geöffnet, freitags bis 18.00 h und sonntags von 10.00-12.00 h und 14.00-16.00 h. Montags ist es geschlossen. Autofahrer dürfen ihr Fahrzeug direkt vor dem Eingang sicher abstellen. Der Eintritt beträgt etwa 3 Euro.

Makonde-Kooperative

Hinter dem Museum befindet sich eine kunsthandwerkliche Kooperative der Makonde-Holzschnitzer, wo man die Arbeiten direkt von den Künstlern erstehen kann. Dies ist nicht nur für Souvenirjäger interessant.

*Bilder von oben:
Das Zentrum von Nampula:
Breite Straßen und
schmucklose Gebäude;
Unten: Die Kathedrale Nossa Senhora
Fátima und ihr breiter Vorplatz*

257

Hilfreiche Adressen und Infos

Banken & Geldwechsel

Nampula bietet zwar keine Wechselstube mehr, dafür aber zahlreiche Bankfilialen. ATM-Schalter für VISA-Bargeldabhebungen (bis max. 3000 MTn pro Tag) findet man bei den Filialen der Millenium Bank (BIM), beim Centro Comercial unter dem Girassol Hotel und im Vorraum des Shoprite Supermarkts. Reiseschecks nimmt nur noch die Standard Bank an und auch nur gegen relativ hohe Gebühren.

Für Fluggäste: Am Flughafen von Nampula gibt es jetzt endlich auch funktionierende ATM-Schalter.

Unterkunft in Nampula und Umgebung

- **Hotel Executivo:** Tel. 2629001, Fax 26219004, E-mail: hotel.executivo@gmail.com, Rua da Tete 370. Das Hotel der Vier-Sterne-Kategorie liegt nahe dem Shoprite in einer ruhigen Wohngegend. Seine 52 modernen Zimmer bieten eine gehobene Ausstattung, und es gibt zwei Restaurants, einen großen Pool und sichere Parkplätze. Preise: B&B ab 48 €/DZpP und 83 €/EZ.
- **Girassol Nampula:** Ave. E. Mondlane 326, Tel. 26216000, Fax 26217638. www.girassolhoteis.co.mz. Dieses Vier-Sterne-Hotel richtet sich vornehmlich an Geschäftsreisende und bietet 28 klimatisierte Zimmer, Restaurant und Bar, die sich ganz zentral direkt über dem Centro Comercial befinden. Preise: B&B ab 46 €/DZpP und 80 €/EZ.
- **Hotel Lúrio:** Av. da Independência, 544, Tel. 26218631, Fax 26212898, E-mail: hotel.lurio@gmail.com, www.hotellurio.com. Das einst so sozialistisch-charmante Hotel wurde gründlich renoviert und zu einem Hotel der gehobenen Mittelklasse aufgewertet. Die Zimmer bieten Klimaanlage, Minibar und gratis-WIFI zum Preis ab 35 €/DZpP und 66 €/EZ (mit Frühstück).
- **Hotel Milenio:** Av. 25 de Setembro, Tel. 26218877, E-mail: hotelmilenio@tdm.co.mz. 40 klimatisierte Zimmer und Internetzugang bietet dieses moderne Stadthotel nahe der Universität. Ein gutes indisches Restaurant befindet sich im Haus. Preise: B&B ab 42 €/DZpP und 66 €/EZ.
- **Hotel Bamboo:** Tel. 26217838, Fax 26217803, E-mail: bamboo@teledata.mz, www.teledata.mz/bamboo. Estrada de Rapale, Natikiri. Diese klimatisierte Bungalowanlage mit Kingsize-Pool, Bungalows mit TV/Kühlschrank und Restaurant befindet sich am Stadtrand von Nampula. Zufahrt: Stadtauswärts in Richtung Chuamba fahren, ca. 50 m nach der Exito-Tankstelle rechts 1,3 km Piste. Hier ist es ruhiger als in den Hotels der Innenstadt. Preise: B&B ab 40 €/DZpP und 60 €/EZ.
- **Ruby Backpacker:** Rua Daniel Napatima, Tel. 843985862. Die neue Backpackerlodge unter dem gleichen Management wie auf Ilha de Moçambique (S. 277) liegt zentral und verfügt über Mehrbett- (20 € pP) und Doppelzimmer (42 €/Nacht), Küche, Garten und sicheren Parkplatz.

Camping

- **Complexo Montes Nairucu:** Tel. 26215296/7, E-mail: idalecio@teledata.mz. Etwa 16 km westlich der Stadt in Richtung Cuamba liegt abseits der Straße an einem ruhigen Stausee die portugiesisch geführte Hühner- und Gemüsefarm mit einem ansprechenden Gartenrestaurant, Zimmervermietung (28 €/DZpP, 45 €/EZ) und einem zurückversetzten **Campingplatz** mit heißen Duschen (4 € pP, kein Trinkwasser vorhanden). Die Stellflächen sind vielleicht etwas uneben, aber dafür ist es eine Oase der Ruhe mit wunderschöner Bergszenerie (Foto rechts).

NAMPULA

	Einkaufen

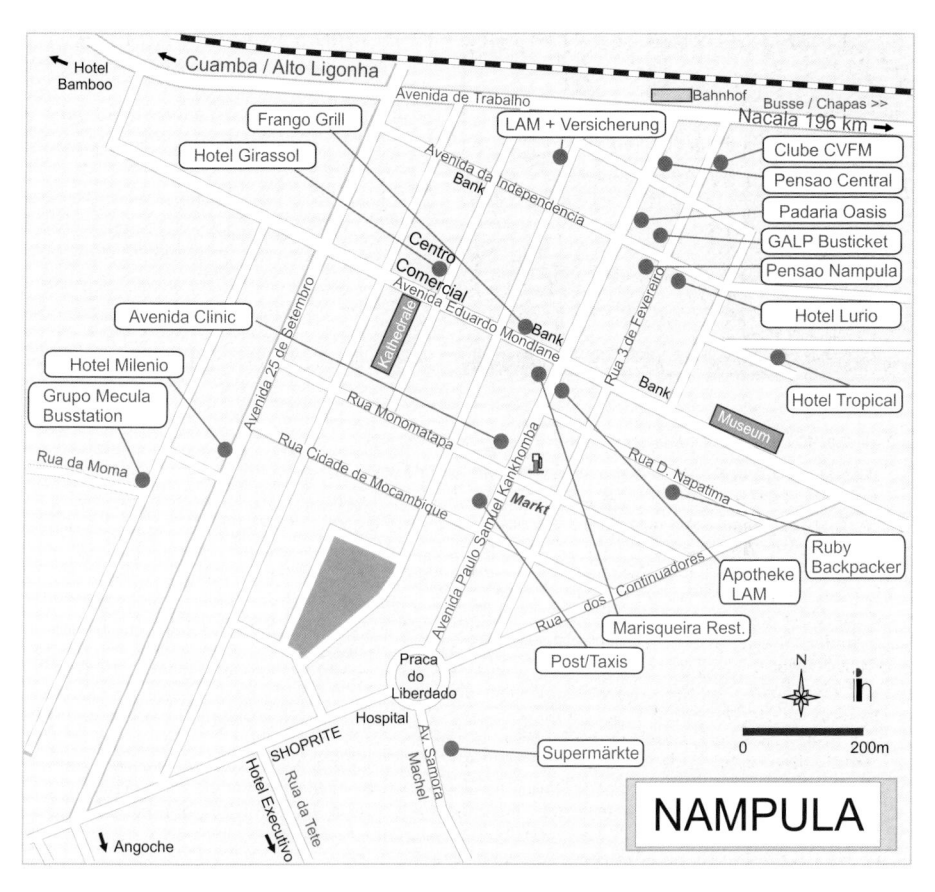

Der zentrale Stadtmarkt an der Avenida Samuel Kankhombe/Ecke Rua Daniel Napatina zwängt sich eng und quirlig auf kleiner Fläche, bietet dabei aber eine Fülle an frischem Obst und Gemüse. Bei Fleisch- und Milchprodukten sowie Importwaren hat der **Shoprite** die Supermärkte an der Av. Samora Machel ausgestochen. Gute Brot- und Gebäckauswahl offeriert die Bäckerei an der Av. S. Kankhombe/Ecke Av. da Independência. Die **Padaria Oasis** verkauft ein besseres Sortiment an frischen Milchprodukten und Wurstwaren als der Shoprite. Im **Centro Comercial** befinden sich neben mehreren Boutiquen eine Bank mit ATM-Schalter, ein Internetcafé, der Supermarcado Ideal ein öffentliches WC und das Café Atlantico.

Immigration-Büro

Das Büro der Migração, wo man etwaige Visaangelegenheiten klärt, liegt an der Rua Monomatapa/Ecke Av. Francisco Mayanga. Mo-Fr 07.30-12.30 und 14.30-17.00 Uhr.

Krankenhaus

Central Hospital: Tel. 26213001. Ambulanz Tel. 26213693, Ave. Samora Machel. Avenida Clinica: Tel. 26218090, Notruf 82457720, Rua Monomatapa.

Polizei

Tel. 26425031/26213131/26211219. Notruftelefon Nr. 199.

Post Office & Internet

Das Hauptpostamt von Nampula befindet sich in der Avenida Samuel Kankhombe. Öffnungszeiten: Montags bis freitags von 07.45-12.00 h und 14.00-17.00 h, samstags von 07.45-12.00 h. Internetcafés befinden sich gegenüber der Post und im Centro Comercial in der Avenida Eduardo Mondlane (dort ist auch Parken möglich).

PROVINZ NAMPULA — NAMPULA

Restaurants — Die Auswahl an Lokalitäten ist in Nampula relativ vielfältig. Empfehlenswert ist das indische Restaurant im Hotel Milenio. Direkt im Stadtzentrum befinden sich das Restaurant Marisqueira und die einfachere Hühnerbraterei Frango Grill. Als kleine Oasen der Erholung mit schönem Garten, Pool und Bar gelten die Restaurants im Clube de CVFM (Rua 3 de Fevereiro in Bahnhofsnähe) und im Hotel Bamboo. Im Centro Comercial befindet sich das beliebte Café Atlantico.

Fahrzeugbedarf — Die Exito-Tankstelle am Stadtrand 100 m vor dem Cuamba-Turnoff bietet einen 24-Stunden-Service, bleifreien Treibstoff und Reifendienst. Reifenhändler finden Sie am Praço da Liberdade und in der Nähe des LAM-Büros. Die Vertretungen von Landrover und Toyota befinden sich am Ortsrand in Richtung Cuamba.

An- und Weiterreise

Flughafen *Taxifahrten vom Airport ins Zentrum kosten ca. 5 €* — Der Flughafen liegt 4 km außerhalb Nampulas in Richtung Nacala, etwa 1 km abseits der Fernstraße (Tel. 26213100). Zahlreiche Chapas befahren diese kurze Strecke. Die nationale Fluggesellschaft LAM unterhält ein Büro in der Ave. Francisco Mayanga (Tel. 26213011/26212801) und am Airport (Tel. 26213322). Tägliche Flugverbindungen bestehen von und nach Maputo und Beira. Quelimane, Pemba, Tete und Lichinga werden mehrmals wöchentlich angeflogen.

Bahnhof & Bahnverbindungen *Tipp für Bahnfahrer: Taschenlampe einpacken* — Bahnhof und Bahnlinien begrenzen das Stadtzentrum nach Norden (Av. do Trabalho). Täglich außer sonntags verlässt ein Zug um 05.00 h morgens die Stadt in Richtung Cuamba. Mit über 30 Stopps braucht die Diesellok für die reizvolle, 350 km lange Strecke mindestens 8-9 Stunden, wenn verspätet gestartet wird auch viel länger. Dieser Zug bietet eine Zweite Klasse (12 €) und Dritte Klasse (7 €) sowie in der Regel auch einen Speisewagen. Von Cuamba fährt ebenfalls täglich außer sonntags um 05.00 h morgens ein Zug in Richtung Nampula. Eine Autoverladung kostet ca. 100 Euro pro Strecke. Der Fahrkartenvorverkauf, Tel. 26212032, findet manchmal nachmittags am Bahnhof statt, ansonsten nur beim Einlaufen des Zuges. Der handschriftliche Eintrag auf dem Bahnbillet weist das reservierte Abteil aus, z. B. "A" oder "B". Außerdem befährt mehrmals wöchentlich ein Zug die Strecke Nampula-Nacala (ca. 6 Stunden Fahrt, etwa 4 €).

Busbahnhof & Busverbindungen *Bei Fahrten mit Chapas nach Ilha de Moçambique muss man manchmal in Lumbo umsteigen* — Größte Busgesellschaft ist Transnorte, deren Terminal an der Av. Filipe Samuel Magaia liegt. Von hier und einer weiteren zentralen Bushaltestelle knapp 1 km östlich vom Bahnhof an der Av. do Trabalho starten die Busse und Chapas in östliche Richtung: nach Nacala, Ilha de Moçambique und Pemba. Die Abfahrtsstelle der Busse nach Süden und Westen (Ribáuè, Alto Molócuè, Mocuba und Quelimane) liegt etwa 2 km westlich des Bahnhofs an der Ausfallstraße Av. do Trabalho, kurz vor der unbeschilderten Abzweigung nach Ribáuè und Cuamba. Auch die in Pemba ansässige Busgesellschaft Grupo Mecula bietet ein breites Routennetz in Nordmosambik, z. B. nach Quelimane, Nacala und Pemba. Die Abfahrten sind auch hier stets frühmorgens. Für kürzere Strecken nach Ilha de Moçambique, Nacala und Mocuba etc. muss man in den einfachen Bussen 3,50 bis 6 € berappen. Nach Pemba zahlt man ca. 8 €, nach Quelimane 15 €. Für die 600 km lange Strecke nach Quelimane benötigen die langsamen Überlandbusse zwei Tage. Auf der Fahrt dorthin wird in Alto Molócuè übernachtet, bei Fahrten von Quelimane nach Nampula verbringt man eine Nacht in Mocuba. **TCO Oliveiras-Busse:** Jeden Di und Do fährt ein klimatisierter Expressbus zwischen Nampula und Beira, dienstags fährt er über Beira durch bis Maputo. Fahrtage und Abfahrtszeiten ändern sich allerdings häufig (Info-Tel. 846016861). Ticketverkauf und Abfahrten sind bei der Galp-Tankstelle in der Av. da Independência, gegenüber der Pensão Nampula. Preise: Von Nampula nach Beira 45 €, Nicuadala/Quelimane 24 €, Mocuba 19 €, Caia 31 €.

Mietwagen — Am Flughafen gibt es mehrere Vertretungen von Mietwagenagenturen: Sixt/Imperial Car Rentals, Tel. 26216312, Safari Rent-A-Car, Tel. 26212255, Premium Car Rental, Tel. 825396625 und Moti Rent A Car, Tel. 26218687/823520970.

ANGOCHE

Ein Abstecher ans "Ende der Welt"

Angoche

170 km südöstlich von Nampula ruht ein alter Handelsplatz mit kolonialhistorischer Bedeutung fern der Transitwege an einer Bucht des Indischen Ozeans: Angoche war schon seit mindestens 1600 Jahren von arabischen Seefahrern angelaufen worden, um Handel mit den Einheimischen zu treiben. Die Ankunft der Portugiesen 1498 erschütterte bald das arabische Handelssystem, wollten die Europäer das lukrative Geschäft doch vollständig an sich reißen. Zu diesem Zweck eroberte Portugal 1507 die größte arabische Handelsmetropole Sofala. Doch die Swahili-Araber beugten sich keineswegs den fremden Besatzern, sondern wickelten ihre Geschäfte nun über Angoche ab. Nur kurze Zeit ließen sich die Portugiesen derart an der Nase herum führen, dann nahmen sie Kurs auf Angoche, beschossen die Küstenstadt und legten sie in Schutt und Asche. Damit schien 1511 die kurze Blüte in Angoche auch schon wieder beendet.

Tatsächlich dümpelte das Leben hier bis in das frühe 19. Jahrhundert, als die vom Sklavenhandel profitierenden Portugiesen durch britische Patrouillenschiffe in Bedrängnis gerieten und nach Ersatzhäfen für die inzwischen illegalen Sklaventransporte suchten. Die flache Bucht blieb für die britischen Schiffe unzugänglich und eignete sich daher bestens für die heimlichen Geschäfte der Kolonialmacht. Angoche erlebte eine Wiederbelebung auf Kosten der menschlichen Ware. Das endgültige Ende des Sklavenhandels besiegelte jedoch auch das Schicksal von Angoche. Im 20. Jahrhundert entdeckten die Kolonialeuropäer die kleine Bucht mit ihren Traumstränden und vorgelagerten Korallenriffen als Feriendomizil. Doch Unabhängigkeitskampf und Bürgerkrieg setzten auch dieser Entwicklung ein jähes Ende, von dem sich Angoche nicht mehr erholt hat.

Heutzutage nehmen nur sehr wenige Reisende den langen Weg nach Angoche auf sich, um die stille Bucht und ihre Sandstrände zu genießen. Ab Nampula erfolgt die Anreise über Nametil (71 km). Die insgesamt 172 km lange Piste erfordert ein Allradfahrzeug. Alternativ kann man von Monapo via Liupo nach Angoche fahren (Allradpiste, 194 km). Von Nampula befahren mehrmals wöchentlich Chapas die Strecke.

Angoche hat keine besonderen historischen Gebäude mehr, strahlt aber ein starkes arabisches Flair aus. Der verschlafene Ort hat sich ein wenig gemausert und heute eine Bank mit ATM, ein Internetcafé und zwei bescheidene Pensionen zu bieten. Rund um Angoche dominieren Mangrovenwälder und ein paar hohe Sanddünen. Mit den Fischern kann man zur gleichnamigen, der Küste vorgelagerten Inselgruppe übersetzen, um dort zu schnorcheln.

Mogincual

Rund 100 km südlich von Ilha de Moçambique liegt dieses Küstendorf an der Mündung des Rio Mogincual. Ab Nampula erfolgt die Anreise via Corrane und Liupo (158 km), ab Monapo besteht eine 104 km lange Verbindung via Quixaxe. Beide Strecken werden unregelmäßig von Chapas befahren. Die kleine Ortschaft ist nur wegen der dort viele Jahre ansässigen Ferienlodge "Fim do Mundo" überhaupt ein touristischer Begriff geworden, die aber schon vor Jahren geschlossen wurde. Nicht unpassend bedeutet der Name „das Ende der Welt", denn hier liegt wirklich "der Hund begraben". Nichts erinnert mehr daran, dass hier einmal Tauchtouristen Urlaub machten.

PROVINZ NAMPULA   NAMPULA - CUAMBA

Diese Straße soll schon seit Jahren repariert werden. Jetzt ist geplant, sie bis Ende 2014 zu teeren

Fahrtstrecke: Von Nampula nach Cuamba

Die Fahrt von Nampula nach Cuamba, besonders zwischen Namina und Iapala, ist ein landschaftlicher Hochgenuss, aber derzeit in jämmerlichem Zustand. Sie führt durch abwechslungsreiche Berge voller Zacken und Kegel, die aussehen, wie von forscher Kinderhand gezeichnet.

Nampula – Cuamba

Gesamtstrecke: 353 km
Fahrzeit: je nach Bedingungen 8-10 Std.
Zustand: sehr schlechte Allwetterpiste
Tankstellen: Malema (nicht immer gesichert), Mutuáli
Besonderheit: eine der schönsten Panoramastrecken im südlichen Afrika, sie soll geteert werden

Die Straße EN 8 zweigt gut 2 km westlich von Nampula ab, ist jedoch nicht beschildert. Zunächst durchfährt man die dicht besiedelten Randgebiete, ehe es deutlich einsamer wird. Nach 64 km Fahrt taucht auf der rechten Seite ein riesiger Granithügel mit senkrechter Westwand auf, in der sich eine große Höhle befindet. Leider führt kein Weg bis dorthin. Die Bergkulisse wird nun immer imposanter. Nach 123 km durchquert man die Bahnstation Ribáuè Gare mit kleinem, bunten Markttreiben. 12 km weiter, die durch eine atemberaubend schöne Landschaft mit malerischen, blaugrauen Spitz- und Kegelbergen und diversen alten Waldbeständen führen, erreicht man die Kleinstadt **Ribáuè** zu Füßen des mächtigen Monte Mepálue (1777 m). Die verfallenen Kolonialgebäude beiderseits der breiten Avenidas lassen noch gut erkennen, dass Ribáuè einst ein schmuckes Städtchen gewesen sein muss. In beeindruckender Landschaft auf milden 600 m Höhe gelegen mag sich hier für die Kolonialeuropäer einst ein angenehmes Leben abgespielt haben.

29 km weiter zweigt die EN 104 nach Iapala (8 km) und Alto Molócuè (105 km) ab. Die Bahnstation Iapala strömt mit den Ruinen der Bahnhofs-Pousada noch etwas kolonialen Charme aus. Die Weiterfahrt nach Süden erfordert Allrad.

Oben: Die Fahrt nach Cuamba wird durch die bizarren Berge im Hintergrund zum landschaftlichen Hochgenuss

Auf einsamer Fahrt geht es weiter nach **Malema**, das 105 km westlich von Ribáuè inmitten prächtiger Berge und markanter Kletterfelsen liegt. Die lebhafte Kleinstadt, auch wieder mit einem gewissen "Wildwest-Charme aus der guten alten Zeit" ausgestattet, bietet die erste Tankstelle seit Nampula (allerdings häufig nur aus Kanistern erhältlich), eine kleine Bankzweigstelle und den einfachen Complexo Malaya mit Bar und Bungalows. 13 km nach Malema zweigt eine Abkürzung zur EN 231 nach Lioma und Gurué ab (siehe Beschreibung auf S. 254). Entlang der EN 8 erreicht man dagegen 51 km westlich von Malema die Ortschaft **Mutuáli**. Auch hier besteht die Möglichkeit, nach Gurué entlang der EN 231 zu fahren. Die Abzweigung ist nicht ausgeschildert; sie liegt östlich von Mutuáli bei der Mariensäule an der Primary School (siehe S. 254).

Auf den restlichen 59 km Strecke bis Cuamba verlässt man bei der Brücke über den Rio Lúrio die Provinz Nampula; Cuamba liegt bereits in der Provinz Niassa (Stadtbeschreibung S. 313).

> **Schon gewusst?**
> Eine Termitenkönigin legt rund 30 000 Eier pro Tag – und das bis zu 20 Jahre lang!

Fahrtstrecke: Von Nampula nach Nacala

Auf guter Teerstraße geht die Fahrt durch lockeren Buschwald und Cashewplantagen. Vereinzelt ragen Granitfelsendome aus der hügeligen Umgebung. In den Dörfern werden Cashewnüsse und Holzkohle in hohen Säcken verkauft. Die Straße führt durch eine Region reger Missionstätigkeit. Imposante Kirchen untermalen den religiösen Eifer, mit dem die Missionare zur Bekehrung der Afrikaner dem überall an der Küste verbreiteten Islam die Stirn boten. Ein beeindruckendes Beispiel dieser Anstrengungen ist die katholische Mission „Sanctuario de S. M. Mae do Redentor" aus dem Jahr 1941, die 13 km vor Namialo liegt. Eine prächtige, schattenspendende Mahagoni-Allee führt direkt auf das mit Außenmosaiken geschmückte Gotteshaus zu.

Namialo ist eine wichtige Wegkreuzung und entsprechend lebendig und geschäftig (Weiterfahrt nach Pemba S. 279). Etliche Chapas stoppen hier, um neue Fahrgäste aufzunehmen. Restaurants, Pensionen, Tankstellen und eine Filiale der BIM offerieren den Durchreisenden ihre Dienste. Viele LKW-Fahrer nützen Namialo als Übernachtungsplatz. Für Touristen bietet das eher chaotische Dorf mit seinen Fabriken und dem bunten Markt wenig Anreize zum Verweilen; sollte eine Übernachtung notwendig sein, so empfiehlt sich das Hotel Pousada Namialo.

Die Weiterfahrt verläuft nun parallel zur Bahnlinie. Die Cashewbäume werden immer zahlreicher. Nach 27 km liegt etwas zurückgesetzt die katholische Mission **Carapira** mit beeindruckender Kirche, einem Gesundheitsposten und einer Wirtschaftsschule. Kurz hinter dem Ort zweigt an einer Tankstelle die Stichstraße nach Ilha de Moçambique ab (57 km), geradeaus gelangt man nach 63 km nach Nacala.

Bild unten: Katholische Missionskirche "Sanctuario de S. M. Mae do Redentor"

> **Nampula – Nacala**
> Gesamtstrecke: 190 km
> Fahrzeit: ca. 2-3 Std.
> Zustand: gute Asphaltstraße
> Tankstellen: in Namialo, Monapo
> Besonderheit: rege befahren

Die Asphaltstraße umgeht nach 35 km die Kleinstadt **Monapo** in einer weiten Schleife. Monapo war einst für seine **Cashew-Fabriken** bekannt, die schließen mussten, als die Weltbank den freien Markt erzwang und die Schutzzölle für Cashews verbot. Fortan gingen die Nüsse als Rohstoff unbearbeitet nach Asien, Tausende verloren hier ihre Jobs als Schäler und der einstige erfolgreiche Wirtschaftszweig brach in Mosambik zusammen. Eine Cashew-Misere Dank der rigorosen "Entwicklungshilfe" von IWF und Weltbank, die inzwischen erkannt wurde, und der jetzt mit einer verordneten Wiederbelebung der Cashewverarbeitung entgegen gesteuert wird. Inzwischen gibt es wieder rund 9000 Arbeitsplätze in den Cashew-Verarbeitungsanlagen.

Am Straßenrand werden hier oft Nüsse und frittierte Shrimps verkauft

Nacala

Erst Anfang des 20. Jh. wurde das hervorragende Potenzial der Baia de Fernão Veloso als Tiefseehafen erkannt. 1947 machten man sich an den Ausbau desselben, der heute zu den tiefsten Naturhäfen der Welt zählt. Nacala ist als konstruierte **moderne Hafenstadt** schmucklos, zweckmäßig und ein wenig steril geblieben. Aus touristischer Sicht ist die Stadt wenig interessant, wenngleich Nacala die beste Versorgungsstation zwischen Nampula und Pemba darstellt und die weiter nördlich gelegene **Halbinsel Femão Veloso** einige schöne Strände bietet. Mehrere Restaurants, Supermärkte, ein Krankenhaus (Tel. 26520346), Banken mit ATM, Tankstellen und Werkstätten erleichtern den Alltag der 100 000-Einwohner-Stadt.

Unterkunft
- **Hotel Maiaia:** Tel. 26526842, Fax 26526356 (auch Hotel Nacala genannt). Das Hotel ist vor allem für Geschäftsreisende ausgestattet. Gutes Restaurant, 34 klimatisierte Zimmer, zentrale Lage nahe dem Market. B&B ab 40 €/DZpP und 65 €/EZ.
- **Libélula:** Tel. 823042909. www.divelibelula.com. Das ehemalige "Bay Diving" bietet auch nach seinem Besitzerwechsel legere A-Frames (45 €/Nacht), Steinchalets (57 €/Nacht) und Campinggelegenheit (6 €, mit Strom 8 € pP) leicht erhöht am Strand von Fernão Veloso. Für Taucher eine legendäre Adresse.
- **Nuarro Lodge:** Tel. 823044049, www.nuarro.com. Diese Lodge liegt einsam nahe dem Ponta Naganta rund zwei Fahrstunden nördlich von Nacala und bietet hübsche Chalets mit einem exklusiven "Öko-Touch". Vorausbuchung ist dringend anzuraten. Preise: All-Inclusive ab 225 €/DZpP und 335 €/EZ.
- **Kwalala Lodges:** Tel. 26520214, www.kwalala-lodges.com. 15 km von Nacala entfernt werden Steinchalets für Wassersportler angeboten (im Pelago Adventure Centre). Mit Restaurant und lebhafter Bar. B&B 68 €/DZpP, 76 €/EZ.

An- und Weiterreise

Mehrmals wöchentlich fährt ein Zug zwischen Nampula und Nacala. Busse und Chapas bedienen diese viel befahrene Strecke permanent (ca. 5 € pP); die Haltestelle liegt vor dem Hotel Maiaia. Viele Chapas fahren nur bis Monapo oder Namialo, wo man jedoch ohne lange Wartezeiten umsteigen kann.

Trotz der großen Geschäftigkeit im Hafen von Nacala bestehen keine regelmäßigen Fährverbindungen oder Passagierlinien. Um an die Strände von **Femão Veloso** zu gelangen, fährt man von Nacala entlang der Airport Road an der weißen Moschee vorbei und noch rund 15 km weiter bis zum Ende der Teerstraße. Hier reihen sich einige private Ferienhäuser an den Sandstrand, für Touristen bietet die Halbinsel voller Baobabs jedoch kaum Einrichtungen. Über eine Piste ist von Nacala aus der Strand von **Relanzapo** erreichbar, der dem offenen Meer zugewandt im Nordosten der Halbinsel liegt.

Infos zum "Nacala Korridor"

Der Anschluss an das Fernstraßen- und Schienennetz Sambias ist geplant

Als Nacala Korridor wird die rund 800 km lange **Transitverbindung** zwischen Blantyre in Malawi und dem Indischen Ozean bezeichnet. 618 km dieser Strecke, die aus Bahnlinie und parallel verlaufender Fernstraße besteht, liegen dabei auf mosambikanischen Staatsgebiet. Für den Binnenstaat Malawi stellt dieser Korridor die günstigste Verbindung zum Ozean und gegenüber Durban in Südafrika oder Dar es Salaam in Tansania eine enorme Verkürzung der Transportwege dar. Der Schienenstrang wurde erst 1970 fertiggestellt und schon fünf Jahre später wegen des Krieges stillgelegt. 1989 wurde der Bahnbetrieb wieder aufgenommen und in den letzten Jahren die Strecke modernisiert und ausgebessert, vor allem zwischen Cuamba und der malawischen Grenze. Heute werden rund ein Fünftel der malawischen Güter über Nacala abgewickelt; etwa 185 000 Tonnen jährlich, wovon 70 % Importwaren und nur 30 % Exportprodukte ausmachen.

Die Bucht von Mossuril: Cabaceira und Chocas Mar

Ilha de Moçambique liegt der Bucht von Mossuril vorgelagert, auf deren Nordseite eine Landzunge in den Ozean ragt. Die Zufahrt erfolgt von der Straße zwischen Monapo und Ilha de Moçambique. Die Piste zweigt 26 km östlich von Monapo ab. Nach 21 km Fahrt gelangt man nach **Mossuril**, einem Fischerhafen, in dem einige Dhaus liegen. Hinter dem Ort gabelt sich die Piste, man hält sich hier rechts auf der Seite der Bucht. Der Weg durchquert **Cabaceira Grande**, wo die Gouverneure des 18. Jh. ein Landhaus hielten, das aber längst verfallen ist. Dafür steht noch die katholische Kirche Nossa Senhora de Remedios aus der gleichen Epoche. Der Weg führt nun über eine schmale Landzunge bis **Cabaceira Pequena**, wo eine alte Moschee und verlassene Häuser ruhen. Zwischen diesen beiden verschlafenen Fischerdörfern liegt dem offenen Meer zugewandt und 33 km von der Teerstraße entfernt die kleine Ansiedlung **Chocas Mar**. Sie hat sich bei den wohlhabenden Einheimischen zu einem beliebten Wochenend-Strandausflug für Allrad- und Quadbikefahrer entwickelt. Unterkunft bieten:

- **Sunset Boulevard:** Tel. 827924672, www.hotelsunsetboulevard.com. Eine kleine, sehr einfache Community-Pension in Mossuril, geleitet von Tourismus-Studenten, die Samstagabends "Boma Dinners" mit Musik und Tanz veranstalten. B&B ab 8 € pP.
- **Complexo Turistico Namarralo:** Tel. 26660049, E-mail: borges@polka.co.za. Strandanlage 1 km nördlich von Chocas Mar mit Restaurant und gemauerten Bungalows und weitem Sandstrand, der sich gut zum Surfen eignet (viel Wind). Camping wird auf Anfrage gestattet. Preise: ab 42 €/Nacht; an Wochenenden rund 10% Zuschlag.
- **Coral Lodge:** Tel. 829023612, www.corallodge1541.com. Elitäre Luxusanlage mit 10 Villen und Feinschmeckerrestaurant ganz am Ende der Landzunge. Preise: All-Inclusive ab 320 €/DZpP.
- **Carrusca Mar Sol:** Tel. 26213302/825160173, E-Mail: anibalcarrusca@hotmail.com. Restaurant und Bungalows unter Palmen, windgeschützt der Bucht zugewandt, daher mit Mangroven und herrlichem Meeresstrand. Camping auf einer Düne möglich. Preise: Zimmer und Vierbett-Bungalows ab 48 €/Nacht, klimatisiert ab 55 €/Nacht, Camping mit Barraca 8 € pP. GPS-Daten: S 14.58.32, O 40.44.92.

Bild oben: Typisches Straßenrestaurant in Mosambik: Eine gut bestückte Bar und weißes Plastikgestühl

Ilha de Moçambique

Diese kleine Insel soll die Geschichte im südlichen Afrika stärker beeinflusst haben als irgendein anderer Ort

Sie ist eine der ältesten europäischen Siedlungen der südlichen Hemisphäre und soll mehr Einfluss auf die geschichtliche Entwicklung im südlichen Afrika genommen haben, als irgendein anderer Ort dieses Kontinents. Die kleine längliche Insel, die hier jedermann nur "Ilha" nennt (sprich "ilja") ist historisch und kulturell betrachtet ein Prachtstück und gewiss ein "Muss" für jeden Besucher Nordmosambiks, wenn sie sich auch optisch nicht so präsentiert. Die Bedeutung erschließt sich, wenn man bedenkt, dass zwei Drittel der Insel komplett als **Weltkulturerbe** eingestuft wurden. Unterschiedlichste Kulturen sind sich hier begegnet und haben sich wechselseitig beeinflusst – Europäer, Inder (vor allem aus Goa), Afrikaner, Araber und Perser gaben sich hier ein Stelldichein. Auf einer Fläche von nur 2500 m x 600 m an seiner breitesten Stelle steht Ilha de Moçambique allegorisch für die Vielfalt Mosambiks in kultureller, historischer und ethnischer Hinsicht.

Schon gewusst?
1992 stufte die UNESCO Ilha de Moçambiquel als Welterbe ein

Siehe zum Thema Welterbe auch S. 273

Der erste Eindruck nach Ankunft auf der Insel ist dennoch **ernüchternd**: Schäbig, verkommen und viel zu dicht bebaut wirkt diese „größte Sehenswürdigkeit des Nordens". Verfallene portugiesische Pracht an allen Ecken und Enden – das ehrwürdige Hospital mit seinem schmiedeeisernen Portal; die stillgelegte Badeanstalt neben dem Fort, wo noch der Sprungturm über das schon lange trockene Becken ragt; der betagte Mercado oder die Parkbänke und Straßenlaternen. Irgendwie scheint das alles dem schweigenden Verfall und der Verrottung preisgegeben. Man fühlt sich wie in der Rumpelkammer eines Museums, in der die als nutzlos erachteten Relikte vergangener Epochen ganz einfach sich selbst überlassen bleiben.

Vorsicht: Die Insel erschließt sich erst auf dem zweiten Blick

Wenn sich aber das Auge an die fremden Eindrücke, die baufälligen Mauern und engen Gassen gewöhnt hat, öffnet sich der Blick für die Feinheiten. Dann erkennt man das zaghafte Renovieren alter Gebäude, bemerkt vereinzelt erhaltenen Portale, Schnitzereien und Ornamente. Und aus der ersten Befremdung entwickelt sich möglicherweise Faszination für die Einzigartigkeit dieser Insel und seine spezielle Atmosphäre.

Abends wirkt die Szenerie noch fremdartiger

Abends wird die Szenerie besonders bizarr und bekommt einen unwirklichen, orientalischen Touch. Entlang der Mittelstraße Avenida 25 de Junho werden zahlreiche Marktstände zwischen den prächtigen Bäumen mit ihren eigenwilligen Luftwurzeln aufgebaut. Im schimmernden Licht promenieren die Menschen, genießen die angenehme Abendkühle.

Noch etwas fällt auf entlang der Mittelstraße durch die Insel: die Wohnhäuser links und rechts der Straßen sind tiefer gelegt. Man sieht von der Straße hinab in die Wohnungen, deren Dächer sich auf gleicher Höhe mit den Straßen befinden. Manch große Papayapflanze erreicht gerade mal die Höhe der Straße; ein kurioser Anblick.

Ilha hat viele hellhäutige Einwohner

Die Bewohner von Ilha sind aufgeschlossener und selbstbewusster als auf dem Festland. Viele Kinder und Jugendliche sprechen Besucher offenherzig an, bieten mit guten Englischkenntnissen Führungen an oder wollen einen Übernachtungsplatz und Dhau-Trips vermitteln. Ein Großteil dieser Kinder sind Schüler der Internatsschule auf Ilha. Möglicherweise wegen seiner Insellage gilt Ilha de Moçambique als recht sicher; Diebstahl kommt nur selten vor.

GESCHICHTE

Geschichtlicher Abriss

Als Vasco da Gama am 01.03.1498 zum ersten Mal auf die kleine Insel zusteuerte, befand sich hier schon seit annähernd 1000 Jahren ein **swahili-arabischer Handelsstützpunkt**. Ein Scheich namens Moussa Ben Mbiki herrschte damals auf der Insel, und die portugiesisch gefärbte Variante seines Titels prägte sich rasch als Ortsbezeichnung ein. Für Jahrhunderte sollte Moçambique nur die Insel bezeichnen, erst viel später setzte sich der Name auch für die gesamte Kolonie durch. 1502 kehrte da Gama erneut zur Insel zurück und schon fünf Jahre später begannen die Portugiesen ihren Eroberungsfeldzug entlang der ostafrikanischen Küste und vertrieben die Araber von der Insel. Ein erster Festungsturm, São Gabriel, eine Krankenstation und eine Kirche entstanden schon 1507, um das Eiland zu einem sicheren **Zwischenlager für die Handelswaren** auszubauen. Bis Mitte des 16. Jh. prosperierte Ilha zu einem der wichtigsten Versorgungshäfen für die portugiesischen Seefahrer auf dem Weg zu den Besitzungen im fernen Osten. 70 offizielle Vertreter des Mutterlands und bis zu 1000 portugiesische Händler und Seeleute hielten sich hier mitunter auf. Da lag es nahe, Ilha de Moçambique zur portugiesischen Hauptstadt an der afrikanischen Küsten auszubauen, worunter vor allem die Befestigung eines wehrhaften Forts verstanden wurde.

Vor Überfällen vom Festland, wo Afrikaner und Swahili-Araber eine beständige antiportugiesische Haltung einnahmen, bot die Insel ausreichend Schutz. Gefahr drohte Ilha de Moçambique dagegen vom offenen Meer. 1607 musste die Verteidigungsanlage seine Feuertaufe bestehen. Die Niederländer standen als aufblühende Seemacht in direkter Konkurrenz zu

*Oben:
Der erste Blick auf Ilha de Moçambique von der Zufahrtsbrücke aus gesehen*

PROVINZ NAMPULA — ILHA DE MOÇAMBIQUE

Oben: Dieser Blickwinkel zeigt den für Ilha typischen Kontrast zwischen einzelnen renovierten Gebäuden und den übrigen baufälligen historischen Gebäuden

Portugal, das längst schwächelte und nach heftigen Seeschlachten eine überseeische Besitzung nach der anderen an die Holländer verlor. Am 29.03.1607 nahmen die niederländischen Kriegsschiffe Kurs auf Ilha de Moçambique. Sie zerstörten die Lehmstadt, plünderten die Insel, vermochten aber nicht das mächtige Fort einzunehmen, in dem sich die Portugiesen verschanzt hatten. Bis zum 13.05.1607 dauerte die **Belagerung Ilhas**, dann zogen die Holländer resigniert wieder ab. Die erste Schlacht zwischen Europäern auf afrikanischem Boden hatte mit dem Rückzug der erfolglosen Niederländer geendet. Doch schon im nächsten Jahr kehrten die beutelustigen Angreifer zurück. Mit 13 Schiffen, 277 Kanonen und 1840 Soldaten wollten sie nun endlich die strategische Versorgungsstation einnehmen, denn Ilha de Moçambique liegt an der schmalsten Stelle des mosambikanischen Kanals zwischen Madagaskar und dem Festland. Doch wie schon im Jahr zuvor hielten die Portugiesen ihre Stellungen und zeigte sich das Fort drei Monate lang als unbezwingbar. Mittels Zisternen innerhalb des Forts konnte ausreichend Trinkwasser aufgefangen werden, um die Soldaten für Wochen zu versorgen. Nach dieser Niederlage verzichtete Holland darauf, die Insel erneut anzugreifen. Statt dessen eroberten die Niederländer Handelsplätze weiter im Norden, wie Mombasa, die Portugal damit endgültig verlor.

Nach den niederländischen Belagerungen bauten die Portugiesen das Fort noch stärker als **Bollwerk gegen Attacken** von der See aus. So konnte auch eine englische Belagerung im Jahre 1628 den Portugiesen nichts anhaben. Um diese Zeit tauchten die ersten Priester des Dominikanerordens und Jesuiten auf, bauten Kirchen und 1640 ein Jesuitenkollegium. Doch die Ruhephase endete schon 1671. Diesmal kam der Angriff aus dem Norden, wo sich die Omanis zur arabischen Großmacht aufgeschwungen hatten und der Reihe nach die afrikanischen Küstenstädte überfielen. Ihre

GESCHICHTE

Streitkräfte attackierten und plünderten Ilha de Moçambique, die ganze Stadt ging in Flammen auf. Doch das Fort zu erstürmen und damit die portugiesische Herrschaft zu brechen, gelang auch den Omanis nicht. Nach dieser Belagerung umfing das Fort schließlich die **Aura der Unbezwingbarkeit** und es wurde tatsächlich zum einzigen sicheren Bollwerk Portugals an der langen ostafrikanischen Küste, in der sich die schwächelnde Seemacht immer wieder verschanzen konnte.

Bald galt das Fort als unbezwingbar

Die Sorge um die Expansionsgelüste der arabischen Nachbarn brachte Lissabon Mitte des 18. Jh. dazu, Portugiesisch-Ostafrika zur eigenständigen Kolonie zu erklären (die Besitzungen hatten bis dahin dem Gouverneur von Goa unterstanden), die Präsenz vor Ort zu stärken und die allzu mächtigen Kirchenvertreter aus dem Land zu weisen. Nach dem Rauswurf der Jesuiten 1752 zog der frisch ernannte Gouverneur von Ilha de Moçambique in das ehemalige Kollegium, das wie durch ein Wunder die schwere Plünderung von 1671 überstanden hatte. Das frühe und mittlere 18. Jh. sollte für Ilha zur größten **Blütezeit** werden, in der florierender Sklaven-, Gold- und Elfenbeinhandel zu großem Wohlstand führte. Mehr als zwei Drittel des gesamten Elfenbeinhandels wickelten die Portugiesen damals über Ilha de Moçambique ab. Getrübt wurde dieser wirtschaftliche Erfolg erst 1793 durch die Franzosen, die nun als nachfolgende Großmacht ihren Platz in der Welt geltend zu machen suchten und sich ebenfalls mit einer Belagerung Ilhas eine militärische Schlappe holten. Das Fort war noch immer uneinnehmbar, wie die Franzosen nach jahrelangen vergeblichen Übergriffen einräumen mussten. Mit dem Übergang ins 19. Jh. setzte für die Handelsmetropole – obwohl sie sich zunächst auch von den französischen Belagerungen erholte – der Niedergang ein. Die Sklaverei wurde unter Druck und Kontrollmaßnahmen Großbritanniens abgeschafft, der Elfenbeinhandel verebbte und politische Veränderungen, wie das Aufblühen der Kapprovinz, hatten eine allgemeine Neuausrichtung nach Süden zur Folge. Nicht länger Ostafrika lag im Brennpunkt des Geschehens, sondern Südafrika. Ilha de Moçambique geriet in eine Randlage. Buren und Engländer, die sich mit den Zulus an der afrikanischen Südspitze um das Land schlugen, wurden zur neuen Gefahr für Portugal. Die strategische Entscheidung, seine Hauptstadt nach Süden zu verlegen, erniedrigte Ilha de Moçambique nach fast 500 Jahren von der Kapitale zu einem Provinzstädtchen. Bis in die 1930er Jahre klammerte sich Ilha noch an den alten Pomp und die Pracht, genoss die privilegierte Lebensart, doch mit dem Umzug der Provinzverwaltung von Ilha nach Nampula geriet die Insel ein weiteres Stück ins Hintertreffen. Den eigentlichen **Todesstoß** versetzte der Ausbau des Tiefseehafens Nacala 1947 der Wirtschaft von Ilha de Moçambique. Seither sind vor allem die Araber wieder auf die Insel zurückgekehrt und prägen sie heute so stark, als wären sie nicht für ein halbes Jahrtausend auf das Festland verbannt worden. Rund 7000 Menschen bewohnen Ilha, ernähren sich unspektakulär vom Fischfang und Handel. Nur die alten Praças, die lusitanischen Paläste und das stille Fort bezeugen die geschichtsträchtige Vergangenheit dieses Ortes. Der lange Krieg hat auch verhindert, dass der Tourismus diese Schatztruhe entdeckt und umgestaltet bzw. verändert hat. Noch zeigt sich Ilha de Moçambique unverfälscht und authentisch.

Keiner Seemacht gelang es jemals, die Festung einzunehmen

Seit Mitte des 20. Jh. liegt Ilha im wirtschaftlichen Abseits

Besuch der Insel

Per Brücke auf die Insel...

Unser Tipp für die Brücke: Kleingeld bereithalten und den Beleg für die Rückfahrt aufheben!

Die Brücke ist täglich offen von 5-22 Uhr, und nur Sa auf So auch nachts

Seit 1969 verbindet eine 3,5 km lange Brücke Ilha de Moçambique mit dem Festland. Zwei Steinquader auf beiden Brückenseiten begrenzen die Zufahrt für breite Fahrzeuge. Gängige Allradfahrzeuge können jedoch passieren. Die Brücke ist einspurig; über mehrere verbreitete Ausweichstellen regelt sich der zweiseitige Verkehr relativ einfach. Der **Brückenzoll** beträgt für die Hin- und Rückfahrt 10 MTn pro Pkw und 20 MTn für Minibusse und ist bei der Ankunft auf der Insel zu bezahlen. Manchmal versuchen die Kollektoren den Betrag von Touristen doppelt einzukassieren bzw. verlangen auf dem Festland beim Brückenbeginn noch 10 MTn "Minicipal-Gebühr", die allerdings nicht für Touristen, sondern ausschließlich für "Commercial Cars" gilt. Bei der 3,5 km langen **Fahrt über die Brücke** steuert man direkt auf die kleine, beschaulich wirkende Insel zu, die vor allem im milden Nachmittagslicht von fremdartiger Schönheit ist. Je näher man ihr kommt, ums so deutlicher sind Verfall und Armseligkeit der sog. Lehmstadt zu erkennen.

SEHENSWERTES

Die erste Orientierung
Man betritt die Insel an ihrer Südspitze und befindet sich auf einer Art Vorplatz, von dem die drei längs die Insel durchlaufenden Straßen Rua da Solidariedade, Avenida 25 de Junho und Rua dos Combatentes beginnen. Hier schließt sich der Stadtteil Makuti an, die dicht besiedelte **Lehmstadt**, in der die meisten der rund 7000 Insulaner leben. Durch diesen Wohnbereich kommt man in die koloniale Altstadt, auch **Steinstadt** genannt. Der gesamt Altstadtbereich und das Fort stehen seit 1992 als Weltkulturerbe unter dem Schutz der UNESCO. Seither werden die alten Gebäude, Plätze und Prachtbauten dieses Viertels allmählich mühevoll restauriert. Einige Gebäude, wie der Gouverneurspalast und die Kirche, erstrahlen wieder in altem Glanz, während zahlreiche architektonische Schätze noch dem Verfall ausgesetzt sind und manch halbherzig renoviertes Gebäude auch schon wieder verfällt. Ein Spaziergang durch die Gassen von Ilha ist irgendwie immer auch eine Gang durch verfallene Ruinen. Am Nordende der Insel schließt sich an die Steinstadt die legendäre, unbezwingbare Festung an.

Ziemlich unbegreiflich ist, dass ein Handymast mitten auf der Insel errichtet werden durfte...

Sehenswertes
Wir beschreiben die Sehenswürdigkeiten der Insel als einen Spaziergang, und beginnen beim alten Friedhof an der Brücke zum Festland.

Inseltour

Alter Friedhof und Fort São Laurenço
Auf diesem kosmopolitischen, exponiert gelegenen Friedhof ruhen Angehörige aller Kulturen, die diese Insel seit Jahrhunderten bewohnt und beeinflusst haben. Die zum Teil verwitterten Grabsteine und alten Inschriften legen ein Zeugnis der bewegten Geschichte ab. Hier ruhen arabische Muslime, Afrikaner, Inder und Kolonialeuropäer friedlich nebeneinander. Nach Osten hin ist eine **kleine Koralleninsel** vorgelagert, die von hier aus gut einsichtbar ist. Auf dieser winzigen, steinigen Ilha de São Laurenço befindet sich seit dem 16. Jh. ein gleichnamiges dreieckiges Fort. An seinen Ruinen nagt der Zahn der Zeit, dichtes Gebüsch wuchert zwischen dem stillen Mauerwerk. Bei Ebbe kann man für etwa eine Stunde zur Insel hinüber laufen, sollte aber Acht geben wegen der spitzen Korallen und Steine.

Kirche und Fort Santo Antonio
Für unsere Tour über die Insel gehen wir nun zuerst entlang der Ostküste (Rua dos Combatentes) zum Fort und der Kirche Santo Antonio, die sich an einer vorgelagerten Landzunge erheben. Beide Gebäude wurde schon im 16. Jh. erbaut, gingen aber bei den zahlreichen Plünderungen und Zerstörungen verloren. Das Fort wurde 1820 neu errichtet, die heutige Gestalt der Kirche stammt aus dem Jahre 1969. Der Platz vor der Kirche dient heute als Hafen für die ansässigen Fischer.

Moschee, Dhau-Hafen und Fischmarkt
Über die Travessa dos Fornos queren wir die Insel, um zur Westpromenade, der Rua da Solidariedade zu gelangen. Hier befindet sich der alte Mercado, nach Norden schließt sich die schmucke grüne Moschee an und dahinter liegen der malerische Dhau-Hafen und der offene Fischmarkt. Vor allem frühmorgens, wenn die Dhaus von Festland eintreffen und nebenan die

Oben: Szenerie beim alten Zollhaus

*Oben:
Eine Gasse im
Inselkomplex,
der als
Weltkulturerbe
unter Schutz
steht.
Bis es dort so
aussieht wie
auf dem
rechten Bild,
ist noch
viel Arbeit
zu leisten!*

Fischer ihren nächtlichen Fang am Strand feilbieten, herrscht hier ein reges Treiben wie auf einem orientalischen Markt. Die Moschee ist erst 100 Jahre alt, wenngleich der Islam schon seit 1500 Jahren auf Ilha verbreitet ist. Außerhalb der Gebetsstunden darf man die Moschee betreten und das Minarett besteigen. Die Aussicht von oben über die Dächer der dicht bebauten Lehmstadt ist den Aufstieg wert!

Kirche Nossa Senhora de Saude

Gehen wir nun an die Mittelstraße Avenida 25 de Junho zurück, um der Kirche Igreja de Nossa Senhora da Saude einen Besuch abzustatten. Das katholische Gotteshaus aus dem 16. Jh. gehört zu den ältesten Gebäuden der Insel, ist aber baulich immer wieder verändert und erneuert worden. Sie wurde regelmäßig Opfer der Plünderungswellen.

Altes Hospital und Hindu Tempel

Gleich ums Eck stehen wir vor einem beachtlichen, Ehrfurcht gebietenden Kolonialgebäude mit schweren schmiedeeisernen Toren. 1877 eröffneten die Portugiesen in diesem stilvollen neoklassizistischen Palast das seinerzeit modernste Krankenhaus der Kolonie.

Folgt man nun der Avenida, die an mediterranen Plätzen, hohen Mauern und alten, südportugiesischen Bürgerhäusern mit schattigen Innenhöfen vorbei bis an den Platz der Republik führt, gewinnt man gute Eindrücke dieser eigenwilligen Inselstadt. Dabei sollte man nicht den eher unauffälligen Hindu-Tempel der indischen Gemeinde übersehen, den man außerhalb der Gebetsstunden besuchen darf. Hier gibt es einen Verbrennungsplatz für die Verstorbenen und eine freundliche, ruhige Gartenanlage.

SEHENSWERTES

Altes Zollhaus (Capetania)

Der Weg führt uns nun wieder an die westliche Uferpromenade zum Landungssteg der Dhaus. Im Capetania, dem alten Zollhaus links vor dem Steg, konnten die Hafenbeamten sogleich die eintreffenden Waren begutachten und entsprechende Zölle erheben. Das Eingangsportal bewachen zwei Kanonen aus dem 19. Jh. und ein 3 m hoher Anker (siehe Titelbild dieses Reiseführers). Im Inneren sind zahlreiche Wracks der Barken untergebracht, mit denen man früher die großen Ozeanschiffe zu entladen pflegte. Auch die bis zur Unabhängigkeit ausgestellte Bronzestatue des Seefahrers Vasco da Gama wurde achtlos hier eingelagert.

Wir schlendern nun weiter entlang der Avenida da Republica direkt in den als Weltkulturerbe geschützten Komplex. Hier stehen die alten Handelshäuser und prächtigen Gebäude, ihr portugiesischer Baustil ist mit indo-arabischen Ornamenten vermischt. Am Restaurante Reliquiás vorbei führt die Straße auf einen locker bepflanzten Vorplatz und den Landungssteg der großen Schiffe zu, den Hauptplatz von Ilha de Moçambique.

Oben: Innenof im ehemaligen Gouverneurspalast, der wieder restauriert worden ist

Nachgefragt: Wie wird ein Weltkulturerbe ernannt?

Es wurden weltweit bisher 890 Welterbestätten in 148 Staaten unter besonderen Schutz gestellt. Afrika ist dabei unterproportional vertreten. Um eine solche Auszeichnung zu erhalten, die mit großzügigen finanziellen Hilfen für den Erhalt derselben, aber auch strengen Verpflichtungen seitens des Landes und der ansässigen Bevölkerung verbunden ist, müssen die Kultusminister der Länder entsprechende Vorschläge erarbeiten. Über das jeweilige Auswärtige Amt werden die Anträge an die **UNESCO** weitergereicht und auf die lange Liste der Anwärter gesetzt. Bis das UNESCO-Welterbekomitee über die Anträge in aufwändigen Verfahren schließlich entscheidet, vergehen in der Regel viele Jahre. Alle sechs Jahre führt die UNESCO Kontrollen bei den Welterben durch.

Gouverneurspalast (Palácio de São Paulo)

Siehe auch Bild S. 273!

Als das schönste terrakottafarbig angestrichene und restaurierte Prachtgebäude auf dem Hauptplatz fällt der Palast des Heiligen Paulus sofort ins Auge. An dieser Stelle befanden sich mit dem São Gabriels Turm die ersten portugiesischen Bauten der Insel. Die St. Pauls Kapelle, die zum Palast gehört, steht auf den Grundmauern jenes Wehrturms aus dem Jahr 1507. Sie entstand zwischen 1618 und 1620.

Bevor jedoch der Gouverneurspalast erbaut wurde, stand hier bereits seit 1640 ein Jesuitenkloster, welches später zu einem Kollegium der Jesuitenpriester erweitert wurde. Wie durch ein Wunder überstand es sogar die Zerstörungen während der Omani-Übergriffe von 1671. Nach der Verbannung der Jesuiten 1752 und der Ernennung Portugiesisch-Ostafrikas zur eigenständigen Kolonie, wodurch alsdann ein Gouverneurssitz auf Ilha de Moçambique einzurichten war, bauten die Kolonialherren den inzwischen leerstehenden, herrschaftlichen Jesuitenkonvent zu einem feudalen Palast aus. Als die Hauptstadt der Kolonie nach Lourenço Marques verlegt wurde und die Gouverneure daraufhin ebenfalls umzogen, blieb der Palast Provinzverwaltern und überseeischen Regierungsbeamten vorbehalten.

Bis 1898 residierten hier die portugiesischen Gouverneure

Im Innenhof des Palasts führt eine mit Statuen flankierte Freitreppe zur Residenz empor, in der ein **Sammelsurium an noblen Möbelstücken**, edlem Porzellan, üppigen Gemälden und Wandteppichen lagert. Mit Führung darf man durch die ehemaligen Wohnräume der Residenz wandeln und den verblichenen Pomp der Kolonialepoche betrachten. Sogar die Sänften, mit denen sich das Gouverneurspaar durch die gepflasterten Straßen tragen zu lassen pflegte, stehen noch unversehrt da. Wie ein privilegierter Gast des mächtigen Prinzipe von Ilha, so fühlt sich heute der unbedarfte Tourist bei einem Rundgang über die knarrenden Parkettböden. Der Blick nach draußen durch die mit schmiedeeisernen Gittern verzierten Fenster fällt auf mediteran anmutende Mosaikböden und Parkbänke an quadratischen Praças, auf denen dunkelbraune Kinder Fangen spielen. Hier treffen Historie und Moderne, Afrika und Europa, Armut und Reichtum direkt aufeinander – kaum ein Ort auf dieser so beschaulichen, kleinen Insel vermag dies besser auszudrücken.

Ein Zyklon beschädigte 2008 das Palastdach

Im angeschlossenen **Maritim-Museum** im Erdgeschoss des Gebäudes sind Schiffsmodelle vergangener Tage zu sehen, unter anderem auch ein hölzernes Beiboot von Vasco da Gama. Auf keinen Fall sollte man einen Besuch des Inneren des Palasts und des Museums versäumen. Das Museum ist täglich von 08.00-16.00 h geöffnet, der Eintrittspreis beträgt 100 MTn. Die Touristeninformation beim Palastgebäude ist derzeit geschlossen.

Tipp! Sehr gute Führung!

SEHENSWERTES

Die Statue von Luis de Camões

Am Ostufer der Insel, vor der Gästepension Casa Branca, wacht der verehrte Poet Luis de Camões (1524-1580) über dem Eiland. Er hatte sich mit der Beschreibung von Vasco da Gamas Entdeckungsfahrten verdient gemacht ("Os Lusíadas", 1572).

Misericorda Kirche und Museum der Heiligen Kunst

Neben dem roten Palast schließt sich ein elegantes Gotteshaus an. Die weiß getünchte Kirche geht auf das Jahr 1535 zurück und beherbergt das Museum der Heiligen Kunst. Zwischen Statuen des Königshauses finden sich in dieser Ausstellungen zahlreiche kunstvolle Schnitzereien, sakrale Gemälde und Kirchenschmuck. Offizielle Öffnungszeiten: 09.00-12.00 h und 14.00-17.00 h, allerdings ist sie oft verschlossen.

Oben links: Kirche Nossa Senhora Saude

Altes Kinotheater

Wenn man von hier entlang der Uferstraße Rua dos Combatentes zum Fort hin schlendert, sieht man bald links das verblichene Kino und Theater von Ilha, das zu besseren Zeiten gesellschaftlicher Treffpunkt und Tor zur weiten Welt war. Selbst Schönheitswahlen sollen hier stattgefunden haben. Heute ist es stillgelegt, weil sich nur wenige Insulaner den Besuch von Kino und Theater leisten könnten.

Es ist nur mehr ein kurzer Weg zum Fort, am alten Schwimmbad vorbei und über die begrünten Plätze zur Sekundarschule am westlichen Inselufer. Gleich hinter der Internatsschule führt die Stichstraße zur "unbezwingbaren" Festungsanlage.

Weiter zum Fort

Fort (Fortaleza São Sebastião)

Bis zum einzigen Eingang an der Westseite kann man mit dem Auto fahren. Ein Wächter passt dort während des Besuchs auf. Der gleiche Wachmann sperrt den Besuchern auch das Tor zur Kapelle auf, die außerhalb der eigentlichen Fortanlage an der äußersten Landspitze den Meeresstürmen trotzt.

Info für Autofahrer

Von außen ist die Anlage gut erhalten, doch im Inneren breitet sich der Verfall aus. Man betritt sie durch ein prächtiges Eingangstor aus dem Jahr 1712. Innerhalb des Forts gelangt man mitten in den großen freien Innenhof mit dem ehemaligen Exerzierplatz. Ringsum lagen die alten Wohntrakte und Kasernen, auf der Südseite steht der Offizierspalast, zu dem ein breiter Treppenaufgang mit Veranda emporführt. Auf dem Dach der Kasernen kann man das Fort umkreisen. An manchen Stellen sind die Dächer eingebrochen, dort wachsen nun Papayastauden durch die Dachbalken in den Himmel. Etliche Kanonen, zum Teil auf hölzernen Gestellen platziert, ragen in alle Richtungen, als müssten sie die Insel noch immer gegen fremde Kriegsschiffe verteidigen.

Mauerwerk, Regenablaufrinnen und Teile der Dächer wurden bereits renoviert

Das Fort wurde zwischen 1558 und 1620 erbaut. Die lange Bauzeit resultierte aus den ständigen Attacken und Belagerungen durch die Niederländer, denen die Anlage auch im unvollendeten Zustand trotzte. Für die 750 m langen und rund 12 m hohen Festungsmauern schiffte man die Granitblöcke eigens aus dem Mutterland heran. Zur Verteidigung der Insel dienten die stattliche Anzahl schwerer Kanonen, und um die Belagerungszeiten durchzustehen wurde das Regenwasser in Kanälen aufgefangen und ein enormes Wasserreservoir in einer unterirdischen Zisterne angelegt. Diese Zisterne hält bis heute Wasser und wird von den Insulanern nach wie vor genützt.

Schon gewusst?

Vögel sind viel schlauer als bisher vermutet. Tauben können z. B. nachweislich über 700 Muster unterscheiden

PROVINZ NAMPULA — ILHA DE MOÇAMBIQUE

Oben: Trotzig hält seit fast 500 Jahren die kleine Kapelle allen Stürmen und Gefahren von See stand

Die Kapelle ist täglich von 06.00-18.00 h zugänglich

Zuletzt fand das Fort in den 1970er Jahren militärische Verwendung, als im Unabhängigkeitskampf portugiesische Soldaten in den Kasernen wohnten. Öffnungszeiten: täglich von 08.00-17.00 h, der Eintritt beträgt 200 MTn inklusive der Führung.

Kapelle (Capela de Nossa Senhora de Baluarte)

Capela de Nossa Senhora de Baluarte gilt nicht nur als älteste Kirche des Landes, sondern zugleich als **das älteste europäische Gebäude auf der gesamten südlichen Hemisphäre**. Wie ein Gotteshaus wirkt diese kleine schlichte Kapelle aus den Jahren 1521/22 jedoch nicht, vielmehr erscheint sie als Trutzburg an der stets windumtosten, ungemütlichen nördlichen Landspitze der Insel. Die Bastion wurde im spätgotischen manuelinischen Stil erbaut. Die Vorhalle wird durch Rundbogen etwas aufgelockert, das Dach ist dagegen mit trutzigen Zinnen bewehrt. Verblichene Grabplatten von Bischöfen aus dem 16.-18. Jh. und einige Fresken, auf denen die portugiesischen Entdeckungs- und Eroberungsreisen abgebildet sind, schmücken das Innere der spartanisch gehaltenen Kapelle. Hier sind vor Jahren unbekannte menschliche Knochen gefunden worden, die seither in einer Schatulle aufbewahrt werden. Der Wächter hält sie Besuchern gerne geheimnisvoll unter die Nase. Wahrlich, die Kapelle ist kein Ort der Zuflucht oder Zuversicht, sondern von düsterer, unheimlicher Wirkung.

Unterkunft auf Ilha de Moçambique

- **Omuhipiti Hotel:** Tel. 26610101, Fax 26610105, E-mail: hotelomuhipiti@gmail.com. Das früher als "Pousada" bekannte Ferienhotel wurde von der Polana-Hotelgruppe grundlegend renoviert und zum 4-Sterne-Touristenhotel ausgebaut. Sehr ruhige Lage an der Promenade zwischen dem Fort und der Altstadt, aber trotzdem eine ziemlich nüchterne, schmucklose Atmosphäre. Zimmer mit Klimaanlage & TV, Restaurant und Bar. Preise: B&B ab 40 €/DZpP und 70 €/EZ.
- **O Escondidinho:** Tel. 26610078, Fax 26610057, www.escondidinho.net. Av. A. Cabral. Empfehlenswertes Gästehaus unter französischer Leitung mit zehn sauberen Zimmern, die teilweise mit eigenem Bad, Ventilator und Mossi-Netz ausgestattet sind. Ferner locken ein Pool und ein gutes Restaurant. Sehr geschmackvoll möbliert und trotzdem lässig und gemütlich. Wir haben sehr viele Leserempfehlungen zu diesem Hotel erhalten. Preise: B&B ab 38 €/DZpP.
- **Patio dos Quintalinhos (Casa Gabriele):** Tel. 824197610, www.mozambiqueguesthouse.com, Rua do Celeiro. Stilvolles kleines Gästehaus eines italienischen Architekten mit fünf Zimmern, Pool im Hof, Fahrradverleih und bewachtem Parkplatz (jeweils für 5 €/Tag). Abendessen wird auf Wunsch auch zubereitet. Preise mit B&B: Zimmer ohne Bad ab 15 €/DZpP und 26 €/EZ; Zimmer mit Bad ab 20 €/DZpP und 35 €/EZ; Suite mit Bad und Klimaanlage ab 25 €/DZpP und 44 €/EZ.
- **Casa Branca:** Tel./Fax 824543290, 26610076, E-mail: iannika@teledata.mz. Rua dos Combatentes. Renommiertes kleines Gästehaus mit nur drei Zimmern, benannt nach der weißen Hausfarbe; das Gebäude ist schon 300 Jahre alt. Gute Lage für Erkundungen zu Fuß, mit Fahrradvermietung. Preise: B&B ab 20 €/DZpP und 28 €/EZ. Die Besitzerin hat erweitert, im nahen **Mooxeleliya** bietet sie Zimmer zu den gleichen Preisen wie im Casa Branca (hier jedoch nur einfache Sanitäreinrichtungen, Tel. 26610076).
- **Casa de Luis:** (Private Gardens) Mira & Luis, Traversa dos Formos/Ecke Rua da Solidariedade, Tel. 824367570. Einfache Backpacker-Zimmervermietung in einem alten Kolonialgebäude, im kleinen Garten ist Zelten gestattet. Preise: Dormitory ca. 8 € pP, Doppelzimmer ab 28 €/Nacht.
- **Ruby Backpackers:** Tel. 843985862, E-mail: ruby@themozambiqueisland.com. Neue Backpackerlodge unter dt. Leitung mit Mehrbett- und Doppelzimmern, romantischer Dachterrasse, Küche zur Selbstversorgung und gratis WIFI. Preise: Dormitory 11 € pP, Zimmer 28 €/Nacht.
- **Casa Azul:** Tel. 827942540, E-mail: casa.azul.ilha@gmail.com. Kleines Gästehaus unter portugiesischer Leitung mit drei klimatisierten Zimmern. Der Besitzer hat das griechisch anmutende Haus liebevoll renoviert. Preise: Zimmerpreis mit B&B ab 60 €/Nacht.
- **Casa das Ondas:** Tel. 824386400, Rua dos Combatantes. Familiäres, einfaches Gästehaus mit lediglich drei Zimmern, die für 25 €/Nacht offeriert werden (Zimmerpreis mit Frühstück).
- **Casa Yasmin:** Tel. 26610073, Rua dos Combatantes. Gästehaus mit sieben Zimmern (mit Ventilatoren, teilweise mit Bad), Küchenbenützung. Preise: B&B 15 €/DZpP und 25 €/EZ.
- **Casa Dugong:** Tel. 82454780, Tel./Fax 26610027. Das kleine Gästehaus mit vier Zimmern im Nordteil der Insel, die zur Selbstversorgung ausgestattet sind, ist derzeit geschlossen.

Auf der Insel herrscht ein überaus reger Wechsel an neu eröffnenden und wieder schließenden Pensionen und kleinen Privatunterkünften. Kaum auf der Insel angekommen wird man von Kindern angesprochen, die solche Unterkünfte vermitteln wollen. Es ist daher in der Regel unproblematisch, spontan eine Übernachtung auf Ilha zu organisieren, sofern die Ansprüche nicht zu hoch geschraubt sind, denn bei den meisten Unterkünften handelt es sich um kleine, einfache, bescheidene Anlagen. Empfohlen werden regelmäßig Casa Branca, O Escondidinho und Casa de Luis.

Camping bietet sich auf der kleinen Insel schon wegen des Platzmangels nicht an. Im Vorgarten mancher Pensionen darf man ein kleines Zelt aufstellen, ansonsten campiert man auf dem Festland neben der Brücke:

- **Casuarina Camping:** Tel. 82446990, E-mail: lenavie@hotmail.com. Auf dem Festland gegenüber Ilha direkt neben der Brücke gelegen (leicht abschüssiger Strand mit Kasuarinen, Allrad empfehlenswert). Mit Bar und Restaurant, kleinem Sandstrand und romantischem Blick auf die Insel; aber sehr rudimentären Sanitäreinrichtungen (keine Duschen, kein fließendes Wasser) und meistens viel Wind. Preise: Camping kostet 4 € pP und 5 € pro Fahrzeug, einfache Hütten 12 € pP.

PROVINZ NAMPULA — ILHA DE MOÇAMBIQUE

Informationen von A bis Z

Ärztliche Versorgung	Eine Apotheke findet man an der Rua da República, links vom Restaurante Reliquiás, eine zweite in der Ladenzeile der Avenida A. Cabral.
Baden ungeeignet	Die besten Strände der Insel liegen beiderseits des Forts und direkt vor dem Restaurante Reliquiás. Aufgrund der mangelnden Hygienevorschriften auf Ilha werden die Inselstrände allerdings als öffentliche Toiletten benützt.
Fotografieren	Grundsätzlich ist das Fotografieren unproblematisch, viele der Halbwüchsigen und Kinder bitten Reisende sogar, sie strahlend abzulichten. Selbstverständlich sollten Würde und islamische Traditionen gewahrt bleiben. Vorsicht ist geboten bei allen offiziellen Gebäuden, wie Polizei, Hafen, Zollhaus etc. Im Zweifelsfall sollte man einfach erst fragen, ehe man auf den Auslöser drückt.
Geldwechsel	Millenium-BIM-Zweigstelle: Ave. Amilcar Cabral, Mo-Fr von 08.00-15.00 h (nur Bargeld-Wechsel und ein ATM-Schalter für VISA).
Lebensmittelversorgung	Außer für Fisch bietet die Insel wenig Einkaufsmöglichkeiten. Selbstversorger sollten sich schon in Nampula oder Nacala mit Lebensmitteln eindecken. Alternativ bieten die Inselrestaurants eine gute und breite Auswahl.
Internet	In der Altstadt nahe dem Palast ist ein Internetcafé (08.00-20.00 h).
Transportmittel	Die Insel ist klein genug, um sie ohne Schwierigkeiten zu Fuß zu erkunden. Öffentliche Verkehrsmittel existieren nicht. Einige Gästehäuser vermieten Fahrräder.
Parken	Wer mit dem eigenen Auto anreist, findet in der Altstadt ausreichende Parkmöglichkeiten. Obwohl die Insel als relativ sicher gilt, empfiehlt es sich, Fahrzeuge nicht unbewacht abzustellen.
Restaurants	Den Ruf der besten Küche genießt das Restaurant im gemütlichen, hübsch dekorierten **Escondidinho** (Tel. 26610078). Stilvoll sitzt man auch im Restaurante **Reliquiás** in der Rua de República (Tel. 26610092). Früher diente das alte Haus an der westlichen Promenade als Warenlager und Fischladen, heute geben die Einrichtung und die Fotographien an den Wänden dem Lokal fast einen musealen Charakter. Im Restaurante **O Paladar** am Mercado Municipal und in der **Bar Zavala** sollte man das Essen vorbestellen; man wird dort ebenfalls köstlich bekocht. Eine Empfehlung ist außerdem das Lokal "**Ancora d'Ouro**" bei der Kirche Misericorda.

An- und Weiterreise

Flug: In Lumbo, das 5 km entfernt auf dem Festland liegt, existiert ein Landeplatz, den Charterflüge nützen können. Reguläre Flugverbindungen bestehen nicht.

Busbahnhof & Busverbindungen: Zahlreiche Busse fahren täglich zwischen Nampula und Ilha de Moçambique. Fahrtdauer ca. 4 Stunden, Fahrpreis ca. 5 €. Busse können die schmale Brücke zur Insel nicht passieren, die Fahrgäste müssen daher an der Brücke auf eines der zahlreichen Pickups umsteigen. Ebenso bedienen Chapas die Strecke Nampula - Ilha de Moçambique regelmäßig, dabei muss man manchmal noch in Lumbo umsteigen. Die Haltestation auf der Insel ist der Wendeplatz direkt nach der Brücke zwischen Tankstelle und altem Friedhof. Die Preise liegen in etwa bei denen der Busse. Wer von oder nach Pemba unterwegs ist, steigt in Namialo an der Wegkreuzung entsprechend um. Hier nehmen tagsüber beständig Busse und Chapas neue Fahrgäste in alle Richtungen auf. Die gesamte Strecke bis Pemba kostet rund 8 €.

Fahrtstrecke: Von Namialo nach Pemba

Ab Namialo geht es ziemlich direkt in nördlicher Richtung. Landschaftlich bleibt es zunächst flach und eintönig. Die Straße muss in diesem Bereich wegen häufiger Flutschäden regelmäßig repariert werden. Nach 70 km durchfährt man Nacaroa und nach weiteren 85 km **Namapa**. Vor uns dehnt sich nun die breite Tiefebene des **Rio Lúrio** aus, den man 4 km weiter auf einer aus dem Jahr 1945 erhaltenen Steinbrücke überquert. Dieses träge, sandige Flussbett markiert die Grenze zur Provinz Cabo Delgado. Beiderseits sind die Flussufer während des Bürgerkriegs stark vermint worden, die Minenfelder wurden aber vom britischen HALO-Trust geräumt. Die gesamte Küstenregion vom Rio Lúrio nordwärts ist Wildgebiet. Elefanten, Hyänen und selbst Löwen kommen hier immer wieder vor. Leider gibt es von hier bis Metoro auch gerne Schlaglöcher.

Vorherige Streckenbeschreibung von Nampula nach Namialo: siehe S. 263

Namialo – Pemba

Gesamtstrecke: 339 km
Fahrzeit: ca. 4-5 Std.
Zustand: Asphaltstraße mit Schäden
Tankstellen: Chiure Novo, Namapa undi n Metoro

Durch schier endlose Cashewnuss-Plantagen, Baumwollfelder und Dörfer mit üppigen Mangobäumen, wo Bambusstauden und Holzkohle verkauft werden, geht es weiter bis **Metoro** (239 km ab Namialo), wo die EN 106 einen 90°- Knick macht und die EN 242 aus Montepuez auf unsere Straße trifft. Metoro bietet eine Tankstelle. 13 km nach der Ortschaft erreicht man in **Suriate** eine weitere bedeutsame Weggabelung, an der deshalb häufig strenge Polizeikontrolllen stattfinden: Hier zweigt die EN 243 in nördlicher Richtung nach Moçimboa da Praia und Tansania ab. Geradeaus führt die Straße dagegen allmählich in die Küstentiefebene und endet nach 87 km in der Küstenstadt Pemba.

Bei Chiure bildet der Rio Lurio Wasserfälle, deren Besuch sich aber nur bei hohem Wasserstand lohnt

27 km vor Pemba liegt der Metuge-Abzweig, der über eine Sandpiste nach Quissinga führt, dem Dhau-Hafen zu den Quirimba-Inseln (siehe Ilha Ibo im Quirimba Archipelago, S. 288).

Auf den letzten Kilometern vor der Stadt nimmt die Besiedlung deutlich zu. Eine riesige Saline liegt am Ortseingang von Pemba, wo man schon gute Ausblicke auf die Bucht und die weißen Meeresstrände genießt.

Weiße Masken

Je weiter man in das Land der Makua reist, um so häufiger begegnet man Frauen und jungen Mädchen mit weiß beschmierten Gesichtern. Diese Masken haben entgegen landläufiger Meinung keine kulturelle Bedeutung, sondern werden als Sonnenschutzmittel und zur Gesichtspflege aufgetragen. Die Frauen mahlen dafür das Holz des Msiro-Baumes (*Olax dissitiflora* aus der Familie der Sauerpflaumenbäume) und mischen das Puder mit Wasser zu einer dicken Paste. Die Gesichtsmaske wird nur tagsüber getragen und soll die Haut weich halten. Abends waschen sich die Frauen und Mädchen die weiße Paste wieder ab.

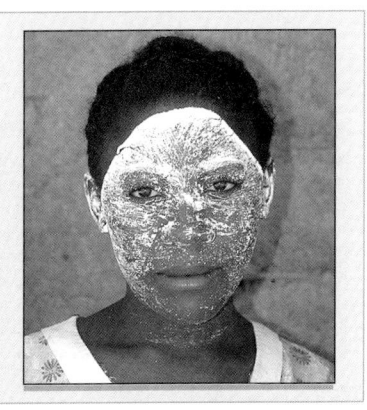

DIE PROVINZ CABO DELGADO

Top-Highlight: Quirimba Marine-Nationalpark mit Ibo Island

Die nördlichste Provinz des Landes ist eine besonders widerspenstige. Die hier ansässigen Ethnien, hauptsächlich Makua, Yao und Makonde, gelten als ausgeprägt freiheitsliebend und eigenständig. In Cabo Delgado dauerte es am längsten, bis die Portugiesen Fuß fassen konnten, und später nahm hier der bewaffnete Unabhängigkeitskampf gegen die europäische Fremdherrschaft seinen Anfang. Mit 16 Einwohnern pro Quadratkilometer ist die 77 867 km² große Provinz nur dünn besiedelt. Sie beherbergt einen Marine-Nationalpark und einige der besten Tauchspots entlang der afrikanischen Küste. Der starke, historisch gewachsene arabische Einfluss ist im Küstenbereich überall wahrnehmbar.

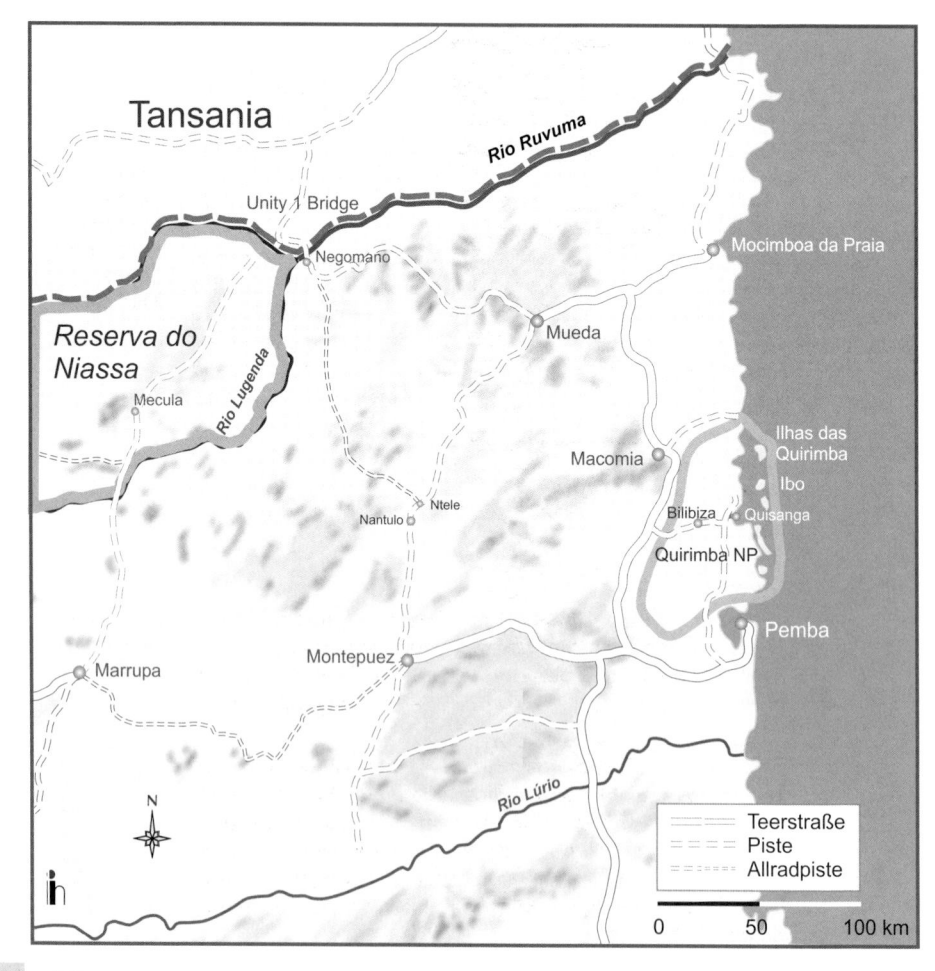

Pemba

Die riesige Inlandbucht Baia de Pemba ist in Art und Ausmaß einzigartig in Mosambik. Hinter einem nur 2,5 km breiten Eingang öffnet sich die Bucht landeinwärts zu einem 375 km² großen See mit 19 km Durchmesser, dessen durchschnittliche Tiefe 24 m beträgt. Pemba liegt am südlichen Eingang der türkisfarbenen Meeresbucht auf einer leicht **erhöhten Landzunge**, was der Stadt ein besonderes Flair gibt. Von vielen Positionen bieten sich in Pemba Ausblicke auf das Meer oder die Bucht. Die gute Verkehrsanbindung und die schönen Strände der Umgebung haben Pemba zu einem Lieblingsplatz der Entwicklungshilfeorganisationen und Baufirmen aufgewertet. Sie ist neben Nampula die bedeutendste Stadt Nordmosambiks, wenngleich sie sich keinesfalls mit den entwickelten Provinzhauptstädten im Süden des Landes vergleichen lässt. Viele Reisende stören sich hier an Unrat und Abfällen, die in manchen Straßen Pembas achtlos am Straßenrand liegen.

In Traveller-Kreisen gilt Pemba als wichtigste Anlaufstelle des Nordens

Von drei Seiten vom Meer umspült

Stadtgeschichte

Der erste Besiedlungsversuch reicht bis 1857 zurück, als Portugal hier ein landwirtschaftliches Zentrum aufbauen wollte, und dazu Land an 36 europäische Siedler vergab. Die Bodenqualität erwies sich jedoch als zu wenig fruchtbar und das Projekt versandete. Erst 1904 setzte in Porto Amelia, wie Pemba damals genannt wurde, eine städtische Entwicklung ein. Ausschlaggebend war die Verlegung des Hauptquartiers der Niassa Company von Ilha Ibo an diese Bucht. Die Konzessionsgesellschaft war damals zur Verwaltung und Ausbeutung der portugiesischen Gebiete nördlich des Rio Lúrio berechtigt. Innerhalb der nächsten 25 Jahre wuchs die Ortschaft zu einer 1600-köpfigen Gemeinde an, von denen 67 weißer Hautfarbe waren. Die weitere Entwicklung verlief kontinuierlich und unspektakulär. Während beider Kriege blieb Pemba von Zerstörungen relativ verschont. Die Provinzhauptstadt regiert heute über eine sehr schwach entwickelte, rückständige Region und genießt vor allem deswegen eine große Bedeutung für den Norden des Landes. Die Einwohnerzahl dieser nördlichsten Großstadt Mosambiks ist inzwischen auf mehr als 50 000 angewachsen, Makua bilden die stärkste Volksgruppe.

Vorsicht: nicht zu verwechseln mit der Insel Pemba in Tansania!

Erste Orientierung

Die EN 106 läuft als Stichstraße direkt in das Zentrum Pembas. Erhöht zwischen Bucht und Ozean liegt das **Geschäftszentrum** der Stadt. Es beginnt am Denkmal mit dem Globus an der Avenida 25 de Setembro. Diese Avenida und die Avenida Eduardo Mondlane bilden die Hauptgeschäftsstraßen der Stadt.

Landzunge an der Bucht von Pemba

An der nördlichen Landspitze schließt sich daran der älteste Stadtteil, die **Baixa mit dem Hafen,** an. Die berühmten Strände von Wimbe Beach liegen 5 km außerhalb von Pemba an der dem offenen Meer zugewandten Seite. Zwischen Pemba und Wimbe verteilen sich verschiedene Bairros, einfache, armselige Vororte. Diese Bairros bestehen überwiegend aus eng aneinander geschmiegten, schilfgedeckten Lehmhütten zwischen anmutigen Kokospalmen.

PROVINZ CABO DELGADO — PEMBA

Was man sich anschauen sollte

Pemba bietet keine Sehenswürdigkeiten, die es in klassischer Manier abzuklappern gilt. Vielmehr sind es Eindrücke und Stimmungen, die man hier sammeln kann. Als erlebenswert stufen wir den offenen **Straßenmarkt** ein. Allein die exotische Szenerie der engen Gassen voller Marktstände zwischen den Lehm- und Bambushütten, umrahmt von unzähligen Kokospalmen, ist beeindruckend. Hier wird besonders augenscheinlich, wie weit man sich vom Süden entfernt und Ostafrika angenähert hat. Der Islam prägt Kleidung und Gebaren der Menschen; Swahili-Laute und ostafrikanische Musik klingen fremdartig in den Ohren, der regelmäßige Ruf des Muezzin im Hintergrund ergänzt die visuellen Eindrücke. Im dichtem Gewühl wechseln hier Stoffe, Gewürze, Plastikschalen, Seife, Obst und Gemüse ihre Besitzer. Sehr eng geht es zu; es wird gedrängelt und geschoben, dazwischen versuchen hupend Fahrzeuge durch die Gassen zu gelangen. Ein Fest für die Sinne, wenn man das Menschengedränge erträgt!

Schlendern Sie einmal über den Straßenmarkt!

Im kolonialen Stadtzentrum gibt es wenige Gebäude, die einer speziellen Erwähnung bedürfen. Der Regierungspalast wird bewacht und darf nicht fotografiert werden. Dafür kann man in das **Hafenviertel** hinabfahren. Schon die Rua No. III bietet eine tolle Aussicht: Die einfachen Straßenzüge im Hafenviertel mit den in der türkisfarbenen Bucht liegenden Dhaus wirken wie eine Szene aus längst vergangenen Zeiten. Der kleine Fischmarkt in der Altstadt hat schon bessere Zeiten erlebt, wie auch viele der baufälligen Gebäude und alten Mauern dieses Viertels.

Bilder: Hafenviertel und der malerische Straßenmarkt in Pemba

Das touristisch größte Potenzial hat **Wimbe Beach** (siehe S. 286).

An- und Weiterreise

Streckenbeschreibung von Pemba nach Montepuez: S. 299

Flughafen & Flüge

Der Flughafen liegt 3 km vom Stadtzentrum direkt an der Straße nach Nampula (Tel. 27220312). LAM fliegt von hier fast täglich nach Maputo, regelmäßig nach Nampula und Beira und seit 2009 auch direkt nach Dar-es-Salaam in Tansania. LAM-Büros befinden sich am Flughafen und an der Ave. 25 de Setembro (Tel. 27221251/27220435). Außerdem gibt es regelmäßige Direktflüge zwischen Pemba und Johannesburg mit Sout African Airlink, Tel. 27221700, www.flyairlink.com.

Für Flüge nach Ilha Ibo und anderen Inseln des Quirimba Archipels oder nach Mtwara in Tansania können hier Kleinflugzeuge gechartert werden. Man wende sich an die ansässigen Reiseagenturen oder an CFA Air Charters am Flughafen, Tel. 27220553, www. cfa.co.za.

Busbahnhof & Busverbindungen

Innerhalb Pembas und nach Wimbe fahren Taxis und Chapas. Busse verkehren täglich zwischen Pemba und Nampula. Der Bushalteplatz für regionale Kurzstrecken liegt an der Ave. 25 de Setembro beim indischen Laden „Osman" nahe dem Globus-Denkmal. Fernstrecken, wie nach Nampula, Nacala, Moçimboa da Praia und Mueda (jeweils 7-9 €, ca. 6-8 Std. Fahrt) oder nach Montepuez (ca. 5 €, ca. 4 Std.) werden mit zahlreichen Bussen und Chapas ab dem zentralen Busbahnhof „Embondeiro" bedient. Er befindet sich noch ca. 1 km weiter stadtauswärts an der Ave. 25 de Setembro unter einem mächtigen Baobab. Die Busse nach Nampula und Moçimboa da Praia halten darüber hinaus auch in Ortsmitte an der Haltestelle Desportivo (Ave. 25 de Setembro, gegenüber der Post). Die Busgesellschaft Grupo Mecula, Rua Josina Machel 9, Tel. 27222821, bedient Strecken nach Quelimane, Nampula und Montepuez.

Boote & Dhaus

Trotz des geschäftigen Hafenbetriebs existieren keine regulären Passagierfahrten. Im Hafen lässt sich bei den Dhaus eine Mitfahrgelegenheit aushandeln. Die Strecke ist weit – mindestens 10-12 Stunden dauert eine Dhau-Fahrt nach Ibo, wenn der Wind nachlässt auch bis zu zwei Tage!

PROVINZ CABO DELGADO   PEMBA

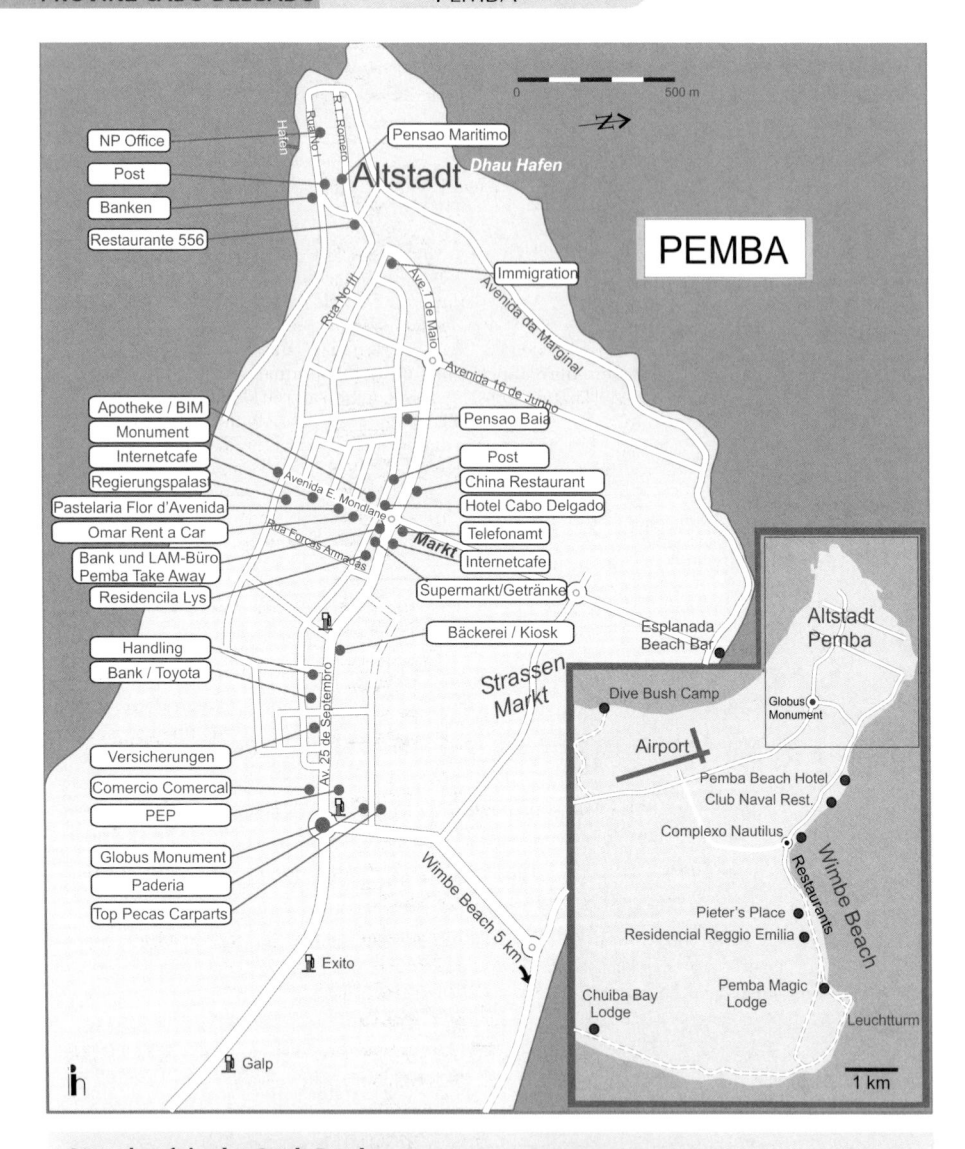

Unterkunft in der Stadt Pemba

- **Hotel Cabo Delgado:** Tel. 27221552, Fax 27223552, Ave. Eduardo Mondlane. Es ist noch das beste Haus am Platz mit klimatisierten Zimmern und Restaurant. Das Hotel hat seine besten Jahre längst hinter sich, bietet aber eine sichere Unterkunft im Zentrum von Pemba. Preise: B&B je nach Zimmerausstattung ab 14 €/DZ und 25 €/EZ.
- **Pensão Baia:** Tel. 27220153, Rua 1 de Maio. Backpacker-Pension, deren einfache Zimmer mit Ventilatoren ausgestattet sind. Das Restaurant wird gelobt, die Räumlichkeiten wirken etwas ungepflegt. Preise: ab 14 €/DZpP.
- **Dive Bush Camp:** Campingplatz nahe dem Airport an der Pemba Bay, Beschreibung S. 287.

PEMBA

Wichtige Adressen von A bis Z

Eine Farmácia befindet in der Ave. E. Mondlane neben dem Hotel Cabo Delgado.	**Apotheke**
Bargeldabhebungen per Kreditkarte sind möglich an den ATM-Schaltern der Millenium-BIM, Banco Austral und im Nautilus Beach Resort in Wimbe. Bargeld (Euro, US$ und Rand) wechseln Banco Austral, BIM und Standard Bank. Reiseschecks werden kaum noch akzeptiert, mit viel Mühe evtl. noch bei der BIM.	**Banken & Geldwechsel**
Obwohl sich die Lebensmittelversorgung Pembas in den letzten Jahren deutlich verbessert hat, herrscht immer noch ein deutlicher Mangel an Milch- und Fleischprodukten und frischem Gemüse. Haltbare Waren sind hier viel einfacher zu bekommen. Die **Pastelaria Flor** an der Ave. Eduardo Mondlane bietet neben einer guten Auswahl an Backwaren auch einen kleinen, aber gut sortierten indischen Supermarkt. **Tipp:** Manche Tankstellen führen auch einen kleinen Supermarcado, die teilweise gut bestückt sind und viel längere Öffnungszeiten haben als die klassischen Läden. So bietet die Exito im Loja neben dem Büro gefrorenes Fleisch, und Galp verkauft neben bleifreiem Sprit auch Importbiere und Weine. Ebenfalls an der Ave. 25 de Setembro liegt der Großhändler „Handling", der Bier, diverse Alkoholika und gefrorene Fleischwaren in Großpackungen anbietet. Obst und Gemüse kauft man auf den **Märkten**, die Auswahl ist rar und teuer. **Fisch** gibt's frühmorgens am Fischmarkt in der Altstadt; frische Garnelen bieten die Fischer auch nachmittags an der Ausfallstraße von Pemba in Richtung Nampula an.	**Lebensmittelversorgung** *Auf dem Markt unbedingt handeln, hier werden Touristenpreise verlangt!*
Gute Küche bietet die Pastelaria Flor. Einen schönen Hafenblick genießt man vom "Restaurante 556", auch die "Esplanade Beach Bar" ist beliebt.	**Restaurants**
Die Migração findet man am Ende der Avenida 1 de Maio, kurz vor der Altstadt. Visa-Verlängerungen sind möglich.	**Immigration**
Das städtische Krankenhaus liegt an der Ave. 1 de Maio/Ecke Rua Base Beira. Tel. 823011239/27220348.	**Krankenhaus**
Die Polizeistation an der Ave. 1 de Maio ist unter Tel. 27220366/27221006 zu erreichen. Eine Zweigstelle liegt in Wimbe.	**Polizei**
Das Hauptpostamt liegt an der Rua No I am Hafen. Eine Zweigstelle befindet sich an der Ave. 25 de Setembro neben dem Hotel Cabo Delgado.	**Post Office**
Am Flughafen sind die Agenturen Moti Rent A Car, Tel. 27221687, Sixt, Tel. 27221821 und Imperial Car Rental, Tel. 27211822, stationiert, im Stadtzentrum befindet sich Omar Rent A Car neben der Pastelaria Flor, Tel. 27221273, in Wimbe liegt neben Complexo Nautilus Safi Rent A Car, Tel. 826847770.	**Mietwagen**
Toyota, Nissan und Suzuki liegen an der Hauptstraße zwischen Airport und Zentrum. Elektro- und Autoersatzteile vertreibt "Top Peças" in einer Seitenstraße Richtung Wimbe.	**Autobedarf**
Reifenwechsel bietet die BP-Tankstelle in der Ave. 25 de Setembro. Ein Reifenhändler liegt in der gleichen Straße kurz vor dem Globusdenkmal. Leere Campinggasflaschen lassen sich bei "Vida Gas" nahe dem Hafen wieder auffüllen.	**Reifendienst & Gas**
In einer Kooperative gegenüber der Airportzufahrt verkaufen Makonde-Künstler ihre Kunstwerke, hauptsächlich Holzschnitzereien.	**Souvenirs**
Entlang der Ave. E. Mondlane bieten Agenturen, wie Viatur (Tel. 827964030), Service und Informationen zum Buchen von Charterflügen, Dhau-Trips etc.	**Reiseagenturen**
Das größte Internetcafè liegt mitten im Zentrum gegenüber von LAM, ein weiteres an der Ave. E. Mondlane hinter der Pastelaria Flor.	**Internet**

Wimbe Beach

Oben: Pemba Bay bei Ebbe

Was den weißen Strand von Wimbe, 5 km östlich von Pemba, so bekannt macht, sind seine Tauchgründe und die wiegenden Kokospalmen, die in der Kolonialzeit angepflanzt wurden. Die rauschenden Palmen am azurblauen Ozean befriedigen offensichtlich eine tiefe Sehnsucht nach dem klassischen Klischee. Inmitten dieses tropischen Kokoshains liegt die Bungalowanlage Nautilus, dahinter reihen sich private Ferienhäuser aneinander. An den Wochenenden wird Wimbe zum Rummelplatz der Sonnenhungrigen und Wasserratten, tönen aus den Lautsprechern Beat und Pop, gilt hier die uralte Regel vom „Sehen und gesehen werden". Wochentags bleibt es eher ruhig, obwohl Wimbe großes touristisches Potenzial nachgesagt wird und einige Privatleute und Entwicklungshilfeorganisationen eifrig damit beschäftigt sind, neue Bungalows und Gästehäuser zu errichten. Ehe man sich versieht, hat man Wimbe auch schon durchquert und gelangt nach 2 km an Russel's Campingplatz. Kokospalmen stehen hier keine mehr, die gibt es nur mitten in Wimbe. Dafür schließen sich an den kleinen Ort riesige Cashewnuss-Plantagen an und die Küsten sind mit Kasuarinen als Windschutz bepflanzt.

Auch Wimbe dümpelt noch zwischen Verfall und Neubeginn

Reisezeit
Achtung: Monsun!

Wimbe ist ganzjährig ein tropisches Wassersportzentrum. Der Nordost-Monsun zwischen November und März macht den Aufenthalt an den Stränden allerdings mitunter unangenehm. Beste Tauchsaison ist von Juni bis August, Buckelwal-Beobachtungen gelingen zwischen August und Oktober.

Tourist Info

Im Complexo Nautilus bietet die engagierte Touristeninformation viele Infos für Reisende. Im Pemba Beach Hotel offeriert die Reiseagentur Kaskazini Touren in Nordmosambik, Dhau-Safaris und Katamaranfahrten (www.kaskazini.com).

PEMBA

Das kulinarische Angebot von Wimbe teilen sich die Strandlokale Wimbe Restaurante, Pemba Dolphin, der Italiener und das Restaurant im Complexo Nautilus. An den Wochenenden ist im Wimbe Restaurante Disco angesagt. Das Pemba Beach Hotel bietet üppige Abendbuffets in gepflegter Atmosphäre. Lebensmittel sind im großen Supermarkt an der Hauptstraße erhältlich, abgesehen von frischem Fisch, Krebsen und Garnelen, die direkt am Strand verkauft werden. Hier sollte man unbedingt handeln, die Preise haben ein klassisches Touristenniveau erreicht. Gegenüber vom Public Beach liegt ein Internetcafé.

Ausgehen und Einkaufen

Ein breites **Korallenriff** ist dem Strand direkt vorgelagert und bietet spektakuläre Tauchspots. Bei Ebbe liegt es fast frei und man kann bequem dorthin laufen. Wimbe gilt daher auch als hervorragender Strandabschnitt zum Schnorcheln. Auf dem Gelände von Nautilus ist eine Tauchschule (CI Divers) untergebracht, die Einzeltauchgänge, mehrtägige Kurse, Schnorcheln, Jet-Ski-Fahren, Windsurfen und Hochseefischen anbietet. Das Pemba Beach Hotel hat eine eigene Tauchbasis, außerdem gibt es den Anbieter Pemba Dive beim Dive Bush Camp.

Wassersport
Tauchen und Schnorcheln

Unterkunft am Wimbe Beach

- **Pemba Beach Hotel & Spa:** Tel. 27221770, www.pembabeachresort.com, www.raniafrica.com. Elegantes 4-Sterne-Hotel der Hotelkette Rani Resorts mit 62 klimatisierten Zimmern im arabisch-afrikanischen Architekturmix. Mit einladendem Pool, gutem Restaurant (abends Buffets), Cocktailbar, vielen Wassersportangeboten und Tauchschule. Preise: B&B ab 105 €/DZpP und 170 €/EZ.
- **Complexo Nautilus:** Tel./Fax 27221520, E-mail: nautiluscas@teledata.mz. Südafrikanische Leitung. Ältere, eingewachsene und renovierte Strandanlage. Zwischen Palmen reihen sich Rondavel am Sandstrand. Mit großer Bar und Terrassenrestaurant, Pool und Kasino. Klimatisierte Rondavel mit Kühlschrank und TV kosten ab 42 €/DZpP und 65 €/EZ.
- **Complexo Turistico Caracol:** Tel. 27220147. Ansprechende zweistöckige Bungalows mit 1-2 Schlafzimmern und Klimaanlage oder Ventilator. Die Anlage befindet sich windgeschützt hinter der Uferstraße mit Blick auf den schönsten Strandabschnitt von Wimbe. Preise: Zimmer ab 35 €/Nacht, die Bungalows kosten je nach Ausstattung 48-75 €/Nacht.
- **Pieter's Place:** Tel. 826822700, www.cidivers.com. Gästehaus mit Restaurant in einem tropischen Garten rund um einen uralten Baobab. Preise: Zimmer ab 25 €/DZpP und 36 €/EZ.
- **Residencial Reggio Emilia:** Tel. 829285510/828880800, E-mail: c.forna@teledata.mz. Ruhiges, familiäres Gästehaus mit Restaurant unter italienischer Leitung. Zwölf klimatisierte Zimmer mit Bad, Kühlschrank, TV. Zimmerpreise ab 84 €/Nacht.
- **Pemba Magic Lodge** (Russel's Place): Tel. 826862730, E-mail: pembamagic@gmail.com, www.pembamagic.com. Backpackerlodge mit Campingplatz und A-Frame-Chalets 2 km außerhalb von Wimbe. Umzäuntes Gelände mit Restaurant, rudimentären Sanitäreinrichtungen, Internet und Pool in lässiger Atmosphäre. Preise: **Camping** 8 € pP, Mietzelt 13 € pP, Chalets 46 €/Nacht.

Unterkunft südlich von Pemba: Murrebue

- **Chuiba Bay Lodge:** Tel. 823050836, www.chuibabaylodge.com. Ein Luxusresort vom Feinsten, mit Spa, Gym, Wellness & WIFI südlich von Wimbe Beach. Preise: VP 265 €/DZpP und 340 €/EZ.
- **Ulala Lodge:** Tel. 827415104, www.ulala-lodge.com. Bungalowanlage mit Restaurant, die Zufahrt erfolgt über die Mecufi Road nach Murrebue. Preise: B&B 27-38 €/DZpP und 46-68 €/EZ.

Unterkunft an der Pemba Bay

- **Pemba Dive & Bush Camp:** Tel. 826611530, Fax 27220820, E-mail: pembadive@teledata.mz. Chalets und Campingplatz an der idyllischen, windgeschützten Pemba Bay, nicht am offenen Meer, mit Tauchschule, Restaurant und stimmungsvoller Bar inmitten uriger Baobabs. Die 3 km lange Zufahrt beginnt direkt vor der Weighbridge am Ortsbeginn von Pemba (nahe Airport, beschildert). Preise: Chalets mir B&B 38 €/DZpP, Dormitory 12 € pP, **Camping** 8 € pP (Strom extra).
- **Londo Lodge:** Tel. 826995070, www.londolodge.com. Sechs Luxuschalets an der Bucht von Pemba, aber weitab von Pemba/Wimbe, sehr ruhig und abgelegen. Anreise per Flug oder Bootstransfer. All-Inclusive ab 380 €/DZpP und 470 €/EZ inklusive Anreisetransfers.

PROVINZ CABO DELGADO   QUIRIMBA NP: IBO

Parque Nacional das Quirimbas

Eine stille Inselgruppe, umringt von Mangroven

Der erst 2002 gegründete Nationalpark Quirimba Archipel umfasst eine sich über 110 km entlang der Küste ausdehnende Inselgruppe mit **31 Mangroveninseln** unterschiedlicher Größe. Die meisten Inseln bestehen aus kaum mehr als dichten Mangrovengürteln, sind unbewohnt und ein Refugium für zahlreiche Vogelarten. Andere haben traumhafte Sandstrände.

Ein Drittel der Eilande sind Koralleninseln mit phänomenaler Unterwasserwelt

Auf den Hauptinseln Quirimba und Ibo leben insgesamt rund 8000 Menschen des Mwani-Volkes, einer stark arabisch geprägten Volksgruppe mit einer dem ostafrikanischen Swahili ähnlichen Sprache und sehr lebendigen Ritualen und Bräuchen. Das stille Archipel ist ein Paradies zum Tauchen und Tiefseefischen, weshalb in jüngster Vergangenheit auf mehreren Inseln kleine Luxusresorts, wie etwa auf den Malediven, entstanden. Interessant ist vor allem die Insel Ibo, und das nicht wegen der Schätze des Ozeans, sondern als faszinierende "Geisterstadt" aus dem 18. Jh.

Ilha Ibo

Schon gewusst?

Die Quirimbas sind seit 2003 Weltnaturerbe. Der Nationalpark schützt 1500 km² Wasser- und 6000 km² Landflächen; er schließt auch die weltbekannte St. Lazarus-Korallenbank mit ein.

Die Insel ist ein mangrovengesäumtes Eiland, das nach der portugiesischen Epoche in den Zustand zurückgefallen ist, in dem es seit vielen Jahrhunderten verharrte – eine arabisch geprägte Gemeinde aus Fischern, Händlern und Silberschmieden. Die stummen Zeugen der kolonialeuropäischen Herrschaft stehen jedoch alle noch da. Sie scheinen eine undefinierbare Ehrfurcht auszustrahlen, denn die meisten der **einst prächtigen Villen** stehen leer, während die Bevölkerung in ihren traditionellen Lehmhäusern wohnt. Die alte Siedlung der Portugiesen dient heute nur noch als Kulisse.

Inselgeschichte

Die größeren Inseln des Archipels dienten seit dem 8. Jh. als arabische Handelsplätze. Im frühen 16. Jh. vertrieben portugiesische Eroberer die Araber von Ibo. 1523 zerstörten sie den islamischen Handelsplatz und ließen sich selbst dort nieder. Zunächst nannten die neuen Herrscher die Inselgruppe noch Ilhas Maluane nach einem Stoff, der hier gefertigt wurde. Die neuen Herrscher nahmen ihrerseits den Handel auf, errichteten Verwaltungsgebäude und mit zunehmendem Wohlstand immer prächtigere Handelskontore und Villen. Die Dominikaner ließen sich auf Ibo nieder, um von hier aus im Land der Heiden ihren Glauben zu verkünden. Die Menschen bauten Reis und Kokosnüsse an und trieben Handel mit Muscheln, Schildkrötenpanzern und Elfenbein. Viel später sollte das einträgliche Sklavengeschäft diese Wirtschaftszweige ablösen. Während Ilha de Moçambique zur Hauptstadt mit Residenz, militärischer Präsenz und einem Überseehafen prosperierte, blieb Ibo die kleine Handelsstation ohne überseeische Bedeutung, für die Lebensmittelversorgung der Hauptstadt aber unerlässlich. Das **Prazo-System** brachte mehrere afro-portugiesische Dynastien hervor, unter denen vor allem die Familien Moraes und Meneses die Macht auf den Quirimba Inseln ergriffen. Mitte des 18. Jh. war Ibo soweit gewachsen, dass man der Insel Stadtrechte verlieh und sie mit Festungsbauten schützte. Damals fürchteten die Kolonialherren ihre Besitzungen an die Omanis und Franzosen zu verlieren, daher gaben sie sich viel Mühe,

Tauchgänge in den Quirimbas bieten Begegnungen mit Seekühen, Meeresschildkröten, Walen, Haien und Delphinen

ILHA IBO

die Insel abwehrbereit zu sichern. Im späten 18. und angehenden 19. Jh. scheint Ibo seinen wirtschaftlichen Höhepunkt erlebt zu haben. In jener Zeit diente die kleine Insel wie Angoche und Quelimane als **Schlupfloch für den Sklavenhandel**, weil die britischen Patrouillenschiffe die flachen Gewässer des Archipels nicht befahren konnten. Die Händler belieferten nicht nur die Hauptstadt mit Nahrungsmitteln, sondern auch indische Läden und Krämer auf dem Festland. Nach dieser Zeit scheint es kontinuierlich stiller um Ibo geworden zu sein. 1897 folgte noch ein bedeutsamer Akt, als die Insel der mächtigen Niassa Company übertragen wurde. Aber schon sieben Jahre später verlagerte die Gesellschaft ihren Sitz nach Porto Amelia (Pemba), weil sie einen Tiefseehafen benötigte. Danach versank die Insel endgültig in Bedeutungslosigkeit. Wer es sich leisten konnte, verließ den Ort, um anderswo den Geschäften nachzugehen. Zurück blieben die Afrikaner und die verlassene Stadt der Portugiesen.

Hier konnte der Sklavenhandel noch ungeniert fortgeführt werden

Infos zu Eintritt, Anreise und Hotels siehe S. 291 und 292

Sehenswertes

Wer mit einer Dhau nach Ibo übersetzt und sich nach stundenlangem Zickzackkurs durch die Mangrovengürtel der Insel endlich nähert, wird schon von Weitem mit dem bezaubernden Anblick dieser Insel belohnt. Zwischen hohen Palmen erkennt man die Festungsmauern an der Mole. Erst wenn sich die Dhau langsam nähert und die Geräusche einer geschäftigen Stadt ausbleiben, auch nicht die zu einem regen Hafentreiben gehörenden Menschen auftauchen, sondern die Dhau lautlos am seichten Strand zwischen ein paar verzurrten Booten anlegt, wird deutlich, dass man sich einer Museumsstadt nähert. Durchgeschaukelt und mit verbogenen Knochen watet der Reisende ans Ufer. Neugierige Kinder sind das einzige Empfangskommando. Man steigt hinauf zur **Praça**, dem baumbestandenen Hauptplatz von Ibo. Hier stehen sich die Kirche aus dem Jahre 1752 und das alte Rathaus gegenüber, Handelskontore und ehemalige Villen schließen sich daran an. Lauben, Veranden und filigrane Eisenverzierungen an den

Oben: Ankunft der Dhau: Ibo im warmen Licht der Abendsonne

PROVINZ CABO DELGADO QUIRIMBA NP: IBO

Der speziellen Atmosphäre entzieht sich kaum ein Besucher Ibos

Bilder rechts: Wegmarkierung an der letzten Gabelung zwischen Quissanga und der Dhau-Anlegestelle; Parkplatz Isufo und die Dhaus an der Anlegestelle nach Ibo

Der Besuch der renovierten Fortaleza kostet einen kleinen Eintritt

Die Zeiten ändern sich: *Seit 2011 gibt es auf Ibo Island Handy-Netz (Mcell) und seit Februar 2012 versorgt ein Tiefseekabel die kleine Insel mit Strom. Generator-Zeiten ade! Nun werden Klimaanlagen die Insel erobern!*

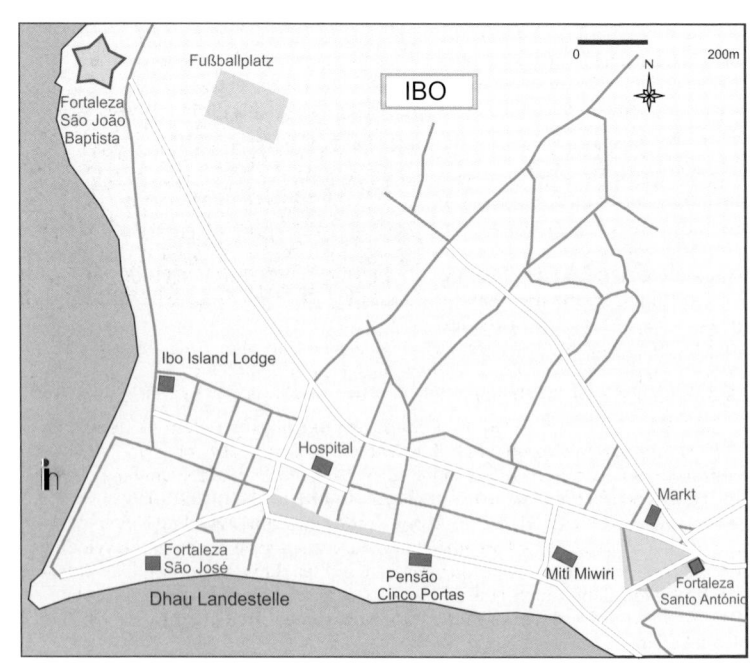

Portalen schmeicheln den Gebäuden. Manche Häuser sind frisch gestrichen und gepflegt, zahlreiche andere stehen seit Generationen unverändert da. Man schlendert durch die Geschichte, atmet ein wenig den Geist vergangener Zeiten, versucht sich vorzustellen, wie der Alltag einst in dieser Enklave zwischen Mangroven und Ozean funktionierte.

In die Gegenwart gerät man unversehens im Bairro, der afrikanischen Wohnstadt und dem Markt von Ibo. Hier liegen schon etwas überwuchert die Reste des Forts Santo António aus der Zeit um 1830-1847. Wendet man sich dagegen vom Hauptplatz nach Westen dem offenen Meer zu, führt die Straße zum knapp 250 Jahre alten Fortaleza São José, der kleinsten der drei Festungsanlagen auf Ibo. Sie bewacht noch immer den alten Landungssteg, obwohl dieser längst bedeutungslos geworden ist. Ein kurzer Spaziergang bringt uns zum **Fortaleza São João Baptista**. 1791 wurde es im Nordwesten von Ibo als Bollwerk gegen Angriffe von hoher See errichtet und konnte bei Bedarf 300 Soldaten aufnehmen. Während der Belagerungen seitens der Niederländer und Omanis suchten die Inselbewohnern Unterschlupf in diesem Fort. Durch ein barockes, verwittertes Burgtor betritt man den bepflasterten Innenhof. Von hier gelangte man in die verschiedenen Bereiche der Anlage, wie Kasematten, Küchentrakt und Kapelle. Im Stil seiner Zeit weist das Fort den Grundriss eines Pentagons auf. Es ist die am besten erhaltene Festung auf Ibo Island. Steigen Sie zum alten Wehrgang hinauf, wo Schießscharten in die mächtigen Mauern eingelassen wurden. Jahrhundertelang wurde hier Ausschau gehalten nach feindlichen Schiffen; heute blicken die wenigen Besucher blinzelnd

ILHA IBO

in die spiegelnde Weite des Ozeans. Bis zum Ende der Kolonialzeit diente das Fort als Gefängnis. Seither steht es leer und wird als Nationaldenkmal geschützt.

Heute kann man manchmal nahe dem Eingang Silberschmieden bei ihrer Arbeit, einer swahili-arabischen Tradition, zusehen. Die Armut zwingt die Handwerker dazu, sogar geschmolzene Münzen als Rohstoff zu verwenden. Denn bisher profitieren sie noch nicht vom zaghaften Tourismus, der eingesetzt hat, seit Hoteliers und Tourismusmanager das bezaubernde Kleinod entdeckten.

Anreise zur Insel Ibo

Charterflug: Ibo, Quirimba und die Inseln mit Luxushotels verfügen über Fluglandebahnen. Charterflüge ab Pemba kosten ca. 105 € pro Strecke (www.cfa.co.za).
Motorboot: Kostengünstiger setzt man ab Pemba per Motorboot nach Ibo über (Reservierung bei den Reiseagenturen in Pemba), die Fahrt dauert aber selbst mit motorisierten Frachtschiffen viele Stunden.
Landweg & Dhau: Direkt gegenüber von Ibo Island liegt auf den Festland beim Dorf Tanganhangue ein Dhauhafen. Hier pendeln tagsüber überladene Dhaus von und zur Insel. Die 125 km lange Anreise von Pemba dorthin verläuft auf einer Sandpiste über Metuge und Quissanga (sprich "Kischanga"), einem beschaulichen Hafenstädtchen (seit 2012 mit Tankstelle). 15 km vor Quissanga trifft man beim Mahate-Turnoff auf eine weitere Zufahrt von Bilibiza (siehe Beschreibung S. 293).

> **Schon gewusst?**
> UNICEF ließ 2005 43 000 imprägnierte Moskitonetze in den Distrikten Ibo, Quissanga und Montepuez verteilen

Am Dhau-Hafen von Quissinga bietet ein Resthouse sehr einfache Unterkunft und Dhaucharter für 20 € pro Tag. Der eigentliche Dhau-Hafen für Fahrten nach Ibo liegt aber noch 6 km nördlich des Ortes auf einer Landzunge beim Dorf "Bairro de Tanganhangue". Die Piste endet direkt an der Bootsanlagestelle unter einem riesigen Baobab, wird allerdings teilweise bei Flut überspült. Auf dieser Strecke liegen direkt am Weg kurz vor den Dhaus zwei umzäunte Parkmöglichkeiten für Fahrzeuge: "Isofu Carpark" und "Bakkar" (je 3-4 €/Tag). Der Dhau-Hafen entpuppt sich als ein schmaler Wasserweg zwischen den Mangroven, durch den die Dhaus ständig zwischen Ibo und dem Festland pendeln. Passagiere bezahlen für die Fahrt 3-4 €, es ist auch hier möglich, eine Dhau komplett zu chartern.

Die Dhaus starten ihre Fahrt zu den Inseln möglichst auf dem Höhepunkt der Flut. Da sie von den Gezeiten und den Windverhältnissen abhängig sind, kann eine Fahrt nach Ibo zwischen einer und bis zu sechs Stunden dauern. Um einer Fehleinschätzung vorzubeugen, sollte man sich vor Ort genau erkundigen, mit wie viel Fahrzeit wirklich zu rechnen ist. Während des Nordostmonsuns zwischen November und März müssen die Seeleute hart am Wind kreuzen und schwer gegen die Winde halten, was so eine Fahrt überaus ungemütlich und feucht werden lässt. Die Hoteliers auf Ibo bieten daher auch eine Abholung per Motorboot an, die nur 45 Minuten dauert (Oneway 23-30 € pro Boot). Manchmal stehen auch motorisierte Dhaus am Hafen bereit.

Zur Info:
Der Eintritt in den Quirimba Nationalpark beträgt 200 Meticais pro Person und pro Tag

PROVINZ CABO DELGADO — QUIRIMBA NP

Praktische Infos für Ibo Island

Im Quirimba Nationalpark fallen täglich 200 Meticais **Eintritt** pP an, die in den Resorts kassiert werden. Nur die Insel Ibo bietet neben einer Luxuslodge auch preiswertere Übernachtungsmöglichkeiten. Badestrände bietet Ibo nicht, dafür locken alte Bauten und die leicht morbide Architektur. Es wird auch nicht viel zum Zeitvertreib geboten. Wer noch mehr Einsamkeit sucht, kann sich per Dhau auf unbewohnte Inseln übersetzen lassen und dort Robinson Crusoe spielen.

Tauchgänge ab 20 € und Dhau-Ausflugsfahrten hat "Fim do Mundo Safaris" im Angebot (Tel. 825116925, www.fimdomundosafaris.com). Die vier Lodges auf Ibo bieten ihren Gästen außerdem Schnorcheln, diverse Rundgänge und Bootsausflüge an. Bitte beachten: Es gibt keinen Supermarkt oder ähnliche Einkaufsmöglichkeiten auf der Insel. Das Wasser ist nicht unbedingt trinkbar. Bringen Sie entweder genügend Mineralwasser in Flaschen oder Tabletten zur Entkeimung von Brauchwasser mit.

Unterkunft auf Ibo Island

- **Pensão Cinco Portas:** Tel. 826286858, Fax 827220787, www.cincoportas.com. Sympathische Mittelklassepension mit Pool und Zimmern und Apartments in unterschiedlicher Ausstattung. Preise: B&B 20-38 €/DZpP und 38-53 €/EZ. Wer nur eine Nacht bleibt, zahlt 20 % Zuschlag.
- **Ibo Island Lodge:** Tel. 26960549, www.iboisland.com. Die frühere Bela Vista Lodge wurde 2006 zum Luxushotel im feudalen Kolonialstil ausgebaut. Das Management lässt sich die klimatisierte ansprechende Anlage mit zwei Pools und einem Terrassenrestaurant entsprechend bezahlen: Vollpension kostet 250 €/DZpP und 330 €/EZ.
- **Miti Miwiri:** Tel. 26960530, www.mitimiwiri.com. Das Gästehaus im Herzen der Stone Town steht unter deutsch-französischer Leitung und befindet sich in einem liebevoll renovierten Gebäude. Hier gibt es auch eine Bar mit Steinofenpizza. Zimmerpreise: 38-65 €/Nacht.
- **Karibuni Guesthouse:** Das ehemalige Casa de Janine neben der Ibo Island Lodge bietet Zimmer für 11 € und Rundbungalows für 19 €. Darüber hinaus existieren auf der Insel ein paar sehr einfache, bescheidene Privatpensionen, in denen man auch ohne Reservierung unterkommen kann, wenn man keine Ansprüche stellt.

Besuch der Ilha Quirimba

Die Hauptinsel und Namesgeberin des Quirimba Archipels liegt in direkter Nachbarschaft von Ibo. Etwa 4000 Menschen bewohnen die flache Palmeninsel, auf der noch verlassene Gebäude und die Reste portugiesischer Kokosplantagen zu sehen sind. Bei Ebbe kann man zu Fuß von Ibo herüber waten, braucht allerdings einen einheimischen Führer, um den Weg durch die dichten Mangroven zu finden (die Lodges bieten dies an). Ansonsten wird die Insel noch mit der deutschstämmigen, über drei Generationen hier ansässigen Familie Gessner in Zusammenhang gebracht, die für Jahrzehnte die stille Insel prägte.

Inselresorts im Quirimba Nationalpark

- **Medjumbe Island Resort:** Tel. 21715200, www.medjumberesort.com. Eine sehr ruhige 5-Sterne-Luxusoase für Erholungssuchende oder Tauch- und Angelfreaks mit 13 klimatisierten, direkt am Strand der winzigen Insel verteilten Chalets. Mit Restaurant & Bar. Anreise per Charterflug ab Johannesburg oder Pemba. Preise: All-Inclusive ab 395 €/DZpP und 475 €/EZ.
- **Matemo Island Resort:** Tel. 21715001, www.matemoresort.com. Zweites Projekt der arabischen Rani-Gruppe. Hier werden den Tauchern 24 Zimmer im 5-Sterne-Luxusresort auf Ilha Matemo geboten. Preise: All-Inclusive ab 290 € pP.
- **Azura at Quilálea:** Tel. (SA) 0027-11-4761347, www.azura-retreats.com. Die Luxuslodge auf der kleinen Ilha Quilálea bietet sogar Butlerservice. Preise: All-Inclusive ab 470 € pP.

Unterkunft auf dem Festland des Quirimba Nationalparks

- **Guludo Beach Lodge:** www.guludo.com. Zwischen Mucoje und Quissanga, ca. 80 km südlich von Mucoje und 1 km vom Dorf Guludo, liegt die Strandlodge mit neun Bambushütten direkt am Ozean. Wassersport ist die Nummer 1, man kann aber auch Game Drives und Dorfbesuche unternehmen. Preise: VP kostet ab 185 €/DZpP und 260 €/EZ.
- **Mareja Project:** Tel. 27220684, www.mareja.com. Ungefähr 20 km landeinwärts, zwischen Metuge und Quissanga, liegt dieses Community Conservation Project. Eine verfallene Farm aus der Kolonialzeit, "Casa Dominique", ist das Zentrum des fast unzugänglichen Schutzgebietes. Camping auf einer Wiese kostet hier 6 €, Übernachtung im Dormitory 7 €, ein Doppelzimmer 10 €. Gäste sollen einmal unter Führung der Community Pirschfahrten, Bush Walks und Wanderungen unternehmen, aber bisher ist davon nicht wirklich viel realisiert worden. Anreise: 33 km nördlich der Pemba-Montepuez-Straße in Richtung Macomia fahren, dann rechts 27 km auf schlechter Piste (nicht beschildert).

Fahrtstrecke: Von Pemba nach Moçimboa da Praia

Die Strecke führt zunächst nach Suriate (87 km) wie auf S. 279 beschrieben. Hier zweigt die EN 243 nach Norden ab, die bis Macomia geteert ist. Nach 83 km zweigt eine Piste nach Bilibiza ab, über die man nach Quissanga und zum Dhau-Hafen für Ilha Ibo gelangt (75 km).

Macomia liegt 108 km nördlich von Suriate etwas abseits der Straße. Obwohl sie nur ein kleiner Marktflecken mit einfachen Pensionen und einer Tankstelle ist, gilt Macomia doch als wichtigster Stoppoverpunkt entlang dieser Strecke. In Macomia endet der Teer und es geht auf einer sehr ruppigen Wellblech-Schotterstraße weiter. Ein Ausbau zur Teerstraße hat aber bereits begonnen.

Kurz vor der Brücke über den klaren Rio Messalo durchfährt man die Ortschaft **Chai**, die in den Herzen der Mosambikaner einen besonderen Platz einnimmt, denn hier begann am 25.09.1964 der bewaffnete Befreiungskampf gegen die Kolonialherrschaft. An diesem Tag attackierte die Frelimo erstmals eine Kaserne und rief alle Gleichgesinnten landesweit zu den Waffen, was im Norden der Kolonie rasch einen Flächenbrand entfachte. Ein kleines Monument erinnert in Chai an diesen Tag.

Hier tragen manche Männer Lendenschurze, Pfeil und Bogen. Die Menschen wirken reserviert, winken dem Autofahrer nicht mehr zum Gruße zu, umringen den Fremden aber, sobald er anhält. Es ist das **Land der Makonde** (siehe S. 298).

103 km nördlich von Macomia erreicht man **Diaca**. Das Dorf an der Weggabelung zwischen Mueda und Moçimboa da Praia war zu Zeiten des Bürgerkriegs von strategischem Interesse. Diaca bietet gutes Brunnenwasser, es empfiehlt sich, vor der Weiterfahrt am Dorfbrunnen schräg hinter der Schule die Reserven aufzufüllen. Eine gute Teerstraße führt von Diaca auf das Mokondeplateau nach Mueda (S. 296) und als Schotterstraße weiter nach Negomano zur neuen Grenzstation am Rovuma (S. 295).

Die letzten 43 km in die Stadt Moçimboa da Praia führen dagegen über eine stark beschädigte Asphaltstraße.

Abstecher nach Pangane

Von Macomia führt eine Schotterpiste zur Küste hinab. Nach 48 km erreicht man den Ort Mucoje und von dort geht es über eine 12 km lange malerische Allrad-Sandpiste zur schmalen, und von Tausenden wiegenden Kokospalmen gesäumten Landzunge von Pangane.

- **Hashim's Camp:** Tel. 258-821305800. Campinggelegenheit (5 €) und drei kleine, bescheidene Bungalows (14 €) ganz am Ende der Straße direkt am herrlichen Strand. Sehr beliebt, gute Küche.
- **Casa Suk:** Mitten im Fischerdorf bietet Casa Suk drei einfache, zweckmäßige Zimmer für 6 €/DZpP und 10 €/EZ. Es besteht auch hier Campinggelegenheit.

Pemba – Moçimboa da Praia

Gesamtstrecke: 358 km

Fahrzeit: ca. 5-6 Std.

Zustand: überwiegend Asphaltstraße, im Mittelteil allerdings Schotterstraße mit hartem Wellblech und Baumaßnahmen

Tankstellen: Macomia, Moçimboa da Praia

Maluane & Vamizi Island Project

Das 330 km² große Schutzgebiet rund um die Inseln Vamizi und Rongui entstand in Partnerschaft der Londoner Zoologischen Gesellschaft mit der mosambikanischen Regierung und ansässigen Gemeinden. Tierschutz und Luxus-Tourismus unter dem Motto "Safari&Beach" waren die Ziele. Es entstand rasch die luxuriöse Vamizi Island Lodge, in der elitäre Villen ab 450 € pP angeboten werden (www.vamizi.com). Der WWF und die **Vamizi Island Lodge** haben das Maluane Projekt nun übernommen.

Zur Info: Im Land der Makonde gibt es nur sehr wenige Tiefbrunnen, die meisten Dörfer versorgen sich mit Flusswasser oder aus einfachen Wasserlöchern. Am Tiefbrunnen von Diaca herrscht deshalb meist großer Andrang (siehe Bild S. 294)

Moçimboa da Praia

Die langgezogene Hafenstadt macht einen eher tristen Eindruck. Das Immigrationsbüro befindet sich nahe der Polizeistation im unteren Teil des Stadt, wo der Fischmarkt und ein malerischer Dhau-Hafen liegen. Hier findet man auch die nördlichste Poststation des Landes und eine Tankstelle an der Ausfahrt in Richtung Palma. Ferner gibt es ein Internetcafé, eine Bankfiliale mit ATM-Schalter und ein Hospital (Tel. 27281153). Es bestehen regelmäßige Busverbindungen nach Palma, Mueda, Pemba und Nampula, der Busbahnhof liegt in der Hauptstraße gegenüber der Pension Magid. Unser Tipp:

- **Hotel Chez Natalie:** Tel. 258-824396080/ 27281067, E-mail: natalie.bockel@gmail.com. Auf einem Hügel über der Bucht mit Aussicht und großen Bäumen bietet das Resort schöne Bungalows ab 45 €/Nacht, Zimmer für 20 €/Nacht und Campinggelegenheit mit Dusche/WC für 8 € pP (leichte Schräglage). Baden kann man hier nicht wegen des dichten Mangrovenbewuchses. Internet, Bar/Restaurant sind vorhanden, Selbstversorgung ist ebenfalls möglich.

Links: Junge Frau auf dem Weg zur Feldarbeit,
Unten: Schlangestehen am Brunnen von Diaca

PALMA

Fahrtstrecke: Von Moçimboa da Praia nach Namoto

Einzige größere Ortschaft entlang dieser Strecke ist **Palma**. Die Kleinstadt liegt erhöht über der palmenbestandenen Baia de Tungue. Nach Norden wird die breite Bucht vom Cabo Delgado, dem „Schlanken Kap" begrenzt, das für die ganze Provinz zum Namesgeber wurde. Etwa 2 km unterhalb der Stadt dehnt sich direkt am Strand ein weiterer Stadtteil aus. Hier befinden sich der Hauptmarkt und das einfache Hotel Palma mit Zimmern ab 8 €. Links der Kirche führt der Weg zum Grenzort **Namoto/Namuiranga** (44 km, Zoll und Migração täglich von 08.00-16.00 h, GPS S 10.34.13 O 40.22.80). Die letzten 5 km bis zum Rio Rovuma führen durch ein sumpfiges Gelände. Fußgänger können hier mit kleinen Motorbooten zum tansanischen Ufer übersetzen (Fahrpreis verhandelbar, ca. 5-12 €).

Nur zwischen 2000 und 2008, als eine Motorfähre am Rovuma verkehrte, bestand die Möglichkeit, hier mit einem Fahrzeug von Mosambik nach Tansania auszureisen. Seit die Fähre im Rovuma sank, ist das Geschichte. Heute verkehren nur noch kleine Boote über den Rovuma. Mutige Autofahrer sollten wissen: Für Fahrzeugtransporte werden mehrere Boote zusammengebunden. Die Fährleute verlangen dafür mind. 100 € (in MTn oder Tansania-Shillinge zu bezahlen). Am tansanischen Ufer befindet sich die Grenzabfertigung im 10 km entfernten Kilambo; 35 km danach erreicht man die Stadt Mtwara.

> **Moçimboa da Praia – Namoto**
>
> Gesamtstrecke: 131 km bis an den Rovuma
> Fahrzeit: ca. 2-3 Std. reine Fahrtzeit
> Zustand: gut ausgebaute Piste
> Tankstellen: nur in Palma

> **Das Kionga-Dreieck:**
> **Deutsch-portugiesischer Grenzstreit**
>
> Dieses kleine Dorf rund 20 km vor der Grenze nach Tansania wurde einst zum Spielball der kolonialen Interessen. Obwohl sich die Kolonialmächte Portugal und Deutschland 1886 auf eine gemeinsame Grenze am Fluss Rovuma geeinigt hatten, behauptete Deutschland 1892, Portugal habe kein Anrecht auf das Land nördlich von Cabo Delgado, das 32 km südlich des Rovuma liegt. Zwei Jahre später nahm Deutschland das Dorf Kionga ein und besetzte ein 395 km² großes Gebiet. Im Ersten Weltkrieg vertrieb Portugal die Deutschen wieder und erhielt das sog. **Kionga-Dreieck** schließlich durch den Vertrag von Versailles endgültig zugesprochen.

Fahrtstrecke: Von Moçimboa da Praia nach Negomano

Seit 2009 gibt es am Rovuma zwei neue Grenzposten zwischen Mosambik und Tansania. In beiden Fällen wurden Brücken über den Grenzstrom erbaut. In der Provinz Niassa liegt der Grenzposten "Unity Two" (S. 312). In der Provinz Cabo Delgado wurde bei Negomano nahe dem Zusammenfluss von Lugenda und Rovuma, rund 200 km flussaufwärts der Rovumamündung, der Grenzposten "**Unity One**" eröffnet.

Eine gute Teerstraße führt von Moçimboa da Praia nach Mueda, wie auf S. 293 beschrieben. Dann geht es auf Piste weiter nach Ngapa (ca. 50 km), wo eine Polizeikontrolle stationiert ist. Von hier bis zur Grenze am Rovuma ist die Piste in beklagenswertem Zustand, bei Regen vermutlich unpassierbar. Nach ins. 172 km erreicht man die Grenzgebäude mit Zoll, Immigration und Polizei an der Rovumabrücke. Der tansanische Grenzposten befindet sich 150 m nach der Unity Bridge am Nordufer des Rovuma. Es gibt an diesem Grenzübergang weder in Negomano noch im tansanischen Mtambaswala eine Tankstelle, Versicherungsagenten oder eine Bank. Weiterfahrt in Tansania: 55 km gute Lateritpiste bis zur Teerstraße.

Ausreise nach Tansania

Neuer Grenzübergang nach Tansania ist jetzt offen!

PROVINZ CABO DELGADO — MUEDA

Das Hinterland: Mueda und das Makonde Plateau

Landeinwärts von Moçimboa da Praia erstreckt sich das Makondeplateau. Die Teerstraße zwischen Diaca und Mueda erklimmt einen Höhenzug, der sich 400 m über die Küstenebene erhebt und führt nach 50 km in die inoffizielle Hauptstadt der mosambikanischen Makonde-Volksangehörigen.

Der Name Mueda steht für ein furchtbares Massaker der Portugiesen

Mueda hat sich in die Geschichte des modernen Mosambik eingegraben, wie kaum ein anderer Ort. Am 16.06.1960 verlor hier ein portugiesischer Verwalter die Nerven und ließ die Waffen seiner Soldaten auf Hunderte unbewaffneter, friedlicher Demonstranten richten, die an diesem Tag gegen den portugiesischen Landraub protestieren wollten. Mit einer unbegreiflichen Kaltblütigkeit ließ er 600 wehrlose Bauern hinrichten. Dieses Massaker verstärkte den Unmut der Afrikaner gegen die Portugiesen und führte die Menschen schließlich in den bewaffneten Befreiungskampf. Die Makonde waren damals die stärksten Sympathisanten der Frelimo. Portugal rächte sich für die Unterstützung der Guerillakämpfer mit der Zwangsumsiedlung von Tausenden Zivilisten in zentrale Kollektive, um deren Kontakte zur Frelimo zu unterbinden. Für den Mut zum Widerstand und zur aktiven Hilfe für die Frelimo-Soldaten hat den Makonde später niemand wirklich gedankt. Ihr Engagement im Befreiungskampf hat ihnen auch keine Vorteile eingebracht. 40 Jahre nach Beginn der Massaker und Kämpfe sind die Makonde noch immer eine Randgruppe in der mosambikanischen Gesellschaft (siehe auch S. 298).

MUEDA

Nicht gerade offene Gastfreundschaft schlägt den wenigen Besuchern Muedas entgegen, aber auch keine Feindseligkeit oder Aggression. Es ist eher eine skeptische Zurückhaltung, wie eine Art Schutzmechanismus. Es ist hier schwieriger als anderswo in Mosambik, als Fremder diese distanzierte Haltung aufzubrechen und ein breites Lachen oder freundschaftliches Lächeln zu ergattern. Doch die neue Grenze bei Negomane wird auch Mueda verändern, liegt die Kleinstadt doch direkt auf der Strecke.

Als Stadt lohnt Mueda kaum einen Besuch. Der Markt wirkt schmutziger als in anderen Städten, nur noch sporadisch fließt frisches Wasser aus dem Brunnen, Supermärkte oder eine Bank gibt es auch nicht. Dafür vertreiben nun zwei Tankstellen Treibstoff, so dass die Kanisterbefüllung früherer Jahre unnötig geworden ist (siehe oben). Trägt diese etwas ratlos anmutende Stadt womöglich noch immer das Erbe ihrer unseligen Vergangenheit mit sich herum? Ein Denkmal erinnert an das tragische Ereignis, auch ein Massengrab gibt es noch.

An- und Weiterreise mit öffentlichen Verkehrsmitteln: Zwischen Moçimboa da Praia und Mueda verkehren Chapas (4 €, ca. 2 Std. Fahrt), einmal täglich findet auch ein Transport von und nach Pemba statt (etwa 5 Std.), öffentliche Verkehrsmittel zur Rovumabrücke Unity One existieren bislang nicht.

Wer hier übernachten muss, findet saubere Zimmer in der einfachen Herberge "Takka Tuka" oder in der schöneren Pension des "Restaurante Mtima", Tel. 826051258.

Links: Auf dem Stadtmarkt von Mueda;
Oben: In Mueda gab es lange Zeit nur gepanschten Treibstoff aus Kanistern

Die Makonde

Internationale Staatsgrenzen und der Rio Rovuma trennen das Volk der Makonde in ein tansanisches und ein mosambikanisches Siedlungsgebiet. Gemeinsam bewohnen sie einen Höhenzug, der Makondeplateau genannt wird. Der Überlieferung nach haben sich die Makonde wie kaum ein anderes Volk gegen Fremdherrschaft gewehrt. Die Portugiesen wagten sich lange nicht hierher, erst um 1920 gelangte der Höhenzug wirklich unter ihre Kontrolle. Der erste Missionar traute sich erst 1923 zu den Makonde, Jahrhunderte später als zu den benachbarten Makua. Allem Anschein nach versuchten die Makonde den Kolonialeuropäern auszuweichen. Durch den Krieg sind ca. 60 000 Menschen zu ihren Nachbarn nach Tansania geflohen, wo sie jedoch nicht auf Begeisterung stießen. Man sagt, die Makonde Tansanias betrachteten ihre mosambikanischen Verwandten als Angehörige niederen Ranges.

Nichtsdestotrotz waren es die Makonde aus Mosambik, die durch ihre **begnadete Kunstfertigkeit** das Volk in Kunst- und Sammlerkreisen weltberühmt machten. Ihre Schnitzkunst ging weit über das Fertigen von Haushaltsgegenständen und Schatullen hinaus. Aus sehr weichem, leichten Holz schufen sie Masken und Skulpturen, deren individuelle Ausdrucksstärke die Europäer überraschte und begeisterte, als sie erstmals damit in Kontakt kamen. Es entstand eine **immense Nachfrage** nach Makonde-Masken, die bald auf internationalen Auktionen bewundert und zu Höchstpreisen ersteigert wurden. Und damit setzte auch schon der Niedergang der originalen **Makonde-Kunst** ein: Ein westlich orientierter Stil setzte sich durch; das weiche, nur wenig haltbare Holz wurde durch harte, resistente Holzarten ersetzt, die Motive richteten sich plötzlich nicht mehr nach der künstlerischen Eingebung oder der Tradition, sondern sollten den europäischen Geschmack bedienen. Die gierigen Händler bestellten ihre Waren ungeduldig und verführten die Holzschnitzer zu Massenproduktionen ohne künstlerischer Leidenschaft. So werden bis heute unentwegt Makonde-Kunstwerke produziert und feilgeboten, die zum großen Teil der Rubrik „Kitsch und Kommerz" zugeordnet werden müssen. Schlimmer noch, oft sind diese Kunstwerke gar nicht von Makonde gefertigt worden, sondern von den ebenfalls sehr geschickten Makua.

Um den Makonde gerecht zu werden, sollte betont werden, dass sich neben dem Produktionsmarkt für den Touristen und Sammler auch eine eigenständige moderne Kunstrichtung entwickelt hat. Politische Motive etwa bei den Statuen, drücken sehr leidenschaftlich und unverblümt die Frustration und Lebensängste eines benachteiligten Volkes aus.

Die Makonde sind selbst bei ihren afrikanischen Nachbarn noch immer ein wenig gefürchtet. Für Südmosambikaner versinnbildlichen die Makonde Kampflust und Fremdartigkeit. Das mag an der **Traditionsverbundenheit** liegen, die diese Menschen ausstrahlen. Mankondefrauen tragen nach wie vor häufig Schmucknarben, spitz zugefeilte Zähne und weiß bemalte Gesichter. Einige Männer sind noch mit Pfeil und Bogen bewaffnet unterwegs. Als schrecklich, wild und verschlossen gilt dieses Kleinbauernvolk. Und sie unterscheiden sich tatsächlich und sprechen überwiegend traditionellem Naturglauben zu – im Gegensatz zum streng patriarchalischen Islam bei den Küstenvölkern. Traditionelle Riten, strenge Kulte und Geheimbünde, darstellende Künste, Musik und Tanz sind zentrale Themen in der Welt der Makonde, denen sie sich unterwerfen und die sicherlich eine entscheidende Rolle bei der künstlerischen Entfaltung spielen.

MONTEPUEZ

Fahrtstrecke: Von Mueda nach Montepuez

Die EN 509 verlässt Mueda im Westen und fällt sofort steil vom 820 m hohen Plateau in die Tiefebene auf 400 Höhenmeter ab. Nach frischem Regen könnte dieser Abschnitt vorübergehend unpassierbar werden. Durch eine bewaldete Naturlandschaft führt die Erdstraße zunächst über zahlreiche kleine Bäche und Flüsse, deren Holzbrücken intakt sind. Nach 30 km stößt man in der kleinen Ortschaft Canhangula auf Relikte des Krieges. Verfallene Kasernen und die Karosserie eines ausgebrannten Kampffliegers liegen beiderseits des Weges am Ortsrand. Anschließend wird es einsam. Man gerät immer tiefer in dichte, hohe Wälder. Nicht alle der zahlreichen kleinen Brücken sind in Ordnung, teilweise benützt man die trockenen Furten. Bei Regen könnte es hier auch zu Problemen kommen. Die wenigen Dörfer liegen in großer Abgeschiedenheit. Allmählich beginnen Kastanienwälder mit gigantisch hohen, sehr gerade gewachsenen Exemplaren. Diese Besonderheit haben auch Geschäftsleute entdeckt und so wird entlang der ganzen Strecke intensiver Holzeinschlag betrieben. Bei Gesamtkilometer 87 umfährt man einen Berghügel mit bizarrem Baumbewuchs. 30 km weiter liegt ein Dorf namens **Ntele** (GPS S 12.22.82 O 38.59.18), wo eine abenteuerliche Allradzufahrt zum Niassa Wildreservat beginnt (siehe S. 318ff). Geradeaus geht es nun nach ca. 27 km zur Brücke über den Rio Messalo. 60 km weiter überquert man auch den parallel fließenden Rio Montepuez und gelangt schließlich in die gleichnamige Regionalstadt.

Mueda – Montepuez

Gesamtstrecke: 210 km
Fahrzeit: ca. 4-5 Std.
Zustand: Erdstraße, Allrad empfohlen, nach starken Regenfällen evtl. unbefahrbar
Tankstellen: keine

Oben: Aus diesem Loch schöpfen die Kinder das Wasser für ihre Familie

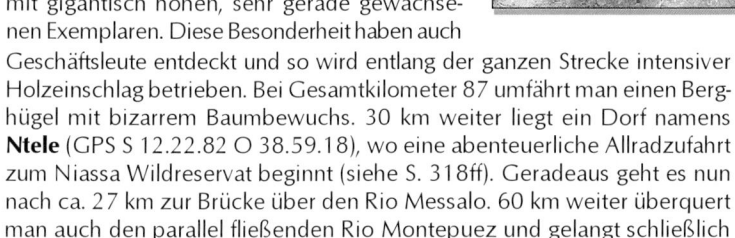

Montepuez

Montepuez ist das größte landwirtschaftliche Zentrum im Hinterland von Cabo Delgado und dennoch ein verträumtes Städtchen mit viel vergangenem Charme. Alle wichtigen Verwaltungseinrichtungen sind vorhanden, ein Krankenhaus (Tel. 27251027), Tank- und beschränkte Einkaufsmöglichkeiten Wir empfehlen den indischen Laden neben der Moschee beim Markt, der zumindest gefrorene Hühner und Konserven verkauft. Der Markt bietet eher einen trostlosen Anblick, aber dafür es gibt eine gute Padaria im Gebäude des Restaurante Lusitana.

Nach Pemba bestehen regelmäßige Busverbindungen entlang der guten Asphaltstraße (220 km, ca. 5 €, ca. 4 Std.). Die Straße nach Westen in die Provinz Niassa wird zwar gelegentlich repariert, ist aber sehr einsam, wenig befahren und oft in sehr schlechtem Zustand. Die nächsten Tankstellen befinden sich erst wieder in Marrupa (S. 316) und am Rio Luambala in Richtung Lichinga (415 Km) oder in Cuamba (446 Km, S. 313).

Entlang der Strecke wachsen unzählige Kapokbäume

DIE PROVINZ NIASSA

Schon gewusst?
Elefantenhaut ist an den Schultern fast 4 cm dick

Niassa ist mit 122 176 km² fast so groß wie Österreich und die Schweiz zusammen und nimmt 14 % der mosambikanischen Landesfläche ein. Dieses extrem dünn besiedelte Bergland (6 Ew./km²) am Niassasee grenzt an Malawi und Tansania. Im Osten und nach Süden schließen sich die Provinzen Cabo Delgado, Nampula und Zambézia an. Der beschauliche Niassasee, die bewaldeten Berglandschaften, ursprüngliche Dörfer, in denen die Menschen von der Landwirtschaft leben und ein großer Wildreichtum sind die Besonderheiten dieser wenig besuchten Provinz.

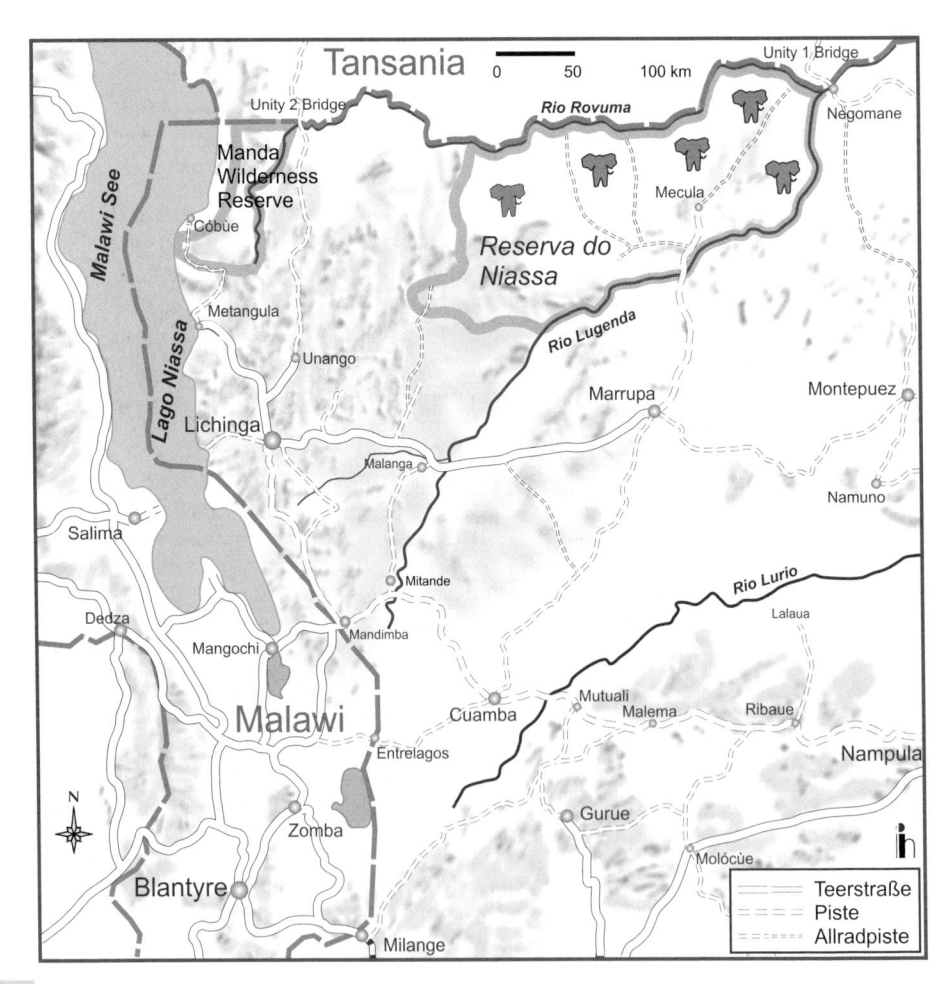

MANDIMBA

Fahrtstrecke: Von Mandimba nach Lichinga

Die Grenzstation Namwera liegt 58 km östlich der malawischen Stadt Mangochi. Die bergige Strecke zur Grenzstation wurde vor ein paar Jahren geteert. Die Ausreise aus Malawi ist unkompliziert und freundlich. 1,5 km weiter erreicht man in Mandimba die Grenzstation von Mosambik.

Auch das **Einreiseprozedere** auf mosambikanischer Seite erfolgt zügig und routiniert. Man kann hier eine Autoversicherung abschließen. Wie an vielen Grenzen wird trotz der Visa eine kleine Einreisegebühr erhoben, die in Meticais zu bezahlen ist (ca. 2 € pP). Für das TIP-Zolldokument des Fahrzeugs werden 12 € berechnet. In Ermangelung einer Bank findet der Geldwechsel von Malawi-Kwacha, Rand und US$ hier auf offener Straße statt.

> **Mandimba – Lichinga**
>
> Von der malawischen Grenze bis Lichinga
> Gesamtstrecke: 151 km
> Fahrzeit: ca. 3 Std.
> Zustand: stellenweise geteert, Rest gute Erdstraße
> Tankstellen: nur in Mandimba und in Lichinga
> Besonderheit: nach heftigen Regenfällen evtl. unpassierbar

Mandimba

Die Grenzstadt wird rege frequentiert. Der Ort bietet eine Tankstelle, die mittags geschlossen ist, eine einfache Pension, eine Bar und einen ATM. Von hier verkehren sowohl nach Lichinga als auch nach Cuamba regelmäßig Chapas, die pro Strecke etwa 5 € kosten.

Die breite Erdstraße verläuft anfangs nahe der Landesgrenze durch ein sehr dicht besiedeltes Gebiet. Vermutlich haben sich erst nach dem Ende des Bürgerkriegs einige Tausend heimkehrende Flüchtlinge entlang der Straße niedergelassen und neue Dörfer gegründet. Teilweise ist kaum auszumachen, wo ein Dorf endet und das nächste beginnt. Jenseits der Straße aber, im bergigen Hinterland, ist es einsam. Nur die starke Abholzung der Bergwälder zeigt in erschreckendem Maße die plötzliche Überbevölkerung. Dieses Phänomen tritt seit einigen Jahren überall entlang der Grenze zu Malawi auf. Als Besonderheit fällt auf, dass viele der Wohnhäuser mit einem Sichtschutz aus Palisaden umgeben wurden.

Oben: Dorfszene mit Papayapflanzen

Nach 62 km Fahrt durch diese Reihendörfer erreicht man **Massangulo** mit der Abzweigung nach Itepela. 2 km abseits steht hier die älteste katholische Kirche der Provinz. Obwohl in den meisten Karten noch als die kleinere Straße verzeichnet, verläuft die neu ausgebaute Straße nach Lichinga von Massangulo westlich über Lione. Die Straße führt nun auf das 1300-1400 m hoch gelegene Planalto de Lichinga. Die Besiedlung wird dünner und die Bergwälder wieder etwas dichter. Nach 149 km Fahrt trifft man unversehens auf eine Teerstraße. Hier geht es nun nach links direkt ins Zentrum von Lichinga, das man nach 2 km erreicht.

> **Schon gewusst?**
> Die Kolonialherren sperrten in den 60er Jahren rund 80 000 Menschen in Niassa in bewachte Zwangslager, die sogenannten "Aldeamentos"

Lichinga

Zwei mögliche Abstecher

Reserva do Sanga

Im Distrikt Sanga, der rund 150 km nördlich von Lichinga liegt, haben IUCN und Worldwide Fund of Nature ein 6000 km² großes Gemeindeprojekt namens **"Chipandje Chetu"** ins Leben gerufen, dessen langfristiges Ziel der Erhalt von Natur, Wald- und Wildbestand ist. Ein Ausbau des Camps Uzuzu, von dem aus Jagdsafaris stattfinden, sei auch in touristischer Hinsicht geplant, heißt es seit Jahren. Die Anreise erfordert Allrad, öffentliche Verkehrsmittel gibt es nicht. Info und Reservierung bietet der Serviço Provenciais de Florestas & Fauna Bravia, Tel. 27120917, Fax 27120557.

Meponda

Meponda ist der Lichinga nächstgelegene Küstenort am Lago Niassa. Eine reizvolle Erdstraße führt über 60 km vom Planalto de Lichinga auf Seehöhe hinab. Die Strecke wird von Chapas befahren (2 €, ca. 1,5 Std.). Meponda ist ein kleines Dorf, sein Sandstrand allerdings ein beliebtes Ausflugsziel der Städter.

Für die Hauptstadt der größten Provinz des Landes ist Lichinga (sprich "Lischinga") vergleichsweise klein und ruhig. Die Stadt trägt tapfer ihr Los, durch die geographische Randlage und ihre wirtschaftliche Bedeutungslosigkeit gegenüber den anderen Provinzkapitalen ständig im Hintertreffen zu sein. In Lichinga wird die **Abgeschiedenheit spürbar**. Hier reist man schneller und einfacher nach Malawi, als in irgendwelche anderen Landesregionen. Niassa ist eben "ab vom Schuss", das wird schon in der gemütlichen Provinzhauptstadt klar. Aber vielleicht sind Lichinga und ganz Niassa gerade deshalb so sympathisch. Die Stadt hat kein Museum und keine großartigen Baudenkmäler, keine besonderen Sehenswürdigkeiten und nur eine eingeschränkte Versorgungslage. Dennoch fühlt man sich hier wohl. Der Straßenverkehr ist minimal und gemütlich, Jacaranda-Alleen schmücken breite Avenidas und das Klima auf 1400 m Höhe ist angenehm mild. Immerhin gibt es seit Juli 2005 eine wichtige Erfolgsmeldung: den Anschluss an die Elektrizität vom Cahora Bassa Staudamm. Bis dahin musste Lichinga nämlich mit täglichen mehrstündigen Stromausfällen zurechtkommen.

Die meisten der 80 000 Einwohner sind Yao. Bedeutende Minderheiten bilden die Nyanja und Makua; gering ist die Zahl der Asiaten und Weißen. Die Atmosphäre der Stadt Lichinga, die bis zur Unabhängigkeit Vila Cabral hieß, unterscheidet sich merklich von den anderen zwölf Provinzhauptstädten Mosambiks. Hier ist man schon tief im Inneren Afrikas, das nur wenig gemein hat mit den islamisierten Küstengebieten.

Unterkunft in Lichinga

- **Girassol Lichinga Hotel:** E-mail: girassollichingahotel@visabeira.co.mz. Tel. 27121280, Fax 27121279, Ave. Filipe Samuel Magaia. Das erste 4-Sterne-Hotel der Provinz mit 72 klimatisierten Zimmern mit TV, Restaurant und Pool wurde im August 2004 eröffnet und hat vor allem Geschäftsreisende im Visier, was auch die Preise verraten. Preise: ab 60 €/DZpP und 105 €/EZ.
- **Pousada de Lichinga:** Tel. 27120176, 27120776, Fax 27120177. Rua Filipe Samuel Magaia. Ältere, renovierte Pousada mit eigenem Restaurant, ebenfalls im Stadtzentrum gelegen. Die 13 Zimmer haben nur teilweise eigene Bäder. B&B ab 20 €/DZpP und 30 €/EZ.
- **Quinta Capricórnio:** Tel. 826756370. Nach mehreren Besitzerwechseln ist dieser Farmcampingplatz mit sehr einfachen Bungalows nun unter dem Management von Alberto Soares und wird derzeit renoviert. Er liegt 1 km vom Zentrum in einer stillen Waldlichtung und bietet Camping mit heißen Duschen, ein kleines Restaurant und Verkauf von Farmprodukten. Die Chalets sind bei Redaktionsschluss noch in Bau.
- **Kuchijinji Anglican Diocese Guesthouse:** Tel. 27120336. 2 km außerhalb Lichingas in Richtung Metangula kann man auf der Mission in Gästehäusern für 17 €/Nacht unterkommen.

LICHINGA

An- und Weiterreise

Flugverbindungen

Der Flughafen liegt 6 km westlich der Stadt, Tel. 27120127. LAM fliegt regelmäßig nach Maputo und unterhält ein Büro in der Rua da LAM, Tel. 27120434.

Busverbindungen

Die Haltestelle für Minibusse und Chapas liegt neben dem Markt. Hier starten frühmorgens die Chapas nach Mandimba (5 €), Cuamba (10 €), Meponda (2 €) und Metangula (5 €).

Eisenbahn

Die kleine Bahnstrecke nach Cuamba wurde privatisiert und wird seither ausgebaut. Bislang fährt der Zug aber nur sporadisch die beschwerliche Strecke.

Mietwagen

Car Premium: Tel. 825396629.

Info: MSF-Aids-Projekt

Der schweizerische Zweig von "Ärzte ohne Grenzen", MSF, unterhält in Lichinga ein Aids-Projekt mit einem Tageshospital für 1354 Patienten. Vorsorgemaßnahmen und die Behandlung Erkrankter stehen im Mittelpunkt des Engagements.

Oben: Straßenszene in Lichinga mit Jacarandabäumen

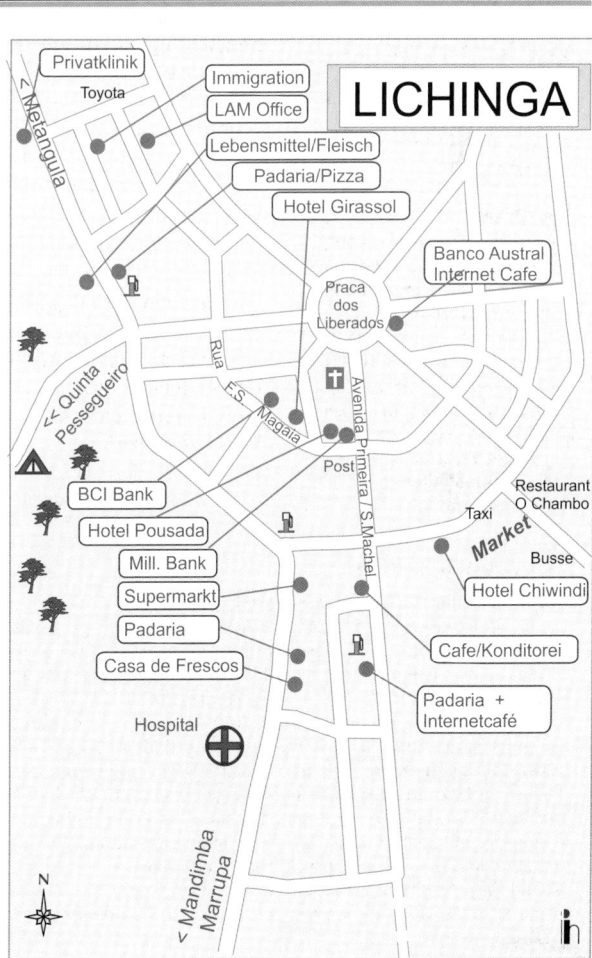

Wichtige Adressen von A bis Z

Geldwechsel — Banco Austral am Praça dos Liberados und Millenium-BIM an der Primeira Avenida /Ecke Rua F. S. Magaia wechseln Bargelddevisen (Rand, Euro, US$), die Millienium Bank hat einen ATM-Schalter für VISA-Karten. Sie nimmt auch Reiseschecks entgegen, verlangt dafür aber das Vorzeigen der Kaufbelege und hohe Gebühren. Öffnungszeiten der Banken in Lichinga: Mo-Fr von 07.30-15.00 h.

Immigration — Das Büro der Migração liegt stadtauswärts in Richtung Metangula in der Rua Nachingwea, Tel. 27120446/27120338. Bei der Wirtschaftsschule biegt man rechts ab und die erste Straße erneut rechts zum Büro. Reisende, die von Likoma Island über Cóbuè einreisen, müssen sich hier offiziell anmelden. Mo-Fr von 08.00-15.00 h.

Krankenhaus — Das städtische Hospital liegt an der Straße nach Cuamba, Tel. 27120211. An der Straße nach Metangula liegt die Privatklinik Centre de Consultation Médicale, Tel. 27121665.

Lebensmittelversorgung — Obst und Gemüse findet man auf dem relativ gut bestückten Markt. Frisches Brot bieten mehrere Bäckereien, z. B. die Pastelaria an der Primeira Avenida neben der Tankstelle. Beim "Casa de Frescos - Mr Chicken" gibt es tiefgefrorene Fleischwaren. Neben dem Hospital hat ein neuer, gut sortierter Supermarkt eröffnet.

Post, Telefon, Internet — Post und Telefonamt (TDM) sind an der Primeira Avenida /Ecke Rua F. S. Magaia zu finden, Öffnungszeiten: 07.30-17.30 h. Ein Internetcafé liegt bei der Banco Austral am Praça dos Liberados, weitere in der Av. Primeira Samora Machel.

Polizei — Die Polizei in der Ave. Samora Machel erreicht man unter Tel. 27120828/27120751.

Restaurants — Die feinste Adresse Lichingas ist das Restaurant im Hotel Girassol. Allgemein empfohlen wird auch das alteingesessene Restaurant "O Chambo". Bei der Padaria an der Stadtausfahrt in Richtung Metangula befindet sich ein "Pizza Inn". Ansonsten bekommt man auch in der Pousada de Lichinga gute Kost zu vernünftigen Preisen.

Treibstoffversorgung — Lichinga bietet mehrere Tankstellen. Beim Depot von „Petromac" am Ortseingang von Cuamba kommend kann man mitunter Treibstoff ab 200 Liter Mindestmenge etwas günstiger beziehen.

Vericherung — Eine Zweigstelle von Emose liegt im Gebäude der Bank Millenium/BIM.

Wunderwelt Lago Niassa (Malawisee)

Der 24 000 km² große See misst an seiner längsten Ausdehnung 575 km und ist bis zu 85 km breit. 14 Zuflüsse speisen ihn, doch nur der Chire/Shire River fließt im Süden aus dem großen Gewässer ab. In Mosambik hat der See seine koloniale Bezeichnung Lago Niassa behalten. In Malawi, Tansania und international heißt er Lake Malawi. Wie immer man ihn nennen mag – es ist der drittgrößte See Afrikas und mit bis zu 700 m Tiefe auch der vierttiefste der Welt. Sein **spektakulärer Fischreichtum** begründet den weltweiten Ruhm des riesigen Binnengewässers: Zwischen 500 und 1000 verschiedene Fischarten werden hier vermutet und 359 endemische Fischarten sind bisher registriert worden. Vor allem die zierlichen Buntbarsche aus der Zichliden-Familie haben dafür gesorgt, dass Aquarianer aus aller Welt den Lake Malawi bzw. Lago Niassa kennen.

Mosambiks Anteil beläuft sich auf 23 % der Wasserfläche mit einer rund 200 km langen, dünn besiedelten Küstenlinie am Ostufer. Nur sehr wenige Nyanja-Dörfer liegen am Uferbereich zu Füßen der bis zu 1000 m hoch aufragenden, faltigen Berge. Im Gegensatz zu Malawi blieb die mosambikanische Uferzone bisher touristisch deutlich unterentwickelt.

Der See böte mit seinen sandigen Buchten und dem extrem klaren Wasser ein perfektes Ferien- und Badeziel, wären da nicht einige Gesundheitsrisiken. Zum Einen darf man nicht vergessen, dass Krokodile und Flusspferde im See leben. Vor einem Bad im kühlen Nass sollte man sich vor Ort erkundigen, ob mit solchen Begegnungen zu rechnen ist. Weitaus verbreiteter ist jedoch die Sorge vor einer **Bilharziose**-Infektion (S. 337).

Traumhaft klares Wasser und weite Sandstrände

Der Malawisee liegt in einer tiefen Spalte des Rift Valleys

Bild links: Cafébesuch in Lichinga, Oben: In Metangula ziehen die Fischer ihre riesigen Netze gemeinsam an Land

PROVINZ NIASSA — NIASSASEE

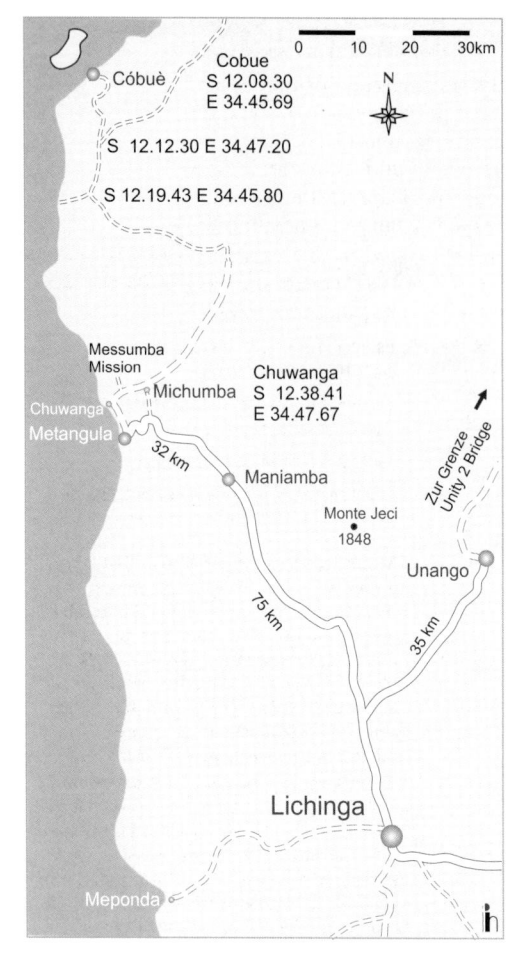

Map labels:
- Cóbuè / Cobue S 12.08.30 E 34.45.69
- S 12.12.30 E 34.47.20
- S 12.19.43 E 34.45.80
- Messumba Mission
- Michumba
- Chuwanga S 12.38.41 E 34.47.67
- Chuwanga
- Metangula
- 32 km
- Maniamba
- Monte Jeci 1848
- Zur Grenze Unity 2 Bridge
- Unango
- 75 km
- 35 km
- Lichinga
- Meponda
- 0 10 20 30 km — N

Eine Gewissheit, in bilharziosefreien Strand zu schwimmen, kann Ihnen im Grunde niemand geben, aber es existieren zahlreiche Untersuchungen, die darauf hinweisen, dass die Nordufer des Sees stärker infiziert sind als der Süden. Es heißt, einsame Strände, möglichst mit felsigem Ufer ohne Schilf und nicht in unmittelbarer Nähe zu Fischerdörfern, bieten eine gute Chance, bilharziosefrei zu sein.

Wer entdeckte wirklich den See?

Heute weiß man, dass sich David Livingstone gern seiner großartigen Entdeckungen gerühmt hat. Manchmal scheint er der Legendenbildung auch etwas nachgeholfen zu haben. So ist es zumindest fraglich, ob er tatsächlich als erster Weißer die Viktoriafälle des Sambesi entdeckte. Noch zweifelhafter ist seine Behauptung, der erste Europäer am Malawisee/Lago Niassa gewesen zu sein. Ein wohlhabender Reisender namens Gaspar Bocarra erblickte bei einer Reise ins Hinterland offensichtlich schon 250 Jahre vor dem britischen Missionar den riesigen Binnensee. Die Afrikakarte von de Lisle aus dem Jahr 1722 zeigt bereits einen See „Maravi" und 1727 taucht der See schließlich genau positioniert auf der Karte von Jean Baptiste d'Anville auf – er war also schon spätestens seit dem frühen 18. Jh. bekannt. David Livingstone wandte sich 1859 dem Rio Chire und dem Niassasee erst zu, als sich die Cahora Bassa Stromschnellen des Sambesi als nicht schiffbar erwiesen hatten. Man kann davon ausgehen, dass er zu diesem Zeitpunkt längst Kenntnis von dem großen See hatte, zumal ihm auch die Karten vorlagen. In Tete traf er vor seiner Expedition den portugiesischen Händler Cardoso, der 1846 selbst an den See gereist war und Livingstone freimütig Informationen gab, ja sogar eine Karte zeichnete. Später verleugnete David Livingstone, je mit Cardoso gesprochen zu haben und behauptete gar, der Portugiese sei nie am See gewesen. Livingstone war sicher kein Mann, der sich persönlich bereichern wollte, doch strebte er fast verbissen nach Ruhm und Ehre. Zum Mittel des Zwecks könnte er es deshalb manchmal mit der Wahrheit nicht ganz so genau genommen zu haben.

Schon gewusst?
Unsichtbare Massenlager: 100 000 Termiten teilen sich einen Quadratmeter Fläche

Half David Livingstone der Legendenbildung bewusst nach?

METANGULA

Fahrtstrecke: Von Lichinga nach Cóbuè

Auf guter Teerstraße geht es über die stark abgeholzte Hochebene des Planalto de Lichinga in nördliche Richtung. Autos begegnet man wenigen, dafür um so zahlreicher Radfahrern. Wie in Reih' und Glied stehen die Lehmhäuser in den großen, sauberen Dörfern links und rechts der Straße. Erst rund 60 km nach Lichinga beginnen wieder die dichten Miombowälder der Hochebene. Innerhalb eines 50-70-km-Radius' um die Stadt sind die Wälder bereits dem Kahlschlag zum Opfer gefallen. Nach 75 km Fahrt erreicht man Maniamba. Ab hier schlängelt sich die Straße vom 1400 m hohen Plateau kurvenreich zum 900 m tiefer gelegenen See hinab. Es geht durch einsame, dichte Wälder, von Zeit zu Zeit springen Paviane über die Straße. Besonders spektakulär sind die letzten Kilometer, in denen die Straße mit grandiosen Ausblicken auf den See steil und kurvig die trockenen Berge verlässt. Schon von Weitem erkennt man die auf einem kleinen Hügel liegende Kaserne mit Hafen und Schule. Die Wohnhäuser schließen sich am seichten Uferstreifen an, zwischen Baobabs, Papayastauden und üppigen Mangobäumen.

In **Metangula**, der Distrikthauptstadt und größten Ortschaft am mosambikanischen Seeufer, findet kommerzieller Fischfang statt. Die Ortschaft hat eine lange, düstere Geschichte als bedeutendster Sklavenumschlagsplatz des Ostufers: In Nkhotakota an der gegenüberliegenden malawischen Küste wurden alljährlich Zehntausende Sklaven zusammengetrieben und mit Segelbooten nach Metangula transportiert. Von hier ging es in endlosen Karawanen weiter zu den Häfen am Indischen Ozean.

Lichinga – Cóbuè

Gesamtstrecke: 217 km

Fahrzeit: ca. 1,5 Std. bis Metangula weitere 3-4 Std. bis Cóbuè

Zustand: 107 km Teerstraße bis Metangula, danach beschwerliche Allradstrecke

Tankstellen: bisher nur in Lichinga

Besonderheit: ab Chuwanga extrem einsam

• **Mbuna Bay Retreat:** Tel. 825367781, www.mbunabay.ch. Das engagierte Resort unter schweizerischer Leitung liegt 15 km südlich von Metangula direkt am See und bietet hübsche hölzerne Strandchalets (VP 105 €/DZpP, 135 €/EZ) und Bush Bungalows (VP 82 €/DZpP, 105 €/EZ). Transfers, Dhau-Fahrten, Schnorcheln im See, Dorfbesuche und schöne Spaziergänge sind möglich.

• **Complexo Turistico do Senhor Katawala** (auch Complexo Cetuka genannt): Einfache Strandanlage in Chuwanga mit Bar/Restaurant, kleinen Hütten und Campinggelegenheit (keine Duschen). Übernachtung in den einfachen Hütten am Strand kostet 9 €/DZpP und 14 €/EZ, Camping auf dem offenen Gelände am Strand 5 € pP.

Von Metangula führt die Piste nun am Ufer entlang nach Norden. Dafür ist nicht viel Platz zwischen Seeufer und den steil aufragenden Bergen. 5 km nördlich von Metangula (Richtung Mechumua ausgeschildert) liegt das Fischerdorf **Chuwanga** mit einem breiten, feinen Sandstrand (GPS S 12.38.41 O 34.47.67). Höchstens an Wochenenden ist an diesem idyllischen Strand etwas los, dabei hat Chuwanga das, was andere als Geheimtipp bewerten: Einen unberührten gelben Sandstrand, klares Wasser, ein gastfreundliches Dorf zwischen bizarren Baobabs, eine entspannte Atmosphäre und eine kleine, etwas nachlässige Ferienanlage mit Bar. Wer dagegen eine hochwertige Unterkunft mit Restaurant und gutem Service zum Entspannen und Träumen sucht, sollte das neue Mbuna Bay Retreat aufsuchen, das 15 km südlich von Metangula liegt.

Die Fotos auf S. 312 zeigen die Abfahrt nach Metangula und den Strandkomplex in Chuwanga

PROVINZ NIASSA — NIASSASEE

Rauchsäulen über dem See

Wer sich am Lago Niassa aufhält, kann gelegentlich eine Art riesige Rauchsäule über dem Wasser beobachten. Es handelt sich hierbei um Myriaden von **Seefliegen** (Chaoborus), die eine faszinierende biologische Funktion erfüllen. Bevor sie zu Fliegen heranreifen, halten sie sich monatelang als Larven unter Wasser auf. Dort sind sie ein schmackhafter Leckerbissen für große Fische. Um den gefräßigen Fischen zu entgehen, bleiben die Larven tagsüber 250 m tief in den sauerstoffarmen Regionen des Sees. Nachts tauchen sie auf und fressen in etwa 50 m Tiefe tierisches Plankton.

Die Seefliegen treten nur im nördlichen Teil des Sees auf. Wenn der Wind ungünstig steht, werden ganze Wolken der Fliegen an Land getrieben. Abermillionen von winzigen Fliegen schwirren dann durch die Luft und dringen überall ein, selbst durch Moskitonetze. Die Fliegen sind harmlos und solche Invasionen spielen sich auch nur selten ab. Sie sind sogar äußerst nahrhaft: In Cóbuè heißen sie Nkanga und werden zu Fladen verarbeitet.

Die 105 km lange Weiterfahrt nach Cóbuè ist eine Allradstrecke. In Chuwanga wendet sich die Uferstraße vom See ab ins Hinterland. Nach 2 km liegt in Sichtweite links auf einem Hügel die einst bedeutendste anglikanische Kirche Nordmosambiks. Die kurze, steinige Zufahrt führt mitten durchs Dorf zur **Missão de Messumba**.

1882 tauchten die ersten Missionare und Priester der anglikanischen Kirche im Norden Mosambiks auf und rasch entwickelte sich Messumba zur zentralen Missionsstation. Neben einer mächtigen Kirche errichteten sie eine weithin bekannte Schule und ein namhaftes Krankenhaus. Mit der Unabhängigkeit des Landes wurde die Missionstätigkeit zurückgedrängt. Schule und Hospital wurden geschlossen, die Gebäude verfielen. Einzig die imposante Kirche ist noch in Betrieb.

NIASSASEE

Bambus schleppen für nur einen Euro
Die Bambuswälder an der Straße nach Cóbuè sind ein gefragtes Gut in Malawi. Frauen und Männer aus dem armen Cóbuè laufen frühmorgens stundenlang die Piste ins Hinterland, wo sie mit Haumessern die extrem harten Bambusrohre hacken. Mehrere solcher bis zu 5 m langen Bambusstangen bündelt jeder zu einem festen Paket zusammen, das die geübten Läufer auf dem Kopf nach Hause transportieren. Per Einbaum werden die Stangen dann auf die malawische Insel Likoma gebracht. Für diesen Knochenjob verdienen die Mosambikaner dort umgerechnet einen Euro pro „Bundle", also pro verschnürtem Paket.

7 km östlich von Chuwanga gerät man an eine Weggabelung, an der man nach rechts zur Straße nach Lichinga zurückkehren kann. Geradeaus geht es auf relativ breiter Piste durch eine besonders malerische Gegend. Abenteuerliche Brücken über zahlreiche kleine Zuflüsse in den See wechseln sich mit pittoresken Nyanja-Dörfern ab. Die Menschen sind ausgesprochen fröhlich und aufgeschlossen, winken dem Durchreisenden lachend zu und drängen sich begeistert vor die Kamera, wenn man fotografieren möchte. Sie bemalen ihre Lehmhäuser mit Verzierungen, Ornamenten und Alltagsszenen, wie der Krokodiljagd und dem Hirsestampfen. Die Häuser stehen zum Schutz gegen Regenwasser auf kleinen Lehmsockeln und sind sauber verputzt. Anhand von Zierpflanzen werden Vorgärten abgesteckt und säuberlich gefegt. Zwischen den Wohnhäusern wachsen Papaya und Mangobäume. Nach etwa 30 km hören die hübschen Dörfer schlagartig auf und die Piste wird schmäler. Man durchfährt nun ein sehr einsames Waldgebiet, wobei der Weg einen 900 m hohen Bergrücken erklimmt. Die Auffahrt ist reichlich ausgewaschen, doch auf dem Höhenzug, wenn der Weg einen deutlichen Knick nach Westen macht, geht die Fahrspur wieder in eine gut befahrbare, sandige und sehr schmale Waldpiste über. Bei KM 75 ab Chuwanga mündet von links ein Feldweg in die Piste (GPS S 12.19.43 O 34.45.80). Hier bitte geradeaus weiterfahren. Kurz danach erreichen wir die erste kleine Ansiedlung seit ungefähr 40 km. Ab jetzt tauchen von Zeit zu Zeit immer wieder kleine Dörfer im ansonsten dichten Wald auf, der nur hin und wieder von offenen Graslichtungen – sog. Dambos – durchsetzt ist. In der Ferne sind Berge auszumachen. Nach 90 km Fahrt ab Chuwanga steht man wieder an einer Gabelung (GPS S 12.12.30 O 34.47.20). Die linke Fahrspur führt nach Cóbuè wird jetzt zur Tortur. Auf diesen letzten 15 km sind mehrere Höhenzüge zu überbrücken und 16 steinige Furten zu bewältigen. Spätestens hier wird jedem klar, wie gering Cóbuès Bedeutung heute eingeschätzt wird. Die holperige Strecke über Steine, felsige Abhänge und durch Bambusstauden ist eine echte Herausforderung für Fahrzeug und Fahrer.

Schon gewusst?
Wussten Sie schon, was "Niassa-Schnee" ist? Das sind die Seefliegen am Niassasee (siehe links)

Info: Es ist derzeit wegen fehlender Brücken nicht möglich, über diese Strecke zur neuen Grenzbrücke Unity Two nach Tansania zu fahren!

Foto links: Blick auf Metangula, den größten Ort am mosambikanischen Seeufer

Insel-Abstecher von Cóbuè: Likoma Island

Likoma und Chizumulu, die kleine Schwesterinsel, liegen im Norden des Malawisees etwa auf der Höhe von Chinteche, dem mosambikanischen Ufer direkt vorgelagert. Dass sie dennoch zu Malawi zählen, liegt an der britischen Missionstätigkeit, die auf Likoma bereits 1885 begann.

Likoma Island ist mit 17 km² nur etwa 3 x 8 km groß, überwiegend flach und sehr trocken, da sie wenig Regen erhält. Der spärliche Bewuchs wurde abgeholzt und verfeuert, nur die vielen eindrucksvollen Baobabs blieben erhalten und die neu gepflanzten Mangobäume. Likoma hat viele schöne Strände und Buchten, wie z. B. die Jofuh-Bucht, in der es allerdings noch Krokodile gibt.

Das imposanteste Gebäude der Insel ist die gigantische neugotische **St. Peter's Kathedrale**, die von 1903 bis 1905 mit 100 m Länge und 25 m Breite gleich groß wie die Winchester-Kathedrale in England gebaut wurde. Der Überlieferung nach wurde das Kruzifix über dem Altar aus dem Holz jenes Baumes geschnitzt, unter dem David Livingstones Herz nach seinem Tod in den Bangweulusümpfen begraben worden war. Das mächtige Backsteingebäude mit den herrlichen Glasfenstern wurde in den 1980er Jahren renoviert und zählt zu den beeindruckendsten Bauwerken Malawis.

Eine unruhige Missionsgeschichte
Bischof Mackenzie von der Universities Mission war der erste Missionar, der dem Ruf Dr. Livingstones nach Zentralafrika folgte. Nach dem traurigen Ende seiner Missionsreise hielt sich die Mutterkirche lange Zeit aus Afrikas Geschicken heraus und schickte erst 1885 wieder Missionare an den See, die ihre Basis aufgrund der schlechten Erfahrungen mit Sklavenhandel, Stammesfehden und Malaria auf der kleinen Likoma-Insel errichteten. Den ersten beiden Gefahren gingen sie damit aus dem Weg, doch unter der Malaria litten sie hier noch stärker als alle anderen Missionen Nyasalands. In Durchschnitt starb jeder dritte Missionar in Likoma an der verheerenden Krankheit. Erst 1889 erhielt die Mission Unterstützung durch einen Arzt, und 1901 wurde ein kleines Hospital gegründet. Bei den Insulanern war ein starker Aberglaube lebendig, dem die frommen Missionare lange Zeit nur wenig entgegensetzen konnten. Vor den Augen der Missionare wurden einmal drei Frauen wegen Hexerei bei lebendigem Leib verbrannt. An jener Stelle erbauten die Missionare ab 1903 die pompöse Kathedrale. Nach einigen Jahrzehnten waren schließlich doch alle Inselbewohner zum Christentum bekehrt worden (so viele waren es ja auch nicht). Damit hatte die Mission die höchste Christianisierungsrate Afrikas erreicht!

Anreise von Cóbuè
Zwischen Likoma und Cóbuè herrscht reger Einbaum- und unregelmäßiger Bootsverkehr.

Anreise von Malawi
Schiffsanreise: Die Ilala steuert auf ihrer Rundreise über den Malawisee fahrplanmäßig samstags und dienstags die Insel an (S. 354). Außerdem bestehen gelegentlich Motorbootverbindungen nach Nkhata Bay (ca. 4 Stunden Fahrt).
Fluganreise: Nyassa Air Taxi (www.nyassa.mw) und Ulendo Airlink (www.flyulendo.com) fliegen regelmäßig zwischen Lilongwe und Likoma. Touristen, die af diesem Weg von Malawi nach Mosambik einreisen möchten, sollten sich das Mosambik-Visum schon vorab in Lilongwe oder Blantyre besorgen, das dann beim Immigration in Cóbuè abgestempelt wird.

Unterkünfte
• **Kaya Mawa**: Tel. 0999-318360, www.kayamawa.com. Die romantische Luxuslodge schmiegt sich zwischen zwei malerischen kleinen Sandbuchten auf eine Felszunge und bietet idyllische Chalets, in denen man die Zeit vergessen kann, traumhafte Gelegenheit zum Schnorcheln, Tauchen und Segeln und eine exquisite Küche. Preise: All-Inclusive ab 260 €/DZpP und 340 €/EZ.
• **Mango Drift**: Tel. 0999-746122, E-mail: mailmangodrift@gmail.com, www.mangodrift.weebly.com. ie legere Backpackerlodge mit Bar/Restaurant liegt in einer hübschen Bucht. Chalets kosten 12-28 €/DZpP und 20-47 €/EZ, Dormitory 7 € pP und Camping 5 € pP.
• **Ulisa Bay Lodge**: Chris Stevens, Tel. 01-223126, www.nyasalodges.com. 2012 soll hier eine neue Chaletanlage eröffnen und preisgleich wie in Nkhotakota angeboten werden.
An der mosambikanischen Küste liegt die nur per Boot erreichbare **Mchenga Nkwichi** Lodge mit Chalets mit VP für 200 €/DZpP und 255 €/EZ. Info: www.mandawilderness.org.

Cóbuè

Zwei Dinge prägen und überragen Cóbuè: die Ruine der Kirche und die nur 10 km vor der Küste liegende malawische Insel Likoma. Die abgelegene Ortschaft entpuppt sich als kleine Dorfgemeinschaft auf einer schmalen Landzunge. Nur wenige gemauerte Häuser sind auszumachen neben der mächtigen Kirche. Von dem Gotteshaus und dem anschließenden ehemaligen Kollegium stehen nur mehr die Außenmauern. Die Schulräume dienten der Frelimo in Kriegszeiten als Unterschlupf und Kaserne, und ihre direkte Umgebung war damals vermint worden. Auch wenn ein Minenräumkommando Cóbuè offiziell gesäubert hat, ist anzuraten, sich rund um die eingefallenen Schulmauern nur vorsichtig fortzubewegen.

Cóbuè bietet wirklich nicht viel; selbst wohlwollend ausgedrückt ist hier „der Hund begraben". Die beschwerliche Anreise lohnt sich eigentlich nur für leidenschaftliche Afrikafahrer, die von hier aus die Insel Likoma besuchen wollen oder ein **Faible für Kuriositäten kolonialer Vergangenheit** haben (siehe links). Unterkunft finden Unerschrockene nur in den einfachen Resthouses. Ein Polizist hat hier für Recht und Ordnung zu sorgen, er ist zugleich der örtliche Immigration-Beamte. Die Ankunft von Fremden wird in der Regel als willkommene Abwechslung freudig begrüßt.

Cóbuè wird praktisch von Likoma Island aus versorgt, denn mit der Insel herrscht reger Handel. Wenn es gelingt, ein Boot zu organisieren, kann man zur malawischen Insel übersetzen; im Einbaum dauert das etwa eine Stunde. Ein Tagesbesuch wird Touristen auf beiden Seiten – in Cóbuè wie auch auf Likoma – gestattet, ohne Visapflicht und Einreiseformalitäten. Wer allerdings von Likoma über Cóbuè nach Mosambik einreisen möchte, muss sich sowohl beim Dorfpolizisten melden als auch später in Lichinga den Pass im Büro der Migração abstempeln lassen. Man sollte vor einer solchen Unternehmung jedoch bedenken, wie schwierig es sein dürfte, den weiteren Transport aus Cóbuè zu organisieren.

Oben: Die Ruine der katholischen Kirche von Cóbuè, im Hintergrund die Insel Likoma

Sporadisch fahren Boote zwischen Likoma und Metangula, die unterwegs auch in Cóbuè anlanden. Doch die Fahrt dauert zwei Tage und kann kaum vorab organisiert werden

Manda Wilderness

Rund 15 km südlich von Cóbuè haben am Strand von Mchenga Nkwichi zwei Briten ein Gemeindeprojekt auf die Beine gestellt und aus Naturmaterialien ein idyllisches Luxuscamp errichtet. Herrlicher Strand und ein uralter Baobab bilden die Kulisse der **Nkwichi Lodge**. Besucher können hier Kanufahren, Wandern und Touren ins Hinterland unternehmen.

Die einzige Zufahrt ab Cóbuè gilt als mehr oder weniger unbefahrbar; deshalb werden die Gäste meistens in Cóbuè per Boot abgeholt.

Preise: All-Inclusive 240 €/DZpP und 300 €/EZ, manchmal gibt es günstigere Preisangebote.
www.mandawilderness.org.

Fotos links: Abfahrt nach Metangula; Strandkomplex in Chuwanga

Fahrtstrecke: Von Lichinga nach Tansania

Die etwa 340 km lange Gesamtstrecke zwischen Lichinga und Songea lässt sich in rund 8-10 Stunden bewältigen

Seit 2009 existiert ein neuer Grenzübergang zwischen Mosambik und Tansania. Die Rovumabrücke wurde im Juli 2009 eingeweiht, doch zu diesem Zeitpunkt waren noch nicht einmal die Grenzbehörden vollständig installiert. Inzwischen lassen sich alle Formalitäten beider Länder direkt am Rovuma erledigen, inklusive Carnet-Abstempeln für Fahrzeuge. Einreisende Touristen erhalten hier auch die Mosambik-Visa. Es gibt aber keine Versicherungsagenturen, Banken oder ATM, auch keine Versorgungsmöglichkeiten unterwegs. Es besteht überhaupt sehr wenig motorisierter Grenzverkehr; von Lichinga fahren nur sporadisch Chapas zur neuen Grenze.

Man fährt von Lichinga auf der Teerstraße zunächst 19 km in Richtung Metangula und dann beim Abzweig weitere 35 km nach **Unango**. Hier endet der Teerbelag und es geht jetzt weiter auf einer neu konzipierten Schotterstraße, die ein irländisches Entwicklungshilfeprojekt finanzierte. Ältere Landkarten sind daher alle falsch. Die neue Straße führt die ersten 70 km durch viele neu angesiedelte Dörfer, ehe es einsam wird. Nach rund 140 km mündet von rechts die Piste aus Mazoco ein, und nach insg. 211 km hat man die **neue Grenze "Unity Two"** am Ufer des Rovuma erreicht.

Eine neue Brücke überspannt den Rovuma

Am Nordufer des Rovuma liegen nahe Mitomoni die tansanischen Grenzgebäude. Nach zügiger Einreise führt eine gepflegte schmale Schotterpiste in Richtung Songea, die nach 124 km auf die Teerstraße zwischen Peramiho und Songea trifft. Von hier liegt Songea mit der ersten Tankstelle seit Lichinga noch 18 km entfernt.

CUAMBA

Fahrtstrecke: Von Mandimba nach Cuamba

Die Strecke umfährt in einem Nordbogen das sumpfige Gelände der Lagoa Amaramba. Kurz nach Congerenge überquert man den Rio Lugenda, der dem Niassa Wildreservat später die schönsten Landschaftsszenen beschert, hier aber noch unscheinbar wirkt. Danach kreuzt die Bahnlinie zwischen Cuamba und Lichinga immer wieder die EN 8, ansonsten bleibt die Fahrt eher eintönig.

Mandimba – Cuamba
Gesamtstrecke: 160 km
Fahrzeit: ca. 3-5 Std.
Zustand: Erdstraße
Tankstellen: Mandimba und Cuamba
Besonderheit: bei Regen unpassierbar

Cuamba

Das mediterrane Kolonialstädtchen mit dem früheren Namen "Novo Freixo" liegt seit jeher an der Kreuzung wichtiger Fernstrecken und Handelswege. Mit dem Ausbau der Bahnverbindung zwischen Blantyre und Nacala nahm die Bedeutung der Kleinstadt noch mehr zu. Heute herrscht hier mehr Geschäftigkeit und Trubel als in der Provinzhauptstadt Lichinga. Eine Bankfiliale mit ATM-Schalter, die Post und das Telefonamt liegen an der Hauptstraße. Die Polizei ist unter Tel. 27162662 zu erreichen, das Krankenhaus unter Tel. 27162533. Das schönste Gebäude Cuambas ist der herrlich gekachelte Bahnhof.

- **Hotel Vision 2000:** Tel. 27162632, Fax 27162713. Großes sprödes Hotel mit Gartenrestaurant in der Hauptstraße. Zimmer ab 60 €/Nacht.
- **Pensão São Miguel:** Tel. 27162152. Restaurant mit Casitas (23 €/Nacht), zentral beim Frelimo-Denkmal gelegen. Not-Camping im Hof möglich.
- **Quinta Timbwa:** Tel. 826920250. Kleine Anlage südöstlich des Airports mit klimatisierten Chalets (42 €/Nacht), Zimmern (ab 22 €/Nacht), Campinggelegenheit und Restaurant.

Weiterreise mit öffentlichen Verkehrsmitteln

Zahlreiche Chapas fahren zwischen Cuamba und Nampula (11 €) sowie via Mandimba nach Lichinga (ca. 12 €). Der zentrale Halteplatz liegt sich am Mercado am südlichen Ortsausgang; Chapas halten auch am Bahnhof. Wer nach Gurué reisen möchte, fährt mit dem Zug bis Mutuáli und dort per Chapa weiter. Infos zur reizvollen Bahnverbindung nach Nampula und Nacala: s. S. 260.

Weiterreise für Autofahrer

- Piste nach Marrupa: s. S. 316.
- Direktverbindung nach Gurué: s. S. 254.
- Streckenbeschreibung nach Nampula: S. 262.
- **Ausreise nach Malawi:** Am westlichen Stadtrand von Cuamba zweigt die EN 225 ab. Nach 59 km biegt man am unbeschilderten 90°-Abzweig nach rechts. Die schmale Piste verläuft direkt neben der Bahnlinie ins 15 km entfernte **Entrelagos**, wo die Grenzabwicklung im Bahnhofsgebäude erfolgt. 2 km weiter liegt ein Police Check Point, 1 km dahinter die Malawi-Grenze Nayuchi (keine Bank/bisher kein Mosambik-Visum bei Einreise erhältlich).

Schmugglerparadies Chilwasee

Südlich des Grenzübergangs Entrelagos-Nayuchi, dort wo die Provinz Niassa an Zambézia und Malawi angrenzt, liegt in einem sumpfigen, flachen Gelände der nur wenige Meter tiefe malawische Chilwasee. Sein östliches Schilfufer bildet teilweise exakt die Landesgrenze. Wege und feste Ansiedlungen gibt es kaum in diesem Feuchtgebiet. Der perfekte Ort für blühenden Schwarzmarkthandel! In Booten bringen malawische Händler begehrte Waren, wie Eisenteile, Fahrräder, Zement, Zucker und Bierbüchsen, unbemerkt über den See und verkaufen sie in Mosambik mit satten Gewinnen. Anschließend kaufen sie von den mosambikanischen Bauern Mais, für den sie in Malawi gute Preise erzielen. Die Behörden schauen dem illegalen Treiben hilflos zu.

PROVINZ NIASSA — DURCHS HINTERLAND

Fahrtstrecke: Von Lichinga nach Marrupa

Noch vor wenigen Jahren war diese Straße eine zeitraubende, schwierige Allradstrecke. Doch seit das Lichinga-Montepuez-Projekt einen modernen Ausbau der Ost-West-Verbindung in Nordmosambik zum Ziel hat, hat sich einiges getan. Zwischen Lichinga und Marrupa verläuft seit 2006 eine ausgezeichnete Asphaltstraße. Die weitere Strecke von Marrupa bis Montepuez, wo man auf die Teerstraße nach Pemba trifft, hätte inzwischen ebenfalls fertig sein sollen, aber da muss irgend etwas schief gelaufen sein. Erste Baumaßnahmen haben stattgefunden, wurden dann aber wieder eingestellt und so fehlt auf der Trasse Lichinga - Pemba weiterhin ein entscheidendes Teilstück, das noch als schlechte Allradpiste befahren werden muss.

Lichinga – Marrupa

Gesamtstrecke: 318 km
Fahrzeit: 4-5 Stunden
Zustand: gute Asphaltstraße
Tankstellen: ungesichert in Majune (Rio Luambala)
Besonderheit: überwiegend einsame Fahrt

Von Lichinga verläuft die Straße zunächst auf einem Höhenzug, wodurch sich nach Süden weite Ausblicke über die Tiefebene bis zu den fernen Bergen bieten. Bei KM 31 zweigt die Straße nach Muemba ab. Früher ließen ab hier die dichte Besiedlung und die starke Abholzung der Wälder nach. Doch durch den Straßenbau sind viele neue Dörfer entstanden. Das **Panorama** ist trotzdem atemberaubend; mit jeder Kurve öffnen sich neue Ausblicke auf die Bergwälder. Nach etwa 70 km beginnt der Abstieg vom Planalto de Lichinga in die Tiefebene auf rund 600 Höhenmeter. Die Menschen in den armseligen Dörfern sind freundlich, zurückhaltend und sie halten als Nutztiere Nilgänse und Helmperlhühner; Vögel, die sonst frei leben. Hier ist man in eine immer noch wildreiche Gegend geraten. Von den Elefanten, Hyänen und Löwen bekommt man in der Regel nichts mit. Die Dorfbewohner könnten aber viel von den gefährlichen Wildtieren erzählen, die nachts durch die Dörfer ziehen.

An der Gabelung bei KM 102 zweigt eine Piste nach Nova Viseu und Mataca ab, das an der Westgrenze des Niassa Reservats liegt. Seit die zerstörten Brücken wieder repariert wurden, kann man hier theoretisch in den Park gelangen.

120 km nach Lichinga erreichen Sie den **Rio Luambala**, der früher das größte Hindernis der Strecke ausmachte, weil die Brücke zerstört war und die steinige Furt nur in der Trockenzeit befahrbar war. Inzwischen gibt es eine neue Brücke und am Südufer auch eine Tankstelle, die allerdings häufig "trocken" liegt.

Oben: Eingeschränkte Einkaufsmöglichkeiten auf dem Lande; Schöne Fahrt durch die Berge.

MARRUPA

Beiderseits des Rio Luambala erstreckt sich das Dorf **Majune** und wird von einer Bilderbuchlandschaft mit eigenwilligen Kegelbergen umrahmt. 8 km weiter liegt Malanga, ein großes Dorf mit riesigen Mangobäumen (GPS S 13.28.15 O 36.08.14).

Majune

Die Straße führt nun strikt nach Osten. Bei Gesamtkilometer 149 überspannt eine Steinbrücke den Rio Lugenda (GPS S 13.28.80 O 36.18.19). Anschließend wird die Gegend wieder sehr einsam. Die kleinen Makua-Ansiedlungen liegen jetzt oft 20-30 km voneinander entfernt. Kleine Aussichtshügel mit Schattendächern über den Feldern dienen als Wachtürme gegen Wildtiere. Die dichten Buschwälder sind fast eintönig zu nennen. Erste Tsetsefliegen tauchen auf. Bei KM 182 liegt rechts eine Abzweigung zur EN 248 zwischen Marrupa (270 km) und Cuamba (ca. 245 km).

Rio Lugenda, der schönste Fluss im hohen Norden

Die wenigen **Dorfdurchfahrten** werden zur Begegnung mit einer anderen Welt. Viele der älteren Makuafrauen sind am Oberkörper voller Schmucknarben und Tätowierungen, einige wenige tragen auch Nasenringe und sie alle besitzen nur zerlumpte Kleidungsstücke. Schuhe trägt in diesen Dörfern kaum jemand. Die Menschen leben hier offensichtlich vergessen vom Rest der Welt, ohne Anschluss an moderne Einrichtungen, wie Krankenstationen, Schulen und Supermärkte. Ihre Lehmhütten umgeben die Makua manchmal mit Palisadenzäunen. Nur selten sieht man eine kleine Kirche; in größeren Dörfern gibt es manchmal einen Fußballplatz und hängt die rote Frelimo-Fahne in der Dorfmitte.

Unvergessliche Begegnungen, die auch nachdenklich machen

Wie lange diese augenscheinliche Rückständigkeit noch erhalten bleibt, wenn Dank der neuen Asphaltstraße Lkws vorbeidüsen werden und die Isolation aufbrechen, vermag niemand vorauszusehen. Der Wandel ist absehbar und von der benachteiligten Bevölkerung sicherlich ersehnt. Es ist recht interessant zu erfahren, dass im Zusammenhang mit diesem Straßenprojekt u. a. 73 Wohnhäuser, 84 "Barracas", 150 Mangobäume, zwei Brunnen und drei Schulen ermittelt wurden, die dem Straßenbau zum Opfer fielen und entsprechend vergütet bzw. wieder aufgebaut werden müssten. Allein für diese sog. "Vergütung entlang der Straße" sind etwa 300 000 Euro anvisiert worden.

Armselige Dörfer entlang der einsamen Strecke

Auch die restliche Strecke bis Marrupa bleibt einsam und ereignislos. Flüchtende Paviane und gelegentliche Elefanten-Warnschilder lockern die Fahrt ein wenig auf. Dann zieht die Straße kaum spürbar einen langen Höhenzug hinauf, die Besiedlung nimmt wieder zu und bei KM 318 ist schließlich das Ziel erreicht (Beschreibung S. 316).

Endspurt nach Marrupa

Marrupa liegt an einer wichtigen **Straßenkreuzung**. Nach Norden führt von hier eine gute Piste in das Niassa Reserve (S. 317). Die 218 km lange Straße nach Südosten über Balama in die Stadt Montepuez ist in schlechtem Zustand (S. 299). Sie soll zwar schon seit Jahren ausgebaut werden, bisher dauert die mühselige Fahrt auf der schlechten Piste mit ihren vielen Holzbrücken aber noch viele Stunden. Zu guter Letzt führt von Marrupa auch noch eine schnelle Schotterstraße voller Wellblechschäden über die verlassene Maua Mission mit ihrem imposanten Kirchenbau nach Cuamba (siehe S. 313).

Verkehrsknoten Marrupa

PROVINZ NIASSA — MARRUPA

Marrupa

Seiner leicht erhöhten Lage auf einem 800 m hohen Plateau verdankt Marrupa eine gute Rundumaussicht. Die Kleinstadt zeigt trotz der offenkundigen wirtschaftlichen Bedeutungslosigkeit noch den Charme eines früheren Kolonialstädtchens. Dem allmählichen Verfall preisgegebene Villen umrahmen die großzügige Praça, deren elektrische Straßenbeleuchtung noch zu funktionieren scheint. Der kleine Markt ist Marrupas größte Sehenswürdigkeit: Hier werden die wenigen Produkte, die Marrupa nach langer Anreise erreichen, feilgeboten. Die Käuferschaft ist arm, das verraten schon die „Packungsgrößen": Speiseöl wird in Kleinmengen in verknoteten Plastiktüten verkauft, außerdem winzige Eier, ein paar Tomaten, Zwiebeln und Maniokwurzeln (Cassava). Die Auswahl ist sehr bescheiden.

Eine bedeutsame Neuigkeit hat Marrupa seit 2011 zu bieten: Es gibt jetzt etwa 1 km westlich der Ortschaft, an der Straße nach Lichinga, eine Tankstelle. Bis dato wurde Benzin in Marrupa ebenfalls auf dem Markt verkauft, in 0,3 l Flaschen (siehe Bild oben). Außerdem besteht seit 2009 die Möglichkeit, in Marrupa zu nächtigen.

- **Camping Quinta Manlia:** Tel. 828542679, 827961116. GPS S 13.11.787 O 37.30.77. Etwa 1 km außerhalb des Ortes errichtet der freundliche Besitzer Americo Jorge eine Anlage mit Camping, einfachen kleinen Hütten und einer Bar, in der bei Bedarf auch Essen serviert wird. Die ersten beiden Hütten sind fertiggestellt. An der Abzweigung nach Montepuez ist die Zufahrt nach rechts beschildert. Camping kostet ca. 4 € pP.

Schon gewusst?
Wissenschaftliche Erkenntnis 2005: Singvögel können bis zu 2000 Melodien erlernen

Oben: Fremde erregen auf dem Markt von Marrupa viel Aufsehen. Interessant sind die kleinen Verpackungseinheiten an den Verkaufsständen

RESERVA DO NIASSA

Fahrtstrecke: Von Marrupa zum Niassa Reservat

Sobald man Marrupa nach Norden verlässt, steigt die Piste wieder in die Tiefebene ab. Starke Auswaschungen an den vielen Steigungen und Neigungen zwangen jahrelang zu sehr langsamer Fahrt, doch seit 2002 wird die Piste regelmäßig gewartet und repariert. Landschaftlich ist es hier recht ansprechend. Die vielen kleinen Dörfer entlang des Weges machen die Fahrt kurzweilig. Darüber hinaus schlängelt sich die Piste nach gut 30 km durch eine attraktive Berglandschaft, in der einzelne massive **Felsendome** aufragen. Nach der Kleinstadt Namliche bei KM 46 öffnet sich die Landschaft etwas. Die Straße verliert ständig an Höhe. Ferne Granitkuppen und glatte, bizarre Felsen ragen aus der ansonsten eher flachen Umgebung heraus.

Dann taucht irgendwann die erste Elefantenlosung am Wegesrand auf. Und nach 100 km steht man vor dem breiten Rio Lugenda: Träge umspült der Fluss flache Sandbänke, überall im Flussbett sind Elefantenspuren. Eine intakte **400 m lange Brücke** überspannt den anmutigen Fluss. Auf der gegenüberliegenden Seite markiert das grüne Schild „**Reserva do Niassa**" den Beginn des Schutzreservats. Das kleine Scoutcamp Mboko Camp, wo alle Besucher registriert werden, liegt an der Brücke. Flussaufwärts werden in der direkten Umgebung der Brücke noch einzelne Landminen vermutet, flussabwärts gilt die Umgebung laut Aussage der Wildhüter als unbedenklich.

Der Pistenzustand bleibt auch im Reservat gut, denn für die Instandhaltung der Wege zeichnet sich der TUSK-Trust verantwortlich. Die Sandpiste führt durch Trockenbuschwald. Es ist erhöhte Vorsicht geboten, denn man nähert sich immer wieder Dörfern, die innerhalb des Reservats von Elektrozäunen umschlossen sind. Bei schneller Fahrt bemerkt man die über der Piste herabhängenden Drähte nicht und klatscht mit der Windschutzscheibe dagegen (siehe auch S. 64 und S. 319). Leider hat die Besiedlung des Parks in diesem Bereich stark zugenommen. Nach rund 27 km erreicht man eine Gabelung, die nach links zum Maputo Camp der Wildhüter und dem Hauptquartier der Parkverwaltung in Mbatamila führt; geradeaus geht es hier nach Mecula.

Marrupa – Niassa Wildreservat

Gesamtstrecke: 142 km bis Mecula
Fahrzeit: etwa 3 Stunden
Zustand: gute Erdstraße
Tankstellen: nur in Marrupa
Besonderheit: sehr malerisch

Bilder oben:
Parkgrenze des Niassa Wildreservats am Nordufer des Rio Lugenda.

"Die Jungs von der Tankstelle": Spritverkäufer in Marrupa. Insgesamt können sie 5 l Benzin anbieten.

PROVINZ NIASSA — RESERVA DO NIASSA

Niassa Reserve

Im nördlichsten Winkel Mosambiks liegt ein Wildschutzgebiet, das seit einigen Jahren in aller Munde ist, als man entdeckte, dass hier Tausende Wildtiere den langen Bürgerkrieg unbeschadet überstanden hatten. Seither sprechen viele vom Niassa Reservat als einem der letzten unbekannten Geheimnisse Afrikas.

Allgemeines
LUWIRE (Lugenda Wildlife Reserve) managt die Pufferzone

Der Park liegt in einem 35 000 km² großen Waldgebiet zwischen den Flüssen Rovuma, Lugenda und Lusanhando eingebettet und grenzt im Norden direkt an Tansania. Wie eine Art Pufferzone umschließen Jagdgebiete das Schutzreservat. Die Region ist äußerst spärlich besiedelt.

Das Reservat steht unter der Verwaltung des kenianischen TUSK-Trust, dessen Hauptsitz und Verwaltungszentrum im Reservat beim Maputo Camp liegt. An mehreren Punkten entlang der Parkgrenzen wurden Scouts stationiert, die vor allem illegale Wilderei verhindern sollen. Auch die **elektrische Umzäunung der Dörfer** geht auf die Initiative des TUSK-Trust zurück.

Historische Entwicklung

Oben: Felsendome auf der Zufahrt zum Reservat

Das unwegsame Gebiet zwischen Rio Rovuma und Rio Lugenda im äußersten Norden der Kolonie wurde in den 1960er Jahren als Schutzgebiet ausgewiesen. Diese Entscheidung fiel damals nicht schwer, interessierte sich doch niemand für die abgelegene Gegend, in der die Tsetsefliegen wüteten und eine landwirtschaftliche Nutzung des riesigen Naturraums unmöglich schien. Dem Schutz der Elefanten und Spitzmaulnashörner sollte das Reservat dienen, zumindest auf dem Papier, denn sonst passierte nicht viel. In den 1970er und 80er Jahren geriet der Tierschutzgedanke angesichts des

MECULA

Bürgerkriegs sowieso in der Hintergrund. Die Wilderei nahm in erschreckendem Maße zu, marodierende und hungernde Soldaten bedienten sich ebenfalls der Wildtiere wie in einem Supermarkt. Lange Zeit war vollkommen unbekannt, in welchem Zustand sich das Reservat befand und wie es um die Wildtiere stand. Nach dem Ende des Bürgerkriegs zeigte sich, dass die Nashörner ausgerottet waren. Anderen Tierarten jedoch, insbesondere bis zu **12 000 Elefanten**, hatten die Kriegsjahre fast unbeschadet überstanden. Vermutlich haben die geografische Abgeschiedenheit und die unangenehmen Tsetsefliegen viel zum Erhalt des Tierbestands beigetragen.

Erstaunlich viele Wildtiere hatten den langen Krieg unversehrt überstanden

Voller Enthusiasmus über diesen unerwarteten Tierreichtum engagierten sich mehrere private Investoren für das Niassa Reservat. Der kenianische TUSK-Trust erhielt den Zuschlag zum Aufbau einer vernünftigen Infrastruktur und Verwaltung des Parks. Nach Osten vergrößerte Mosambik das Schutzgebiet sogar um den gesamten Bereich bis an den Lugenda, der als das Jagdgebiet „**Zona Tambala**" bekannt war. Somit liegen auch Mecula und Gomba sowie einige weitere Dörfer inmitten des Reservats. Schätzungsweise 14 000 Makua siedeln hier. Die Parkverwaltung hat mit der Regierung ein Programm entworfen, wonach die Menschen nicht weichen müssen, die Wildtiere in ihrer Überzahl aber auch nicht eingesperrt werden. Statt dessen wurden die Dörfer mit Elektrozäunen umschlossen. Das Ziel heißt, den Menschen eine Lebensgrundlage in Nachbarschaft mit den Tieren zu ermöglichen. Der Tourismus spielt bei diesem Gedanken keine Rolle. Die zunehmende Wilderei und illegale Abholzung lassen ahnen, wie schwer die Umsetzung der Pläne sind. 77 Elefanten wurden hier 2011 gewildert.

Der Park wird vergrößert

Elektrozäune umschließen die Dörfer

Ein Besuch in Mecula

Die Kleinstadt zu Füßen eines hufeisenförmigen Bergmassivs ist die größte Ortschaft im Reservat. Hier befinden sich eine Fluglandebahn und die einzige Schule, Verwaltung und Krankenstation der ganzen Region. Der großzügige viereckige Hauptplatz, die Praça, hat eine elektrische Straßenbeleuchtung, die immer noch funktioniert. Inzwischen wurde sogar eine Tankstelle gebaut, sie befindet sich ca. 1 km vor dem Ort.

Von Mecula führt eine Stichstraße weiter nach Gomba am Rio Rovuma (100 km). Von dort geht es allerdings nur noch zu Fuß oder per Boot weiter, weil Elefanten die ehemalige Piste nach Negomano, die durch ein Sumpfgelände führte, zertrampelt haben.

Alternativ besteht die Möglichkeit, auf nicht in Mosambik-Landkarten verzeichneten Wegen am Südufer des Rio Lugenda entlang zum Rio Luambeze und nach Cabo Delgado (Mueda oder Montepuez/Pemba) weiterzufahren. Diese extrem einsame Allradpiste ist eine Herausforderung mit Expeditionscharakter. Interessierte finden genaue Wegbeschreibungen und GPS-Angaben auf der GPS-Daten-CD für Mosambik (siehe S. 353, 373 und hintere Umschlaginnenseite).

PROVINZ NIASSA — RESERVA DO NIASSA

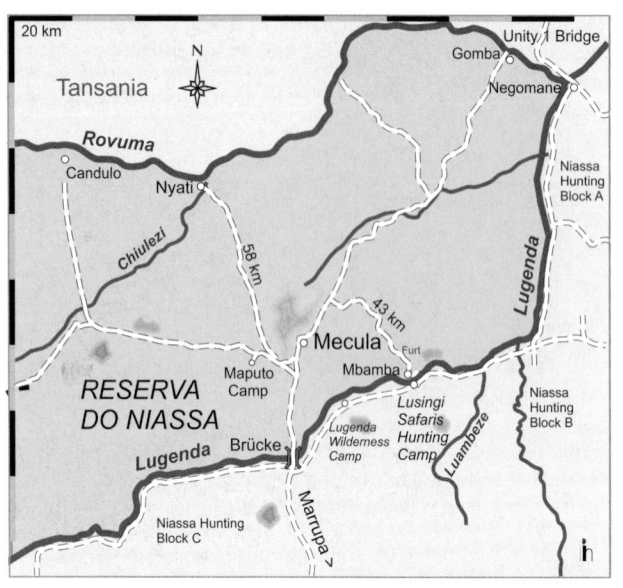

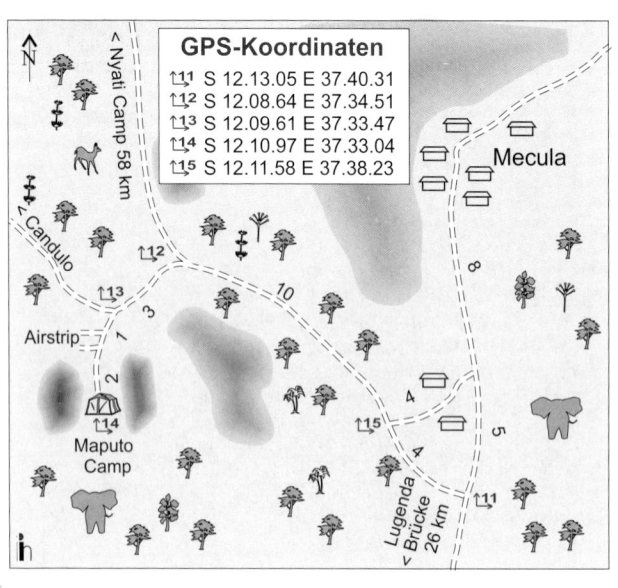

GPS-Koordinaten
- ⛺1 S 12.13.05 E 37.40.31
- ⛺2 S 12.08.64 E 37.34.51
- ⛺3 S 12.09.61 E 37.33.47
- ⛺4 S 12.10.97 E 37.33.04
- ⛺5 S 12.11.58 E 37.38.23

Verdrehte Welt:
Umzäunte Dörfer im Niassa Reservat

Mehrere Großdörfer mit je bis zu über 1000 Menschen liegen entlang der Straße nach Mecula und Gomba. Um die Menschen, vor allem aber ihre bestellten Felder, gegen marodierende Dickhäuter zu schützen, hat man sie kurzerhand eingezäunt. Mit mehreren Kilometern Durchmesser umschließen unauffällige Elektrozäune die Dorfgemeinschaften. Die Kabel befinden sich in Überkopfhöhe, aber tief genug, um von den Elefanten berührt zu werden. Unglaubliche 680 000 Volt Strom sind auf diesen Zäunen geladen! Dieser Stromstoß reicht nach Aussage der Parkverwaltung gerade dazu aus, einem Elefanten den Besuch des Dorfes zu verleiden, verletzt ihn aber nicht. Das Modell, die Menschen einzuzäunen, während sich die Tierwelt frei bewegen kann, wurde zuerst in Zimbabwe erfolgreich getestet. Auch hier sollte diese Methode ein faires Miteinander von Menschen und Tieren gewährleisten, doch leider wurden viele der Elektrokabel zu illegalen Tierfallen völlig zweckentfremdet. Das ist natürlich auch keine Lösung.

RESERVA DO NIASSA

Anreisevarianten und Wege im Park

Einzige offizielle Zufahrt zum Niassa Reservat ist die Straße ab Marrupa. Von Osten, von Mueda und Negomano, besteht keine Möglichkeit, mit einem Fahrzeug in den Park zu gelangen, weil der Lugenda wegen fehlender Brücken nicht mehr überquert werden kann. Es besteht dagegen die Möglichkeit, südlich des Reservats auf Sandpisten durch einsame Jagdgebiete nach Mueda oder Montepuez zu fahren. Diese anspruchsvollen Allradstrecken durch Konzessionsgebiete sind auf der Mosambik-DPS-Daten-CD beschrieben. Es handelt sich dabei nicht um öffentliche Straßen. Die Durchfahrt wird erlaubt, (Wild-)Camping aber nicht.

Im Reservat: Das Nyati Scoutcamp an der Mündung des Rio Chiulezi in den Rovuma ist über eine 58 km lange Stichstraße erreichbar (2-3 Std. Fahrt). Der breite Grenzfluss nach Tansania ist von dichtem Uferwald umsäumt. Für Tierbeobachtungen eignet sich das Gebiet daher weniger als die offenere Vagetation am Lugenda.

Natur & Tierwelt

Zwischen 8000 und 10 000 Elefanten zählt der Reservat heute, wobei die Schätzungen stark schwanken, weil sich die Tiere über ganz Nordmosambik frei bewegen können. Trotzdem begegnet der Reisende den Elefanten viel seltener, als diese Zahlen vermuten lassen, denn die Tiere wurden jahrzehntelang bejagt und sind den Menschen gegenüber sehr scheu geworden. Auch die Bestandszahlen anderer Tierarten unterliegen derzeit nur Schätzungen. So sollen 5000 Ducker in den dichten Wäldern leben, außerdem noch mindestens 2000 Büffel und 3000 Zebras. Flusspferde kommen im Lugenda und Rovuma selten vor, weil sie besonders stark gewildert wurden. Krokodile sind dagegen zahlreich. Kudus, Impalas, Elen- und Rappenantilopen sind mit stabilen Populationen vertreten. Eine regionale Besonderheit sind die seltenen **Niassa-Gnus**. Unter den Jägern sind Löwen, Leoparden, Afrikanische Wildhunde und Hyänen zu nennen. Bemerkenswert artenreich ist die Vogelwelt mit rund 450 registrierten Spezies. Im östlichen Teil des Schutzgebietes, der früheren Zona Tambala entlang dem Rio Lugenda, halten sich meistens mehr Tiere auf als im dichten Buschwald in den westlichen Parkanteilen.

Die einst zahlreichen Spitzmaulnashörner gelten schon lange als ausgerottet. Trotz der Anwesenheit des TUSK-Trusts ist die Elefantenwilderei noch immer ein Problem, denn annähernd 50 000 Menschen leben im Park. Die weiten Waldgebiete sind mit einer Handvoll nicht motorisierter Wildhüter kaum zu kontrollieren.

Das Reservat ist dicht mit **Trockenbuschwäldern** bewachsen, die die Sicht erschweren. Die Oberflächengestalt ist überwiegend flach bei Höhenlagen um 300 m. Außer dem markanten halbkreisförmigen Berg, an den sich Mecula schmiegt, ragen nur wenige Granitkuppen aus dem Wald. Sumpfige Abschnitte mit dichtem Bambusbewuchs findet man an der Straße zum Nyati Camp. Die offene Flusslandschaft des Rio Lugenda mit den eigenwilligen Kegelbergen im Hintergrund ist unserer Ansicht nach der landschaftliche **Höhepunkt von Niassa**. Ein Nachteil ist, dass die Flüsse Lugenda und Rovuma nur mühselig erreicht werden können und Wege für Pirschfahrten entlang dieser Gewässer fehlen. Man sollte die Erwartungen bezüglich der Tiersichtungen in diesem Park deshalb besser nicht zu hoch schrauben.

> **Schon gewusst?**
> In Negomano, an der Mündung des Lugenda in den Rovuma, erinnert eine Gedenktafel an Dr. Livingstone, der auf seiner "Zambezia"-Forschungsreise bis hierher gelangt war

Oben: Niassa Reserve, Rio Lugenda
Bild links: Die 400 m lange Brücke am Lugenda auf der Zufahrt nach Mecula

PROVINZ NIASSA — RESERVA DO NIASSA

Oben: Eine imposante Kulisse: Die Zufahrt zum Niassa Reserve ist ein visueller Hochgenuss

Unterkunft: Bush Camping oder Luxus im Lugenda Wilderness Camp

Reisenden wird manchmal gestattet, im Maputo Camp, dem Wildhütercamp, ein Zelt zu mieten oder dort zu campieren. Alternativ besteht Campinggelegenheit auf einem kleinen Plateau in Campnähe, dort allerdings ohne Wasser. Offiziell ist der Eintritt in das Reservat frei und vielfach wird auch für Camping nichts berechnet, für ein Mietzelt ca. 8 € pP. Wir haben aber auch vereinzelte Lesermeldungen erhalten, die von Gebühren in Höhe von 25 US$ pro Person, Fahrzeug und pro Tag berichten. Im südlich angrenzenden 7200 km² großen Lugenda Wildlife Reserve liegen das Luwire Hunting Camp und das Lugenda Wilderness Camp von Rani Africa.

• **Lugenda Wilderness Camp:** Tel. 21301618, www.raniafrica.com, www.raniresorts.com. Acht Luxuszelte am Ostufer des Lugenda, in eine schöne Uferwaldszenerie eingebettet, mit bizarren Buckelbergen im Hintergrund. Sehr edel ausgestattet mit gediegenem Mobilar, Swimmingpool und eleganten Bädern. Preise: All-Inclusive ab 370 €/DZpP und 370 €/EZ. Von Dezember bis April wird die elitäre Lodge, die kaum einen Wunsch offen lässt, stets geschlossen.

Die wenigen Touristen, die derzeit auf eigene Faust in das Reservat fahren, werden freundlich empfangen. Die Scouts zeigen bereitwillig Übernachtungsplätze, können aber nicht mit Wasser, Lebensmitteln oder Treibstoff dienen. Der Fremde ist also ganz auf sich selbst gestellt und sollte diese Tour mit Expeditionsausstattung angehen.

WERTVOLLE REISEINFORMATIONEN

PLANUNG VOR DER REISE
Klima S. 324, Reisezeit S. 325, Reiseart / Verkehrsmittel: Mietwagen S. 327, Motorrad/Fahrrad S. 330, Öffentliche Verkehrsmittel S. 330, Europäische Reiseveranstalter und örtliche Reiseanbieter S. 331, Unterkünfte: Hotel, Pension oder Camping S. 332, Reiseroutenplanung S. 333, Reisen mit Kindern S. 334, Frauen allein unterwegs S. 334, Touristen-Informationsstellen S. 334, Ausrüstung: Dokumente, Kleidung, Sonstiges S. 335

GESUNDHEITSVORSORGE
Malaria und andere tropische Krankheiten S. 336, Schlangenbisse S. 339, Wie man auf Reisen gesund bleibt S. 340, Notfall-Vorsorge S. 341, Reiseapotheke S. 341, Tropeninstitute S. 341

RUND UMS GELD
Reisekosten und Preisgefüge S. 342, Landeswährung, Devisen und Zahlungsmittel S. 343, Geldwechsel in Mosambik S. 344, Handeln: die Kunst des Feilschens S. 345

WICHTIGE HINWEISE UND ADRESSEN
Einreisebestimmungen S. 346, Diplomatische Vertretungen S. 347
Gefahren auf Reisen – die persönliche Sicherheit S. 348

ANREISE NACH MOSAMBIK
Internationale Flugverbindungen S. 350, Anreise auf dem Landweg S. 351
Öffnungszeiten der Grenzübergänge S. 352
Anreise per Mietwagen S. 353, Anreise auf dem Seeweg S. 354

TRANSPORT VOR ORT
Inlandflugnetz S. 355, Bahn, Bus und Mietwagen S. 355

REISETIPPS FÜR DEN ALLTAG IN AFRIKA
Begegnung mit den Menschen S. 356, Sprachliche Verständigung & Glossar S. 358, Die kulinarische Versorgung & Buschküche S. 360, Tipps & Infos für Autofahrer S. 364, Wie gefährlich sind die Landminen in Mosambik? S. 369, Auf Safari: Wie verhält man sich in der Wildnis? Begegnung mit Wildtieren S. 370, Mosambiks Strände im Direktvergleich S. 371

INFORMATIONEN VON A BIS Z   372
Ärzte & Apotheken, Airporttax, Betteln, Camping & Wildcamping, Eintrittspreise der Nationalparks, Feiertage, Ferienzeiten, Fotografieren, GPS-Daten, Grenzen, Hotels, Internet, Kleidung, Kulturelles Leben, Landkarten, Mahlzeiten, Maße & Gewichte, Notruf, Öffnungszeiten, Post, Preise, Sicherheit & Gefahren, Souvenirs, Strände, Stromversorgung, Tauchen, Taxi, Telefon, Toiletten & Sanitäreinrichtungen, Touristeninformation, Trampen, Trinkgeld, Wasser, Wassersport, Zeitungen, Zeitverschiebung & Tageslicht, Zoll

LITERATURVERZEICHNIS   378

INDEX   379

EIN OFFENES WORT   384

> Zentral- und Nordmosambik sind phantastische Regionen für leidenschaftliche Afrikafans, die möglichst über Reiseerfahrung in untouristischen Gebieten verfügen und mit einem Fahrzeug unterwegs sind. Die Besonderheit solch authentischer Regionen birgt allerdings auch Risiken: Vieles ist nicht planbar, die Menschen sind auf Touristen und ihre Bedürfnisse kaum eingestellt und bei Pannen und anderen Hindernissen sind Flexibilität, Sportsgeist und Spontaneität gefordert.

PLANUNG VOR DER REISE

Klima

Mosambiks Klima ist rand- bis subtropisch geprägt. Es wird in der Hauptsache von der Luftzirkulation des Indischen Ozeans beeinflusst und teilt sich jahreszeitlich in eine Trocken- und eine Regenzeit. Die heißeste und regenreichste Zeit liegt im ganzen Land zwischen Oktober und März, während die Monate von April bis September als kühlere Trockenzeit gelten. Besonders der Norden des Landes liegt im Monsunbereich und erhält zwischen Januar und März heftige Regenfälle. Durch die Nähe zum Äquator ist es in der nördlichen Hälfte von Mosambik ganzjährig warm. Nach Süden werden die Temperatur- und Feuchtigkeitsschwankungen ausgeprägter.

Während der Trockenzeit liegen die Tagestemperaturen in tiefliegenden Regionen bei angenehmen 23-27°C, in den Höhenlagen im Landesinneren etwas niedriger. Nachts frischt es vor allem in Südmosambik und in den Bergen des Hinterlands merklich ab. Während der Regenzeit erreichen die Tagestemperaturen etwa 28-34°C, in manchen Regionen, wie Tete, auch höhere Temperaturen. An der Küste weht meist eine erfrischende Brise, doch im Landesinneren kann sich die Luft regelrecht wie in einem Glutofen aufheizen. Die starken Monsunwinde vom Meer machen den Aufenthalt an der nördlichen Küste (z. B. bei Pemba) zwischen November und Februar recht ungemütlich.

Der meiste **Niederschlag** fällt zwischen Dezember/Januar und März. Die häufigsten Regenfälle gehen über Gurué, Milange und die Provinz Manica nieder; aber auch Lichinga und das Makondeplateau erhalten reichlich Niederschlag. Die trockensten Regionen liegen im Südwesten, an der Grenze zu Südafrika und dem südlichen Zimbabwe (Great Limpopo Transfrontier Park). Die allgemeine Luftfeuchtigkeit ist während der Regenzeit deutlich höher als in den trockenen Monaten.

Doch selbst während der regenreichsten Monate bedeutet die Regenzeit kein permanenter Dauerregen. Es kommt vielmehr örtlich zu heftigen, meist kurzen Wolkenbrüchen, häufig regnet es sich auch nachts ab. Dazwischen liegen immer wieder lange Sonnenscheinstunden und auch ganz sonnige Tage.

PLANUNG: REISEZEIT

Klimatabelle

Ort Höhenmeter	Maputo 44 m	Beira 16 m	im Vergleich: München 518 m
Januar Tagesmitteltemperatur Niederschlag	26,3° C 169 mm	27,4° C 250 mm	-0,4°C 53 mm
April Tagesmitteltemperatur Niederschlag	23,5° C 56 mm	25,5° C 132 mm	8,5°C 75 mm
Juli Tagesmitteltemperatur Niederschlag	18,8° C 18 mm	20,5° C 33 mm	18,8°C 125 mm
Oktober Tagesmitteltemperatur Niederschlag	22,5° C 63 mm	25,0° C 41 mm	10,0°C 60 mm
Niederschläge/Jahr	802 mm	1573 mm	920 mm
Regentage /Jahr	64	84	173
Jahresdurchschnitt	22,8°C	24,5°C	9,2°C

(durchschnittliche Mittelwerte)

Die Wahl der Reisezeit

• April bis August: "Der Südwinter"

Gemeinhin wird der Südwinter als beste Reisezeit für Mosambik genannt, insbesondere der Monat Mai. Das Klima ist beständig, freundlich und gut verträglich. Europäer aklimatisieren sich schnell in dieser Jahreszeit. Tagsüber genießt man einen klaren, wolkenarmen Himmel und angenehme Temperaturen, abends frischt es merklich ab. Ab Juni/Juli kann man problemlos die meisten Landesteile bereisen, die Verkehrswege sind nicht mehr beeinträchtigt. Von Ende Juni bis Ende Juli reisen zahlreiche Südafrikaner wegen der Schulferien an die Strände Südmosambiks.

• Ende August bis Oktober/November: „Der Frühsommer"

Das Ende der Trockenzeit kündigt sich mit einem Temperaturanstieg und starken Winden an. Die afrikanische Erde heizt sich in den Wochen vor dem ersten großen Regen auf, wodurch der Austrieb der Pflanzen beschleunigt wird. Hohe Tagestemperaturen bei niedriger Luftfeuchtigkeit sind jetzt typisch. Besonders empfehlenswert sind nun die Wildschutzgebiete, da sich das Wild um verbliebene Wasserstellen sammelt, ehe der Regen wieder üppige Wasserreserven bildet.

• November bis März: „Die sommerliche Regenzeit"

Im November setzt die Regenzeit ein – keineswegs plötzlich oder unvorhergesehen. Es beginnt mit nächtlichen Regenfällen, die sich häufen und immer länger andauern. Der Beginn einer Regenzeit bedeutet noch keine Einschränkungen für die Verkehrswege; erst mit zunehmendem Regen, wenn der Boden nicht mehr richtig abtrocknen kann, weichen die Wege so stark auf, dass sie unpassierbar werden. Dann aber kann es tatsächlich Tage dauern, bis eine Piste wieder befahrbar ist (vor allem im Norden des Landes). Dezember/Januar würden wir als Reisemonat wegen der Hitze und der südafrikanischen Ferien (teuer und voll) meiden.

PLANUNG: REISEZEIT

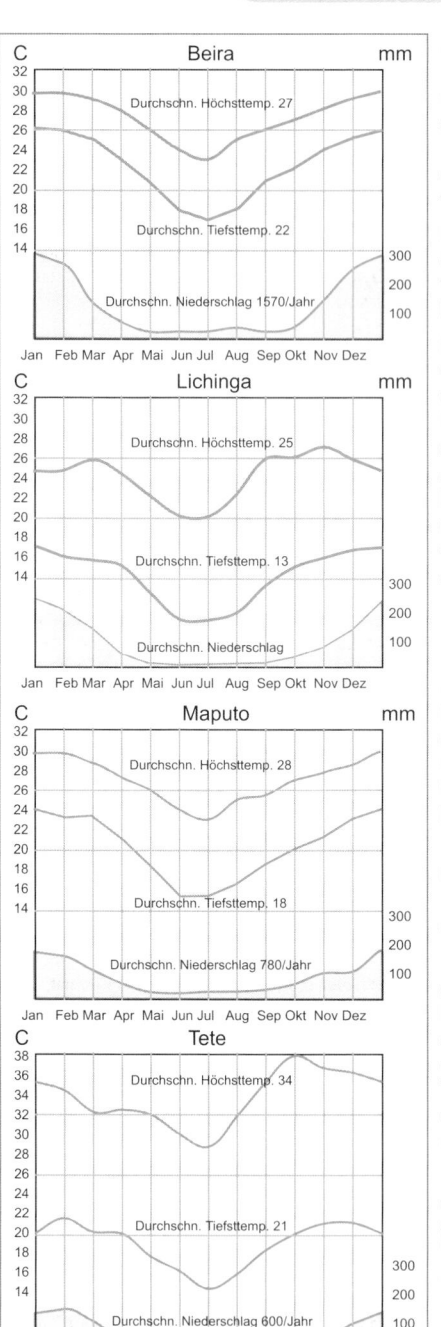

Die Küstenlinie Mosambiks erhält insgesamt weniger Regen als das Hinterland, weil die feuchten Wolken gerne rasch über die Küste hinweg ziehen und sich erst viel später, wenn sie auf die warmen Luftmassen über der Erde treffen, abregnen. Daher weist die Küstenlinie ein ozeanisches, das Hinterland aber ein kontinentales subtropisches Klima auf.

Die gesamte Küstenzone ist häufig sehr windig. Viele Strandlodges und -camps liegen deshalb geschützt hinter hohen Dünen oder Küstenbewuchs. Am wenigsten beeinträchtigt der Wind von April-August.

Nicht zu unterschätzen sind die **Meeresstürme** während der feuchten Monate. Schon ab Oktober setzen im Norden starke Dauerwinde ein, die den Aufenthalt an der Küste, wo man sich kaum gegen die feuchten Winde schützen kann, stark beeinträchtigen. Der Monat Februar bringt die Gefahr der **Zyklone**. Diese Wirbelstürme brauen sich auf dem offenen Ozean zusammen und fegen von Zeit zu Zeit über Madagaskar, die Komoren und die Küste von Mosambik hinweg. Zyklone treten besonders an der mittelmosambikanischen Küste auf, zwischen dem Rio Save und Quelimane.

Die letzten Jahre brachten auch regelmäßige massive Überschwemmungen nach Süd- und Mittelmosambik. Diese **Überflutungen** wurden durch starke Regenfälle im Inneren Afrikas ausgelöst, wodurch die Flüsse derart anstiegen, dass sie im mosambikanischen Flachland riesige Gebiete unter Wasser setzten (siehe auch S. 160). Mosambik gilt als das am drittstärksten von Wetterkatastrophen betroffene Land der Welt.

Hochsaison herrscht in Mosambik von Mitte Dezember bis Mitte Januar und im April, wenn die Südafrikaner Ferien haben und zu Hunderten an die schönen Strände ihres Nachbarlandes reisen (siehe unten).

Die **Wassertemperaturen** des Indischen Ozeans sind ganzjährig angenehm warm. In der kühleren Saison von Mai bis Oktober betragen die Meerestemperaturen zwischen 22 und 28° C; von November/Dezember bis April erreichen sie 28 bis 31° C. Darüber hinaus ist ein Temperaturunterschied deutlich wahrnehmbar zwischen den kühleren Stränden im Süden, wie Ponta do Ouro, und denen im tropischeren Nordmosambik.

Noch ein **Hinweis zur Reisezeit**: Während der südafrikanischen Ferien und an langen Wochenenden ist ganz Südmosambik touristisch überlaufen. Die absolute "Peak Season" ist etwa von 10.12.-10.01. eines Jahres (teuerste Preise), die "High Season" in den übrigen Ferienzeiten, d. H. von Ende März bis Anfang Mai, von Ende Juni bis Ende Juli und von Ende September bis Mitte Oktober. Meiden Sie diese Wochen im Süden!

PLANUNG: REISEART

Reiseart: Die Wahl des Verkehrsmittels

Ein offenes Wort vorab: **In Mosambik zu reisen, bedeutet fast immer, beschwerlich und wenig planbar unterwegs zu sein.** Während der Regenzeit wird das Vorwärtskommen sogar eingeschränkt. Wenig Verkehr, kaum Touristen, Sprachprobleme und eine Infrastruktur, die nach dem langen Krieg erst wieder im Aufbau begriffen ist – dies alles macht das Reisen in Mosambik **abenteuerlicher und spannender als anderswo**, ganz egal, ob man sich im Auto, mit öffentlichen Verkehrsmitteln oder gar per Fahrrad auf die Reise macht.

1) Eigenes Auto oder Mietwagen?

Die meisten Besucher Mosambiks – nämlich die Südafrikaner – reisen als Autotouristen ein. Sicherlich stellt das eigene Fahrzeug für alle Länder im südlichen Afrika die ideale Reiseart dar: Man ist unabhängig, kann auch die abgelegenen Gebiete besuchen und dabei viel mehr Gepäck und Proviant aufnehmen. Vor allem für Touren in den Norden des Landes und alle Routen im Hinterland ist das eigene Gefährt fast unumgänglich. Aber nur wenigen Besuchern bietet sich die Möglichkeit, im eigenen Fahrzeug das Land zu bereisen, in der Regel wird man wohl einen Mietwagen reservieren.

Allradfahrzeuge sind relativ teuer in der Anmietung. Vor der Entscheidung, einen normalen Pkw oder ein Allradfahrzeug zu mieten, sollte die Routenplanung stehen. Wer sich fast ausschließlich entlang der Küste aufhalten möchte, benötigt nicht unbedingt ein Allradfahrzeug. Aus unseren Routenbeschreibungen im Reiseteil wird ersichtlich, bei welchen Strecken Geländefahrzeuge notwendig oder zu empfehlen sind. Wer bereit ist, auf den einen oder anderen Strandabschnitt zu verzichten, nicht in die Nationalparks fährt (außer Gorongosa NP, der leicht erreichbar ist) und sich nur zwischen Maputo und Beira bzw. Tete aufhält, kommt auch mit dem deutlich günstigeren Pkw gut zurecht. Dagegen sind für Touren in die meisten Nationalparks und ins Niassa Wildreservat Allradfahrzeuge notwendig. Außerdem gibt ein vierradbetriebenes Fahrzeug ein sichereres Gefühl auf Pisten und Strandzufahrten, selbst wenn die Strecke auch mit einem normalen Pkw befahrbar wäre.

Die **Treibstoffversorgung** ist sehr unterschiedlich, verbessert sich aber von Jahr zu Jahr. Die Provinzhauptstädte und der Süden Mosambiks sind gut versorgt. Je weiter man nach Norden reist, um so spärlicher werden die Tankstellen. In Cabo Delgado bekommt man dann z. B. an manchen Tankstellen nur noch Sprit aus Kanistern, der häufig sogar mit Wasser verdünnt wurde. Bei den Routenbeschreibungen im Buch werden die Tankstellen und Straßenbedingungen explizit genannt. Für Touren ins Landesinnere sollte man auf jeden Fall ausreichend Benzinkanister mitnehmen, um stets auf Vorrat tanken zu können (siehe auch S. 364f, 367).

Leider zeigen die **Landkarten für Mosambik** einige Straßen, die nicht befahrbar sind. Zum Teil fehlen noch wichtige Brücken, die im Bürgerkrieg zerstört worden sind, oftmals ist der Straßenzustand so schlecht, dass man diese Wege nur extrem langsam passieren kann (max. 15 km/h). Andererseits werden inzwischen vielerorts im Land neue Fahrstraßen gebaut, die noch auf keiner der Landkarten verzeichnet sind. Die Karten in diesem Buch weichen deshalb vereinzelt von den erhältlichen Landkarten ab. Wo uns bekannt ist, dass Straßen definitiv nicht befahrbar sind, zeichnen wir sie auch nicht ein. Auf neue Straßen verweisen wir dafür im Reiseteil und ggf. auf unseren Karten.

Mietwagenanbieter: Im Zuge der neuen Möglichkeiten im Internet-Zeitalter organisieren viele Interessenten selbständig ein Fahrzeug in Afrika, was Vor- und Nachteile haben kann. Zwar ergattern findige Preisfüchse so manches Spezial-Mietwagenangebot zu Nebensaisonzeiten und haben viel Verhandlungsspielraum, wenn es um die längere Mietdauer, z. B. vier Wochen, geht. Aber mit der Selbstbuchung vor Ort steigt auch das Risiko, im etwaigen Schadensfall in Probleme zu geraten, vor allem bei kleineren, regionalen Unternehmen. Deshalb ist es dort besonders wichtig, auch das sog. Kleingedruckte genau zu vergleichen. Wer auf Nummer Sicher gehen möchte, reserviert bei einem heimischen Reiseveranstalter, von denen wir die auf der nächsten Seite genannten empfehlen können.

Sehr beliebt sind Allradfahrzeuge mit Dachzelten, wodurch man die teuren Übernachtungskosten in Hotels und Pensionen umgehen kann. Campingausrüstung, wie Kocher, Kühlbox, Stühle, Tisch und Geschirr, kann man i. d. R. dazu mieten. Allerdings sind solche Campingfahrzeuge bisher noch nicht in Mosambik buchbar.

PLANUNG: MIETWAGEN

Mietwagen-Anbieter in Deutschland:
- **Nature Trekking:** Armin & Petra Bischoff GbR, Hauptstraße 29, 73110 Hattenhofen. Tel. 07164-14261, Fax 909460. E-mail: service@nature-trekking.com; Internet: www.nature-trekking.com
- **Anja Ostermann:** Kleverstr. 67, 40477 Düsseldorf, Tel./Fax 0211-5143032. E-mail: xosterman@aol.com, Internet: www.suedafrika-spezialist.de
- **AVIS** (Tel. 01805-5577), **Hertz** (Tel. 01805-333535) und **Europcar** (Tel. 01805-252525) sind als internationale Verleihfirmen auch in Afrika vertreten. Infos erhält man über die genannten Telefonnummern in Deutschland oder direkt:
- **AVIS:** Zimmersmühlenweg 21, 61337 Oberursel. Tel. 01805-557755, Fax 217711, Internet: www.avis.de. Internationale Verleihfirma, auch in Botswana, Südafrika und Namibia vertreten.
- **Hertz:** Ginnheimer Str. 4, 65760 Eschborn, Tel. 01805-333535, Fax 06196-937289, Internet: www.hertz.com. Internationale Verleihfirma, auch im südlichen Afrika vertreten.
- **Europcar:** Postfach 620240, 22402 Hamburg, Tel. 01805-800000, Fax 040-52018613, Internet: www.europcar.de. Internationale Verleihfirma, auch im südlichen Afrika vertreten.

4x4-Camper-Anbieter in Südafrika:
- **Just done it:** 5 Hilton Way Hout Bay, Johannesburg, Südafrika. Tel. 0027-21- 7913904 , E-mail: info@4x4hire.co.za, Internet: www.4x4hire.co.za. Camper mit Lieferservice nach Mosambik.
- **Campers Corner Rentals:** P. O. Box 48191, Roosevelt Park 2129, Südafrika. Tel. 0027-11-7879105, Fax-Durchwahl 7892327. E-mail: campers@iafrica.com; Internet: www.campers.co.za
- **Britz Afrika:** P. O. Box 4300, Kempton Park, 1620, Johannesburg, Südafrika. Tel. 0027-11-3961860, Fax-Durchwahl 3961937. Email info@britz.co.za, Internet: www.britz.com

- **Bushlore:** P. O. Box 552, Randburg, SA. Tel. 0027-11-7925300, Fax 7923930, E-mail: info@bushlore.com, Internet: www.bushlore.com

Mietwagen-Anbieter in Mosambik
Maputo:
- **Avis:** www.avis.co.za. Am Flughafen : Tel. 21465497, Fax 21465493. Stadtbüro am Praça dos Trabalhadores, 51: Tel.424144, Fax 431990.
- **Hertz:** www.hertz.com und http://hertz-moz.info. Am Flughafen: Tel. 21465534, Fax 21326077. Stadtbüro: Av. 24 de Julho, 2006, Tel. 21303172. Stadtbüro im Hotel Polana: Tel.494982, Fax: 426009
- **Europcar:** www.europcar.co.mz. Am Flughafen: Tel. 21466182/21466163, Fax 21466163. Stadtbüro: Av. Julius Nyerere, 1418, Tel. 21497338, Fax: 21497334, E-mail: europcar@virconn.com.
- **Euro Rent Lda.:** www.eurorent.co.mz. Rua Kamba Simango, 358, Tel. 21485572, 823014519, E-mail: eurorent@eurorent.co.mz.
- **Interrent Car Rental:** www.interrent.co.mz. Am Flughafen: Tel. 21465250, Fax 21465250. Stadtbüro: Av. Mao Tse Tung 591/279, Tel. 21418878, E-mail: info@interrent.co.mz. Beira Airport: Tel. 23302650, Nampula Airport: Tel. 26216312, Pemba Airport: Tel. 27211822, Quelimane Airport: Tel. 24217281, Tete Airport Tel. 25220261.

Restliches Mosambik:
- **Moti Rent A Car:** Pemba Airport Tel. 27221687, Nampula Airport Tel. 26218687, E-mail: motimoz@teledata.mz.
- **Safi Rent A Car:** Pemba, Wimbe Beach, Tel. 826847770, E-mail: safirentals@gmail.com, www.pembarentacar.com
- **Apple Car Rental:** Beira Airport: Tel. 843400002, E-mail: applecarrentalbeira@hotmail.com. Tete Airport: Tel. 825010089, Chimoio: Shoprite, Tel.843400006, E-mail: applecarrentalchimoio@hotmail.com.

Preisbeispiele für Mietwagen
(Preise pro Tag in Euro inkl. unbegrenzten Frei-KM)

Fahrzeugtyp	Mietdauer 1-15 Tage	Mietdauer ab 22 Tage
Pkw ohne Allrad	ab 50 Euro	ab 38 Euro
Toyota Hilux	ab 90 Euro	ab 83 Euro
4x4 Camper	ab 135 Euro	ab 115 Euro

Die genannten Preisbeispiele beinhalten unbegrenzte Freikilometer sowie eine Vollkasko-, Unfall- und Diebstahlversicherung; bei den Allradcampern auch die Campingausrüstung. Selbstverständlich können Leihwagen auch zu einem niedrigeren Grundtarif mit KM-Abrechnung gemietet werden. Wegen der großen Entfernungen empfiehlt es sich aber in vielen Fällen, einen Vertrag ohne Kilometergeld abzuschließen.

PLANUNG: MIETWAGEN

Oben: Dieser Oldtimer in Mutarara hat sich schon lange nicht mehr bewegt...

Tipps und Infos: Worauf Mietwagenfahrer achten sollten

- **Mietvoraussetzungen**: Das Mindestalter beträgt je nach Mietwagenanbieter 21–25 Jahre. Voraussetzung sind der Nationale und ein Internationaler Führerschein sowie der Besitz einer Kreditkarte, mit der die Kaution hinterlegt wird.

- **Versicherungen**: Die Haftpflichtversicherung (Third Party Insurance) ist zwingend vorgeschrieben. Zusätzlich werden in der Regel eine Unfallversicherung (Personal Accident Insurance bzw. Seguro) und eine Diebstahlversicherung (Theft Protection) abgeschlossen. Außerdem wird eine Voll- oder Teilkaskoversicherung (Collision Damage Waiver) angeboten.

- **Fahrzeugausrüstung**: Der Mietwagen sollte unbedingt mit zwei Ersatzrädern und Ersatzbenzinkanistern ausgestattet sein. Ferner gehören folgende Gegenstände ins Auto: Wagenheber, Radmutterkreuz, reflektierende Sicherheitsweste, Elektrokompressor oder Handpumpe für die Reifen, Spaten, Starthilfekabel, Abschleppseil/Bergegurt, zwei Warndreiecke, Werkzeugkasten und Fahrzeughandbuch. Als Ersatzteile bzw. Betriebsmittel sollten ein Keilriemen, Bremsflüssigkeit, Motoröl und ggf. Schläuche mitgeführt werden.

- **Fahrzeugcheck bei Abholung**: Wagenheber, Allradantrieb, Kupplung und Bremsen auf ihre Funktionsfähigkeit prüfen; Bereifung des Fahrzeugs, Wasserstand, Batterie und Ölstand checken. Ggf. Campinggasflasche checken, ob sie gefüllt ist.

- **Bei Vertragsabschluss zu klären**: Wie verhält sich der Vermieter bei Pannen; inwieweit besteht ein Rückholservice; schließt die Versicherung irgendwelche Regionen/Gebiete aus und welche Schäden, z. B. an der Windschutzscheibe und den Reifen, sind abgedeckt? Lassen Sie sich für die Grenzüberschreitungen ein schriftliches Permitt Ihres Vermieters ausstellen!

- **Bei Vertragsabschluss schriftlich verankern**: Mögliche vorhandene Fahrzeugschäden, damit man nicht später dafür zur Verantwortung gezogen wird; die aktuelle Kilometerzahl; ggf. Einwegmieten; ggf. Permitt für Grenzübertritte und entsprechende Versicherungsunterlagen.

Bitte beachten Sie die Hinweise für alle Autofahrer, S. 364ff und für den Grenzübertritt mit Mietwagen, S. 353.

PLANUNG: REISEART

2) Öffentliche Verkehrsmittel

In Ländern, die ein niedriges Verkehrsaufkommen und nur wenige in Privatbesitz befindliche Autos haben, kommt dem preiswerten öffentlichen Verkehr eine besonders große Bedeutung zu. Mit öffentlichen Verkehrsmitteln reisen in Mosambik vor allem jüngere europäische Touristen und natürlich die Einheimischen. Südafrikanische Touristen sind meistens im eigenen Auto unterwegs. Man spart sich als "Backpacker" viele Kosten und Autosorgen, muss aber dafür andere Nachteile in Kauf nehmen: Längere Wartezeiten in der Mittagshitze, überfüllte Fahrzeuge, Reifenpannen auf einsamer Strecke oder eintönige Fahrten gehören in Afrika dazu.

Backpacker sollten sich nicht dazu verleiten lassen, sich die Reisebedingungen wie z. B. in Südostasien vorzustellen. Es ist oft schwierig oder gar nicht möglich, sich in Mosambik öffentlich von Strand zu Strand zu hangeln, weil etliche Strände und viele Resorts nicht an das öffentliche Verkehrsnetz angebunden sind und weil hier eine typische "Backpacker-Infrastruktur" fehlt. So reisen viele Backpacker dann von Stadt zu Stadt ohne die wirklich reizvollen Plätze zu erleben, denn Städte sind in Afrika nur selten schön und interessant. Im Vergleich mit einer Rucksackreise durch Südostasien wird Mosambik daher – wie viele Länder Afrikas – Backpacker fast zwangsläufig enttäuschen. So mancher Traveller hat das Gefühl, im nördlichen Mosambik eher einen täglichen Kampf zu bestehen als zu urlauben. Schnell wird diese Region dann subjektiv nur noch als vermüllt, verfallen und unattraktiv empfunden und entsprechend ablehnend beurteilt. Die Menschen der arabisch geprägten Küste reagieren tatsächlich mitunter weniger offen und freundlich auf Touristen, als die Dorfbewohner im Landesinneren. Auch liegt in den Küstenstädten oft mehr Unrat als im Hinterland. Viele Backpacker erhalten daher leider bedingt durch die Reiseroute und den Reisestil einen eher zwiespältigen Eindruck von Mosambik.

Per Bus: Die mosambikanischen Überlandbusse sind in der Regel hoffnungslos überfüllt, transportieren jede Menge Gepäck auf dem Dach und halten an vielen Stellen unterwegs. Teurer und komfortabler sind die Fernstrecken- und Expressbusse zwischen den Großstädten, die nur wenige Stopps einlegen und nur so viele Fahrgäste aufnehmen, wie Sitzplätze zur Verfügung stehen. Die Busse fahren nach regulären Fahrplänen.

Fernstreckenverbindungen innerhalb Mosambiks werden von den beiden größten Busunternehmen Oliveiras Transportes und TSL Busses angeboten, die sich in Routen, Preisen und Leistung recht ähnlich sind. Sie bedienen vor allem die südlichen und zentralen Landesteile zwischen Maputo, Tete, Chimoio und Beira.

Per Chapa: Sammeltaxis und Minibusse werden in Mosambik „Chapas" genannt und stellen das dichteste Verkehrsnetz des Landes. Sie fahren zu geringfügig höheren Preisen als Busse und ohne feste Routen und Zeiten. Die Fahrziele werden von den Kassierern an den Haltestellen ausgerufen. Man bezahlt einen Festpreis und quetscht sich auf die überfüllten Sitzbänke. Dabei kann es sich um Pkws, Minibusse oder auch Kleinlaster handeln. Fast immer sind sie heillos überfüllt und das Gepäck turmhoch auf dem Dach festgebunden. In großen Städten befahren Chapas auch das Stadtgebiet und die nähere Umgebung. Nördlich von Beira, wo nur noch wenige Busse verkehren, stellen diese privaten Fuhrunternehmen das wichtigste öffentliche Verkehrsmittel überhaupt dar. Die Verkehrssicherheit dieser Fahrzeuge ist meistens fragwürdiger als die der Fernstreckenbusse. Da manche Fahrer neben einem waghalsigen Fahrstil auch eine Neigung zum Alkoholkonsum auszeichnet, sollte man sich angewöhnen, möglichst nur vormittags mit Chapas unterwegs zu sein; vor allem aber nächtliche Fahrten zu meiden. Hat man die Wahl zwischen Bus oder Chapa, entscheidet man sich besser für den Bus. Er ist sicherer, bequemer, bietet mehr Fahrkomfort und einen halbwegs regulären Fahrplan.

Per Bahn: Die 350 km lange Panoramabahnstrecke von Cuamba nach Nampula gilt unter Bahn-Fans als empfehlenswerte Alternative zur Straße (S. 260). Bei Nachtfahrten sollte man eine Taschenlampe dabei haben, denn es gibt meistens kein Licht in den Waggons.

Per Anhalter: Weltweit besteht ein Sicherheitsrisiko, zu Fremden in ein Fahrzeug zu steigen, welches ansteigt, wenn man alleine reist, sich in einsamen Gegenden aufhält, die Landessprache nicht versteht oder der Fahrer alkoholisiert ist. Mosambikanische Nebenstraßen haben oft so wenig Verkehr, dass der Anhalter stundenlanges Warten einkalkulieren muss. Einheimische LKW-Fahrer nehmen in solchen Gebieten regelmäßig Passagiere auf; verlangen aber meistens die gleiche Gebühr für die Mitfahrgelegenheit, wie sie in einem Bus zu bezahlen wäre.

3) Motorrad & Fahrrad

Als überwiegend flaches Land mit geringem Verkehrsaufkommen ist Mosambik durchaus motor- und fahrradfreundlich, wären da nicht die halsbrecherisch fahrenden Lkws und Busse und die weiten Entfernungen. Auf Afrikas Straßen gilt das Recht des Stärkeren; der kleinere Verkehrsteilnehmer hat auszuweichen. Als Zweiradfahrer ist man da zwangsläufig immer an letzter Stelle. Die hohen Tagestemperaturen tun ihr übriges, besonders auf schwierigen Pisten, wo man nur mühsam voran kommt. Das sollte man nicht unterschätzen.

PLANUNG: REISEAGENTUR

4) Pauschal reisen mit einer Reiseagentur

Kategorien: P = Preiswert, M = Mittelklasse, L = Luxus

Europäische Reiseveranstalter

Aquarius Tauch- und Kulturreisen: Lange Gasse 18, 92224 Amberg, Tel. 09621-250991, Fax 250992. E-mail: kontakt@aquarius-dc.de. Tauchreisen in Mosambik M

Afrikareisen Eggestein: 37075 Göttingen, Tel./Fax 0551-3793750. E-mail: afrikareisen@hotmail.com www.unterwegsinafrika.de. Rundreisen   M

Jacana Tours GmbH: Willibaldstr. 27, 80689 München, Tel. 089-5808041, Fax 5808504, E-mail: info@jacana.de, www.jacana.de. Hochwertige Reisen   M, L

Spillmann Reisen: Bahnhofplatz, 74321 Bietigheim-Bissingen, Tel. 07142-97880, Fax 978897. E-mail: info@spillmann.de. Tauchreisen in Mosambik   M

African Special Tours: Gronauer Weg 31, 61118 Bad Vilbel, Tel. 06101-583053, Fax 583054, E-mail: info@ast-reisen.de

Livingstone Tours: Mühlwiesenstr. 3, 72555 Metzingen, Tel. 07123-920943, Fax 920944, E-mail: livingstone.tours@t-online.de, www.livingstone-tours.de   P

Karawane Reisen: PF 909, 71609 Ludwigsburg, Tel. 07141-28480, Fax 284825, www.karawane.de. Rundreisen   M, L

Outback Africa: Bahnhofstr. 31, 08645 Bad Elster, Tel. 037437-53880, Fax 538829, E-mail: info@ outbackafrica.de, www.outbackafrica.de. Rundreisen   M, L

Abendsonne Afrika: Zur unteren Mühle 1, 89290 Buch, Tel. 07343-929780, www.abendsonneafrika.de   M, L

Knecht Reisen: Rohrerstr. 100, 5001 Aarau, Schweiz, Tel. 0041-62-8347131, Fax 8347100, www.knecht-reisen.ch

Gebeco GmbH: Holzkoppelweg 19, D-24118 Kiel, Tel. 0431-54460, Fax 5446111, www.gebeco.de.   M,L

Windrose Fernreisen GmbH: 10675 Berlin, Tel. 030-2017210, Fax 030-20172117, E-mail: info@windrose.de, www.windrose.de   M, L

Diamir Erlebnisreisen: Loschwitzer Str. 58, 01309 Dresden, Tel. 0351-31 20 77, Fax 31 20 70, www.diamir.de

Dertour GmbH: Emil-von-Behring-Str. 6, 60439 Frankfurt, Tel. 069-958800, Fax 95881010, www.dertour.de

Lerneidee Erlebnisreisen: Eisenacher Straße 11, 10787 Berlin, Tel. 030-7860000, Fax 7865596, www.lernidee.de

Trails Reisen: Bahnhofstraße 27, 87435 Kempten, Tel. 08 31-1 53 59, Fax 1 28 51, www.trails-reisen.de   M,L

GEO Reisen GmbH: Alpenstraße 48, A-5020 Salzburg, Tel. 0043-662-63 9110, Fax 63911259, www.geo.at

Zingg Event Travel: Kirchgasse 2, CH-8907 Wettswil, , Tel. 0041-1-7092010, Fax 7092050, www.zinggsafaris.com

Veranstalter in Zimbabwe

Shamiso Tours: Dt. Leitung, preiswerte Campingsafaris und Rundreisen mit Unternehmenssitz in Zimbabwe, P.O.Box 1135, Marondera, Fax 00263-79-24468, www.shamisotours.com

Veranstalter in Südafrika

Mozambique Tours & Travel: Durban 4001, Südafrika, Tel. 0027-31-3032190, Fax 3032396, E-mail: mit@iafrica.com, www.mozambiquetravel.co.za.   P-L

Mozambique Connection: Johannesburg, Südafrika, Tel. 0027-11-8034185, Fax 8033861. E-mail: res@mozconcom. Internet: www.mozon.com. Spezialisiert auf Lodges & Trips in Mosambik; Kat. P-L

Drifters: P. O. Box 48434, Roosevelt Park 2129, Cape Town, South Africa. Tel. 0027-11-4861224, Fax 0027-11-4861237. E-mail: res@drifters.co.za. Mobile Campingsafaris; Kat. P, M

Karibu Safaris: Südafrika, Tel. 0027-31-5639774, Fax 5631957, Internet: www.karibu.co.za. Mobile Campingsafaris der Mittelklasse, Kat. M

The Mozambique Travel Centre: Südafrika, Johannesburg, Tel. 0027-11-7013756/6591766, E-mail: moztrav@mweb.co.za. Kat. P-L

Mozambique Travel Service: Tel. 0027-13-7512220, www.mozambiquetravelservice.com   Kat. P-L

Mozambique Tourism: Tel. 0027-11-8039206, Internet: www.mozambiquetourism.co.za. Kat. P-L

Veranstalter in Mosambik

Tropical Air Travel: Av. 24 de Julho 909, Tel. 21431006/21425078, Fax 21525082. Hier starten die Intercape Expressbusse nach Südafrika.

Novo Mundo: Rua da Sé im Rovuma Carlton Hotel, Tel. 21306202, Fax 21306206, E-mail: novomundo@tropical.co.mz.

Monomotapa Travel Agency: Av. Fernão de Magalhães 105. Tel. 21326427, Fax 21326424, E-mail: monomotapa_agency@tvcabo.com.

Kaskazini: Reiseagentur für Nordmosambik mit Sitz in Pemba, Tel. 823096990, www.kaskazini.com

Dana Agency: Av. Mao Tse Tung 729, Tel. 21495514/ 21491001, Fax 21494042, E-mail: info@danatours.net, www.danatours.com

PLANUNG: UNTERKUNFT

Die Unterkünfte: Hotel, Pension oder Camping

In Maputo und Feriendomizilen am Indischen Ozean, wie den Quirimbas, Bazaruto Islands und bei Inhambane, findet man eine breite Auswahl hochwertiger bis luxuriöser Hotelanlagen. Wer sich jedoch auf Rundreise durch das Landesinnere von Mosambik begibt, wird über kurz oder lang mit dem schwachen Angebot an Übernachtungsmöglichkeiten konfrontiert. Insgesamt sind die Preise für Unterkünfte eher hoch, wie Sie den Preisen im Reiseteil entnehmen können. Im Vergleich zu den Nachbarländern scheinen die Preise in Mosambik oft etwas überteuert.

Die Strandanlagen entlang der Küste sind zum großen Teil für südafrikanische Touristen ausgerichtet und werden oftmals auch von **Südafrikanern** geleitet. Der hygienische Standard und das Angebot für Gastronomie und Freizeit sind dort in der Regel besser als bei mosambikanischen Hotels oder Bungalows, dafür aber auch teurer.

Eine typische mosambikanische Unterkunft ist die **Pensão**. Diese kleinen Hotels in Privatbesitz, manchmal auch **Residencial** genannt, verfügen mitunter nur über Gemeinschaftsbäder und werden oftmals im Familienbetrieb geführt.

Auch Campingplätze sind mitunter teuer, zählen aber dennoch stets zum günstigsten Angebot. Campingplätze oder Bungalowanlagen zur Selbstversorgung, z. B. mit Küchen und Kühlschrank ausgestattet, heißen hier „**Complexo Turistico**" oder „**Campismo**". In vielen Anlagen werden "**Barracas**" angeboten, worunter man einen Unterstand versteht, der z. B. mit Stromanschluss, Licht, Sitzgelegenheit etc. ausgestattet wurde und dessen Benützung ein Zuschlag kostet.

Die regionalen Unterschiede: Im **Süden** ist das touristische Angebot breit mit einem dichten Netz an Unterkünften und Restaurants. Von Nachteil ist die deutliche Ausrichtung auf südafrikanische Urlauber, die traditionell in größeren Gruppen anreisen, Konvois bilden, gerne Wagenburgen bauen und vor allem Beach & Ozean im Sinn haben. Die Ferienanlagen, Chalets und Campingplätze sind meistens für solche größeren Reiseeinheiten konzipiert. Europäische Touristen kommen dagegen meistens nur zu zweit und sie reisen nicht in das südliche Afrika, um dort nur schöne Strände zu erleben. Die hohe pauschale Stellplatzgebühr auf Campingplätzen, die manche Resorts verlangen, ist für sie zu teuer, denn sie fällt auch bei nur zwei Personen an. Das gleiche gilt für ein Ferienhaus mit acht Betten, von denen die Europäer eben nur zwei benutzen. Wir versuchen daher, besonders solche Resorts vorzustellen, die auch ein interessantes Angebot für Europäer anbieten. Im Süden besteht auch ein gewisses Risiko, dass man die Resorts entweder überfüllt oder verwaist antrifft.

Im **Zentrum** und im **Norden** gibt es bisher erst einige "einzelne touristische Inseln" inmitten eines sehr großen Gebietes, das kaum auf Touristen eingestellt ist. Viele Unterkünfte werden den sanitären Ansprüchen europäischer Touristen kaum gerecht und kämpfen mit infrastrukturellen Schwierigkeiten, wie Stromausfällen und dem Mangel an vernünftigem fließendem Wasser. Die nordmosambikanischen Campingplätze sind nicht selten beengt und reizlos, was Reisende aus den Nachbarländern kaum kennen, wo Camping eine lange Tradition hat.

PLANUNG: ROUTEN

Reiserouten–Planung

Eine genaue, gut durchdachte Routenplanung ist für eine erfolgreiche Reise in diesem rückständigen, vom langen Bürgerkrieg gezeichneten Land empfehlenswert. Die meisten Besucher beginnen ihre Mosambikreise im Süden, in der Hauptstadt Maputo. Eine Touristen-Standardroute folgt der küstennahen Strecke bis Vilankulo vor den Bazaruto Inseln. Das Hinterland wird dagegen wenig besucht. Rucksackreisende zwischen Ostafrika und Südafrika fahren entlang der Küste durch ganz Mosambik mit Aufenthalten in den klassischen Anlaufstellen, wie Inhambane, Ilha de Moçambique und Pemba. Der Tete-Run stellt weiterhin eine Transitstrecke zwischen Südafrika und Malawi dar. Nordmosambik wird wegen der schwächeren Infrastruktur viel seltener besucht als der Süden des Landes. Hier bietet sich für Nichtmotorisierte der Zug von Cuamba nach Nampula an, der durch eine der schönsten Landschaften Mosambiks führt. Von Nampula ist das Schmuckstück Ilha de Moçambique leicht erreichbar. Ein reizvoller, abwechslungsreicher Kurztrip ab Malawi ist die Fahrt nach Lichinga und an den Lago Niassa (Metangula). Eine beliebte Rundreiseroute durch den Süden des Landes verläuft von Südafrika kommend durch den Great Limpopo Transfrontier Park über die neue Grenze Giriyondo nach Vilankulo und zum Gorongosa NP, und von dort über Inhambane, Maputo und Ponta do Ouro wieder zurück. Für einen Rundweg ab/bis Malawi durch Nordmosambik über Nampula, Ilha de Moçambique, Ilha Ibo und Pemba mit Rückfahrt über Cuamba und Gurué oder Lichinga sollte man mindestens 2-3 Wochen Reisezeit ansetzen. Eine Reise durch den Norden des Landes ist immer noch ein schwer planbares Abenteuer und eine nervliche Herausforderung, weshalb man für solche Touren besser einen großzügigen Zeitplan kalkuliert.

Bild links: Lugenda Widerness Lodge im Niassa Reserve

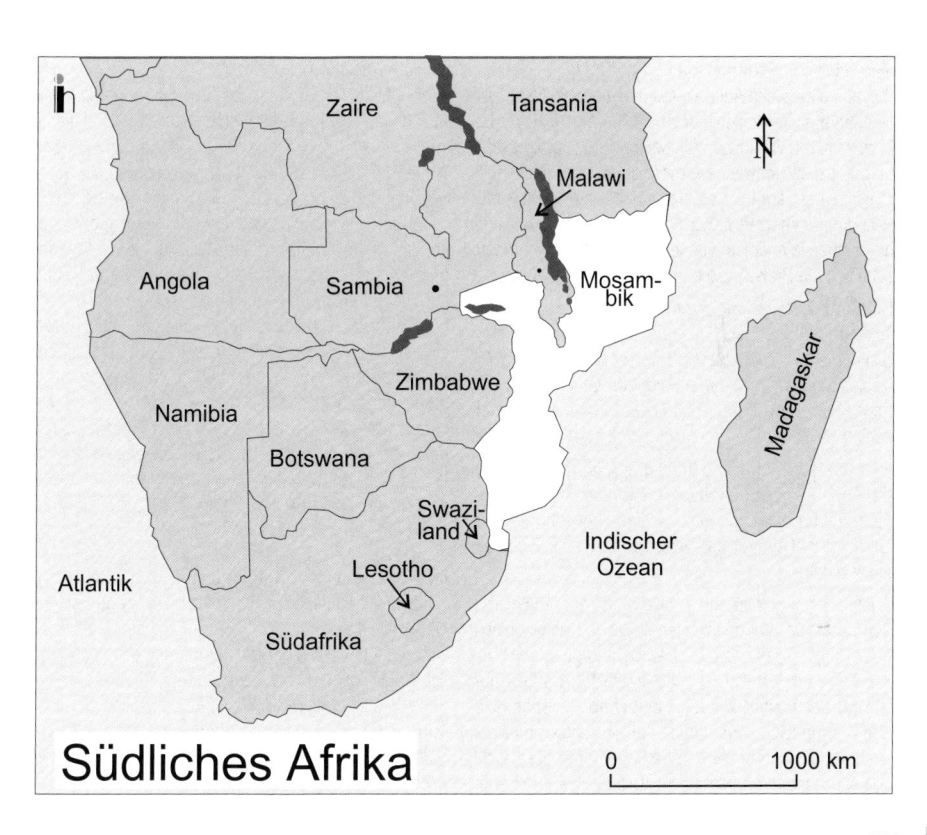

Südliches Afrika

PLANUNG: INFORMATION

Reisen mit Kindern

Generell spricht nichts gegen Reisen nach Mosambik mit Kindern, wie es zahlreiche Familien aus Südafrika alljährlich praktizieren. Allerdings reisen Familien mit Kindern fast immer mit einem Auto, was sie unabhängig macht und großzügig Proviant und Gepäck mitzunehmen ermöglicht. Diese Vorteile wiegen bei Kleinkindern um so stärker, denn die Versorgung mit kleinkindgerechten Lebensmitteln oder Windeln ist außerhalb Maputos sehr dünn. Mosambikaner sind ausgesprochen kinderfreundlich und begegnen ihnen überall geduldig und liebevoll. Familien mit kleinen Kindern werden häufig bevorzugt behandelt, z. B. von den Behörden.

Nicht von der Hand zu weisen ist jedoch die medizinische Lücke, die außerhalb Maputos klafft. Die meisten südafrikanischen Familien bleiben nicht zuletzt deshalb hauptsächlich an den Stränden Südmosambiks, von denen sie im Bedarfsfall rasch nach Südafrika zurückkehren könnten.

Welche Strände für Kinder besonders geeignet sind, finden Sie im Reiseteil bei den Ortsbeschreibungen sowie auf der Strandtabelle auf S. 371.

Frauen allein unterwegs

Alleinreisende Frauen werden in Mosambik in der Regel ohne Belästigungen reisen können, wenn sie sich ein paar Standardverhaltensweisen aneignen: Keine aufreizende Kleidung zu wählen, sondern z. B. die Beine bedeckt halten und auf einen allzu freizügigen Ausschnitt verzichten, der vielleicht falsch verstanden werden könnte. Nur tagsüber unterwegs sein, nächtliche Fahrten oder Spaziergänge meiden, und möglichst nicht per Anhalter fahren, vor allem nicht auf einsamen Strecken. Bei Männerbekanntschaften Zurückhaltung üben und sich eher reserviert geben. Mosambik hat wie fast alle Länder Schwarzafrikas einen guten Ruf bei alleinreisenden Frauen, da hier die Toleranz und Achtung gegenüber fremden Frauen auch ohne männlicher Begleitung hoch ist. Allerdings sind Übergriffe an einsamen Stränden vorgekommen. Auf einsame Strandwanderungen sollte Frau unbedingt verzichten. Erfahrene weibliche Afrikareisende erfinden beim Small Talk mit Einheimischen gerne einen Ehemann und Kinder, die gerade abwesend seien, wodurch die Situation für Afrikaner viel mehr allgemeinverständliche Normalität erhält, als die Geschichte einer selbstbewussten emanzipierten Single-Frau auf Reisen.

Oben: Originelle Geschwindigkeits-Beschilderung im Great Limpopo Transfrontier Park

Dankeschön!

Ein herzliches Dankeschön an:
Ulrike u. Günther Zanner aus Bergheim in Österreich für die Fotos auf S. 84 l. und S. 95 u.;
Jürgen Tiefenthaler für die Fotos auf S. 304 und S. 322;
Marc Gorry für das Foto auf S. 321

PLANUNG: AUSRÜSTUNG

Reiseausrüstung

Persönliche Dokumente

Wichtigstes Dokument: der gültige Reisepass. Packen Sie ferner den Internationalen Impfpass und ggf. den Internationalen Führerschein ein. Von allen Dokumenten sollte man Kopien dabei haben und stets an getrennten Plätzen verwahren. Flugtickets nicht vergessen und wichtige Rufnummern für Notfälle (die Servicenummern der Kreditkarten, der Auslandskrankenversicherung etc). Empfehlungen zur Reisekasse: siehe S. 342 und 344.

Kleidung & Kleideretikette

Generell ist die in den Tropen angenehme Baumwollbekleidung angebracht. Man kleidet sich eher sportlich und salopp. Auf Safaris in die Wildgebiete im Hinterland trägt man das klassische „Safarioutfit" in Khaki- und Naturfarben und knöchelhohe, bequeme Lauf- oder Wanderschuhe. Am Strand sind bequeme Freizeitkleidung und Sandalen oder Badeschlappen üblich. Auf alle Fälle sollte man neben der leichten Sommerkleidung auch einen dicken, wärmenden Pulli oder eine warme Jacke einpacken. Regenschutz, Sonnenhut und Badebekleidung dürfen auch nicht fehlen. Nur in den Firstclasshotels und eleganten Restaurants der Hauptstadt wird nach Sonnenuntergang der sog. Formal Dress erwartet, d. h. lange Hose und Hemd, möglichst Jackett und Krawatte für die Herren, keine Jeans oder Shorts.

Mosambikanerinnen tragen traditionell keine Shorts oder Miniröcke, besonders auf dem Lande und in den muslimisch geprägten Küstengebieten. In Maputo und im südlichen Mosambik hat sich dies aber schon stark verändert. Hier sind viele junge Frauen modisch und mitunter sogar aufreizend wie in Brasilien gekleidet. Als Tourist sollte man die regionalen Gepflogenheiten beachten und die eigene Gaderobe danach ausrichten. An den Stränden im Süden sind Shorts und Träger-Shirt ok, in den Städten empfehlen sich längere Röcke und Hosen. Auf dem Land bilden nackte Frauenbeine eigentlich überall einen ungewohnten Anblick.

Sonstiges

- Fotoausrüstung mit Ersatzbatterien und Filmen
- Ladegerät für Kameraakkus
- Fernglas, Sonnenbrille, Kopfbedeckung, Taschenlampe, Feuerzeug, Taschenmesser, Flaschenöffner, Wasserflasche, Nähzeug, Adapter für Steckdosen, Wörterbuch, Landkarten, Reiseführer, Lesestoff, Reiseapotheke
- Bei Bedarf Ersatzteile, Mikropur (Tabletten oder Pulver) zur Enkeimung des Trinkwassers, Zelt, Schlafsack und Moskitonetz (für die Tropen empfohlene Maschen-weite: 1,2x1,2 mm bzw. 180-200 mesh/square inch)
- Für längere Dhaufahrten: ein Kopftuch als Sonnenschutz und wasserdichte Taschen für die Fotoausrüstung
- Toilettenpapier (die Benützung desselben ist in islamischen Regionen nicht üblich)

Geschenke & Mitbringsel

Falls Sie Geschenke für die Menschen Ihres Urlaubsziels einpacken wollen, so schenken Sie möglichst Dinge, die in Afrika nützlich sind: An erster Stelle der Beliebtheitsskala stehen Schreibstifte, Schuhe und (Kinder-)kleidung. Warum also nicht am Ende der Reise einen Teil des Gepäcks zurücklassen? Männer freuen sich über Zigaretten, Fahrradflickzeug, Taschenmesser und Taschenlampen. Sehr sinnvolle Geschenke sind Naturalien, wie frische Orangen, Speiseöl, Salz, Zucker und Reis, besonders in kargen, armen Gebieten.

Verteilen Sie die Geschenke bitte nicht wahllos, sondern nur an Menschen, mit denen Sie in Beziehung stehen. Es gilt stets abzuwägen zwischen einer möglicherweise sogar beschämenden, peinlichen Situation für den Beschenkten und sinnvoller Hilfsbereitschaft. Auch sollte man bedenken, dass allzu freigiebiges Schenken die Bettelei fördert. Deswegen ist ausgerechnet das beliebte Beschenken von Kindern kritisch. Nicht selten verzichten die Kinder auf den Schulbesuch, wenn sie die Touristen als einträgliche Geldquelle entdeckt haben. Damit entsteht ein nicht beabsichtigter Kreislauf. Wer einem Kind etwas Gutes tun möchte, sollte lieber seine Mutter beschenken.

GPS-Satellitennavigation

Grundsätzlich sind die in diesem Reiseführer detailliert beschriebenen Touren auch ohne eine GPS-Ausrüstung (Satellitennavigationsgerät) machbar. Dennoch erweisen sich die GPS-Geräte zur Orientierung auf anspruchsvollen, einsamen Routen in der Wildnis und auch zum Auffinden abseits gelegener Orte als ungemein nützlich. In diesem Buch werden daher im Text bzw. auf den Landkarten zahlreiche eigens ermittelte, sinnvolle Koordinaten genannt. Alle GPS-Angaben folgen dem Kartendatum WGS 84. Zur Vereinfachung wurde die letzte Ziffer gerundet. Geringfügige Abweichungen von ca. bis zu 30 m sind nicht völlig auszuschließen.

Darüber hinaus publizieren wir eine GPS-Daten-CD für Mosambik. Für Extremtouren im Hinterland bietet diese Daten-CD über 260 weitere GPS-Daten, zahlreiche Detailskizzen und Extremroutenbeschreibungen. Genaue Informationen zu den Inhalten finden Sie im Internet: http://www.hupeverlag.de/html/mosambik_gps-cd.html, auf der S. 353 und der Umschlaginnenseite hinten.

GESUNDHEITSVORSORGE

Auch die schönste Reise ist verdorben, wenn man unterwegs krank wird. Bevor Sie nach Afrika reisen, sollten Sie deshalb an einen **Besuch beim Tropenarzt** denken, besonders wenn es sich um Ihre erste Reise ins subtropische Ausland handelt.

Zu einer rundum gesunden Afrikareise gehört zunächst auch eine „**gesunde**" **Lebenseinstellung**. Medien und umsatzorientierte Apotheker zeichnen gelegentlich ein überzogenes Bild von den Gefahren Afrikas. Ein gesunder Mensch mit intaktem Immunsystem wird auch in Afrika mit allerlei Bakterien und Viren fertig bzw. kommt auf einer durchschnittlichen Reise mit Vielem gar nicht in Berührung. Auch die psychische Einstellung und das Zutrauen in den eigenen Körper sind von Bedeutung. Viele Krankheiten lassen sich durch ein **vernünftiges, vorbeugendes Verhalten** vermeiden. Dazu zählen: Sich vor zu starker Sonneneinstrahlung schützen, täglich auf genügend Flüssigkeitszufuhr achten (über den Durst hinaus trinken, damit der Urin stets hell gefärbt ist), auf Nahrungsmittel von zweifelhafter Herkunft verzichten, kein ungefiltertes Wasser zu sich nehmen (auch nicht zum Zähneputzen), selbst kleine Wunden Ernst nehmen, für ausreichend Schlaf sorgen, bei Unpässlichkeit, wie Magenproblemen, Ruhepausen einlegen, krassen Temperaturunterschieden mit angemessener Kleidung begegnen und nur gut durchgebratenes Fleisch zu sich nehmen. Darüber hinaus sollte man sich natürlich über typische Krankheiten im südlichen Afrika informieren und entsprechend vorbeugen. Das zentrale Thema Nr. 1 ist sicherlich die Frage nach der Malariagefahr und -vorsorge.

Malaria

Malaria ist eine Blutinfektion, die durch den Stich der infizierten, weiblichen Anopheles-Mücke übertragen wird. Während die Mücke Ihr Blut abzapft, dringen die Malariaparasiten in die Blutbahn und wandern in die Leber. Dort vermehren sie sich, werden von Zeit zu Zeit ausgeschüttet (Fieberattacke) und zerstören die roten Blutkörperchen. Es gibt **vier Malariaarten**: Malaria Tertiana, Malaria Quartana, Malaria Ovale und Malaria Tropica. Die drei ersten Arten verbleiben in der Leber und können bei Nichtbehandlung zur chronischen Erkrankung führen. Lebensgefährlich, und leider auch die häufigste Erkrankung in Afrika, ist die **Malaria Tropica**. Wenn die Diagnose rechtzeitig gestellt und behandelt wird, ist jedoch jede Malaria heilbar. Pro Jahr werden in der BRD rund 900 "importierte" Malariainfektionen gemeldet, wovon ein großer Teil im tropischen Afrika erworben wurde. In Mosambik tritt Malaria landesweit auf, vor allem in niedrigen Höhenlagen. Während und direkt nach der Regenzeit ist das Risiko einer Malariaerkrankung deutlich größer als zum Ende der Trockenzeit. **Der beste Schutz vor Malaria ist die Vorbeugung**: Mückenstiche vermeiden, unbedeckte Hautstellen mit Insektenschutzmitteln einreiben (von Zuhause mitbringen oder vor Ort besorgen), Moskitospiralen verwenden, abends hautbedeckende, helle Kleidung tragen, sich in moskitogeschützten Räumen aufhalten und unter einem Moskitonetz schlafen. Moskitonetze werden in hochwertigen Lodges und Hotels gestellt, auch bei gemieteten Dachzelten gehören sie zur Ausstattung. Sicherheitshalber kann man sich zusätzlich eines Zuhause besorgen (siehe S. 335).

Zur medikamentösen Vorbeugung (**Prophylaxe**) wird von deutschen Ärzten die Einnahme von Mefloquin (Lariam) empfohlen. Es bietet hohen Schutz vor Malaria Tropica, ist aber nur bis zu drei Monate lang anwendbar, da starke Nebenwirkungen und evtl. auch Unverträglichkeiten bestehen. Die WHO empfiehlt eine Kombination aus Chloroquin (Resochin) und Proguanil (Paludrine). Für Kurzzeitreisen bis zu vier Wochen gibt es auch das teurere Medikament **Malarone**, welches ähnlich guten Schutz bietet wie Lariam, aber deutlich weniger Nebenwirkungen verursacht. Viele Reisende, vor allem Viel- und Langzeitreisende, bevorzugen, auf medikamentöse Vorbeugung zu verzichten und dafür ein Stand-By-Präparat mitzunehmen, welches bei malariaverdächtigen Symptomen eingenommen wird. Dazu eignen sich Medikamente wie Malarone oder Lariam. Seit einiger Zeit stehen auch die Heilmittel Artenam und Riamed zur Verfügung. Näheres zum Thema Malaria finden Sie auf unserer Website www.hupeverlag.de. Die Entscheidung über die Art der Prophylaxe sollte aufgrund der Reisezeit, des konkreten Reiseziels, der Reisedauer und auch des Reisestils individuell – am besten nach Absprache mit einem **versierten Facharzt** – getroffen werden. Das größte Malariarisiko besteht zwischen Januar und Mai, das geringste zwischen Juli und Oktober.

GESUNDHEIT

Eine Prophylaxe bietet keinen 100%igen Malariaschutz; doch eine trotzdem ausbrechende Erkrankung verläuft dann meistens etwas flacher. Leider vergrößert eine Prophylaxe aber auch das Risiko der Spätdiagnose, weil die Erreger schlechter im Blut identifizierbar sind. Der goldene Weg wurde also noch nicht gefunden, was die Malaria angeht, und erfordert eine eigenverantwortliche Entscheidung des Reisenden.

Kommt es zu einer **Malariainfektion**, treten die ersten Symptome 8 bis 20 Tage nach dem Mückenstich auf. Typisch sind vor allem hohe Fieberanfälle, die nach einigen Stunden wieder abklingen. Weitere Symptome sind Kopf- und Gliederschmerzen, schweres Krankheitsgefühl, aber auch Brustschmerzen und Schüttelfrost-Schwitzanfälle. Einzige sichere Diagnose ist der Nachweis von Parasiten im Blut. Die örtlichen Krankenhäuser sind meistens rasch in der Lage, eine Malariainfektion zu diagnostizieren. Generell wird hier pragmatisch gehandelt nach dem Motto: jedes unklare Fieber gibt Anlass zum Malariaverdacht, bis das Gegenteil bewiesen ist. Folglich schreitet man im Zweifelsfall lieber auch ohne „Beweis" zur Malariabehandlung, als durch lange Untersuchungen Zeit zu verlieren.

Da eine Prophylaxe das Ausbrechen der Malaria unter Umständen nur verzögert, kann es auch noch Wochen nach der Rückkehr aus Mosambik zur Erkrankung kommen. Wenden Sie sich deshalb bei fiebrigen Krankheitsanzeichen gleich an einen Tropenfacharzt, um eine mögliche Fehldiagnose zu vermeiden. Sicherheitshalber sollten Sie bei entsprechenden Symptomen Ihren Arzt auch noch nach mehreren Monaten auf die zurückliegende Urlaubsreise aufmerksam machen.

Bilharziose

Bilharziose ist eine chronische Infektionskrankheit, die man sich weltweit in tropischen Gebieten in stehendem oder leicht fließendem Süßwasser mit Uferbewuchs einhandeln kann. In dieser Umgebung lebt eine spezielle Wasserschnecke, die als Zwischenwirt der Erreger fungiert. Als torpedoförmige Zerkarien lösen sie sich von der Wasserschnecke, um im Wasser menschliche Haut aufzuspüren und unbemerkt zu durchbohren. Über die Venen nisten sie sich dort im Darm oder der Blase ein und wachsen zu Würmern heran, die bis zu 15 Jahre lang überleben können. Die Symptome einer chronischen Infektion sind Fieber, Schwachheit und erst sehr spät blutiger Urin. Bei Touristen wird eine Erkrankung meistens erst bemerkt, wenn routinemäßig nach einer Fernreise eine Untersuchung beim Facharzt gemacht wird (Antikörper sind aber erst mehrere Wochen nach der Infektion erkennbar). Die recht unkomplizierte Behandlung besteht heute aus einer Einmaldosierung mit dem Medikament Biltricide. Um eine Schistosomiasis-Infektion zu vermeiden, sollten Sie nicht in stehenden oder nur schwach fließenden Gewässern baden. Grundsätzlich können alle Gewässer Mosambiks bilharziosegefährdet sein. Der Niassasee galt lange Zeit als bilhariosefrei, doch diese These ist nicht mehr haltbar. Dennoch tritt der Erreger immer nur örtlich an bestimmten Uferbereichen auf; nicht im offenen, tiefen Gewässer und nicht an Uferabschnitten, wo die Wirtsschnecke nicht vorkommt. Eine verbindliche Aussage, welche Bereiche unbedenklich sind, wird aber auch vor Ort niemand treffen können.

Gelbsucht / Leberentzündung

Hepatitis A wird durch mangelnde Hygiene und infizierte Nahrungsmittel (Wasser, Salate, Obst) übertragen. Die Leberinfektion ist nicht lebensbedrohlich, aber langwierig in der Ausheilung. Die schwerwiegendere, seltenere Hepatitis B (Serumhepatitis) wird dagegen durch direkten Blutkontakt oder den Austausch von Körperflüssigkeiten übertragen. Neben den allgemein gültigen Vorsorgemaßnahmen besteht die Möglichkeit einer passiven Immunisierung gegen Hepatitis A für einige Monate durch die Injektion von Immunglobulinen (Stärkung des Immunsystems).

Daneben gibt es eine aktive Immunisierung durch den Impfstoff Twinrix. Dies ist eine Doppelschutzimpfung für Hepatitis A und B. Es handelt sich dabei um eine Dreifachinjektion (die zweite Injektion nach 1 Monat, die dritte nach 6 bis 12 Monaten), die zwar teuer ist (pro Injektion ca. 70 Euro), aber dafür 100%igen Schutz gegen beide Krankheitsformen für bis zu 10 Jahren gewährt.

Gelbfieber

Mosambik ist kein Gelbfieber-Risikogebiet. Bei Einreise aus einem Infektionsgebiet (z. B. Ost- und Zentralafrika, seit 2011 auch Sambia) nach Mosambik ist die Schutzimpfung jedoch vorgeschrieben und wird teilweise bei der Einreise an den Landesgrenzen überprüft.

Gelbfieber ist eine schwere, häufig tödlich verlaufende Virusinfektion der Leber. Sie wird durch die Aedes-Stechmücke übertragen. Die Inkubationszeit beträgt 3 bis 6 Tage, die Symptome sind Erbrechen, Kopf- und Gliederschmerzen, hohes Fieber, Schüttelfrost und innere Blutungen. Für Touristen besteht nur ein geringes Infektionsrisiko, hauptsächlich in Dschungelgebieten. Durch die sehr empfohlene Schutzimpfung sollte man sich bei Reisen in solche Gebiete sicherheitshalber vor der Krankheit schützen (Zehn-Jahres-Schutz).

GESUNDHEIT

Cholera

Die Bazillus-Infektion überträgt sich durch unzureichende Hygieneverhältnisse und unsauberes Wasser. Sie gilt als Armutskrankheit. In sehr unterentwickelten Lebensbereichen (Slums) breitet sie sich schnell als Epidemie aus, in hygienisch einwandfreier Umgebung kommt sie praktisch nicht vor. Die Symptome sind starker Durchfall mit Erbrechen und Bauchkrämpfen, die Behandlung erfolgt mittels Antibiotika. Die Schutzimpfung gilt als umstritten, wenig wirksam und hat unangenehme Nebenwirkungen. Das Infektionsrisiko eines Touristen wird auch nur auf 1:500 000 geschätzt.

Weitere Krankheiten

Tollwut ist eine lebensgefährliche Infektion, die durch den Biss eines infizierten Tieres auf den Menschen übertragen wird. Der beste Schutz ist Vorbeugung. Tollwutbefallene Tiere verhalten sich auffällig: Zahme Haustiere werden aggressiv und scheu, Wildtiere wirken ungewöhnlich zahm. Sich vorbeugend gegen Tollwut zu impfen, wird vor allem Tierpflegern und Tierärzten in betroffenen Ländern angeraten.

Seit einigen Jahren ist die **Tuberkulose** wieder auf dem Vormarsch, weil sie eine typische Folgeerkrankung der Aidspatienten ist. Eine Übertragung kann nur bei lang anhaltendem Kontakt und geschwächtem Immunsystem erfolgen, daher gelten Urlauber als wenig gefährdet.

Typhus ist eine Infektionskrankheit, die auf ähnliche Weise wie die Cholera ausgelöst werden kann. Umsichtige Selbstversorger sind kaum gefährdet, an Typhus zu erkranken. Rucksackreisende sind eher betroffen. Es gibt eine Schluckimpfung mit Impfschutz von ca. 6 Monaten.

Vor **Diphtherie** und **Tetanus**, gefährlichen Krankheiten, die in Europa ebenso vorkommen, sollte man sich unbedingt auch ohne Afrikareise alle zehn Jahre durch eine Impfung schützen. Gegen **Polio** (Kinderlähmung) sollte man ebenfalls die Grundimmunisierung auffrischen.

Durchfall gehört zu den häufigsten Krankheitserscheinungen bei Fernreisen. Es handelt sich in den meisten Fällen um harmlose Reaktionen des Körpers (z. B. bei ungewohnter Nahrung, Klimabelastungen) oder um bakterielle Infektionen (z. B. bei unreinem Wasser). Viel trinken! Normaler Reisedurchfall verschwindet nach zwei bis vier Tagen, sonst ist ein Arztbesuch notwendig.

Aufgrund der hohen **Aids**-Rate im südlichen Afrika sollte man sich hier mehr denn je vor einer Übertragung der Immunschwächekrankheit in Acht nehmen. Statistisch betrachtet ist jeder 7. Mosambikaner infiziert. Geschlechtsverkehr mit Unbekannten birgt ein hohes Risiko, sich dabei selbst zu infizieren. Eine Übertragung durch Mückenstiche ist nicht bekannt, auch durch normale soziale Kontakte kann man sich nicht anstecken. Die Gefahr geht allein vom Austausch von Körperflüssigkeiten aus, durch Sex, Bluttransfusionen oder infizierte Nadeln und Spritzen. Landesweit werden im medizinischen Bereich normalerweise sterile Einwegspritzen verwendet, vorsichtshalber kann man auch einige Spritzen von zu Hause mitbringen. Blutkonserven werden zwar seit Jahren auf Aids getestet, doch ist nicht bekannt, wie strikt die Kontrollen sind. Aids heißt in Mosambik übrigens „SIDA".

Viel schneller als man erwartet, handelt man sich auch in Afrika eine **Erkältung** ein. Meist werden die starken Temperaturrückgänge in der Nacht und der kühle Wind an der Meeresküste unterschätzt oder zu exzessiv von der Klimaanlage Gebrauch gemacht.

Meningokokken-Meningitis: Der eitrigen Hirnhautentzündung, einer bakteriellen Tröpfcheninfektion, die in Mosambik und anderen Ländern Schwarzafrikas von Zeit zu Zeit epidemieartig auftritt, lässt sich durch eine Schutzimpfung begegnen. Die Krankheit kann im schlimmsten Fall rasch zum Tode führen und muss schnellstens mit Penicillin behandelt werden. Die einmalige Schutzimpfung mit Totimpfstoff wirkt für drei Jahre. Laut dem Münchner Tropeninstitut wird Touristen eine Schutzimpfung aber nur im Falle einer Epidemie angeraten.

Erkrankungen mit dem **Ebola-Virus** treten immer wieder als örtlich begrenzte Epidemien in West- und Zentralafrika auf (1995 in Zaire, 2000 in Uganda, noch nie in Mosambik). Für Reisende besteht nur ein sehr geringes Risiko, da die Infektionen ausschließlich bei engem Kontakt mit infektiösen Ausscheidungen erfolgt.

Die **Schlafkrankheit** ist eine Trypanosomen-Infektion, die durch die **Tsetsefliege** (*Glossina species*) übertragen werden kann. Sie bricht bei Menschen nur selten aus und führt erst nach Monaten bis Jahren zu schweren Krankheitserscheinungen. In Ostafrika sind aber in letzter Zeit vermehrt Krankheitsfälle beobachtet worden. Auch wenn eine Infektion als sehr unwahrscheinlich gilt, stellen die schmerzhaften Stiche eine Plage dar und sollte man sich bei Fieber nach Reiseende auch dahingehend untersuchen lassen. Den besten Schutz vor den aggressiven Tsetsefliegen bieten konsequenter Mückenschutz und angepasstes Verhalten: helle Kleidung, Insektenschutzmittel verwenden, wenig Bewegung, Rauch (Rauchen oder Moskitospiralen aufstellen). Die tagaktive Tsetsefliege ist in Mosambik in den nördlichen Wildschutzgebieten anzutreffen. In Städten und Ortschaften kommt dieses Insekt praktisch nirgends vor, auch nicht an den Meeresküsten.

GESUNDHEIT

Viele Menschen fürchten sich sehr stark vor **Schlangenbissen**. In der Regel wird man allerdings kaum einer Schlange begegnen, da sie rechtzeitig die Flucht ergreift. Sollte es dennoch zu einem Schlangenbiss kommen, den jede Schlange nur zur Verteidigung ausführt, wäre es von großem Vorteil, die Schlange zu identifizieren. Nur wenige Schlangen Mosambiks sind für den Menschen lebensgefährlich giftig, und ihr Gift wirkt auf unterschiedliche Weise. Kobras, Mambas, Trugnattern und Vipern sind im südlichen Afrika mit etwa 40 Arten vertreten, von denen einige harmlos, andere gefährlich bis tödlich giftig sind. Außer der Puffotter flüchten alle Schlangen, sobald man sich ihnen nähert und greifen nur im Verteidigungsfall an. Ein Großteil aller tödlichen Unfälle passiert daher durch die sehr träge **Puffotter**, deren Gift eine zellenzerstörende Wirkung hat, weil sie sich, anstelle zu flüchten, bewegungslos zu tarnen versucht. Kommt man ihr unbemerkt zu nahe, greift sie schließlich an. Kobras und die Schwarze Mamba dagegen haben ein fatales Nervengift, und das Gift von Boomslang und Vipern wirkt hemotoxisch (es wird die Blutgerinnung zerstört). Falsche **Behandlungsmethoden** können ein Schlangenbissopfer mitunter mehr gefährden als der eigentliche Biss. Am wichtigsten ist es, das Opfer ruhig zu stellen, damit sich die Blutzirkulation verlangsamt. Der Patient sollte viel Flüssigkeit zu sich nehmen. Ferner können in Erste-Hilfe-Geübte ggf. bei dem betroffenen Körperteil eine Stauung anlegen (frisches Blut kann in den gebissenen Körperteil fließen, infiziertes Blut aber nicht zum Herz zurück). Laien dürfen die Wunde nur vorsichtig säubern (nicht aufschneiden oder aussaugen!), verbinden und möglichst kühl halten. Nun gilt es, den Verletzten schnellstmöglich in eine Klinik zu bringen. Schlangenserum mitzunehmen empfiehlt sich schon aus organisatorischen Gründen nicht (es muss konstant gekühlt werden) und kann auch nur eingesetzt werden, wenn die Schlange eindeutig identifiziert wurde. Dies wiederum ist in den meisten Fällen sehr schwierig, da Giftschlangen in ihren verschiedenen Lebensstadien in zahlreichen Farbvariationen auftreten. Als grobe Richtlinie: Schlangen mit Querstreifen oder Ringelmuster sind meist giftige Arten, während längs gestreifte Schlangen eher harmlos sind. Schlangen, die ihren Oberkörper aufrichten und drohend „fauchen" sind meist den gefährlichen, sehr giftigen Arten zuzurechnen. Giftige Vipern, zu denen auch die Puffotter zählt, erkennt man am kurzen, dicken Körper und einem dreieckigen Kopf.

Auch die nachtaktiven **Skorpione** greifen nur an, wenn sie sich bedroht fühlen. Sie scheinen in windigen Nächten aktiver zu sein als bei Windstille. Rund 100 verschiedene Arten kommen im südlichen Afrika vor. Der Stich ist für gesunde Erwachsene meist nicht lebensbedrohlich, aber sehr schmerzhaft. Um zu vermeiden, dass ein Skorpion auf nächtlicher Wanderung es sich im warmen Schuh gemütlich macht, lässt man grundsätzlich keine Schuhe im Freien stehen bzw. klopft sie vor dem Anziehen aus. Bei Walking Safaris kann man sich evtl. **Zeckenbisse** einhandeln. Dagegen – und gegen Schlangen und Skorpione – schützen hohe Schuhe bzw. Stiefel.

Verhalten bei Biss- und Stichwunden

Die meisten Schlangenbisse sind nicht tödlich. Die Bissstelle schmerzt und schwillt an. Wenn viel Gift injiziert wurde, kommt es zu Übelkeit, Erbrechen, Kopfschmerzen und Herzjagen. Panikreaktionen und der Schockzustand sind oft gefährlicher als das Gift selbst, daher ist oberstes Gebot: **Ruhe bewahren!** Wenn man die Schlange nicht identifizieren kann, gilt als grobe Faustregel:

- **Bissstelle stark geschwollen und schmerzhaft:** Vermutlich ein Blut- und Gewebegift; eher Puffotter/Viper (Vgl. Bild S. 111). Keine Stauung anlegen, sofort zum Arzt.
- **Kaum Schwellung oder Blutung, unscheinbare Wunde:** Vermutlich ein Nervengift; eher Kobra/Mamba. Oberhalb der Bisswunde sofort Stauung anlegen (frisches Blut kann in den gebissenen Körperteil fließen, infiziertes Blut aber nicht zum Herz). Körperteil notfalls abbinden. Sofort zum Arzt, hier zählt jede Stunde!

Sonstige Maßnahmen: Wunde mit desinfizierender Lösung reinigen. Sog. Schlangensets (kleine Sauggeräte zum Absaugen der Wunde) eignen sich zur Anwendung innerhalb der ersten fünf Minuten nach dem Biss. Niemals eine Wunde mit dem Mund absaugen! Die Betroffenen ruhig stellen, und er sollte möglichst viel trinken.

Aktuell: Im Würgegriff der Python

Am 11.01.01 berichtet die Frankfurter Allgemeine Zeitung vom Südafrikaner Lucas Sibanda, der auf einem schmalen, entlegenen Weg von einer Pythonschlange angegriffen worden war. Das Tier schlang sich um den 57-jährigen und versuchte, sein Opfer zu Tode zu würgen. „Mir war klar, dass ich mich von diesem Monster nur befreien konnte, wenn ich es direkt unterhalb des Kopfes beißen würde", wird Sibanda zitiert. Durch Beißen, Treten und Schlagen habe er sich aus dem Würgegriff befreit und schließlich die Schlange mit einem Knüppel erschlagen. Die Haut der Pythonschlange schmücke nun als Trophäe sein Haus bei Pretoria.

GESUNDHEIT

Wie man auf Reisen gesund bleibt

Essen & Trinken

Ein bekanntes Sprichwort zur Ernährung in tropischen Gefilden lautet: „Cook it, boil it, peel it – or leave it"; zu deutsch: "Was du nicht kochen oder schälen kannst, solltest du nicht essen". Mit dieser strikten Einstellung, die quasi alle frischen nicht schälbaren Salate und Früchte verbietet, liegt man gewiss im sicheren Bereich. Aber so streng muss man es nicht angehen. Sehr gründlich in sauberem Wasser gewaschene Lebensmittel dürfen durchaus auch dann auf den Speisezettel, wenn sie sich nicht schälen oder vorher kochen lassen. Aus eigener Erfahrung können wir bestätigen, uns bisher im südlichen Afrika keine gesundheitlichen Beschwerden durch den Verzehr von z. B. selbst zubereiteten grünen Salaten und Tomaten eingehandelt zu haben.

Vorsicht dagegen bei Muscheln! Hier kann man sich leicht den Magen verderben. Viele Reisende meiden ebenso frische Eier. Unserer Erfahrung nach sind die Eier aus den städtischen Supermärkten unproblematisch; von Eiern, die auf offenen Märkten stundenlang in der Sonne liegen, sollte man die Finger lassen. Beim Fleisch gewöhnt man sich an, es stets gut durchgebraten zu verzehren. Wer sich selbst versorgt, achtet beim Einkauf auf Frische und Geruch der Waren und verzichtet im Zweifelsfall lieber.

Die Herkunft der Lebensmittel ist freilich nicht erkennbar beim Besuch von Restaurants. Hier gilt die alte Regel: Riecht es gut aus der Küche? Hat das Lokal Besucher oder ist es leer? Muss man hier warten, bis die Speisen serviert werden (ein Zeichen für frische Zubereitung), oder kommt das bestellte Gericht augenblicklich? Auch die Empfehlungen oder Warnungen von anderen Touristen sind präventiv hilfreich.

Wasser: die Gefahrenquelle Nr. 1

Mindestens so vorsichtig wie beim Essen sollte man bei der Wahl des Trink- und Brauchwassers sein, weil man sich über verunreinigtes Wasser am schnellsten Krankheiten einhandeln kann. Das Leitungswasser in Mosambik ist für den daran nicht gewohnten europäischen Organismus nicht unbedenklich trinkbar! Es muss stets abgekocht bzw. durch Zugabe von Micropur-Pulver oder -Tabletten entkeimt werden. Für den täglichen Wasserbedarf wird in den größeren Städten des Landes stilles Mineralwasser in handlichen Plastikflaschen verkauft, nicht jedoch auf dem Lande. Die Umsicht mit dem Wasser darf freilich nicht beim Zähneputzen vernachlässigt werden. Es gilt: nur Mineralwasser oder vorab gereinigtes Wasser darf in den Mund gelangen!

Man verzichtet also auch strikt auf Eiswürfel in kühlen Getränken – ganz egal, wo man sich aufhält. Ebenso lässt man die Finger von Speiseeis. Auch wenn es einen gut durchgefrorenen Eindruck macht, könnte es zwischenzeitlich schon angetaut gewesen sein. Die notwendige durchgehende Kühlkette ist in einem subtropischen Land wie Mosambik nicht gewährleistet.

Ein wichtiger Rat ist jedoch von den Tropen vollkommen unabhängig: **Viel trinken!** Wer Durst verspürt, hat eigentlich schon einen Mangel, den der Körper anzeigt – gesund ist, stets so viel zu trinken, dass sich kein Durstgefühl einstellt. Deswegen sollte man auch immer eine gefüllte Trinkflasche bei sich haben.

Gefahren durch Wildtiere

Die Wahrscheinlichkeit, mit einem tollwütigen Tier in Kontakt zu kommen, mag gering sein. Da man sie aber nicht ausschließen kann, sollte man als vorsichtiger Reisender unbekannte Tiere nicht anfassen oder füttern. Hautverletzungen durch Tierbisse können sich auch ohne **Tollwutgefahr** leicht infizieren.

Begegnungen mit **Schlangen** sind in der Regel viel seltener, als Touristen glauben, da die Reptilien fast immer frühzeitig die Flucht ergreifen, sobald sie durch die Bodenvibration eine Störung spüren. Kommt es dennoch zu einer unerwarteten Begegnung, verhält man sich möglichst ruhig, zieht sich langsam zurück und gibt der Schlange damit Gelegenheit, blitzartig die Flucht zu ergreifen. Vorsicht beim **Feuerholzsuchen**: Äste immer erst mit dem Fuß anstoßen, da sich in Astlöchern gerne **Skorpione** aufhalten.

Verhaltenstipps bei Wildtieren: siehe S. 370. Die größte gesundheitliche Gefahr geht allerdings von den unscheinbaren Insekten aus. Das Risiko einer Malariainfektion ist bei nachlässig angewandten Vorsichtsmaßnahmen ungleich größer, als das, irgendwelchen Krokodilen, Löwen oder tollwütigen Elefanten über den Weg zu laufen!

Am Strand und im Wasser

Haie kommen praktisch überall entlang der mosambikanischen Küste vor. Hainetze, die unter Wasser zum Schutz der Badestrände in Südafrika angebracht wurden, kennt man in Mosambik nicht. Einen natürlichen Schutz bieten jedoch die vielen Stränden in Mosambik vorgelagerten Korallenriffe. An solchen Riffküsten befinden sich auch die meisten der touristischen Badestrände.

Man sollte in Afrika **niemals barfuß** laufen. Zum Einen kommen Sandflöhe vor, die zwar nicht gefährlich sind, aber lästig in der Ausheilung, wenn sie ihre Eier unter der Fußsohlenhaut ablegen. Sehr unangenehm können aber auch Fußverletzungen durch scharfe Korallensplitter, Glasscherben oder Muscheln sein.

GESUNDHEIT

Flussufer und Tümpel im Landesinneren können theoretisch stets von **Krokodilen** bewohnt sein. Krokodilattacken auf Touristen sind glücklicherweise selten, denn der Kraft und Reaktionsschnelligkeit dieser Panzerechsen sind Menschen in der Regel nicht gewachsen. Allen Gewässern nähert man sich daher mit Vorsicht, erkundigt sich evtl. bei den Einheimischen nach möglichen Wildtieren (Krokodil heißt auf portugiesisch „Jacaré") und badet dort nicht ahnungslos! **Flusspferde** sind seltener und auffälliger als Krokodile. Für Kanufahrer stellen sie dennoch eine Ernst zu nehmende Gefahr dar, da sie Boote und Menschen angreifen, die sich ihrem Territorium nähern.

Genereller Hinweis: Da sich die empfohlenen Vorsorgemaßnahmen jederzeit ändern können, raten wir, etwa 6-8 Wochen vor Reiseantritt bei einem Tropenfacharzt bzw. den **Tropeninstituten** in Berlin (Tel. 030-301166), München (089-21803517), Heidelberg (Tel. 06221-562905), Tübingen (Tel. 07071-2060), Leipzig (Tel. 0341-9724971) oder Hamburg (Tel. 040-311820) nach aktuellen Informationen zu fragen.

Österreich: Wien, Tel. 01-40490360, für die **Schweiz:** Basel, Tel. 061-2848111

Literaturtipp: „Wo es keinen Arzt gibt" von David Werner, Reise KnowHow Verlag

Notfall-Vorsorge

Um im Falle eines Notfalls im Ausland versicherungstechnisch abgedeckt zu sein, sollte jeder Reisende eine **Auslandskrankenversicherung** abschließen. Sie wird von zahlreichen Versicherern angeboten, die Jahresgebühren sind mit 15-20 Euro günstig. Vergleichen Sie aber vor Abschluss die Leistungen. Wichtig für Afrikareisende sind ein kostenloser **Rückholservice**, wenn medizinisch empfohlen (nicht nur, wenn medizinisch notwendig), und die Erstattung möglichst hoher **Bergungskosten**. Gerade bei den Bergungskosten haben viele Reisende, die sich ausreichend versichert glauben, eine klaffende Lücke. Denn die Bergung/Evakuierung eines Verletzten aus der abgelegenen Wildnis kann teuer werden, wenn man bedenkt, dass der Einsatz eines Kleinflugzeugs oder Helikopters erforderlich werden kann.

Wer vor Ort medizinische Leistungen in Anspruch nimmt, muss die Kosten zunächst selbst begleichen und reicht nach Rückkehr die ausführliche Rechnung des Arztes bei der Versicherung ein. Auf der Rechnung muss neben der Adresse des Rechnungsstellers der Name des Patienten, das Datum, die Behandlung und die Währung vermerkt sein. Bei stationärem Aufenthalt in einem Krankenhaus ist der Versicherer sofort zu informieren. In solchen Fällen werden die Kosten meistens direkt zwischen der Versicherung und dem Krankenhaus abgerechnet.

Reisemedizinische Informationen im Internet: www.fit-for-travel.de, www.reisevorsorge.de, www.meine-gesundheit.de

Reiseapotheke

(Vorschläge zum Inhalt einer Notfallapotheke gemäß Bayerischem Gesundheitsamt)

Beschwerden	Substanz (Medikament)
Fieber, Entzündung, Schmerzen	Paracetamol, Acetylsalicylsäure (Aspirin)
Insektenstiche	diverse Repellentien, Chlorphenoxamin-Creme
Kreislaufanregung	Etilefrin, Norfenefrin
Durchfall	Elektrolyt-Glukose-Präperate, Hefe-Präperate, Loperamid (Imodium)
Erbrechen & Übelkeit	Metoclopramid (Paspertin)
Bauchkrämpfe	Butylscopolamid
Augenentzündung	Tetrazyklin-Augentropfen
Harnwegsinfektionen	Antibiotika, Nieren-Blasentee
Malaria	siehe S. 336f
Ohrenentzündung	Acetylsalicylsäure (Aspirin), Phenazon

Außerdem: Kleine Schere, Sicherheitsnadeln, Rasierklinge, Fieberthermometer, Pinzette, Pflaster, Verbandszeug, Desinfektionsmittel, ggf. Allergie- und Magentabletten, Magnesiumpräparat, evtl. Einwegspritzen, und alle Medikamente, die Sie regelmäßig einnehmen.

RUND UMS GELD

Reisekosten & Preisgefüge

Im Reiseteil werden die Preise für Unterkünfte, Verkehrsmittel, Eintritte etc. genannt, wie sie uns zum Zeitpunkt des Redaktionsschlusses im März 2012 vorlagen.

Bitte beachten Sie: Seit den Währungssprüngen im Zuge der globalen Finanzkrise und der anschließenden Eurokrise kann es unterjährig zu stark schwankenden oder abweichenden Preisen kommen. So kommt es nicht selten vor, dass Preislisten in verschiedenen Währungen veröffentlicht werden, z. B. in Rand, Meticais und US-Dollar, und diese bei der Umrechnung in Euro zu völlig unterschiedlichen Ergebnissen führen. Wir raten daher, wenn in den Resorts vor Ort Übernachtungspreise in unterschiedlichen Währungen genannt werden, diese stets zu vergleichen. Man kann mitunter viel Geld sparen, wenn man dann mit der "günstigsten" Währung bezahlen kann.

Die meisten Hoteliers und Dienstleister weisen auf die Möglichkeit von unangekündigten Preisänderungen hin.

Anreise: Die Flugpreise variieren je nach Saison und Airline enorm; hier lohnt es sich, in Reisebüros nach Sondertarifen zu fragen bzw. im Internet zu recherchieren. Im Durchschnitt kostet ein günstiger Flug in der Economy Class 700-1200 Euro. Rundreisen werden im deutschsprachigen Raum ab rund 1600 Euro angeboten (ohne Flug), nach oben sind keine Grenzen gesetzt.

Unterkunft: Mosambikanische Unterkünfte sind – gemessen am Gegenwert und im Vergleich mit den Nachbarländern – teuer. Die unterste Hotelkategorie, für die man oft nicht einmal fließendes Wasser oder ein eigenes Bad bekommt, liegt bei Zimmerpreisen bis 20 Euro. Die Mittelklasse liegt bei 25-50 Euro pro Zimmer, nach oben sind die Preise offen. Backpackerunterkünfte mit Mehrbettzimmern für unter 7 Euro pro Nacht sind dünn gesät. Die Ferienanlagen an den Stränden verlangen meist zwischen 5 und 12 Euro pro Campinggast, Bungalows mit zwei Betten und zur Selbstversorgung ausgestattet werden ab 30 Euro pro Nacht angeboten.

Gastronomie: In Restaurants sollte man rund 7-12 Euro man für ein Hauptgericht ansetzen, Vor- und Nachspeisen kosten 4-7 Euro. Selbstversorger kommen preiswerter durchs Land, denn die Lebensmittelpreise für einheimische Produkte sind verhältnismäßig günstig. So kosten die portugiesischen Brötchen rund 0,08 Euro, frischer Fisch 2,50 Euro/kg, Garnelen je nach Region 7-10 Euro/kg, Kokosnüsse oft nur 20 Cent. Im Laden kostet ein Bier 1,10 Euro, im Lokal etwa 1,50-2,40 Euro.

Die **öffentlichen Verkehrsmittel** sind in Mosambik verhältnismäßig günstig. Busse kosten rund 5 Euro bei Strecken bis drei Fahrstunden bzw. bis 20 Euro bei 10-15-stündigen Fahrten. Viel tiefer muss man für einen **Mietwagen** in die Tasche greifen. Andererseits spart man als Autofahrer mit Campingausrüstung während der Tour gegenüber Touristen, die jeden Tag auf Hotels angewiesen sind. Die Treibstoffpreise liegen bei 1,20-1,70 Euro/Liter Benzin und 1,00-1,40 Euro/Liter Diesel.

Zum Verständnis unserer Preisangaben

100 Euro/DZpP: Preis pro Person im Doppelzimmer
100 Euro/EZ: Preis pro Person im Einzelzimmer
100 Euro/Nacht: Zimmerpreis pro Nacht

Wir nennen Euro-Preise, um eine rasche Kalkulation zu ermöglichen und etwaige inflationsbedingte Wechselkursschwankungen auszugleichen. Vor Ort sind jedoch die meisten Ausgaben in der Landeswährung Meticais zu bezahlen. Je hochwertiger ein Hotel oder Resort, um so eher wird es sog. „harter Währung" akzeptieren bzw. bevorzugen. Im Süden Mosambiks kann man Übernachtungen sehr oft auch mit SA-Rand bezahlen, weiter nördlich wird der US-Dollar gebräuchlich.

Einige Luxusresorts praktizieren eine extrem **gedehnte Preispolitik**. Diese Hotels vergeben die Zimmer teilweise zu günstigen Raten an Reiseveranstalter, verlangen aber gleichzeitig bei Buchungsanfragen von Einzelreisenden deutlich höhere Preise. Dieser Umstand erschwert eine realistische Preisangabe ungemein. Da hilft nur, besonders im Hochpreissegment genaue Preisvergleiche zwischen verschiedenen Anbietern anzustellen.

Zu dieser Problematik kommt noch eine weitere Hürde für die realisitische Kostenkalkulation. Es geht um die verbreitete **zweigleisige Preispolitik:** Einige Resorts berechnen Ausländern (Foreigners) zum Teil gesalzene Preise, während für die gleichen Leistungen Einheimische (Local Residents), im Land lebende Ausländer (Residents) und Besucher aus den Nachbarstaaten (Regional Residents) beträchtlich weniger bezahlen. Dieses diskriminierende Preismodell wird damit begründet, dass Europäer mehr verdienten als die schwarzen und weißen Bürger in Afrika.

Ein Wort zu den sog. **All-Inclusive-Preisen** exklusiver Hotels: Diese beinhalten Vollpension, oftmals inklusive aller (auch alkoholischer) Getränke, diverse Ausflüge und Aktivitäten, teilweise auch die Transfers und NP-Gebühren. Hier sollte man genau erfragen, was das jeweilige Al-Angebot abdeckt, denn da gibt es große Unterschiede.

RUND UMS GELD

Die Landeswährung

Noten und Münzen

Die mosambikanische Währungseinheit heißt **Metical**, in der Mehrzahl Meticais (sprich [m̲e̲tikaisch]). Bis zum 01.07.2006 entsprach 1 Metical (MT) 100 Centavos (CT). Die sind jedoch so wenig wert, dass man nicht mehr mit Centavos rechnete. Als unterste Einheit hatten sich 1000 Meticais eingebürgert, die als "Mil" oder als "Conto" bezeichnet werden.

Zum 01.07.06 führte Mosambik eine Währungsumstellung mit neuen Banknoten und Münzen durch. Der alte Metical wurde im Verhältnis 1:1000 durch den Neuen Metical ersetzt, der Centavo durch den Cent. Während der Übergangszeit von 01.07.-31.12.06 liefen beide Währungen parallel bei doppelter Preisauszeichnung. Während des Kalenderjahres 2007 sollten alle alten Noten und Münzen bei den Banken in die neue Währung umgetauscht werden. Seit 2008 ist nur noch ein Umtausch in der Zentralbank möglich.

Die alten Noten und Münzen (bis 31.12.07): Es gab Banknoten zu 1000, 5000, 10 000, 20 000, 50 000, 100 000, 200 000 und 500 000 MT sowie Münzen zu 1000, 5000 und 10 000 MT. Allen alten MT-Banknoten gemein ist ihr zumeist schlechter, sehr abgegriffener Zustand.

Die neuen Noten und Münzen (seit 01.07.06): Es gibt neue Scheine zu 1000, 500, 200, 100, 50 und 20 Meticais, und neue Münzen zu 10, 5, 2 und 1 MTn und 50, 20, 10, 5 und 1 Cent. Alle neuen Banknoten tragen auf der Vorderseite eine Abbildung vom ersten Präsidenten Samora Machel, und auf der Rückseite Motive der Fauna Mosambiks.

Die **Inflation**srate des Metical ist trotz boomender Wirtschaftslage zeitweise groß. Vom Frühjahr 2005 bis zum Frühjahr 2006 betrug sie fast 25 %, in den letzten Jahren rund 3-5 %. Der **Wechselkurs** schwankt daher ständig. Stand bei Redaktionsschluss März 2012:

100 Meticais entsprechen 2,80 Euro.
1 Euro entspricht 35,35 Meticais / MTn.

Ein- und Ausfuhr von Meticais sind verboten. Der Rücktausch von Meticais in Devisen ist aufwändig und nur möglich gegen Vorlage der Umtauschbelege. Schon deshalb sollte man stets alle Umtauschbelege bis zur Ausreise aufheben.

Tipp: In Mosambik herrscht notorischer Kleingeldmangel. Heben Sie stets kleine Scheine auf, um niedrige Beträge passend bezahlen zu können.

Devisen & Zahlungsmittel

Devisen

In Südmosambik bis etwa auf Höhe von Inhassoro ist der **südafrikanische Rand** die beliebteste "harte Währung". Teilweise werden hier die Resorts direkt in Rand ausgewiesen, weil die Besitzer und auch ihre wichtigste Klientel Südafrikaner sind. Die Verbreitung des Rand nimmt weiter nach Norden zwar ab, bleibt aber auch darüber hinaus eine bekannte und beliebte Währung.

Euro-Noten lassen sich bei nahezu allen Wechselstuben und Banken problemlos eintauschen, besonders in den touristischen Zentren. Der Euro hat nicht zuletzt durch die starken Schwankungen des US-Dollars im südlichen Afrika deutlich an Beliebtheit zugelegt. Leider wird für den Euro dennoch manchmal ein viel schlechterer Wechselkurs geboten. Hier ist man gut beraten, wenn man Bargeld in unterschiedlichen Währungen dabei hat, und nicht gezwungen ist, Euro bei einem schlechten Wechselkurs zu tauschen.

Bitte beachten Sie, dass man mit Rand, Euro oder US-Dollar fast nur touristische Ausgaben bezahlen kann. Vereinzelt nehmen Tankstellen Rand (im Süden) oder US-Dollar, in der Regel bestehen sie aber auf Meticais.

Unsere Empfehlung: Für Südmosambik Bargeld in Rand und Euro und für Nordmosambik möglichst Bargeld in Rand, US$ und Euro bereithalten, damit man je nach angebotenem Wechselkurs in der Währung bezahlen kann, die gerade am günstigsten ist.

Vorsicht bei US$: US-Dollar-Noten aus älteren Druckjahren vor dem Druckdatum 2001 werden aufgrund der vielen Fälschungen zunehmend unbeliebter und teilweise auch von den afrikanischen Banken nicht mehr angenommen. Daher besser nur mit neuen Scheinen und kleineren Stückelungen als den fälschungsanfälligen 100-US$-Noten nach Mosambik reisen, z. B. mit Scheinen über 10, 20 und 50 US$.

Kreditkarten

Die Akzeptanz von Kreditkarten ist weit verbreitet und nimmt rasch zu. Mittlerweile kann man in allen größeren Ortschaften und in den touristischen Zentren **ATM-Bankautomaten** finden, an denen sich mit der kleinen Plastikkarte Bargeld abheben lässt. Die breiteste Akzeptanz findet eindeutig VISA, während Mastercard **bisher** oft noch auf Filialen in den Städten, z. B. bei Banco Austral und Standard, beschränkt ist (hier sind weitere Veränderungen zu erwarten). Bitte beachten Sie, dass das Automatennetz von Süden nach Norden abnimmt und

RUND UMS GELD

außerdem von Bank zu Bank unterschiedliche Gebühren und Bestimmungen gelten. Millenium BIM begrenzt die Bargeldabhebung bisher oft noch auf 3000 Meticais pro Transaktion, während die Standard Chartered Bank 9000 Meticais und die Barclays Bank bis zu 10 000 Meticais abheben lassen. Manchmal sind die Geräte auch "Out of Order", so dass man zur Sicherheit stets ausreichende Bargeldreserven mit sich führen sollte, um trotzdem an Meticais zu kommen. Tankstellen akzeptieren in der Regel keine Kreditkartenzahlung, am ehesten noch die Exito-Tankstellen. An den meisten ATM-Schaltern der BIM-Bankfilialen und ATM-Schaltern mit dem CIRRUS-Symbol kann man auch mit einer **EC-Karte (MAESTRO)** Bargeld abheben. Diners- und Amexco-Kreditkarten sind in Mosambik dagegen nahezu unbekannt.

Bei Verlust der Kreditkarte: Sperren von Kreditkarten können Sie weltweit unter Tel. +49-116116.

Viele Reiseagenturen, Hotels, Restaurants, Souvenirläden und größere, moderne Einkaufszentren akzeptieren Kreditkartenzahlungen. Man sollte sich in Afrika aber nie allein auf Kreditkarten verlassen, um an Bargeld zu kommen, denn dafür sind die ATM-Schalter zu störanfällig und die Gebühren zu hoch. Mit einer Kombination aus Kreditkarte und Bargeld ist man besser gerüstet.

Reiseschecks

Reiseschecks gleich welcher Währung werden von Mosambiks Banken kaum noch akzeptiert. Wechselstuben lehnen Schecks in der Regel rigoros ab. Sofern eine Bank überhaupt bereit ist, Schecks anzunehmen, fallen meistens horrende Gebühren an und sie verlangt außerdem, die Kaufbelege der Reiseschecks im Original einzusehen. Wir raten daher von Reiseschecks für Mosambik gänzlich ab. Wer es dennoch ausprobieren möchte, sollte sie in US$ oder Rand ausstellen lassen, andere Währungen komplizieren das Prozedere womöglich noch weiter. Am gängigsten sind noch die Reiseschecks der Institute VISA/Mastercard und Thomas Cook.

Unsere persönliche Empfehlung: Mit Kreditkarte und Bargeld in gemischten Stückelungen in den Währungen Euro, US$ und Rand anreisen und frühzeitig den größten Teil der benötigten Reisekasse in Meticais einwechseln. Das erspart Ärger und Lauferei. Besonders bei Reisen nördlich des Sambesi sollte man immer ausreichend einheimische Währung bei sich haben und dabei auch auf Noten in kleinen Stückelungen achten. Da ein Rücktausch von Meticais schwierig und verlustreich ist, sollte man den Geldbedarf möglichst gut kalkulieren und nicht zuviel umtauschen.

Auf der Reise

Geldwechsel in Mosambik

Millennium BIM und Standard Bank sind am besten auf den Devisenumtausch eingerichtet. In größeren Städten und touristischen Regionen wird der Geldumtausch zügig abgewickelt, im wenig besuchten Landesinneren kann sich daraus allerdings auch eine längere Aktion entwickeln. Stromausfälle oder fehlender Kontakt zur Zentrale, um dort die aktuellen Wechselkurse zu erfragen, können das Vorhaben bei kleinen Filialen erheblich verzögern und den Reisenden stundenlang festhalten.

Neben den Banken etablieren sich an touristischen Orten Wechselstuben, die bedeutend professioneller, schneller und zu längeren Öffnungszeiten Bargeld wechseln. Darüberhinaus liegen die Umtauschraten bei Wechselstuben häufig sogar etwas höher als bei den Banken, die teilweise recht hohe Kommissionsgebühren einfordern. Also möglichst immer Vergleiche einholen.

Landesweit entstehen mit rasantem Tempo neue Bankfilialen mit ATM-Außenschaltern. Mit einer passenden Kreditkarte löst man damit die zeitaufwändigen Aktionen zum Bargeldbeschaffen in wenigen Minuten.

Trotz der recht stabilen Währung existiert ein **Schwarzmarkt** in Mosambik. Vor allem an den Grenzen und in grenznahen Städten werden für Bargeld (US$, Rand) bis zu 10% bessere Raten als bei den Banken geboten. Dieser Vorgang ist offiziell illegal. Nichtsdestotrotz geschieht er manchmal vor den Augen des Gesetzes, z. B. wenn Touristen an den Grenzen zum Geldwechseln auf die Straße geschickt werden, damit sie die Einreisegebühr bezahlen können...

Aufbewahrung des Geldes

Die großen Geldbeträge trägt man am sichersten direkt am Körper (Bauchgürtel, Brustbeutel etc.) und hält stets einen kleineren Betrag griffbereit in einer Geldbörse. So muss man nicht vor Zuschauern an sein Geldversteck und könnte die Geldbörse im Falle eines Raubüberfalls bereitwillig aushändigen. Vor Ort nimmt man zur Verwahrung der persönlichen Dokumente und Finanzen falls vorhanden den Hotelsafe in Anspruch und lässt nichts unbewacht im Zimmer zurück. Autoreisenden bieten sich zahlreiche knifflige Versteckmöglichkeiten, die dem Handschuhfach unbedingt vorzuziehen sind!

RUND UMS GELD

Handeln – die Kunst des Feilschens

Supermärkte, Restaurants und Geschäfte haben auch in Mosambik Festpreise. Auf den Märkten wird der Preis von Lebensmitteln, insbesondere aber von Souvenirs und Kunsthandwerk ausgehandelt. Das ist gängige Praxis und für die Beteiligten in aller Regel eine Art Volkssport. Feilschen ist dort also kein Zeichen von Geiz, sondern sozusagen des Käufers Verpflichtung. Die Preise sind sehr variabel und hängen von der Tagesstimmung und der aktuellen finanziellen Situation des Händlers ab. Die meisten Afrikaner sind äußerst geschickte Kaufleute, die eine Menge Show bei den Verhandlungen einsetzen und viel Menschenkenntnis beweisen.

Wie viel man jeweils vom angebotenen ersten Preis herunterhandeln kann, lässt sich nicht pauschal sagen. Die oft empfohlene Richtlinie, nach der der reelle Preis ca. 50-70 % des ersten Angebots beträgt, halten wir für irreführend. Sie mag in touristischen Regionen ihre Berechtigung finden, wo die Preise durch ahnungslose Urlauber teilweise astronomisch in die Höhe schnellen, wie z. B. für frischen Fisch und Garnelen. Man kann in einer Stadt den zehnfachen Preis des reellen Wertes genannt bekommen und an der nächsten Straßenecke plötzlich den ehrlichen Einheimischenpreis erhalten, der kaum noch Spielraum für das Handeln lässt. Hier hilft einfach nur Fingerspitzengefühl. Am Besten fragt man verschiedene Händler auf unterschiedlichen Märkten nach den Preisen für die begehrte Ware und prägt sich das Preisgefüge ein. So erhält man mit der Zeit eine Vorstellung vom Preisniveau. Unserer Erfahrung nach neigen Männer stärker zum Fordern überhöhter Preise als Frauen. Wenn man auf dem Markt nach dem Einkauf vom Gemüsehändler noch ein, zwei Produkte gratis „obendrauf" erhält, ist dies oft ein Zeichen dafür, dass er mit Ihnen ein gutes Geschäft gemacht hat. Der Fairness halber gibt er Ihnen noch etwas dazu. Alles in allem gilt es, den schwierigen Mittelweg zu finden zwischen dem pedantischen Geizkragen, der den Afrikanern die Freude, an einem ahnungslosen Touristen ein wenig besser als sonst zu verdienen, nicht gönnt, und dem naiven Grünschnabel, der sich unverhältnismäßig stark „übers Ohr hauen lässt".

Kunsthandwerk & Souvenirs

Wenn Sie geschickt handeln wollen, brauchen Sie Zeit, ein wenig Schauspielkunst und möglichst Routine im Ritual des Feilschens. Sie sollten sich immer erst einen Preis nennen lassen. Setzen Sie nun Ihren Preis deutlich niedriger an, als Sie zu zahlen bereit sind, denn jetzt wird zwischen dem geforderten und Ihrem gebotenen Preis weiter verhandelt. Der Händler wird die Hände über dem Kopf zusammenschlagen, Empörung zeigen und von seinem Ruin jammern. Spielen Sie mit, markieren Sie den Desinteressierten und wenn Sie zu zweit sind, kann Ihr Partner durch scheinbares Drängeln zum Weitergehen die Verhandlungen beschleunigen. Nähern Sie sich langsam an die Summe an, die Sie zu zahlen bereit sind. In der Hochsaison, bei gesicherter Nachfrage, handelt es sich schwieriger. Da stellt sich ein Händler eher die Frage, ob er das begehrte Stück bei geringerem Profit abgibt, oder ob er lieber auf den nächsten Touristen wartet, der vielleicht viel mehr dafür bezahlen wird.

Sie werden vermutlich nicht erfahren, ob Sie einen realistischen Preis bezahlt haben, oder ob sich der Händler insgeheim ins Fäustchen lacht. Man kann aber davon ausgehen, dass ein Händler nur dann verkauft, wenn er noch etwas daran verdient, denn Verluste macht kein Kaufmann freiwillig. Andererseits sollte man in Afrika die wirtschaftliche Notlage der Bevölkerung berücksichtigen. Oft muss ein Straßenhändler viele Personen seiner Großfamilie, vielleicht sogar Aidswaisen der Verwandtschaft, versorgen. Was zählt es da, vielleicht 5 Euro herausgehandelt zu haben, die eine Familie dringend zum Essen brauchen würde? Und sind ein paar zuviel bezahlte Euro nicht in den meisten Fällen eine direkt beim Bedürftigen abgeführte Spende? Ein guter Kaufabschluss ist deshalb nur der, bei dem beide Seiten anschließend zufrieden sind.

WICHTIGE HINWEISE UND ADRESSEN

Einreisebestimmungen

Visa

Deutsche, Österreicher und Schweizer benötigen für die Einreise nach Mosambik ein Visum, das entweder vorab eingeholt wird (kostengünstiger) oder bei Anreise an den größeren Landesgrenzen direkt ausgestellt wird.

Visabsorgung vorab: Dazu sind ein Visaantrag auszufüllen (dieser ist in Portugiesisch und Englisch verfasst), zwei Passfotos beizulegen und mit dem Reisepass einzureichen, der noch mindestens drei Monate Gültigkeit ab dem Einreisedatum aufweisen muss. Es wird auf dem Visaantrag nach einer Buchungsbestätigung der touristischen Reise gefragt. Wer keine Reisereservierung vorweisen kann, schickt eine Kopie der Flug- oder Mietwagenreservierung, als Selbstfahrer auch des Zolldokuments Carnet de Passage. In der BRD wickeln die Konsulate die Visaanträge zügig und kooperativ ab.

Visaanträge zum Download als PDF-Datei bieten auch Visumzentralen, wie www.visum-centrale.de.

Gebühren in der BRD:

Einfachvisum	(bis 30 Tage)	Euro 30,00
	(bis 60 Tage)	Euro 40,00
	(bis 90 Tage)	Euro 50,00
Mehrfachvisum	(bis 90 Tage)	Euro 60,00

Obige Preise gelten bei einer Standardbearbeitungszeit von ca. 1-2 Wochen. Eine Expressbearbeitung verteuert die Gebühren um 10 bis 20 Euro.

Visa bei Einreise an der Grenze: "Visa bei Einreise" sind an allen größeren Grenzübergängen erhältlich. Sie werden vom Immigration-Beamten ausgestellt, der dafür keine Fotos benötigt. Allerdings sind diese Visa teurer und die Gebühren je nach Grenze offensichtlich leicht variabel (77-82 US$ für ein Einfachvisum bis 30 Tage), zahlbar in US$, Euro, im Süden auch in SA-Rand. Kleine Grenzposten stellen teilweise aber (noch) keine Visa selbst aus. Wer über eine kleine, abgelegene Landesgrenze einzureisen gedenkt, sollte das Visum deshalb zur Sicherheit vorab besorgen, sonst wird ihm womöglich die Einreise verwehrt oder erschwert.

Visa beantragen in afrikanischen Nachbarländern: Die mosambikanischen Konsulate in den Nachbarstaaten stellen rasch und unbürokratisch Touristenvisa aus. Es werden jeweils 2 Passfotos benötigt. Die Gebühren für ein Einfachvisum à 30 Tagen sind aber auch hier von Konsulat zu Konsulat verschieden, ebenso wie die Bearbeitungsdauer. Manche Konsulate lassen sich mehrere Tage Zeit, andere, wie z. B. in Durban oder Nelspruit, stellen die Visa meistens innerhalb eines Tages aus

Visaverlängerung: Touristenvisa können in den Provinzhauptstädten bei der jeweiligen „Migração" (Immigration) auf bis zu 90 Tage verlängert werden. Versäumen Sie die Frist nicht, denn auf jeden Tag Aufenthalt mit abgelaufenem Visa stehen bis zu 100 US$ Strafe.

Deutsches Auswärtiges Amt:
Werderscher Markt 1, D - 10117 Berlin
Tel. 030-5000-0, Fax 030-500-3402,
www.auswaertiges-amt.de

Einreiseprozedur

Bei der Einreise wird am Migração-Schalter zusätzlich zur Visagebühr eine Einreisegebühr von ca. 2 Euro fällig und offiziell quittiert. Wer mit einem gültigen, vorab ausgestellten Visum anreist, bezahlt diese kleine Gebühr nicht.

Impfbestimmungen: Vereinzelt wird bei der Einreise nach ausreichend Geldmitteln oder dem Rückflugticket gefragt. Bei Einreise aus einem **Gelbfieber**-Infektionsgebiet (Zentral- und Ostafrika) wird ein Gelbfieber-Impfnachweis verlangt. Nachdem einige Staaten, wie Südafrika, Sambia und Malawi, ihre Gelbfieberkontrollen verstärken, sollte man auch in Mosambik bei Einreise auf dem Landweg mit einem Gelbfiebercheck rechnen.

Zollbestimmungen: Bei der Einreise nach Mosambik müssen Devisenbestände über 5000 US$ deklariert werden. Autofahrer benötigen einen gültigen Internationalen Führerschein, die Fahrzeugpapiere und eine vorübergehende Einfuhrgenehmigung, die der Zoll bei der Einreise ausstellt (siehe S. 353). Jagdwaffen, Boote und Haustiere unterliegen der Genehmigungspflicht, ehe sie eingeführt werden dürfen.

Ausweispflicht! Nach mosambikanischem Gesetz sind Touristen verpflichtet, stets den Reisepass bei sich zu tragen um sich auszuweisen. Nehmen Sie daher Kopien mit, die Sie extra verwahren.

HINWEISE & ADRESSEN

Diplomatische Vertretungen von Mosambik in Deutschland

Botschaft der Republik Mosambik
(Embaixada da República de Moçambique)
Stromstraße 47, D - 10551 Berlin
Tel. 030-39876500
Fax 030-39876503
E-mail: info@embassy-of-mozambique.de
www.embassy-of-mozambique.de
Mo-Fr von 09.30-12.30 h
Die Botschaft ist auch für Österreich zuständig.

Honorargeneralkonsul der Republik Mosambik
Herr Siegfried Anton Lingel
Bayerstr. 33, D - 80335 München
Tel. 089-59998116/55150525
Fax 089-59998109/55150528
E-mail: honorarkonsulat.mosambik@merkur-bank.de
Zuständig für die Länder Bayern, Sachsen, Sachsen-Anhalt, Thüringen (mit Visaausstellung)
Mo-Fr: 09.00-14.00 h

Honorarkonsul der Republik Mosambik
Herr Dietrich Scheder-Bieschin
Große Elbstr. 138, D - 22767 Hamburg
Tel. 040-37673400
Fax 040-37673100
E-mail: Konsulat@mosambik-hamburg.de
Zuständig für das Land Hamburg (mit Visaausstellung)
Mo-Fr: 09.00-12.30 und 13.30-16.30 h

Honorarkonsul der Republik Mosambik
Herr Dr. Marcus Lingel
Königstraße 41, D - 70173 Stuttgart
Tel. 0711-87030922
Fax 0711-87030929
E-mail: konsulat@mosambik-stuttgart.de
Zuständig für Baden-Württemberg (mit Visaausstellung)
Mo-Fr: 09.00-12.00

in der Schweiz und Österreich

Honorarkonsul der Republik Mosambik
Mission Permanente de la République Moçambique
13, Rue Gautier J. - A.
CH - 1201 Geneve/Genf
Tel. 0041-22-9011783
E-mail: mission.moza@bluewin.ch

Honorarkonsulat Mosambik
Theresiengasse 6, A - 1180 Wien
Tel. 0043-1-405612512
Fax 0043-1-405612540
E-mail: mosambik@einereisewert.at
Mo-Fr 09:00 - 12:30 Uhr

Diplomatische Vertretungen von Deutschland, Österreich und der Schweiz in Mosambik

Botschaft der Bundesrepublik Deutschland
Embaixada da República Federal da Alemanha
Rua Damião de Góis 506, Maputo
Tel. 00258-21482700/00258-848143265
Fax 00258-21492888
Bereitschafts-Tel. 00258-82-3033300
E-mail: germaemb@tvcabo.co.mz
www.maputo.diplo.de
Besuchszeiten: Mo bis Fr 09.00-12.00 h

Embaixada da Suica
Av. Ahmed Sekou Touré, 637, Maputo
Tel. 00258-21315275/213221866
Fax 00258-213221869
E-mail: map.vertretung@eda.admin.ch
www.eda.admin.ch/maputo

Österreichische Botschaft
13, Alexandra Park, Harare, Zimbabwe
Tel. 00263-4-702921/707648
Fax 00263-4-705877
E-mail: harare-ob@bmeia.gv.at

Vertretungen von Mosambik

in Südafrika
- Pretoria 0001, P. O. Box 40750, 199 Becket Street, Arcadia 0083, Tel. 0027-12-3437840, Fax 3436714.
- Johannesburg, 252 Jeppe Street, Cape York Bldg., 7th floor, Tel. 0027-11-3272938, Fax 3360133.
- Durban, 320 West St., Tel. 031-3040200, Fax 3040774.
- Nelspruit, 32 Bell St., Tel. 0027-13-752739, Fax 7551207.

in Zimbabwe
- Harare, 152 Herbert Chitepo Ave., P. O. Box 4608, Tel. 00263-4-790837, Fax 732898. Mo-Fr von 08.00-11.30 h.

in Malawi
- Lilongwe, Capita City, Convention Drive, Tel. 00265-784100, Fax 771342. Mo-Fr von 08.00-12.00 h.
- Blantyre, Victoria Ave, Umoyo House, Tel. 00265-1643189

in Swaziland
Embassy of Mozambique, Mbabane, P.O.Box 1212, Highlands View, Princess Drive Road, Tel. 00267-43700, Fax 43692. Mo-Fr von 08.00-11.00 h.

in Sambia
- Lusaka, Kacha Road, Plot 9592, Northhead, Tel. 00260-1-220333/239135, Fax 220345.

in Tansania
- Dar-es-Salaam, 25 Garden Ave, Tel. 051-116502, Fax 116502

SICHERHEIT & GEFAHREN

Gefahren auf Reisen - die persönliche Sicherheit

Wer eine Reise in exotische, untouristische Länder unternimmt, stellt sich irgendwann auch die Frage nach dem möglichen Sicherheitsrisiko eines solchen Unternehmens. Mosambik ist da keine Ausnahme, im Gegenteil – war dieser Staat doch lange Jahre nur durch die Schlagzeilen des Krieges, der Armut und schließlich der Flutkatastrophe in den westlichen Medien präsent. Man fragt sich vielleicht, in welcher moralischen Verfassung eine Gesellschaft nach blutigen Kriegsjahren ist und wie sie auf wohlhabende Besucher reagieren mag. So verharren viele zwischen Neugier und Faszination für ein so wenig vom Tourismus "verdorbenes" Land, und der Furcht vor möglichen Gefahren oder Risiken. Deshalb haben wir uns entschlossen, die Rubrik „persönliche Sicherheit" als eigenen Punkt anzusprechen.

Der klassische **Diebstahl** ist sicherlich das größte Risiko, dem Reisende in Mosambik ausgesetzt sind. Der unauffällige Gelegenheitsdiebstahl ohne Gewaltandrohung, der schnelle Klau, das ist die häufigste Form der Schädigung. Also kein aggressiver Angriff, sondern ganz einfach ein unbemerktes Verschwinden von Hab und Gut. Um die Situation besser einzuschätzen, sollte man sich einmal in die Einheimischen versetzen. Für die meisten Afrikaner ist ganz einfach jeder Tourist steinreich. Schon der Umstand, sich eine Reise um die halbe Welt um des Reisens Willen leisten zu können, weist jeden Tourist als reich aus. Allein die Summe, die ein Tourist bei sich hat, ist mehr Geld, als die meisten Mosambikaner jemals verdienen werden. Es ist also vollkommen unsinnig zu glauben, dass man als Jugendlicher mit alten Klamotten und einem schmalen Reisebudget weniger zur Zielscheibe potentieller Diebe wird als ein wohlhabender Urlauber. Seien Sie sich bewusst, dass Sie stets auffallen, wo immer Sie auch auftauchen, und dort möglicherweise Begehrlichkeiten wecken, um diesen durch umsichtiges Verhalten vorzubeugen. Touristen sind weltweit leicht erkennbare und ziemlich gut kalkulierbare Opfer, denn sie sind in der Regel ortsunkundig, häufig gutgläubig und fast immer unbewaffnet.

Vor allem im Gedränge auf Bushaltestellen und Märkten ist oberste Vorsicht vor geschickten Langfingern geboten. Auf Märkte geht man also ohne jegliche Wertsachen, ohne größere Bargeldbestände, Schlüssel und Dokumente. An den Bushaltestellen haben Rucksackreisende meistens ihr gesamtes Gepäck dabei und können sich in dieser Situation nur durch Aufmerksamkeit und vorausschauendes Verhalten schützen. Auch typische Touristenecken erhöhen das Risiko, Opfer von Taschendiebstahl zu werden. Steht ein Hotelsafe zur Verfügung, verwahrt man dort alle Dokumente und die größeren Geldbestände. Wer seine Wertsachen mit sich führen muss, sollte diese grundsätzlich direkt am Körper tragen. Besser als die leicht erkennbaren Brustbeutel sind Bauchgurte geeignet. Man kann das Geld auch in mehrere Einzelposten aufteilen. Auf keinen Fall darf man sein Versteck in der Öffentlichkeit zeigen. Deswegen hält man stets eine Geldbörse bereit mit ausreichend Geldmitteln für den Tag. Sollte diese gestohlen werden, ist der Verlust nicht allzu hoch. Alle verzichtbaren Wertsachen bleiben sowieso gleich zu Hause, denn sie haben auf Reisen nach Mosambik nichts verloren.

Bewaffnete Überfälle sind in Mosambik glücklicherweise seltener, als die Gerüchte vermuten ließen. In Traveller-Kreisen wird oft vor den Großstädten Maputo und Beira gewarnt. Unseres Erachtens nach sind die Städte Johannesburg, Harare oder Nairobi für Touristen deutlich riskanter als irgendein Ort in Mosambik. Richtig ist, dass die potentiell größten Gefahren in den anonymen Großstädten lauern. Dieses weltweite Phänomen trifft auch auf Mosambik zu. Wer jemals Opfer eines offenen Raubangriffs wird, sollte sich sofort bereitwillig von seinen Wertsachen trennen. „Lieber 5 Minuten lang ein Feigling, als ein Leben lang tot" lautet ein weises Sprichwort. Wer in solchen Fällen vorgesorgt hat, die Wertsachen am Körper trägt und griffbereit einen einigermaßen gefüllten Geldbeutel aushändigen kann, hat eine gute Chance, nur den Geldbeutel zu verlieren.

Die Gefahr von **Autodiebstahl** betrifft nur einen Teil der Reisenden. Früher kam es in Mosambik immer wieder zu Raubüberfällen, um Autos zu erbeuten. Sie spielten sich meistens nachts und entlang der Fernstrecken, vorzugsweise zwischen Maputo und Durban bzw. Johannesburg und entlang des Beira-Korridors, ab. Heute sind solche Überfälle selten geworden. Nichtsdestotrotz besteht in Südmosambik ein Markt für gestohlene Neuwagen und neuere Geländefahrzeuge. Vor vermeintlichen Überfällen schützen sich Autofahrer, indem sie grundsätzlich nicht nachts fahren und auch nicht anhalten, wenn irgend jemand am Straßenrand gestikuliert (außer der Polizei natürlich). Viele Autofahrer verschließen Türen und Fenster bei Fahrten innerhalb der Großstädte. Größer ist die Gefahr eines heimlichen Autodiebstahls. Es gilt: Fahrzeuge werden grundsätzlich nirgends unbewacht abgestellt! In Maputo und Beira muss man einen sicheren Parkplatz finden, die öffentlichen sind nicht verlässlich. Ältere Fahrzeuge oder seltene Automarken sind nicht besonders attraktiv für Autodiebe, im Gegensatz zu neuen Luxuskarossen, wie BMW und Mercedes oder den

SICHERHEIT & GEFAHREN

Toyota-Allradfahrzeugen, werden aber dennoch gerne aufgebrochen und ausgeraubt. So sehr der Rucksacktourist auf seinen Bauchgurt und Rucksack aufpassen muss, hat der Autofahrer eben sein Fahrzeug zu hüten.

Verkehrsunfälle gehören besonders zum Risiko derer, die viel mit Chapas und Bussen unterwegs sind. Meistens handelt es sich um Reifenpannen oder Motorprobleme, wenn die Fahrt am Straßenrand unterbrochen wird. Aber es besteht ein erhöhtes Unfallrisiko, wenn die Fahrer alkoholisiert hinter dem Steuer sitzen. Zu einem offenkundig angetrunkenen Fahrer darf man nie ins Fahrzeug steigen. Je später die Tageszeit, um so eher sind die Fahrer angetrunken, also lieber vormittags reisen. Stehen Bus und Chapa zur Verfügung, würden wir in der Regel aus Gründen der Verkehrssicherheit den Bus vorziehen. Wer selbst mit einem Auto unterwegs ist, legt besser die deutsche Mentalität ab, sein Recht durchsetzen zu wollen. Hier hat das größere und stärkere Fahrzeug Recht. In Zweifelsfall ist die missachtete Vorfahrt weniger schlimm als ein Unfall, den man hätte vermeiden können.

Immer wieder kursieren wilde Geschichten von mosambikanischen **Polizeikontrollen**, die einzig zum Ziel hätten, den Touristen Geld abzunehmen. Das schlechte Image entstand zu sozialistischen Zeiten, als Fremde suspekt waren und gerne polizeilich überprüft wurden. Inzwischen hat sich die politische Landschaft in Mosambik deutlich gewandelt und die Regierung Polizei und Militär zu einem kooperativen Verhalten gegenüber Touristen angehalten. Missbrauch und Korruption im Dienst werden nun geahndet. Unsere persönlichen Erfahrungen während der Recherchen zu diesem Buch bestätigen die Horrorgeschichten nicht. Kontrollen sind zahlreich (im südlichen Mosambik), aber stets haben wir nach Vorzeigen der Dokumente ohne Schwierigkeit weiterreisen können. Negativmeldungen gibt es allerdings gelegentlich aus der Region Xai-Xai. Bitte beachten Sie hierzu auch unsere Erläuterungen zu den Verkehrskontrollen auf S. 366.

Auf das Thema **Landminen** wird auf S. 66 und S. 369 eingegangen. Über dieses Thema ist schon viel Unsinn verbreitet worden (z. B. dass man beim Urinieren eine Landmine auslösen könne...). Die Gefahr wird als schlimmer empfunden, als sie für den Reisenden ist. Die Hauptstraßen und touristisch erschlossenen Strände Mosambiks wurden inzwischen von Landminen gesäubert. Verbliebene Minenfelder wurden größtenteils markiert. Gefahrenbereiche sind vor Ort in der Regel bekannt, deshalb fragt man im Falle eines Falles, z. B. wenn man irgendwo campieren möchte, die Einheimischen nach „Minas perigosas" (gefährlichen Minen). Für Touristen ist das Risiko eines Verkehrsunfalls höher als das eines Unfalls mit einer Landmine.

Was das erwähnte Vermeiden von Begehrlichkeiten angeht, ist als **Verhaltenskodex** zu verstehen. Man protzt nicht mit seinen Werten, zeigt nicht freizügig prall gefüllte Geldbeutel oder edle Kameraausstattungen herum. Lieber verstaut man die teuere Kamera in einem unauffälligen Beutel, der Unkundigen nicht den Wert des Geräts verrät.

Kriminologen wissen längst, dass es einen bestimmten **Opfertypus** gibt, der Gewaltdelikte magisch anzuziehen scheint, während andere Personen sicher und unbelästigt gleiche Situationen erleben können. Potentielle Opfer wirken unsicher, ängstlich und schwach. Für den Reisenden heißt dies, sich möglichst immer zuversichtlich und selbstbewusst zu geben. Man strahlt aus, die Situation im Griff zu haben. Vor allem alleinreisende Frauen sollten sich dieses Verhalten zu eigen machen. Erfahrene Reisende gehen sogar in Städten, wo sie die Orientierung verloren haben, so weit, nicht hilflos mit dem Stadtplan durch die Gegend zu laufen, sondern nur von Zeit zu Zeit unauffällig nach Weg und Ziel zu forschen. Provokantes Gehabe und Zurschaustellung der körperlichen Leistungskraft ist natürlich auch nicht der gewünschte Weg, vielmehr geht es darum, möglichst souverän aufzutreten.

Die persönliche Sicherheit kann auch durch **eigenes Fehlverhalten** beeinträchtigt werden. Beim Reisen in unterentwickelten Ländern sollte man immer im Gedächtnis behalten, wie verheerend z. B. ein Sportunfall enden kann. Tauchen, Klettern und Motorradfahren sollten hier nur Geübte! Anfängererfahrungen macht man besser zu Hause, wo etwaige Unfälle sachgerecht behandelt werden können. In Afrika beenden selbst harmlose Unfälle, wie Verstauchungen, rasch eine lang ersehnte und teure Fernreise.

Zum „eigenen Fehlverhalten" gehört ein Wort zum Thema Drogenkonsum. Besitz, Handel und Konsum von **Drogen** sind in Mosambik illegal. Dennoch können sich Interessierte Marihuana an einigen Stränden und Ortschaften des Landes beschaffen. Wer jedoch mit Drogen erwischt wird, hat die Aussicht auf einen langen Aufenthalt im mosambikanischen Knast und nur wenig Hilfe seiner Botschaft zu erwarten.

Alles in Allem empfinden wir persönlich Mosambik als ebenso sicher und angenehm, wie z. B. Malawi, Sambia, Botswana und Tansania. Wer sich an die empfohlenen Sicherheitsvorkehrungen hält und stets mit offenen Sinnen reist, sich auch nicht scheut, auf den eigenen Instinkt zu vertrauen, der wird mit großer Wahrscheinlichkeit sicher durch Mosambik reisen.

"United Global Peace Index" 2011: Von 153 Ländern liegt Mosambik an 48. Stelle in der Liste der "friedlichsten Länder der Welt" und erreicht hohe Werte bei den Rubriken "Sicherheit" und "politische Stabilität" (die USA liegen dagegen nur auf Platz 82..).

ANREISE NACH MOSAMBIK

Interkontinentale Flugverbindungen

Zahlreiche internationale Fluggesellschaften wie LH, BA, KLM, EK und SAA fliegen mehrmals wöchentlich bis täglich von europäischen Städten in das regionale Flugdrehkreuz Johannesburg (Südafrika). Von hier bestehen dann zahlreiche Weiterflugmöglichkeiten nach Maputo und anderen Zielen Mosambiks, wie Vilankulo, Beira und Pemba.

Wer nach Nordmosambik reisen möchte, könnte sich für die Ostafrika-Alternative über die Drehkreuze Dar-es-Salaam in Tansania und Nairobi in Kenya entscheiden. Beide Flughäfen werden von Europa aus angeflogen und bieten Weiterflüge nach Pemba und Maputo; von Dar-es-Salaam gibt es auch Direktflüge nach Nampula.

Ab Südafrika: Von Johannesburg bestehen tägliche Flugverbindungen nach Maputo, Beira und Vilankulo (ca. 300 Euro pro Strecke) sowie fünfmal wöchentlich nach Pemba (rund 370 Euro). Vom Kruger-Mpumalanga Airport KMIA bei Nelspruit gibt es dreimal wöchentlich Flüge nach Vilankulo. Auch von Durban gelangt man mehrmals wöchentlich direkt nach Vilankulo. Kapstadt-Maputo wird viermal pro Woche geflogen. Zudem gibt es Charterflüge von Johannesburg oder KMIA (Kruger NP) nach Vilankulo und zu den Bazaruto Inseln, z. B. mit Federal Air (www.pelicanair.co.za). **Ab Dar-es-Salaam** bestehen zweimal wöchentlich Verbindungen nach Maputo und viermal nach Nampula und Pemba. **Von Nairobi** gelangt man fünfmal wöchentlich nach Maputo und zweimal wöchentlich nach Pemba. **Von Harare** in Zimbabwe wird die Strecke Harare-Maputo viermal pro Woche angeboten.

Die Flugpreise variieren zum Teil beträchtlich je nach Saison und Fluggesellschaft. Auskunft bieten das Internet und Flugreisebüros.

Der Flughafen Maputo

Maputo International Airport liegt nur etwa 8 km vom Stadtzentrum entfernt innerhalb der Vororte, die Maputo wie einen Speckgürtel umschließen (im Taxi 8-10 Euro). Der Flughafen bietet keine Gepäckaufbewahrung. Fluginformationen sind unter Tel. 21465074/21465829 erhältlich. Weitere Intenationale Flughäfen des Landes: Beira, Nampula, Pemba und Vilankulo.

ANREISE

Anreise auf dem Landweg

Im Reiseteil werden alle Grenzübergänge detailliert beschrieben. Hier eine Übersicht:

Anreise von Südafrika

Per Bus & Minibus: Täglich fahren Fernstreckenbusse mehrerer Unternehmen zwischen Johannesburg und Maputo mit Halt in Nelspruit, wo man zusteigen kann. Je nach Bus kostet die gesamte Fahrt zwischen 20 und 30 Euro. Expressbusse, die zügiger unterwegs sind und mehr Komfort bieten, sind teurer als Fernstreckenbusse. Reservierungsadressen in Maputo: siehe S. 135. Kontakte in Südafrika:

- **Panthera Azul**: Von Johannesburg, Tel. 0027-11-3377438, täglich ab dem Park Station via Nelspruit nach Maputo. Von Durban, Tel. 0027-31-3097798, jeden Mi/Fr/So ab dem Durban Station via Swaziland nach Maputo.
- **Translux:** Johannesburg, Tel.0027-11-7743333. Abfahrt täglich 08.00 h ab Rissik Street/Ecke Walmarans Street. Pretoria-Maputo ebenfalls täglich, Tel. 0027-12-3153476. Info: www.translux.co.za
- **TCO Turismo (Oliveiras):** Johannesburg , Tel. 0027-114521771, Durban Tel, 0027-31-3040997. Jeden Di/Do/Sa von Johannesburg nach Maputo (ab 22 Euro) und jeden Mi/So von Durban (25 Euro).
- **Intercape Mainliner:** Johannesburg. Tel.0027-11-3379169 und 0027-21-3804400. Info: www.intercape.co.za. Mehrmals täglich Busse zwischen Johannesburg und Maputo.
- **Greyhound:** Johannesburg, Tel. 0027-11-2768500. Tägliche Verbindung von Johannesburg nach Maputo. www.greyhound.co.za

Minibusse bzw. Chapas fahren von Maputo und Johannesburg jeweils zur Grenze, wo sie anschließend wieder umkehren. Grenzgänger müssen an der Landesgrenze also die Fahrzeuge wechseln. Es herrscht reger Betrieb, die Wartezeiten sind daher nie lange. Ab Johannesburg kostet die Gesamtfahrt nach Maputo rund 25 Euro, ab Nelspruit etwa 15-17 Euro.

An die Grenzen bei Ponto do Ouro, Pafuri und Giriyondo fahren dagegen keine öffentlichen Verkehrsmittel. Nicht motorisierte Touristen finden in Ponta do Ouro am ehesten in Ferienzeiten oder an den Wochenenden eine Mitfahrgelegenheit bei den zahlreichen südafrikanischen Urlaubern.

Per Bahn: Es gibt keine durchgehenden Züge mehr zwischen Mosambik und seinen Nachbarstaaten, z. B. von Johannesburg, Durban oder aus Swaziland. Diese früheren Verbindungen wurden alle eingestellt.

Tägliche Zugverbindungen existieren von Johannesburg über Nelspruit bis an den Grenzposten Ressano Garcia. Auf mosambikanischer Seite kann man zwar theoretisch mit einem gelegentlich verkehrenden, völlig überfüllten Bummelzug nach Maputo weiterfahren, doch ist man auf dieser Strecke mit einer Chapa deutlich besser bedient.

Die Wiederaufnahme des "Komati Trains" zwischen Maputo und Johannesburg ist seit Langem geplant, aber bisher nicht in die Realität umgesetzt worden. Derzeit fährt der Zug von Johannesburg definitiv nur bis zur südafrikanischen Landesgrenze.

Reservierung in Johannesburg: Tel. 0027-11-7732944.

Anreise von Zimbabwe

Per Bus: Der wichtigste Grenzübergang zwischen Zimbabwe und Mosambik liegt bei Mutare in Machipanda/Manica. Von hier führt der Beira-Korridor in die zweitgrößte Stadt des Landes. Die Strecke wird von zahlreichen Überland- und Minibussen befahren, in unregelmäßigen Abständen auch von Panthera Azul-Bussen (in Beira Tel. 23326564/23323564). Ebenfalls stark frequentiert ist der Grenzübergang Cuchamano-Changara/Nyamapanda. Hier verläuft die legendäre Tete-Run zwischen Zimbabwe und Malawi. Fernstreckenbusse zwischen Harare und Blantyre bieten Aus- und Zustiegsmöglichkeit in Tete.

Nur wenig Verkehr wird über die Grenzen Mucumbura und Espungabera/Mt. Selinda abgewickelt, hier gibt es auch keine öffentlichen Verkehrsmittel.

Per Bahn: Die Verbindung Mutare-Beira fährt gelegentlich mit unzähligen Stopps und Verspätungen.

ANREISE

Anreise von Sambia

Per Bus: Der Ausbau der Straße zwischen Cassacatiza und Tete hat die Anreise via Katete in Sambia deutlich vereinfacht. Doch fahren keine öffentlichen Verkehrsmittel entlang dieser Strecke, nur private Minibusse.

Die Grenze Luangwa/Zumbo liegt an der Mündung des Luangwa in den Sambesi. Eine Überfahrt ist nur per Einbaum möglich. Von Zumbo existieren keine öffentliche Verkehrsmittel zur Weiterreise.

Anreise von Malawi

Per Bus: Einzige Grenzstation zwischen Malawi und Mosambik, die von Fernstreckenbussen bedient wird, ist Mwanza/Zóbuè am Tete-Run. Minibusse fahren außerdem zu den Grenzübergängen Dedza/Ulongwe, Mulanje/Milange, Nayuchi/Entrelagos und Chiponde/Mandimba. Überall muss man die Grenze zu Fuß überqueren und anschließend ein neues Sammeltaxi ergattern. Malawis südlichste Grenze in Nsanje/Vila Nova da Fronteira eignet sich eigentlich nur für Selbstfahrer, hier weil kaum Verkehr existiert. Autofahrer können über diese Grenze zwar rasch nach Mutarara am Sambesi gelangen, den Fluss dort aber nicht mehr überqueren, weil seit 2006 die Brücke eine reine Eisenbahnbrücke ist (S. 210).

Per Bahn: Einmal pro Woche fährt ein Zug von Limbe über Balaka nach Nayuchi an der Grenze zu Mosambik. Von dort fährt aber kein Personenzug mehr weiter nach Cuamba, wo wieder Bahnanschluss nach Nampula bestünde. Von der Grenze bis Cuamba ist man also auf unregelmäßig verkehrende Chapas angewiesen.

Anreise von Swaziland

Per Bus: Die Grenzstation Lomahasha/Namaacha liegt 77 km von Maputo entfernt. Mehrmals wöchentlich fahren Expressbusse (siehe S. 135) zwischen Maputo und Mbabane, Swaziland. Preiswerte Minibusse und Überlandbusse fahren zwischen Mbabane bzw. Manzini und Maputo. Ferner besteht die Möglichkeit, Expressbusse zwischen Durban und Maputo zu nutzen, die via Swaziland fahren. Seit 2005 ist auch der Grenzübergang Mhlumeni/Goba offen.

Anreise von Tansania

Per Bus: Die Grenze bei Namoto und Mwambo am Rio Rovuma können nur noch Fußgänger queren, seit die tansanische Motorfähre gesunken ist (siehe S. 295). Zwischen den beiden Städten Moçimboa da Praia in Mosambik und Mtwara in Südtansania verkehren unregelmäßig Minibusse zur jeweiligen Grenzstation am Rovuma.

2009 wurden zwei neue Grenzübergänge und Grenzbrücken am Rovuma eröffnet: Bei Negomano nahe dem Zufluss des Lugenda in den Rovuma liegt der Grenzposten Unity One (siehe S. 295). Noch weiter im Westen, in der Niassa Provinz rund 200 km nördlich von Lichinga, wurde mit dem Grenzposten Unity Two ein weiterer Übergang im Landesinneren geschaffen (siehe S. 312). Beide Grenzübergänge haben Immigration, Zoll und Polizei vor Ort. Sie liegen in abgelegenen Regionen in der Wildnis, sowohl in Tansania als auch in Mosambik, und ein offizielles Busnetz existiert bisher nicht.

Öffnungszeiten der Grenzübergänge

Südafrika:	Ressano Garçia/Lebombo	06.00-24.00 h (zu Ferienzeiten länger)	
	Ponta d'Ouro/Kosi Bay	08.00-17.00 h	
	Pafuri (GKG Transfrontier Park)	08.00-16.00 h	
	Giriyondo (GKG Transfrontier Park)	08.00-16.00 h	
Swaziland:	Namaacha/Lomahasha	07.00-20.00 h	
	Mhlumeni/Goba	07.00-20.00 h	
Zimbabwe:	Mecumbura/Mucumbura	06.00-18.00 h	
	Espungabera/Mt. Selinda	06.00-18.00 h	
	Cuchamano-Changara/Nyamapanda	06.00-18.00 h	(Tete Run)
	Machipanda/Manica, Forbes-Mutare	06.00-18.00 h	(Beira Korridor)
	Sango/Chicualacuala	06.00-18.00 h	
Sambia:	Cassacatiza/Chanida	06.00-18.00 h	
	Luangwa/Zumbo	08.00-18.00 h	
Tansania:	Namoto/Mwambo	08.00-16.00 h	
	Unity 1 und Unity 2	08.00-16.00 h	
Malawi:	Ulongwe/Dedza	08.00-18.00 h	
	Mwanza/Zóbuè	06.00-18.00 h	(Tete Run)
	Milange/ Mulanje	06.00-18.00 h	
	Chiponde/Mandimba	06.00-18.00 h	
	Nayuchi/Entrelagos	06.00-18.00 h	

ANREISE

Anreise per Mietwagen oder eigenem Auto

Für die Einreise mit einem Fahrzeug verlangen die mosambikanischen Behörden folgende Dokumente: Der Fahrer muss zusätzlich zum nationalen einen **Internationalen Führerschein** mit sich führen, der zeitlich noch über das Reiseende hinaus gültig ist.

Als Zolldokument wird bei ausländischen Fahrzeugen das **Carnet de Passage**, das der ADAC in München ausstellt, anerkannt. Bei einem Mietwagen oder wenn kein Carnet vorliegt, benötigt man einen **Internationalen Zulassungsschein**, mit dem man sich beim Zoll an der Grenze eine zeitlich limitierte Importlizenz für das Fahrzeug ausstellen lässt, die „Bagagem verificada Importação" oder „Temporary Import Permit", kurz TIP, heißt. Dieser Zollschein ist max. 30 Tage gültig und kostet bei Fahrzeugen bis 5 Tonnen Gewicht etwa 12 Euro. Der Betrag ist zahlbar in Meticais, Rand oder US-Dollar, wobei der Betrag in Meticais meistens deutlich niedriger ist als in den anderen beiden Währungen. Die Zollabwicklung für Fahrzeuge verläuft im Allgemeinen routiniert und unproblematisch.

Ferner ist für alle Fahrzeuge eine **Haftpflichtversicherung** (Seguro) abzuschließen. An den gängigen Grenzstationen sind Versicherungsagenten (z. B. von EMOSE) stationiert, andernfalls sollte man dies in der nächstgelegenen Provinzhauptstadt nachholen. Die Gebühren sind nach Gewichtsklassen gestaffelt, in Meticais, Rand oder US-Dollar zu bezahlen, und scheinen je nach Grenzposten etwas zu variieren. Eine 30-tägige Versicherung kostet bei Fahrzeugen bis 3,5 Tonnen ca. 16 Euro, bei schwereren Fahrzeugen 25-30 Euro. Motorräder und Fahrräder werden für rund 8 Euro versichert, Anhänger für etwa 23 Euro. Auch hier gilt wieder: Zahlt man in Meticais, ist der Betrag meistens niedriger, als wenn man in US-Dollar oder Rand zahlt. Die Yellow-Card/COMESA-Versicherung für mehrere Länder wird bisher in Mosambik nicht akzeptiert. Besondere Angaben zu einzelnen Grenzübergangsstellen finden Sie jeweils im Reiseteil.

Nicht-Mosambikanische Fahrzeughalter von Privatfahrzeugen müssen in der Regel ca. 1 Euro Road Tax bezahlen, bei Lkws kann sie erheblich höher ausfallen.

Per Mietwagen: Wer mit einem Mietwagen aus einem der Nachbarstaaten nach Mosambik einreisen möchte, sollte dringend vorab mit dem Vermieter abklären, ob die Einreise nach Mosambik gestattet und versicherungstechnisch abgedeckt ist. Der Vermieter muss die Zollpapiere, eine Einverständniserklärung ("Letter of Authorization"), die Internationale Zulassung ("Blue Book") und ggf. die Versicherungsunterlagen dem Fahrer aushändigen. Der Grenzzöllner stellt dann bei Einreise das oben beschriebene Temporary Import Permit aus.

Mosambik-Offroad-CD mit GPS-Daten

Die GPS-Daten-CD richtet sich speziell an Offroad-Fahrer, die den Komfort schätzen, Wegpunkte direkt über den PC in ihr GPS-Gerät zu laden.

Die CD beinhaltet Detailkarten, Streckenbeschreibung und GPS-Daten zu folgenden Regionen:

Rund um Vila de Sena, Dombe-Espungabera-Region: Chimanimani Nationalpark, Niacuadala, Pebane, Reserva do Gile, Mocuba, Zinave Nationalpark, Fahrt von Mabote nach Machaila, Banhine Nationalpark, Fahrt von Lichinga nach Cobue, Niassa Wildreservat: Zufahrten und Allradwege, Fahrt Lichinga - Marrupa, Fahrt Nampula - Gurue und Milange, Maputo Elephant Reserve, Region Ponta do Ouro, Gorongosa Nationalpark, Mareja Wilderness, Great Limpopo Transfrontier Park: Von Massingir nach Pafuri, Von Mucumbura nach Songo, Von Tete nach Mutarara, Shortcut nach Nacala, Von Gurue nach Cuamba und über Entrelagos nach Malawi und vieles mehr...

Weitere Infos und Leseprobe: http://www.hupeverlag.de/html/mosambik_gps-cd.html

ANREISE

Anreise auf dem Seeweg

Trotz der 2700 km langen Meeresküste und einiger wichtiger Seehäfen bestehen keine regulären Schiffsverbindungen nach Mosambik, bei denen Passagiere aufgenommen werden. Ab Durban in Südafrika fahren allerdings regelmäßig Frachtschiffe nach Ostafrika, die unterwegs in Maputo, Beira etc. anlegen.

Entlang der ostafrikanischen Küste verkehren zahlreiche arabische Dhaus. Es besteht die theoretische Möglichkeit, in Südtansania eine Dhau zu chartern und sich auf diese Weise nach Mosambik, z. B. Moçimboa da Praia oder Palma, übersetzen zu lassen, was allerdings ein zeitraubendes Abenteuer bedeutet.

Eine mögliche Anreisevariante für Individualreisende stellt der **Niassasee** dar. Das malawische **Linienschiff Ilala** fährt wöchentlich von Monkey Bay bis in den Norden des Sees und läuft auf beiden Strecken auch den mosambikanischen Hafen Metangula an (Vorab-Visa sind notwendig, da es hier keine Immigration gibt).

Es werden drei verschiedene Klassen angeboten. Luxus sollte man nicht erwarten, doch eine vernünftige Verpflegung, ein großes Sonnendeck mit einer Bar, ein Salon und saubere, zweckmäßige Kabinen gehören zur Ausstattung. Die schönste Kabine, die Owner's Cabin, hat ein eigenes Bad. Die sechs Standardkabinen verfügen jeweils über zwei Betten, ein Waschbecken und gemeinsame Duschen/Toilette. Im Fahrpreis ist Frühstück enthalten. Deutlich günstiger reist man in der Economy-Klasse, hat dann aber keinen Zugang zum Deck und muss sich seinen Sitzplatz selbst erkämpfen.

Die wenigen Kabinen sind immer stark gebucht, eine frühzeitige Reservierung ist anzuraten:

Malawi Lake Services, Ilala-Bookings, P.O.Box 15, Monkey Bay. Tel. 00265-1- 587311, 587359 und 587361, Fax 587203, 587731. E-mail: ilala@malawi.net.
Alternativ bei Ulendo Safaris, einem offiziellen Agenten für die Ilala: www.ulendo.net.

Fahrplan der Ilala

(M) = Häfen in Mosambik, alle anderen: Malawi

HAFEN	ANKUNFT	ZEIT	ABFAHRT	ZEIT
Monkey Bay			Freitag	10:00
Chipoka	Freitag	13:00	Freitag	16:00
Nkhotakota	Samstag	00:00	Samstag	02:00
Metangula (M)	Samstag	06:00	Samstag	08:00
Likoma	Samstag	13:30	Samstag	18:00
Chizumulu	Samstag	19:30	Samstag	22:00
Nkhata Bay	Sonntag	01:00	Sonntag	05:00
Usisya	Sonntag	07:30	Sonntag	09:30
Ruarwe	Sonntag	10:15	Sonntag	11:15
Tcharo	Sonntag	12:00	Sonntag	13:00
Chilumba	Sonntag	17:00	Montag	01:00
Tcharo	Montag	05:00	Montag	06:00
Ruarwe	Montag	06:45	Montag	08:00
Usisya	Montag	08:45	Montag	10:30
Nkhata Bay	Montag	12:45	Montag	20:00
Chizumulu	Montag	23:00	Dienstag	02:00
Likoma	Dienstag	03:15	Dienstag	06:15
Metangula (M)	Dienstag	12:00	Dienstag	14:00
Nkhotakota	Dienstag	17:30	Dienstag	19:30
Chipoka	Mittwoch	03:30	Mittwoch	07:30
Monkey Bay	Mittwoch	10:30		

TRANSPORT VOR ORT

Das Inlandflugnetz

Die staatliche Fluggesellschaft **LAM** bietet ein dichtes Flugnetz innerhalb des Landes an. Außer Xai-Xai sind alle Provinzhauptstädte per Linienflug mit LAM erreichbar. Die Flüge sind in der Regel wegen der starken Nachfrage deutlich überbucht. Teilweise muss man sich schon monatelang im Voraus um eine Flugreservierung bemühen. Diese sollte man zwischenzeitlich mehrmals rückbestätigen lassen und zusätzlich frühzeitig am Flughafen erscheinen; damit steigt die Wahrscheinlichkeit, auch wirklich einen Platz zu bekommen. Wer im Land einen Flug reserviert, kann die Zahlung in Meticais, Rand oder US-Dollar leisten. Die Inlandflugpreise sind hoch, Maputo-Vilankulo kostet etwa 155 Euro pro Strecke; kurzfristig werden jedoch immer wieder Spezialangebote mit deutlich günstigeren Tarifen offeriert.

Kontakt: Linhas Areas de Mocambique in Maputo, Av. 25 de Setembro, Tel. 21326001, Fax 21465134; Av. Mao Tse Tung/Ecke Av. Julius Nyerere Tel. 21490590/21496101, Fax 21496105; am Flughafen Tel. 21465074. Reservierungen Tel. 21465810/8. Internet: www.lam.co.mz. Weitere Zweigstellen im Land finden Sie im Reiseteil.

Von Maputo gibt es tägliche Flugverbindungen nach Beira, Nampula, Pemba, Quelimane und Vilankulo; nach Inhambane, Tete und Lichinga mehrmals wöchentlich.

Charterfluggesellschaften sind in Maputo, Vilankulo, Nampula und Pemba ansässig (siehe im Reiseteil). Sie bieten teilweise feste Routen und Termine, z. B. zur Insel Inhaca, den Bazaruto Inseln und den Quirimbas, können aber auch für individuelle Ziele reserviert werden. Bei Interesse wendet man sich entweder direkt an die Gesellschaft oder an ein örtliches Reisebüro (siehe auch S. 132). CFA Charters fliegt mehrmals wöchentlich Maputo - Bazaruto Island (hin und zurück ab 420 Euro) und zum gleichen Preis auch von Bazaruto Island direkt zum Gorongosa Nationalpark. Bei diesen Flügen auf die Bazaruto und Querimba Islands gelten strenge Gepäckbeschränkungen (max. 15 kg pro Person).

> **Preise bei Inlandflügen ab Maputo**
> Jeweils billigste Angebote für One-Way-Flüge, die mindestens 7 Tage vorab gebucht werden müssen:
> Pemba ab 130 Euro, Beira ab 180 Euro,
> Tete ab 200 Euro, Vilankulo ab 155 Euro

Bahnverbindungen

Nur wenige Bahnstrecken hat das große Land zu bieten. Für den Reisenden bietet sich eigentlich nur die Bahnstrecke Cuamba-Nampula bzw. Nacala an, auf der sogar Fahrzeuge transportiert werden können (siehe S. 260 und 313). Die Zugabfahrten sind pünktlich und man sollte möglichst schon eine Stunde vorher da sein. Wir empfehlen die Mitnahme einer Taschenlampe, da oft kein Licht in den Waggons brennt. Anderen Strecken halten einem Vergleich zur Busfahrt nicht stand.

Bitte berücksichtigen: Blockierte Straßen oder beschädigte Schienen, Reparaturarbeiten und Wetterkapriolen können in Mosambik bei Bahn und Bus jederzeit zu starken Verspätungen oder Fahrtunterbrechungen führen.

Busverbindungen

Ein festes Netz an komfortablen Fernstreckenbussen verkehrt zwischen Maputo und Nampula, Beira und Chimoio bzw. Tete mit Haltestellen in zahlreichen größeren Ortschaften entlang dieser Routen. Fahrpreise und Abfahrtsorte: siehe Reiseteil. Große Gepäckstücke werden gesondert in Rechnung gestellt. Die meisten Abfahrten liegen in den frühen Morgenstunden, Nachtfahrten wurden aufgrund vieler Unfälle landesweit verboten. Es empfiehlt sich, frühzeitig an der Bushaltestelle zu erscheinen. Den besten Sicherheitsstandard und Komfort bieten die teureren Expressbusse.

REISE-TIPPS

für den Alltag in Mosambik

1.) Begegnung mit den Mosambikanern

Allgemeingültige Tipps bzgl. der zwischenmenschlichen Begegnungen und Kontakte für ganz Mosambik zu geben ist schwierig. Denn je nach Landesregion gibt es sehr große Unterschiede. Im Süden, in der Hauptstadt Maputo und den Küstenstädten bis Vilankulo, sind die Mosambikaner viel selbstbewusster und extrovertierter als im Rest des Landes. Das persönliche Outfit (Kleidung, Accessoirs und Frisuren) ist in Südmosambik von großer Bedeutung. Mit den vielen Touristen pflegt man hier einen legeren Umgang.

Das Landesinnere ist fast überall dünn besiedelt und arm. Das Leben in den Dörfern des Hinterlands ist sehr viel rückständiger als an der Küste. Touristen sind eine Seltenheit. Daher verhalten sich die Menschen in der Regel viel unsicherer und zurückhaltender gegenüber Fremden, ja manchmal sogar devot.

In Nordmosdambik ist es wieder ganz anders. Hier, wo vor allem Makua leben, nähern sich die Menschen Fremden gegenüber wieder viel ungenierter und mit unverhohlener Neugier. Es kann dem Reisenden passieren, dass er stundenlang von einer Menschentraube umringt wird, die sich keiner seiner Bewegungen entgehen lassen möchte. Gute Englischkenntnisse sind auf dem Land eher die Ausnahme.

Überall jedoch zeigen die Menschen die angenehmen afrikanischen Charakterstärken Fröhlichkeit, Situationskomik und Gastlichkeit. Sprachschwierigkeiten werden mit kollektivem Einsatz gemeistert und fast wie eine sportliche Herausforderung angesehen.

An dem jahrzehntelangen angespannten Verhältnis zwischen Südafrika und seinen Nachbarstaaten mag es liegen, dass Mosambikaner in der Regel weniger positiv auf Südafrikaner zu sprechen sind als auf Europäer. In vielen Situationen werden europäischen Touristen größere Sympathien entgegengebracht. Deutschland ist besonders beliebt und bekannt, weil viele Mosambikaner einst in der DDR arbeiteten und lebten. Die meisten haben gute Erinnerungen daran bewahrt und sprechen noch nach vielen Jahren ein ausgesprochen gutes Deutsch mit leichtem Akzent (siehe S. 43).

Wir haben die Erfahrung gemacht, dass viele Mosambikaner bereitwillig und stolz erklären oder zeigen, wofür der Fremde Interesse zeigt. Weil es sich oft um Dinge handelt, die für sie selbstverständlich sind, amüsieren sie sich dabei köstlich. Im Gegenzug sind sie dankbar, wenn man dann auch etwas aus der eigenen Heimat, dem eigenen Alltag, zum Besten gibt. Eine lockere, fröhliche Kommunikation wird überall geschätzt.

TIPPS FÜR DEN ALLTAG

Anhand der **Leserzuschriften** und Anfragen zu unseren Reiseführern fällt uns auf, dass viele Reisende, die bisher ausschließlich in Namibia, Botswana oder Südafrika unterwegs waren, eine Scheu vor anderen Ländern Afrikas haben. Man kann diese Länder und Mosambik, wo Weiße in deutlicher Unterzahl sind, in der Tat nicht miteinander vergleichen. Wer bisher nur in den oben genannten Ländern unterwegs war, mag daher durchaus anfangs Schwierigkeiten mit der Umstellung haben. So ist Mosambik nur bedingt für Leute geeignet, die in Afrika ausschließlich Kontakt zu Weißen suchen. Man mag sich in Südmosambik noch entlang der Strände von weißem Lodgebesitzer zu weißem Campingplatzbesitzer hangeln, aber im Landesinneren und überall nördlich von Vilankulo sind direkte Kontakte zu den Einheimischen unumgänglich – und machen einen Reiz der Reise aus!

Verhaltenstipps

Jenseits der Badestrände ist **ordentliche Kleidung** ein Zeichen des Respekts gegenüber dem Gastland. Offenkundig wohlhabende Touristen – denn wer sich einen Urlaub leisten kann, ist für Mosambikaner reich – in zerrissener, verdreckter oder nachlässiger Kleidung werden mit Unverständnis zur Kenntnis genommen. In der afrikanischen Gesellschaft ist es üblich, die persönliche wirtschaftliche oder soziale Stellung mit sichtbaren Attributen zu unterstreichen; durchaus auch, um sich als gebildeter oder erfolgreicher Bürger von der großen Masse abzusetzen. Ein Schullehrer, Doktor oder Staatsbeamter wird stets auf eine tadellose Erscheinung wert legen. Lumpen sind hier etwas für Bettler und Arme; wer es zu etwas gebracht hat, zeigt dies mit sauberer, modischer Kleidung. Deshalb ist den Menschen ein allzu lässiges Auftreten von Touristen unbegreiflich.

Für Frauen besteht darüber hinaus auch ein gesellschaftlicher **Kleiderkodex**. Zwar sind nackte Arme und Schultern völlig unproblematisch, dafür sollten die Beine einer Frau zumindest bis zum Knie bedeckt sein. Es bringt Ausländerinnen, die sich nicht an diese Kleiderordnung halten, in Mosambik kaum wirklich in Bedrängnis oder peinliche Situationen, aber man stößt sich eben daran und empfindet die „Nacktheit" als schamlos.

Ein richtiges Tabu sind **Zärtlichkeiten** zwischen Mann und Frau in der Öffentlichkeit. Eng umschlungene Touristenpaare fallen auf und werden in der mosambikanischen Kultur als unanständig empfunden. Wenig Anstoß erregt dagegen, wenn befreundete Männer (keine Homosexuellen) Händchenhalten. Homosexuelle und Lesben leben in Mosambik weitgehend inkognito, denn sie werden stark diskriminiert. Politik und Gesellschaft empfinden die gleichgeschlechtliche Liebe immer noch als höchst peinliche Krankheit.

Touristen und das **Fotografieren** gehören zusammen. Wo immer Touristen in Afrika auftauchen, wollen sie die "exotische, wilde Welt" ablichten. In manchen Regionen, wie z. B. am Lago Niassa, stellen sich die Menschen begeistert in Pose, um mit auf das Bild zu kommen. Auch anderswo sind sie stolz und fühlen sich geehrt, wenn man sie fotografieren möchte. Es gibt aber auch viele Menschen, die nicht fotografiert werden wollen. Dies ist unbedingt zu respektieren.

Sprachschwierigkeiten sind kein Argument, um mangelnde Kontaktbereitschaft zu erklären. Wer sich Mühe gibt, wird ohne Worte auskommen und den Menschen ein Lächeln abringen. Es gibt Leute, die können ohne eine gemeinsame Sprache miteinander kommunizieren. Afrikaner zeigen die Bereitschaft dazu fast immer, während wir diese Spontaneität und Situationskomik kaum je gelernt haben. Versuchen Sie ungeniert, sich mit Gesten verständlich zu machen. Eine große Hilfe können Bilder und Bücher darstellen. Wir erinnern uns gern an einen Abend in einem abgelegenen Dorf, in dem niemand Portugiesisch oder Englisch sprach. Mit Hilfe unseres Tierführers kam rasch ein fröhliches „Gespräch" in Gang, bei dem wir erfuhren, welche Wildtiere die Dorfbewohner fürchten bzw. mit Vorliebe jagen und verzehren.

(TIPPS FÜR DEN ALLTAG)

2.) Die sprachliche Verständigung

Portugiesisch ist eine schnell gesprochene romanische Sprache und unseren mitteleuropäischen Ohren in der Regel wenig vertraut. Geschriebene Texte sind sehr viel leichter zu "verstehen" als das gesprochene Portugiesisch, bei dem die Worte gerne direkt aneinander gehängt werden und für Ungeübte schwer verständlich bleiben.

Die **Aussprache** der Buchstaben und Silben weist folgende Besonderheiten auf:

"ã"	wird wie ein nasaliertes "a" gesprochen
"ç"	wird vor "a", "o" und "u" wie "s" ausgesprochen
"c"	wird vor "e" und "i" wie "s" gesprochen, vor "a", "o" und "u" jedoch wie "k"
"ch"	entspricht dem deutschen "sch"
"g"	wird vor "e" und "i" wie im Wort "Garage" gesprochen, bleibt vor "a", "o" und "u" aber ein "g"
"j"	wird wie ein weiches "sch" gesprochen
"lh", "nh"	werden wie "lj" und "nj" gesprochen
"Qu"	wie "k", vor "e" und "i" wird das "u" meist nicht ausgesprochen
"v"	wird immer wie ein "w" gesprochen

Grußformeln und Höflichkeiten

Deutsch	Portugiesisch	Aussprache
Guten Tag / Guten Morgen (bis 12.00 Uhr mitags)	Bom dia	"bom dia"
(ab 12.00 Uhr mittags)	Boa tarde	"boa tarde"
Guten Abend / Gute Nacht (ab 18.00 Uhr)	Boa noite	"boa noithe"
Auf Wiedersehen – Tschüß	Adeus – Tchau	"adejusch, tschau"
Bitte – Danke	Faz favor – Obrigado/a	"fasch fawor – obridago/a"
Gern geschehen (auf ein "Danke")	De nada	"de nada"
ja – nein	sim – não	"sijm – nao"

Fragen

Wie geht's?	Como etsá?, como vai?	"komo (e)schta?, komo wai?"
Wo ist ...?	Onde fica...?	"ondsche fika...?"
Warum...?	Porque...?	"porke...?"
Wieviel kostet es?	Quanta custa?	"kwanta kusta?"
Was...?	O que...?	"o ke...?"
Wann...? / Um wievel Uhr?	Quando...? A que hora?	"kwando? a ke ora?"
Wie heißt du?	Como te chamas?	"komo te schamas?"

Antworten

Alles klar!	Tudo bem!	"tudo bej"
Entschuldigung...	Desculpe,...	"deschkulpe"
Ich weiß (es) nicht	Não sei	"nao sej"
Ich verstehe (es) nicht	Não entendo	"nao entendo"

Diese Wortbeispiele sind hilfreich, können aber nur sehr grobe Anhaltspunkte geben und kein Portugiesisch-Wörterbuch ersetzen, das bei keiner Mosambikreise fehlen sollte.
Siehe auch: **Namen von Speisen und Getränken: S. 360, 361 / Wildtiernamen S. 95**

TIPPS: VERSTÄNDIGUNG

Glossar: Typische Ausdrücke & Begriffe in Mosambik und dem südlichen Afrika

A-Frame Chalet	Chalet mit dem langgezogenen Spitzdach, wie ein „A"
alcatrão – asfalto	Teerbelag – Asphaltbelag
Bairro	Stadtviertel
Batelão	Fähre
B&B	Bed and Breakfast, Frühstückspension
Biltong	Trockenfleisch in Streifen, Spezialität aus Südafrika
Boerewors	„Burenwurst", fettreiche, gerollte Grillwurst
Braai	Grillen, Barbecue (südafrikanischer Begriff)
Bush	Wildnis
Caminhão	Lkw
Campsite / Campismo	Camping- oder Zeltplatz
Chapa	mosambikanisches Sammeltaxi
Coutada	Jagdgebiet
Desvio	Umleitung
Dhau	arabisches Segelboot, engl. Dhow
Escola	Schule
Farinha de Milho	Maismehl
Four Wheel Drive	Allradantrieb (port.: tracção de quatro rodas)
Fullboard/ Pensão completa	Vollpension
Game	Wild(-tiere)
Game Drive	Pirschfahrt zur Wildbeobachtung
Gasolina – Gasóleo	Benzin – Diesel
Guide/Guia	Reiseleiter, Safari-Leiter
Kill	Riss eines Raubtieres
Kraal	traditionelle, umschlossene Wohneinheit
Lift	Mitfahrgelegenheit (umgangssprachlich)
Machibombo	Bus
Mercado	Markt
Migração	Einwanderungsbehörde
Minas	Landminen
Pensão	Kleines, privat geführtes Hotel
perigo	Gefahr!
peri peri	(auch piri piri) sehr scharf (Peperoni)
Praça	öffentlicher, meist zentraler Platz
Praia	Strand
Régulo	Dorfvorsteher in Mosambik
Rondavel	runde Hütte/Ferienhaus

TIPPS FÜR DEN ALLTAG

3) Essen und Trinken in Mosambik

Im südeuropäisch geprägten Mosambik kommt der Nahrungsaufnahme eine viel wichtigere Bedeutung zu als in den ehemals britischen Nachbarländern. In Mosambik isst man interessanter, stärker gewürzt und oft in mehreren Gängen. **Vorspeisen** heißen hier Entradas und bestehen gerne aus Garnelen, Salaten oder Suppen, wie die berühmte Schellfischsuppe "sopa de mariscos". Typische **Hauptgerichte** entlang der Küste sind natürlich Fisch (peixe) und Meeresfrüchte, wie Garnelen (camarão), Langusten (lagosta) und Tintenfisch (lulas) sowie Huhn (frango) und Rindfleisch (carne de vaca). Als Beilagen werden vor allem Reis (arroz), Pommes Frites (batatas fritas) und der afrikanische Maisbrei (posho) gereicht. Gemüse variiert nach Saison. Gerne werden Bohnen (feijão) verarbeitet, aber auch junger Spinat (espinafre), Erdnüsse (amendoim), Avocados (abacate), Kürbisse (abóbora), Tomaten (tomate) und Zwiebeln (cebola). Frische Blattsalate (alface) und Salatgurken (pepino) gibt es fast nur in Großstädten, wo die Kühlung leicht verderblicher Waren gewährleistet werden kann. Vor allem im Landesinneren bildet Maniok (mandioka), der im Englisch-sprachigen Raum Cassava heißt, das Hauptnahrungsmittel der Einheimischen. Der bittere Geschmack ist für Europäer sehr gewöhnungsbedürftig. Maniok hat sich auch nie als Nahrungsmittel der Weißen in Afrika durchsetzen können. Auf den einheimischen Speisekarten werden z. B. "Galinha piri piri" (Scharfes Huhn), "Lulas grelhadas" (gegrillte Tintenfischringe), "Feijoada" (Bohneneintopf), "Salada de pera abacate" (Avocadosalat) angeboten. Als **Nachtisch** sind Süßwaren (doces), Pudding (puddim), "Bolo de Arroz" (Reisküchlein) und Eiscreme (gelado sorvete) typisch, wobei man vom Speiseeis die Finger lassen sollte (S. 340). Neben Fisch und Gemüse beeinflussen zahlreiche Obstsorten die mosambikanische Küche. Ananas (abacaxi), Papaya (popo), Kokosnüsse (coco), Melonen (melão), Mangos (manga) und Bananen (banana) werden nicht nur frisch gegessen, sondern auch intensiv bei der Zubereitung von Hauptgerichten verarbeitet. Das Resultat ist in den meisten Fällen eine Gaumenfreude.

Zum **Frühstück** und als Beilage beim Hauptessen werden portugiesische Brötchen (paozinhos) gereicht, die Reisende mit Broterfahrung in den Englisch-sprachigen Nachbarländern begeistern werden. Belegte Brötchen werden „pregos" genannt, warme Sandwiches heißen „bauru" oder „sanduíche".

Bei den **Getränken** fasst man Limonade, Coca Cola und Sprite unter dem Sammelbegriff refrescos oder sodas zusammen. Mineralwasser (água mineral) kennt man in der Regel nur als stilles Wasser. Wein wird in Flaschen (garafas) serviert, und heißt Vinho branco (Weißwein) und Vinho tinto (Rotwein). Preiswerter Tischwein heißt Vinho da mesa. Der einheimische Wein ist kräftig und hat fast schon sherryähnlichen Charakter. Südafrikanische und portugiesische Weine sind in Restaurants, Hotels und vielen Supermärkten erhältlich. Beliebtestes Volksgetränk ist das Bier (cerveja). In Mosambik werden die lokalen Marken „Manica", Laurentina und „2M" (sprich "doschemme") gebraut und eine Reihe südafrikanischer Marken in Lizenz, z. B. Castle und Amstel. Daneben sind zu etwas höheren Preisen die originalen Biermarken Südafrikas in Dosen und Flaschen erhältlich.

Die Situation für Selbstversorger

In Maputo und Beira ist das Lebensmittelangebot sehr gut. Die südafrikanische Lebensmittelkette Shoprite öffnete in zahlreichen Provinzhauptstädten Filialen und hebt damit die Vielfalt deutlich an. Handling ist ein weit verbreiteter Großhändler für Getränke und gefrorenes Fleisch. Obst und Gemüse aus der Region sind landesweit auf den Märkten zu bekommen. Das Angebot variiert ganz nach Saison. Importierte Konserven mit Gemüse, Obst etc. gibt es in den größeren Städten. Es besteht ein dichtes Netz an Bäckereien (Padaria), die allerdings manchmal schwer zu finden sind, weil sie sich gerne in unscheinbaren Gebäuden befinden. Problematisch wird es, wenn man Frischprodukte sucht, die eine konstante Kühlung benötigen. Milch und Milchprodukte sind daher nur in größeren Städten erhältlich. Eier gibt es zwar auch auf ländlichen Märkten, doch weiß man nicht, wie lange diese schon in der Sonne auf einen Käufer warten. Fleisch ist ebenfalls schwierig zu bekommen. Die kleineren Metzgereien sind nicht jedermanns Sache und bieten nicht immer hochwertige Waren. Wer sich statt dessen an der Küste mit Fisch durchschlagen möchte, sollte seine Kaufbereitschaft am besten schon am Vortag bekannt machen. Es spricht sich schnell herum, dass Touristen Fisch oder Meeresfrüchte kaufen möchten, und die Fischer kommen am nächsten Tag mit ihrem Fang vorbei. Es lohnt sich auch, am Strand direkt die bei Flut zurückkehrenden Fischer abzufangen. Ansonsten versucht man auf den Fischmärkten seine Mahlzeit zusammenzustellen. Es ist schwierig, Preise von Fisch und Garnelen zu nennen, weil sie stark von Region und Saison abhängen. Von Norden nach Süden steigen die Preise mit der Anzahl potentieller Käufer (=Touristen). Bei Garnelen rangiert der Kilopreis bei 7-12 Euro, beim Fisch liegt er bei 2,50-3,50 Euro.

TIPPS: ESSEN & TRINKEN

Speisekarte	o cardápio	Getränk	a bebida
Suppe	a sopa	Bier	a cerveja
Eintopf	o ensopado	Mineralwasser	a água mineral
Soße	o molho	inklusive Bedienung	serviço incluido
Nudeln	as massas	kurz gebraten	mal passado
Beilagen	a guarnição	gut durchgebraten	bem passado
Ananas	o abacaxi	„medium"	ao ponto
Kokosnuss	o coco	Rechnung	a conta
Orange	a laranja	Hackfleisch	a carne moida
Zitrone	o limão	Rumpsteak	o bife inteiro
Melone	o melão	gebraten / gegrillt/frittiert	assado/grelhado/frito
Kopfsalat	o alface	Steak/Lende/Filet	o bife/o lombo/o filé
Erbsen	as ervilhas	Huhn	o frango
Gemüse	o legume	Fleisch	a carne
Knoblauch	o alho	Öl	o óleo
Kartoffel	a batata	Karotte	a cenoura
Blumenkohl	a couve-flor	Früchte/Obst	as frutas
Käse	o queijo	Brot	o pão

TIPPS FÜR DEN ALLTAG

Buschküche – Kochen am offenen Feuer

Kochen am offenen Feuer macht viel Spaß und bietet echte Lagerfeuerromantik. In Mosambik stehen auf vielen Campingplätzen "Braai-Plätze" (Grillvorrichtungen) wie in Südafrika, Namibia oder Zimbabwe zur Verfügung. Ganz wie in den Nachbarländern erfreut sich auch hier das Kochen und Grillen am Lagerfeuer leidenschaftlicher Beliebtheit.

Leider können wegen der großen Hitze und dem starken Verrußen zum Kochen keine normalen Töpfe und Pfannen verwendet werden, sondern man benötigt schweres, hitzebeständiges **Kochgeschirr**, wie z. B. die Emailletöpfe der Fa. Kango, die in Südafrika in vielen Supermärkten verkauft werden, in Mosambik aber nur in den größeren Städten erhältlich sind.

Als **Grundausstattung** für ein erfolgreiches Kochen am Lagerfeuer empfehlen wir: Einen mittelgroßen Topf, eine Pfanne, Bratenwender, Arbeitshandschuhe zum Anfassen der heißen Töpfe, Grillrost (wird im südlichen Afrika in großen Supermärkten verkauft), Grillanzünder, Feuerzeug, Alufolie.

Feuerholz und Kohle: In weiten Teilen Mosambiks wird Feuerholz am Straßenrand verkauft. In Waldgebieten sammelt man tagsüber trockene Äste und Zweige am Wegesrand (mit Vorsicht wegen der Skorpione und möglicher Landminen). Offenkundig per Axt abgeschlagene und zum Trocknen liegengelassene Äste gehören jedoch den Einheimischen. Nur Holz, welches knackt, brennt auch gut; biegsames Holz ist noch zu feucht. Idealerweise hat man auch einen Sack Grillkohle dabei, denn besonders an den Meeresküsten herrscht oft starker Wind. Mit Kohle lässt sich dann leichter ein Feuer entfachen und Hitze zum Kochen entwickeln. Grillkohle kann man fast überall kaufen, in ländlichen Gebieten säckeweise, auf städtischen Märkten in handlichen Portionen.

Anregungen für die Buschküche

- Garnelen spanische Art: eisgekühlt mir frischer Zitrone und Avokado
- Garnelen in Knoblauch-Peri-Peri-Buttersoße mit frischem Weißbrot
- Garnelen in frisch geriebenen Kokosraspeln, mit frischen Korianderblättern und Ingwer gewürzt
- Fisch oder Garnelen mit Tomaten, Paprikaschoten, Bananenstücken und frisch gerösteten Cashewnüssen in einer feurigen Soße, dazu Reis
- Fisch gegrillt oder in Alufolie gebacken
- Eier mit Speck und Zwiebeln, besonders schmackhaft mit Bratkartoffeln
- Steak (T-Bone oder Lende) gegrillt, mit gekochten Germsquashes (Kürbisart) und Kartoffeln in Alufolie, dazu etwas Butter
- Mais–Thunfisch–Salat: Mais- und Thunfischkonserven gibt es im Lande (darauf achten, dass man nicht Cream-Mais-Dosen, sondern körnigen Mais kauft). Dazu Zwiebeln und, falls verfügbar, grüne Paprika. Gewürzt mit Salz, Pfeffer, etwas Öl, Zitronensaft oder Essig
- Afrikanischer Farmersalat aus geraspeltem Weißkraut und Karotten
- Reisfleisch: Reis, Zwiebel, Paprika, Frühstücksspeck (Bacon) oder Rindfleisch, Mais, Tomaten (aus der Dose). Gewürzt mit Knoblauch, Paprika, Chilis
- Afrikanisches Gulasch: Kartoffeln, Paprika oder Bohnen, viele Zwiebeln, Tomaten und Fleisch. Kräftig würzen mit Knoblauch, Chilis, Paprika
- Gegrillte Hähnchenteile mit Gemüse-Risotto
- Nudelreste (Spaghetti) schmecken gut mit Salz, Pfeffer, Ei und Butter abgeröstet
- Hühnertopf mit Kartoffeln, Zwiebeln, Paprikaschoten, Tomaten, Knoblauch, Oregano, Thymian und Basilikum
- Weißbrot: Schmeckt besser, wenn man es am Feuer kurz aufröstet, oder als Knoblauchbrot zum Steak
- Maiskolben: Kochen bis sie weich sind, mit Salz, Pfeffer und Butter servieren
- Banane in Honig gebacken
- Als Zwischenmahlzeit eignet sich Käse mit Salzgebäck
- Zum Frühstück: H-Milch mit Getreideprodukten, wie Corn Flakes etc.
- Germsquashes und Butternut: Weit verbreitete afrikanische Kürbisarten, sehr lange auch ohne Kühlung haltbar, die ca. 20 Min. gekocht werden müssen (zuvor halbieren und die Kerne entfernen). Passen gut zu Kartoffeln und Fleischgerichten. Leicht salzen oder mit Zimt bestreuen.

Kokos-Info: Bei Kokosnüssen mit glatter Oberfläche isst man das weiße Fruchtfleisch, haarige Kokosnüsse werden getrunken. Die Früchte kosten an der Küste etwa 5-10 Euro-Cent pro Stück.

Wichtig: Damit das Essen nicht zum Reinfall wird: Prüfen Sie vor dem Kochen unbedingt das Wasser auf Verunreinigungen und Eigengeschmack! Selbstversorger sollten deshalb stets größere Wasserreserven von guter Qualität mit sich führen.

TIPPS: ESSEN & TRINKEN

Ein paar Tipps für die weitere Küchenausstattung

Dinge, die man besser von zu Hause mitbringt:
Ihre bevorzugten Gewürze, wie Salatkräuter, Paprikagewürz, Pfeffer
Hochwertigen Balsamico-Essig,
Fertigsoßen und Fertigsuppen (gibt es vor Ort, schmecken aber ungewohnt)
Cappuccino/Espresso-Fertigbeutel, Trinkschokolade
Kartoffelpürre-Pulver, abgepackte Fertigkuchen
(z.B. hitzebeständige Sorten in Alufolie verpackt)
abgepacktes Schwarzbrot (Pumpernickel),
Müsliriegel, Vitamintabletten für Getränke
evtl. Gulaschkonserven bzw. Schmalzfleischkonserven, die man verfeinern und zu Nudeln oder Reis servieren kann
Streichwurst in Frühstücksportionen, Speck und Rauchfleisch verpackt
H-Sahne für feine Soßen

Dinge, die man gut vor Ort besorgen kann:
Currymischungen und andere indische Gewürze
Grillsoßen, Tee, löslicher Kaffee, Milchpulver
Speiseöl, Zucker, Nudeln, Reis, Marmelade und Honig

Tipps für die Lagerung

Als Vorratsbehälter eignen sich verschraubbare Plastikdosen.

Tiefkühlbeutel schützen Kühlbox oder Kühlschrank vor tropfendem Fleisch, denn erfahrungsgemäß sind allgemeine Plastikfolien stets undicht.

Obst und Gemüse lagert man am Besten in einem halboffenen Naturkorb.

Um tagsüber frischen Fisch oder Meeresfrüchte zu transportieren eignet sich eine abwaschbare Plastikschale.

Info: Woran man frischen Fisch erkennt

Jeder, der auf Fischmärkten einkauft, kennt das Problem: Wie erkenne ich, ob der Fisch noch ganz frisch ist oder schon lange auf einen Käufer wartet?

Es gibt folgende Merkmale:

Die Kiemen sind nur bei frischem Fisch dunkelrosa bis rot.

Wenn man den Fisch am Kopf fasst und waagrecht hält, muss er fest "stehen bleiben".

Die Augen müssen nach außen gewölbt sein (je flacher die Augen, um so älter ist der Fisch).

Lebende Langusten sind dann noch frisch und fit, wenn sie beim Hochheben den Schwanz nach oben stellen.

Übrigens: Prawns werden fast immer aus Beira oder Nova Mambone angeliefert, auch wenn man sie direkt auf dem Markt von Tofo kauft!

Bild links: Dieser Schnappschuss veranschaulicht, wohin die Kleidung der deutschen "Altkleidersammlung" geliefert wird!

TIPPS FÜR DEN ALLTAG

4.) Tipps & Infos für Autofahrer

Fahren im Gelände macht Spaß! Sandige Flussbette zu durchqueren, Allrad und Differenzialsperren einzusetzen und den Wagen über einfachste Holzbrücken zu lenken, gehört für manche zu den Höhepunkten einer Afrikareise. Doch bevor man sich in das große Abenteuer stürzt, sollte man sich mit den Tricks und Tücken vertraut machen.

Verkehrsregeln

- Höchstgeschwindigkeit: Auf Hauptstraßen: max. 100 km/h. In Ortschaften 60 km/h und Nationalparks: 40 km/h. Viele Radarkontrollen auf der EN1!
- Es herrscht Linksverkehr und besteht Anschnallpflicht (auch auf den Rücksitzbänken!).
- Es gilt trotz Linksverkehr die Rechts-vor-Links-Regel.
- Es besteht striktes Alkoholverbot und Telefonierverbot (Handy) beim Autofahren.
- Jedes Fahrzeug muss zwei Warndreiecke mit 50 cm Schenkellänge und eine reflektierende Sicherheitsweste mit gelben und grünen Streifen mitführen.
- Kreisverkehr: In den Städten gibt es anstelle von Kreuzungen manchmal "Rotunden/Roundabouts". Die Fahrzeuge im Kreisverkehr haben Vorfahrt gegenüber denen, die in den Kreisverkehr einbiegen wollen.
- Kreuzung mit Stoppschild an jeder Straße: Wer als Erster die Kreuzung erreichte, darf als Erster fahren.
- Einspurige Teerstraßen: Bei Gegenverkehr weicht man mit dem linken Reifen auf die linke Schotterspur aus.
- "SIGA" bedeutet "Go"!, "DESVIO" ist eine Umleitung.

Checkliste für Ersatzteile & Werkzeug

Ersatzteile und Bergungshilfen: 2 Ersatzräder, Starthilfekabel mit Klemmen, Sicherungen, Keilriemen, Zündkerzen, Öl- und Treibstoff-Filter, Motoröl, Zündkontakte/Verteilerfinger, Bergegurt oder Abschleppseil, Spaten/Axt, Schäkel
Werkzeug für Reifenpannen: Radmutterkreuz, Wagenheber, Holzunterlage, 12-Volt-Kompressor oder Handluftpumpe, Reifenflickzeug, Reifendruckprüfer
Sonstiges Werkzeug: Draht, Isolierband, Stromkabel, Schlauchschellen, Schrauben & Muttern, Gummischlauch, Klebstoff, Dichtmasse, Kriechöl, Spanngurte, Taschenlampe, Batteriemessgerät

Allgemeine Wartungsmaßnahmen

Wer sich mit einem Auto in Mosambik auf Reisen begibt, sollte zumindest Grundkenntnisse der Fahrzeugtechnik beherrschen, um Wartungsarbeiten und kleinere Pannen selbst beheben zu können. Dazu zählen:

- Bremsen und Reifenzustand regelmäßig prüfen. Eine Reifenpanne bei hoher Geschwindigkeit kann bei Schlauchreifen verheerende Auswirkungen haben.
- Luftfilter regelmäßig überprüfen und ggf. ausklopfen.

Afrikaspezifische Ratschläge

In Afrika legen viele Fahrer bei Pannen **statt Warndreiecke**n Zweige an den Straßenrand und verhindern ein Abrollen des Fahrzeugs durch das Unterlegen von **großen Steine**n. Diese bleiben oft auch dann noch liegen, wenn das hängengebliebene Fahrzeug schon fort ist.

Auf Überlandstraßen sind viele Lkws, Busse und Fahrzeuge mit **hoher Geschwindigkeit** unterwegs. Die langen, geraden Strecken durch eintönige Buschlandschaften verführen zum Rasen. Viele schwere Unfälle durch unerwartete Schlaglöcher, Wildwechsel, riskante Überholmanöver und Ausbrüche durch Schleudern lassen sich auf überhöhtes Tempo zurückführen. Rechnen Sie bei Gegenverkehr immer mit überhöhter Geschwindigkeit und einem übermüdeten Fahrer, der womöglich die Kurven schneidet. Außerdem scheint auf den Fernstraßen das Recht des Größeren zu gelten: Busse und Lkws beanspruchen oft mehr als die Hälfte der Fahrbahn. Als kleineres Fahrzeug muss man immer defensiv fahren und vorsichtig ausweichen können.

Planen Sie nicht zu **lange Tagesetappen**. Pistenfahrten strengen an, eintönige Teerstraßen ermüden – in beiden Fällen lässt die Reaktionsfähigkeit nach.

Wenn der **Motor** zu **überhitzen** droht, hilft es, das Warmluftgebläse einzuschalten.

Legen Sie die typisch deutsche **Autofahrermentalität** ab und führen Sie sich stets vor Augen, welch verheerende Folgen ein Autounfall in der Wildnis Afrikas haben kann.

Wenn Sie noch keine **Geländeerfahrung** haben, tasten Sie sich vorsichtig an die ungewohnten Bedingungen heran, damit das Abenteuer Spaß macht und nicht zum teuren Lehrstück wird.

Nach Regenfällen sind nasse Erdstraßen oft gefährlich glitschig. Auch manche Zufahrten zu Fähren sind steil und rutschig und daher immer vorsichtig zu befahren.

Geländefahrten ermüden stärker, da sie die volle Konzentration erfordern. Außerdem ist der Spritverbrauch höher, besonders im Sand.

Vorsicht bei **Schlaglöchern**: Manchmal werden diese nur mit Teer ausgepinselt anstatt wirklich aufgefüllt. Vor allem können Schlaglöcher jederzeit unvermutet auftreten; Warnhinweise sind selten.

TIPPS: AUTOFAHREN

Typische Gefahren für Autofahrer

Nachtfahrten: Fahren Sie grundsätzlich nicht nachts. Besonders die Hauptstraßen gelten wegen des hohen Risikos, bei schlechter Sicht Menschen oder freilaufende Tiere zu überfahren, als gefährlich. Auch Straßenschäden, wie Schlaglöcher oder unbefestigte Seitenränder, sind im Dunkeln kaum zu erkennen.

Wildtiere: Wildwechsel ist praktisch überall außerhalb der Städte möglich, außerdem stellen zahlreiche Nutztiere am Straßenrand und sogar mitten auf der Fahrspur ruhend eine erhebliche Kollisionsgefahr dar. Aufgeschreckte Hühner gehören in ländlichen Regionen zur Tagesordnung. Dagegen schützt nur langsames, vorausschauendes Fahren.

Fahrradfahrer: Vorsicht bei Fahrradfahrern: viele fahren in der Straßenmitte oder zu zweit nebeneinander und registrieren von hinten kommende Fahrzeuge erst sehr spät. Dann weichen sie mitunter unkontrolliert aus. In unklaren Situationen besser rechtzeitig hupen.

Fahren im Konvoi: Wenn man mit zwei Fahrzeugen unterwegs ist, muss der Hintermann stets aufpassen, ob Passanten, Fahrradfahrer oder Tiere, die vor dem ersten Wagen ausgewichen sind, nicht plötzlich wieder zur Straßenmitte laufen, weil sie das zweite Fahrzeug nicht wahrgenommen haben.

Besondere fahrtechnische Anforderungen

Im Sand steckengeblieben?

Folgende Maßnahmen sind anzuwenden:

1) Schaufeln (vor den Reifen, wenn der Wagen aufsitzt auch unter dem Fahrzeug), bei Bedarf auch die Mittelspur vor dem Wagen etwas abtragen
2) Reifendruck auf ca. 0,8-1,0 bar reduzieren
3) Wenn möglich, kurz zurücksetzen, um den Wagen freizustellen. Mitfahrer dabei anschieben lassen
4) sobald ein Reifen durchdreht: stoppen! Erneut Sand schaufeln
5) Falls vorhanden, Differentialsperre(n) zuschalten
6) Notfalls Wagen an einer Seite hochbocken und Sandblech oder Hölzer unterlegen
7) Schließlich zügig mit Anschieben, Allrad und Sperren durchfahren
8) Anschließend Reifendruck wieder erhöhen, da sonst Gefahr droht, die Reifen durch Dornen und Wurzeln aufzuschlitzen.

Wasserdurchquerungen

Bevor man sein Auto in überspülte Furten oder Tümpel lenkt, sollte man die Fahrspur untersuchen. Vorausgehend und mit einem Stecken kann man ertasten, ob der Untergrund fest ist und wie tief das Wasser wird. Schließlich durchquert man die Wasserstelle im Allradmodus zügig, aber ohne Hast. Hauptsächliche Gefahr ist ein Steckenbleiben inmitten des Gewässers, wodurch Wasser in den Motor dringen und diesen beschädigen könnte. Im Zweifelsfalle kehrt man besser um und verzichtet auf das feuchte Abenteuer.

Fahren auf Schotterpisten (Gravel Road)

Wellblech-Rüttelpisten sind am sichersten ganz langsam zu fahren. Nur Fahrer mit ausreichend Pistenerfahrung dürfen sich in höhere Geschwindigkeitsbereiche vorwagen. Geschwindigkeiten über 80 km/h sind lebensgefährlich! Schlechte Stoßdämpfer wirken sich auf Schotterpisten besonders fatal aus. Der Wagen kann blitzartig ausbrechen und unkontrollierbar werden. Nicht selten kommt es dann zu Überschlägen. Halten Sie auf allen Pisten immer genügend Abstand zum Vordermann und verzichten Sie auf riskante Überholmanöver bei schlechter Sicht (z. B. Staubwolken). Es besteht erhöhte Steinschlaggefahr während des Überholens und bei Gegenverkehr.

Fahren auf Erd- und Sandpisten

Bei Fahrten auf Pisten durch dichten Busch ist auf spitze Wurzeln und Baumstümpfe Acht zu geben, die im Nu die Reifen aufschlitzen können. Ähnliches passiert auch bei trockenem Dorngestrüpp. Querrillen und tiefe Löcher auf den Pisten erlauben oft nur ein langsames Vorankommen. Nach Regenfällen sind Erdstraßen gefährlich glitschig, ihre Oberfläche wird zur "Schmierseife" und birgt bei schneller Fahrt unerwartete Schleudergefahr.

Schlammstrecken befahren

Im Gegensatz zum Tiefsandfahren sollte man bei Schlammstrecken den Reifendruck nicht reduzieren. Evtl. kann man die schlammigen Spuren vor der Durchfahrt mit Ästen auslegen. Schlammstellen befährt man im Schritttempo. Vorsicht: Auch vermeintlich abgetrocknete Schlammpassagen können unter der trockenen Oberfläche immer noch weich sein. Außerhalb der Regenzeit sind Schlammstellen glücklicherweise selten.

TIPPS FÜR DEN ALLTAG

Verkehrskontrollen

Verkehrskontrollen kommen in ganz Mosambik vor. Meist handelt es sich dabei um einzelne Beamte, die am Straßenrand den Verkehr kontrollieren und von Zeit zu Zeit Verkehrsteilnehmer zum Halten auffordern. Einige Polizisten haben offenkundig eine Vorliebe für Ausländer. Immer wieder gibt es Phasen, in denen sich Kontrollen an Touristen häufen. So geriet z. B. die touristische Region Xai-Xai in den Ruf häufiger "polizeilicher Wegelagerei gegenüber ausländischen Autofahrern". Beliebte Vorwürfe waren überhöhte Geschwindigkeit im Ort und das "Fahren auf der Gegenfahrbahn bei Schlagloch-Ausweichmanövern", für die hohe Bußgelder gefordert wurden. 2005 ging die Regierung gegen diese Machenschaften vor, woraufhin es seither in Südmosambik zu deutlich weniger Vorfällen kommt.

Kontrollen führen sowohl Zivilpolizisten durch (z. B. an Distrikt- oder Provinzgrenzen) als auch Verkehrspolizisten. Die Zivilpolizei in grauen Uniformen kontrolliert die Pässe und Visa. Verkehrspolizisten, die Fahrzeugkontrollen durchführen und die Fahrzeugpapiere prüfen wollen, erkennt man an der marine-weißen Uniform.

Wer in eine Kontrolle gerät, wird zuerst nach den entsprechenden Ausweisdokumenten gefragt. In der Regel sind dies der Reisepass mit Visum, der Internationale Führerschein, Internationale Fahrzeugpapiere, der Zoll-Importschein oder die Kfz-Versicherung. Ferner wird kontrolliert, ob alle Insassen (auch auf den Rücksitzen!) angeschnallt sind und ggl. nach den obligatorischen beiden Warndreiecken gefragt. Hartnäckige Kontrolleure führen sogar einen Lichtfunktionstest durch. Wenn alle Papiere in Ordnung sind, man sich keinem der potenziellen Vergehen schuldig gemacht hat und nicht zu schnell gefahren ist (viele Radarkontrollen!), gibt es keinen Grund, irgendwelche Bußgelder zu fordern. Die meisten Polizisten verhalten sich sogar ausgesprochen korrekt gegenüber Touristen. Bei unseren Recherchereisen haben wir oft erlebt, dass Einheimische gestoppt und überprüft, wir aber bei den Kontrollen durchgewunken wurden. Am besten ist Vorbeugung: Vor allem bei Ortsdurchfahrten entlang der EN1 frühzeitig die Geschwindigkeit drosseln und deutlich unter der erlaubten Höchstgeschwindigkeit bleiben, stets angeschnallt fahren und ordnungsgemäß blinken. Sollte man dennoch an misstrauische oder auf ein Vergehen lauernde Polizisten geraten, empfehlen sich folgende Verhaltensweisen: Jedem Beamten des Landes gegenüber verhält man sich freundlich, höflich und zurückhaltend, wodurch er sich als Respektsperson anerkannt fühlt. Dann kann es helfen, sich als europäischer Tourist zu erkennen zu geben, denn sie sind in Mosambik beliebter als Südafrikaner. Ist ein Polizist sehr hartnäckig und kommt es zu Schwierigkeiten, so empfiehlt es sich, den Beamten in ein freundliches Gespräch zu verwickeln. Ob die Straße ebenso schlecht weiter geht oder endlich besser wird, wo die nächste Tankstelle kommt, wann es hier zuletzt geregnet hat und ob er schon einmal deutsche Touristen getroffen hat... Je mehr man fragt, um so schneller bringt man die Situation in eine lockere Gesprächsatmosphäre, und ein Tourist, der das Land und seine Bewohner lobt, schmeichelt auch dem Staatsdiener. Wer dem Beamten sympathisch ist, den lässt er schließlich weiterfahren. Aber missverstehen Sie uns bitte nicht: Diese Tipps gelten für unberechtigte Drangsaliereneien. Tatsächliche Verkehrsvergehen berechtigen die Beamten natürlich zur Ahndung und müssen auch bezahlt werden.

Sollte es zur Bußgeldzahlung kommen, sind alle Beamten verpflichtet, sich namentlich auszuweisen, eine Quittung auszustellen und sie dürfen nur Beträge in der lokalen Währung verlangen. Weigern Sie sich, ohne Quittung Geld zu bezahlen! Wenn US$ verlangt werden, ist dies ein Zeichen polizeilicher Wegelagerei und illegal. In zweifelhaften Fällen sollte man seine Dokumente dem Beamten möglichst nur vor die Augen halten, sie aber nicht aus den Händen geben, sonst könnte es heißen "Geld oder Papiere".

Verhalten von Tieren auf der Fahrbahn

Bei Überlandfahrten muss man immer mit Tieren auf den Straßen rechnen.

Esel werden ihrem Ruf gerecht und bleiben teilweise stoisch mitten im Weg stehen.

Rinder entfernen sich nur langsam. Als Herdentiere folgen sie einander, oft ist ein Abbremsen notwendig.

Ziegen entfernen sich in der Regel rechtzeitig zum nächstgelegenen Straßenrand. Vorsicht jedoch bei jungen Ziegen.

Hunde können Autos schlecht einschätzen und entfernen sich häufig zu spät von der Fahrbahn.

Hühner rennen panisch davon, drehen aber gerne während der Flucht wieder um, um zurück auf die Straße zu laufen.

Affen rennen schon in weiter Entfernung davon.

TIPPS: AUTOFAHREN

Besondere Autofahrer-Hinweise für Mosambik

Treibstoffversorgung: Auf den Hauptstraßen in Südmosambik besteht ein immer dichter werdendes Netz an Tankstellen. Doch je weiter man nach Norden oder ins Hinterland gerät, um so spärlicher wird es. Am besten tankt man dort bei jeder Gelegenheit voll (im Reiseteil werden die Tankstellen genannt). Für sehr abgelegene Touren z. B. in Nordmosambik sollte man eine Reichweite von 1000 km einplanen, benötigt also entsprechende Tanks oder Kanister zur Aufbewahrung. Im Norden kommt es manchmal zu Treibstoffengpässen. Viele Tankstellen haben am Sonntag geschlossen. Bitte bedenken Sie, dass sich der Spritverbrauch auf Erd- und Sandstraßen gegenüber dem auf Asphaltstraßen erhöht. **Treibstoffpreise** sind nicht einheitlich, am billigsten in Maputo, Beira und Nacala; je weiter davon entfernt, um so teurer. Diesel heißt in Mosambik Gasoleo und ist mit 1,10-1,30 Euro/Liter rund 25 % billiger als Benzin, das in Mosambik Gasolina heißt. Bleifrei (sem chumbo) gibt es inzwischen in fast allen größeren Städten und Provinzhauptstädten.

Benzinqualität: Vielerorts, besonders im Norden, lässt die Spritqualität mitunter zu wünschen übrig. Fahrzeuge, die Superbenzin benötigen, bemerken dies durch Klingeln des Motors bei niedriger Drehzahl. Für solche Fälle kann ein sog. Octan-Booster, den man dem mangelhaften Benzin beimischt, hilfreich sein. Bei gepanschtem Benzin (eine Gefahr beim Benzinverkauf aus Kanistern) hilft dies jedoch auch nicht mehr. Unser Tipp: Immer noch einen Kanister mit hochwertigem Benzin in Reserve halten, den man im schlimmsten Fall zum Verdünnen verwenden kann.

Der **Straßenzustand** sowohl der Asphaltstrecken als auch der Erd- und Schotterpisten kann sich in Mosambik rasch ändern. Er ist abhängig von der Reisezeit und von Dauer und Ausmaß der letzten Regenzeit. Die Regenmonate zwischen Dezember und April setzen den meisten Straßen massiv zu. Es entstehen Schlaglöcher, brechen Randstreifen ab, steiniger Untergrund wird freigelegt und Schlammstellen treten auf. Mitunter schwellen die Flüsse so stark an, dass sie Brücken wegspülen oder Wegstrecken überfluten; in schlimmen Fällen ganze Landstriche unter Wasser setzen. Nach der Regenzeit müssen diese Schäden erst mühevoll wieder repariert werden. Da ist es ein wenig Glückssache, welche Straßen den Vorrang bekommen und zuerst „gegradet" oder ausgebessert werden. Zum Ende der Trockenzeit, vor dem nächsten Regen, sind die meisten Straßen wieder mehr oder weniger in Ordnung gebracht worden. Nun kommt noch hinzu, dass für größere Instandsetzungen und Ausbauprojekte einzelner Strecken in der Regel internationale Finanzhilfen gesucht werden. Welche Straße dabei wann in den Genuss sachgerechter Erneuerung kommt, ist nicht vorhersehbar. Wir können bei den Streckenbeschreibungen im Reiseteil daher nicht für den Bestand unserer Angaben garantieren. Vielmehr handelt es sich um Bedingungen, die wir bei unseren Recherchen vorfinden und um Erfahrungen aus jahrelangem Reisen in Mosambik. Allgemein sind die Straßenbedingungen im Süden besser und verlässlicher als im Norden. In den vergangenen Jahren sind in Mosambik immense Anstrengungen im Straßenbau erbracht und etliche Straßen und Pisten ausgebaut worden. Die meisten Strecken, besonders im Süden und Zentrum, sind im Augenblick daher in gutem Zustand, doch kann sich die Beschaffenheit mit einsetzender Regenzeit rasch ändern. Wir möchten allen, die ausgefallene Touren planen, raten, sich zusätzlich vor schwierigen Strecken vor Ort nach der Befahrbarkeit zu erkundigen, z. B. bei Lkw- und Minibusfahrern an den Tankstellen. **Für Ihre Planung:** Obwohl die Fernstrecke EN1 größtenteils in sehr gutem Zustand ist, erreicht man nur eine Durchschnittsgeschwindigkeit von 60-70 km/h, weil sehr viele Ortsdurchfahrten mit deutlicher Geschwindigkeitsbegrenzung das Reisetempo zügeln (wegen der vielen Radarkontrollen sollte man sich auch strikt daran halten). Darüberhinaus erlauben viele Pisten nur eine Durchschnittsgeschwindigkeit von 20-30 km/h. Unbedingt bei der Planung berücksichtigen!

Karten für Mosambik: Erhältlich sind die Landkarten: "Mosambik - Malawi" 1:1200 000, Reise-Know-How Verlag, ISBN 3-8317-7138-3 (2008) und die Karte "Mocambique & Malawi" 1:900 000, International Travel Maps, ISBN 978-1553413080 (2011). Die Straßenkarten orientieren sich noch an Vorgaben, die bis in die Kolonialzeit zurückreichen. Teilweise sind Straßen verzeichnet, die nicht mehr befahrbar sind, dafür fehlen neue Strecken. Nicht sehr detailliert, aber insgesamt genau zu zuverlässig ist die Michelin-Karte. Die russischen Karten sind dagegen nur in topographischer Hinsicht hilfreich. Bei den Karten in diesem Reiseführer legen wir Wert auf reale Straßenverhältnisse, daher weichen sie auch vereinzelt von den offiziellen Karten ab. Wo uns bekannt ist, dass Straßen nicht befahrbar sind, zeichnen wir sie nicht ein. Auf die neuen Straßen verweisen wir dafür im Reiseteil und auf den Karten.

TIPPS FÜR DEN ALLTAG

Allradmodus (4x4)

Bei den meisten Geländewagen kann man zwischen dem normalen Zweiradantrieb und dem Vierradantrieb wählen. Durch einen einfachen Riegelmechanismus werden auch die Vorderräder angetrieben. Man schaltet den Allradmodus nur bei Bedarf dazu, weil das Fahren mit 4x4-Antrieb deutlich mehr Treibstoff verbraucht. Bei Fahrzeugen mit manuellen Freilaufnaben empfiehlt es sich, bei abwechslungsreichen Wegstrecken, wo sich Allradpassagen mit normal befahrbaren Abschnitten abwechseln, die Freilaufnaben auf die Position „Locked" einzustellen. Bei schneller Fahrt auf guten Straßen sollen die Naben dagegen immer auf „Free" eingestellt sein (also auf reinen Zweiradantrieb).

Zusätzlich wird zwischen „4 WD High" und „4 WD Low" unterschieden. „**Low**" bezeichnet eine Getriebeuntersetzung zum Anfahren in extrem steilem Gelände oder zum Befreien aus Tiefsand und Schlamm. Die Übersetzung „**High**" wird für das konstante Fahren im Allradantrieb verwendet.

VW-Allradbusse (Synchro) haben einen integrierten Allradmodus, der sich automatisch zu- und abschaltet.

Differenzialsperren

Das kurzfristige Einsetzen der „Diff Locks" verhindert erfolgreich das Durchdrehen einzelner Räder und kann in kniffligen Situationen wahre Wunder wirken. Bei starken Steigungen im Gelände, bei Schlamm oder Tiefsand geben die Sperren dem Fahrzeug manchmal gerade den nötigen Halt, um sich aus der Problemsituation zu befreien. Differentialsperren dürfen jedoch nur kurz eingesetzt werden, denn sie machen das Fahrzeug schwer manövrierfähig. Das Lenken ist stark eingeschränkt, und mit den vorderen Sperren ist quasi nur noch ein Geradeausfahren möglich.

Achtung Mietwagenfahrer: Da es unterschiedliche Allradsysteme gibt, ist es wichtig, sich beim Mietwagenanbieter vor Antritt der Reise kundig zu machen.

Ein Allrad funktioniert nicht, wenn die Freilaufnaben auf „Free" oder „Unlocked" stehen!

Wenn der Busch brennt...

Buschbrände gehören in Mosambik zum Alltagsbild. Sie beginnen direkt nach der Regenzeit mit dem "frühen Abbrennen" (Early Burning). Durch den nächtlichen Feuchtigkeitsniederschlag und eventuell noch auftretende kleine Regenschauer wächst erneut frisches Gras auf der abgebrannten Fläche. Das "späte Abbrennen" (Late Burning) zum Ende der Trockenzeit soll wiederum bestimmte Bäume zum frühzeitigen Ausschlagen bringen und die mit trockenem Gras bestandenen Flächen frei machen, um bei den ersten Regenschauern den frischen Graswuchs zu beschleunigen. Dass das Feuer zu Afrika gehört, kann man leicht an den Bäumen erkennen. Fast alle Baumarten sind schwer entflammbar, manche brauchen sogar das Feuer, um ihre Samenkapseln zu öffnen.

Wer im September die öden, abgebrannten Waldflächen sieht, kann sich kaum vorstellen, dass die gleiche Landschaft wenige Monate später in tropisches Grün verwandelt wird. In der afrikanischen Tradition haben die Brände jedoch noch mehr Funktionen. Sie reduzieren Ungeziefer, vertreiben Schlangen und ermöglichen Feldanbau, denn Brandrodung für Wanderfeldbau wird immer noch angewandt. Kein Afrikaner wird versuchen, einen Buschbrand zu löschen, es sei denn, die eigenen Hütten sind bedroht. Leider werden aber auch Urwälder in Brand besetzt, deren Ökosystem nicht an regelmäßige Brände gewöhnt ist. Und das alljährliche **Abbrennen der Wälder** ist auch nicht zu vergleichen mit den periodischen natürlichen Buschbränden, denn es entwickelt sich beim Abbrennen viel höhere Brandtemperaturen. Die Natur wird durch das jährliche Abbrennen auf die Dauer überstrapaziert.

Für den Touristen sind die Brände in den seltensten Fällen wirklich bedrohlich. Die Feuer fressen sich langsam durch die Landschaft. Es verbrennen aber nur das Gras und das Unterholz mit dem Laub der Bäume. Nur wenige Bäume fangen richtig Feuer. In der Regel kann man an einem Buschbrand problemlos zügig vorbeifahren, denn der Feuerstreifen ist nur wenige Meter breit. Dahinter qualmt es noch, gelegentlich hat ein umgestürzter Baum Feuer gefangen und kokelt noch mehrere Tage weiter.

TIPPS: LANDMINEN

5) Wie gefährlich sind die Landminen in Mosambik?

Meldungen über die im Bürgerkrieg vergrabenen Landminen verunsichern Reisende gelegentlich. Wir haben uns viel Mühe beim Recherchieren genauer Informationen gegeben. Wieviele Landminen liegen noch in der mosambikanischen Erde? Findet man sie in allen Landesteilen und Provinzen? Inwieweit ist die Minenräumung vorangeschritten, wo vielleicht sogar schon abgeschlossen? Ist es richtig, dass die schwere Flut von Februar 2000 bereits markierte Minenfelder weggespült und einzelne Minen somit wieder freigelegt hat? Viele Fragen haben sich uns gestellt, von denen manche nicht und andere nur teilweise beantwortet werden konnten.

Alle Überlandstrecken wurden in den letzten Jahren nach Minen überprüft, die meisten **Minenfelder** inzwischen **geräumt**. Wo die Räumung noch aussteht, sind die Minenfelder deutlich markiert und mit rotweißen Absperrbändern umzäunt (siehe Bild unten). Auch die touristisch erschlossenen Strandgebiete wurden gesäubert.

Minen können theoretisch überall vergraben worden sein, doch entspräche dies nicht den beabsichtigten Kriegszwecken. Sowohl die Renamo als auch die Frelimo haben Landminen zur Kriegsführung eingesetzt. Während die Regierungssoldaten Minengürtel zum Schutz von Kasernen, wichtigen Brücken, Staudämmen und einigen Ortschaften anlegten, versuchte die Guerilla mit dem Einsatz von Landminen die Bevölkerung zu zermürben und die Infrastruktur zu destabilisieren. Deshalb verminte die Renamo gezielt die Umgebung von Gesundheitsposten, Schulen und manchen Wegkreuzungen. Außerdem gab es entlang der Außengrenzen Mosambiks **Minengürtel**, um die Flucht zu erschweren. Regionen, die heftig umkämpft waren, sind stärker vermint worden als ruhigere Gebiete. Die Umgebung von Maputo, der Großraum Tete mit dem Cahora-Bassa-Staudamm, die Gorongosa-Berge (ehemaliges Hauptquartier der Renamo) und der Beira-Korridor zählen zu den stark betroffenen Regionen, im Gegensatz zum Norden (Niassa und Cabo Delgado).

Seit 1993 waren Tausende Minenräumer in Mosambik damit beschäftigt, die heimtückischen Kriegswaffen zu entdecken und zu entfernen: der britische HALO-Trust mit Sitz in Quelimane, die französische Gruppe Handicap International von Inhambane aus, die norwegische People's Aid in Tete und die ehemalige UNOMOZ in Maputo. Die internationalen Hilfsgemeinschaften haben ihre Aktionen aufeinander abgestimmt und weite Bereiche des Landes von Minen „gereinigt". Bei unserer Recherchereise zu dieser Auflage haben wir erstmals gar keine abgesteckten Minenfelder mehr entdecken können. Natürlich ist dies kein Garant für absolute Sicherheit. So wie auch in Mitteleuropa noch mehr als ein halbes Jahrhundert nach dem letzten Krieg Bomben und Minen gefunden werden, wird man leider auch in Mosambik künftig mit entsprechenden Funden und wohl auch mit Unfällen rechnen müssen.

Die vielen Gespräche vor Ort und unsere eigenen Recherchen begründen unseren Eindruck, dass die Gefahr der Landminen für Touristen einigermaßen kalkulierbar ist. **Wichtigster Rat** ist, nicht in Dickicht, Wälder oder Wiesen zu laufen bzw. zu fahren, die jungfräulich wirken. Bleiben Sie stets auf Wegen, Fahrspuren, Pfaden, bestellten Feldern etc. Abgesteckte Minenfelder erkennt man an rotweiß bemalten Pfosten oder Klebebändern in den gleichen Farben und Warnschildern („Perigo Minas"). Ferner sollte man sich nicht scheuen, die Einheimischen nach einer möglichen Minengefahr zu befragen („Têm minas perigosas aqui?" oder „Onde são minas perigosas?"). Die Anwohner wissen sehr genau darüber Bescheid und es tut gut, in den allermeisten Fällen ein verneinendes „Não! Não têm" zu hören. Ländliche, schwach besiedelte Gebiete bergen ein geringes Minenrisiko. Sehr vorsichtig sollten Sie aber grundsätzlich bei strategischen Brücken und in der Umgebung von militärischen Anlagen sein. Aus eigener Erfahrung können wir bestätigen, dass sich die Angst vor den Landminen mit jedem Tag der Reise schmälert, an dem man aufmerksam durch das Land reist und viel mit den Einheimischen über dieses Thema spricht. Immer wieder ist uns z. B. beteuert worden, die Minen seien längst geräumt und hier "kein Thema mehr" – wir sollten uns eher vor den Malariamücken in Acht nehmen...

Weitere Informationen zum Thema Landminen: S. 66.

TIPPS FÜR DEN ALLTAG

6) Unterwegs in den Nationalparks: Wie verhält man sich in der Wildnis?

Verhaltenstipps

Bei **Pirschfahrten** und im Camp verhält man sich möglichst leise und defensiv. Lassen Sie sich nicht täuschen; wenn Sie keine Tiere sehen, heißt das nicht, dass Sie nicht selbst genau beobachtet werden!

Ganz, ganz wichtig: **Niemals** im offenen Zelt oder unter freiem Himmel schlafen! Raubtiere greifen keine geschlossenen Zelte an. Dagegen führt leichtsinniges Verhalten, wie Schlafen im unverschlossenen Zelt, leider immer wieder zu Todesfällen, weil Raubkatzen Schlafende aus dem offenen Zelt zerren können.

Lassen Sie über Nacht keine **Nahrungsmittel** im Freien liegen und deponieren Sie diese auch nicht im Zelt, sondern ausschließlich im Fahrzeug. Nachts können die Gerüche Hyänen und Elefanten anlocken, tagsüber richten Meerkatzen und Paviane ein Chaos an, um an die begehrten Nahrungsmittel zu gelangen. Hyänen zerbeißen übrigens auch spielend Kühlboxen und Schuhe.

Versorgung: In keinem der Parks sind Lebensmittel und Treibstoff erhältlich. Auch Pannendienste, Wechselstuben und öffentliche Verkehrsmittel sucht man vergebens. Man ist folglich ganz auf sich allein gestellt und sollte auf entsprechende Ausrüstung und großzügige Reserven (vor allem bei Sprit und Wasser) achten.

Wildtier-Gefahren: Alle Tiere haben eine Fluchtdistanz, die man nicht unterschreiten darf. Reizen oder provozieren Sie die Tiere nicht (siehe rechts). An **Flussufern** ist immer erhöhte Vorsicht geboten wegen der Krokodile, die blitzschnell aus dem tiefen Wasser schnellen können.

Joggen Sie niemals im Busch und entfernen Sie sich nicht allein vom Camp oder Auto. Achten Sie ganz besonders auf kleine Kinder, deren Rennen oder Schreien Raubtiere reizen könnte.

Buschbrände können im trockenen Gestrüpp durch kleinste Funken ausgelöst werden. Lagerfeuer sind vor Verlassen des Camps daher stets sorgfältig zu löschen. Vorsicht auch mit Zigarettenkippen!

Hilfsbereitschaft im Busch ist eine generelle, manchmal lebensrettende Grundregel. Es sollte selbstverständlich sein, sich gegenseitig in der Wildnis bei Pannen oder Krankheitsfällen zu helfen.

Besten Schutz gegen Bisse und Stiche von **Schlangen**, **Skorpionen**, **Spinnen** oder **Zecken** bieten feste, knöchelhohe Schuhe. Eiserne Regel: Im Busch niemals barfuß laufen! Siehe dazu auch S. 339 und 340.

Ungeschützte Begegnung mit Wildtieren

Elefanten: Handelt es sich um eine Herde mit Kälbern, der man zu nahe gekommen ist, ist sofortiger langsamer Rückzug angesagt, hier besteht höchste Gefahr. Bullen sind weit weniger aggressiv und selbstsicherer. Elefantenattacken passieren meist, wenn der Mensch die Körpersprache des Elefanten nicht richtig eingeschätzt hat. Fächelnde Ohren und ein schwingender Rüssel sind noch keine Gefahr. Ein verärgerter Elefant legt die Ohren an und den Rüssel nach unten. Spätestens wenn dunkle Feuchtigkeit aus der Drüse zwischen Augen und Ohren tritt, wird es ernst und es ist mit einem Angriff zu rechnen. Fordern Sie sie nie heraus, denn wütende Elefanten laufen deutlich schneller, als ein Mensch flüchten kann.

Büffel: Die bulligen Tiere sind in Gemeinschaft sehr viel friedfertiger als alleine. Größere Herden flüchten meist vor dem Menschen, ein Einzelgänger zögert jedoch nicht, sofort in Angriff überzugehen. Bei unerwarteten Begegnungen sofort den Rückzug antreten, notfalls auf einen Baum flüchten.

Flusspferde: Kanuten müssen sich vor ihnen sehr in Acht nehmen, Fußgänger begegnen ihnen kaum. An Land grasende Hippos sind gefährlich, wenn sie ihren Fluchtweg abgeschnitten sehen. Also sich nie zwischen einem Hippo und seinem Gewässer aufhalten!

Löwen: Für alle Großkatzen gilt: Der natürliche Trieb, davon zu rennen, ist die schlechteste Wahl in einer prekären Situation. Wenn Sie Löwen begegnen, sofort stehenbleiben und dann einen langsamen Rückzug einleiten. Bleiben Sie als Gruppe eng beisammen, zeigen Sie weder Angst noch Aggression. Sollte es zu einem Angriff kommen, versuchen Sie die Tiere mit Lärm und drohenden Bewegungen abzuschrecken.

In den Nationalparks wurden zum Schutz von Natur, Tierwelt und Besuchern Regeln aufgestellt:

Für **Autofahrer**: Höchstgeschwindigkeit ist 40 km/h, querfeldein Fahren ist nicht erlaubt. Tiere haben generell Vorfahrt.

Dass man seinen **Abfall** überall dort, wo keine Abfallbehälter zur Verfügung stehen, wieder mitnimmt, sollte selbstverständlich sein.

In Nationalparks darf man **nach Sonnenuntergang** nicht mehr unterwegs sein.

Tiere und Pflanzen sind geschützt. Füttern und Belästigen der Wildtiere ist streng verboten.

STRÄNDE

7) Mosambiks Strände im Vergleich

Ort	Strandbeschaffenheit	Wasserqualität	Fischversorgung
Ponta do Ouro	Sehr feinsandig und sauber, eher flach	Glasklar und sauber vorgelagertes Riff, Wellengang	Keine Fischerdörfer oder Fischverkauf am Strand
Bilene	Sehr flache Lagune	Seicht und ohne Wellen, kindersicher	Ferienort, Fischverkauf im Marktbereich
Xai-Xai	Lange, gelbe Sandstrände mit Dünen	Gefährl. Strömung, starke Wellen bei Flut, Riff	Manchmal Verkauf von Austern und Fisch
Chizavane, Chidenguele, Závora	Brandungsreiche Steilküste mit hohen Dünen	schnell tief werdend, Riff vorgelagert, Schnorcheln!	Kaum Direktverkauf am Strand
Tofo	Breite Bucht, Sandstrand, viele Besucher	Starke Strömung, Wellen, sauberes Wasser	Fischer verkaufen Fisch, Garnelen, Krabben
Barra	Flacher "Quietschstrand", malerisch	Sehr sauber, wenig Wellen, Riff vorgelagert	Kaum Direktverkauf am Strand
Morrungulo	Weißer Strand mit Steinen und Korallen	Relativ sauber, Wellengang, Riff vorgelagert	gelegentlich Fischverkauf am Strand
Vilankulo	Weicher, weißer Sand, nur schmaler Strand	Sauber, bei Ebbe riesige Sandbänke	Fischer verkaufen Fisch, Garnelen, Krabben
Inhassoro	Breiter weißer Sandstrand mit Seetang	Sauber, schnell tiefer, oft Wellengang, Seegras	Fischer verkaufen direkt am Strand Fisch, Garnelen, Krabben
Zalala	Breiter Sandstrand mit Kasuarinenwald	Oft trübes Wasser	Fischer verkaufen Fisch, Garnelen, Krabben
Pebane	Einsamer Sandstrand	Sauber, flach, wenig Wellen	Fischer verkaufen Fisch, Garnelen, Krabben
Pemba Pemba Bay	Breiter Sandstrand mit Kasuarinenwald Mangrovenbewuchs	Seegras, Riff sehr nah (Schnorcheln sehr gut) kaum Wellen	Fischer verkaufen Fisch, Garnelen, Krabben

INFORMATIONEN VON A BIS Z

Ärzte und Apotheken

Außerhalb Maputos sind Hospitäler, Krankenstationen und Apotheken meist nur mit dem Nötigsten ausgestattet. Vielfach fehlt es an Medikamenten, auch ist die Krankenversorgung nicht flächendeckend gewährleistet. Deshalb sollten Reisende eine Notfallapotheke und Medikamente, die sie regelmäßig brauchen, mitnehmen. In ernsten Fällen sollte man sich nach Südafrika oder nach Hause evakuieren lassen (vor der Reise eine Auslandskrankenversicherung abschließen, s. S. 341). Medizinische Behandlung und Medikamente werden in Mosambik direkt abgerechnet, müssen also vom Patienten beglichen werden. Nach der Rückkehr kann man diese Ausgaben von der Versicherung einfordern. Dafür muss die Rechnung mit Adresse der Klinik oder des Arztes, Name des Patienten, Datum, Währungseinheit und der Diagnose und Behandlung versehen sein. Die Behandlungskosten liegen in der Regel deutlich unter denen Westeuropas. In Notfällen können Medikamente über den Kurierweg des AA angefordert werden bei der Kaiser-Apotheke in Bonn, Tel. 0228-635744.

Airporttax

Die Flughafensteuer beträgt bei Inlandsflügen 10 US$ und bei Internationalen Fernstreckenflügen 30 US$ (zahlbar nur in US-Dollar); sie ist in den meisten Tickets bereits enthalten.

Betteln

Touristen werden relativ häufig angebettelt, manchmal sogar von Polizisten und Beamten. Der Bettelei muss niemand gegen seinen Willen nachgeben; man darf - und sollte - auch höflich Nein sagen.

Camping & Wildcamping

Offiziell darf man in Mosambik nur auf ausgewiesenen Campingplätzen campieren. Die gibt es aber fast nur entlang der Küsten und in einigen Städten. Im wenig besiedelten Landesinneren ist Wildcampen unproblematisch. Am besten fragt man höflich im Dorf um Erlaubnis und lässt sich evtl. einen günstigen Platz zeigen. Dies kann ein Fußballplatz am Dorfrand sein, ein nicht bestelltes Feld, eine breite Weggabelung etc. Dorfübernachtungen bedeuten aber auch "Kontakt zum Dorf". Die Menschen sind gastfreundlich, neugierig und kontaktfreudig. Als Fremder, der sich vor den Menschen ausbreitet und dort übernachtet, stellen Sie in dieser Situation eine Attraktion wie ein fahrender Zirkus dar. Je kleiner das Dorf ist, um so angenehmer wird die Übernachtung. Je größer und anonymer die Ortschaft ist, um so eher wird man von einer Menschentraube umringt und angestarrt. Dies können Sie umgehen, indem Sie die Zugehörigkeit zu einer Art Gastfamilie, zu einem Familienclan, suchen. Auf diese Weise stehen Sie unter deren Schutz und erlangen mehr Privatsphäre gegenüber anderen Dorfbewohnern. Haben Sie eine Gastfamilie, auf deren Grund Sie campieren, sollten Sie beim Abschied möglichst einige wertvolle Naturalien, wie Orangen, Brot, Zigaretten etc. verschenken. Übrigens: Die Frage, ob in der Umgebung Gefahr durch Landminen (minas) bestehe, können die Einheimischen am besten klären.

Campingplätze werden im Reiseteil explizit genannt.

Eintrittspreise der Nationalparks

Die Eintrittspreise variieren stark von Fall zu Fall (siehe jeweils direkt im Reiseteil).

INFOS VON A BIS Z

Feiertage

01. Januar:	Neujahr
03. Februar	Heldentag
	(Todestag von Eduardo Mondlane)
07. April	Frauentag
	(Todestag von Josina Machel)
01. Mai	Tag der Arbeit
25. Juni	Unabhängigkeitstag
07. September	Tag des Sieges
25. September	Tag der Revolution
04. Oktober	Tag des Friedens
10. November	Maputo Tag (Feiertag nur in Maputo)
25. Dezember	Weihnachtsfeiertag

Bewegliche und sonstige Feiertage:
Ostern (Karfreitag und Ostermontag), der 26. Dezember und der 19. Oktober (Samora Machels Todestag) sind keine offiziellen Feiertage. Dennoch bleiben viele Einrichtungen und Geschäfte an diesen Tagen geschlossen. Außerdem werden in bestimmten Regionen islamische Feiertage gefeiert. Indische und arabische Läden haben dann geschlossen.

Schulen, Banken, Ämter und Behörden haben an Feiertagen geschlossen, Supermärkte und Tankstellen teilweise auch, mitunter aber auch vormittags geöffnet.

Ferienzeiten

An den Stränden Südmosambiks herrscht vor allem während der südafrikanischen Ferienzeiten Hochbetrieb, während die mosambikanischen Ferien kaum ins Gewicht fallen. Auf S. 326 werden die typischen Ferienzeiten der südafrikanischen Schulen genannt.

Fotografieren

Die besten Lichtverhältnisse zum Fotografieren bieten die Monate von Ende der Regenzeit bis in den August. Für die diesige Luft, die ab August/September einsetzt, empfiehlt sich der Einsatz eines Polfilters. Auch leisten UV-Filter gute Dienste, und bei Sonnenuntergang- oder Teleaufnahmen erzielt man mit einem Stativ gute Ergebnisse. Menschenaufnahmen gelingen am Besten mit Blitzlicht (auch bei Tage). Die schönsten Aufnahmen entstehen morgens oder spät nachmittags, wenn die schräg stehende Sonne alles in ein sanftes Licht taucht.

Wir empfehlen, ausreichend Filmmaterial und Ersatzbatterien mitzubringen. Vor Ort sind diese Dinge nur in größeren Städten zu bekommen und darüber hinaus möglicherweise überaltet. Da Mosambik ein heißes, staubiges Reiseland ist, sollte man auch an entsprechenden Staub- und Hitzeschutz für die Fotoausrüstung denken. Wasserdichte Schutzbehälter sind am Meer und bei einer Dhau-Fahrt sehr nützlich.

Zum Thema **Fotomotive**: Öffentliche Einrichtungen, wie Häfen, Bahnhöfe, Flughäfen, Regierungssitze sowie alle militärischen Fahrzeuge, Personen und Gebäude dürfen nicht fotografiert werden. Zwar lockern sich die Bestimmungen zusehends, doch sollte man im Zweifelsfalle unbedingt erst fragen, ehe man solche Objekte ablichtet. Noch herrscht bei manchen offiziellen Stellen ein ausgeprägtes Misstrauen gegenüber fremden Fotografen, die sich für solche Motive interessieren.

An dieser Stelle möchten wir auch daran appellieren, umsichtig und erst nach erteilter Erlaubnis Menschen zu fotografieren. Die meisten Mosambikaner lassen sich gerne fotografieren, wenn man sie höflich fragt. Ein Nein muss man aber ebenso akzeptieren. Der ab und zu auftauchenden Forderung, für das Foto zu bezahlen, sollte man nicht nachgeben, sondern lieber auf die Aufnahme verzichten. Erinnerungsfotos sind freiwillige Geschenke, die beide Beteiligten ehren, aber kein Geschäft. Eine riesige Freude macht man den Fotografierten, wenn man später einen Abzug der Bilder schickt. Leider wird dies aber allzu oft versprochen und nicht eingehalten. Bieten Sie dies also nur an, wenn Sie auch ernsthaft dazu bereit sind. Wer eine **Sofortbildkamera** dabei hat, erntet meist helle Begeisterung, wenn man an Ort und Stelle einen Abzug davon verschenken kann.

GPS-Daten-CD

GPS-Daten für Mosambik auf CD: siehe S. 335, 353 und Umschlaginnenseite hinten. Die Offroad-GPS-CD ist eine Ergänzung zum Buch für Reisende, die abgelegene Touren in die Wildnis planen. Sie beinhaltet auf Recherchen ermittelte GPS-Daten, zusätzliche Extremroutenbeschreibungen und zahlreiche zusätzliche detaillierte Landkarten bzw. Wegskizzen, die den Rahmen dieses Reiseführers sprengen würden.

Grenzen

Grenzöffnungszeiten und Infos zur Grenzabwicklung siehe "Anreise auf dem Landweg", S. 352. Alle Landesgrenzen werden zusätzlich im Reiseteil beschrieben.

Hotels

Die Unterkünfte – Hotels, Pensionen, Camps, Campingplätze, Resorts und Bungalows – sind im Reiseteil beim jeweiligen Ort verzeichnet.

INFOS VON A BIS Z

Internet

Auf der Website www.hupeverlag.de veröffentlichen wir regelmäßig touristisch relevante Neuigkeiten. Für diese News bieten wir einen kostenlosen Email-News-Service an.

Viele Hotels und Resorts bieten ihren Gästen Wi-Fi, ein drahtloses lokales Netzwerk zum Internetsurfen; zum Teil gratis, teilweise auch gegen Gebühr. Das Angebot weitet sich rasant aus, selbst im Gorongosa NP gibt es inzwischen Internetzugang. Internetcafés sind meist auf touristische Regionen und größere Städte beschränkt. Die Preise sind fair, die Verbindung aber oft sehr langsam.

Um mit einem USB-Stick oder Smartphone ins Internet zu kommen, kauft man eine Sim-Card von Vodacom, schickt eine SMS mit dem gewünschten Datenpaket an Vodacom und ist sofort online (tage- oder wochenweise). Eine Englisch-sprachige Beschreibung und Anleitung liegt der Sim-Card bei. Siehe auch "Telefon", S. 376.

Kleidung

siehe Ausrüstung, S. 335

Kulturelles Leben

Vor allem in den mosambikanischen Städten findet ein reiches Kulturleben statt. Die Angebote und Kontaktadressen werden jeweils im Reiseteil genannt. Mit Abstand am breitesten gefächert sind Kulturveranstaltungen in Maputo, wo ständig Theatervorstellungen stattfinden und Tanzgruppen und Musikbands auftreten.

Landkarten

Das staatliche Verkaufsbüro für mosambikanische Landkarten befindet sich in Maputo. DINAGECA: Im Direktorat für Geographie und Kartographie an der Av. Josina Machel vertreibt das Amt Detaillandkarten des Landes, die man allerdings offiziell nur mit einem Begründungsschreiben erhält. Weitere Angaben zu weltweit erhältlichen Karten siehe Literaturliste S. 378 und unsere Beschreibung auf S. 367.

Leider zeigen ältere Landkarten für Mosambik zahlreiche Straßen, die nicht befahrbar sind. Zum Teil fehlen noch wichtige Brücken, die im Bürgerkrieg zerstört worden sind, manchmal ist der Straßenzustand so schlecht, dass man diese Wege nur extrem langsam passieren kann (max. 15-20 km/h). Selbst die Michelin-Karte weist einige nicht existente Straßen auf. Andererseits werden inzwischen vielerorts im Land Straßen gebaut, die noch auf keiner der Karten verzeichnet sind. Die von uns erstellten Karten in diesem Buch weichen deshalb bewusst vereinzelt von den offiziellen Karten ab.

Mahlzeiten

siehe Praxistipps S. 360ff

Maße und Gewichte

In Mosambik sind die metrischen Maße und Gewichte üblich. Ältere (britische) Landkarten oder Bücher verwenden aber noch die englischen Maßeinheiten.

1 mile	=	1,609	km
1 foot	=	30,480	cm
1 square mile	=	2,590	km²
1 gallon (brit.)	=	4,546	l
1 yard	=	0,914	m
1 inch (Zoll)	=	25,400	cm
1 acre	=	40,470	a bzw. 4046,8 m²

Die Formel zur Umrechnung von Fahrenheit in Grad Celsius lautet: Fahrenheit minus 32, multipliziert mit 5, dividiert durch 9 ergibt den Wert in Grad Celsius.

F	32	41	50	59	68	77	86	95	104
C	0	5	10	15	20	25	30	35	40

Nationalparks & Wildschutzgebiete

Die Behörde für Naturschutz sitzt in Maputo: Direção Nacional de Fauna e Flora Bravia: 333, Av. Zedequias Manganhela. Tel. 01-431789.

Notruf

Notruftelefonnummern der Polizei und Krankendienste (soweit vorhanden) sind im Reiseteil bei den Provinzhauptstädten veröffentlicht.

Öffnungszeiten

Einheitliche Öffnungszeiten existieren nicht, aber grobe Richtlinien (nähere Angaben siehe jeweils im Reiseteil):

Geschäfte:	Mo–Fr:	07.30-12.30 h
	und	14.00-17.30 h
	Sa:	09.00-13.30 h
	und	15.00-19.00 h
Gr. Supermärkte:	Mo–Sa:	tw. bis 19.00 h, manche auch sonntags
Ämter/Behörden:	Mo–Fr:	08.00-12.30 h
	und	14.00-17.30 h
Post:	Mo–Fr:	07.30-12.30 h
	und	14.30-17.00 h
	Sa:	07.30-12.00 h
Banken:	Mo–Fr:	07.30-15.00 h,
in kleinen Ortschaften nur		07.30-11.00 h

INFOS VON A BIS Z

Post

Die Gebühren für Briefe und Postkarten nach Europa sind sehr niedrig und der Service einigermaßen zuverlässig, solange keine dicken Briefe, die Wertsachen oder Geld enthalten könnten, verschickt werden. Luftpostbriefe nach Europa sind etwa eine Woche unterwegs, wenn man sie in größeren Städten zur Post bringt. An abgelegeneren Orten kann es ein Vielfaches länger dauern.

Preise

Zum allgemeinen Preisgefüge in Mosambik siehe S. 342, zu den gängigen Zahlungsmitteln und Währungen S. 343. Aktuelle Wechselkurse veröffentlichen wir monatlich auf unserer Homepage www.hupeverlag.de.

Sicherheit & Gefahren

Siehe dazu „Persönliche Sicherheit", S. 348

Souvenirs

Souvenirjäger finden in Mosambik vor allem kunsthandwerkliche Erzeugnisse, wie Holzschnitzereien (Makonde-Kunst), Bastmatten und Korbwaren (Inhambane, Cabo Delgado), Batiken entlang der Küste und Silberschmuck (Querimba Archipel). Die Waren werden entweder direkt an der Straße oder auf den großen Stadtmärkten, in Kooperativen und in Maputo auch in Kunstgalerien und Souvenirläden angeboten.

Strände

Die rund 2700 km lange Meeresküste Mosambiks bietet kilometerlange, einsame Sandstrände, die zu den schönsten Afrikas zählen. Zahlreiche intakte Korallenriffe lagern vor den Küsten und tragen dazu bei, dass diese Gebiete als hervorragende Tauchgründe gehandelt werden. Die einsamen Strände werden oft nur durch kleine Fischerdörfer und Palmenhaine unterbrochen.

Die Fernstrecken in Mosambik verlaufen alle soweit im Landesinneren, dass die Strände über unterschiedlich lange Stichstraßen angefahren werden müssen. Welche Strände sich vor allem zum Baden oder für Wassersport eignen oder wo mit Strömungen zu rechnen ist, haben wir im Reiseteil beschrieben sowie auf S. 371 dargestellt unter: "Mosambiks Strände im Direktvergleich".

Stromversorgung

220/240 Volt Wechselstrom. Ein mitgebrachter universaler Adapter oder südafrikanischer Dreipolstecker, wie sie in Maputo verkauft werden, sind empfehlenswert. Teilweise gibt es auch Euro-Steckdosen. Viele Strandresorts haben keinen Stromanschluss, manchmal wird dort ein Generator für die Abendstunden eingesetzt. Deshalb gehören bei einer Mosambikreise eine Taschenlampe, Kerze, Zündhölzer und ein Feuerzeug ins Gepäck.

Oben: Drei Freunde aus der Provinz Niassa

INFOS VON A BIS Z

Tauchen

Die mosambikanischen Tauchgründe zählen zu den besten der Welt. Herrliche intakte Korallenriffe und eine enorme Vielzahl an Meerestieren im warmen tropischen Gewässer begründen diese Klassifizierung. Zehn verschiedene Haie sowie Wale, Dugongs, Delfine und Meeresschildkröten lassen sich hier beobachten.

Die meisten Regionen sind trotzdem noch recht unberührt. Professionelle Tauchschulen (PADI) und Anbieter für erfahrene Tauchgänge gibt es nur an ausgewiesenen Stellen (siehe Reiseteil). Die beliebtesten Tauchspots bieten die Bazaruto Inseln, die Querimbas, Tofo, Barra und Ponta do Ouro.

Taxi

Telefonnummern siehe im Reiseteil.

Telefon

Festnetz: Inlandsgespräche kann man von Telefonzellen (telefone pública) tätigen. **Internationale Ferngespräche** müssen über die staatliche Telekomgesellschaft TDM abgewickelt werden, die in den Provinzhauptstädten Büros und im restlichen Land ein relativ dichtes Netz an "Telefoncontainern" unterhält. Ein 3-Minuten-Gespräch nach Europa kostet ca. 4 Euro. Wer von einem Hotel aus telefoniert, bezahlt ein Vielfaches mehr.

Handys/Cell Phone: Es gibt die lokalen Anbieter MCel, MTN und Vodacom, deren Netz ständig erweitert wird. Mit den deutschen Netzen von D1, D2, O2 und E-Plus ist man in den Städten entlang der EN1 und im Süden Mosambiks sogar in den Strandhotels fast lückenlos auf Empfang. Auch T-Mobile Austria und SWISSCOM haben Verträge mit Mosambik abgeschlossen.

Deutlich günstiger ist es allerdings, eine **Sim-Card** von Vodacom und Gesprächsguthaben (Talktime) zu kaufen, mit der man weltweit telefonieren und SMS versenden kann.

Städtevorwahlen in Mosambik:

Vorwahlsystem seit 2005: (direkt in die Anschlussnummer intergriert; es gibt keine "0" mehr als Vorwahl).

Maputo	21	Gurue	24
Beira/Sofala	23	Inhambane	293
Quelimane	24	Pemba	272
Nampula	26	Tete	252
Nacala	26	Xai-Xai/Gaza	282
Chimoio/Manica	251	Lichinga	271

Mosambiks Cell-Phone-Nummern haben seit Sommer 2005 gar keinen Area-Code mehr, sondern nur noch eine Einzelnummer aus 9 Ziffern. Mcell-Nummern beginnen mit "82", Vodacom-Nummern mit "84".

Ländervorwahl:

Von Mosambik in die BRD:	0049
Von der BRD nach Mosambik:	00258
Von Mosambik in die Schweiz:	0041
Von der BRD nach Mosambik:	00258
Von Mosambik nach Österreich:	0043
Von der BRD nach Mosambik:	00258
Von Mosambik nach Südafrika:	0027
Von der BRD nach Mosambik:	09258

Toiletten & Sanitäreinrichtungen

Die sanitären Einrichtungen werden in Mosambik oft nur geringen Ansprüchen gerecht. Die Toilette besteht nicht selten aus einem Loch im Boden, anstelle einer Wasserspülung steht ein Eimer Wasser daneben. Toilettenpapier sollte man besser stets bei sich haben. Manchmal verbirgt sich in der Duschkabine auf Campingplätzen oder in einfachen Pensaos ebenfalls nur ein großer Wassereimer mit provisorischer Schöpfkelle, mit der man sich das feuchte Nass über das Haupt schüttet.

Touristeninformation

Die wenigen örtlichen Touristeninformationsstellen werden jeweils im Reiseteil genannt, z. B. in Maputo, Pemba und Ilha de Moçambique. Die Aufgaben einer nationalen Tourist Info übernehmen eher örtliche Reiseveranstalter und Reisebüros, die auch im Internet präsent sind.

Trampen

siehe S. 330

Trinkgeld

Ein kleines Trinkgeld wird überall erwartet, wo jemand einen besonderen Service oder eine Gefälligkeit leistet. In Restaurants ist der Service in der Regel nicht im Preis enthalten. Die Höhe des Trinkgelds sollte sich stets nach der erbrachten Leistung und den Landesverhältnissen richten, also der Situation angemessen bleiben.

5-10% sind in Restaurants sicherlich die Obergrenze, üblicherweise rundet man den Betrag geringfügig auf. Führen Sie sich den monatlichen Durchschnittslohn von

INFOS VON A BIS Z

50-80 Euro vor Augen, um einen passenden Betrag zu ermitteln.

Wasser

In den meisten Fällen ist das Leitungs- oder Brunnenwasser in Mosambik nicht direkt trinkbar für Europäer. Am besten gewöhnt man sich an, das Wasser stets abzukochen bzw. durch Zugabe von Micropur-Pulver oder -Tabletten zu entkeimen, oder zum Trinken und Zähneputzen ausschließlich Mineralwasser zu verwenden. In den größeren Städten des Landes und an Tankstellen wird einheimisches stilles Mineralwasser in handlichen Plastikflaschen verkauft.

Selbstversorger sollten **stets genügend Wasserreserven** mitführen, denn gerade im Landesinneren gibt es nicht überall Brunnen. Manchmal schöpfen die Menschen ihr Wasser noch direkt aus dem Fluss.

Wassersport

Die langen Meeresküsten sind ein Dorado für Wassersportler. Wer nicht mit vollständiger Ausrüstung anreist, kann diese bei den Ferienanlagen mieten. Viele Resorts bieten Schnorchel, Flossen, Tauchgerät, Surfbretter, Motorboote, Fischereibedarf etc. an. Als Surferparadies gelten die Strände von Tofo und Ponta do Ouro, Schnorcheln empfiehlt sich an Stränden, denen ein Riff vorgelagert ist, wie in Pemba. Hochseefischen ist vor allem bei Südafrikanern beliebt, die oftmals mit eigenen Booten nach Mosambik anreisen.

Zeitungen

Größte Tageszeitung ist die in Maputo publizierte „Notiçias" mit der Sonntagsausgabe „Domingo". In Beira erscheint zusätzlich die Tageszeitung „Diário". Als Wochenzeitung ist vor allem „Tempo" verbreitet. Monatlich werden das mosambikanische Wirtschaftsmagazin „Economia" und die englischsprachigen Afrikamagazine „New African" und „African Business" veröffentlicht, vierteljährlich erscheint das informative BBC-Produkt „Focus on Africa".

Zeitverschiebung & Tageslicht

In Mosambik gilt MEZ + 1 Stunde. Während der mitteleuropäischen Sommerzeit besteht also kein Zeitunterschied, im Winterhalbjahr ist uns Mosambik um eine Stunde voraus. Mosambik schließt sich mit dieser Zeitzone den Nachbarländern im südlichen Afrika an. Da das Land jedoch an der Ostgrenze der Region liegt, bedeutet dies für Mosambik, dass es hier besonders früh hell und wieder dunkel wird. Tageslicht hat das Land im Juni/Juli von ca. 05.30 bis 16.30 h, im Dezember von ca. 04.30 bis 17.30 h. Sonnenauf- und -untergang erfolgen rasch mit kurzen Dämmerungszeiten.

Zoll

Alle Gegenstände des persönlichen Bedarfs können zollfrei eingeführt werden. Dazu zählen neben Kleidung und Toilettenartikeln auch die Fotoausrüstung mit Filmen, Videokamera, Fernglas, Reiseschreibmaschine, Kofferradio, Kinderwagen, Sport- und Campingausrüstung und 1 Liter Alkohol oder 2,25 Liter Wein sowie 200 Zigaretten oder 250 Gramm Tabak.

Jagdwaffen dürfen nur mit Lizenz eingeführt werden, für Haustiere wird neben der Tollwutimpfung ein amtstierärztliches Zeugnis verlangt.

Für die Heimreise: Die EU-Reisefreigrenzen bei der Rückkehr aus Afrika lauten: Bei der Einreise dürfen pro Person 200 Zigaretten, 2 l Wein, 1 l Spirituosen, 50 g Parfüm und 500 g Kaffee zollfrei eingeführt werden (Freigrenze: 430 Euro pP). Es besteht Einfuhrverbot für alle Fleischprodukte aus afrikanischen Ländern.

Achtung bei **der Einfuhr von Trophäen** und geschützten Produkten (alle Elefantenprodukte, Reptillederprodukte, Schildkrötenteile, Muscheln etc.): Vor Ort ist eine Ausfuhrgenehmigung erforderlich, um Trophäen legal aus dem Land zu exportieren. Aber trotz dieser afrikanischen Ausfuhrgenehmigung macht man sich wegen des Artenschutzgesetzes sehr schnell bei der Einfuhr solcher Produkte in die EU strafbar! Vorsicht ist vor angeblich echten CITES-Zertifikaten geboten (Ausfuhrgenehmigungen), die manche Händler ausstellen, denn diese werden vom EU-Zoll nicht anerkannt, wenn es sich um streng geschützte Produkte handelt.

Weitere Informationen zum Thema Artenschutz und Zoll erhalten Sie im Internet unter http://www.zoll.de/c0_reise_und_post/index.html und www.bfn.de (dem Bundesamt für Naturschutz).

LITERATUR

Literatur für Mosambik

(e) = englischsprachig (d) = deutschsprachige Literatur

Reiseführer

- Guide to Mozambique: Bradt Publications, Briggs, Phil. (e)
- Vachal, Manfred (2012): Mosambik GPS-Daten-CD, Ilona Hupe Verlag, München. Extremroutenbeschreibungen mit Detailmaps und zahlreichen GPS-Daten. (d)
- Mozambique: Traveller Survival Kit (1999). Adam Lechmere (e)

Pflanzen und Tiere (Bestimmungsführer)

- Palgrave, Keith Coates (1993): Trees of Southern Africa, Struik-Verlag, Cape Town. (sehr empfehlenswert!) (e)
- Säugetiere Afrikas (1977), BLV, München. (d)
- The Birds of Southern Mozambique (1996): Philip A. Claney, African Bird Book Publishing, SA (e)
- Pflanzenreich der Tropen (1981): Schröder Verlag. (d)
- Frandsen, Robin: Säugetiere des südlichen Afrika (1993): Sandton, South Africa. (d)
- Smithers, Reay: Land Mammals of Southern Africa (1996): Southern Book Publ., SA. (e)
- Stuart, Christ & Tilde: Field Guide to the Mammals of Southern Africa (1989): Struik-Verlag, Cape Town. (e)
- Lindsay, Gordon: Roberts' Birds of Southern Africa (1996), CTP Book Printers, Cape Town. (sehr empfehlenswert) (e)
- Field Guide to Roberts' Birds of Southern Africa (1996), CTP Book Printers, Cape Town. (e)
- Newman, Kenneth: Birds of Southern Africa (2006): Macmillan, UK. (Tipp: Sehr empfehlenswert!) (e)
- Sinclair, Ian: Field Guide to the Birds of Southern Africa (1996): Struik-Verlag, Cape Town. (e)
- Barlow, T. & Wisniewski, W.: Kosmos Naturreiseführer Südliches Afrika (1998): Kosmos Verlag (d)
- Carruthers, Vincent: Fauna und Flora im südlichen Afrika (2008): Struik Verlag, South Africa. Tipp: Sehr gutes deutschsprachiges Bestimmungsbuch für die Tier- und Pflanzenwelt. Unser Tipp! (d)

Geschichte

- Wotte, Herbert (1973): David Livingstone: Brockhaus, Leipzig. (d).
- Ki-Zerbo, Joseph (1981): Die Geschichte Schwarz-Afrikas: Fischer Verlag, Frankfurt (d)
- Pakenham, Thomas: The Scramble for Africa. (1992): Avon Books, New York. (e)
- Ansprenger, Franz: Politische Geschichte Afrikas im 20. Jh. (1992): Beck'sche Reihe. (d)
- Geschichte Afrikas (1997): Iliffe, John. C.H.Beck Verlag (d)
- Newitt, Malyn (1993): A History of Mozambique: Indiana University Press (e)
- Newitt, Malyn: A History of Mozambique (1995): Wits University Press, Südafrika (e)
- Christie, Iain: Machel of Mozambique (1988), Zimbabwe Publishing House, Harare. (e)

Allgemeines aus Wirtschaft und Gesellschaft

- Länderbericht Mosambik (1995): Statistisches Bundesamt, Wiesbaden. (d)
- Explizit: Frauen in Afrika (1993): Horlemann Verlag, Bad Honnef. (d)
- Länderheft Mosambik Nr. 49 (2003), Missionswerk der Evangelischen Kirche in Bayern

Romane und Reiseberichte

- Henning Mankell: "Der Chronist der Winde" ,1995, Paul Zsolnay Verlag in Wien sowie im Bertelsmann-Club, "Kennedy's Hirn" 2005 (d)

Literatur aus Mosambik

- Barlett, R. (1995): Short Stories from Mozambique. COSAW Publishing, Johannesburg (e)
- Couto, Mia: Voices Made Night, African Writers Series (e)
- Chiziane, Paulina: "Liebeslied an den Wind", "Das siebte Gelöbnis", "Wind der Apokalypse", Brandes&Apel Verlag

Landkarten

- Mosambik - Malawi 1:1 200 000, Reise-Know-How (2008). Verlässliche Straßenkarte.
- Michelin-Karte 955: Afrikas Süden, 1 : 4 Mio., Michelin, Paris. Verlässliche Straßenkarte.
- Afrika Süd 1 : 4 Mio., RV-Verlag, München. Übersichtskarte südliches Afrika.
- Freytag & Berndt Autokarte (2002): 1 : 2 Mio., ISBN 3-7079-0262-5
- Mocambique & Malawi 1:900 000, International Travel Maps, ISBN 978-1553413080 (2011).
- ITM Mozambique (2001): 1 : 1,9 Mio., ITMB Publishing, ISBN 1-55341-335-0
- Globetrotter Travel Map (2002): 1 : 2,3 Mio., New Holland Publishers, UK, ISBN 1-85974-569-5
- Russische Generalstabskarten (1: 0,5 Mio. und 1: 0,2 Mio.) vertreibt Fa. Därr, Theresienstr. 66, 80333 München, Tel. 089-282032, Fax 282525 (allerdings nur in Kyrillisch).

INDEX

A

Abholzung 65, 225f, 229
Adler 104
Afrikanische Kastanie 70
Afrikanischer Regenbaum 73
Afrikanischer Wildhund 90
Aids 43, 45, 338
Akazien 70f
Albizia 71
Allradmodus 368
Alltag der Menschen 48, 50, 56
Alto Molócuè 249, 254, 256
Analphabeten 47
Angoche 17, 250, 261
Animismus 44
Anreise / Ausreise
 auf dem Seeweg 353f
 per Mietwagen 353
 Malawi 241, 253, 301, 310, 352ff
 von Sambia 240, 352
 von Südafrika 137, 351
 von Swaziland 137, 352
 von Tansania 295, 312, 352
 Zimbabwe 224, 230, 239, 351
Arbeitslosigkeit 57
Armut 49, 51
Artedif 123, 133
Artenschutzgesetz 377
Ärzte & Apotheken 372
Ausrüstung 335
Auswärtiges Amt 347
Autofahrer 327, 364, 370

B

Bahn 330, 351, 335
Bahnverladung von Autos 313
Baia dos Cocos 185
Bambus 73, 309
Banhine NP 154, 160
Baobab 72, 176
Barra, Ponta da 167, 183, 371
Barrakudas 144, 194
Bartholomäo-Diaz-Punkt 190
Baumwollanbau 33, 56, 58
Bazaruto Archipel 105, 190ff
Begegnung
 mit den Menschen 315, 356
 mit Wildtieren 370
Beira 200ff
Beira Korridor 36, 199, 216
Bela Vista 140f, 147
Benguerra 193

Benzinqualität 367
Berguhu 108
Bestandszahlen (Wildtiere) 221
Betteln 372
Bevölkerung 42, 174
Bildung 47
Bilene, Praia do 152f, 371
Bilharziose 337
Binga, Mount 228f
Blauducker 82
Boane 141
Boroma, Mission 234
Botschaften 132
 von Mosambik 347
Brandrodung 59
Büffel 86, 213f, 221, 321, 370
Büffelreservat 214
Buntbarsche 305
Buren 29
Busse 135, 330, 355
Buschbrände 368, 370
Buschhörnchen 93
Bushbaby 95
Buzi, Rio 198, 208, 225

C

Cahora Bassa 214, 230, 235ff
 Kraftwerk 39
 Schlucht 242
 Staudamm 36, 69, 71, 232
 Stromschnellen 30, 60
Caia 209, 216, 244
Calómuè 241
Camping
 Campingausstattung 327
 Campingplätze 129, 188, 332
 Wildcamping 372
Canxixe 211
Casa de Cultura 130, 247
Casa Lisa 150
Casa Msika 223f
Cashew-Fabriken 263
Cashewbäume 58, 76
Cassacatiza 240
Cassava 77
Catandica 230
Catembe 140
Chai 35, 293
Chamäleon 96
Changamire-Dynastie 15, 22
Changara 230
Chapas 136, 330
Checkliste für Autofahrer 364
Chemba 212

Chicamba Real Stausee 223
Chicualacuala 159
Chidenguele 177
Chidoco 227
Chieftainship 15, 48
Chigubo 160
Chilwasee (Malawi) 313
Chimanimani NP (Zimb.) 228
Chimanimani-Berge 225, 229
Chimoio 222f
Chinde 215
Chipanga 244
Chiramba 212
Chire, Rio 210, 242, 244
Chirinda Forest 228
Chissano, Joachim A. 40, 52
Chitengo Camp 218
Chocas Mar 265
Chokué 154f, 158, 160
Cholera 338
Chongoene 177
Chupanga 213
Chuwanga 307, 308
Cóbuè 308ff, 353f
Combretum 71
Costa do Sol 117, 123
Coutada 16 156f
Couto, Mia 55
Covane 195
Cuamba 260, 262f, 313, 316

D

Dattelpalme, Wilde 74
David Livingstone
 29f, 211, 236, 242, 244, 306
Dedza (Malawi) 241
Delagoa Bay 29, 112
Delfine 143
Delphine 100
Devisen 343
Dhau
 179ff, 189, 271, 283, 291
Dhlakama, Afonso 40
Diaca 293, 296
Difaqane 28
Differenzialsperren 368
Dokumente 335
Dombe 225, 229
Dondo 199, 208
Dorfgemeinschaften 48
Drogen 349
Ducker 82, 321
Dugong 100, 192, 194
Durchfall 338, 341

INDEX

E

Einreisebestimmungen 346
Eintrittspreise 372
Eisenbahnbrücke in Sena 210
Eisvögel 107
Elefanten 78f, 147, 149, 221, 251, 314, 318ff, 370
Elektrozäune (Elefanten) 64, 317ff, 157, 320
Elenantilope 84
Elfenbeinhandel 18, 64
EMOSE 144, 232, 353
Entwicklungshilfe 63
Ernährung 340, 360ff
Errego 249, 254
Ersatzteile & Werkzeug 364
Espungabera 226
Essen und Trinken 360ff
Eulen 108
Euro 342f
Expressbusse 330

F

Fächerpalmen 74
Fähre
 am Incomáti 139
 am Lucite 225
 am Rovuma 295, 352
 am Sambesi 209
 nach Catembe 140
Fahrradfahrer 330
Fahrzeugausrüstung 329
Fahrzeugcheck 329
Farbkätzchenstrauch 71
Feiertage 373
Feilschen 345
Feira Popular 120, 130, 222
Felsendome 254, 317
Ferienzeiten 373
Feuerholz 362
Fieberakazien 70, 176
Fim do Mundo 261
Fingoè 239, 240
Fischfang 59, 305
Fischmarkt 123, 271
Fischversorgung 363, 371
Flamingos 105
Flammenbaum 72
Flüchtlingscamps 185
Flugcharter 132, 354
Fluggesellschaften 132, 206, 354
Flughäfen 61, 134, 350
Flughafensteuer 372

Flugverbindungen 350, 355
Flusspferde 81, 221, 305, 321, 341, 370
Flutkatastrophe 41, 67, 152, 198
Fortaleza 120, 275, 290
Fotografieren 357, 373
Frankoline 108
Frauen
 allein unterwegs 334
 in Mosambik 50
Frelimo 35ff
Friedensabkommen 40
Fruchtfolge 59
Furancungo 240f
Fußball 55
Fußspuren (Tiere) 103
Futi-Channel 145, 149

G

Gabelracken 110
Galagos 95
Gastronomie 342, 360f
Gaukler 104
Gazareich 28, 31
Gefahren für Autofahrer
 Sand, Schotterpisten, Schalmm, Wasserdurchfahrten 365
Geier 105
Gelbfieber 337, 347
Geldwechsel 344
Gepard 89
Geschenke 335
Gesichtsmasken, weiße 170, 279
Gesundheit 336ff
Gesundheitswesen 45
Gilé 250f
Ginsterkatze 92
Giraffe 80
Giryondo Border 156f
Glanzstare 109
Glossar 359
GL-Transfrontier Park 154, 156f
Gnu 85
Goldhandel 14
Gomba 319
Gorongosa 39, 199, 209, 216
Gorongosa NP 41, 64, 79, 168, 211, 217ff
Gorongosa-Berge 105
GPS-Daten 335, 373, 384
Grautokos 108
Great Zimbabwe 14
Grenzen 352, 373
Guijata Beach Camp 185

Gungunhana 31
Gurué 249, 253ff, 262, 313

H

Haie 340
Hammerkopf 106, 161
Hepatitis 337
Homoine 40
Honigdachs 92
Hotels 332, 373
Hungerstatistik 49
Hüttensteuern 31f
Hyäne 90
Hyänenhund 90

I

Ibisse 107
Ibo 288ff
Ilala-Schiff 310, 353f
Ilha de Moçambique 23, 263, 266ff
Ilha Medjumbi 292
Ilha Quirimba 292
Ilha Xefina 123
Impala 86
Inchope 199
Incomáti River Camp 139
Infektionskrankheiten 338
Inhaca 117, 138
Inhambane 179ff
Inhaminga 208
Inhamitanga 209
Inharrime 177
Inhassoro 190, 371
Inselberge 68
Internet 11, 133, 206, 232, 285, 341, 374
Itepela 301

J

Jacaranda 72
Jagdsafaris 64
Jesuiten 19, 27, 268
Jofane 195

K

Kaffernbüffel 86
Kaffernhornraben 109
Kannibalismus 25
Kapentafische 236f
Kapokbaum 73
Karakal 91
Kasuarinen 72

INDEX

Kiebitze *107*
Kinder, Reisen mit *334*
Kindersterblichkeit *46*
Kionga-Dreieck *295*
Kleidung *335, 357, 374*
Klima *324f*
Klippspringer *82*
Kochen am offenen Feuer *362*
Kokospalmen *74, 177f*
Komatipoort *137*
Kongo-Konferenz *31*
Korallenriffe *68, 340*
Kormorane *106*
Körpersprache (Elefanten) *79*
Kosi Bay (SA) *141, 144*
Kraniche *107*
Kreditkarten *344*
Kriminalität *131, 232, 348*
Krokodile *96, 192, 305, 341*
Kudu *83*
Kulturzentrum *130*
Kunsthandwerk *345*

L

Lacerda *27*
Lago Niassa *69, 305f, 333*
Ländervorwahl *376*
Landkarten *133, 237, 367, 374, 378*
Landminen *41, 66f, 349, 369*
Landwirtschaft *58*
Langusten *363*
Lebenserwartung *43*
Leberwurstbaum *72*
Leopard *89*
Lichinga *302f*
Lichtenstein-Kuhantilope *85*
Licungo, Rio *250*
Ligonha, Rio *250, 256*
Likoma Island (Malawi) *310f*
Limpopo, Nationalpark *156f*
Limpopo, Rio *150, 154, 160*
Lioma *254, 262*
Literatur *55, 378*
Löffler, Afrikanischer *107*
Lohnniveau *57*
Lomahasha *137*
Lomwe *42*
Louis Trichardt Memorial *121*
Lourenço Marque *31, 113*
Löwe *88, 370*
Lualua, Rio *244*
Luambala, Rio *164, 314*
Lubombo-Schutzgebiet *148*
Lucite, Rio *170, 227*

Lugenda, Rio *173, 315, 318, 321f*
Lungenfisch *102*
Lúrio, Rio *279*

M

Mabalane *1595*
Mabote *195*
Macai *150f, 155*
Macaneta *117, 139*
Machaila *155, 159f*
Machaze *227*
Machel, Samora *36f, 40*
Macomia *291, 293*
Maculuve *195*
Magaruque *194*
Magoe *239*
Mahagonibäume *70, 226*
Mahlzeiten *374*
Majangue *154*
Majune *315*
Makonde *42, 52f, 130, 174, 296ff*
Mak.-Kooperative *205, 257, 287*
Makonde Plateau *296, 324*
Makua *42*
Malaria *336ff*
Malawi *241, 253, 301, 310, 352*
Malawisee
    siehe Lago Niassa
Malei *249*
Malema *254, 262*
Malerei *52*
Maluane WR *293*
Manda Wilderness *312*
Mandimba *301*
Mandje *240*
Mangobaum *76*
Mangroven *65, 75, 102, 214, 244, 288*
Mangusten *92*
Manhiça *150*
Maniamba *307*
Manica *224*
Maniok *77*
Mankell, Henning *54*
Mapai *157, 159*
Mapinhane *185*
Maputaland *141*
Maputo *54, 112ff, 162*
Maputo Camp *317f*
Maputo Reserve *79, 145ff*
Marabu *107, 221*
Mareja *292*
Maringuè *211*
Marracuene *139*
Marromeu *209, 213*

Marrupa *299, 316*
Marxismus *37*
Massangena *160, 195, 227*
Massangulo *301, 315*
Maße und Gewichte *374*
Massinga *185f*
Massingir *154*
Mausvögel *108*
Maxixe *178*
Mazoe, Rio *230*
Mecula *319f*
Medizin, Traditionelle *46*
Meeresschildkröte *101, 144, 192*
Meeresstürme *326*
Meerkatzen *94*
Mepálue, Monte *262*
Meponda *302*
Metangula *307, 353f*
Meticais *343*
Metoro *279*
Metuge *293*
Mietwagen *260, 327ff, 353, 368*
Mietwagenagenturen *134*
Migração *132*
Mikropur *335*
Milan *104*
Milange *253*
Milibangalala Camp *147*
Minenopfer *66f, 349, 369*
Miombowald *69*
Missão de Messumba *308*
Mitfahrgelegenheit *330*
Moatize *241*
Moçimboa da Praia *293f*
Mocuba *249, 252*
Mogincual *261*
Molumbo *253*
Monapo *263*
Mondlane, Eduardo *35*
Monsun-Winde *13f, 16*
Montepuez *299, 316*
Mopanewald *70*
Morrua *252*
Morrungulo *186, 371*
Moskitonetz *335f*
Mossuril *265*
Motorrad *330*
Mount Selinda *105, 226, 228*
Movimondo *252*
Mualama *250*
Muanza *208*
Mucubela *250*
Mucumbura *239*
Mueda *35, 293, 296ff, 299*
Mugoma *315*
Mukwa *73*

Reiseinformationen

381

INDEX

Mulanje 253
Mulevala 250, 252
Mungári 212, 230
Mungazine 140
Mural 53, 124
Museum
   Ilha de Moçambique 274
   Inhambane 181
   Maputo 118
   Nampula 256
Musik 52
Mutarara 210, 244
Mutema 240
Mutuáli 254, 262
Muxungue 198, 227
Mwene Mutapa 15, 19, 21

N

Nacala 263f
Nacaroa 279
Nachtleben 130, 205
Nachtschwalben 109
Namaacha 137
Namatanda 199
Namialo 263, 279
Namoto 295
Nampevo 249, 254
Nampula 256ff
Namúli, Monte 254
Namwera (Malawi) 301
Nashörner 87
Nashornvögel 108
Nationalparks 65
Naturschutz 64f 149, 156f, 229
Negomano 295, 319, 321, 352
Nektarvögel 110
Nelkenrevolution 36
Niassa Reservat 64, 299f, 314, 317, 321f
Nicuadala 244, 249
Niederschläge 324ff
Nilwaran 99
Nkomati-Abkommen 38
Notfall-Vorsorge 341
Nyala 83
Nyamapanda 230

O

Öffentliche Verkehrsmittel 330, 342
Öffnungszeiten 374
   Grenzen 352
Ökotourismus 64, 252
Olinga 249f
Oribi 82

P

Pafuri 157f
Paindane Beach Camp 185
Palma 295
Palmen 73f
Pangane 293
Papageien 110
Paviane 94
Peace Parks 65, 147f, 156, 195, 229
Pebane 249f, 371
Pelikane 105, 221
Pelzrobben 101
Pemba 279ff, 371
Penhalonga 224
Perlhühner 108, 314
Pferdeantilopen 84
Pinguine 105
Pinselohrschweine 80, 221
Pirschfahrten 370
Planalto de
   Angonia 241
   Chimoio 225
   Lichinga 301, 307, 314
   Moçambicano 254
Polizeikontrollen 349, 366
Polygamie 51
Pomene 186
Ponta do Ouro 141f, 144, 371
Ponta Malongane 141, 144
Ponta Mamóli 141
Portugiesisch 44, 47, 358
   Ausdrücke 361
   Tiernamen 95
Post 375
Praia de Jangamo 185
Prazo 23f, 231, 288
Preise 342, 375
Prophylaxe (Malaria) 336
Puffotter 99, 339
Púngoe, Rio 199, 200, 216

Q

Quallen 144, 161
Quelimane 244ff
Quirimba Archipel 288, 291ff
Quissanga 291
Quissico 177

R

Rappenantilope 84
Rebhühner 108
Regenzeit 324f

Reiher 106
Reiseapotheke 341
Reisekosten 342
Reisepass 335, 346
Reiserouten 333
Reiseschecks 344
Reiseveranstalter 331
Reisezeit 131, 325
Religion 44
Renamo 37, 39, 211, 216f
Reserva de Marromeu 213
Reserva do Gilé 250f
Reserva do Niassa 318
Reserva do Sanga 302
Reserva d. Elefantes 145
Ressano Garcia 137
Rhodes, Cecil 30, 201, 239
Ribáuè 262
Rindenboote 170, 225, 227
Rio Savane Camp 208
Rovuma 27, 295, 318f, 321f

S

SADC 57
Salamanga 141, 146
Salazar, Antonio 33
Samangoaffe 95
Sambesi 214, 236, 239, 242
   Sambesibrücke in Tete 231f
   Sambesidelta 69, 213f
   Sambesifähre 209
Sandpisten 365
Santa Carolina 190, 192
Santo Antonio 271
Save, Rio 160, 195, 227
Save-Brücke 185, 198
Schakal 90
Schildraben 110
Schirrantilope 83
Schistosomiasis-Infektion 337
Schlafkrankheit 338
Schlammspringer 102
Schlangen 99, 339f, 370
Schleiereule 108
Schliefer 86
Schmarotzermilan 105
Schotterpisten 365
Schreiseeadler 104
Schulen 47
Schwarzmarkt 344
Seefliegen 312
Seekuh 100
Selbstversorger 360
Sena 14, 18ff, 25, 210f
Serval 91

INDEX

Shaka Zulu 28
Shona 44
Sicherheit, persönliche 344, 348
Silveira, da 19, 231
Sklavenhandel 25ff, 244f, 261, 269, 289
Skorpione 339, 370
Sofala 13f, 16, 28, 208
Songo 235
Soshangane 28, 31, 181
Souvenirs 345, 375
Sportfischen 194
Sprachen 44, 357f
Springhase 93
Spuren von Wildtieren 103
Staatsform 55
Stabheuschrecken 97
Stachelschwein 93
Städtevorwahl 376
Steinantilope 82
Strände 166, 371, 375
    Maputo 117
    Ponta do Ouro 143
Straßenbau u. -zustand 367
Straßenkinder 54, 125
Stromversorgung 375
Südafrikanischer Seebär 101
Sukkulenten 73
Suni 192
Sussundenga 225
Swaziland 137, 352

T

Tambara 212, 230
Tanz 53f
Tansania 295, 352
Tätowierungen 52, 315
Tauchen 376
    Wimbe 287
    Maputaland 144
    Tauchgründe 62, 194
    Tauchschulen 142
Taxis 136, 376
Teatro Avenida 54, 130
Teeplantagen 226, 254
Telefon 376
Termiten 96
Tete 14, 18, 22, 30, 231ff
Tete Run 234
Tica 199
Tierwelt 196
Tofo, Praia do 184, 371
Toiletten 376
Tollwut 338, 340
Tourismus 62

Tourist Info 278, 334, 376
Traditionelle Heiler 45f
Trans-Lubombo-Express 351
Treibstoffversorgung 327, 367
Trinkgeld 376
Trinkwasser 45
Trockenzeit 324f
Tropeninstitute 341
Trophäen 377
Tsetsefliege 59, 338
Tuberkulose 338
Turakos 109
Two Mile Reef 194
Typhus 338

U

Uape 252
Überschwemmungen 160, 326
Ugezi Tiger Camp 235
Uhus 108
Ulongwé 241
Unango 307, 312
Unity One Bridge 295, 352
Unity Two Bridge 312, 352

V

Vasco da Gama 16, 267
Vegetationsformen 69
Verhalten
    in der Wildnis 370f
    von Tieren 366
    Verhaltenskodex 349
    Verhaltenstipps 357, 370
Verkehrskontrollen 366
    Maputo 131
Verkehrsnetz 61
Verkehrsregeln 364
Verkehrsunfälle 349
Versicherungen
    für Fahrzeuge 353
    Krankenversicherung 341
Viehhaltung 59
Vila de Sena 210
Vila Nova de Fronteira 210
Vilankulo 187ff, 371
Visa 346
Vögel 104, 109
Völkerverschiebungen 12, 28

W

Wachteln 108
Waffenstillstand 40
Wahlrecht 34
Währungen 343

Waldbestände 65
Wale 100
Wanderarbeiter 32f
Wartungsmaßnahmen 364
Warzenschwein 80
Wasser 340, 362, 371, 377
Wasserbock 85, 221
Wasserdurchquerungen 365
Wassersport 377
Wasservögel 105
Watvögel 105
Webervögel 110
Wechselstuben 344
Weltkriege 32f
Weltkulturerbe 191, 266, 273
Weltrekorde bei Tieren 89, 97, 101
Wiederaufbauprogramme 56
Wildbestand 64
Wilderei 79, 195, 319
Wildschutzgebiete 65
Wildtier-Gefahren 340, 370
Wimbe Beach 281, 286
Winkerkrabbe 102, 161
WWF 191

X

Xai-Xai 151f, 160, 371

Z

Zalala, Praia do 248, 371
Zambeze
    siehe Sambesi
Zambezi Expedition 30, 242
Závora 177
Zebra 87, 321
Zebramanguste 92
Zecken 370
Zeckenbisse 339
Zeitungen 377
Zeitverschiebung 377
Ziegenmelker 109
Zimbabwe 224, 230, 239, 351
Zimbabwe da Manyikeni 195
Zinave Nationalpark 185, 195
Zitundo 141
Zóbuè 241
Zoll 347, 353, 377
Zona Tambala 319, 321f
Zonguene 150
Zumbo 239f
Zwangsarbeit 31, 33f, 50, 56
Zyklone 326

Ein offenes Wort

Wir geben uns viel Mühe, stets genaue und aktuelle Informationen zu liefern. Für ein so großes und weitläufiges Land im Umbruch, wie Mosambik, ist das eine Herausforderung. Hier verändern sich die Dinge rasant: Technische Verbesserungen bei der Kreditkartenakzeptanz und dem Internetzugang, der Bau neuer Tankstellen, die öffentlichen Verkehrsmittel, die Modalitäten an den einzelnen Grenzposten und natürlich auch die Straßenbedingungen.

Es existiert wenig Reiseliteratur über Mosambik, und die konzentriert sich häufig auf die Küstenlinie mit ihren Ferienresorts. Dieser Reiseführer bündelt eine Fülle an Detailinformationen zu ganz Mosambik – auch zum schwierig recherchierbaren Hinterland und den abgelegenen Naturschutzgebieten. Mit den im Durchschnitt jährlich vollständig überarbeiteten Auflagen gewährleisten wir zudem eine hohe Aktualität.

Dennoch wird auch in dieser Ausgabe das Eine oder Andere schon wieder verändert sein, ehe das Buch auch nur gedruckt wurde. Bitte bedenken Sie, dass in Mosambik Preiserhöhungen oder Fahrplanänderungen in der Regel nicht vorangekündigt werden. Auch kann dieser Reiseführer nicht die Belastungen und Anstrengungen einer Reise durch Mosambik lindern. Während der Süden immer unkomplizierter bereisbar wird und sich dem modernen Tourismus öffnet, wachsen die Herausforderungen auf einer Reise nach Norden praktisch kontinuierlich. Nordmosambik ist definitiv kein einfaches Reiseziel für Individualreisende und nur abgehärteten Naturen zuträglich. Besonders Rucksackreisende erleben hier oft Frust. Viele Touristen stören sich an den verfallenen, häufig verschmutzten Ortschaften und Städten, am chaotischen Alltagstreiben, Stromausfällen und Wasserknappheit, den mitunter beschwerlichen Straßenbedingungen und den vielfach schmutzigen Unterkünften mit katastrophalen Sanitärbedingungen. All dies ist leider auch ein Teil Mosambiks. Wer sich dem nicht aussetzen möchte, sollte seine Reise auf den Süden des Landes beschränken oder an einer organisierten Tour teilnehmen. Allen anderen raten wir: Nehmen Sie's sportlich, wenn's mal nicht so läuft und denken Sie an diese Zeilen. Wir versuchen, Ihnen so viele Informationen wie möglich zu geben. Ob Ihnen das Land gefällt und Sie sich mit Mosambik anfreunden, können wir aber nicht beeinflussen. Mosambik ist kein Massenreiseziel! Letztendlich liegt es an jedem selbst, wie er die Erfahrungen und Erlebnisse bewertet. In diesem Sinne noch ein paar passende Zitate:

> Die Kunst der Weisheit besteht darin, zu wissen, was man übersehen muss.
> *William James (1841 - 1910)*

> Erst die Fremde lehrt uns, was wir an der Heimat haben.
> *Theodor Fontane (1819 - 1898)*

> Reisen sollte nur ein Mensch, der sich ständig überraschen lassen will.
> *Oskar Maria Graf (1894 - 1667)*

> Der eigentliche und ungeschmälerte Genuss einer Reise beginnt erst in dem Augenblick, in dem wir uns ihrer als etwas Vergangenem erinnern.
> *Friedrich Schiller (1759 - 1805)*

> Der Sinn des Reisens besteht darin, die Vorstellungen mit der Wirklichkeit auszugleichen, und anstatt zu denken, wie die Dinge sein könnten, sie so zu sehen, wie sie sind.
> *Samuel Johnson (1709 - 1784)*